JEAN-FRANÇOIS REVEL

Né à Marseille en 1924, ancien élève de l'École normale supérieure, agrégé de philosophie, Jean-François Revel a enseigné la philosophie aux instituts français de Mexico et de Florence, puis à Lille et à Paris. Menant une double carrière littéraire et journalistique, il a été directeur de *L'Express* de 1978 à 1981. Plusieurs de ses livres ont eu un très grand retentissement, notamment *Pourquoi des philosophes ?* (1957), *La Cabale des dévots* (1962), *La Connaissance inutile* (1988), ainsi que deux ouvrages de philosophie politique, *La Tentation totalitaire* (1975) et *Le Regain démocratique* (1992). Membre de l'Académie française, Jean-François Revel a reçu pour l'ensemble de son œuvre le prix Chateaubriand (1988).

FIN DU SIÈCLE DES OMBRES

DU MÊME AUTEUR
CHEZ POCKET

MÉMOIRES (LE VOLEUR DANS LA MAISON VIDE)

Dans la collection Agora

HISTOIRE DE LA PHILOSOPHIE OCCIDENTALE
L'ŒIL ET LA CONNAISSANCE

Dans la collection Spiritualité et Religion

En collaboration avec Matthieu Ricard

LE MOINE ET LE PHILOSOPHE

JEAN-FRANÇOIS REVEL
de l'Académie française

FIN DU SIÈCLE DES OMBRES

CHRONIQUES POLITIQUES
ET LITTÉRAIRES

FAYARD

ISBN : 2-266-11669-X

À
Indro Montanelli
Tu duca, tu segnore e tu maestro
Dante, *Enfer,* chant II, 139

PRÉFACE

La profession de journaliste est tout à la fois l'une des plus décriées, des plus flagornées, des plus redoutées et des plus méconnues. Les journalistes pris globalement sont le plus souvent taxés d'incompétence ou d'insouciance dans la collecte de l'information, et de partialité, voire de vénalité, dans l'expression de l'opinion. Ces vices prétendus, et même lorsqu'ils sont réels, n'empêchent pas les procureurs qui instruisent à longueur de journée le procès de la presse de lui courir après pour attirer l'attention de ceux et celles qui la font.

De plus, comme j'ai déjà eu l'occasion de le dire et de l'expliquer en détails dans mes *Mémoires, Le Voleur dans la maison vide* [1], parler du journalisme en général n'a aucun sens. Pas plus que n'auraient de sens des propos sur le livre, sans que soit spécifié s'il s'agit de la *Critique de la raison pure* ou d'un roman sentimental fabriqué industriellement, des *Essais* de Montaigne ou du *Guide Michelin*. Non seulement il n'y a rien de commun entre *The Economist* et *Voici,* sinon le support et le lieu de vente, mais il y a également des différences considérables, au sein d'un même journal, entre les

1. Plon, 1997, Pocket, 1998, livre neuvième, chapitre I.

talents ou les défauts de ceux qui y collaborent. On y trouve aussi bien un reportage sur une guerre lointaine, le récit d'une compétition sportive, une enquête policière, le compte rendu du congrès d'un parti politique ou d'un syndicat, un entretien avec un chef d'orchestre, une critique littéraire ou artistique, un sondage d'opinion, le *bloc-notes* d'un écrivain célèbre, qu'un éditorial politique ou économique. Encore cette diversité n'épuise-t-elle pas la variété hétéroclite de ce que l'on peut lire dans n'importe quel quotidien ou hebdomadaire de bonne tenue. Ajoutons que, depuis la fin du XVIIIe siècle et, surtout, depuis le deuxième quart du XIXe, avec l'essor de la presse de masse, se produit une compénétration constante entre la littérature et le journalisme. La plupart des grands écrivains collaborent aux journaux, de façon régulière ou intermittente. Et dans l'activité journalistique, le reportage, la critique et l'éditorial en particulier peuvent devenir des genres littéraires. Le chroniqueur est l'auteur qui, comme ceux du Moyen Âge, consigne et commente les événements apportés par l'air du temps, mais il le fait d'abord dans un journal au lieu de le faire d'emblée dans un livre.

Sur ce balcon aux multiples fleurs étalées devant les regards de tous les passants de la rue qu'est un journal, l'éditorial constitue une plante d'un caractère très particulier. Il est l'expression d'une opinion ou d'un jugement que son auteur cherche à faire partager par le lecteur. Mais, contrairement à ce que l'on croit trop facilement, il ne peut se borner à être la simple formulation d'une opinion subjective ou encore ce que l'on appelle parfois un « papier d'humeur ». L'opinion ou l'humeur d'un individu déterminé, fût-il doué de verve, ne présentent par elles-mêmes aucun intérêt. Pour convaincre, le jugement de l'éditorialiste doit apparaître comme étant la conclusion d'un raisonnement, lui-même fondé sur des arguments plausibles et des informations crédibles. Le lecteur doit même sentir que, derrière les arguments et les informations qu'utilise l'éditorialiste, il y en a d'autres, en réserve, qui pourraient être éventuellement produits eux aussi à l'appui de la thèse soutenue. La difficulté de l'éditorial comme genre littéraire est précisément là : il doit contenir des preuves et des faits, sans être néanmoins trop pesant ni tourner à la dissertation. Il doit être d'un ton entraînant et fonctionner un peu comme un tapis roulant : dès que le lecteur a posé le pied sur la première phrase, il doit être transporté sans effort jusqu'à la dernière.

De ce fait, l'éditorialiste est souvent amené à recourir à un ton polémique. Mais, de la bonne polémique, je dirai ce que je viens de dire de l'éditorial lui-même, à savoir qu'elle doit reposer sur des arguments explicites ou implicites. La polémique de pure outrance verbale, même s'il lui arrive d'être drôle, n'est pas efficace. Elle ne persuade que les lecteurs qui sont d'ores et déjà du même avis que l'éditorialiste. Or, l'intérêt d'écrire un éditorial vient essentiellement de ce qu'on cherche à convaincre les lecteurs qui ne sont pas de votre avis. La meilleure façon d'y parvenir est d'ailleurs de leur donner l'impression que ce sont eux qui changent d'avis tout seuls et que ce n'est pas vous qui les contraignez à le faire. Dans ce but, l'art de persuader consiste à disposer habilement sous l'œil du lecteur les éléments préparatoires d'une conclusion, tout en lui laissant le soin de la tirer lui-même.

L'éditorialiste, ce chroniqueur qui juge les événements et les hommes, est évidemment quelqu'un qui est condamné par son métier à avoir tort ou raison. Le reporter raconte ce qu'il a vu ; le chroniqueuréditorialiste cherche à dégager les enseignements et à prévoir les suites de ce qu'a vu ou entendu le reporter. Il fait donc un travail à haut risque, d'autant plus dangereux que le genre de l'éditorial, voué, sous peine d'ennui, à une certaine brièveté, oblige ceux qui le pratiquent à paraître, dans la rédaction, nécessairement condensée, souvent plus péremptoires et sûrs d'eux qu'ils ne le sont en réalité dans leur for intérieur. La confrontation d'éditoriaux datant de plusieurs années avec le déroulement de l'histoire survenue par la suite est donc toujours, pour l'auteur des articles concernés, une redoutable épreuve. Quand il la fait subir à un auteur, le lecteur ne doit cependant jamais oublier un point essentiel : lorsqu'on se reporte à une date quelconque du passé, l'on doit redevenir conscient des multiples possibilités que recelait la situation d'alors et qui auraient pu s'accomplir en fonction des variables que les circonstances et les acteurs pouvaient mettre en œuvre. Le dressage fataliste que la philosophie de l'histoire dérivée de Hegel et de Marx a longtemps imprimé dans nos esprits nous a habitués à considérer que le sens de l'histoire est un sens unique. Cette conception est néanmoins très récente. Avant Hegel, les hommes considéraient comme évidente l'infinie variété des possibilités à partir d'une situation donnée, selon les décisions des acteurs, les réactions des peuples, les impondérables de l'existence. L'idée que ce qui a été ne pouvait pas ne pas être est une illusion, ce que Henri Bergson appelait « l'illusion rétrospective ». Contre elle, le même Henri Bergson produisait fort justement la remarque suivante : « L'avenir de l'humanité est indéterminé parce qu'il dépend de nous. » À partir de cet instant de l'histoire qu'est le présent de chaque jour, la réflexion de l'éditorialiste doit donc consister à évaluer les divers développements susceptibles d'intervenir demain. Il doit consister aussi à faire de son mieux pour dissuader ses contemporains de s'engager dans les voies qu'il estime dangereuses. Mais cela ne signifiera jamais que ces voies n'existaient pas et n'auraient pas pu être empruntées, même quand les événements ont pris une autre tournure que celle redoutée à l'époque par le commentateur. Nous devons nous débarrasser à jamais de ce vieux cliché que les acteurs ou les nations avaient ou ont « rendez-vous avec l'histoire ». L'histoire en soi n'existe pas, du moins pas en dehors de nous. Elle n'existe que parce que nous la faisons et telle que nous aurions pu ne pas la faire. En tout cas, l'histoire ne donne pas de rendez-vous : elle ne pose que des lapins. Le seul rendez-vous réel, c'est celui que l'homme se donne librement à lui-même et qu'il lui appartient, à lui seul, d'honorer ou d'annuler.

Pourquoi ce titre : *Fin du siècle des ombres* ? Avons-nous vraiment été l'antithèse du siècle des Lumières ? Pas à tous égards, bien sûr, ne fût-ce qu'en considération de l'ampleur des progrès de la connaissance scientifique depuis cent ans. Mais certainement oui, dans ce sens qu'au XVIIIe siècle les intellectuels avaient visé, et largement réussi, à faire la jonction entre la politique et la vérité, l'action et la raison, la connaissance et la justice ; et que nous, au XXe, avons défait ce lien, par égarement idéologique autant que par volonté de puissance.

Au début du siècle, les intellectuels se sont attribué la mission d'intervenir dans les affaires publiques au nom de la morale. En France, ils ont à bon droit épinglé à leur palmarès le titre de gloire de l'affaire Dreyfus. Mais si les dreyfusards ont effectivement fait triompher le Bien et le Vrai, les intellectuels des générations ultérieures ont de moins en moins lutté dans le seul dessein de servir la justice et la vérité. Ils ont été de plus en plus esclaves volontaires de « causes » au mépris de la justice et d'« engagements » au mépris de la vérité. Au XXe siècle, c'est fort peu la vérité qui a servi de guide à la politique. Au contraire, c'est surtout la politique qui est devenue le critère de la vérité. Ce n'est pas la politique qui a été moralisée, c'est la morale qui a été politisée.

1983-1984

Le socialisme et l'Europe

La presse, depuis l'application de la politique d'austérité en France, définit le mitterrandisme comme « socialisme modéré ». Mais la modération est une qualité des hommes, pas des structures. Et les hommes passent, tandis que les structures restent. Or, quelles sont ces structures ? Sont-elles, pour qu'on puisse parler de socialisme « modéré », les structures de la social-démocratie ? Nullement. Tous les textes, tous les programmes, tous les discours sont là : les structures mitterrandistes sont celles d'un socialisme d'État, dont la logique est la « rupture avec le capitalisme ». Cette formule revient des milliers de fois dans la littérature du Parti socialiste français. Bien sûr, les mitterrandistes se défendent de vouloir abolir l'entreprise privée et l'économie de marché, mais ils entendent la subordonner au pouvoir politique. S'agit-il là de doctrines un peu excessives, mais théoriques, et les actes corrigent-ils ce que les discours peuvent avoir d'outrancier ? Pas du tout. Ce sont au contraire les paroles, aujourd'hui, qui corrigent les excès des actes, mais ce n'est pas la même chose, car les actes sont irréversibles. Depuis un an et demi, les nouvelles nationalisations s'ajoutant aux anciennes, la vie économique d'un grand pays industrialisé, où le revenu par tête était au quatrième rang mondial, se trouve directement ou indirectement soumise au pouvoir politique dans sa quasi-totalité.

L'étatisation du crédit, en pratique, permet de contrôler l'ensemble. Seule l'appartenance de la France au Marché commun et donc son immersion dans le contexte international maintiennent un facteur de concurrence. Elles empêchent l'économie française de se couper entièrement des réalités. La proposition par certains socialistes de « fermer les frontières » vise à éliminer ce dernier point de repère qu'est la concurrence internationale : ce serait le coup de grâce. Il n'en est heureusement pas question dans l'immédiat. Mais les propos mesurés que les socialistes tiennent, depuis quelque temps, pour rassurer, sur le « ralentissement sans changement de direction » sont des correctifs verbaux, dictés par l'aggravation de la crise économique, une crise spécifiquement française *s'ajoutant* à la crise internationale. Ces déclarations apaisantes sont tactiques. Elles ne modifient guère le fond des choses : la métamorphose de l'économie, pour l'essentiel, est déjà faite.

Est-elle appelée à un rayonnement international ? Les partis sociaux-démocrates d'Allemagne et du nord de l'Europe n'ont jamais prôné ni pratiqué la nationalisation. Dans tous les pays où une forte dose de nationalisation a déjà produit des effets nocifs, on revient en arrière ou on arrête : c'est le cas de la Grande-Bretagne et de l'Italie. Dans ce dernier pays, les socialistes et les communistes eux-mêmes sont opposés à toute extension du secteur public, source, depuis des années, de déficit et de paralysie. En Espagne, Felipe Gonzalez, au nom du PSOE (Parti socialiste ouvrier espagnol), a depuis longtemps précisé sa doctrine et son refus sur la question des nationalisations. Fort justement, il fait observer que l'idée de nationalisation a plutôt été, historiquement, une idée de droite. J'ai retrouvé un deuxième numéro de la revue fasciste *Rinnovamento,* datant de 1920, où De Ambris expose le programme mussolinien : nationalisation des banques, impôt égalisant les revenus, expropriation de toutes les terres non cultivées par le propriétaire lui-même, impôt sur la fortune, confiscation des immeubles de rapport...

On croirait lire, sur certains points, le *Projet socialiste* français. Mais l'« Europe méridionale », chère à Mitterrand, sait par expérience que l'étatisation de l'économie est une manie autoritaire de droite. Le mitterrandisme économique ne paraît pas en ce moment promis à une carrière internationale.

Quant au mitterrandisme politique, il a pour dogme fondamental le « front de classe », c'est-à-dire l'union avec le Parti communiste. Et sur ce point aussi, la France est un cas isolé en retard sur l'opinion publique non seulement française, mais internationale. En France, les élections présidentielle et législatives de 1981, ainsi que les élections locales de mars 1982, ont montré que le PCF avait perdu le quart de ses électeurs en trois ans, la moitié en vingt-cinq ans. Avec 15 % des suffrages exprimés, 11 % des électeurs inscrits, le communisme français devient marginal.

Mais ce qui est intéressant est que le phénomène n'est pas uniquement français. Tous les PC européens sont en chute libre, aussi bien en adhérents qu'en électeurs. C'est très sensible en Espagne, comme l'ont une fois de plus illustré spectaculairement les élections. C'est le cas même... en Finlande, ou dans un pays petit mais intéressant politiquement (et stratégiquement) : l'Islande. Au Portugal, la tentative de gouvernement avec les communistes a failli très mal tourner : le Parti socialiste de Mario Soares s'en souviendra longtemps. En Grèce, les socialistes d'Andréas Papandréou, le Pasok, refusent l'unité d'action avec les communistes. Ils ont dû s'appuyer sur eux pour ne pas perdre trop gravement les dernières élections municipales, mais le Premier ministre grec n'a finalement pas mis à exécution ses menaces de quitter l'Otan et le Marché commun, dans lequel il est un des chauds partisans de l'entrée de l'Espagne. Ces positions lui valent de violentes attaques de la part des communistes, quoiqu'il ait refusé de contresigner la condamnation européenne de la loi martiale en Pologne.

En Italie, les socialistes de Bettino Craxi, qui participent au gouvernement, sont en guerre ouverte avec les communistes. Le PSI n'a pas oublié qu'un quart de siècle d'union de la gauche avait fait tomber ses suffrages de plus de moitié. Le seul parti communiste réellement important qui subsiste en Europe est le parti italien, quoiqu'il ait beaucoup reculé depuis son apogée de 1976, où il approchait 33 % des votes. Mais sur l'ensemble de l'Europe non soviétisée, le communisme est devenu un phénomène mineur, politiquement et idéologiquement : son prestige auprès des intellectuels est voisin de zéro.

En faisant entrer les communistes dans son gouvernement, Mitterrand n'a donc pas établi un modèle qui paraisse devoir être imité ailleurs en Europe. Felipe Gonzalez suit une voie non étatisée et non marxiste. Il a d'ailleurs fait retirer toute référence au marxisme dans le programme du PSOE. Ni au point de vue économique, ni au point de vue politique, par conséquent, Mitterrand ne semble avoir beaucoup de disciples en Europe, que ce soit au sud ou au nord. Et le mitterrandisme apparaît bien plutôt comme une expérience isolée.

Printemps 1983

Michel Foucault : l'individu, ultime recours

En 1976, Michel Foucault publiait, sous le titre *La Volonté de savoir,* le premier volume d'une *Histoire de la sexualité,* où il constatait un paradoxe riche de mystères. En apparence, disait-il, la société européenne du XIXe siècle a restreint et réprimé l'activité sexuelle avec une sévérité empesée.

Par contraste, elle a en même temps promu le sexe au rang d'objet d'étude, de connaissance et d'incessante expression écrite ou parlée. Le terme abstrait de « sexualité », communiquant à l'examen du sexe l'éminente dignité de discipline scientifique, se forge d'ailleurs au XIXe siècle.

Ce biais scientifique, au moment même où nous pensions subir la plus forte répression de toute l'histoire, fournissait le moyen de neutraliser le sexe, de le soustraire à l'univers de la faute. Les sexologues se mettent dès lors à cataloguer avec impartialité toutes les conduites sexuelles, qui deviennent de moins en moins « honteuses ». Deux questions, par conséquent, se posaient, pour Foucault, dans son texte de 1976 : ne construisons-nous pas une fable en croyant nous libérer aujourd'hui du puritanisme victorien, quand, en réalité, la « science de la sexualité » s'échine depuis longtemps à nous faire « aimer le sexe » ? Mais, surtout, pourquoi notre civilisation a-t-elle la première créé un *savoir* du sexe, placé l'élucidation méthodique de la sexualité au centre de ses préoccupations, comme si notre salut devait dépendre de la compréhension de son secret ? Sans doute les civilisations futures souriront-elles, concluait Foucault, de voir que nous avons placé au sommet de la hiérarchie des pouvoirs « l'austère monarchie du sexe ». Et elles se demanderont pourquoi.

À ces questions devaient répondre les volumes suivants. Or voilà que les tomes II et III, parus quelques jours avant la mort de l'auteur, changent complètement et de période, et de méthode, et de problème. Du XIXe siècle nous remontons à l'Antiquité grecque et romaine. La méthode délaisse de plus en plus la spéculation philosophique au bénéfice d'une psychologie historique de la culture. Au problème, enfin, de la science de la sexualité au XIXe siècle se substitue la recherche d'une morale et, pourrait-on préciser, d'un art de vivre, à partir d'une redécouverte des Anciens. De cette modification de son ouvrage en cours de route, reflet, à n'en pas douter, d'une révolution intellectuelle chez lui-même, Foucault donne acte et rend compte en termes explicites au début de son tome II, *L'Usage des plaisirs*.

Qu'apporte à la compréhension de la sexualité en général l'étude des conduites sexuelles dans l'Antiquité ? Ou, plus exactement, l'étude des relations morales de l'homme antique avec ses conduites sexuelles ? D'abord, cette étude montre que la façon de vivre sa sexualité ne s'est pas toujours ramenée, comme dans l'ère chrétienne, à un antagonisme entre la faute et la punition, le désir et les interdits, le plaisir et le remords. Pour les Anciens, le plaisir sexuel n'est pas en lui-même une souillure. Aucun plaisir, du reste, n'en est une. La « sensualité » ne mérite, en tant que telle, aucun blâme, n'éveille aucun sentiment de culpabilité, ni de révolte contre une répression.

Mais — et c'est le second enseignement qui se dégage de l'étude des plaisirs d'avant l'ère chrétienne — les Anciens préconisaient néanmoins que l'on sache se borner dans ses plaisirs, voire y renoncer. Cela, pour de tout autres motifs que les nôtres plus tard. Ce n'est point parce que les actes sexuels seraient « impurs » et marqueraient l'âme d'un quelconque péché. Non. Si l'homme doit se rendre capable, dans ses plaisirs, de modération, parfois même de continence, c'est, selon les Anciens, parce que le désir recèle lui-même une tendance à la démesure, une capacité dangereuse de déséquilibrer la personnalité. Il peut détruire l'harmonie de l'individu, bousculer la maîtrise de soi. Or la grande affaire de la vie, pour les Anciens, c'est précisément cette maîtrise, cette patiente et vigilante « construction » de l'individu, ce « souci de soi », selon le titre même du tome III de Foucault.

Si, par exemple, la pédérastie (désir pour les jeunes garçons) figure pour nous l'« amour grec » par excellence, n'allons pas croire que cet amour avait toute licence de se pratiquer sans blâme ni restriction. Il faisait l'objet, comme tout amour, de la part des philosophes, des médecins, des diététiciens, d'une foule de conseils de retenue, de dignité. Mais cette sévérité ne tenait nullement à ce que l'on jugeât cet amour « contre nature », à ce qu'il s'agît de désir pour des garçons, mais à ce qu'il s'agissait de désir tout court. Que ce désir s'adresse à des filles ou à des garçons, la règle principale consiste à ne pas se laisser déborder par lui, à conserver le contrôle de son moi, sa « virilité ». Car s'il importe peu de désirer filles ou garçons, il importe en revanche de ne pas devenir « efféminé » : la comédie grecque caricature et ridiculise l'homme « efféminé » avec la même lourdeur que notre théâtre de boulevard. Ou encore une certaine fidélité conjugale se recommande non point en tant que respect d'un serment ou d'un sacrement mais comme preuve d'une domination de soi. Elle atteste que l'on se rend digne de diriger les autres, par l'enseignement philosophique ou le pouvoir politique, en se montrant capable de se diriger d'abord soi-même.

De l'investigation de la sexualité, Foucault passe ainsi à une interrogation plus vaste, touchant un art de vivre, un ensemble de préceptes et de pratiques qu'il appelle les « techniques du moi », bref, ce que les Anciens appelaient la sagesse. Il remet en évidence les notions de base concernant la morale, ou plutôt les morales de l'Antiquité. Ce pluriel dit beaucoup. Car, pour les Anciens, on *choisissait* une morale, épicurienne ou stoïcienne ou platonicienne, parmi plusieurs possibles. Il était intéressant de rappeler que les Anciens avaient *des* morales et que nous avons inventé *la* moralité. Notre moralité consiste à remplir un devoir. La sagesse antique consistait à rechercher le bonheur, le « souverain bien ». Notre moralité est obligatoire, la morale antique était facultative. Elle visait un perfectionnement, ce point d'équilibre entre les désirs et les satisfactions qui, en même temps, imprimait à l'existence un « style », l'organisait en une esthétique de la vie. Que ce point d'équilibre résultât en grande partie d'une retenue, d'une réduction de nos désirs, plutôt que de l'ambition de mettre le monde à leur service, c'est là ce qui faisait de la sagesse à la fois une ascèse et un épanouissement, un renoncement à la démesure et un art au service de l'individu.

Voilà le grand mot lâché. Certes, Foucault, en une page prudente, prend garde aux multiples acceptions de la notion d'individualisme. Reste qu'il en retient comme applicable à l'apogée de la morale antique cette définition : « Une culture de soi dans laquelle ont été intensifiés et valorisés les rapports de soi à soi. » Définition qui constitue sans doute aussi la clef de sa recherche.

Là réside à mon avis la signification profonde de la rupture entre le tome I et les deux autres : Foucault est passé entre 1976 et 1984 d'une philosophie de la libération de l'homme par la transformation de la société à une philosophie de sa libération par la « culture de soi », les « techniques du moi », la construction de l'individu par lui-même. En un mot, ce n'est plus de la révolution sociale qu'il faut espérer le bonheur, c'est du « souci de soi ». Ce qui compte, me semble-t-il, ce n'est pas tant l'originalité de ce que Foucault écrit sur l'Antiquité, et qui vaut surtout par l'exactitude et la subtilité. Ce qui compte, c'est qu'il ravive au point de l'assumer, comme l'avaient fait les humanistes italiens, comme l'avait fait Montaigne, une morale des « rapports de soi à soi », un art du gouvernement de l'individu par l'individu. En passant par l'Antiquité il affirme cette sagesse de la liberté personnelle contre laquelle aucun contexte social, aucune idéologie politique, aucune nécessité historique ne sauraient prévaloir. Et ce qui compte davantage, c'est qu'il l'ait affirmé en ce moment.

Car par là le philosophe s'est fait l'écho de la rupture culturelle survenue dans notre civilisation au cours de ces dernières années pendant qu'il écrivait son dernier livre.

23 juillet 1984

Histoire de la sexualité de Michel Foucault ; tome II, *L'Usage des plaisirs,* Gallimard ; tome III, *Le Souci de soi,* Gallimard.

États-Unis : derrière le miroir

À la convention du Parti démocrate à San Francisco, il y avait 3 850 délégués et 13 000 journalistes, soit 3,37 journalistes par délégué, pour couvrir un non-événement. En effet, on savait d'avance quel candidat (Mondale) recevrait l'investiture, comme le veut le système bien établi des élections primaires : on a toujours su mieux encore qui serait le candidat républicain (Reagan).

En fait, la véritable information sur les États-Unis se trouve non pas dans ces épiphénomènes que sont devenues les conventions des partis, mais dans une épaisse et précieuse publication annuelle, *The Statistical Abstract of the United States,* annuaire statistique des États-Unis, édition 1984. C'est là qu'il faut chercher de quoi mesurer l'évolution de la société américaine depuis 1970, puisque l'annuaire incorpore les données du recensement de 1980, comparées à celles du précédent, dix ans auparavant, et, bien entendu, y ajoute toutes les autres statistiques de la période 1980-1984. Ces réalités de base décideront sans doute, plus que toute autre chose, de l'issue de l'élection présidentielle de novembre. Cependant, ne l'oublions pas, les électeurs, dans toute démocratie, choisissent en fonction, certes, de leur situation réelle, mais aussi en fonction de l'idée qu'ils s'en font, ou qu'on parvient à leur en donner.

L'économie américaine a souffert, en 1981 et 1982, les pires moments de la crise apparue au début des années soixante-dix; et elle a, en revanche, accompli en 1983 et 1984 un redressement qui porte ces deux années au-dessus des meilleurs taux de croissance de l'après-guerre. Reagan aura donc présidé à un contraste violent : les deux années de plus forte récession de la crise, suivies par les deux années de plus forte reprise. En effet, la plus haute croissance économique moyenne se produisit, aux États-Unis comme en Europe, durant la décennie 1960-1970 : elle fut de 3,9 % par an. La croissance tomba ensuite à 3,1 % de moyenne annuelle entre 1970 et 1980. Car, ne l'oublions pas, ce que nous appelons la crise ne fut jamais qu'un ralentissement de la croissance. Celle-ci devint nulle durant les deux années noires, 1981 et 1982, pour bondir à 6,2 en 1983 et à 9,7 de rythme annuel au premier trimestre de 1984 ! D'après la toute dernière estimation, l'augmentation du produit national brut devrait donc se situer autour de 7,5 % pour l'ensemble de l'année. Cette activité retentit naturellement sur l'emploi : 6,5 millions de personnes ont trouvé ou retrouvé du travail depuis le début de la reprise; et 1 350 000 au cours des seuls mois de mai et juin 1984, annonçait le département du Travail, le 6 juillet. Le taux de chômage, qui dépassait 10 %, baisse jusqu'à 7,1 %, chiffre d'un grand poids électoral puisque inférieur à ce qu'il était lorsque Ronald Reagan a pris possession de la présidence.

Si l'on ajoute à ce tableau que, pour la première fois, l'inflation se réduit en même temps que le chômage, par opposition aux années 1970-1980 où les deux croissaient simultanément, on pourrait en conclure que Reagan doit envisager sa campagne électorale et ses perspectives de réélection avec une certaine sérénité. Pourtant, le « miracle économique » actuel peut ne pas se convertir aussi aisément qu'on le pense en victoire électorale. La logique le voudrait, mais plusieurs facteurs peuvent venir contrarier cette logique. Certains de ces facteurs sont rationnels, d'autres le sont moins, ce qui ne les empêche pas d'influer sur l'opinion.

Parmi les facteurs rationnels se place essentiellement le fait que, malgré la crise, intermittente il est vrai, les années 1970-1980 ont été pour les Américains, sur le long terme, des années de progrès et d'amélioration du niveau de vie comme de la qualité de la vie. Par conséquent, les Américains peuvent être amenés à relativiser la reprise d'aujourd'hui, malgré son exceptionnelle intensité. Ils peuvent la ressentir comme un simple retour à la norme, après les deux années catastrophiques de 1981 et 1982. Les traits négatifs de la décennie passée, en effet, sont moins nombreux que les traits positifs, bien que la presse et les instituts de recherche aient davantage souligné ou annoncé les premiers. Un des plus minutieux observateurs de la société américaine et de ses phénomènes d'opinion, Ben Wattenberg, vient de terminer un livre sous le titre baroque de *La bonne nouvelle, c'est que les mauvaises nouvelles sont fausses*[1]. Toutes les mauvaises nouvelles de la décennie écoulée n'étaient pas fausses, hélas ! mais elles n'étaient pas non plus aussi tragiques qu'on les croyait. Quelques exemples.

Pendant toute cette période, on a dénoncé la dégradation de l'environnement, la pollution croissante de l'air et de l'eau, la radioactivité montante,

1. Que l'on vient de fort bien rééditer chez Hermann (2 vol.).

la toxicité des nouveaux médicaments, les conditions de vie de plus en plus malsaines. Or, depuis 1970, l'espérance de vie a augmenté plus vite qu'à aucun autre moment de l'histoire des États-Unis. Ce gain provient, en outre, de l'allongement de la vie des adultes et non pas de la quasi-élimination de la mortalité infantile, comme ce fut le cas durant la première partie du siècle. Un adulte de 40 ans a, aujourd'hui, une espérance de vie d'environ cinq ans plus longue qu'en 1970. Si l'homme moderne vit dans un environnement de plus en plus malsain et pourri, comment se fait-il qu'il vive de plus en plus longtemps ?

Autre exemple. Il y a douze ans, un biologiste de l'université de Stanford, Paul Ehrlich, publie un best-seller fameux, *L'Explosion démographique (The Population Bomb).* Aussitôt se crée un Comité de la crise de la population, destiné à prévenir le... pullulement démographique aux États-Unis. Et ce, au moment même où la natalité commençait à baisser, pour finir par tomber au bas niveau que nous connaissons également en Europe. Ce qui d'ailleurs ne constitue pas non plus une bonne nouvelle, mais ne confirme guère le tocsin « explosionniste » des futurologues d'antan.

Le revenu moyen par tête a crû de 2 % par an de 1970 à 1980, en baisse de 21 % par rapport à la décennie antérieure (2,6 %), ce qui n'est pas agréable, mais qui équivaut à un ralentissement de la progression et non à un recul. Quant à l'emploi, il est passé de 81 millions de postes de travail en 1970 à près de 106 millions en juillet 1984. En quatorze ans, donc, l'économie américaine a créé 25 millions d'emplois nouveaux, plus que l'équivalent de la population active française. Pendant les mêmes années, le chiffre brut des emplois a baissé de 3 millions en Europe. La reprise américaine bénéficie à toutes les catégories, jeunes et Noirs compris. Cependant, même si l'emploi et le niveau de vie ont progressé à une vitesse remarquable depuis deux ans, cela peut ne pas être considéré par les électeurs comme un fait si miraculeux qu'ils en doivent une gratitude particulière à Reagan. De 1976 à 1980, en plein second choc pétrolier, l'Amérique avait engendré 11 millions d'emplois nouveaux, passant de 90 à 101 millions d'emplois : Jimmy Carter n'en a pas moins été battu...

Le sort de Reagan dépendra en outre du vote noir. Ce vote pèsera cette année plus lourd qu'en 1980, puisque l'un des résultats de la campagne du premier candidat noir à l'investiture démocrate, Jesse Jackson, a été d'obtenir que quelques millions de Noirs de plus que d'habitude s'inscrivent sur les listes électorales. Cette participation accrue ne jouera pas en faveur de Reagan, qui a réduit les dépenses sociales, lesquelles profitent avant tout aux Noirs, constituant la majorité des catégories pauvres. Que Reagan ait en réalité non pas réduit les dépenses sociales en chiffres absolus mais ralenti leur *taux d'augmentation* annuel (comme tant de pays sont condamnés à le faire par les temps qui courent) ne lui en aliénera pas moins les catégories concernées. Les crédits d'aide sociale dans le budget de 1981 furent de 367 milliards de dollars ; les mêmes crédits inscrits dans le budget de 1985 sont de 403 milliards de dollars (en dollars constants, valeur 1983). Mais le concept électoral prédominant risque de rester le concept irrationnel d'une amputation de la moitié ou des trois quarts !

Le revenu moyen des Noirs aux États-Unis a augmenté depuis 1970 légèrement plus vite que celui des Blancs, mais à partir d'un niveau plus bas, et il demeure très inférieur à la moyenne nationale. La récession de 1981-1982 les a frappés plus durement que le reste de la population, puisque le taux de chômage noir est le *double* du taux de chômage blanc. Le chômage des jeunes Noirs représente 29 % de la tranche des 20-24 ans. Observons à titre de comparaison que, selon les plus récentes statistiques de l'OCDE, publiées le 21 juin, le chômage en France frappe 24,7 % des jeunes, pourcentage que les prévisions poussent en 1985 à 28,5 %. Les États-Unis sont actuellement le seul pays de l'OCDE où le chômage des jeunes régresse : il est tombé de 17 à 13 % depuis 1982, pour l'ensemble de la population. Grâce aux programmes sociaux, le pourcentage d'Américains vivant au-dessous de ce qu'on appelle la « ligne de pauvreté » a été réduit des deux tiers en un quart de siècle. Il était de 6,8 % de la population en 1979, pour remonter depuis 1980 et baisser de nouveau ensuite : il est de 8 % en 1984, contre 22,4 % en 1959. Une grande partie de l'aide sociale est une aide aux études. Il y avait 522 000 étudiants noirs inscrits dans l'enseignement supérieur en 1970 et 1 127 000 en 1982. Nous n'avons en France que 850 000 étudiants, alors que la population totale noire américaine équivaut en gros à la moitié de la nôtre.

Ainsi, malgré la crise, et plus encore avec la reprise, la société américaine, comme d'ailleurs toutes les sociétés qu'on laisse fonctionner en économie de marché, demeure une énorme mélangeuse égalisatrice, une puissante machine à fabriquer de la classe moyenne.

Elle aura grand besoin de cultiver ce talent dans les années à venir. Car le grand fait nouveau de ces dix dernières années, aux États-Unis, avec la baisse de la démographie, c'est la montée de l'immigration. Entre 1970 et 1980, les États-Unis ont accueilli 4 493 000 immigrants légaux et entre 3 et 5 millions d'immigrants clandestins, soit entre 8 et 10 millions de nouveaux résidents en dix ans : la plus forte injection d'étrangers depuis les grandes vagues d'avant 1914. Mais, surtout, jusqu'en 1960, 82 % des immigrants étaient d'origine européenne ; 18 % seulement le sont encore, depuis 1970 ! Tous les autres proviennent d'Amérique latine et d'Asie. Si le courant actuel se prolonge, et l'on voit mal ce qui pourrait le modifier, dans un siècle moins de la moitié des citoyens américains seront d'origine européenne. Cela peut comporter certaines conséquences historiques pour l'Europe.

6 août 1984

Une idée neuve pour comprendre le monde

Le grand historien de l'art Edgar Wind avait coutume de dire que les découvertes reposent pour la plupart sur une idée à la fois extrêmement simple et parfaitement inattendue. Peu de livres illustrent autant cet aphorisme que ceux d'Emmanuel Todd, surtout depuis son *Invention de la France*[1] et sa *Troisième Planète*[2].

Le premier de ces deux ouvrages part de la constatation d'un échec, ou d'un paradoxe : c'est que l'on ne parvient pas, en France, à trouver de coïncidence satisfaisante entre la carte des comportements électoraux et celle des facteurs économiques et sociaux. Ce ne sont pas nécessairement les régions les plus pauvres ou les plus industrielles qui votent ou votaient communiste ; et, en 1981, par exemple, ce n'est pas toujours dans les régions les plus affectées par la crise et le chômage que le vote de gauche a le plus augmenté. Grattant sous la surface des motivations conscientes, Emmanuel Todd découvrait une relation entre des structures fami-

1. Hachette, coll. Pluriel, 1981. En collaboration avec Hervé Lebras.

2. Seuil, 1983.

liales fort anciennes (il y en a de plusieurs types en France, selon les régions) et la stabilité de certains comportements électoraux.

Dans *La Troisième Planète,* il élargissait sa méthode et recherchait les corrélations entre structures familiales et systèmes idéologiques dans le monde. Il tentait, en particulier, de répondre à l'une des questions les plus obsédantes de notre temps : quelles sont les origines de l'idéologie totalitaire ?

Car on a échoué, en définitive, à trouver une explication purement politique, économique ou sociale du totalitarisme. Rationnellement, on ne trouve aucune cause permettant de comprendre complètement pourquoi dans tel pays et non ailleurs des êtres humains s'enferment dans un système qui les nourrit mal, détruit leur liberté, voire les précipite dans la mort collective.

Les interprétations de la politologie classique tournent court. Sur ce terrain, on se borne à s'étonner : « C'est incroyable, mais c'est ainsi. » Donc il fallait chercher une autre dimension. L'hypothèse d'Emmanuel Todd consiste à déterrer, sous le raisonnement politique, des substrats familiaux, analysés et catalogués depuis longtemps, mais que personne n'avait songé à mettre en rapport avec les systèmes idéologiques. Le système familial qui, selon lui, prédispose le plus au totalitarisme est la famille dite *communautaire exogame,* famille *égalitaire et autoritaire* dans laquelle les rapports *entre générations* sont autoritaires et les rapports *entre frères* égalitaires. On retrouve ce modèle dans presque tous les pays où le communisme a triomphé. On ne le trouve pas là où la société civile rejette avec acharnement un communisme imposé : en Pologne, par exemple.

Il était tentant et logique d'appliquer la même

grille à l'énigme du développement. En effet, aucune des explications du sous-développement proposées jusqu'à aujourd'hui n'est satisfaisante, en particulier aucune des explications purement économiques. De plus, on ne peut remédier au sous-développement si l'on ne sait pas d'abord à quoi est dû le développement. On ne prend garde habituellement qu'à un seul de ses aspects, le décollage économique, qui constitue bien plutôt la *manifestation* que la cause du développement. D'autant que le développement est un processus long, s'étendant parfois sur plusieurs siècles. Les éléments constitutifs du décollage économique européen de la fin du XVIIIe siècle commencent à se mettre en place dès la fin du Moyen Âge, et peut-être même plus tôt. Le développement industriel ne représente qu'un segment d'un ensemble, et pas le premier en date dans la séquence.

Le premier, en fait, c'est l'alphabétisation. Emmanuel Todd aligne toute une série d'exemples montrant, dans le passé ou dans le présent, comment toute société qui « décolle » se trouve avoir franchi, quelques décennies auparavant, le seuil d'alphabétisation décisif de 50 % de la population ou, critère plus expressif encore, de 70 % des jeunes compris entre 15 et 25 ans. Ainsi, la Suède et la Suisse, au XIXe siècle, pays encore presque entièrement ruraux, sont en même temps les plus alphabétisés d'Europe, ce qui explique la rapidité de leur décollage industriel ultérieur. Vers 1850, l'Allemagne a droit aux sarcasmes de Marx, qui la juge arriérée, provinciale, à l'écart du progrès industriel ; en 1880, elle aura dépassé l'Angleterre et pris le leadership mondial dans l'industrie de pointe de l'époque, la chimie. La raison en est claire : au moment même où Marx se moquait d'elle, l'Allemagne venait d'atteindre le taux critique d'alphabétisation. La soudaineté des essors japonais et sud-coréen récents ne devient intelligible que par rapport à un arrière-plan culturel semblable. Le développement culturel précède le développement industriel, ou, pour mieux dire, le développement est d'abord culturel.

Mais pourquoi certaines sociétés se mettent-elles à s'alphabétiser ? Déjà dans *Lire et écrire* (1977), ouvrage retraçant l'alphabétisation française, Furet et Ozouf diagnostiquaient dans le processus d'alphabétisation une « mutation anthropologique » assez spontanée, une « invention du village plutôt que de l'État ». Pour Emmanuel Todd, cette mutation prend racine dans une structure familiale bien précise, dont la détection l'amène à réintroduire dans la théorie du développement son hypothèse explicative générale.

Cette structure familiale se caractérise par un âge du mariage relativement élevé (souvent supérieur à 20 ans ou même à 25 ans), une faible différence d'âge entre le mari et la femme, favorisant donc l'autorité maternelle, de même que la favorise un système de succession bilatéral, c'est-à-dire aussi bien par les femmes que par les hommes. Famille, d'autre part, qui est autoritaire dans le rapport des parents et enfants, avec prépondérance maternelle, mais inégalitaire dans le traitement successoral des frères. Selon l'auteur, ce type familial, qui « assure un maximum de pouvoir maternel dans l'éducation des enfants » et « l'allongement du processus d'apprentissage humain nécessaire au développement culturel », constitue le facteur anthropologique le plus propice et le plus prédisposant au développement. Ce n'est pas le seul, bien sûr. D'autres types comportent des prédispositions plus ou moins fortes, d'autant qu'elles peuvent être secondées par des poussées venues de l'extérieur. Mais c'est dans la société où prédomine la structure familiale autoritaire, féministe et inégalitaire qu'est né, de façon endogène et non importé, le développement moderne. Surtout, le renversement fondamental de perspective tient à ce que, dans *L'Enfance du monde,* le déterminisme culturel prime le déterminisme économique.

L'auteur n'est certes pas exempt d'esprit de système ni de cette affection connue qu'on pourrait nommer le dogmatisme autopersuasif des sociologues. Sous prétexte que l'Angleterre (à la différence de l'Écosse) n'a pas tout à fait le système familial idoine, il refuse quasiment d'homologuer comme sérieuse la révolution industrielle anglaise. Ledit système familial étant autoritaire, Todd semble juger (en s'appuyant sur les cas de l'Allemagne et du Japon) que démocratie et développement ne sont pas forcément compatibles. Or ces deux pays se sont précisément le plus développés dans leurs périodes démocratiques ; et partout ailleurs, la triade capitalisme-démocratie-développement reste, malgré tout, une des plus fréquentes et mieux attestées de l'histoire. Et que dire de l'influence des droits de propriété ! On peut également opposer à l'auteur que développement culturel et alphabétisation ne sont pas exactement synonymes. Une société peut manifester une grande créativité scientifique, technique, organisatrice à l'échelon de ses élites (comme l'Angleterre des XVIIe et XVIIIe siècles, précisément) sans que ses masses soient encore très alphabétisées.

Il est vrai qu'Emmanuel Todd reconnaît tout le premier que son modèle explicatif est d'un maniement plus flou dans l'étude du développement que dans celle des idéologies politiques. Quelles que soient les objections et discussions que ce livre suscitera, elles ne seront pas vaines. Un débat d'un type nouveau sur le développement est ouvert, autour d'un dossier où il y avait longtemps qu'une idée vraiment originale n'avait pas été versée.

1er octobre 1984

L'Enfance du monde d'Emmanuel Todd, Seuil.

Les deux sociétés

De l'ignorance à l'anathème : ainsi pourrait s'intituler le mélodrame que jouent les derniers marxistes face à la soudaine redécouverte ou découverte des classiques de la pensée libérale. Les Français avaient attendu pour commencer à lire Marx le cinquantième anniversaire de sa mort. Il leur a fallu presque le même laps de temps pour remarquer l'existence des critiques du marxisme et pour que les noms de Schumpeter, Hayek ou von Mises émergent de la clandestinité de nos séminaires spécialisés. Encore s'agit-il là d'auteurs étrangers. Mais comment expliquer la longue relégation de Tocqueville ? Le plus grand penseur politique de la France moderne, et l'un de ses plus admirables écrivains, est resté inconnu pour notre enseignement, secondaire ou supérieur, pendant plus d'un siècle.

D'où vient ce refoulement ? Du désir de défendre le mythe selon lequel le libéralisme, c'est la droite, et le socialisme, c'est la gauche ? La lecture des classiques du libéralisme et l'expérience historique nous amènent à reconsidérer ces équations simplettes. Voilà sans doute pourquoi les socialistes préfèrent s'abstenir de savoir. Ils n'envisagent pas sans douleur que le socialisme puisse aggraver la pauvreté, les inégalités, l'arbitraire étatique.

L'actuel système de défense socialiste consiste à dire : le libéralisme abolit toute solidarité sociale. Ce qui est faux : quelles sociétés ont inventé les moyens perfectionnés et coûteux de protection sociale dont nous bénéficions sinon les sociétés libérales ? Ensuite les socialistes distinguent : oui au libéralisme politique, disent-ils, non au libéralisme économique.

Pour le coup, ce n'est plus seulement faux, c'est absurde. Il suffit d'ailleurs de lire Marx pour le comprendre. Car comment peut-on retirer soit la totalité, soit la plus grande partie du pouvoir économique à la société civile pour le remettre à l'État et cependant espérer que les citoyens résisteront aux abus du pouvoir politique ? D'où en tireraient-ils le moyen, alors qu'on vient précisément de les dépouiller des places fortes de leur autonomie ? Aussi les auteurs libéraux ont-ils toujours soutenu (et est-ce là le secret honteux que les socialistes veulent à tout prix tenir caché ?) que la véritable frontière entre gauche et droite passe entre les systèmes où les citoyens conservent l'essentiel de la décision économique et les systèmes où ils la perdent. L'interventionnisme économique réduit toujours les libertés politiques ou les simples « franchises » de l'Ancien Régime.

Dans son *État omnipotent*[1], Ludwig von Mises, l'un des grands économistes viennois, émigré à cause du nazisme, s'amuse à rapprocher les dix mesures d'urgence préconisées par Marx dans le *Manifeste communiste* (1847) avec le programme économique de Hitler. « Huit sur dix de ces points, note ironiquement von Mises, ont été exécutés par les nazis avec un radicalisme qui eût enchanté Marx. »

1. Livre rédigé pendant la guerre (trad. franç. Librairie Médicis, 1947).

C'est le cas, en particulier, de la centralisation du crédit entre les mains de l'État, arme absolue chère aux socialistes conséquents, comme on sait. La puissance de ce moyen n'avait pas échappé non plus à Mussolini, qui créa de surcroît en 1933, afin de superviser les entreprises, le fameux IRI, Institut pour la reconstruction industrielle, organe de direction qui fut et qui reste, aujourd'hui encore, surtout un organe de digestion, engloutissant chaque année en pure perte des milliards de lires.

Tels sont les rapprochements qui éveillèrent la réflexion d'un autre classique de la pensée libérale récemment reconnu en France : Karl Popper, 82 ans, que couronne, depuis quelques jours, le prix Tocqueville. La ligne de séparation fondamentale entre les types de société, nous dit-il, passe entre les « sociétés closes » et les « sociétés ouvertes ». Popper a commencé d'écrire son principal ouvrage politique, *La Société ouverte et ses ennemis,* le jour de l'irruption des troupes nazies dans son Autriche natale. Il l'a publié en Grande-Bretagne en 1945, et ce livre est depuis lors une référence essentielle dans tous les pays de langue anglaise[1]. À la différence de Schumpeter, Hayek et von Mises, Popper n'est pas un économiste, c'est un philosophe des sciences. Mais tous quatre ont en commun une destinée qui explique en partie sans doute leur méfiance forcenée à l'égard des bâtisseurs de systèmes politiques et des orgueilleux réformateurs qui s'imaginent avoir la recette de la bonne société et le droit de contraindre leurs semblables à l'appliquer.

Tous quatre ont vu le jour, en effet, dans l'Europe d'avant 1914 et dans l'Empire austro-hongrois, dont ils ont vécu l'écroulement, à la suite d'une guerre européenne due au délire mégalomane d'États

1. Trad. franç. Seuil, 1979.

rivaux. Entre les deux guerres, ils ont assisté au surgissement des deux totalitarismes, apparemment antagonistes, et constaté la fragilité face à eux des gouvernements démocratiques, bientôt détruits en Russie, en Italie, en Allemagne, en Autriche, en Hongrie, en Tchécoslovaquie. Tous quatre ont alors trouvé refuge dans des pays libéraux, Suisse, Nouvelle-Zélande, Grande-Bretagne, États-Unis, dont ils ont pu apprécier, en dépit de toutes les niaiseries des doctrinaires, les irremplaçables « inconvénients ».

L'idée directrice de Popper est que le succès des totalitarismes ne découle pas uniquement de la fluctuation des rapports de forces. Il repose sur une tendance permanente de la nature humaine, et il exprime un courant très ancien de la pensée d'autant plus dangereux qu'il porte souvent le masque du progressisme. On ne saurait comprendre le totalitarisme, et donc le combattre, si l'on n'en déterre pas tout d'abord les racines intellectuelles.

Qu'est-ce que la société ouverte ? C'est cette société où le principe de l'organisation et du fonctionnement publics part des libertés privées et y ramène, où les citoyens sont égaux devant la loi et ont des droits individuels qu'aucun pouvoir politique, même démocratique, même majoritaire, ne doit pouvoir leur ravir.

Depuis l'Antiquité, les ennemis de cette société ouverte s'appuient sur deux types de raisonnement pour aborder la réalité politique. Le premier, que Popper nomme l'« historicisme », consiste à décréter que l'histoire se dirige selon une nécessité inhérente vers une destination finale, une heure de vérité. On a donc le droit et même le devoir d'écarter, au besoin par la violence, tous les obstacles s'opposant à cette progression vers le Bien. « On », ce sera les rois-philosophes pour Platon, l'État pour

Hegel, le prolétariat pour Marx, le parti pour Lénine, le Führer pour Hitler. Nous reconnaissons là le fameux « sens de l'histoire », dans lequel chacun de nous devrait « aller »[1]. Que Marx puis Lénine aient cru pouvoir annoncer, au terme d'une dialectique assez cocasse, le « dépérissement de l'État » ne change rien à l'affaire. L'annihilation de la sphère privée peut être due au monopole du pouvoir d'État ou à celui du parti : cela revient au même pour les victimes de ce monopole. Le principe de la société close est partout que les dirigeants se fixent un « modèle » en fonction duquel ils se confèrent la mission de redresser et d'épurer le groupe social dont ils s'attribuent la charge.

D'où le second schéma intellectuel totalitaire dénoncé par Popper, il l'appelle « ingénierie sociale » ou encore « technologie sociale ». Selon cette conception, le réel social peut et doit être *entièrement construit,* selon un plan d'ensemble posé au départ. C'est ce que les socialistes baptisent un « projet de société », et Dieu sait qu'ils en ont été prodigues. Le projet se veut une refonte totale du corps social dans chacune de ses parties, à la manière dont Platon élabore depuis les fondations jusqu'à la toiture sa « République », dans les moindres détails. La mise en œuvre de ces programmes, à la lettre « totalitaire », ne peut de toute évidence se faire qu'au moyen du despotisme le plus impitoyable et le plus méticuleux.

Ce despotisme, il faut le souligner, se dessine au stade même des écrits théoriques des partisans de la société close. D'ordinaire, nous aimons à voir dans les philosophes utopistes d'inoffensifs rêveurs, dont les idéaux généreux auraient le seul tort de manquer

1. L'autre ouvrage politique de Popper s'intitule *Misère de l'historicisme*, trad. franç. Plon, 1956, aucun succès ; Pochet n° 22.

de réalisme. Quand l'utopie prend le pouvoir, comme en Russie ou en Chine, ce défaut de réalisme l'amènerait peu à peu à dévier de ses objectifs humanitaires trop ambitieux, et à supprimer les libertés. Il n'en est rien. Tous les auteurs d'utopies inscrivent le système répressif totalitaire dans l'organigramme *initial* de leur projet de société tel qu'ils le conçoivent dans *sa perfection.* La tyrannie traduit l'essence de leur pensée, et non point la difficulté de la mettre en pratique.

C'est le cas dans *La République* et *Les Lois* de Platon, dans l'*Utopie* de Thomas More, dans *La Cité du Soleil* de Campanella ou dans le *Manifeste des égaux,* inspiré par Gracchus Babeuf durant la Révolution française. Mise au pas des récalcitrants, espionnage, surveillance constante du travail et de la vie privée, restriction des déplacements, vêtements et maisons semblables, condamnation à mort des insoumis par le sinistre « Tribunal nocturne » platonicien, dont nul ne connaît les membres, tels sont quelques-uns des « charmes » des utopies, ironise à juste titre Igor Chafarévitch dans son *Phénomène socialiste*[1]. Le *Manifeste communiste* et *Mein Kampf* prévoient le travail obligatoire pour tous, avec constitution d'armées de travailleurs, entraînées, encadrées et commandées comme toute armée l'est ou devrait l'être. Pour Hegel, l'État est supérieur à l'individu, il le transcende et seul lui permet de s'accomplir, en lui imposant son autorité complète d'instrument du devenir historique.

Ces écrits constituent donc avant tout des témoignages sur leurs propres auteurs. Ils montrent que la prédication totalitaire occupe avec continuité un secteur important de la production intellectuelle des hommes, avec, sur les masses, une influence des

1. Seuil, 1977.

plus amples, et auprès des élites, un succès d'estime parmi les flatteurs.

Peut-être le libéralisme n'est-il somme toute que l'ensemble confus des résistances de l'humanité aux idées fixes persistantes qui tendent à la purifier en l'asservissant.

12 novembre 1984

Matisse en pleine lumière

Les écrits sur l'art constituent peut-être, de toutes les branches de la littérature, l'une des plus périssables. Les sommets du genre critique, les *Curiosités esthétiques* de Baudelaire, *Les Maîtres d'autrefois* de Fromentin, les *Salons* de Diderot[1], pour ne me référer qu'aux plus grands et au passé, gardent-ils beaucoup de lecteurs aujourd'hui ? L'histoire de l'art au sens strict a su quant à elle montrer en notre siècle à quel point elle était utile et même indispensable à la vraie compréhension de la beauté, car le monde des formes et des couleurs n'est pas séparable de l'ensemble d'une culture et de ses clefs. Mais on ne saurait dire qu'elles atteignent le grand public, ni même le public dit « cultivé », lequel se presse aux expositions en croyant à l'infaillibilité de sa seule perception.

Enfin, il existe une troisième catégorie d'écrits sur l'art, celle des grands essais spéculatifs, dont l'exemple le plus connu à notre époque reste *Les Voix du silence* de Malraux. On peut se demander si leur fonction ne consiste pas à suppléer chez le lecteur le défaut de sensibilité personnelle par des

1. Que l'on vient de fort bien rééditer chez Hermann (2 vol.).

adjuvants rhétoriques, des aphrodisiaques verbaux. L'interprétation visionnaire peut contribuer, certes, à élever le débat, mais aussi à en sortir jusqu'au ridicule : en une démonstration cruelle, Meyer Schapiro a poliment mis en lumière le contresens commis par Heidegger dans son commentaire d'un tableau de Van Gogh[1].

Fort heureusement, la brume de ces considérations pessimistes est parfois dissipée par le clair soleil d'un livre qui, comme le *Matisse* de Pierre Schneider, se garde des dangers majeurs de la littérature sur l'art et en réunit les principales qualités possibles. L'ouvrage de Schneider constitue d'abord un monument, une somme, le fruit de longues recherches et d'une synthèse maîtrisée ; cela devient un texte de référence et la base d'une information sûre. C'est ensuite ou en même temps une histoire, un récit : ceux d'un homme, d'une création, mais aussi d'une époque, de toute la délibération esthétique d'un temps fertile, plus que tout autre, en révolutions picturales.

À cet égard, le *Matisse* de Schneider est une mine de citations, d'extraits de lettres, d'articles, de conversations rapportées qui permettent de s'immerger dans le climat intellectuel et artistique de la longue carrière de Matisse, et, pour commencer, de cette période de mutation et de gestation créatrices qui sépara la fin de l'impressionnisme des premières affirmations originales de l'art du XXe siècle. Comment pensaient ces jeunes artistes ? Comment se voyaient-ils et s'exprimaient-ils ? Rien ne vaut la saveur de ces sources pour revivre de l'intérieur un moment culturel.

Puisque j'ai mentionné Schapiro, je ne puis

1. *Style, artiste et société*, de Meyer Schapiro, Gallimard, « Bibliothèque des sciences humaines », pp. 149-160.

m'empêcher d'appliquer une de ses phrases sur la relation de Fromentin avec Rubens à la relation de Pierre Schneider avec Matisse : « À chaque page du livre [1], lisons-nous, nous pressentons l'humanité plénière de l'art et nous sentons l'humanité de l'attitude critique. Quand Fromentin s'enthousiasme pour Rubens, il ne fait que juger une certaine qualité de la vie humaine. Il s'est fait une image de la grandeur de l'homme, et quand il la rencontre dans un tableau, son cœur bat, son genou fléchit. »

Quelle gageure d'écrire sur Matisse, ce peintre dont la perfection défie toute logomachie, chez qui la beauté sereine « et la grâce plus belle encore que la beauté » ridiculisent à l'avance tout pédantisme, toute « théorisation » ! On ne trouve chez Matisse ni les redites de Bonnard ni les cascades de Picasso. Chez lui, la création continue n'a besoin ni de la sécurité ni de la provocation. Il n'a jamais fabriqué de manifeste, décoché de paradoxe, simulé d'autodafé. À quoi donc accrocher le discours ?

À la fois extrêmement intelligent et fort peu théoricien, non par incapacité mais par méfiance, Matisse répondait aux questions et exprimait ses idées surtout... en peignant. Non que les confidences et indications qu'il a données sur son œuvre soient banales : elles sont simplement concises et se rapportent plus à des faits qu'à des principes. Lorsqu'il parle de sa « découverte de la couleur », grâce à Signac, lorsqu'il évoque sa toile de 1905, *La Joie de vivre,* et déclare, à 82 ans, que depuis lors il a « cherché les mêmes choses avec des moyens différents », il nous donne des *informations* qui ne font qu'un avec le témoignage de sa peinture.

Celle-ci est d'autant moins aisée à caractériser

1. Il s'agit des *Maîtres d'autrefois*, auxquels Meyer Schapiro a consacré un magnifique essai, *op. cit.*, pp. 231-271.

sans lourdeur qu'elle se développe à l'intérieur d'une poétique homogène, engendrant sa propre évolution par degrés insensibles. À regarder la *Nature morte camaïeu bleu* de 1909, l'aquarelle *Intérieur aux aubergines* de 1911, l'*Intérieur au cahier noir* de 1919, on a le sentiment que Matisse a pris possession très tôt de l'intuition centrale dont la suite de son œuvre constituera la variation créatrice incessamment renouvelée.

Aussi le tour de force de Pierre Schneider consiste-t-il à toujours faire adhérer l'historique des conceptions à l'analyse des œuvres. L'écart est presque nul entre ce que Matisse voulait faire et ce qu'il a vraiment fait. L'historien-critique parvient ici à s'insérer lui-même par l'écriture dans cette communion de l'artiste avec lui-même qu'est la création matisséenne. Cette somme érudite constitue aussi une initiation à la beauté, en totale harmonie avec l'œuvre si difficile à commenter qu'elle reconstruit pourtant, au double niveau de ses manifestations successives et de son unité profonde.

19 novembre 1984

Matisse de Pierre Schneider, Flammarion.

1985

Le grand retournement

L'année 1985 verra entrer dans sa phase décisive la grande bataille entre le nouveau courant libéral et les forces anciennes qui s'y opposent : bastions syndicaux, secteurs nationalisés et protégés, bureaucratie d'État, agents subventionnés et privilégiés de tous niveaux. L'issue de cette bataille dépendra au premier chef de l'évolution de la crise : si la reprise se maintient aux États-Unis et au Japon, se précise en Allemagne, s'amorce en Italie, en Espagne, dans le Benelux ; si le gouvernement britannique sort définitivement vainqueur de son long conflit avec les syndicats ; si le Mexique et le Brésil reprennent leur rôle de « locomotives » des économies latino-américaines, on pourra dire que le capitalisme libéral se sera réinstallé dans le monde comme le seul système efficace.

Notons qu'aucun de ces « si » n'est irréalisable ; beaucoup sont même réalisés dans une large mesure. Ajoutons-y les succès connus des économies libérales d'Extrême-Orient, la soudaine adhésion de la Chine (et en Europe de la Hongrie) à l'économie de marché, au moins en paroles, et nous pouvons, je crois, formuler une constatation de caractère historique fort significative.

C'est la suivante : la première crise mondiale

avait déclenché dans les économies du monde entier durant les années 1930 et après la guerre une colossale injection d'interventionnisme, de dirigisme et, dans certains pays, de dictature. La seconde crise, au contraire, dix ans après ses débuts, suscite une mise en question de l'État, un retour vers le marché, vers l'économie libérale et le libéralisme politique.

Les États n'ont rien prévu, rien vu venir, ni la crise pétrolière, ni la crise de la sidérurgie ou de l'emploi, ni la révolution technologique. Bien qu'armés de tous les appareils statistiques et de tous les moyens d'intervention possibles, les technocrates se sont montrés aussi et même plus aveugles que le petit industriel isolé que l'on accable de reproches quand il n'a pas su se moderniser à temps.

D'où la virulence du retournement idéologique et du courant anti-État ou, plutôt, antiétatique, ce qui n'est pas la même chose. L'État, en effet, assume une fonction indispensable, à condition de se borner à celle qui est vraiment la sienne. L'étatisme, c'est le phénomène par lequel l'État se substitue aux autres agents de la société civile. Il les empêche de faire leur travail, et lui-même le fait mal à leur place. Contre cet État-là, contre l'État étatique, les opinions publiques se sont dressées depuis cinq ou six ans.

En France, le retournement prend des dimensions véritablement ahurissantes, dans un pays où la tradition dirigiste avait toujours été forte et bien acceptée, voire souhaitée. Dans un sondage Sofres (*Le Monde,* 6 novembre 1984), on trouve 47 % de « plutôt favorables à une nette réduction de l'intervention de l'État, même si c'est au détriment de la solidarité », contre 27 % seulement de « plutôt favorables au maintien de l'intervention de l'État, même si c'est au prix d'impôts et de cotisations élevés ».

À la question : « Dans quelle société souhaitez-vous vivre dans dix ans ? Une société qui privilégie la redistribution des revenus et où l'État joue un grand rôle ? », 19 % répondent oui. « Une société qui favorise le goût du risque, de l'effort, de l'entreprise individuelle, et où l'État tient un rôle aussi discret que possible », 67 % répondent oui. L'écart est énorme, et donc hautement significatif.

On s'étonne donc une fois de plus du manque de sensibilité aux aspirations populaires dont font preuve les socialistes, quand ils se débattent pour travestir cette mutation profonde en diversion idéologique censément due à une poignée d'« intellectuels de droite ». Ces glapissements sont d'autant plus puérils que le rejet actuel vise l'étatisme de droite autant que le socialisme.

Du reste, l'étatisme est de droite, avant tout. J'entends que, dans ses excès, il est antidémocratique avant tout. Que le prétexte idéologique dont il se réclame soit de gauche ou de droite importe peu. Il n'y a pratiquement aucune différence entre les « dix mesures d'urgence » préconisées par Marx et Engels dans le *Manifeste communiste* et le premier programme national-socialiste. Les socialistes allemands, italiens, espagnols savent bien que les plus grands nationalisateurs de notre siècle, après Staline et Mao, furent Hitler, Mussolini et Franco.

J'emprunterai ma conclusion au socialiste espagnol Miguel Boyer, ministre de l'Économie et des Finances du gouvernement Felipe Gonzalez. Il déclarait à l'hebdomadaire *Cambio 16,* le 3 décembre 1984 : « Nous, socialistes, restons attachés aux idéaux de plus grande égalité et liberté, mais nous n'avons pas à souscrire aux recettes du passé. Les formules d'étatisme et de nationalisations ont démontré qu'elles constituaient des erreurs. L'État, en se développant indéfiniment, ne produit pas de mutation acceptable de la société, n'engendre pas davantage de richesse, n'élargit pas la liberté. »

Il est satisfaisant de voir ainsi un socialiste mettre en relief avec lucidité le caractère inséparable du libéralisme politique et du libéralisme économique. Il prouve bien par là que le débat « étatisme contre libéralisme » ne se ramène pas au débat « gauche contre droite ». La gauche dit souvent : « Oui au libéralisme politique ; non au libéralisme économique. » C'est absurde. La liberté politique et les libertés individuelles reculent inévitablement lorsque les décideurs économiques perdent leur indépendance au bénéfice des décideurs politiques. Et les décideurs politiques font médiocrement le travail de l'État lorsqu'ils se substituent à tous les décideurs naturels de la société civile. Les sociétés totalement étatisées sont aussi des sociétés totalement paralysées.

Janvier 1985

De Tolstoï à Lénine

« L'histoire serait une excellente chose si seulement elle était vraie », dit Tolstoï. Pour qu'elle approche de la vérité, en tout cas, le nombre des qualités requises chez l'historien paraît en effet presque impossible à réunir. Et cela plus encore dans une branche pourtant indispensable à la compréhension de toute civilisation : l'histoire des idées. Parmi les rarissimes bons livres dans ce domaine, n'hésitons pas à placer *Les Penseurs russes,* d'Isaïah Berlin.

Pourquoi ? Parce que l'auteur possède ces dons de psychologue de la culture et cet art de rendre l'abstrait concret sans lesquels on ne saurait restituer le climat intellectuel d'une époque. Pour y parvenir, l'historien doit avoir intériorisé cette période, redessiné non pas uniquement les systèmes philosophiques, qui traînent partout dans des versions exsangues et banalisées, mais surtout ce que j'appellerai le tissu conjonctif de la culture. Tissu fait d'écrits aujourd'hui oubliés ou de personnalités influentes qui n'ont pas écrit. C'est un composé de tous les courants fugaces, antagonistes et obsédants où baignait l'expérience vécue des contemporains. Pour le faire palpiter à nouveau, l'érudition reste muette sans l'intuition.

Isaïah Berlin possède l'une et l'autre. La nouvelle, à vrai dire, ne mériterait pas mention si cet auteur, illustre pour le public de langue anglaise, ne franchissait si tardivement la Manche. Né en 1909 à Riga, dans une famille qui émigra dix ans plus tard en Grande-Bretagne, Isaïah Berlin fit ses études à Oxford, où il devait par la suite enseigner l'histoire de la pensée politique et sociale. Auteur d'une biographie de Karl Marx, d'un *Vico et Herder,* il est surtout le spécialiste de l'essai de longueur moyenne, où il se concentre sur un auteur, un segment d'histoire, un courant de pensée, avec la pénétration du laser. Chez lui, la connaissance intime des sources, la vigueur de la réflexion, le style, stimulant, concis, précis, concourent à la résurrection des univers intellectuels, des hommes qui les créèrent ou les habitèrent.

Ces qualités ne sont certes pas superflues pour nous guider dans la richesse complexe, passionnée, souvent contradictoire, de la pensée russe au XIXe siècle. Disons d'abord que cette pensée a un seul thème : c'est la Russie elle-même. C'est son retard sur l'Occident, son régime autocratique et socialement barbare, ses chances d'évolution et les moyens adéquats de la transformer. La littérature même se refuse le droit d'être purement littérature. Les grands romanciers du temps acceptent, revendiquent le devoir d'exprimer dans le roman une philosophie sociale. Pour eux, l'art ne se conçoit qu'« engagé ». Tourgueniev essuya mille avanies, venues tant de la droite que de la gauche, pour ne l'avoir pas été, disait-on, de façon assez nette. Accusation injuste, puisque ses *Mémoires d'un chasseur* firent prendre conscience, avant tout autre livre, de la condition terrible des paysans.

Bien entendu, à travers l'histoire russe, c'est le problème de l'histoire tout court et de sa signification que veulent résoudre les penseurs russes. À travers la question de l'homme russe, de son « identité culturelle » (dirions-nous aujourd'hui), ils posent la question du sens de la vie. Radicaux et libéraux, populistes et « gradualistes », socialistes et réformistes, slavophiles et amis de l'Occident, démocrates et terroristes instaurent déjà le long débat que tranchera finalement dans les faits la prise du pouvoir par les bolcheviks en 1917.

L'histoire obéit-elle à des lois ? L'homme peut-il maîtriser ces lois, et donc orienter le cours de l'histoire ? Doit-on sacrifier l'individu présent à la félicité collective future ? Le socialisme peut-il se dispenser de respecter les libertés afin de les mieux instaurer dans l'« avenir radieux » ?

Deux des plus grands esprits de l'époque ont répondu par la négative à toutes ces questions. Le premier n'est autre que Léon Tolstoï, que nous voyons trop sous les traits du vieil hippie bavard et hirsute des dernières années, au détriment de la période créatrice, antérieure d'un demi-siècle. Le Tolstoï créateur a soutenu avec force que ceux — Hegel ou Auguste Comte — qui prétendent dégager les lois générales de l'histoire, tous ceux qui disent prévoir un événement ou l'avoir prévu, sont des imposteurs. Déjà les historiens ne peuvent s'accorder sur l'explication d'un événement qui s'est produit. À plus forte raison, comment peut-on se targuer de mettre en scène les causes d'où découleront tels effets précis ?

L'histoire ne suit aucun « livret ». Aussi ses prétendus acteurs ne dirigent-ils rien du tout. Pantins vaniteux, ils feignent seulement de décider et d'agir, dans un tourbillon désordonné où ils voient encore moins clair que leurs prétendus gouvernés. Tolstoï a même écrit tout un roman pour faire sentir sur le vif cette comédie. Ce roman s'appelle *Guerre et paix*.

On remarquera d'ailleurs que les grands romanciers russes sont sans doute les seuls qui aient réussi à faire des romans à thèse tout en restant pleinement romanciers. C'est le cas notamment aussi de Dostoïevski dans *Les Démons* ou de Tourgueniev dans *Pères et fils*.

Un autre écrivain a mis en accusation les prétendus détenteurs des secrets du processus historique, coupables selon lui de vouloir fonder de nouvelles tyrannies : c'est Alexandre Herzen (1812-1870), dont le talent justifierait une résurrection [1]. Il mérite en effet l'attention plus que Bakounine, séduisant mystificateur, insoucieux de la cohérence et des conséquences de ses théories, plaisantin idéologique, dont Isaïah Berlin trace un portrait plein de cruelle sympathie. C'est Herzen qui représente avec verve et sérieux le radicalisme individualiste. Adversaire intransigeant des vieux despotismes (il fut déchu de la nationalité russe par la police tsariste et mourut en exil), il se méfie tout autant des tyrannies qui pointent. L'échec à ses yeux des deux révolutions de 1789 et 1848, à cause de ceux qui ont voulu « sans modifier les murs de la prison leur donner une nouvelle fonction », lui dicte des propos sévères sur les Français : « Il n'y a pas au monde un peuple qui ait fait verser autant de sang pour la liberté que les Français, et il n'y en a pas qui cherche moins à la réaliser dans la rue, au tribunal, au foyer. Les Français se font une idole de tout, et malheur à celui qui ne plie pas le genou devant l'idole du jour. Partout ce n'est que dualisme, abstraction, devoir abstrait, vertus obligatoires, mora-

1. Disponibles en français : *De l'autre rive* et *Lettres de France et d'Italie. Essais politiques*, Éditions Ressources. Et surtout sa magnifique autobiographie, *Passé et Méditations*, L'Âge d'homme.

lisme officiel et rhétorique, sans relation aucune à la vie vraie. »

La Russie par la voix de son *intelligentsia* (le mot et le phénomène sont une création de la culture russe du XIXe siècle) rompait ainsi avec le modèle occidental, rejeté aussi bien par les réactionnaires partisans de l'autocratie que par les révolutionnaires. Les populistes des années 1860-1880 fabriquèrent donc une sorte de tiers-mondisme intérieur : la Russie devait sauter par-dessus la phase capitaliste et démocratique pour aboutir sans délai au gouvernement direct par la paysannerie socialiste. Ces idées ne furent pas sans influencer Lénine. Elles servirent aussi d'alibi au terrorisme, lequel ne choisit pas toujours bien (ou choisit trop bien ?) ses cibles : sa victime la plus spectaculaire fut le tsar Alexandre II, assassiné en 1881, alors qu'on lui devait l'abolition du servage !

Peu à peu fut vaincu le courant de la pensée russe qui considérait la liberté et le bonheur individuels, actuels et concrets, comme les seuls critères de progrès. Herzen, d'ailleurs, faisant mentir Tolstoï, avait prédit cette orientation de l'histoire. « Le socialisme ira se développant dans toutes ses phases, écrit-il, jusqu'à ce qu'il atteigne ses extrêmes et ses absurdités. Alors s'échappera de nouveau du sein titanesque de la minorité en révolte un cri de refus, et la lutte à mort recommencera, où le socialisme prendra la place du conservatisme actuel et sera vaincu par la révolution à venir, que nous ne connaissons point encore... » Décidément, le moment paraît venu de redécouvrir Alexandre Herzen !

14 janvier 1985

Les Penseurs russes d'Isaïah Berlin, traduit de l'anglais par Daria Olivier, Albin Michel.

L'homme atrophié

Comprendre le fonctionnement de l'univers soviétique et des sociétés communistes en général, c'est d'abord, bien sûr, en reconstituer l'histoire et les structures politiques, économiques, militaires, culturelles. Cette synthèse, Michel Heller, l'historien et politologue qui fut lui-même citoyen soviétique et qui vit et enseigne en France depuis 1969, nous l'a donnée avec la déjà classique *Utopie au pouvoir* (1982, en collaboration avec A. Nekrich). Mais pour comprendre l'univers soviétique, il faut appréhender en outre quelque chose de plus : la formation, disons plutôt le dressage de l'homme soviétique.

Dès le commencement du régime, les bolcheviques ont affirmé avec franchise que leur but ne se limitait pas à des réformes économiques et sociales, si radicales fussent-elles, mais consistait surtout à élaborer un *homme nouveau.* Il s'agissait d'extirper de l'homme réputé ancien ses manières de penser, ses mœurs sociales, familiales, sa religion, sa culture, sa façon même de travailler, pour créer l'*Homo sovieticus,* appelé à détrôner et à dépasser l'*Homo sapiens.*

C'est l'histoire de cette destruction et de cette reconstruction que retrace dans ce nouveau livre

Michel Heller, avec autant de maîtrise dans l'exposé des conceptions générales que de précision dans la peinture des détails concrets, les petits faits quotidiens du totalitarisme soviétique. Staline l'avait dit : « L'homme soviétique, c'est un rouage », et Khrouchtchev répétera trente ans plus tard pour définir sa mission : « Il faut bien que quelqu'un surveille les rouages. » D'où le titre du livre, car l'*Homo sovieticus* ne doit, ne peut exister que comme rouage d'une machine, l'État-Parti. C'est en quelque sorte la théorie de « l'homme-boulon ».

L'éducation socialiste tend donc à évider l'homme pour le remplir et le remodeler en fonction de la société nouvelle. Ce programme ne date pas du stalinisme triomphant. Il est celui de Lénine, de Boukharine, de Trotski. Les « liquidations physiques » et les premiers camps de rééducation font leur apparition dès 1918, ainsi que la Tcheka.

Ce processus n'a rien de spécifiquement russe. On le retrouve à la source de tous les régimes communistes. Samora Machel, au Mozambique, proclame en 1976 : « Nous menons une lutte des classes pour créer un homme nouveau. » L'idée fixe, transformer la nature humaine par la contrainte, se retrouve chez les dirigeants vietnamiens et albanais, chez Mao et chez Castro. Elle va jusqu'au bout de sa logique avec les Khmers rouges. Ce n'est pas là une conséquence de telle ou telle tradition historique, c'est un fait idéologique partout identique, quel que soit le contexte national.

Pourquoi ? Peut-être en partie parce que les dirigeants du Parti-État se rendent compte très vite que leur système, loin de régénérer la vie, la rend pire. Ne pouvant améliorer la réalité, les chefs communistes s'attachent à transformer la façon dont les hommes la perçoivent. Ils les forcent à la trouver bonne, et ils les conditionnent à cet effet. C'est la raison pour laquelle, écrit Michel Heller, « l'histoire de l'Union soviétique peut, en fin de compte, être ramenée à l'histoire de la formation de l'homme soviétique ». Heller raconte par le menu les divers procédés qui concourent à cette formation, à cette infantilisation. Par quelles méthodes a-t-on fabriqué l'homme dépendant ?

D'abord en le brisant par ces apocalypses que furent la collectivisation forcée et la terreur, chocs gravés à jamais dans sa conscience collective. La première ne fut que la phase haute d'une opération sans cesse poursuivie de destruction de toutes les sphères d'autonomie : la famille, la religion, la culture, le travail, l'éducation, le voyage, la connaissance, la recherche. Quant à la « grande » terreur, elle constitua le paroxysme d'une terreur endémique, visant à entretenir l'homme soviétique dans un état constant de peur. Tout citoyen soviétique doit se sentir un coupable en puissance.

Et il l'est ! Car l'économie soviétique est si désorganisée que le Soviétique ordinaire ne peut survivre qu'en se mettant de façon chronique en situation d'infraction. Sans marché noir, sans corruption, sans vol sur les lieux de travail, sans absentéisme injustifié, il lui est impossible de se nourrir, de se vêtir, de se loger, de se faire réellement soigner, de réparer les ustensiles les plus courants, de trouver le temps de faire la queue. À tout instant donc, et selon le bon plaisir des autorités, le Soviétique peut se voir interpellé comme le délinquant qu'il est en effet par nécessité. C'est d'autant plus facile que tout Soviétique est également contraint de devenir délateur et vit donc entouré de délateurs.

La plupart des commentateurs occidentaux n'ont pas compris, lorsque Andropov a décidé de lutter contre la « paresse » et la corruption, qu'il s'agissait non pas d'accroître l'efficacité économique du pays, mais d'un scénario récurrent de répression. Andropov savait fort bien que l'acceptation tacite du mauvais travail fait partie du système. Quant à la corruption, dans un régime où l'État est tout, elle est partout. Pour l'extirper, il faudrait commencer par arrêter les dix-huit millions de membres du PC soviétique. Ce que les commentateurs ont pris pour une réforme économique n'était qu'une opération policière d'intimidation. Andropov était bien placé pour savoir que l'économie soviétique est imperfectible, du moins sans risque pour l'équilibre politique du système. « Le système soviétique est pareil à un œuf : parfaitement adapté à sa fonction, mais impossible à modifier sans le briser », estime Michel Heller, qui ajoute, dans une autre lumineuse et lapidaire formule : « Les vices de l'économie du pays sont les qualités mêmes de son système politique. »

La planification universelle illustre à son tour ce principe. Contrairement à d'ingénues croyances occidentales, les plans quinquennaux soviétiques n'ont aucune fonction économique. La réalisation, voire le « dépassement » (obligatoire) du plan sont des fictions statistiques. Leur véritable fonction est l'encadrement et le contrôle. Chaque entreprise, chaque établissement, usine, kolkhoze, hôpital, restaurant, école, prison, camp, a son plan, dicté par le Parti. Un ministre français de l'Éducation, en voyage à Moscou, admirait naïvement qu'en URSS le taux de redoublement des élèves ne fût que de 0,5 % des effectifs. Pardi ! Le professeur doit « remplir son plan » et, pour cela, mettre de bonnes notes à la quasi-totalité des élèves, de manière à faire apparaître la « forte progression » du rendement scolaire. Il est vrai, comme on pouvait le lire dans la *Pravda* (14 avril 1984), que « le fondement intangible de l'éducation communiste des apprenants consiste à développer en eux une conception marxiste-léniniste du monde[1] ».

Le résultat de sept décennies de laminage est l'*Homo sovieticus* actuel, sorte d'esclave consentant. Il est donc bien un facteur de stabilité du système, ce qui était le but visé par Lénine.

Mais ce système aurait-il pu s'imposer durablement à un tiers de l'humanité sans qu'existe au cœur de tout homme un secret désir de totalitarisme ? Michel Heller ne traite pas cette question angoissante, bien qu'il la pose. Il fait observer, par exemple, que la langue de bois soviétique est devenue l'espéranto de la politique internationale, même chez ceux qui ne sont pas obligés de l'employer. La première hagiographie de Staline, hymne abject à la tyrannie, n'est-elle pas l'œuvre d'Henri Barbusse, citoyen d'un peuple libre ? Si grand est l'échec économique et culturel du communisme qu'il rend d'autant moins explicable sa réussite politique par des moyens totalement extérieurs à ses victimes.

11 mars 1985

La Machine et les rouages de Michel Heller, traduit du russe par Anne Coldefy-Faucard, Calmann-Lévy.

1. On comprend mieux la récente interruption frauduleuse du championnat du monde d'échecs si l'on sait que, pour l'URSS, le jeu d'échecs fait aussi partie du système de pouvoir. Dès 1922, N. Kryenko déclarait au congrès de la Fédération soviétique d'échecs : « Il faut en finir avec la neutralité aux échecs. Il faut commencer immédiatement la mise en œuvre d'un plan quinquennal. »

La révolution reste à faire

La majorité d'électeurs français qui vient, pour la quatrième fois, de marquer sa défiance aux socialistes n'en nourrit pas moins des doutes sur la capacité de l'opposition à gouverner. Somme toute, à un Fabius qui fait du Barre succéderait un Barre qui ferait du Fabius. Les socialistes n'ont-ils pas déjà parcouru la moitié du chemin ? Dans une Assemblée en caoutchouc, les cohortes versatiles issues du scrutin proportionnel s'exerceraient au libéro-dirigisme et au socialo-reaganisme.

Un exemple ? Valéry Giscard d'Estaing proclame, en janvier dernier, qu'il ne reviendra ni sur la cinquième semaine de congés payés, ni sur la retraite à 60 ans. VGE a-t-il bien perçu le message libéral de l'opinion ? Elle souhaite voir l'État cesser une fois pour toutes de prendre ce genre de décision dans l'abstrait pour l'ensemble du territoire. Supposons que se trouvent demain en France quinze mille entrepreneurs prêts à créer chacun une entreprise de vingt-cinq salariés. Mais ils ont fait leurs calculs : leur affaire ne sera viable que si les employés acceptent quarante et une heures de travail par semaine et quatre semaines de congé. L'État va-t-il leur interdire de créer trois cent soixante-quinze mille emplois nouveaux ?

Quel sort est le plus inhumain, chômer des années ou prendre une semaine de vacances de moins ? Quel don de double vue pour la suite des temps peut autoriser à édicter que rien ne nous amènera jamais à revoir nos horaires actuels ? Et que doit-on juger le plus réactionnaire : avoir réduit la durée du travail dans un des pays industriels qui, déjà, travaillait le moins, et être monté d'un million sept cent cinquante mille à trois millions de chômeurs (selon les derniers chiffres d'André Bergeron) ; ou bien laisser des entreprises tourner davantage pour susciter des emplois [1] ?

La seule réduction saine de la durée du travail résulte de l'amélioration de la productivité. Seule la productivité, en croissant, permet, comme ce fut le cas de 1950 à 1975, d'obtenir à la fois le plein-emploi, la diminution de la durée du travail et l'augmentation du pouvoir d'achat. Il n'est jamais à la portée de l'État de fabriquer aucun de ces trois paramètres. Quant à la retraite obligatoire à 60 ans — et en pratique, la retraite a été infligée depuis 1981 à de nombreux actifs de moins de 60 ans —, sur quelle base garantir que personne n'y touchera jamais ?

Les politiques se bornent à notifier aux citoyens : « Je vais vous rédiger un autre texte à prononcer, un texte moins dirigiste, plus libéral », mais ils insistent toujours pour que ce soit eux qui le rédigent. Quant au néolibéralisme, on en a tellement parlé que chacun ne s'y réfère plus désormais que comme à une « tarte à la crème », alors qu'il n'a pas reçu le moindre début d'application. En effet, le prétendu néolibéralisme du gouvernement Fabius se

1. On sait que, d'après André Bergeron, comme d'après les calculs de Lionel Stoleru, un écart croissant sépare le nombre des chômeurs inscrits du total des sans-travail effectifs.

limite à une opération de secours. Mais il ne suffit plus de cultiver un « consensus » centriste ou central sur le perfectionnement de nos béquilles et la bonne tenue de nos corsets. Il s'agit de savoir si la France peut revenir à la haute compétition.

Pour qu'elle y parvienne, il lui faut non pas un compromis, mais une métamorphose. Cette volte-face doit l'arracher aux liens où l'ont enserrée non seulement les socialistes, mais, pour une vaste part aussi, les anciennes majorités. Si l'opposition s'y sent prête, qu'elle l'annonce. Si elle se sent intimidée par la perspective d'un bouleversement, il faut presque souhaiter que les socialistes gardent le pouvoir encore pendant deux ans, ou du moins ne le perdent qu'à moitié, fût-ce au prix d'une prothèse électorale. C'est la réalité, après tout, qui donne les meilleures leçons. Peut-être faut-il attendre qu'elle ait fini de persuader les Français de la profondeur des transformations qui leur sont nécessaires.

La société française fonctionne aujourd'hui selon une logique cancéreuse qui n'est pas très éloignée des maux de la monarchie finissante, tels que les décrivaient les manuels scolaires de la IIIe République. À savoir : un secteur productif de plus en plus accablé, entretenant un secteur parasitaire de plus en plus pléthorique. Ce genre de système se détruit lui-même, puisque le secteur parasitaire doit y pressurer toujours davantage le secteur productif qui, anémié, produit de moins en moins. Plus il rétrécit, plus les prélèvements sur les parties vives augmentent, jusqu'à menacer leur existence propre.

Par secteur parasitaire, je n'entends naturellement ni les retraités, ni les malades, ni les chômeurs indemnisés, qui ne font que jouir d'un droit. J'entends les faux actifs, qui vivent d'argent public, entreprises, associations ou individus, sans que jamais l'usage qu'ils en font n'affronte le critère du marché ou d'un véritable contrôle par l'État. Pourquoi l'État, au demeurant, combattrait-il un secteur qui, pour une large part, lui appartient directement, ou bien entretient sa clientèle politique ? Doivent figurer aussi dans le coût national du parasitisme les nombreux citoyens qui exercent une activité d'une utilité sociale indéniable, mais rémunérée très au-delà de sa valeur, soit en argent directement, soit en temps libre, en primes discrètes, en dégrèvements, en fournitures au rabais, en passe-droits. Assez de Français heureusement ont lu le *Toujours plus !* de François de Closets pour que je me dispense de revenir en détail sur ce dossier de nos hémorragies internes.

Un autre livre vient de paraître, *Le Bazar de la solidarité,* de Louis Bériot (J.-C. Lattès), qui mérite un grand retentissement. L'auteur y montre, dossiers, faits et chiffres à l'appui, comment la loi de 1901 sur les associations, loi noble et démocratique en son essence, a permis la création, à côté d'associations certes parfaitement désintéressées, d'une horde de machines à soutirer des subventions, souvent détournées ensuite vers des partis politiques. Certains puissants comités d'entreprise de services publics, EDF ou SNCF, grassement financés par les usagers et les contribuables, servent notoirement de vache à lait au PCF.

L'économie dite sociale (mutualité, coopération, syndicats, associations) emploie un million deux cent mille salariés, dont six cent mille pour les seules associations, soit environ cent milliards de salaires par an, dont la majeure partie provient de subventions. En apparence philanthropiques, trop d'associations ou de fondations, écrit Bériot, « ne sont que des sinécures, des succursales de partis politiques, des fonds de commerce, des officines d'intérêts particuliers, ou encore des forteresses corporatistes ». Une des formes les plus sournoises de pillage des fonds publics consiste dans les fameuses « mises en disponibilité » de fonctionnaires qui continuent à émarger à leur ministère tout en devenant permanents d'un syndicat hautement politisé ou d'associations liées à un parti, tels les très socialistes clubs Léo-Lagrange (qui ont vu leurs crédits tripler de 1981 à 1982) ou les « Francs et Franches Camarades ». Le cadeau involontaire des camarades contribuables à tous ces fonctionnaires détachés, surtout de l'Éducation nationale, s'élève franchement à un milliard par an. N'oublions pas la culture : ainsi, telle association, qui compte sans doute peu d'ennemis acharnés du ministre, a encaissé une subvention pour étudier... « la zone entre le mythe et la réalité ».

Les sociétés nationalisées entrent-elles dans la « zone » de cette exquise étude ? C'est un point à éclaircir avec d'autant plus d'urgence que la restructuration risque d'être laborieuse, là aussi. Mais à quoi bon changer de majorité si c'est pour entériner les acquis ? Car enfin, il est très superficiel, ce cliché fréquent qui consiste à dire qu'« il n'y a pas tellement de différence » entre une logique d'État et une logique de marché. La question est de savoir si l'économie sera un jour rendue pour l'essentiel à la société civile ou si elle continuera d'être gérée, de façon prédominante sinon exclusive, selon les règles de la bureaucratisation et de la politisation. Si l'on veut casser cette évolution, une large tranche de dénationalisations rapides s'impose, notamment celle du crédit. Si on ne veut pas la casser, qu'on ne parle pas d'alternance. Au moins, que l'on démocratise le secteur nationalisé en consultant les actionnaires, c'est-à-dire les contribuables. On parle souvent de l'« État actionnaire », lequel vient par exemple de verser trois milliards à Renault. Mais l'État n'est pas actionnaire : il est le conseil d'administration. Les vrais actionnaires, qui viennent d'accorder (à leur insu) encore douze milliards au secteur public, ce sont les citoyens.

Enfin, remettre la France sur le chemin de la modernité exige que l'enseignement et la recherche soient rendus à leur vraie fonction. L'actuel ministre de l'Éducation a obtenu un vif succès en proclamant que désormais il fallait apprendre à lire et à écrire à l'école. C'est exact, mais ce n'est pas tout à fait suffisant. Notre CNRS est un monstre dominé par les groupes de pression syndicaux, le clientélisme, l'archaïsme et la partialité. Aussi longtemps que les voix non scientifiques auront la majorité dans les conseils scientifiques des universités comme du CNRS, nous continuerons à perdre du terrain devant nos principaux concurrents. Sait-on que les États-Unis ont produit l'an dernier deux cent mille diplômés scientifiques de haut niveau et ingénieurs de pointe ? Le Japon, quatre-vingt-dix-sept mille (plus que l'Europe occidentale tout entière), et la France, vingt-quatre mille ? La démission de Jean Dorst de la direction du Muséum illustre bien qu'en France, quand un conflit oppose les savants et les commissaires politiques à la tête d'une grande institution scientifique, c'est la science qui a le dessous.

Il y a fort à parier que la prochaine alternance ne sera donc pas une alternance seulement par rapport à 1981 : elle pourrait bien constituer une alternance par rapport à un style de gouvernement et à un style social qui remontent aux origines de la Ve République et même plus haut. Elle pourrait donc, l'importance de l'enjeu y oblige, être une « alternance tranquille », pour reprendre le titre du récent livre de Lionel Stoleru. Tranquille dans ce sens qu'elle devrait être, cela va de soi, démocratique et tolérante. Mais elle devrait aussi bouleverser des structures, des pouvoirs, des habitudes, des connivences. Jusqu'à présent, on s'est occupé surtout de l'aspect politique de l'alternance : loi électorale, cohabitation, nombre de députés, recentrage, querelles des chefs, sort du Président. Ce ne sont que des épiphénomènes. La vraie bataille se livrera sur les solutions de fond, et ce sera d'abord une bataille de tous les Français contre leur propre archaïsme. En 1989, ne nous bornons pas à célébrer l'anniversaire de la Révolution. Faisons notre révolution. Ce n'est pas de naphtaline, c'est de vitamines que nous avons besoin.

1er avril 1985

Racisme : vrais problèmes et fausses pistes

Faut-il supposer que notre pays, qui a cru entrer voilà quatre ans dans un système prémarxiste, se trouvait en réalité, et sans le savoir, dans une phase préhitlérienne ? À lire maints textes et discours, on le penserait quelquefois.

Ce fut en 1979, lors d'une campagne contre la nouvelle droite, que l'on commença en France à reparler d'un péril fasciste. En 1980, l'attentat contre la synagogue de la rue Copernic compléta la silhouette de l'ennemi. Étions-nous à Berlin en 1933 ? En 1983, les premiers gains électoraux du Front national révèlent l'élargissement du fléau : le racisme et la xénophobie, dirigés contre les immigrés.

Certes, ne commettons jamais l'imprudence de juger caduques les forces du mal que l'humanité tient comme en réserve. Le grand film de Claude Lanzmann sur l'holocauste, *Shoah,* vient nous rappeler que l'inconcevable peut s'accomplir. Mais le respect dû à la mémoire des martyrs juifs exige que nous ne les mêlions pas à des querelles d'un désintéressement douteux. Après l'attentat de la rue Copernic, le 3 octobre 1980, des milliers de Parisiens (dont le signataire de cet article) défilèrent de la Nation à la République en signe d'indignation.

Certains voulaient seulement marquer leur solidarité avec les victimes. En revanche, plusieurs organisations ou partis se préoccupèrent surtout de désigner comme auteurs du crime l'extrême droite française et, si possible, par extension, la droite tout entière. Au bout de quelques jours, la police découvrit la provenance proche-orientale des assassins. Mais personne alors n'entendit parler d'une seconde manifestation qu'auraient convoquée les mêmes formations pour dénoncer, cette fois, les vrais coupables. Les faux, semble-t-il, leur avaient suffi.

Malgré cette maldonne, le démon des drames pervers recommença de s'agiter après le carnage de la rue des Rosiers, le 9 août 1982. Revenant sur cette affreuse journée, *Le Monde* (4 avril 1985) écrit avec lucidité : « L'hypothèse d'un crime fasciste paraissait évidente ; il était presque inconvenant d'en avancer une autre. » La police antiterroriste sait aujourd'hui que ce peloton de tueurs aussi venait du Proche-Orient. On a reconstitué ses accointances avec Damas et la Bulgarie, son rôle dans les attentats contre les synagogues de Vienne, en août 1981, et de Rome, en octobre 1982. Un réseau dirigé de l'extérieur frappe les lieux juifs dans l'Europe entière.

Pourquoi donc trouve-t-on chez nous des voix pour attribuer les atrocités de ce réseau à une maladie interne de la société française ? Après l'explosion au cinéma où se déroulait un festival du film juif, le 29 mars dernier, des manifestants, à bon droit outrés, bien entendu, reprirent aveuglément ce réquisitoire. Chaque fois, sans le moindre indice initial, avant tout commencement d'enquête, on impute d'emblée le crime à un antisémitisme d'origine strictement française et qui, pour se porter à d'aussi abominables extrémités, aurait atteint déjà le stade préparatoire d'un génocide !

Lutter contre l'antisémitisme est une chose. S'accuser entre compatriotes de forfaits dont nous sommes innocents, voire les inventer de toutes pièces, comme dans le cas du prétendu attentat contre la synagogue de Marseille, c'en est une autre, injuste et dangereuse. On finira par donner des idées à des fous. La gauche, dans un premier temps, accuse l'extrême droite. Dans un second temps, elle opère un amalgame entre l'extrême droite et la droite tout entière. En conclusion, elle affirme ou suggère qu'il ne saurait donc y avoir de démocrates authentiques en dehors d'elle-même. « M. Chirac dirige le parti bonapartiste ; M. Chirac ne cesse de rêver de Brumaire », s'exclamait Pierre Mauroy le 24 mai 1984 à l'Assemblée nationale, avec son sens aigu de la mythologie historique.

Raymond Aron raconte dans ses *Mémoires* comment, après la bombe de la rue Copernic, un journaliste qui l'interrogeait essaya de le pousser à dire que le coupable ou l'inspirateur était Alain de Benoist avec sa nouvelle droite. Au même moment, *L'Humanité* écrivait : « Avec Valéry Giscard d'Estaing, on croirait lire Alain de Benoist. » Et Maurice Duverger assimilait les nouveaux économistes à la nouvelle droite. Ainsi, la chaîne bouclait tout le monde : les libéraux ne se distinguaient en rien d'une école à laquelle on prêtait des tendances néonazies pouvant aller jusqu'à l'homicide raciste ! Cet amalgame reposait en outre sur un contresens intellectuel grossier : la nouvelle droite est antilibérale, « païenne », antiaméricaine, relativement prosoviétique. Elle n'est pas un mouvement d'audience populaire, contrairement à ce qu'est devenu le Front national.

Dès que se dessina l'ascension de ce dernier, la gauche recommença sans tarder à fourrer toute l'opposition dans ce nouveau sac. Cette fois-ci, l'enjeu dépassait la pure propagande, en raison du poids électoral de Le Pen. Mais la série d'équations restait la même : Le Pen égale racisme; racisme égale extrême droite; droite égale extrême droite, qui égale fascisme. Je schématise à peine. Comme l'observe René Rémond (*Le Monde,* 16 avril 1985), « la gauche n'admet pas de bon gré qu'il puisse y avoir des républicains sincères en dehors de ses rangs... Elle trouve commode de rejeter quiconque est plus à droite qu'elle dans l'enfer de l'extrême droite ». Plus commode, surtout, de dénoncer un danger fasciste dans le libéralisme devenu le plus efficace concurrent du socialisme moribond, celui dont il adopte subrepticement les solutions pour survivre.

Au cours d'une soirée contre le racisme, le 21 février 1985, à la Mutualité, la salle conspuait les orateurs de l'opposition libérale avant même qu'ils eussent atteint la tribune. L'antiracisme traduit une revendication morale universelle, il affirme la valeur absolue de la personne humaine. Le laisser se dégrader en thème de campagne pour élections cantonales, ce n'est guère respecter cette universalité de la loi morale. La conscience du Bien et du Mal n'appartient pas aux seuls titulaires des cartes des partis de gauche. Du point de vue de la feinte politicienne même, on ne voit guère quel bénéfice est escompté de ces outrances. Quand Laurent Fabius se risque à prétendre ne plus voir de différence notable désormais entre la droite et l'extrême droite, mesure-t-il l'énormité de ce qu'il avance ? Car, s'il avait raison, cela signifierait que 60 à 65 % des Français seraient, selon la terminologie socialiste, des « fascistes ». Ou c'est faux, et alors on ne peut excuser ce propos irresponsable, ou c'est vrai, et alors la France se trouve dans un état de santé désespéré, dont les socialistes doivent compte à la nation.

Tout se passe donc comme si la gauche, soudain sevrée d'idéologie et de programmes, reconduisait grâce au « péril fasciste » l'univers manichéen dont elle a besoin pour se sentir à l'aise. Qu'il s'agisse d'économie, de garanties sociales, de modernisation industrielle, de liberté de la presse ou de l'enseignement, tous les partis socialistes au pouvoir en Europe se rabattent en pratique vers le néolibéralisme, ou le simple réalisme. La défense, la politique étrangère, le tiers monde n'opposent plus guère, surtout en France, libéraux et socialistes le long de frontières bien tranchées.

À quoi donc la gauche peut-elle encore accrocher son identité ? Le PC hiberne dans la glace idéologique, espérant subsister, ainsi lyophilisé, jusqu'au troisième millénaire. Le PS se mobilise pour le combat contre la « peste brune ». Cette cause sacrée confère une légitimité à ses défenseurs, fussent-ils minoritaires en voix. Étant donné que rarement dans l'histoire de France la « majorité politique » du pays a aussi chichement coïncidé avec sa « majorité sociologique », les socialistes puisent un réconfort dans la conviction que la « montée du fascisme » leur impose des devoirs qui transcendent la banale arithmétique électorale.

Hélas ! *Le Cas Le Pen*, pour reprendre le titre du livre précis et nuancé d'Éric Roussel (J.-C. Lattès), se prête mal au manichéisme politique. Le loup croque dans toutes les bergeries. On connaît le sondage Ifop-*Le Point* du 29 avril : il montre que la plus forte antipathie pour les Arabes se rencontre chez les ouvriers, la plus faible chez les industriels, les gros commerçants et les professions libérales. Dès lors, on saisit mieux pourquoi l'électorat du Front national compte près d'un tiers d'ouvriers et 22 % d'anciens électeurs de Mitterrand[1]. Le pré-

1. Voir Sofres, *Opinion publique 1985*, Gallimard.

jugé raciste diminue avec l'instruction, mais il chevauche les classes sociales et les partis. Aussi ne peut-on l'exploiter dans une bataille où les bons et les méchants se rangeraient avec discipline selon les contours électoraux souhaités. Au demeurant, toutes les réactions de rejet à l'immigration et toutes les épreuves subies par les immigrés ne proviennent pas du racisme.

La xénophobie, en outre, n'explique pas seule la montée du Front national. Délaissant les clichés, *Sud-Ouest* du 28 mars compare les cartes de l'augmentation du chômage et du recul de la gauche depuis 1981. Sur vingt-six départements où le vote d'extrême droite dépasse 9 % aux cantonales, onze figurent parmi ceux où le chômage a crû de 70 % ou davantage depuis 1981. Dans la Loire, département de grande tradition ouvrière, avec peu d'immigrés, mais économiquement sinistré, le vote Le Pen atteint 10,7 %. La majorité présidentielle (PS-MRG-PC) y tombe de 52,8 % à 33,9 %. Même percée de Le Pen en Lorraine et en Alsace, où cependant l'immigration demeure aussi marginale.

Il faut refuser aujourd'hui deux amalgames odieux et dangereux. Avec le premier, on rend coupable la société française des attentats antisémites commis par le terrorisme international. Au moyen du second, on veut à tout prix nous forcer à voir dans les tensions de cohabitation liées à l'immigration la renaissance du racisme idéologique et totalitaire, le nazisme à ses débuts, avec sa doctrine systématisée et pseudo-scientifique sur l'inégalité des races humaines. Nous affrontons actuellement un défi à la fois moins grave et plus difficile. Le pire, il est vrai, a toujours eu ses partisans. Les fausses tragédies servent d'excuse à ceux qui ne peuvent résoudre les vrais problèmes.

6 mai 1985

La profession de soi

Si le vocable « individualisme » figurait dans le *Dictionnaire des idées reçues,* on peut hasarder que Flaubert l'aurait fait suivre du commentaire : « Toujours forcené. » Aucune épithète, en effet, ne revient avec une aussi lancinante fréquence, parmi tous les qualificatifs sévères qui pimentent les diatribes dirigées contre ce vice dévastateur : l'individualisme.

Car, unanimes ou presque, les Français dénoncent les ravages du fléau. Aucun, selon eux, ne nous a fait plus de mal et ne nous menace de plus de catastrophes. Voilà ce que l'on découvre non sans stupeur grâce au livre d'Alain Laurent, modèle à la fois d'histoire des idées et d'analyse de ces mêmes idées.

Depuis le XIXe siècle, les anathèmes contre l'individualisme se bousculent dans les textes philosophiques, politiques et religieux de droite et de gauche. La décennie 1970-1980 ravive l'intensité de l'idéologie anti-individualiste, laquelle, au demeurant, continue à inonder sans prévention partisane tout le territoire de la pensée. À l'extrême droite, une tradition née avec Joseph de Maistre et Bonald refuse à l'individu l'existence, sinon comme pierre de l'édifice social : conception reprise, renforcée même, par Auguste Comte et par la nouvelle droite actuelle, qui érige la condamnation virulente de l'individualisme en thème permanent.

Mais on entend ailleurs des autorités aussi diverses que Jacques Delors, Louis Mermaz, Roger-Gérard Schwartzenberg, Brice Lalonde, le situationniste Raoul Vaneigem, Louis Aragon, Roger Garaudy, Sartre, Foucault, Edmond Maire, Régis Debray, Raymond Barre, le Conseil permanent de l'épiscopat, Jean-Pierre Chevènement, Simone Veil, Jacques Chirac, têtes pensantes et parlantes émergeant d'un troupeau innombrable, vitupérer l'individualisme avec des accents quasiment identiques. À cet égard, le livre d'Alain Laurent constitue un édifiant florilège de citations, fruit d'une recherche érudite qui étale sous nos yeux le cheminement d'une curieuse phobie.

Le procès fait à l'individualisme repose sur quelques poncifs inlassablement ressassés : « repli sur soi » dans une « tour d'ivoire », il mène à l'« atomisation de la société ». Les reproches d'égoïsme et de « narcissisme dissolvant » s'appuient sur une philosophie du « groupisme ». Le tout doit l'emporter sur la partie, le collectif sur le particulier. Pour Philippe Pétain, en 1940, le peuple doit comprendre que « l'individualisme est à l'origine des maux dont il a failli mourir ». À gauche, on attaque l'individualisme comme produit du capitalisme, de la morale bourgeoise, de l'argent roi. Revenant de Chine en 1973, le père Cardonnel juge « malsaine, gangrenée, vicieuse même la notion de liberté individuelle, en fonction de laquelle on juge totalitaire l'ambiance du peuple chinois ». Un courant chrétien qui remonte à Mounier et au-delà rejette individualisme et libéralisme au bénéfice d'un « personnalisme communautaire ». L'auteur du *Projet socialiste* de 1979 flétrit à son tour « l'exacerbation de l'individualisme », où il décèle, à la suite de méandres qui m'échappent, un « totalitarisme social sournois et subtil ».

La pauvreté intellectuelle de cette litanie consterne. Depuis Constant et Tocqueville, on observe rarement une réflexion originale sur les rapports de l'individu avec la société ou l'État. Récemment, le thème a repris vigueur. Le Michel Foucault dernière manière, celui du *Souci de soi,* a reconstruit les mille ans de pensée philosophique qui enseignent la réalisation de soi-même non point comme un refus, mais comme une condition de la sociabilité. Des sociologues comme François Bourricaud et Raymond Boudon ont rappelé, dans la tradition tocquevillienne, que le décideur social est toujours, en dernier ressort, l'individu.

Symptôme intéressant : les socialistes ont bondi dans le train de cette nouvelle mode, pour expliquer, bien sûr, que le véritable individualisme, c'est le socialisme. N'allons pas croire toutefois que la réaffirmation de l'individu aille très loin. Même l'essai de Gilles Lipovetsky, *L'Ère du vide* (1983), qui fut lu comme une sorte de manifeste de l'individualisme contemporain, décrit les individus d'aujourd'hui comme des narcisses indifférents et légèrement hébétés. C'est là fournir des arguments au chœur vertueux des contempteurs.

Faut-il être un mouton ou une fourmi pour devenir un citoyen ? Faut-il renoncer à être soi pour se sentir solidaire d'autrui ? Alain Laurent pose la question et il montre avec force que nous devons refuser de tomber dans ce piège. On n'édifie pas une société libre avec des individus esclaves.

27 mai 1985

De l'individualisme d'Alain Laurent, PUF.

Mystères du Tibet

Il existe deux mystères du Tibet : celui de sa civilisation antique et originale, presque inconnue des Occidentaux jusqu'au début du XXe siècle, et celui de son sort sous l'occupation chinoise, depuis trente-cinq ans. Mme Claude Levenson déchiffre les deux énigmes à la fois, sous la forme classique, mais éternellement rajeunissable par le talent, comme c'est le cas, du récit de voyage. Orientaliste et journaliste, c'est toutefois en banale touriste enserrée dans un troupeau qu'elle s'est rendue récemment au Tibet, les deux autres « casquettes » étant assez mal vues des autorités.

Pékin tolère depuis peu, et au compte-gouttes, sur le « toit du monde », un tourisme organisé, canalisé, encadré. S'y adonnent de petites cohortes de septuagénaires scandinaves à l'esprit bien tourné. Ils ne s'enquièrent pas trop des centaines de monastères rasés par les Gardes rouges durant la Révolution culturelle, des fresques grattées, des bibliothèques brûlées. Or il suffit de s'écarter un tant soit peu des chemins tracés par les guides officiels pour découvrir le champ de ruines que sont devenus l'art du Tibet, son architecture, sa littérature, sous l'impulsion de Mao.

S'écarter, c'est pourtant ce qu'a souvent réussi à

faire Claude Levenson, trompant à plusieurs reprises la vigilance chinoise grâce à la complicité de la population. Intéressée avant tout par la culture et la société tibétaines traditionnelles, dont elle nous parle avec compétence et intuition, elle n'en bute que plus régulièrement sur les traces omniprésentes de l'effort fait depuis 1950 pour effacer cette culture et briser cette société.

En 1950, donc, en une opération de « libération pacifique », l'armée chinoise envahit le Tibet pour le défendre contre l'« impérialisme ». Afin de parfaire cette protection, Mao annexa instantanément la moitié du territoire tibétain et baptisa l'autre « région autonome ». Autonomie qui parut sans doute peu perceptible aux natifs, puisque ceux-ci se soulèvent en 1959. La répression tue cette année-là quatre-vingt-sept mille Tibétains, selon des évaluations chinoises postérieures à la mort de Mao. Un exode massif se produit en direction de l'Inde et du Népal. Parmi les réfugiés figure la dalaï-lama, emportant la seule légitimité que reconnaissent les Tibétains encore aujourd'hui. Durant la décennie suivante, le Tibet souffre sans doute la pire épreuve de son histoire, avec le déferlement des Gardes rouges, qui massacrent, torturent et pulvérisent tout ce qu'ils rencontrent. Claude Levenson estime les victimes des effets conjugués de la répression et des famines au chiffre inimaginable d'un million de morts sur trente ans. Ce qui représente un taux d'une saveur agréablement cambodgienne, pour une population qui n'a jamais dépassé deux millions d'habitants.

Le plus stupéfiant, dans ces tribulations, c'est qu'elles aient pu passer inaperçues. Il fallut attendre 1980 et un début de très relative libéralisation pour que quelques réfugiés, autorisés à aller voir sur place si leur famille existait encore, ramènent au monde extérieur les premiers récits de la terreur maoïste. Mais même auparavant, malgré l'efficacité de la censure chinoise, la volonté d'ignorer fut encore plus déterminante que la difficulté de savoir. En 1959 et 1960, une commission internationale de juristes rendit publics à Genève deux rapports sur le Tibet fort explicites. Cela n'émut pas grand monde. Vers 1965, la Chine maoïste était trop à la mode pour que quiconque osât critiquer sa colonisation sanglante du Tibet ou même s'en enquérir.

Maintenant, avec le retard de rigueur, l'heure a sonné pour l'Occident de se livrer sur ce sujet, après et avant bien d'autres, à son divertissement favori : la clairvoyance rétrospective.

17 juin 1985

Le Chemin de Lhassa de Claude B. Levenson, Lieu commun.

Machiavel : le naïf de Florence

Dans l'histoire des lubies de l'esprit humain, c'est l'un des chapitres les plus intrigants que la réputation de fondateur de la théorie politique moderne faite à Machiavel. Il aurait, d'une part, séparé la politique de la morale, d'autre part isolé la sphère politique pure, dont il aurait pensé la réalité, enfin autonome, avec une profondeur sans précédent et une richesse toujours inépuisée.

Le lecteur qui, mis en appétit par tant de doctes commentaires, ouvre *Le Prince* néanmoins sans trop de prévention tombe de son haut. Ce recueil de conseils triviaux, simplistes et grossiers semble destiné plus à des chefs de la Mafia qu'aux responsables de ces organismes complexes et subtils que sont les États modernes, tant dans leur composition sociale interne que dans leurs relations entre eux. Si Mitterrand, qu'on surnomme « le Florentin », l'était vraiment et avait suivi les préceptes de Machiavel au Conseil européen de Milan, par exemple, il aurait fait empoisonner ou poignarder les onze autres chefs de délégation après avoir soudoyé leurs entourages, puis il aurait promis à tous les carabiniers italiens cinq mille dollars par tête (qu'il ne leur aurait jamais payés) pour se faire proclamer par eux roi de l'Europe. Le caractère bouffon du « machiavélisme » ressort dès qu'on tente de l'appliquer à une situation réellement moderne.

Les recettes politiques de l'exquis auteur dramatique Nicolas Machiavel (le plus talentueux du XVIe siècle italien avec Giordano Bruno) découlent du calamiteux et médiocre contexte provincial où il les a conçues. Les guerres entre Florence, Pise, Prato, Pistoia, Arezzo, toutes menées par des tueurs à gages, les *condottieri,* pour le compte de gros malins qui ne cessent de s'entortiller eux-mêmes dans les fils de leurs félonies, constituent le degré zéro de l'art politique. C'est du spectacle de ces rivalités sanglantes entre patrons de bar marseillais que Machiavel a tiré des enseignements. Par contraste avec son éblouissante réussite économique et culturelle, Florence remporte sans doute la palme du plus grave échec politique de la Renaissance. Soit dit en passant, elle fut passablement aidée dans ce record par Machiavel lui-même, dont les missions diplomatiques débouchèrent presque toutes sur de mémorables déconfitures, comme sa carrière personnelle d'ailleurs. Cette curieuse façon d'habileté rend songeur.

On a même pu se demander si, avec *Le Prince,* Machiavel n'avait pas écrit une satire des mœurs de son temps, plus drôle encore que *La Mandragore,* une farce énorme, la *beffa* chère aux Toscans. Il suffit, pour se laisser tenter par cette hypothèse, de considérer qu'il propose comme modèle vivant du génie politique... César Borgia. Or ce personnage grotesque accumule non seulement les crimes, ce qui est facile, mais les maladresses et les catastrophes. Il rata tout ce qu'il entreprit. Seule le maintint en état de sévir quelque temps la protection de son père, le pape Alexandre, après la mort duquel il s'effondra et disparut, risée de toute l'Italie.

Frédéric II, qui, lui, était vraiment un politique de haut niveau et avait la responsabilité d'un véritable État, oppose à Machiavel une critique dévastatrice. Roi de Prusse et philosophe français, il souligne la naïveté du principe unique dont se réclame l'auteur du *Prince.* Selon ce principe, les hommes seraient tous des scélérats, et donc les ambitieux ne pourraient s'élever que grâce au crime et à la fourberie. D'abord, il est faux que les hommes soient tous et toujours des scélérats. Ensuite, qu'ont à voir ces règles « pour voleurs de grands chemins » avec le gouvernement complexe d'une nation moderne, l'administration, la justice, l'éducation, la bonne gestion de l'agriculture, des manufactures, du commerce ? Machiavel, dit le roi de Prusse, souffre d'obsession de la traîtrise et de pédanterie militaire. Il prescrit, par exemple, de « détruire un pays nouvellement conquis pour le posséder plus sûrement ». Précepte stupide, car comment faire accepter une annexion reposant sur un tel préalable ? « Si la méchanceté de Machiavel fait horreur, son raisonnement fait pitié. » De même, quelle ingénuité que de professer que politique et morale sont par nature opposées. Les choses sont moins simples. Dans de nombreux cas, morale et politique vont de pair. De plus, c'est ne pas voir plus loin que le bout de son nez que de conseiller uniformément la fourberie en politique, car le fourbe constant, et donc notoire, ne dupe plus personne. Machiavel célèbre les ambitieux sans scrupule qui ont réussi leur coup, mais garde un profond silence sur ceux, plus nombreux, dont une chute fatale a interrompu tôt ou tard les acrobaties.

On ne saurait s'expliquer les conceptions de Machiavel si l'on oublie que, politiquement parlant, l'Italie de la Renaissance, c'était le Liban d'aujourd'hui. À travers l'histoire de Nicolas Machiavel, de sa famille, de ses amis, de sa carrière, Jacques Heers raconte avec autant de science que de vie et de couleur cette époque désastreuse et sublime, tout comme cette destinée individuelle, qu'encadrent le sac de Prato par les Florentins en 1470 et le sac de Rome par les Impériaux en 1527, année même de la mort de Machiavel. Durant la jeunesse de Nicolas, Florence connut à la fois sa Nuit des longs couteaux, avec la conjuration des Pazzi, et son ayatollah, avec Savonarole. Elle vécut les terribles épurations qui suivirent le départ en exil des Médicis en 1494, puis leur retour en 1512, lequel mit fin à la carrière de Nicolas Machiavel. De bourgeoisie modeste et besogneuse, la famille Machiavel vit depuis un siècle d'une ou de plusieurs exploitations agricoles dans la campagne toscane. Mais elle a aussi, et c'est là tout le génie de l'Italie de ce temps, l'amour des livres, des auteurs anciens, de la lecture et de la composition littéraire. Le père de Nicolas, parcimonieux paysan doublé d'un marchand rusé dont le journal a été retrouvé en 1954, évoque le père Grandet : mais un Grandet qui consacre ses soirées à dresser l'index de Tite-Live, sur lequel son fils écrira un commentaire fameux. Lorsque Nicolas est épuré, en 1512, il retrouve le genre de vie de son père : dans la journée, il récolte et il vend ; le soir, il écrit.

Sur ce qu'il écrit, le professeur d'histoire médiévale Jacques Heers, quoique moins polémique, n'est guère plus indulgent que le roi de Prusse. Autant le personnage de Machiavel est intéressant comme reflet des préoccupations de son époque, autant les théories qu'il en tire sont étroitement bornées par le caractère très particulier des circonstances où elles furent conçues et aussi, ajoutons-le, par l'invocation mécanique des exemples de l'Antiquité romaine, ce tic de la culture humaniste. Dans le *Discours sur la première décade de Tite-Live,* Machiavel examine comment s'établissent et peuvent se maintenir les républiques. Le problème du *Prince* était : quand nous avons le pouvoir, comment ne pas nous faire assassiner par nos ennemis et surtout par nos amis ? La solution proposée était que nous les assassinions avant qu'ils ne nous assassinent. Dans le *Discours,* Machiavel se demande comment on peut reconstituer en Italie l'antique république romaine. Jacques Heers qualifie cet ouvrage de « mal construit et parfois fastidieux ». Obsédé par les anciens Romains, Machiavel peut, dit-il, « écrire ce gros et pesant traité sur les républiques et n'y citer Venise qu'accidentellement, n'étudier à aucun moment les institutions de la Sérénissime, et ne pas dire un mot non plus sur Gênes, ou presque ». Cette lacune montre bien à quel point Machiavel mérite peu son titre d'inventeur du réalisme politique : est-ce un curieux de l'expérience, celui qui s'enferme dans sa culture livresque et néglige d'aller étudier sur place les modèles contemporains de républiques qu'il pouvait voir effectivement fonctionner de son temps, comme Tocqueville ira étudier sur place la démocratie américaine en action, quatre siècles plus tard ? Jacques Heers donne vingt, cinquante exemples où se superposent chez Machiavel les petits détails triviaux, les particularismes non généralisables de l'Italie de son époque et les vues abstraites, inutilisables, démarquées des historiens latins.

Nicolas Machiavel, par l'étendue de son talent et de sa faillite, est l'un des hommes les plus attirants, les plus séduisants, les plus pathétiques d'une période magnifique et consternante. Mais sa pensée est complètement datée et bornée par l'horizon de cette période même : elle ne peut nullement nous guider dans les vastes ensembles internationaux qui constituent aujourd'hui l'objet de la politique.

22 juillet 1985

Machiavel de Jacques Heers, Fayard ; *L'anti-Machiavel,* de Frédéric II, roi de Prusse, dans *Œuvres philosophiques,* du même, Fayard.

Gauche et modernité :
les raisons de l'échec

Pierre Daix est de ceux qui ont payé au prix fort leur billet d'entrée dans le XXe siècle. Il lutte contre l'occupant, alors qu'il émerge tout juste de l'adolescence, dès le lendemain de la défaite. Arrêté, il fait la tournée involontaire d'une dizaine de prisons françaises. Puis on le déporte en Autriche, à Mauthausen. Quand il en revient, il a 23 ans. Entre 1968 et 1972, il arrache sa vie à un quart de siècle d'engagement communiste, sans fuir la responsabilité de ses erreurs passées, mais sans se laisser décerveler par leur souvenir. Voilà un homme résistant, dans tous les sens du terme.

Pierre Daix expose comment la cristallisation d'une conviction totalitaire ainsi que sa désagrégation constituent un phénomène étranger à l'intelligence et indépendant du niveau de culture. Lycéen très doué, étudiant capable de réussir dans les sciences autant que dans les lettres, il n'a cessé ensuite de manifester la variété de ses talents, comme historien d'art, critique littéraire, romancier, journaliste, mémorialiste, essayiste politique, historien. Il offre donc la preuve vivante que l'intelligence n'est ni la source ni le seul antidote de la conviction totalitaire. Elle sert même à forger d'ingénieux arguments en sa faveur. La systématisation idéologique s'empare du grand esprit comme de l'imbécile, elle guide l'action du lâche comme de l'homme courageux.

La valeur du livre de souvenirs et de réflexions qu'il publie aujourd'hui tient sans doute au détachement avec lequel Pierre Daix décrit, en lui-même et chez certains autres, cette ascension de la mentalité totalitaire et sa chute : chute provoquée moins par l'analyse rationnelle que par une secousse morale et un retournement de la vision. Soljénitsyne, la Tchécoslovaquie furent pour l'ancien rédacteur en chef des *Lettres françaises* les occasions principales de la mutation.

Ce que je sais du XXe siècle dépasse toutefois l'étude de l'envoûtement idéologique pour déboucher sur la nouvelle image du monde qui apparaît à l'esprit quand l'illusion s'est dissipée. « Le seul espoir du socialisme, a écrit Jacques Monod, est non pas dans une révision de l'idéologie qui le domine depuis plus d'un siècle, mais dans l'abandon total de cette idéologie. » Or la gauche française, observe Daix, ne l'a même pas révisée. Elle a restauré le marxisme du XIXe siècle. D'abord dans ses programmes et son action. N'a-t-elle pas signé en 1972 un Programme commun qui « sacrait l'utopie enterrée dans le sang quinze ans plus tôt » ? Ensuite dans sa pensée. L'Université française a été inondée, à partir des années soixante, par un « marxisme de bazar » qui reprenait les idées du temps de la première révolution industrielle. Depuis lors, le corps enseignant français se considère comme investi d'une mission d'endoctrinement idéologique de la jeunesse. C'est ce qui explique en partie, outre la défense de l'école privée, la formidable hostilité dont l'enseignement public a été l'objet, en 1983 et 1984, de la part d'une société civile qui, on le sait, vote deux fois moins à gauche que les enseignants fonctionnaires. « On considérera un jour, estime Pierre Daix, comme un des facteurs du déclin de l'Université française qu'elle se soit ruée dans le marxisme quand il cessait d'être opératoire. »

C'est ce « divorce entre la gauche et la modernité » qui constitue le thème profond de ce livre et, au demeurant, le fil conducteur de l'histoire du XXᵉ siècle. Comment remédier à ce divorce ? En comprenant, conclut Daix, que les solutions modernes ne peuvent être qu'intérieures au capitalisme. Les problèmes de la modernisation, de la justice sociale, des libertés culturelles et politiques ne peuvent se poser et se résoudre qu'au sein du capitalisme. Toutes les sociétés contemporaines qui ont « rompu avec le capitalisme » sont retombées ou sont restées dans le sous-développement et la servitude.

Faute que la gauche ait su rompre assez tôt avec le marxisme, c'est notre temps qui est en train de rompre avec la gauche.

30 septembre 1985

Ce que je sais du XXᵉ siècle de Pierre Daix, Calmann-Lévy.

François de Closets : toujours plus !

La bureaucratie syndicale — la « syndicratie », selon le pertinent néologisme forgé pour la désigner par François de Closets — constitue un cas éminent de détournement de mission. Né au XIXe siècle pour défendre le prolétariat ouvrier contre le patronat capitaliste, le syndicalisme a aujourd'hui pour profession d'améliorer les avantages de la partie la plus protégée, la mieux pourvue et la mieux traitée des salariés, et ce au détriment d'autres salariés.

Closets en donne pour preuve que le nombre des syndiqués et le rôle de la syndicratie sont voisins de zéro dans le secteur purement capitaliste et réellement privé de notre économie, notamment la petite entreprise, où se trouvent les emplois les plus précaires, les salaires et les droits les plus médiocres. À l'inverse, c'est dans la fonction et les entreprises publiques, dans les grands monopoles étatiques ou para-étatiques, que s'exerce dans toute sa plénitude le pouvoir syndical. Autrement dit, c'est là où l'employeur n'est pas capitaliste, là où l'emploi est sûr ou hautement protégé, là où les rémunérations, les avantages, les vacances, les horaires, les loisirs sont les meilleurs, que la puissance syndicale atteint sa plus grande ampleur. Elle sert les plus forts et non les plus faibles, et en particulier pas les chômeurs. Elle est la plus présente non pas là où le besoin est le plus aigu, mais là où les moyens de pression sont les plus efficaces.

L'objectif syndical n'est donc plus la lutte pour un prolétariat situé au bas de l'échelle sociale contre un patronat capitaliste situé en haut. C'est celle d'un certain nombre de Français moyens contre d'autres Français moyens. Fonctionnaires et agents des divers services publics ou des entreprises nationales obtiennent, grâce à leur « pouvoir de blocus », des avantages financiers ou leur maintien en survie artificielle aux frais de contribuables qui ne sont pas plus riches qu'eux. Ou encore ils se font donner des horaires qui les arrangent, eux, et non pas les usagers. Ce sont ces mêmes usagers que les grèves pénalisent et non pas l'« employeur », qui trône dans l'empyrée étatique.

François de Closets formule très justement cette métamorphose du syndicalisme en disant, et c'est sans doute l'idée centrale de son livre, que la relation « verticale » de bas en haut, qui a caractérisé le syndicalisme au XIXe siècle, et jusqu'en 1939, a été remplacée par une relation « horizontale ».

Qu'est-ce à dire ? À mesure que l'enrichissement des « Trente Glorieuses » (1945-1975) regroupait la quasi-totalité des Français dans une énorme classe moyenne, le syndicalisme cessait d'être le combat des petits contre les gros pour devenir le combat des moyens entre eux. C'est à qui s'organisera le mieux pour dépouiller son semblable.

Mais, bien entendu, la rhétorique syndicale n'avoue pas du tout cette métamorphose. Elle s'éternise verbalement au nom de « la » classe ouvrière, alors qu'en majorité les syndiqués ne sont plus des ouvriers, et que les vrais ouvriers eux-mêmes sont extrêmement dissemblables. Mais, pour perpétuer son pouvoir, la syndicratie a besoin de le justifier par cette mythologie, comme la noblesse du XVIIIe siècle légitimait ses privilèges fiscaux par des services qu'en réalité elle ne rendait plus depuis le Moyen Âge.

La démonstration de François de Closets n'a pas le caractère simplificateur que risque de lui prêter cet aperçu : bien au contraire, la manière de cet auteur, qu'il faut bien appeler un maître de la sociologie contemporaine, quoiqu'il se borne — ô sacrilège ! — à « faire » de la sociologie au lieu d'en parler, consiste à engranger tant de cas concrets que le lecteur en tire le sentiment prudent de la complexité redoutable du réel. Chaque phrase, chez lui, charrie un fait — que dis-je ! — « est » un fait, ou en découle. Des idées générales, il en a, certes, ou plutôt il en trouve. Mais il va de l'exemple à l'idée, non de l'idée à l'exemple, du moins il ne choisit pas l'exemple pour prouver l'idée. Il n'écrit pas non plus à partir de critères politiques. Son appréciation du comportement des syndicats patronaux et agricoles ou encore des syndicats « ouvriers » dits « réformistes » est aussi critique, quand il y a lieu, que son jugement sur les syndicats dits « révolutionnaires ».

Tous ensemble se parcourt comme un zoo de la société française (avec maintes comparaisons internationales) vue sous l'angle des rapports entre les salariés, la bureaucratie syndicale, le patronat, l'État, les chômeurs et le public. C'est la galerie de portraits d'une série de corporations, chacune avec ses traditions et ses problèmes, ses mérites et ses mensonges, ses discours enflammés et ses « avantages acquis » sur l'autel desquels la société doit se sacrifier.

Nous retrouvons là, parmi bien d'autres, les dockers, les enseignants, les électriciens, les cheminots, les NMPP, le Livre, l'Opéra, les postiers, la Seita, les mineurs, les sidérurgistes, l'automobile, les employés de l'ANPE, des Assedic, de l'Unedic, du ministère de la Solidarité nationale — eh oui ! car même sur le dos des chômeurs on se taille des sinécures et des privilèges. Le syndicalisme actuel défend d'abord ses adhérents, et non point le prolétariat en général. « On ne saurait le lui reprocher, écrit Closets, mais il ne saurait le nier. Avocat de la France moyenne et, en priorité, de la France protégée, il ne peut être le défenseur efficace de la France prolétarisée. »

Comment se répartit sommairement l'économie française ? Nous avons d'abord le secteur capitaliste concurrentiel : les entreprises privées. Ensuite, le secteur non capitaliste concurrentiel : ce sont les compagnies nationalisées, en principe vouées à faire des profits, sans y être absolument tenues, pour survivre. Enfin, le secteur non capitaliste et non concurrentiel : fonction publique, services publics, associations, organismes paritaires, etc.

Or, que constatons-nous ? Dans le premier secteur, le syndicalisme est inexistant ou faible. Il est fort dans le deuxième, tout-puissant dans le troisième. Autrement dit, plus décroissent la propriété privée et la nécessité du profit, donc, théoriquement, l'« exploitation capitaliste », plus le syndicalisme se renforce. Il brille de tous ses feux là où la sécurité de l'emploi et les avantages de toutes sortes sont à leur maximum. En même temps, on observe que le syndicalisme est de moins en moins financé par ses cotisants, du reste eux-mêmes de moins en moins nombreux, et qu'il est de plus en plus subventionné par l'argent public. Aux subventions de l'État s'ajoutent les fonds alloués aux comités d'entreprise pour leurs activités sociales, fonds, dans le cas des services publics, payés en fin de compte par les usagers.

Enfin, les délégués et permanents syndicaux sont partiellement ou totalement rémunérés par leur entreprise ou leur administration, soit sous forme de « crédits d'heures » destinées à l'activité syndicale, soit sous forme de « décharges de service » pures et simples. Il existe, par exemple, 1 200 emplois socio-syndicaux à plein temps chez Saint-Gobain. À l'Éducation nationale, on évoque souvent les « 10 000 disparus », agents détachés ailleurs et que l'on ne retrouvera jamais, telles les douze tribus d'Israël, mais qui, eux, continuent d'émarger au ministère.

En définitive, non seulement la syndicratie est devenue une profession, rémunérée dans une large mesure par l'argent public, mais encore, dans de nombreux services ou sociétés, elle s'est substituée à la direction de l'entreprise pour la plupart des décisions. C'est elle qui commande et qui gère — si possible en dehors des lois du marché, bien entendu, quand le monopole le permet.

La solution ? Selon François de Closets, elle est dans le rapatriement des relations sociales au sein de chaque entreprise, dans la négociation périodique du personnel réel avec la direction réelle en fonction des problèmes réels de l'entreprise. Type de rapports qui seront inéluctablement conflictuels et contractuels à la fois, mais cesseront d'obéir aux rigidités idéologiques d'un « front de classe » imaginaire. Il s'agit d'être désormais « tous ensemble », ce qui ne veut pas dire tous d'accord.

7 octobre 1985

Tous ensemble de François de Closets, Seuil.

Échec de la gauche : c'est la faute à Rousseau

« Nationalisation du crédit, des banques, des assurances... Le gouvernement sera considéré comme le régulateur suprême de la production. » S'agit-il d'une phrase du *Projet socialiste* ou de l'une des « Cent dix propositions » du candidat Mitterrand ? Non pas. Ce texte, datant de 1848, est de Louis Blanc, le célèbre socialiste français du XIXe siècle. « Il faut déloger toutes les puissances d'argent, cet argent qui tue, qui achète, qui ruine et qui pourrit jusqu'à la conscience des hommes ! » Belle envolée, bien dans le style de ce vieux quarante-huitard, allez-vous dire. Vous n'y êtes pas : cette fois, c'est bien du Mitterrand, à Épinay, le 13 juin 1971. Le commerce « est un système d'extermination, cause sans cesse agissante d'appauvrissement et de ruine ». Mitterrand développe son idée, pensez-vous. Erreur. Derechef, c'est du Louis Blanc, cuvée 1845. On pourrait jouer à ce petit jeu tout autant avec des citations d'orateurs et de théoriciens de l'époque révolutionnaire, tel Gracchus Babeuf, instigateur de la « conspiration des Égaux » et précurseur du communisme, tel l'abbé Mably, antérieur même à la Révolution, et bien d'autres encore. Ils ont tous un point commun : ils sont disciples de Jean-Jacques Rousseau. Leur socle politique est *Du contrat social.*

Dans un essai à la fois bref, clair et remarquablement complet, Jacques Julliard reconstitue, sur trois et même quatre siècles, la généalogie intellectuelle de l'échec de la gauche. Ce concept d'échec de la gauche, d'ailleurs, ne désigne pas seulement l'expérience française depuis 1981 : il a tendance à devenir une sorte d'archétype universel.

On se frotte parfois les yeux au point de se demander si l'éditorialiste du *Nouvel Observateur* n'aurait pas été séquestré et « retourné » par une bande de tortionnaires néolibéraux, lorsqu'on lit sous sa plume qu'en 1981 « la gauche remporta sa victoire électorale alors qu'elle évoluait déjà en pleine déroute idéologique »; que nous assistions depuis plusieurs années à « la décadence accélérée d'un ensemble culturel et politique »; qu'« aujourd'hui les socialistes découvrent la social-démocratie, mais qu'il est trop tard »; que « l'utilité sociale des nationalisations est apparue comme à peu près nulle », ou que « la défense aveugle de l'emploi se retourne contre l'emploi ». Toutes ces cajoleries coupent l'herbe sous le pied aux suppôts de la réaction, ma parole ! De quoi Rousseau est-il coupable ? D'avoir inventé la notion de volonté générale, exprimée par le vote populaire. Notion très démocratique, à n'en pas douter, mais qui a cet inconvénient que l'oligarchie portée au pouvoir par les électeurs estime de ce fait posséder tous les droits. Réputé représenter « le peuple tout entier [1] » dès lors qu'il est élu, le gouvernement se considère comme fondé à imposer autoritairement son pouvoir à chacun des individus qui composent le corps social.

1. C'est l'expression même employée dans la Constitution de l'Union soviétique.

L'État issu d'une abstraction métaphysique, la volonté générale, estime avoir le droit de briser toutes les volontés particulières. C'est ce que Jouvenel, dans *Du pouvoir,* appelle justement la « démocratie totalitaire », par opposition à la démocratie à l'américaine, renégociée sans cesse dans le compromis entre les minorités conflictuelles. Certes, il existe par bonheur une démocratie omnipotente qui n'est pas totalitaire : c'est, parmi bien d'autres, le cas français. « L'étatisme à la française, écrit Jacques Julliard, a presque toujours respecté la liberté individuelle du citoyen. » Mais que vaut dans la pratique cette liberté ? Car « l'étatisme a rendu la partie inégale entre lui-même et ses administrés, désormais privés de tout contrepoids, de toute garantie sérieuse ». On connaît, dans la France très républicaine, la quasi-impuissance du citoyen devant l'arbitraire gouvernemental et l'abus administratif. Mieux vaut dans notre pays avoir de bonnes relations que de bonnes raisons.

Se combinant avec la ligne de pensée qui fait du gouvernement le réceptacle exclusif de la volonté générale, et donc une sorte de dictature légitime, il en est une autre, dans la culture française : la doctrine selon laquelle le réel social peut être entièrement construit. C'est ce que Jacques Julliard appelle l'obsession de la table rase. Cette obsession, elle ne date pas, bien sûr, de l'infortuné Programme commun ; elle remonte d'abord aux socialistes français du XIXe siècle, qui l'ont léguée, « via » Marx, à Lénine et à Mao. Elle remonte ensuite, plus loin en arrière, aux Jacobins, aux utopistes et aux économistes du XVIIIe siècle, et même à l'esprit classique du XVIIe siècle. Dans un chapitre stimulant de son livre, Julliard exhume la filiation entre l'esprit classique et l'esprit jacobin. Pour l'un comme pour l'autre, la nature humaine constitue un dépôt universel, malléable à volonté, un degré zéro de l'éducation sociale. Taine avait décrit cet enchaînement dans ses injustement oubliées *Origines de la France contemporaine,* dont Julliard nous fait redécouvrir l'intelligence. Il rend hommage aussi sur ce point au génial Frédéric Bastiat (1801-1850), qui répond à la question de savoir pourquoi les socialistes du XIXe siècle considèrent la société comme une création artificielle sortie du génie du législateur.

« Cette idée, écrit Bastiat, a dominé tous les penseurs, tous les grands écrivains de notre pays... L'idée, fille des études classiques et mère du socialisme, que l'humanité est une matière inerte recevant du pouvoir la vie, l'organisation, la moralité et la richesse. » Une conséquence logique de cette obsession est naturellement le désir de s'assurer le monopole de l'éducation, dont nous avons vu en 1983 et 1984 un spectaculaire soubresaut, monopole indispensable au moulage adéquat des esprits et des sensibilités. Bâti d'une part sur le pilier de la volonté générale, incarnée prétendument par contrat dans une élite dirigeante, et d'autre part sur le pilier du « constructivisme » (comme dit Hayek), cet édifice politico-culturel pluriséculaire vient de s'effondrer. Ce qui est curieux, c'est que l'échec de l'union de la gauche, cycle court (1972-1984), rejaillit de façon rétroactive sur le passé. Le cycle moyen, ou cycle soviétique, commencé en 1917, s'est en même temps achevé sous nos yeux, du moins comme système de valeurs. Bien plus, cette condamnation rebondit en arrière vers la Révolution française. La canonisation de 1793 et du Comité de salut public avait servi à justifier la dictature des bolcheviques. Aujourd'hui, par un mouvement inverse, la Révolution se trouve éclairée de façon défavorable par le discrédit du totalitarisme soviétique. Selon Julliard, le cycle long, ou cycle révolutionnaire, qui avait été inauguré en France et dans le monde occidental par l'événement de 1789, vient donc de se terminer aussi.

De loin en loin, Jacques Julliard, se réveillant tout en sueur du cauchemar libéral où l'a plongé son analyse, et songeant à l'affectueuse consternation de ses amis, pique un drapeau rouge sur sa bombe antisocialiste. Tout d'un coup il écrit : « Je ne pense pas que l'expansion économique sécrète automatiquement les améliorations sociales », comme si elles étaient jamais venues d'autre chose ! Ou encore il déplore « la condamnation sans preuves aujourd'hui du marxisme ». Sans preuves ? Comme si le marxisme n'avait pas eu largement sa chance, dans la théorie comme dans la pratique !

Mais bientôt les ombres tutélaires des grands penseurs libéraux du siècle passé, dont il parle si bien, le rassérènent : Guizot le force à se détendre, Renan lui souffle une bonne formule, Royer-Collard lui éponge le front, Bastiat le fait un peu rire, et notre auteur retrouve sa lucidité.

18 novembre 1985

La Faute à Rousseau de Jacques Julliard, Seuil.

Socialisme :
les leçons du « modèle » portugais

En 1974 et 1975, la France prit feu et flamme pour la révolution portugaise. Elle crut y découvrir un « changement de société rédempteur », et annonciateur du sien. Quand un des « modèles » de la gauche tourne au vinaigre, soudain la cohue des perspicaces rétrospectifs se défend sans vergogne d'y avoir jamais cru. D'abord, on prêta au modèle toutes les qualités, on lui trouva toutes les excuses, on traita de menteurs et de « fascistes » les gêneurs coupables de répandre l'information sans la filtrer. Quand l'échec devint patent, la leçon trop claire, mais exactement opposée à celle qu'on attendait, on affirma avec un vertueux aplomb qu'il s'agissait d'un cas particulier dont nul n'avait songé si peu que ce fût à transposer les enseignements.

Or l'expérience portugaise depuis 1976 n'est pas moins instructive pour nous qu'aurait pu l'être la phase antérieure. Elle l'est même davantage, dans la mesure où le Portugal, adoptant pour finir, non sans peine, le système démocratique occidental, se rapprochait dès lors du modèle français, tandis que, après 1981, la France se rapprochait du modèle portugais.

En effet, le Portugal a précédé la France dans la voie des nationalisations massives. Il a fait dès 1975 le saut périlleux dans l'État, que nous n'avons accompli à ce degré qu'en 1982. Sans même laisser le temps au peuple d'élire, en avril 1975, sa première Assemblée, les militaires procommunistes, qui dominaient dans le Mouvement des forces armées, nationalisèrent d'autorité toutes les banques, presque toute l'industrie et la marine de commerce, la presse écrite, sauf quelques rares exceptions. En général, on ignore qu'au Portugal le gouvernement non seulement contrôle les médias audiovisuels, mais encore nomme lui-même la plupart des directeurs de journaux ! Si quelqu'un peut m'indiquer ce qui distinguait ce système d'information de celui de Salazar, je lui en serai très reconnaissant.

Ce fut donc plus radical que ce ne devait l'être en France. Car, par mesure de précaution, les Portugais gravèrent leurs nationalisations dans le marbre de leur Constitution, de façon à les rendre irréversibles. Ce fut le cas aussi pour les lois interdisant tout licenciement à tout jamais dans toutes les entreprises, publiques ou privées, et pour celle autorisant la grève mais pas le lock-out. Bref, un encouragement très net à l'investissement et à l'embauche...

Le peuple portugais se trouva ainsi engagé pour l'éternité sur la route du socialisme. On le priva du droit de changer d'avis plus tard. Car la Constitution (article 9) enjoint à l'État de « promouvoir la transformation des structures économiques et sociales, à savoir la socialisation des principaux moyens de production ». On peut toujours réviser une Constitution, répondrez-vous. Oui, et c'est bien pourquoi les constituants se sont prémunis contre cette éventualité, en stipulant (article 290) que « toute révision constitutionnelle devra respecter le principe de l'appropriation collective des principaux moyens de production et des sols ». Plus décidés encore que les nôtres, les dirigeants portugais ont donc tracé un chemin socialiste sans retour.

Mais, hélas ! il se révéla également sans issue. Depuis 1983, un plan de rigueur très strict a été appliqué par Mario Soares, à la tête d'un gouvernement de coalition dirigé par les socialistes alliés aux sociaux-démocrates. Ces derniers, en réalité, sont plus libéraux que socialistes. Ce plan n'a donné aucun résultat, sauf en ce qui concerne la balance des paiements, domaine où Mario Soares a même dépassé les recommandations du FMI. Pour tout le reste, c'est la catastrophe. L'investissement a décru de 7 % en 1983 et de 20 % en 1984. Des centaines de milliers de travailleurs n'ont pas perçu leur salaire depuis plusieurs mois, tant dans les entreprises publiques que dans les entreprises privées. Le phénomène des « nouveaux pauvres » a fait son apparition au Portugal comme en France, mais de façon pire, puisqu'à un niveau de richesse moyenne bien inférieur. L'endettement extérieur s'élève à 15,5 milliards de dollars, soit, par habitant, le double de la dette brésilienne.

Pourquoi cet échec ? Parce que la rigueur peut réduire certaines fractures de l'économie mais ne peut pas à elle seule susciter une reprise. Celle-ci réclame en outre la confiance et des conditions positives qui fassent que la création économique puisse avoir un sens. Or elle ne peut en avoir aucun dans l'agencement collectiviste installé par les nationalisations. L'entrepreneur privé au Portugal s'éteint ou se cache. Dans le secteur public, les hiérarchies techniques ont été entièrement détruites par les nationalisations, qui ont ouvert le champ, comme partout, aux nominations dues au favoritisme politique. Les cadres pourvus d'un savoir-faire de niveau international se sont expatriés. La prohibition par la Constitution de toute flexibilité d'emploi enfonce le secteur étatique dans un déficit incurable qu'aggrave encore la surabondance des fonctionnaires, passés en dix ans de 100 000 à 650 000, et dont les traitements sont au surplus exonérés d'impôt ! La réforme agraire, dictée par des motifs idéologiques, loin de profiter aux paysans pauvres, a cassé la productivité au point que le Portugal importe la moitié des denrées alimentaires qu'il consomme.

Mario Soares était d'ailleurs convaincu depuis longtemps de la nécessité de sortir de l'étatisme, puisqu'il avait autorisé la création de banques privées nouvelles, ne pouvant constitutionnellement dénationaliser les anciennes. Mais ses alliés, les libéraux du PSD, ont estimé que cela ne suffisait pas, que des réformes beaucoup plus profondes devaient être mises en œuvre sans délai. Ce qui a provoqué la rupture de la coalition et de nouvelles élections.

À l'autre extrémité de l'Europe méridionale, c'est au tour du socialisme hellénique de découvrir les limites de l'illusionnisme étatique et de l'anticapitalisme primaire. Dévaluation de la drachme, blocage des salaires, fiscalité alourdie, importateurs pénalisés, le Pasok aux abois déploie d'un seul coup toute la panoplie de l'austérité sans crier gare. Charmante surprise pour les citoyens qui, en juin dernier, ont gobé les billevesées électoralistes d'Andréas Papandréou, et l'ont reconduit. Ce socialiste de choc, qui voulait mettre en fuite les multinationales — et qui y a réussi — tout en vivant des subsides de la Communauté économique européenne — dont, pour comble, il « menaçait » de sortir — implore maintenant le capitalisme mondial de reprendre la vie commune, clamant à tous vents que les socialistes « ne sont pas opposés au profit des entreprises », et que les investisseurs étrangers, naguère accusés d'impérialisme, sont désormais « les bienvenus ». Nous autres Français connaissons ce genre de palinodie.

On a interprété en France la lourde défaite électorale du PS portugais, le 6 octobre, comme la sanction inéluctable de toute politique d'austérité, quelle que soit la couleur du gouvernement aux affaires. Mais alors, comment expliquer que, le dimanche suivant, après quatre ans de rigueur, le centre droit belge ait été reconduit au pouvoir avec une majorité électorale augmentée ? L'austérité est acceptée si elle ne consiste pas seulement à panser les plaies. Elle doit aussi en supprimer les causes et déboucher sur une transformation du système. Voilà pourquoi les libéraux du PSD sont arrivés en tête des élections portugaises, et pourquoi leur jeune leader, Anibal Cavaco Silva, un économiste formé à l'école anglo-saxonne, devient Premier ministre.

Ce succès n'étonne pas quand on sait que le PSD, avec ses dirigeants actuels, est l'héritier politique de Francisco Sa Carneiro, le prestigieux Premier ministre disparu le 4 décembre 1980 dans un accident d'avion qu'une rumeur persistante et quelques indices troublants font apparaître comme peut-être pas tout à fait accidentel. Est son héritier politique également, après avoir été son brillant ministre des Affaires étrangères, le démocrate-chrétien Diogo Freitas do Amaral, candidat, soutenu par le PSD, à la présidence de la République pour l'élection de janvier prochain, et en tête actuellement dans les sondages. L'année 1980, pendant laquelle Sa Cameiro gouverna, fut en effet la seule, depuis la révolution d'avril 1974, pendant laquelle l'économie portugaise se redressa, l'inflation baissa, le pouvoir d'achat monta, notamment celui des bas salaires, et les prestations sociales augmentèrent. Comme c'est fréquent, ce gouvernement classé « à droite » réalisa en pratique ce que la gauche n'avait pratiqué qu'en paroles.

Le Portugal a eu à sa tête, depuis 1975, deux grands hommes d'État : le socialiste Mario Soares et Sa Carneiro. Le premier, avec un rare courage politique et même physique, a enrayé le complot totalitaire, affirmant sans biaiser que la lutte contre la conspiration stalinienne découlait des mêmes principes que la lutte antérieure contre le fascisme salazarien. Le second, par sa compréhension pénétrante des sociétés contemporaines et du rapport de forces international, devança de plusieurs années les conceptions libérales qui font aujourd'hui florès en Europe.

Le Portugal a montré le chemin à la France, non pas seulement avec ses nationalisations, mais aussi avec une autre tare fatale : le scrutin proportionnel. De ce fait, le Portugal démocratique a une histoire politique à l'italienne. Aucun parti, même largement victorieux en voix, n'a pu avoir de majorité parlementaire lui permettant de gouverner dans la stabilité. Le PSD, à son tour, malgré sa victoire qui exprime un retournement de l'opinion, n'a formé qu'un gouvernement minoritaire, à la merci de ses soutiens provisoires. Et, de même que la proportionnelle va en France ouvrir les portes du Parlement au Front national, elle a fait surgir au Portugal un curieux parti poujado-gauchiste, qui répond au nom idéalement « attrape-tout » de Parti rénovateur démocratique (PRD).

Avec 18 % des voix, le PRD, discrètement épaulé par le président de la République, Ramalho Eanes, a, comme Le Pen chez nous, déstabilisé le jeu politique. Il s'agit d'un parti hétéroclite, que l'on a comparé au parti « justicialiste » de Pérón, et qui comprend des socialistes déçus, des capitaines nostalgiques de la « révolution des œillets », d'anciens ministres de Salazar et, dans l'ombre, Melo Antunes, qui, en 1975, alors ministre des Affaires étrangères du compagnon de route Vasco Gonçalves, a donné l'ordre de fournir des armes au MPLA prosoviétique en Angola, et non pas à l'Unita. Il est aujourd'hui conseiller du Président. Ne nous étonnons pas que l'agence Tass ait été la première à saluer l'ascension du PRD comme une grande « victoire des travailleurs ».

Ce parti constitue la menace la plus sournoise contre la démocratie portugaise depuis 1975. Déjà il demande, avec les communistes, qu'on retarde l'entrée effective du Portugal dans le Marché commun, prévue pour le 1er janvier 1986. En effet, l'intégration à l'ensemble démocratique européen ferait obstacle à ses ambitions péronistes. Souhaitons que, du côté français, certains sots ne prêtent pas inconsciemment main forte à cette cabale, en recommençant à chicaner le Portugal sur des points de détail à propos de son entrée dans la Communauté économique européenne.

25 novembre 1985

1986

Politique : le marché des urnes

Depuis que la démocratie existe, les secrets de la victoire électorale ne semblent pas très rationnels aux professionnels de la politique eux-mêmes. On savait depuis longtemps, par exemple, que des régions votent à gauche ou à droite sans qu'on puisse toujours expliquer cette habitude par leurs différences de niveau de vie, d'industrialisation ou d'emploi. Cette impression d'irrationalité a été encore accentuée par la découverte et la promotion depuis une trentaine d'années du rôle de l'inconscient collectif dans les choix, avec ses réactions capricieuses à l'« image » des candidats ou à leurs slogans. L'invasion des médias de masse a exacerbé chez le politicien le sentiment qu'il joue son va-tout en quelques secondes sur des impondérables.

Le mystère, la soudaineté des ascensions et des chutes dans la faveur du corps électoral provoquent un retour des hommes politiques à la mentalité magique, ou presque. Et c'est de modernes magiciens, en effet, les publicitaires, que ces superstitieux de la communication attendent volontiers la recette du succès. Pourtant, il n'y a heureusement pas lieu de se résigner ainsi à l'absurde. Tout comme celles du marché économique, les lois du marché politique permettent certes peu la prévision, mais elles existent.

Pour bien saisir en quoi consiste le marché politique, il faut le distinguer de trois activités qui en dépendent, mais s'en distinguent : la propagande pure, la publicité politique, le marketing politique.

La propagande ne s'adresse ou ne devrait s'adresser utilement qu'à un public captif, auquel on peut répéter à satiété ce qu'on veut lui inculquer tout en le privant des moyens de comparer ce qu'on lui dit avec des informations de sources différentes. Du moins ces conditions sont-elles l'idéal dont rêve le propagandiste. Et c'est pourquoi la propagande ne s'épanouit pleinement que dans les systèmes totalitaires. Dans les démocraties, la diversité de l'information, l'accès aux faits, le pluralisme des opinions ravalent le produit de la propagande au rang d'affirmation parmi d'autres. Dans des cas exceptionnels, pourtant, où le public ne dispose d'aucun moyen de contrôle, la propagande peut s'employer avec profit en démocratie. Ainsi, dans son entretien télévisé du 15 décembre 1985, en déclarant que « la télévision d'État française est la meilleure du monde », Mitterrand se livre à un acte de propagande caractéristique, puisque cette affirmation est en pratique invérifiable pour la quasi-totalité des Français.

La publicité politique, pour sa part, ne mérite pas son nom puisqu'elle recourt à des thèmes dénués de tout contenu proprement politique : thèmes supposés atteindre dans l'inconscient de l'électeur les aspirations les plus vagues à la sécurité, à l'affection, à la confiance fraternelle, à l'enthousiasme, à la peur. S'il est vrai que le programme politique sec, sans aucune émotion, sans la moindre métaphore, ne suffit pas, il est tout aussi vrai que la métaphore qui vise l'affectivité sans être porteuse du moindre programme ne suffit pas non plus. La déconfiture aux élections municipales à Paris, en 1983, de Paul Quilès, dont la campagne se réduisit au slogan réellement très pauvre « Quilès tendresse », montre bien dans quels abîmes peut nous précipiter une foi naïve dans l'omniscience électorale des publicitaires.

Le marketing politique, au contraire, malgré sa peu plaisante consonance, est une technique déjà plus sérieuse, plus démocratique aussi, car elle repose sur une étude du marché politique, c'est-à-dire des besoins, des vœux et des croyances (fussent-elles erronées) de l'électorat. Tout bon spécialiste de cette technique s'indigne à bon droit quand vous insinuez que son métier consiste à fabriquer sur commande une marchandise à coups d'artifices. La première condition du succès, vous rétorquera l'homme de l'art, est pour le politique d'avoir un message à exprimer, une action à proposer. Il peut néanmoins être impuissant à convaincre le public que c'est le cas. Alors le conseiller en communication intervient pour chercher ce qui ne passe pas, pour adapter l'image au message, le ton et le comportement aux idées et à l'audience. Mais si le conseiller peut ainsi aider à régler la pièce, il ne peut pas l'écrire. La formule de la « force tranquille », qui n'est pas en soi d'une originalité saisissante, n'aurait sans doute pas eu plus d'efficacité que « Quilès tendresse » si Mitterrand n'avait, en 1981, réussi par ailleurs à rendre perceptible son message. À savoir, notamment, s'il n'avait persuadé assez de Français que la solution socialiste résorberait la crise et le chômage, en particulier grâce à une extension du secteur nationalisé. De même, Reagan a dominé Carter dans un débat télévisé décisif, en 1980, non point dans le vide avec son seul talent formel de « grand communicateur », mais parce qu'il s'en est servi pour communiquer deux intentions bien précises : la première, qu'il favoriserait une percée du libéralisme économique ; la seconde, qu'il mettrait fin à la période des humiliations et des reculades en politique étrangère. Ces deux messages pesèrent plus lourd qu'une performance de pur « look ». Ils furent reçus dans les profondeurs de la société américaine et ils assurèrent l'élection, car ils correspondaient à une demande.

C'est bien d'offre et de demande politiques, en effet, qu'il s'agit dans une campagne électorale. Chaque catégorie socioprofessionnelle, chaque secteur économique, chaque région, chaque tranche d'âge ou de revenu, chaque syndicat, association, service public, individu, se trouve être porteur d'un certain nombre d'aspirations et de craintes. Quelles lois, quels décrets vont modifier sa situation en bien ou en mal, le gratifier ou le priver de certains avantages ? Sur l'estrade, les candidats qui luttent pour conquérir ou pour conserver le pouvoir énoncent leurs intentions dans un langage plus ou moins intelligible, mais où les intéressés cherchent à déchiffrer le message qui les concerne.

Claironner, par exemple, qu'il est impossible de réduire à court terme de façon sensible les dépenses publiques et donc la pression fiscale, c'est faire entendre un son de cloche rassurant pour les fonctionnaires, les employés du secteur nationalisé, les innombrables organisations qui reçoivent de l'argent public. Mais c'est inquiétant pour les contribuables du secteur privé, entreprises ou travailleurs indépendants. Feindre de croire aux pourcentages apocalyptiques de chute du revenu agricole qu'annonce chaque année la FNSEA, c'est faire savoir que l'on se battra pour le maintien de subventions qui, en gros, représentent le même montant que le total de ce revenu agricole. L'électeur dans l'isoloir dispose d'un « pouvoir d'achat » — son bulletin de vote — devant un étalage de « produits » mis en concurrence, dont il évalue les mérites respectifs à l'égard de son sort futur : avec le risque, bien sûr, de faire un mauvais choix faute d'informations exactes.

Ce n'est point vilipender la démocratie que d'en décrire ainsi le fonctionnement, car qu'est-ce que la démocratie, pour le citoyen, sinon la capacité de choisir entre diverses orientations de gouvernement ? Et qu'y a-t-il de honteux à ce qu'il le fasse, pour une large part, en fonction de ses intérêts ? Lesquels intérêts, du reste, ne sont pas tous matériels.

Les passions, les préjugés, l'idéologie, les préférences culturelles, la religion, la morale, les espoirs de carrière, notre définition de la liberté constituent autant de facteurs de notre bien-être. Ce sont des thèmes à propos desquels nous captons aussi les messages des candidats au pouvoir et leur demandons dans quel sens ils agiront. Selon un raccourci de l'économiste Jean-Jacques Rosa, « le marché politique n'est pas autre chose que le lieu où s'échangent des votes contre des promesses d'interventions publiques ».

La tricherie avec la démocratie ne commence qu'à partir du moment où ces interventions publiques favorisent subrepticement des minorités corporatistes aux dépens des autres citoyens. Un groupe socioprofessionnel ou tout autre, en effet, peut ne compter qu'un ou deux millions de membres, ou même moins, et avoir un poids électoral décisif dans un pays comme la France, où trois cent mille voix égalent un point de pourcentage environ. Un des cas les plus cristallins de troc politique fut le marché passé avant 1981 entre la Fédération de l'éducation nationale et le PS : nous votons pour vous et vous nous donnez le monopole.

On sait ce qu'il en advint : le PS avait présumé de sa capacité d'imposer à la société française son « grand service public unifié de l'enseignement ».

Encore cette opération manquée se déroula-t-elle au grand jour. C'est même peut-être pour cela qu'elle rata. Mais combien d'autres échappent totalement ou en partie à la connaissance des victimes, c'est-à-dire des payeurs ? Car la lutte des classes aujourd'hui ne se situe plus guère entre patrons et salariés du secteur privé, depuis la réhabilitation de l'entreprise compétitive comme seule source créatrice d'emplois réels et de richesses pour tous. Elle se situe entre les salariés qui perçoivent plus qu'ils ne produisent et ceux qui produisent plus qu'ils ne perçoivent. Les avantages des premiers, non seulement en rémunérations, mais en temps libre, en sécurité de l'emploi, en horaires à leur convenance, ne peuvent provenir que de prélèvements sur les revenus ou le confort des seconds. Mais ceux-ci ne peuvent pas toujours voir le lien entre l'augmentation de leurs impôts ou désagréments et le gain ou les avantages divers des bénéficiaires. L'argent, blanchi grâce à un détour par le sanctuaire de la « solidarité nationale », va en fait moins aux plus pauvres qu'aux plus forts dans la défense et l'accroissement de leurs privilèges.

Lesquels, d'ailleurs, on l'a noté, ne sont pas tous pécuniaires. A-t-on remarqué, par exemple depuis l'automne 1985, en France, une évolution tendant à éliminer des services publics la notion de faute professionnelle ? Successivement, la SNCF, Air Inter, EDF, la RATP ont cessé le travail à la suite de sanctions ou de simples mesures de contrôle, consécutives à des violations parfois meurtrières des consignes de sécurité. Après la sécurité de l'emploi, obtenir l'irresponsabilité, même en cas de pertes de vies humaines, ne serait pas une mince conquête.

Les politiciens qui la promettraient rafleraient à n'en pas douter maintes voix dans les services publics. Mais comme les usagers l'emportent en nombre sur les agents de ces services, la manœuvre risque de se solder par une perte.

Dans cet affreux tableau, que reste-t-il, objectera-t-on, de l'intérêt général ? Je répondrai : c'est le plus hypocrite ennemi de la justice. Il n'y a rien comme l'intérêt général pour servir de paravent aux privilèges. C'est en son nom que se commettent les pires escroqueries... à son détriment. Le seul remède aux abus et la meilleure façon d'approcher un *intérêt moyen* équitable est d'accepter le marché politique comme un phénomène normal : mais à condition d'exiger qu'il se déroule dans la transparence et sous le contrôle réciproque des parties concernées. La moins mauvaise démocratie consiste en compromis loyaux et avoués entre intérêts reconnus comme divergents. Et non en privilèges injustes accordés par des voies occultes au nom de la solidarité.

3 février 1986

Révolution française : l'énigme de la Terreur

Peut-être n'avons-nous toujours pas réussi à faire sereinement l'histoire de la Révolution française parce qu'elle continue à faire la nôtre. La transposition quasi automatique du vieux débat sur la Révolution en termes d'actualité continue de nous obséder. Aujourd'hui, François Furet reconstitue et interprète ce débat tel qu'il eut lieu déjà en 1865, mais à un tout autre niveau intellectuel, autour du livre d'Edgar Quinet *La Révolution.* Notons bien qu'il s'agit d'une discussion intérieure à la gauche, et non point entre partisans et adversaires de la Révolution. Tous les participants se réclament de l'héritage révolutionnaire. Mais tous aussi mènent la controverse historique sans cesser un instant de garder présent à l'esprit un enjeu fort politique : l'avenir et le programme des républicains.

C'est le cas, en particulier, d'un jeune avocat qui, dans une série d'articles, prend le parti de Quinet. Pour lui, comme pour l'auteur qu'il défend, il importe de préparer l'avenir en montrant que la tradition démocratique doit se distinguer de sa dégénérescence jacobine : nous dirions maintenant totalitaire. À cette condition seulement, après la chute du second Empire, un gouvernement démocratique sera viable, accepté, élu au suffrage véritablement universel, assis sur ce qu'on appellera plus tard le « consensus républicain ». Ce jeune avocat s'appelait Jules Ferry.

Les contradicteurs les plus virulents de Quinet, au premier rang desquels Louis Blanc, l'accusent d'affaiblir le mouvement démocratique et de le trahir. N'oublions pas que le « traître », en l'occurrence, a choisi l'exil pour ne pas vivre sous Napoléon III, tout comme son procureur. Ainsi, déjà, une partie de la gauche veut imposer à l'autre le devoir de mentir sur le passé sous prétexte de sauvegarder la cohésion du présent.

Quel passé ? Quinet part d'une réalité désespérante, cachée avec une vigilance d'autant plus sourcilleuse qu'elle est plus éclatante : la Révolution a été un échec. Commencée en vue d'établir la liberté politique, elle a conduit d'abord à la Terreur, puis à la dictature militaire de Napoléon Ier. Ses réformes sociales ne peuvent se contester. Mais, comme l'avait déjà dit Tocqueville, de ce point de vue, la Révolution était déjà en cours, sinon même aux trois quarts faite, quand elle a débuté. Sa véritable réusite, c'eût été d'implanter en france un système durable et paisible de liberté politique. Or, dit-il, elle parvint surtout à frayer le chemin à des formes aggravées de tyrannie. Bien pis : la Révolution bis de 1848, elle aussi, a engendré une République incapable de gouverner, pour se terminer par un coup d'État et la confiscation de la souveraineté par un régime autoritaire.

Quelle série de faillites ! Il en faudrait moins à toute autre famille politique de la gauche française pour s'interroger sur la validité de ses idées. Et la première idée à remettre en question, dit Edgar Quinet, c'est celle de la légitimité de la Terreur, piteusement justifiée (au xxe siècle encore !) par les « circonstances ». Ou encore par l'article de foi selon lequel il faudrait (dira Clemenceau) prendre la Révolution « comme un bloc ». Cette thèse, on le sait, servira après 1917 à justifier aussi la révolution bolchevique et le stalinisme. Le cœur du débat, c'est la question de savoir si 1793 parachève ou détruit 1789.

Nous ne sommes toujours point las de ratiociner sur ce thème. Dans une page d'une saisissante modernité, Quinet décortique ce qui deviendra un grand sophisme du xxe siècle : « Égalité sans liberté, écrit-il, en dehors de la liberté, telle est donc la chimère suprême que nos théoriciens nous font poursuivre pendant tout le cours de notre histoire : c'est l'appât qui nous tient en haleine... J'ajourne la recherche des garanties politiques au temps où le niveau social aura été atteint... Je suppose que la chimère soit atteinte... Qui jugera qu'elle l'est en effet ?... Voilà la liberté de nouveau ajournée ; mieux valait dire dès le début qu'elle l'est éternellement ! »

Quant à la plus grande autorité du temps sur la Révolution, Jules Michelet, ses réserves à propos de Quinet portent moins sur la Terreur même, condamnée avec la même sévérité par les deux historiens, que sur la façon de l'expliquer. Alors que Quinet voit dans 1793 une simple rechute dans l'absolutisme ancien, Michelet saisit bien que le phénomène constitue une sorte de première historique, un inédit. François Furet attire l'attention sur un aspect méconnu (ou peut-être volontairement négligé) de l'analyse du jacobinisme chez Michelet. Pour l'auteur de l'*Histoire de la Révolution française* (achevée en 1853), les trois mille sociétés et les quarante mille comités du club des Jacobins soumettent la France, avant la lettre, au régime du parti unique et du « centralisme démocratique », comme on dit de nos jours.

La technique de domination du club, nous autres, au XXe siècle, en connaissons bien les ingrédients. Furet, condensant Michelet, les détaille ainsi : « Maniement d'une orthodoxie idéologique, discipline d'un appareil militant centralisé, épuration systématique des adversaires et des amis, manipulations autoritaires des institutions élues. » Michelet avait raison : cette nouvelle technique de pouvoir était d'une autre « nature » que l'absolutisme de l'Ancien Régime.

Si la Révolution occupe, au XIXe siècle, le centre de la réflexion historique et politique française, elle devient aussi, et dès sa naissance, un sujet de méditation dans toute l'Europe. Karl Marx, entre autres, n'a pas manqué d'y revenir souvent dans son œuvre immense. Mais il n'a jamais écrit à proprement parler de livre sur la Révolution. C'est donc une compatissante et utile idée que d'avoir regroupé les nombreux commentaires épars qu'il y a consacrés. Comme dans *La Gauche et la Révolution,* l'étude de François Furet se complète d'une anthologie des textes sur lesquels elle s'appuie. Ne fût-ce que pour les délices littéraires qu'elle procure, la première des deux anthologies en tout cas, appelle la lecture.

Moins récréatif, mais toujours tranchant, Marx nous permet ici de vérifier ce que le socialisme scientifique, appuyé sur le matérialisme historique, apporte à la compréhension de la Révolution française. L'explication marxiste bien connue présente l'événement comme la conquête du pouvoir politique par la bourgeoisie, depuis longtemps maîtresse des « forces productives ». Mais Marx butte, comme tout le monde, sur l'énigme de la Terreur, qu'il ne parvient pas à expliquer par des causes purement socio-économiques, refusant par ailleurs de voir dans l'idéologie, et la politique pure, autre chose que des « superstructures » sans action déterminante sur le réel. Aussi fait-il alterner deux théories contraires de la Terreur, la définissant tantôt comme un moyen au service des intérête bourgeois, tantôt comme une dictature au service des masses qui veulent renverser la bourgeoisie. Contradiction modérément dialectique...

Tout en multipliant les coups de chapeau à l'auteur du *Manifeste du parti communiste,* François Furet n'en constate pas moins avec une placide sévérité « l'appauvrissement de l'analyse historique qu'entraîne cette tyrannie de l'interprétation matérialiste ». Et il ajoute, charitable : « Marx utilise l'histoire plus comme un réservoir d'illustrations de sa théorie que comme un instrument de recherche possédant ses propres contraintes intellectuelles. »

En 1869, Michelet enrichit son *histoire* d'une amère préface, intitulée « Le tyran », et reproduite in extenso à la fin de *La Gauche et la Révolution* : « Sous sa forme si trouble, dit-il de la Terreur, ce temps fut une dictature. » Cette dictature conduisit plus tard à celle de Bonaparte. « Le tyran bavard, jacobin, amène le militaire. Et le tyran militaire ramène le jacobin. » Michelet nous enseigne ici que dictature et démocratie constituent des réalités premières, originales, qu'on rencontre ou ne rencontre pas dans n'importe quelles conditions socio-économiques. Concluons avec lui par l'étonnement, lorsqu'il demande : « Par quelle obstination donc une chose tellement éclaircie est-elle toujours mise en doute ? »

24 février 1986

La Gauche et la Révolution au milieu du XIX*e siècle* de François Furet, Hachette ; *Marx et la Révolution française* de François Furet, Flammarion.

La contagion démocratique

Sur une population mondiale estimée cette année à environ 4 milliards 816 millions d'individus, 1 milliard 747 millions vivent dans des régimes démocratiques ; 1 milliard 121 millions dans des régimes à moitié démocratiques ; 1 milliard 947 millions subissent des régimes où n'existe aucune liberté.

Tel est le bilan dressé par l'association Freedom House dans son rapport annuel sur la liberté dans le monde, publié à New York. Cette évaluation difficile repose sur l'application d'une longue liste de critères subtils, où figurent les libertés politiques et les libertés civiles. Certaines d'entre elles peuvent, dans un même pays, coexister avec des violations de droits fondamentaux. Dans le pays voisin, le mélange peut être inverse : d'où une échelle graduée, avec toutes sortes de cas intermédiaires.

Au bout du compte, depuis quelque temps, dans le monde actuel — et c'est ce qui importe — la liberté progresse. En pourcentage, les chiffres cités reflètent une réelle amélioration, comparés à ceux de 1973, quand Freedom House publia son premier rapport. Aujourd'hui, 36,27 % des humains vivent dans des pays méritant le qualificatif de « libres » (contre 32 % en 1973) ; 23,29 % dans des pays de semi-liberté (contre 21 %), tandis que 40,43 % vivent dans des systèmes totalement répressifs (contre 47 % en 1973). Comme le rapport de cette année a été mis sous presse juste avant la chute des dictatures philippine et haïtienne, voilà qu'est devenue plus large encore l'aire de la liberté.

Progrès des droits de l'homme donc, mais où ? Les passages de la dictature à la démocratie ont tous eu lieu hors de la zone communiste, à la seule et minuscule exception de la Grenade (un peu plus de 100 000 habitants), où la liberté fut ramenée par une intervention militaire américaine et non pas par une évolution spontanée. Pour le reste, les gros fournisseurs de démocraties nouvelles depuis 1973 ont été l'Europe, avec la fin des dictatures grecque, portugaise et espagnole ; l'Amérique latine, où ne subsistent que deux dictatures non communistes (le Chili et le Paraguay) ; la région du Pacifique, avec l'élimination de Marcos. Par contraste, la zone sous influence soviétique s'est accrue en Asie du Sud-Est (Vietnam, Cambodge, Laos), en Amérique centrale (Nicaragua, Surinam) et de plusieurs États africains.

Quelle résistance au changement possèdent les systèmes communistes ! Voyez la guerre intestine qui a secoué en janvier le Yémen du Sud. Dix mille morts en une semaine dans la seule ville d'Aden, voilà qui laisse entrevoir sensiblement le double dans l'ensemble du pays peuplé d'à peine 2 millions d'habitants. Tout ce carnage simplement pour aboutir à la substitution au pouvoir d'un clan prosoviétique à un autre. Très vite, le calme totalitaire revint sur le pays, et les médias cessèrent de mentionner l'événement. Que n'auraient pas été les répercussions nationales et internationales d'un tel bain de sang s'il s'était produit en Tunisie ou en Corée du Sud !

C'est donc dans le monde capitaliste ou sous

influence capitaliste que se sont produits jusqu'à présent les transitions et les retours à la démocratie. Bien plus, les États-Unis érigent toujours davantage en doctrine la protection active des courants politiques qui cherchent à contraindre les dictateurs à choisir entre les élections libres ou le départ. Début mars, Ronald Reagan déclare dans un message au Congrès que son administration entend s'opposer avec autant de fermeté aux dictatures de la droite anticommuniste qu'à celles de la gauche prosoviétique. « Le peuple américain, ajoute-t-il, croit aux droits de l'homme et combat la tyrannie sous toutes ses formes, de droite comme de gauche. » Le 12 mars, à Genève, les États-Unis demandent à la commission des droits de l'homme de l'ONU de condamner le gouvernement chilien d'Augusto Pinochet en raison de ses violations persistantes des droits de l'homme. Le délégué américain précise que son pays demande pour la première fois explicitement cette condamnation internationale parce que le gouvernement chilien n'a pas réagi par des réformes à « sa diplomatie silencieuse ». Au même moment, le département d'État durcit sa politique d'« engagement constructif » vis-à-vis de l'Afrique du Sud en déclarant appuyer désormais sans réserve dans ce pays la « règle de la majorité ». Autrement dit, la revendication d'élections au suffrage universel avec égalité complète du vote entre les Noirs et les Blancs.

Depuis qu'au lendemain de la guerre le « monde libre » s'est défini par opposition au monde totalitaire, les démocraties se sont emprisonnées dans une redoutable gageure. Pour avoir le droit de contenir, au nom de la liberté, l'Union soviétique et la prolifération de régimes calqués sur le sien, il leur fallait ne s'appuyer que sur des gouvernements respectueux des libertés et n'en appuyer elles-mêmes point d'autres. C'était une question de morale et d'efficacité. Au nom de quoi lutter contre l'expansion totalitaire et convaincre du bien-fondé de sa cause, si l'on tolérait, ou même favorisait, dans sa propre zone des régimes dictatoriaux ?

Ce contrat démocratique, l'histoire l'atteste, fut loin d'être toujours observé, à notre grande honte. Cette contradiction, le camp adverse et les oppositions de gauche dans les démocraties ne manquèrent pas de l'exploiter à satiété, faisant perdre au monde libre bien des batailles idéologiques. Comment les aurait-il gagnées, face à une aussi insoutenable obligation, telle que jamais dans l'histoire une civilisation n'en avait assumé ? Comment remplir, en effet, le devoir écrasant de ne s'allier, pour défendre ses intérêts, sa liberté, sa sécurité, qu'à des États démocratiques, vertueux, humains ?

Il ne dépend pas toujours de l'Occident d'implanter la démocratie là où la tradition a constitué d'autres formes séculaires d'autorité. S'il le faisait, on l'accuserait d'ingérence et de mépris pour les coutumes d'autrui. L'entreprise est d'ailleurs souvent irréalisable à court terme. Demande-t-on à la France de démocratiser le Tchad avant de l'aider à résister à l'invasion libyenne ? L'exiger reviendrait à offrir à Kadhafi et à ses protecteurs les pays africains qu'ils n'ont pas encore placés sous leur coupe. Devons-nous rompre tout lien économique et stratégique avec l'Arabie saoudite tant qu'elle n'aura pas adopté notre système politique, notre code pénal, notre conception des droits de l'homme (et de la femme) ?

Que faire avec les régimes autoritaires pourvus d'un État moderne, militaire et policier, la Corée du Sud ou la Turquie, cette dernière ayant connu puis perdu la démocratie ? Ces deux pays constituent des remparts vitaux pour la sécurité occidentale. Expulser la Turquie de l'Otan, retirer les troupes américaines de Corée du Sud (ce qu'avait envisagé Carter), ce serait les livrer, la première à l'URSS, la seconde à la Corée du Nord. La sécurité du monde libre recevrait par là un coup sans doute irréparable, et l'on ne voit pas très bien ce qu'y gagneraient les peuples turc et coréen. Ne se verraient-ils pas alors fermer à tout jamais le chemin de la démocratie ? Or ce chemin, actuellement, est loin de leur être interdit. Ils paraissent même devoir s'y engager ou y revenir. Le Pakistan, le Bangladesh également se trouvent en pleine mue démocratique. Comme l'a montré l'échec de Carter en Iran, précipiter de force au grand galop une dictature dans la démocratie émane d'une excellente intention, mais prépare souvent le nid d'une oppression pire.

Ainsi, la tâche du monde libre pour simplement survivre sans se mettre une fois sur deux dans son tort est sans comparaison plus ardue que celle du monde communiste. À celui-ci, par définition, il paraîtrait saugrenu de réclamer qu'il se démocratise et démocratise ses alliés pour avoir le droit de se défendre ou même d'attaquer.

Bien mieux : les socialismes totalitaires peuvent nouer, la tête haute, d'excellentes relations avec des dictatures de droite. Ils n'éprouvent pas sur ce chapitre le sentiment de culpabilité et n'essuient aucun des anathèmes que valent aux démocraties ces interlopes liaisons. On a remarqué avec quelle désolation Moscou a commenté le départ de Marcos, décrit sans rire par Tass comme « le seul homme capable de stabiliser la situation dans le pays sans dépendre de l'aide américaine ». La *Pravda* clamait, le 21 février dernier, que « les considérations sur la défense de la démocratie, la lutte contre la corruption, etc., ne servent qu'à camoufler l'objectif de Washington ». Dès 1972, le PC philippin stigmatisait « les politiciens à la solde de la CIA comme le sénateur Benigno Aquino). Le monde est moins simple qu'il ne le paraît parfois... Je ne puis entrer dans tous les détails de la lune de miel entre Moscou et Manille[1]. Sachez que les deux capitales furent jumelées en 1984, que Mme Marcos fut à cette occasion décorée par l'URSS pour « sa contribution aux échanges culturels et à la cause de l'amitié soviéto-philippine », et que la poitrine de Marcos s'orna en 1985 de la Médaille jubilaire du président de l'URSS.

Toujours dénuée de vains préjugés, Moscou à dépêché en février dernier à Téhéran son vice-ministre des Affaires étrangères, Gheorghi Kornienko, qui a proclamé sa joie d'y avoir fait un séjour « fructueux », ponctué d'entretiens « complets et constructifs ». Il y a distribué des invitations à tous les mollahs transportables. Fraterniser avec les tyrannies sanguinaires n'est un opprobre que pour les démocraties.

Mais, fort heureusement, c'est aussi de moins en moins pour elles une nécessité. L'histoire est en train de réfuter la thèse, qui a longtemps prévalu à gauche, selon laquelle les démocraties d'Europe et d'Amérique du Nord ne pouvaient conserver leur système de liberté à l'intérieur qu'à condition de l'asseoir à l'extérieur sur une mosaïque d'États fascistes. Leur prospérité, condition de leur liberté, supposait dans cette hypothèse l'exploitation économique de pays pseudo-indépendants. Et la poursuite de cette exploitation économique exigeait le maintien par la force de régimes autoritaires.

Nous savons aujourd'hui que ces deux explications sont fausses. Les faits ont parlé : le sous-

1. Voir le dossier complet dans Brankolazitch, « Les communistes et la crise des Philippines », *Est-Ouest*, mars 1986.

développement des pays pauvres n'a pas pour cause principale une exploitation par les pays riches. Et ce n'est ni un besoin ni leur intérêt pour les démocraties que de favoriser au-dehors des régimes despotiques. Tout au contraire. Le développement et la démocratisation, sur le long terme, vont de pair, et cette convergence chez les autres n'a que des avantages pour les démocraties déjà développées. Aujourd'hui, la pression en faveur de la démocratie émane aussi bien du monde riche que du monde pauvre. Cette leçon des faits doit conduire à réviser de fond en comble la réflexion sur les rapports Nord-Sud.

7 avril 1986

Au début était *La NRF*

La Nouvelle Revue française fut, entre les deux guerres, selon la fraîche image de François Mauriac, la grande « rose des vents de la littérature française ». Point de repère pour le public cultivé, elle fut aussi point de passage obligé pour tout auteur soucieux de se distinguer par un certain refus de la facilité, par l'exigence de l'exploration. À la fois antichambre et drapeau des Éditions Gallimard, dont elle avait été la mère, la revue ne se sépare pas de leur histoire. Aujourd'hui encore, le sigle NRF ne figure-t-il pas sur la couverture de tout livre publié par la maison ?

Il était donc tentant de reconstituer les origines de cette revue si influente, qui fut en même temps un mouvement littéraire, et d'autant plus curieux qu'il ne découle d'aucune théorie et se réclame du seul « flair » dans les choix et les jugements. Raconter l'histoire des tout débuts de *La NRF,* c'est observer au berceau ce qui va être le goût moderne jusqu'à la Seconde Guerre mondiale, le ton et le style dominants. Et aussi toute une civilisation du monde des lettres, aujourd'hui disparue, avec des rapports entre écrivains et avec les lecteurs que nous ne connaissons plus.

Retracer exactement ce monument de notre littérature, tel est le projet que conçut à la fin des années quarante un professeur de lettres d'une trentaine d'années, Auguste Anglès. Il avait été, sous l'Occupation, le critique littéraire remarquable et remarqué de la revue *Confluences,* publiée à Lyon par René Tavernier, en même temps qu'un membre important de la Résistance. Ce qui lui valut d'assumer, à la Libération, le poste de délégué régional à l'Information dans le Commissariat de la République de la région Rhône-Alpes. Lorsqu'il revient à l'histoire littéraire, il ne se doute pas que sa recherche va lui demander plus de trente ans, d'abord parce qu'elle est très ralentie par une carrière universitaire qui se déroule presque entièrement à l'étranger ; ensuite, et paradoxalement, à cause de la surabondance des documents. Les correspondances, les carnets, les journaux intimes, pour ne mentionner que les textes qui sont ou étaient alors inédits, submergent l'historien. « Je me suis trouvé devant une marée, un déluge, raconte Anglès dans une interview en 1973. Ces gens-là s'écrivaient tout le temps, tenaient un journal ou prenaient des notes dans un carnet. Ils conservaient tout. C'est tout un monde qui ressuscite. » Et il ressuscite en effet sous sa plume, jour par jour, souvent heure par heure, sans que jamais l'accumulation des grands et petits faits, le compte rendu minutieux des pensées et des actes de ce microcosme créateur, deviennent fastidieux. Le talent d'Anglès parvient à donner au récit la vivacité du vécu, souvent doublée d'un humour où l'admiration côtoie aisément la satire — car, n'est-ce pas ? les grands hommes, surtout de lettres, ont aussi bien leurs petits travers. Les chapitres de chronique alternent avec les chapitres d'analyse, l'inventaire des « directions », comme dit l'auteur, pour autant qu'elles aient des contours nets dans une école qui, je l'ai dit, s'est voulue tout sauf pédante. *La NRF* d'avant 1914 constitue un pan chronologique et culturel bien délimité, ne fût-ce qu'à cause de l'interruption de la publication due à la guerre. Le numéro 1, fruit d'une longue gestation du groupe, paraît le 1er février 1909. La revue publie un numéro le 1er août 1914 pour ne reprendre que le 1er juin 1919. Dans son tome premier, paru en 1978, Anglès reconstituait les antécédents spirituels, l'itinéraire esthétique, les préparatifs pratiques grâce auxquels le groupe se forma et parvint à se doter d'un instrument d'expression. Dans ce deuxième volume (posthume : l'auteur est décédé en 1983), le groupe, à la fois influent et inorganisé, et même parfois désuni, s'impose pourtant et commence à faire entendre au monde littéraire un certain la, dont nul ne peut plus éviter de tenir compte.

Il s'impose d'abord par ses propres œuvres. Au cours de ces premières années, la revue donne en livraisons successives *La Porte étroite* de Gide, *L'Annonce faite à Marie* et *L'Otage* de Claudel, *Fermina Marquez* et le *Journal de Barnabooth* de Valéry Larbaud, pour ne citer que quelques œuvres parmi les plus éclatantes. Elle s'ouvre aux talents de la nouvelle génération : Jean Giraudoux, Saint-Léger Léger (le futur Saint-John Perse). Parallèlement, *La NRF* s'est voulue d'emblée et peut-être surtout critique. Pour Gide et ses amis, la réflexion critique fait partie intégrante de la création, une position essentiellement destinée à réagir contre la mode agonisante de l'« inspiration » romantique. Paul Valéry, avec son intellectualisme de la création poétique, pèse évidemment dans ce sens. Cette valeur attribuée à la critique a engendré l'abondance et la qualité des « notes » qui furent toujours l'originalité de *La NRF* et en firent une « revue » véritable. Aux notes de Gide et de Larbaud eux-mêmes, il faut ajouter celles de Jean Schlumberger, de

Jacques Copeau, de Jacques Rivière, secrétaire de la revue et son futur directeur. Certains auteurs oubliés aujourd'hui, tel le pittoresque touche-à-tout Henri Ghéon, n'en contribuèrent pas moins de façon très sensible à façonner l'esprit du groupe. Enfin, l'on voit percer dans les sommaires de cette époque les signatures d'André Suarès et surtout d'Albert Thibaudet, promis à d'éminents magistères.

D'autre part, la revue sert de base de départ à un essaim d'autres activités : les prestigieuses Décades de Pontigny, qui regroupèrent dès lors chaque année en séminaires écrivains, artistes et philosophes venus de toute l'Europe ; la rénovation de l'art dramatique apportée par Copeau, avec la création du théâtre du Vieux-Colombier en 1913, application concrète des idées du groupe sur le théâtre ; enfin et surtout, l'ouverture du modeste Comptoir d'éditions (ce fut le premier nom des Éditions Gallimard), promis, on le sait, à un estimable avenir. Ce tableau glorieux ne va certes pas sans ombres. La revue est passée à côté du *Grand Meaulnes,* bien que Jacques Rivière fût le beau-frère d'Alain-Fournier. Elle ne fit rien pour avoir Apollinaire et ses *Alcools.* Quant au plus grand « loupé » de son histoire, comme dit Anglès, le refus, sans l'avoir lu, de *Du côté de chez Swann,* il comporte, on le sait, des circonstances atténuantes, dont la moindre n'est pas l'extrême inconséquence des lettres de Proust à la rédaction. Mais il n'en est pas moins accablant, quoique racheté par les efforts incessants déployés plus tard par Gide et Rivière pour faire mieux connaître et comprendre Proust.

Le propre de tout grand livre d'histoire est de nous affranchir de l'illusion de l'inévitable qui imprègne la vision rétrospective. Il est de nous redonner le sentiment que ce qui a été aurait pu ne pas être, et qu'au moment où les choses se faisaient rien n'était moins sûr que la suite que nous leur connaissons. Voilà ce qui confère au monument d'Anglès le rare caractère d'une de ces œuvres grâce auxquelles nous connaissons mieux la fragile aventure spirituelle des hommes.

21 avril 1986

André Gide et le premier groupe de « La Nouvelle Revue française » d'Auguste Anglès ; tome II, *L'âge critique. 1911-1912*, Gallimard.

Réformes : la tyrannie du statu quo

Ne nous expliquait-on pas, depuis 1983, qu'un consensus enfin s'était formé en France ? À part les querelles des mots et l'humaine soif du pouvoir, plus rien d'essentiel, disait-on, ne séparait désormais libéraux et socialistes. Les enfants d'Épinay n'avaient-ils pas fini par admettre l'irremplaçable efficacité de l'entrepreneur, de la liberté des prix et des changes, du marché, de l'emploi flexible ? Et la nocivité de prélèvements obligatoires trop élevés, d'un secteur public trop lourd, du monopole d'État dans la télévision ? N'avaient-ils pas enterré la « rupture avec le capitalisme » et glissé dans le creux de l'oreille à l'électorat centriste qu'eux aussi dénationaliseraient sans doute quelques banques ? D'où vient donc aujourd'hui tant de fureur, quand les libéraux mettent à exécution précisément ces réformes ? Et, de surcroît, dans l'euphorie apparente d'une cohabitation bipartisane universellement acclamée, sondage après sondage.

Pourquoi y a-t-il si loin du consensus théorique aux travaux pratiques ? Cela tient à deux causes. La première, la plus puissante, la plus combative, c'est que toute réforme, même indispensable à la survie d'une société, lèse des intérêts coriaces, abolit des privilèges occultes, détruit des situations acquises.

La seconde, c'est que certaines réformes, même si elles sont bénéfiques, même si vous les eussiez faites vous-même, vous fournissent d'excellents slogans contre vos adversaires politiques. Elles sont difficiles à comprendre pour le public et prêtent le flanc par nature aux diatribes démagogiques. Même si chacun sait que les taux d'intérêt excessifs asphyxient l'activité, que l'argent cher tue l'emploi, qu'on ne lèse pas l'épargne populaire en abaissant les taux des livrets quand l'inflation baisse, qu'au demeurant le précédent ministre n'empêchera jamais une opposition, en pareil cas, de crier à la spoliation des pauvres.

Même si l'on démontre que l'impôt sur les grandes fortunes dissuade souvent d'investir, même si l'on rappelle que le législateur, étrange injustice, n'a pas prévu de traitement différent pour la fortune héritée et la fortune acquise par le contribuable lui-même, ce qui revient à décourager « la France qui gagne », rien n'y fera. La suppression d'un impôt acquitté par une petite minorité de citoyens sera infailliblement réprouvée par les autres. Allez dire que la France est le seul des pays industriels où existe l'autorisation administrative de licenciement et en même temps, coïncidence bizarre, l'un de ceux où il y a le plus de chômage, et de plus longue durée, vous vous époumonez en vain. L'abrogation de ce texte, même si elle laisse intacts tous les recours contre les licenciements abusifs devant les prud'hommes, sera flétrie comme un coup bas contre l'emploi.

Insurmontables plus encore sont les obstacles aux réformes qui proviennent non point d'un défaut de compréhension, mais, au contraire, de ce que les bénéficiaires des corporations protégées ne comprennent que trop bien ce qui les menace. Plus qu'à sa juste part, un homme s'attache aux avantages matériels qu'il sait devoir à d'autres causes que ses propres mérites, et aux postes qu'il obtient pour d'autres raisons que ses propres talents. Car il ne les retrouvera vraisemblablement pas dans un autre système. On se résigne à sacrifier parfois son dû ; on meurt pour ses privilèges. D'où l'acharnement à défendre le statu quo, et pas dans le seul secteur public, puisque plusieurs branches du secteur privé sont également protégées et subventionnées.

On sait combien dangereux est le déficit du budget américain, y compris pour les Européens. Élu en 1980, Ronald Reagan avait promis la réduction des impôts et un budget équilibré pour 1984. Sous Jimmy Carter, le déficit du budget avait grimpé de 27 à 60 milliards de dollars. Il est aujourd'hui de 220 milliards. Qu'est-ce qui s'est donc passé ? Les impôts, eux, ont baissé. Et même, au début de mai, a enfin été votée la grande réforme fiscale reaganienne qui supprime la plupart des exemptions, mais réduit l'impôt sur le revenu en moyenne de 6,2 %, ramène le taux maximal de 50 % à 27 %, et celui de l'impôt sur les bénéfices des sociétés de 46 % à 33 %. Quant aux dépenses, elles ont continué à monter. À cause de la « course aux armements » ? Non point. Le Congrès vient même, une fois de plus, le 16 mai, de repousser le projet de budget militaire du président américain.

L'origine du déficit, c'est que toute tentative pour couper dans les dépenses sociales, le *Welfare,* s'est heurtée au refus du Congrès. Tant mieux, direz-vous. Voire. Ce ne serait que justice, en effet, si les dépenses sociales allaient véritablement à ceux qui en ont le plus besoin et à eux seuls. C'était précisément là l'intention du président Ronald Reagan. Reconsidérer le chèque mensuel de l'État que reçoit toute personne âgée, même multimillionnaire, la bourse du fils de famille dont les parents pourraient facilement payer les études, les bons de ravitaillement gratuits aux ménages qui disposent d'un revenu trois fois supérieur à la « ligne de pauvreté », voilà ce qui s'est brisé sur les plus farouches résistances. La technique de contre-attaque, dans ces cas-là, est toujours la même : on s'abrite derrière les plus pauvres, qui, eux, n'étaient nullement menacés, pour revendiquer le maintien d'avantages injustifiables en faveur d'une majorité de bénéficiaires qui n'en ont pas réellement besoin. Que de présentateurs des journaux ont pleuré sur les enfants d'humbles milieux qui allaient être privés de leur goûter par le cruel Reagan ! Résultat : les dépenses sociales n'ont jamais, à aucun moment de l'histoire des États-Unis, sous aucune administration, même démocrate, été aussi élevées qu'aujourd'hui en dollars constants et en pourcentages des dépenses publiques ! Pourtant, la nécessité de « mettre de l'ordre dans le *Welfare* » et d'en combler partiellement le gouffre était un dogme admis, sans distinction de parti politique, depuis des années.

De même, en France, depuis plusieurs décennies, on trouve une vaste majorité pour déplorer la nocivité du monopole d'État de la télévision. Du moment où les socialistes avaient eu, les premiers, le courage de révoquer enfin ce monopole, il devenait inscrit dans les faits que l'une au moins des trois chaînes officielles serait un jour privatisée. En effet, la richesse publicitaire française n'est pas de taille à faire vivre plus de quatre chaînes. Pour qu'il y eût deux chaînes privées et deux publiques, équilibre souhaitable après la création de La Cinq, il fallait aboutir à la privatisation de l'une des chaînes publiques actuelles. En Grande-Bretagne, ITV n'est viable que dans la mesure où elle recueille toute la publicité télévisée, la BBC n'ayant pas statutairement le droit d'en passer jusqu'à présent.

Notre gouvernement, donc, veut-il privatiser l'un des bastions du vieux château délabré ? Aussitôt retentit partout l'appel à la levée en masse contre le « démantèlement du service public », cri de guerre usuel des bureaucrates et syndicrates quand se profile une réforme. Des colonnes de fumée montent dans les airs audiovisuels, propices à la confusion de notions cependant toutes bien distinctes : service public, secteur public, monopole d'État, ou encore société privée ayant des obligations de service public, chose qui se voit dans tous les pays civilisés, et je dirai même qui est le propre des pays civilisés. Oubliées brusquement les récriminations rituelles et justifiées, proférées sous toutes les majorités, contre la partialité de l'information, les « incidents techniques » embarrassants, le tarissement de la création !

Il paraîtrait, maintenant, que le champion du monde de la rediffusion à répétition, du feuilleton américain et du dessin animé japonais aurait été à notre insu un cyclone d'imagination créatrice... Oublié le coût prohibitif de cette machine à broyer les talents, les capacités, les compétences, les dévouements qui furent, qui sont si nombreux encore, à son service ! Oublié aussi ce petit détail, que c'est le régime de Vichy qui décréta le monopole d'État de la communication par les ondes ! Et l'on ne saisit pas quelles sont les merveilleuses raisons démocratiques d'éterniser un système conçu par et pour une dictature.

L'Espagne a commis la même erreur. C'est le seul raté accablant de son exemplaire démocratisation : elle a perpétué la télévision franquiste. Avec les mêmes fruits amers : partialité et stérilité. Témoin, la volte-face du journal télévisé, qui, avec une vélocité comique, se mit du jour au lendemain à plaider avec chaleur pour le maintien de l'Espagne dans l'Otan, après l'avoir longtemps attaqué, suivant ainsi au doigt et à l'œil la mutation du gouvernement socialiste. Quant à la « création », la télévision espagnole régale actuellement les masses d'un inexpugnable téléfilm mexicain, en je ne sais plus combien de centaines d'épisodes, imbécile jusqu'au miracle et intitulé « Les riches pleurent aussi ». Preuve que les socialistes savent compatir aux souffrances de leurs ennemis de classe, et au besoin les aggraver...

Toute forteresse bureaucratique résiste au changement jusqu'à l'extrême limite de ses forces. Elle fait tournoyer le sabre du « service public » en supposant démontré ce qui précisément est en question. Que TDF (Télédiffusion de France) ait pu, le 21 mai, empêcher de fonctionner même les chaînes, publiques ou privées, qui ne souhaitaient pas faire grève met en évidence les méfaits du monopole et le néant de la notion de service public. Ainsi le CNRS soutient que, si l'on s'en prend à son mode d'organisation et de recrutement, on s'en prend à la recherche même. Or, tout au contraire, c'est parce que la recherche stagne en France qu'on est conduit à s'interroger sur le bien-fondé d'une institution telle que le CNRS. Quant à ce dernier, il se borne pour sa part à répliquer que, pour ranimer la recherche, il faut lui donner davantage d'argent, c'est-à-dire empirer le mal : car, si les structures sont mauvaises, à quoi bon ? Pareillement, on peut être convaincu que la culture ne doit pas être abandonnée aux seules lois du marché, et en même temps contester que l'État doive dilapider des subventions au profit de milliers d'associations, selon des critères dont la pureté culturelle est justement douteuse.

Psychologiquement, c'est un atout que les réformes appelées par la situation française ne prennent pas le contre-pied seulement de la période socialiste. Ni même des années du dirigisme gaulliste. C'est au régime de Vichy, là encore, que remonte la notion de politique industrielle, et la conception d'une économie réglementée. Si les socialistes comme les gaullistes ont vraiment rajeuni leur interprétation des sociétés contemporaines, alors le retour à une économie plus souple devrait faire l'objet d'un accord assez largement bipartisan, dans les limites humaines du jeu politique, bien sûr.

Oui ou non, la France est-elle le pays de l'OCDE où le taux des prélèvements obligatoires est le plus élevé, le taux de croissance le plus bas, le secteur public le plus gros, l'État le plus endetté ? Est-elle, oui ou non, l'un des pays où l'on chôme le plus, dans les deux sens du terme ? N'est-elle pas l'un des pays qui exportent le moins, et dont les parts de marché à l'étranger ne cessent de se rétrécir ? On dit beaucoup que les Français sont de piètres exportateurs. Rien d'étonnant à cela, puisqu'ils commencent par être mauvais vendeurs entre eux ! Ce n'est pas une sinécure, en France, que d'être client. « Créez des emplois ! » s'écrie-t-on partout. Soit. Mais c'est le client qui crée l'emploi, et non l'emploi qui crée le client.

La question fondamentale est de savoir jusqu'où monte, en France, le poids exact des dispositions, lois et règlements qui rendent éventuellement préférable de travailler moins plutôt que de travailler plus ; de ne pas prendre de risques plutôt que d'en prendre ; de dépenser son surplus plutôt que d'investir ; de rechercher la subvention provenant de la collectivité plutôt que le gain dû à sa propre activité ; d'être un indemnisé ou un exonéré plutôt qu'un entrepreneur et un vendeur. Si l'on peut prouver — et on l'a prouvé — que, pris ensemble, les facteurs composant les premiers termes de cette énumération pèsent beaucoup plus lourd que ceux composant les deuxièmes termes, alors on peut conclure que la simple gravité sociale entraînera toujours davantage notre pays sur une pente descendante. La création et la production reculeront chaque année plus vite devant l'obsession prédominante en chaque individu d'obtenir sous forme de privilège une part personnelle sans cesse croissante d'une richesse nationale sans cesse décroissante.

La décadence des sociétés est jalonnée de diagnostics dont la lucidité nous frappe autant que la pérennité des vices qu'ils dénoncent. Une société peut-elle refaire en sens inverse le trajet qui l'a conduite à un excès d'étatisation, de réglementation, de protection ? Que l'on ne dise pas qu'il est trop tard. Dans la vie des sociétés comme dans celle des individus, on ne se résout aux réformes sérieuses que lorsqu'il est déjà un peu trop tard.

2 juin 1986

Télévision : chassez le naturel, il revient au studio

« La France est malade de ses médias », répète-t-on depuis des années. C'est vrai. Et même doublement : elle y croit trop et elle n'y croit pas assez. Ces maux opposés se nourrissent l'un l'autre et conduisent au malthusianisme.

Car si vous estimez que paraître à l'écran constitue le facteur décisif d'une carrière politique, littéraire, artistique, médicale, voire religieuse, comment accepter que, à l'heure où vous ferez don de votre image à la France, le public ait le choix entre vous et trente autres programmes ? D'où la connivence entre les autorités politiques, syndicales, culturelles les plus opposées pour conserver à notre télévision le caractère d'un club privé. Club d'autant plus agité de haines qu'il est étroit. Mais chaque membre est assuré, du moins le croit-il, quand revient son jour de banquet, d'avoir la nation entière à sa table. D'où aussi le statut privilégié des grands prêtres qui desservent le temple de la déesse médiatique, fussent-ils coûteux et souvent infidèles. Dans toutes les sociétés, les serviteurs du Prince — et ce Prince en l'occurrence n'est pas le seul gouvernement — jouissent de faveurs particulières.

Notre poncif du moment est la « communication ». On met tout sous ce vocable, si bien que sa valeur descriptive avoisine le néant. On avait naguère élevé « discours » à cette dignité du mot le plus creux. Tout était « discours ». Le praticien qui opérait une appendicite tenait un « discours chirurgical », les rapports sexuels devenaient un « discours amoureux » et la côtelette de mouton un « discours carné ». Maintenant on ne dit plus de quelqu'un qu'il est timide, on dit qu'il a du « mal à communiquer » ; d'un gouvernement, qu'il provoque du mécontentement : il a des « problèmes de communication » ; d'un acteur, qu'il a du talent : il est « efficace au niveau de la communication ». Lorsqu'un même terme sert à désigner à la fois les relations pédagogiques à l'école, l'entente ou la mésentente des couples, les allocutions d'un chef d'État, le bon voisinage de quartier, une agence de presse, l'habileté oratoire de l'avocat devant un jury, les relations au sein de l'entreprise et celles de l'entreprise avec sa clientèle, la propagande politique et le lancement publicitaire, le journalisme, le cinéma, la peinture et la littérature, alors ce terme a perdu toute signification.

Il est vrai que les activités humaines comportent toutes un élément de communication, mais on ne saurait sans simplisme en réduire fût-ce une seule entièrement à cet aspect. Là commence l'aberration suscitée par la magie supposée des médias. L'illusion que l'on puisse parvenir à détacher complètement l'image de la réalité engendre à la fois les triomphes faciles et les déconvenues soudaines de la « communication médiatique ». L'histoire de la vigueur et de l'effondrement de l'« effet Fabius », en 1984 et 1985, illustre la fragilité de la renommée construite sur l'image seule. Car il a existé, sans aucun doute, un effet Fabius, popularité personnelle du chef d'un gouvernement impopulaire. Ce succès fortifia la nouvelle chimère à la mode, selon laquelle, quand le gouvernement est peu apprécié, c'est uniquement parce qu'il « explique mal » sa politique. La présomption de savoir « bien expliquer » inspira au jeune Premier ministre les causeries télévisées « Parlons France ». On se récria aussitôt sur son aisance médiatique, le ton nouveau, naturel, détendu, sobre, « efficace ». C'était oublier qu'il opérait en milieu protégé, artificiel, face à un interrogateur peu redoutable. Service public oblige. La « communication », c'est ce qui sert à expliquer que les échecs sont des succès ; le service public de la communication, c'est ce qui sert à contraindre les citoyens à écouter cette explication. Dès que Fabius rencontra un contradicteur véritable, dans son débat télévisé avec Jacques Chirac, comme il manquait d'entraînement au combat réel, ce fut la catastrophe. Il perdit d'un coup la faveur de l'opinion, du Parti socialiste et du Président.

Ce qui, à y réfléchir, n'est pas sérieux. Comment accepter d'asseoir notre vie publique sur ces châteaux de cartes médiatiques qu'un souffle renverse ? Le talent de ceux qui les édifient n'est pas en cause, du moins pas toujours. Grand est le talent de Laurent Fabius, de François Léotard, de Bernard Tapie ou de Jack Lang. D'autant plus important est donc le choix de l'objet auquel ils l'appliquent. Et d'autant plus traître : quand on s'adresse à ce qu'il y a de plus versatile dans l'opinion, on en récolte ce qu'il y a de plus instable dans les réputations. Qui gouverne par les apparences est effacé par elles.

D'autant plus vite que le monstre médiatique est vorace. Plus on « y passe », plus il faut « y passer », car moins le public comprend que l'on « n'y passe pas » plus souvent. La survie médiatique appelle un accroissement sans limite des doses. « On ne vous a pas beaucoup vu à la télé, dernièrement » est la phrase assassine dont le passant, inconsciemment sadique, affole, au hasard d'une rencontre, le chouchou de l'antenne, qui, justement, « y est passé » encore trois jours auparavant. Ingratitude ! La télégénie ne communique plus qu'avec l'amnésie. L'opinion publique ne fait plus la synthèse de l'action d'un homme politique ou des livres d'un auteur. Le sens de la continuité se perd. Le plus récent coup médiatique abolit le passé, le bien comme le mal. Et quelques jours, quelques heures suffisent à l'abolir à son tour.

Car si l'on interroge un téléspectateur sur le contenu du programme qu'il a regardé ou aperçu, on est souvent frappé par le vague de ses souvenirs. « On vous a vu hier à la télé ! » est une aimable salutation. Elle n'implique en rien une notion de ce que le « communicateur » a bien pu prêcher à l'écran, et sur quel sujet. C'est comme si on lui lançait : « Tiens ! Je vous ai aperçu l'autre jour : vous marchiez sur le pont de l'Alma. »

Le public peut regarder une émission dans un tout autre but que de recevoir le message que croit exprimer l'homme présent à l'antenne. Au lendemain d'une de ses prestations télévisées, si nombreuses sous Giscard, Georges Marchais, content du bon taux d'écoute, se rengorge devant ses amis en comparant son score à celui de la chaîne d'à côté : « J'ai fait plus que John Wayne », dit-il[1]. Fallait-il en déduire que cette foule de téléspectateurs regardait Georges Marchais par adhésion au communisme ou bien a fini par s'y rallier à force de l'entendre ? L'effondrement électoral du Parti communiste, juste après cette brillante série médiatique du secrétaire général, constitue, je pense, une démonstration éclatante du contraire. C'est une

1. Rapporté dans *PCF, le suicide* de Michel Naudy, Albin Michel.

leçon éclairante sur les limites du pouvoir de la télévision. L'impact politique de la télévision n'est proportionnel ni au temps de passage à l'antenne ni au taux d'écoute.

Je n'ai jamais partagé le mépris (platonique) des intellectuels pour les médias de masse. Je veux seulement dire ici que l'image médiatique, pas plus que les autres moyens de communication, ne possède par elle-même de pouvoir magique, suppléant toutes les autres qualités que doit avoir un message pour être reçu. C'est la croyance dans ce pouvoir magique qui est naïve.

Elle est en outre néfaste pour le développement de la télévision. Comme le téléphone jadis, la télévision a été freinée en France par le préjugé qu'il s'agit d'un bien trop précieux pour qu'on le galvaude et, surtout, qu'on le confie à d'autres mains que celles des gardiens du Temple. Conçoit-on quelle misère serait notre littérature si l'on s'était dit qu'elle serait un « service public », et si, au lieu de la livrer à la spontanéité de tous, on s'était mis en devoir de la protéger, de l'entourer de murs contre les influences étrangères, d'en réserver la production à une poignée de « créateurs » accrédités ? Voilà pourquoi notre télévision est un bal de sous-préfecture, où la tribu se regroupe une fois par semaine, au lieu d'être le kiosque à journaux où chacun trouve son bien au milieu de centaines de publications. Voilà pourquoi on fait tant d'histoires pour des broutilles, à propos de telle ou telle émission parfaitement insignifiante : il y en a si peu ! De quelle autre parler quand on n'a guère eu le choix ce soir-là ? Le landerneau hexagonal en est donc tout secoué. Notre provincialisme télévisuel est à double tranchant : la confiance excessive dans la toute-puissance du « tube » et la peur de le laisser proliférer. C'est ce malthusianisme organisé que l'on a baptisé service public. Or, service public, la télévision d'État ne l'est à aucun point de vue, sauf celui du gaspillage financier. Elle ne l'est ni par le mode de recrutement de ses collaborateurs, qui y entrent par relations politiques ou personnelles et se veulent ensuite inamovibles ; ni par le contrôle que le pays exercerait sur elle. Il n'en exerce aucun. Il n'a même pas le droit de connaître les sondages officiels du Centre d'études d'opinion : ce sont des secrets d'État. Les seuls sondages qu'il connaisse sont établis officieusement par des journaux ou organismes privés. Et quelle garantie particulière d'exactitude et de qualité nous apporte le « service public » ? Un seul exemple. Au journal de TF1, le samedi 21 juin, à 13 heures, un présentateur annonce les élections générales qui doivent avoir lieu en Espagne le lendemain. Il déclare avec une assurance admirable que « le parti de Felipe Gonzalez est le seul parti socialiste actuellement au pouvoir en Europe ». À quels partis appartiennent donc M. Craxi en Italie (encore au pouvoir à la date du journal télévisé en question), M. Papandréou en Grèce ? Qui gouverne en Suède, en Autriche ? Le propre du « service public » télévisé est donc, semble-t-il, qu'on peut y étaler une incompétence de ce calibre sans être sanctionné ni déconsidéré. Un lecteur peut cesser d'acheter un journal coupable d'une telle erreur. Le téléspectateur est impuissant. Affirmer que la télévision lui appartient n'est donc qu'une cruelle raillerie. En lui assurant que la télévision française est la meilleure du monde, on le console à peu de frais, car c'est un jugement qu'il n'a en général aucun moyen de vérifier. Aussi le service public n'en est-il pas avare : on n'est jamais mieux loué que par soi-même.

Dès qu'un champ d'activité apparaît en France, on voit jouer trois réflexes. D'abord, le réflexe étatique : « C'est trop important pour laisser les citoyens s'en occuper. » Ensuite, le réflexe corporatiste et syndicaliste : un corps, un clergé s'organise en microsociété pour confisquer et monopoliser l'exercice de cette activité sous la bannière abusive du « service public ». Enfin, le réflexe nationaliste. Nous avons le meilleur réseau routier du monde, proclamaient, il y a trente ans, les Ponts et Chaussées, à l'époque où nous n'avions plus que des chemins vicinaux et où la révolution des autoroutes éclatait dans tous les pays, sauf le nôtre. La télévision n'a malheureusement pas échappé à ce triple fléau français. Au fond, comme l'écrivait François de Closets en 1980 : « C'est la télévision qui est malade de la France, et non l'inverse [1]. »

En veut-on une nouvelle preuve ? Au moment même où le gouvernement se bat contre le corporatisme et pour la privatisation de TF1, il fait lui-même une rechute grave dans l'étatisme. La Commission nationale de la communication et des libertés (beau nom !), destinée à remplacer la Haute Autorité de l'audiovisuel, avec des pouvoirs plus étendus, devait à l'origine se composer de trois magistrats élus par leurs corps respectifs et de trois personnalités cooptées par ces magistrats. Après quoi, les six membres devaient en choisir un septième. Ainsi, l'indépendance de la commission par rapport au pouvoir politique paraissait enfin garantie. Or ne voilà-t-il pas qu'à ces sept membres on s'est soudain avisé d'en ajouter six autres, nommés directement par les hautes autorités de l'État ! C'est tout dire. Chassez le naturel, il revient au studio.

7 juillet 1986

1. *Le Système EPM*, Grasset.

Un parfum d'éphémère

Expliquer la mode n'a jamais conduit qu'à des clichés. La mode se constate, elle ne s'explique pas. Quelle distraction nous apporterait une mode prévisible ? De l'éphémère il n'est point de science. Une mode qui dure cesse d'être une mode. Elle y perd son attrait principal, qui est le plaisir qu'elle nous procure de rejeter dans le passé une autre mode. Pour se sentir à la mode, il faut le point d'appui du démodé. Les manuels pratiques sur l'art d'être à la mode consacrent plus de place à ce qu'il faut fuir qu'à ce qu'il faut faire.

La mode apparaît sans raison et disparaît de même. Elle ne se décrète ni ne se supprime. Il eût été vain de vouloir réfuter le poisson cru, les druides, l'autogestion, quand ils étaient au zénith de leur vogue. La mode n'est ni supérieure à ce qui la précédait ni inférieure à ce qui la suivra. Ni sa naissance ni sa décrépitude n'ont de cause. À peine peut-on le décrire : elle appartient à la catégorie que Protagoras (qui revient très fort en ce moment) appelait celle du « pas même ainsi » ; allons jusqu'à dire : du « *plus* même ainsi ». Il est donc futile et fastidieux d'en élaborer la théorie : le *Système de la mode* de Roland Barthes, tentative pour expliquer la haute couture à l'aide de la linguistique, fut lui-même un phénomène de mode — la mode de la linguistique structurale appliquée à la parfumerie, au Tour de France, et parfois même à l'étude du langage. Que la mode, vestimentaire ou autre, soit fugace et dépourvue de toute raison d'être comme de raison de périr, sinon qu'il lui faut être courte pour être bonne, a toujours frappé ceux qui en ont parlé. Ce qui est le plus frappant encore, c'est qu'ils n'ont rien d'autre à dire à son sujet, et ils font bien de ne rien chercher. « La viande noire est hors de mode, écrit La Bruyère, et par cette raison insipide. Ce serait pécher contre la mode que de guérir de la fièvre par la saignée. » La mode nous repose du progrès, si harassant, parce qu'elle est simple substitution, sans aucun perfectionnement.

Mais songeons à ce que serait la tristesse du monde sans la mode, sans *les* modes ; l'ennui d'un rythme où il faudrait ne changer de vêtement qu'après avoir usé le vieux, d'opinion que pour avoir reconnu son erreur, de vocabulaire qu'à condition de trouver des expressions meilleures. Imaginons la monotonie d'une vie, d'une société où ne se produiraient que des changements *nécessaires.*

C'est pourquoi j'admire les bagnards de la mode, tous ceux qui acceptent quotidiennement le risque de plaire ou de faire rire sur l'esquif du périssable : les philosophes, les chapeliers, les diététiciens, les animateurs en communication sociale. Et surtout : l'anonyme esprit du temps, lui qui répand sans se lasser la rosée des mots et des tournures qui vivront l'espace d'un matin, notamment de ce matin appelé jeunesse, que tant de nous voudraient prolonger toute la vie, puisque la mode l'exige.

La jeunesse, en effet, revient périodiquement à la mode. Avant la nôtre, il y a eu sous Vichy une mode de la jeunesse et même des *chantiers* de la jeunesse. Sous Louis-Philippe aussi. Balzac, à qui ses étincelants essais font pardonner tant de médiocres romans [1], remarquait déjà, voilà cent cinquante ans : « Un jeune homme à peine débarrassé des langes universitaires, une jeune fille qui n'a pas encore fait sa première communion sont presque certains de captiver l'attention du public. M. Victor Hugo, par exemple, était encore *un enfant sublime* le jour de son mariage. Vous rencontrerez un homme en faux toupet que les journaux signalent comme un talent d'une haute espérance. M. Cousin est toujours *ce jeune professeur qui,* etc. » Et Balzac ne nous souffle-t-il pas quelques noms d'aujourd'hui en concluant d'un trait génial [2] : « Ils antidatent leurs figures et postdatent leurs livres : ce sont des embryons qui font des œuvres posthumes. »

La durée de vie des modes verbales est des plus brèves. Voici La Bruyère, encore, raillant ces mots « aventuriers » qui paraissent subitement, durent un temps et que bientôt on ne revoit plus. Proust observe chez les mondains, l'espace d'un hiver, la fureur de proférer à tout bout de champ « comme c'est bien rédigé » à propos de traits, supposés d'esprit, qui justement n'étaient pas rédigés du tout, puisqu'ils surgissaient dans la conversation. Combien de jeunes gens de vingt ans comprennent les trouvailles à la mode il y a vingt ans ? S'ils les comprenaient, je le répète, ces mots n'auraient pas été à la mode, ils se seraient incorporés au vocabulaire français. Quand c'est le cas, ils passent inaperçus aujourd'hui.

1. On sait que la mode est actuellement de préférer le *Traité de la vie élégante* au *Lys dans la vallée*.

2. J'emploie exceptionnellement cet adjectif au sens ancien : venant d'un auteur qui a du génie. Et non pas au sens du jour, par exemple dans l'expression « Il fait une température géniale ».

Il en va de même pour les modes intellectuelles. Mais il faut distinguer entre le mouvement des idées et celui des esprits. Le premier suit son cours, parfois sur le devant, parfois sur le derrière de la scène, tantôt fêté, tantôt négligé par la mode, ce qui importe peu. Le second, pour sa part, suit la mode, est la mode. Il papillonne, en déclinant toute reponsabilité, autour des idées, de l'art, de la littérature, de la politique, de tous les mets, de tous les lieux, de toutes les saisons. Et c'est heureux : il n'est point de bonne salle de classe sans cour de récréation attenante.

28 juillet 1986

La corruption en démocratie... et ailleurs

Le scandale de Carrefour du développement est venu nous le rappeler : l'un des dangers qui menacent la démocratie se nomme corruption. Encore ne s'agit-il en l'occurrence que d'une forme grossière et presque primitive de corruption : le détournement de fonds publics. Mais le vol de l'argent des citoyens, dans un État de droit, peut s'opérer selon des méthodes plus subtiles, qui frôlent habilement les contours du Code pénal, tout en restant hors de sa portée. Il faut être sot, dans une démocratie civilisée et surveillée, pour commettre les forfaitures majeures punies par la loi : la prévarication, la concussion, la malversation, le trafic d'influence. Aussi, pour mesurer l'ampleur de la corruption chez nous, devons-nous regarder au-delà des infractions classiques.

Être corrompu, c'est utiliser d'une façon quelconque, directe ou indirecte, le pouvoir politique ou administratif en dehors de son champ légitime, pour se procurer des avantages, en argent ou en nature, et pour en distribuer à ses amis, serviteurs, parents ou partisans. Lorsqu'un ministre attribue une subvention à une association d'une utilité imaginaire, même en respectant tous les règlements, il commet une forfaiture, surtout s'il apparaît que les bénéficiaires de la subvention sont de ses amis, personnels ou politiques. Une subvention d'un million, par exemple, équivaut à une année de bénéfices d'une entreprise déjà conséquente et qui marche bien. Multiplié par quelques milliers de cas, et par des sommes la plupart du temps infiniment supérieures, ce geste équivaut à une ponction sur le fruit du travail de ceux qui produisent et pour le compte des prébendiers du pouvoir. Plus le système s'étend, plus s'alourdissent ainsi les prélèvements occultes sur la production, plus diminuent l'investissement et l'embauche. Même si l'apparence des règlements est sauve dans ces opérations, on peut estimer que la démocratie ne l'est plus. Le patrimoine national s'y trouve en effet dévié vers des usages privés ou partisans, non sans anéantir pernicieusement l'économie dans son ensemble. Sans doute le brave ministre qui rend ce petit service à ses complices n'a-t-il pas le sentiment d'être indélicat : c'est bien là le plus grave.

Le spectacle de l'immense majorité des sociétés passées et contemporaines nous enseigne que la corruption y règne et y est rarement considérée comme une anomalie. Même de la Rome républicaine, celle de la période que tant d'historiens ont érigée en modèle de la « vertu » chère à Montesquieu, le IIe siècle avant notre ère, Salluste nous dit sans ciller, dans sa *Guerre de Jugurtha,* que quasiment tous les membres de cet auguste corps — le Sénat romain — étaient à vendre. Le principal système politique où la corruption soit explicitement notée d'infamie est la démocratie libérale, sans que l'on soit parvenu du reste à l'en affranchir complètement. Du moins y a-t-on pris des dispositions pour tenter de la prévenir, de la déceler, de la punir. Pourtant, un Kakuei Tanaka, convaincu de concussion dans l'affaire Lockheed, s'il a dû démissionner en 1976 de son poste de Premier ministre, n'en est pas moins resté l'homme politique le plus influent du Japon.

Quoique sans cesse menaçante et renaissante dans les démocraties, sous mille formes inédites et ingénieuses, la corruption n'y est cependant pas le cœur du système. Elle l'est malheureusement presque partout ailleurs : dans maints pays du tiers monde et dans tous les pays communistes. Dans le tiers monde, la corruption des dirigeants politiques et des fonctionnaires constitue l'un des principaux obstacles au développement, quelle que soit l'importance des investissements, des aides, et même, le cas échéant, du taux de croissance. Des pays à forte croissance, tels le Mexique ou le Nigeria, ne s'en retrouvent pas moins en faillite, pour des raisons parmi lesquelles la corruption peut être considérée comme l'une des principales. C'est qu'elle pourrit les tissus vitaux bien au-delà de la zone d'action des prélèvements illicites, des pots-de-vin et du détournement de fonds publics. Ce n'est plus la corruption alors qui profite de l'économie, c'est l'économie tout entière qui est conçue et conduite en vue de la corruption. Les Philippines de Marcos illustrèrent sans aucune dissimulation ce système, que l'on retrouve moins étalé, mais tout aussi néfaste, en maints autres pays, sans distinction d'orientation politique.

Comment altère-t-on ainsi toute une économie, comment perturbe-t-on indirectement la vie de tout un peuple ? Un exemple l'éclairera, emprunté à un domaine peu connu : la corruption syndicale. Les puissants syndicats mexicains possèdent le monopole de l'embauche. Un travailleur non syndiqué ne peut pas trouver au Mexique de travail, parce que aucun employeur n'ose l'embaucher, de peur de représailles. Inversement, un travailleur syndiqué ne reste jamais longtemps chômeur. Mais, pour se syndiquer, il lui faut verser aux fonctionnaires du syndicat des pots-de-vin pouvant aller jusqu'à plusieurs années de salaire. Pour qui le peut, c'est un placement. Pour qui ne peut pas, c'est l'exclusion du marché du travail et la précarité permanente. Si l'on ne connaît pas ce fait, on ne comprend rien aux causes de l'émigration des travailleurs mexicains, presque tous clandestins, qui — crise économique ou pas — traversent en masse depuis des dizaines d'années le rio Grande pour aller chercher un salaire aux États-Unis. Une part de cette émigration provient de l'attirance normale exercée par le pays le plus riche sur la main-d'œuvre du pays le plus pauvre. Mais l'essentiel s'explique par les mœurs syndicales mexicaines, c'est-à-dire par la corruption. Or il s'agit là d'un mouvement migratoire colossal, entretenant aussi bien au Mexique qu'aux États-Unis de coûteux déséquilibres et, entre les deux gouvernements, un contentieux sans solution.

Gunnar Myrdal, à la fois grand économiste, spécialisé dans le tiers monde, prix Nobel de sciences économiques en 1974 et figure tutélaire du Parti socialiste suédois, écrivait en 1968 à propos de l'Asie du Sud-Est : « La corruption est presque taboue en tant que sujet de recherche. On la mentionne rarement dans les débats scientifiques sur la direction politique ou la planification économique. Même les experts occidentaux font preuve d'une partialité qui a pris l'allure d'une subordination de la recherche à la diplomatie. Les sociologues éludent ces questions embarrassantes, qu'ils soient de droite ou de gauche » (*Asian Drama*).

C'est qu'en effet ni les experts ni les fonctionnaires au sein des organisations internationales ne conserveraient leur poste bien longtemps s'ils se mettaient à incorporer à leurs calculs la corruption comme l'un des facteurs de la pauvreté persistante du tiers monde. Les dirigeants politiques qu'il faudrait mettre en accusation sont ceux mêmes qui contrôlent la majorité dans ces organisations internationales. Quoi d'étonnant dès lors à ce que les représentants d'agences de l'ONU approuvent avec docilité jusqu'aux atrocités éthiopiennes ? Que d'indulgence pour les autorités d'Addis-Abeba, qui ont détourné une partie de l'aide internationale, en pleine famine, et déplacé des populations dans des conditions qui ont provoqué de cent à cent cinquante mille morts ! Également, on a noté que les gouvernements africains se sont mis soudain à protester avec indignation contre les organisations dites non gouvernementales (ONG) qui prétendent remettre les aides en nature directement aux populations. Pensez donc ! Où irions-nous ! Non : les aides, professe-t-on dans les milieux officiels, doivent être remises en argent et aux ministres.

Si, dans le tiers monde, la corruption empêche l'économie de fonctionner, dans les pays communistes, c'est, à l'inverse, la corruption qui lui permet d'échapper à l'asphyxie. Plus exactement, seule la partie de l'économie régie par la corruption marche un tant soit peu. En fait, il existe dans le communisme deux corruptions : la corruption institutionnelle des dirigeants du parti unique, et les trafics de l'économie souterraine auxquels se livre la population. Y compris, précisément, le versement de pots-de-vin aux dirigeants pour obtenir des passe-droits.

L'imbrication complète du politique et de l'économique, jointe à la pénurie créée par cette situation même, rend la corruption inéluctable, pour les forts comme pour les faibles, pour les profiteurs comme pour les exploités. En 1964, Khrouchtchev fut déposé par ses pairs pour avoir tenté de priver les dignitaires de leur principale source de revenus en leur retirant certaines des positions qui leur permettaient de piller par privilège tacite. En 1976, Ilja Zemtsov, ancien membre du comité central du PC d'Azerbaïdjan, émigré en Israël peu auparavant, publie un classique : *De la corruption en Union soviétique* (Hachette), tableau inchangé de la pourriture du système et des efforts aussi rares que vains pour le désinfecter. En 1986, le chef du parti à Moscou, Eltsine, un « gorbatchévien », déclare publiquement qu'« il faut extirper la saleté jusqu'au bout », sans paraître plus conscient que ses prédécesseurs de l'impossibilité d'y parvenir à moins de changer la nature du régime. Aussi les campagnes d'assainissement, on le voit bien ces temps-ci en Chine, tendent-elles habituellement à justifier l'exécution politique d'un adversaire en particulier, ou d'un clan, plutôt qu'à imposer l'intégrité à tous et à supprimer les causes générales de la corruption.

Plus le rôle de l'État est grand, plus il y a d'occasions de corruption. On observe cette relation à toutes les époques. Rostovtzeff, dans sa fondamentale *Histoire économique et sociale de l'Empire romain* (1926), explique bien comment, sous Constantin, le principe de la formation des fortunes « n'était plus l'énergie créatrice, la découverte et la mise en valeur de nouvelles sources de richesse, l'amélioration et le développement d'entreprises agricoles, industrielles et commerciales. C'était *l'habile exploitation d'une position privilégiée dans l'État,* pour dépouiller tout ensemble le peuple et l'État ».

Dépouiller le peuple, c'est possible, même dans une démocratie évoluée, par mille moyens détournés : bureaux d'études ayant pour seule mission d'encaisser de fausses factures, rétribution par les municipalités des permanents des partis, nominations superflues. À cet égard, la régionalisation des pouvoirs, louable en elle-même, multiplie les occasions de concussion ou de complaisance. Il faut le savoir et se prémunir en conséquence. En France, il faudrait revoir non certes la législation sur les associations, garantie d'une liberté essentielle, mais les critères d'après lesquels elles peuvent être subventionnées, en l'absence de tout contrôle. C'est là une brèche où l'argent public coule par milliards vers les sinécures et les partis, sous de nobles prétextes humanitaires, sociaux, culturels. Le récent rapport de l'Inspection des finances sur le Club TF1, association créée en 1985 par la présidence de TF1, avec un budget de cinq à dix millions sur l'emploi desquels n'existe, selon le rapport, aucune comptabilité précise, n'éclaire que le dernier en date d'une myriade d'abus. En Espagne vient d'éclater un scandale provoqué par la concession irrégulière et fructueuse à des membres importants du Parti socialiste et à leurs familles d'une quinzaine de centres d'émission de billets de la Loterie nationale.

Il existe deux types principaux de corruption. Le premier, auquel sont prédisposés surtout les régimes libéraux, découle de la collusion possible entre le pouvoir politique et les entreprises : adjudications, marchés de l'État, dérogations, exemptions fiscales et subventions diverses fournissent le terrain de cette collusion. Le risque de la voir se produire croît d'autant plus que l'État se fait plus interventionniste et dirigiste. Le deuxième type de corruption sévit davantage dans les systèmes collectivistes ou largement nationalisés, dans lesquels propriété de l'État et patrimoine national se confondent. Dans sa déclaration du 14 juillet dernier, François Mitterrand a soutenu la conception selon laquelle n'appartient réellement à la communauté que la partie de la richesse nationale qui est propriété de l'État. Dangereuse philosophie, car elle conduit à légitimer l'usage, en toute bonne conscience, des pouvoirs de l'État pour distribuer l'argent public sous forme de nominations de faveur, de subventions ou de prébendes. Aucun des deux types de corruption, d'ailleurs, n'exclut totalement l'autre. Ils se mélangent dans des proportions variables suivant la tendance dominante du régime.

En Espagne comme en France, il est vrai, les socialistes ont une si haute idée de leur propre moralité qu'on croirait presque, à les entendre, qu'ils rendent la corruption honnête en s'y livrant, loin qu'elle ternisse leur vertu quand ils y succombent.

La corruption croît en raison inverse de la démocratie. Ni les scandales dont on parle actuellement en France ni ceux dont on ne parle pas encore ou dont on ne parlera peut-être jamais n'auraient pu se produire si l'équilibre et le contrôle réciproque des pouvoirs avaient pleinement rempli leur fonction. Là où la démocratie n'existe pas, la corruption est l'un des plus coriaces obstacles à sa naissance. Là où la démocratie existe, la corruption est un des plus pernicieux moyens de la violer.

11 août 1986

Amnesy International

Les sociétés occidentales sont-elles condamnées à l'impuissance face au terrorisme ? Elles l'ont été d'abord par leur propre aveuglement. Les temps ne sont pas si loin où le Tout-Paris progressiste s'enthousiasmait pour les tueurs de la bande à Baader, où notre gouvernement accompagnait pieusement à Orly l'assassin irakien d'un policier français, où la gauche attribuait sottement à la droite française l'attentat contre la synagogue de la rue Copernic, dont les véritables auteurs venaient, comme tant d'autres, de Damas ou de Beyrouth. Ne s'est-il pas trouvé encore, tout récemment, des âmes délicates pour protester contre la création de cartes d'identité infalsifiables ? Elles leur préfèrent sans doute les permis d'inhumer.

C'est une guerre, nous dit-on. Enfin ! Il était temps de s'en apercevoir. Et comment l'avons-nous faite, comment la faisons-nous, comment comptons-nous la faire ? Et contre qui, si nous refusons d'identifier les ennemis qui arment les exécutants ? Dernièrement, notre ministre des Affaires étrangères ne déclarait-il pas au micro d'un poste périphérique qu'il fallait se garder de voir derrière le terrorisme international un réseau coordonné ? L'expression consacrée pour ridiculiser cette idée est celle de

« chef d'orchestre clandestin », ce chef que les paranoïaques verraient derrière les coups du terrorisme. Entre cette hypothèse stupide et celle tout aussi bête qui consiste à ne voir dans le terrorisme international qu'une juxtaposition d'actions disparates, il y a largement place pour la vérité ; celle que les épreuves subies ont lentement dégagée. À savoir qu'une multiplicité de groupes terroristes, à l'origine politiquement et géographiquement différents et dispersés, ont été au fil des années connectés et coordonnés les uns aux autres par des États. Ces États sont connus. Ce sont aujourd'hui, pour l'essentiel, l'Iran, la Libye et, surtout et avant tout peut-être, la Syrie. Derrière ces pays, l'Union soviétique, le plus souvent et fort prudemment à travers ses satellites. Un terroriste français d'Action directe, sorti de prison il y a deux mois pour venir aussitôt faire l'éloge du meurtre à l'une de nos stations de radio, n'a-t-il pas été signalé ces derniers jours coulant une paisible fin de semaine à Sofia ?

Mais à quoi sert de répéter que nous sommes en guerre ou que le terrorisme international d'État s'en prend de préférence aux démocraties — notions, d'ailleurs, qui n'ont été acceptées qu'avec beaucoup de retard — si nous avons peur d'en tirer des conséquences pratiques ? Car nous avons peur, et, de ce fait, continuons de traiter comme un problème de police ce qui est en réalité un problème de défense nationale, et comme un problème interne de maintien de l'ordre ce qui est en réalité un problème de relations internationales.

Lorsque le gouvernement italien empêche les Américains d'arrêter le véritable organisateur du détournement de l'*Achille Lauro,* lorsque la justice française condamne à une peine dérisoire ou à pas de peine du tout tel sinistre personnage, responsable de l'assassinat sur notre sol de plusieurs diplomates étrangers, lorsque l'avocat de ce même tueur laisse clairement entendre ce qu'il a négocié en coulisse avec l'État français, lorsque, enfin, les gouvernements européens quasi unanimes se liguent contre le président des États-Unis pour condamner son action contre la centrale terroriste de Tripoli, le moins qu'on puisse dire, c'est que nous avons une curieuse façon de concevoir la guerre. Notre résistance ressemble plus à celle du maréchal Pétain qu'à celle du général de Gaulle.

Il existe en outre un curieux contraste entre les mâles discours que tiennent les dirigeants européens, de toutes les majorités, dans les instants qui suivent un nouvel attentat, et l'évaporation de leurs fermes décisions après les quelques jours qui ont succédé à l'horreur. On repart de zéro après chaque carnage, les mêmes acteurs entrent en scène, articulent les mêmes répliques, frappés d'une même et soudaine révélation, tant est grande, entre deux représentations, leur capacité d'oubli. Ce n'est pas « Amnesty International », c'est « Amnesy International ».

Les gouvernements européens n'ont-ils pas inauguré l'année 1986 (juste après les attentats des aéroports de Vienne et de Rome) en refusant de s'associer à un plan américain de coordination internationale de la lutte contre le terrorisme ? N'a-t-on pas entendu d'éminents politologues et de spirituels chroniqueurs se gausser de la pusillanimité des touristes américains qui renâclaient à venir faire tourner notre industrie hôtelière, de peur d'un terrorisme qui n'existait, paraît-il, que dans l'imagination de Reagan ? Il est évident que, sur la base d'aussi brillantes analyses, il est difficile de bâtir une politique cohérente contre le terrorisme international d'État. Pourquoi passer sous silence, par exemple, que Malte et Athènes entretiennent avec Kadhafi des rapports trop doux pour être honnêtes ?

Faut-il le tolérer indéfiniment ? Le président du gouvernement espagnol, Felipe Gonzalez, refusait de voir entre les divers terrorismes une coordination internationale, jusqu'au jour où il a constaté que des tueurs de l'ETA basque étaient accueillis et entraînés au Nicaragua, d'où ils repartaient pour l'Espagne après s'être refait une santé et pourvus de faux passeports, en général panaméens. Ce jour-là, il a beaucoup appris, ce qui ne signifie pas qu'il ait suffisamment compris et encore moins agi en fonction de ce qu'il avait su.

Car tout est là. Nous n'osons pas nous en prendre directement aux capitales qui arment le terrorisme qui nous tue. Nous ne cessons de proclamer que nous ne céderons pas au chantage et nous ne faisons que cela. Et même par anticipation ! Ne parlons donc pas trop de guerre : il est à craindre que nous ne l'ayons déjà perdue.

15 septembre 1986

Le libéralisme des pauvres

Notre débat sur le libéralisme étonne par son abstraction. Que penserait-on d'une controverse sur la respiration qui roulerait sur tout, sauf sur la question de savoir combien il y a de gens qui respirent effectivement et combien peuvent vivre sans respirer ? Faut-il ou non respirer ? demandent les censeurs. La respiration doit-elle être abandonnée à des particuliers ? Ou devenir un secteur public ? Ou un domaine réglementé par l'État ? Ou un monopole d'État ? « De quel lieu » parlent les avocats de la respiration libre ? Ont-ils accepté les voix du Front national en une élection cantonale ? La respiration n'est-elle qu'un phénomène de mode ?

Parlons moins de doctrine et plus de pratique, moins de ce qu'il sied de professer et davantage de ce qui se passe. Or ce qui se passe, et surtout dans les économies du tiers monde non communiste, c'est que la libre entreprise et le marché assurent la plus grande part de la production et des échanges, au besoin sans que ce soit officiel. Si bien que l'économie dite à tort marginale ou immergée occupe souvent et nourrit la majeure partie de la population, qui d'ailleurs n'a pas le choix. Dans plusieurs pays en voie de développement, cette économie atteint jusqu'à 70 % de l'activité.

On connaît mal ces faits, parce que les statistiques gouvernementales concernant les pays du tiers monde, et même les statistiques des organismes internationaux, qui s'appuient sur les premières, sont largement erronées. Elles prennent en considération les seules activités officielles et déclarées, simple fragment de l'ensemble, et pas toujours le plus productif.

Aussi faut-il accueillir comme un trait de lumière la publication à Lima, par un institut de recherche indépendant, d'une étude sur l'économie « informelle », synthèse enfin concrète, après dix ans d'investigations menées sur le terrain par toute une équipe, sous la direction de l'économiste et avocat international Hernando de Soto. Intitulé *L'Autre Sentier (El Otro Sendero)*[1], ce livre repose sur des données avant tout péruviennes. Mais d'autres recherches au Salvador et dans un grand pays africain non socialiste en corroborent les conclusions. Le cas péruvien paraît donc fournir un exemple de portée assez internationale, d'autant plus qu'il s'agit d'un pays où s'est déroulée, de 1969 à 1980, une expérience de nationalisations massives.

Au premier coup d'œil sur les principaux chiffres, on se sent gagné par une intense stupeur. Car le secteur informel, dans cet immense pays, ne se compose pas seulement de ce que nous appelons ici les « petits boulots » ou le travail au noir. Les informels péruviens ne se contentent pas de déboucher des éviers hors TVA ou de repeindre des plafonds le dimanche. Ce sont beaucoup plus que des vendeurs à la sauvette : le chiffre d'affaires global de leurs activités commerciales dépasse celui de toutes les grandes surfaces réunies. Dans la seule

1. Préface de Mario Vargas Llosa, Editorial El Barranco, 1986.

capitale, le commerce informel, qui emploie 439 000 personnes, fait tourner 83 % des marchés, couverts ou en plein air. L'industrie informelle fabrique à peu près tous les genres de produits manufacturés : meubles, téléviseurs, machines à laver, vêtements, ustensiles de cuisine, briques, ciment, matériel électrique, chaussures, outillages variés. Plus fort encore : les informels dominent l'industrie du bâtiment, les transports publics. Ils ont construit des quartiers entiers, des centaines de milliers de logements, d'abord pour eux-mêmes, puis pour les autres ; et je parle non de bidonvilles, mais d'immeubles normaux. La moitié de la population de Lima vit dans des maisons construites par les informels. Quant aux transports en commun, allant du taxi collectif au minibus ou même à l'autobus, si Lima devait se contenter brusquement des seuls transports municipaux officiels, les neuf dixièmes (95 % exactement) des habitants devraient se déplacer à pied ! Au total, environ 60 % des heures de travail effectuées le sont dans le secteur informel. Et n'allez pas comparer ce secteur aux ateliers clandestins où un patron garde-chiourme exploite un prolétariat sous-payé. Ce sont les pauvres du tiers monde eux-mêmes qui édifient l'économie informelle, car c'est la seule façon pour eux de survivre.

Hernando de Soto et son équipe en ont fait la démonstration pratique et la vérification expérimentale. Ils ont invité un compère, modeste citoyen, représentatif du petit peuple, à déposer une demande d'autorisation en vue d'ouvrir, en conformité avec toutes les normes légales, un petit atelier de confection. Pour obtenir son autorisation, cet homme dut présenter sa requête et la suivre dans onze départements ministériels ou municipaux successifs et différents. Dix fonctionnaires sur onze ont exigé de lui un bakchich. Le postulant avait pour instruction de refuser, afin qu'on puisse voir de combien ce refus retarderait la conclusion. Dans deux cas, cependant, on fut contraint de s'exécuter, faute de quoi le dossier aurait été définitivement enterré. Il fallut au prétendu aspirant tailleur, en fin de compte, 289 jours de travail à plein temps pour accomplir ces démarches, et, en additionnant les frais et le manque à gagner, une dépense de 1 231 dollars. Quand on saura que cette somme, pour le nombre de jours gaspillés, équivaut à exactement 32 fois le salaire minimal du Pérou en 1986, on comprendra que, pour la quasi-totalité de la population active, il est exclu de pouvoir créer une entreprise artisanale dans les conditions légales.

D'autres expériences du même genre ont confirmé la première : 43 jours de démarches et 590,56 dollars pour obtenir légalement un emplacement d'étal de fruits et légumes dans la rue. Et le bouquet : pour un groupe de familles désireuses d'acquérir un terrain vague pour y construire ses logements, six ans et onze mois de démarches... D'où la montée incompressible des entreprises « sauvages » et du marché informel. Elle ne fait que traduire la fameuse tendance de toute créature à persévérer dans l'être.

D'où aussi la vanité des bavardages théoriques. Le libéralisme est d'abord un comportement spontané, ce qui ne signifie pas qu'il soit en toutes circonstances la garantie du succès. Mais, loin d'être une vision de l'esprit, il est, au point de départ, la réaction naturelle de l'homme en société devant les problèmes matériels qui se présentent à lui. C'est sa conduite économique de base. À partir de là, on peut réfléchir à toutes les modalités d'intervention destinées à optimiser cette conduite. Elles l'amélioreront parfois, elles la gêneront le plus souvent : elles ne la remplaceront jamais.

Les faits nous le montrent : contrairement aux poncifs ressassés à ce sujet sans réexamen, la liberté d'entreprendre est peut-être avant tout le moyen de défense des petits contre les gros et des faibles contre les forts. Et, à l'inverse, l'État, qui se prétend correcteur des injustices, finit la plupart du temps par peser de tout son poids contre les petits et les faibles pour protéger les gros et les forts : classe politique, classe bureaucratique, grandes entreprises, armée pléthorique, syndicats puissants. Pour contourner ces remparts, il ne reste plus aux démunis qu'à se lancer dans l'économie parallèle, c'est-à-dire réelle.

C'est vrai du tiers monde, mais pas seulement du tiers monde. Regardons un peu aussi autour de nous, tout près de nous, dans les pays développés. L'importance de l'économie souterraine italienne est connue, elle est même répertoriée et chiffrée dans les très officiels rapports périodiques de la Censis (Centro studi investimenti sociali). Le cas espagnol ne nous éclaire pas moins. Le gouvernement de Felipe Gonzalez est en train de prendre connaissance d'un rapport regroupant les résultats d'investigations menées à sa demande par cinq instituts privés de recherche sociale et économique. Ce travail a coûté 4 millions de francs et a exigé 64 000 entretiens individuels. Il en ressort que l'on compte aujourd'hui en Espagne, au bas mot, 300 000 petites entreprises clandestines dont le chiffre d'affaires annuel peut s'évaluer à 3 000 milliards de pesetas (20 pesetas = 1 franc), soit le quart du produit national brut réel. Dans certaines régions — Andalousie, Levant —, l'économie informelle atteint 40 % de la production. Ces chiffres expliquent bien des choses, car on ne comprendrait pas comment le climat social en Espagne pourrait être aussi serein, et pourquoi les travailleurs voteraient si largement et ponctuellement pour la majorité au pouvoir, si le pourcentage réel du chômage était vraiment aussi élevé que les 21,5 % des statistiques officielles. En outre, dès lors que le secteur informel assure 25 % du PNB, et jusqu'à 60 ou 70 % dans le tiers monde, on ne peut plus l'attribuer exclusivement au désir de quelques petits tricheurs de frauder le fisc et d'échapper aux charges sociales. C'est de l'irresponsabilité intellectuelle et politique que de négliger d'en étudier les causes profondes. Certes, l'économie souterraine espagnole devrait théoriquement verser des centaines de milliards de pesetas au fisc chaque année. Manque à gagner terrible, donc, pour les finances publiques. Mais, le rapport le laisse entendre, en Espagne comme au Pérou et en Italie, si l'on taxait normalement les entreprises fragiles du secteur souterrain, elles ne paieraient plus : elles disparaîtraient. Le fisc et la sécurité sociale n'y gagneraient donc rien, et la société y perdrait dans des proportions tragiques. La véritable question que doit se poser à lui-même le législateur est par conséquent celle de savoir pour quelle raison il y a des lois et une réglementation telles qu'une part considérable de la production nationale serait condamnée à mort si on les appliquait. Qu'est-ce qui est mauvais, en l'occurrence, et qu'est-ce qui doit changer, la réalité ou la loi ?

Ce n'est pas seulement la microéconomie, ce sont aussi toutes les études macroéconomiques récentes qui font ressortir la supériorité pratique du marché sur la planification centralisée. L'une d'entre elles vient d'être publiée par le Worldwatch Institute de Washington, une fondation plutôt de gauche, créée, à l'origine, avant tout en vue de lutter pour la protection de l'environnement. Dans ce travail[1], on

1. *The Changing Role of the Market in National Economies* de William U. Chandler, Worldwatch Paper 72, septembre 1986.

découvre qu'entre 1960 et 1980 la productivité agricole totale a diminué d'un tiers en URSS, en Roumanie et en Pologne, tandis qu'elle ne cessait d'augmenter en Europe occidentale, aux États-Unis et au Japon, quoiqu'elle fût partie de beaucoup plus haut. Les effets de la réintroduction de quelques mécanismes du marché dans l'agriculture chinoise parlent d'eux-mêmes : entre 1978 et 1985, la production céréalière en Chine montait d'un tiers, c'est-à-dire plus en huit ans que pendant les trente années précédentes.

Autre donnée intéressante : dans les économies de marché, la quantité d'énergie utilisée pour chaque unité de produit national brut a baissé de façon spectaculaire, alors que le gaspillage de l'énergie, paradoxalement, se poursuivait dans les économies planifiées. La raison en est simple : le marché impose de consommer moins d'une énergie devenue chère, afin de conserver des coûts compétitifs. Les économies à planification centralisée hongroise et roumaine utilisent deux fois plus d'énergie par unité de PNB que les États-Unis et cinq fois plus que la France et la Suède. En conséquence, la pollution de l'environnement est plus grave dans les pays socialistes. On constate donc sans étonnement, comme l'écrit William Chandler, que « la tendance née avec le siècle à davantage de contrôle gouvernemental est en train de s'inverser : dix-sept des vingt pays les plus peuplés du monde mettent en route des mesures destinées à privatiser les industries d'État, à relâcher le contrôle des prix, à développer la concurrence ».

On peut donc échapper à l'idéologie si l'on consent à regarder ce qui s'est réellement passé. L'idéologue cherche à démontrer que son système résout tous les problèmes. Cet absolutisme intellectuel est périmé. Prendre acte du fait que le marché a révélé plus de vitalité et de créativité que le socialisme, même et surtout chez les plus pauvres, ne revient pas à affirmer dogmatiquement qu'il trouve toujours et partout toutes les solutions. Loin de là. Du moins ne les rend-il pas radicalement impossibles.

3 novembre 1986

Les causes du marasme africain

Il y a vingt ans, les spécialistes du développement et l'opinion mondiale considéraient comme presque irrémédiable le « drame de l'Asie » (pour reprendre le titre d'un ouvrage célèbre de Gunnar Myrdal, le grand économiste suédois) et envisageaient au contraire pour l'Afrique récemment décolonisée un avenir plutôt riant. Certes, René Dumont affirmait : « L'Afrique noire est mal partie », et le sociologue Albert Meister interrogeait : « L'Afrique noire peut-elle partir ? » Reste que, comme l'écrit un des meilleurs connaisseurs de ces problèmes, Gilbert Étienne[1], « au moment des indépendances en Afrique au sud du Sahara, les experts disaient volontiers : au moins là, les gens mangent à leur faim, ce n'est pas comme en Inde ».

À son tour, le Club de Rome souscrivit à ce diagnostic quelques années plus tard. Et, en 1969, un rapport de la commission Pearson, groupe d'étude patronné par la Banque mondiale, voyait la Corée du Sud « condamnée en permanence à dépendre de l'aide étrangère, sans aucune capacité de réaliser par

1. Dans l'ouvrage collectif *Asie-Afrique, greniers vides, greniers pleins*, étude coordonnée par Sylvie Brunel, Éditions Economica, 1986.

ses propres moyens un taux de croissance élevé ». Cinq ans plus tard, la croissance coréenne atteignait une vitesse de croisière toujours comprise entre 5 et 10 % par an, et parfois supérieure à 10 %. Aujourd'hui, l'Inde vient de signer des accords *d'exportation* de blé avec l'URSS et la Roumanie ; la Thaïlande vend du riz à la Chine ; les greniers débordent en Indonésie. La pénurie alimentaire n'est permanente en Asie du Sud-Est qu'au Viet-nam et au Cambodge ; la pénurie est intermittente au Bangladesh. En vingt ans, la population asiatique a augmenté de 50 % et la production alimentaire *par habitant* a augmenté de 20 %. En Afrique noire, au contraire, cette même production alimentaire par habitant a baissé au moins de 20 % durant les quinze dernières années. Ces divers chiffres sont à la fois accablants et encourageants, car si l'Asie, à un point que personne ne croyait possible, s'est tirée d'une situation apparemment désespérée, pourquoi l'Afrique, aujourd'hui si cruellement frappée, n'en ferait-elle pas autant ?

Quelles sont les causes du marasme africain actuel, et, par voie de conséquence, quels pourraient être les moyens éventuels d'y remédier ? La sécheresse a été depuis vingt ans incontestablement plus accentuée qu'au cours des deux décennies antérieures. Mais si elle peut expliquer des fluctuations dans la production, elle n'en explique pas la baisse constante et régulière, laquelle se poursuit depuis un quart de siècle, qu'il pleuve ou non. Souvent plus dévastateurs que les méfaits de la sécheresse ont été les conflits armés ou les régimes répressifs, exterminant ou acculant à l'exil une partie des populations. Ce furent ou ce sont là les tragédies de l'Éthiopie, de l'Angola, du Mozambique, de Madagascar, de l'Ouganda, de la Guinée, du Soudan.

S'il faut incriminer en partie le retard des techniques agricoles, par exemple la résistance obstinée des paysans de certaines régions à l'emploi de la charrue, plus nocifs encore ont été les ravages de politiques agricoles erronées, résultant de choix des dirigeants. En fixant autoritairement des prix d'achat faibles, en taxant les produits agricoles locaux, en rançonnant ainsi l'agriculture pour subventionner l'industrie et les denrées alimentaires vendues aux citadins, les pays de l'Afrique subsaharienne ont asphyxié la production et accru leur dépendance par rapport aux importations.

Contrairement à un mythe fort répandu, la pénurie africaine ne provient pas du fait que l'on aurait sacrifié les cultures vivrières aux cultures commerciales destinées à l'exportation, pour le plus grand profit des multinationales. Les deux types de cultures ont baissé simultanément.

En volume, les exportations africaines de produits agricoles, rapportées à la population, sont plus faibles qu'elles ne l'étaient en 1970 et plus faibles souvent qu'elles ne l'étaient même en 1960. L'Afrique a perdu une part importante des marchés mondiaux au profit de l'Asie ou de l'Amérique latine. On peut citer l'exemple spectaculaire de l'huile de palme : en 1965, 73 % de la production mondiale se situaient en Afrique; en 1980, l'Afrique ne compte plus que pour 27 %, et c'est désormais l'Asie qui représente 68 % de la production mondiale. Le Nigeria, qui était le premier exportateur mondial d'huile de palme au début des années 1960, est devenu importateur au cours des années 1980.

Un autre exemple est celui du marché mondial des bananes : l'Afrique avait 11 % de ce marché en 1960; elle en occupe moins de 4 % au début des années 1980. Le marché mondial est désormais dominé par l'Amérique latine et par les Philippines.

La production de cacao, de café, de coton a également régressé en Afrique depuis 1970. Il est donc significatif que le continent le plus sinistré du tiers monde soit précisément celui où les cultures destinées à l'exportation se sont effondrées.

Le socialisme à la tanzanienne, par exemple, a consisté à déplacer les paysans de manière à les regrouper en villages collectifs. Les récalcitrants furent jetés en prison, leurs huttes rasées au bulldozer. Naturellement, la production s'effondra. Elle a baissé de 27 % en l'espace d'une génération. Comme l'écrit, dans l'ouvrage déjà cité, un expert de la Banque mondiale : « Le continent est affligé de projets agricoles ayant échoué, fermes d'État qui deviennent des agences de recrutement plutôt que des unités productives. » Ce à quoi il faut ajouter le statut de monopole des organismes publics de commercialisation des produits agricoles. En particulier, les offices céréaliers, mal gérés par une bureaucratie à la fois pléthorique, vénale et incompétente, ont eu un effet dissuasif certain sur les paysans, fatigués de devoir leur livrer les céréales à un prix trois ou quatre fois inférieur au cours normal.

En fait, et les ministres africains de l'Économie réunis à Addis-Abeba en mai 1985 ont eu l'honnêteté de le reconnaître, il est grand temps de s'orienter vers un libéralisme à l'africaine. Du reste, les seuls pays d'Afrique noire où, depuis l'indépendance, l'augmentation de la production a été légèrement supérieure à celle de la population sont ceux où les gouvernements ont été les moins dirigistes et ont laissé jouer plus librement qu'ailleurs les mécanismes du marché : Côte-d'Ivoire, Kenya, Cameroun.

En somme, il est réconfortant de pouvoir, semble-t-il, conclure qu'à l'origine des difficultés de l'Afrique on trouve plus les erreurs humaines que les fatalités naturelles, car il est moins difficile, en théorie, de corriger les premières que les secondes.

10 novembre 1986

À la recherche du temps à venir

La plupart des hommes éprouvent assez peu de curiosité pour la connaissance exacte du présent, si l'on en juge d'après les fantaisies qui s'écrivent et se disent chaque jour à propos de faits bien vivants ou récents. Ils s'intéressent modérément au passé, dont ils cherchent à faire moins l'histoire scientifique qu'un réservoir de querelles idéologiques[1]. Reste l'avenir. Il offre tous les avantages. L'étude de faits qui n'existent pas n'est soumise à aucun contrôle de réalité dans l'immédiat, et ne s'expose à aucune réfutation, sinon différée et diluée dans l'ajournement d'un futur extensible.

Voilà pourquoi, sans doute, les hommes ont toujours aimé à discourir sur l'avenir. Cette passion ou — pourquoi pas ? — cette prudence, nous savons qu'elles se sont manifestées depuis la dernière guerre par la création de nombreux instituts de prévision, de futurologie, de prospective (néologisme introduit par Gaston Berger en 1957). Depuis un demi-siècle, gouvernements et entreprises commandent à ces instituts des rapports. L'idée magistrale de Bernard Cazes, lui-même chargé depuis

1. Nom en général donné aux séances d'éclats de voix où n'intervient précisément jamais à la moindre idée.

maintes années de la prospective à long terme au Commissariat du Plan, a été d'appliquer la prévision au passé, ou plutôt de raconter le passé de la prévision. Notre siècle n'a pas inventé l'anticipation.

Avant de s'affirmer, comme aujourd'hui, dans une futurologie scientifique, ou s'efforçant d'appliquer des critères scientifiques, « l'éternelle maladie de l'homme de pénétrer l'avenir », comme disait Joseph de Maistre, a pris des myriades d'autres formes. Elles s'échelonnent de la divination des Anciens aux prédictions des astrologues en passant par d'ambitieuses visions embrassant toute l'histoire humaine, comme *La Cité de Dieu* de saint Augustin. En même temps que l'abondante littérature des utopistes, qui projettent dans le futur leur société idéale, on trouve dès le XVIIe siècle, et surtout avec les XVIIIe et XIXe siècles, les premières ébauches de prévision raisonnée. Un Turgot, un Condorcet confèrent à la réflexion sur l'avenir une maturité, un sérieux nouveaux. Mais les philosophes de l'histoire, les apôtres du développement industriel, les prophètes du progrès ou de la décadence ne sont pas les seuls à défiler devant nous. Bernard Cazes explore avec érudition et finesse les centaines d'œuvres d'imagination, folles ou perspicaces, piquantes ou effrayantes, qui foisonnent, surtout depuis le début du XIXe siècle. Pour notre plaisir, à côté des auteurs célèbres, H.G. Wells ou Jules Vernes, il nous fait redécouvrir ou découvrir un pullulement de livres oubliés ou méconnus, toujours intrigants et souvent très amusants ou inattendus. Ainsi, le pronostic d'un certain Henry Adams, qui calcula, en 1909, que l'ère de l'électricité, durerait en tout et pour tout dix-sept ans. Cazes nous emmène également nous promener à travers la presse. L'année 1900, tout particulièrement, a vu déferler des articles sur ce qu'allaient devenir les sociétés humaines durant « les cent prochaines années ». La lecture en est édifiante, et pas forcément consternante. L'*Histoire des futurs* constitue un inventaire, que l'on peut presque dire exhaustif, des projets, loufoques ou réalistes, que l'avenir inconnu, l'avenir à connaître, ont inspirés depuis l'aube des temps aux cervelles humaines. Un inventaire, ou plutôt un musée : on y flâne, on pique un morceau dans le livre, au hasard de la fourchette ; on tombe toujours sur un texte d'une savoureuse sottise ou d'une profondeur inopinée. Les lucides voisinent avec les extra-lucides, les pythies avec les mathématiciens, les poètes clairvoyants avec les dogmatiques aveugles. Lorsque Panurge, dans le *Tiers Livre,* s'entoure de ce que nous appellerions des experts et des prévisionnistes, pour savoir s'il doit ou non se marier, Bernard Cazes retrouve, sous le comique de la scène et la bouffonnerie des personnages, les prototypes classiques d'un certain nombre de « consultants » et de « scénarios » que propose normalement aujourd'hui tout institut de prévision à un « décideur » cherchant à « optimiser » son choix.

Dans cette encyclopédie de l'avenir, Bernard Cazes parvient à mettre un ordre historique et logique. Les doctrines les plus connues sont les philosophies de l'histoire dont les auteurs se targuent de formuler la loi ou les lois fondamentales de l'évolution des sociétés, d'en découper, même, les diverses étapes. Auguste Comte, Claude-Henri de Saint-Simon, Karl Marx, Herbert Spencer, pour citer les principaux, ont élaboré de ces systèmes où l'avenir est présenté comme résultant d'un processus nécessaire, parfois même d'une cause. Leur type de pensée mélange des observations remarquablement exactes, notamment au sujet de l'entrée dans l'ère scientifique et industrielle, avec des aperçus visionnaires plus fragiles, concernant le stade final vers lequel tendrait l'espèce humaine. Ces aperçus ne sont pas toujours ridicules, telle cette page où Spencer entrevoit une lointaine société de loisirs et d'activités culturelles, assez proche de la nôtre. Dans les cas moins heureux, Bernard Cazes définit fort bien le genre comme un « discours prophétique à prétention scientifique ». Chez les utopistes, un Charles Fourier, un Étienne Cabet (dont le *Voyage en Icarie* est de 1840), il ne s'agit plus d'attendre que l'histoire accouche toute seule de la société parfaite. Il s'agit d'amener la mauvaise société actuelle à concevoir illico la bonne société future, fût-ce par insémination forcée. Et ces messieurs sont d'ailleurs tout prêts à jouer les taureaux fécondateurs. Une branche particulièrement divertissante de la futurologie, d'autant plus qu'on ne risque là aucun démenti, consiste à explorer les futurs qui n'ont jamais existé ; autrement dit, à imaginer ce qu'aurait été la suite de l'histoire si tel événement avait tourné autrement : si Napoléon avait gagné la bataille de Waterloo ou Joffre perdu celle de la Marne. Ce n'est pas un exercice tout à fait vain, car il oblige à nuancer le statut d'inéluctabilité rétrospective que prend tout événement une fois accompli. Pour baptiser ce genre, le philosophe Charles Renouvier avait forgé, au siècle dernier, le néologisme d'« uchronie » (sur le modèle d'« utopie », inventé, au XVIe siècle, par Thomas More). Son livre s'intitule *Uchronie, esquisse historique apocryphe du développement de la civilisation européenne tel qu'il n'a pas été, tel qu'il aurait pu être* (1876). Ne courez pas : le titre seul est plaisant, le texte est illisible. À partir de 1945, la prospective entre dans ce qu'Auguste Comte aurait appelé le stade positif, autant que faire se peut. La prévision et la planification sont partout à l'ordre du jour, même dans les sociétés libérales, et favorisent l'essor de ce que Bertrand de Jouvenel appelle l'« art de la conjecture ». La prospective, souligne Bernard Cazes, subit alors deux transformations majeures : la professionnalisation et l'institutionnalisation. Les instituts de prévision : Rand Corporation, Hudson Institute, Club de Rome, etc., deviennent célèbres. On en trouvera le Bottin complet, pays par pays, dans un excellent livre, précieux instrument de travail, *Les Travailleurs du futur,* d'Annie Battle (Seghers). Bernard Cazes dénombre huit champs d'activité principaux de la prospective moderne : l'environnement naturel, ou écosphère, le contexte géopolitique, la croissance économique mondiale, les comportements démographiques, l'évolution des valeurs, le changement technologique, l'emploi, le rôle de l'État et la protection sociale.

Après une période de vogue, la profession traverse un peu le désert du discrédit, soit parce qu'elle s'est montrée trop optimiste, comme le Hudson Institute, soit parce qu'elle s'est montrée trop pessimiste, comme le Club de Rome. En 1982, au sommet de Versailles, la délégation française suggérait l'adoption d'un programme de prévision et de promotion des technologies nouvelles par les gouvernements. Ronald Reagan cita alors un rapport américain de 1937 sur *Les Tendances technologiques et la politique gouvernementale* (commandé par Roosevelt). Dans ce rapport, on ne trouvait aucune mention de la télévision, des matières plastiques, des techniques spatiales, de l'avion à réaction, du rayon laser, et « même pas de ceci », conclut le président américain en brandissant son stylo-bille !

Hélas ! on ne vit pas avec la prospective parce qu'elle a raison, mais parce qu'on ne peut pas s'en passer. Tant il est vrai, comme l'écrit Charles Fourier, qu'« il est impossible de déraciner du cœur humain la passion de connaître l'avenir ».

15 décembre 1986

Histoire des futurs de Bernard Cazes, Seghers.

1987

Le spectre de la décadence

Selon Oswald Spengler, la durée d'une civilisation est d'environ mille ans. S'il fallait en croire l'auteur du *Déclin de l'Occident,* essai paru en 1918 et qui causa tant d'insomnies entre les deux guerres, la civilisation française aurait donc atteint son terme. Sans prendre trop au sérieux cette évaluation arbitraire, constatons que depuis la fin du siècle dernier la culture française semble habitée par la hantise de sa décadence.

Ce pessimisme est, certes, européen, mais il travaille plus douloureusement la conscience française. Après 1870, la France s'interroge sur les raisons de sa défaite et de son infériorité vis-à-vis de l'Allemagne. Elle découvre par la voix d'un Renan ou d'un Taine que ces raisons ne sont pas purement militaires, qu'elles tiennent aussi à l'organisation de la société, aux structures économiques, à notre retard scientifique et industriel, aux défauts de notre enseignement — déjà ! — et aux vices de notre système universitaire. Un siècle après, c'est à l'égard du monde anglophone, surtout américain, que joue le sentiment d'infériorité. Mais le diagnostic est similaire, malgré les brillants succès économiques des « Trente Glorieuses ». Expérience angoissante pour une culture qui s'est toujours voulue universelle, qui a parfois réussi à l'être et qui non seulement semble ne plus pouvoir le rester, mais en outre se demande même si elle peut encore préserver sa propre identité nationale.

On connaît les incertitudes de la prospective. Elle se trouve souvent désarçonnée par les interventions imprévisibles des guerres, des épidémies ou des famines. La France, disons plutôt le territoire du futur « Hexagone », n'a retrouvé qu'au XVIIIe siècle le niveau de population qui était le sien au début du XIVe siècle, avant la Grande Peste. En économie aussi certaines rechutes dans le sous-développement ne sont pas nécessairement irréversibles. Ainsi, de 1901 à 1929, le revenu par tête français monte au rythme moyen de 2,3 % par an. Cette croissance moyenne de 2,3 % pendant près d'un tiers de siècle, malgré les quatre années de la Grande Guerre, constitue une performance remarquable : un doublement du niveau de vie en une génération. Durant les années trente, la crise économique mondiale et la guerre de 1939-1945 précipitent la France sur la pente de l'appauvrissement. Dans l'immédiat après-guerre, le niveau de vie moyen français est *inférieur à ce qu'il était en 1900.* Il faut attendre le début des années cinquante pour qu'il rattrape son niveau de 1929, et le début des années soixante-dix pour qu'il recolle à la trajectoire qu'il aurait suivie si son rythme de croissance annuel de 2,3 % n'avait pas été cassé en 1929. Ainsi, économiquement du moins, déjà une fois au XXe siècle, la France *a été décadente,* pour ensuite cesser de l'être, et avant, peut-être, de le redevenir. Faut-il rappeler que la France a bien failli disparaître d'un seul coup en 1940 comme État autonome et nation indépendante, accident qu'aucun prévisionniste n'aurait pu même concevoir dix ans auparavant ? Ce n'est pas que la prospective soit vaine. Elle reste fort utile, ne fût-ce qu'en nous forçant à un inventaire des facteurs actuels beaucoup plus méticuleux que nous ne le dresserions sans elle.

Ces facteurs actuels, quand il s'agit de peser les forces et les faiblesses dans l'évolution possible d'un peuple, sont avant tout les comportements, les « mentalités », accélérateurs ou freins. Les causes de décadence possible, dans la société française actuelle, on peut les regrouper en trois comportements principaux, avec toute l'humilité qu'implique cette simplification abusive. En quoi consistent-ils ? D'abord, à poursuivre simultanément des objectifs logiquement contradictoires et pratiquement incompatibles. Deuxièmement, à défendre des privilèges au nom de la justice sociale, et des inégalités au nom de l'égalité. Enfin, une intolérance et une certaine habitude de la mauvaise foi dans le débat public qui nous amènent à examiner les problèmes clés de moins en moins sur le fond et de plus en plus comme armes de guerre contre l'adversaire politique, social, culturel.

Un cas dans la première catégorie est l'attitude actuelle des Français à l'égard de leur langue, dont on sait le rôle moteur dans l'édification du sentiment de leur identité nationale et de leur importance internationale. Comment à la fois tenir à l'« universalité de la langue française », dont nous gardons la nostalgie, et applaudir à toute dégradation de cette langue, de peur d'encourir l'accusation de purisme et sous prétexte que « du moment qu'on se comprend » tout va bien ? Selon quels critères une langue mérite-t-elle que des étrangers fassent éventuellement l'effort de l'apprendre ? Dans le cas du français, langue sans laquelle on peut se tirer d'affaire dans la quasi-totalité des pays du monde, ce ne peuvent être des critères pratiques. Il faut donc que ce soient des critères esthétiques et intellectuels, les mêmes qui incitaient les Romains à apprendre le grec. Mais comment peut-on prétendre convaincre autrui de la validité de ces critères tout en plaidant à domicile pour la bienfaisante « modernité » d'un français au vocabulaire de plus en plus pauvre et à la syntaxe de plus en plus rudimentaire ?

De même, on ne peut demander à l'enseignement supérieur de remédier au chômage des jeunes tout en le maintenant dans un état où il distribue des diplômes sans valeur sur le marché de l'emploi. Si sévèrement que l'on juge les maladresses gouvernementales et les brutalités policières de décembre 1986, il ne faut pas perdre de vue que les manifestations estudiantines ont ajourné sine die la solution d'un grand problème national qui est une tragédie : la chute de notre système universitaire dans un progressif sous-développement, comparé aux systèmes des pays avec lesquels nous sommes en concurrence. D'où, à terme, davantage de chômage, puisque l'emploi dépendra largement de notre compétitivité internationale, donc du niveau des études qu'auront faites nos futurs actifs.

Les deux principaux remèdes proposés — la sélection et la mise en concurrence des universités — n'étaient nullement propres au seul projet Devaquet, ni à la « droite » : ils étaient recommandés par Laurent Schwartz, grand mathématicien et personnalité de gauche bien connue, en 1983, dans un livre dont l'inutile retentissement est encore dans toutes les mémoires : *Pour sauver l'Université* (Seuil). Avec une éloquence presque pathétique, Laurent Schwartz plaidait que « la sélection est un facteur de démocratie » et « l'une des conditions de renouveau de l'Université française ». « C'est en organisant la sélection, poursuivait-il, c'est-à-dire l'orientation des étudiants, que l'on pourra en accroître le nombre. » Quant à la « vraie diversification des universités », à leur mise en concurrence, sanctionnée par une signature plus ou moins prestigieuse au bas des diplômes qu'elles octroient, elles constituent pour Laurent Schwartz une nécessité pour retrouver la qualité. « Des universités américaines qui auraient connu une dégradation comparable à celle de notre secteur non sélectif auraient tout simplement disparu », écrit-il. En décembre 1986, comme souvent en France, des idées réactionnaires se sont imposées grâce à des mots d'ordre progressistes. Nous débouchons ainsi sur notre deuxième facteur de décadence : la lutte pour l'inégalité au nom de l'égalité. En obtenant que l'on élimine la « méritocratie », les étudiants ont pénalisé les plus pauvres, ceux qui n'ont que leur intelligence pour parvenir, au profit des riches, qui peuvent se permettre de rester cinq ou six ans à l'université sans gagner aucun salaire, même s'ils sont incapables de faire des études difficiles. C'est le pauvre qui est victime du système si le diplôme qu'il obtient à la sortie est sans valeur. La sélection par l'argent, elle est là. Déplacer la question sur les droits d'inscription est pure hypocrisie : la discrimination découle non pas des 200 ou 300 francs annuels d'augmentation de ces droits, mais de la possibilité de vivre plusieurs années sans rien gagner et sans rien apprendre.

De façon générale, on connaît le filet des privilèges qui enserre la société française. Les civilisations décadentes sont celles où une part croissante des revenus distribués ne correspond à aucune production, et engendre des injustices sociales au nom de la justice, puisque les « avantages acquis » sont forcément payés par le travail de quelqu'un d'autre.

Ainsi, nos agriculteurs se livrent périodiquement à des violences beaucoup plus graves et fréquentes que celles des étudiants, mais qui, bizarrement, ne sont jamais réprimées avec l'énergie à laquelle ont droit les étudiants. L'agriculture est européenne, certes, mais les colères paysannes sont plus particulièrement françaises. Elles n'ont qu'un but : recevoir de l'argent sans avoir à vendre. L'Europe croule sous les stocks de céréales et de sucre, de viande et de beurre, ces deux derniers particulièrement coûteux à conserver à cause de la facture de la réfrigération. L'accumulation des invendus provient de ce que les garanties communautaires incitent les agriculteurs à produire en grande quantité sans se soumettre à l'effet régulateur d'un marché réel.

Ainsi, en 1985, la CEE a payé le sucre à ses producteurs 0,36 dollar le kilo, pour le revendre au-dehors (quand elle pouvait) à 0,10 dollar — cours mondial réel. Mais, quand elle en importait (car, bien qu'elle en ait trop, cela lui arrive quand même), elle le payait 0,36 dollar le kilo, puisque les règlements communautaires l'obligent à verser à ses agriculteurs la différence entre le prix extérieur et le prix intérieur. Ce système canalise donc l'argent vers des productions inutiles.

Outre les exemples permanents déjà donnés, on peut citer les nombreux cas conjoncturels où les agriculteurs produisent volontairement en quantités excessives (de la pomme de terre, du vin ordinaire, des artichauts, etc.), tout en sachant par avance qu'ils ne trouveront pas la demande correspondante, mais qu'ils trouveront, en revanche, des indemnités. En 1986, dix-huit millions d'hectolitres de vin ont été distillés et payés aux viticulteurs de la CEE à hauteur de 90 % ou 65 %, selon les catégories, de leur prix fixé. Les deux tiers du budget de la Communauté sont consacrés à l'agriculture. Quiconque examine froidement les chiffres voit donc que la politique agricole consiste à se précipiter tête baissée contre un mur. Mais une autre chose est tout aussi certaine : jamais en France le problème ne sera traité en fonction de ses données réelles et en vue d'une solution dépassant les palliatifs. Pas plus que ce problème-là, celui des prisons ou celui du Code de la nationalité ne seront abordés dans l'intention impartiale de surmonter les difficultés qui leur sont inhérentes. Ils ne le seront jamais que comme réservoirs potentiels de nuisances politiques et idéologiques. Au moment de la crise universitaire, on a suggéré d'imiter les « commissions royales » suédoises, qui n'ont de royal que le nom et qui réunissent, avant la rédaction d'un projet de loi délicat, des représentants de tous les partis politiques et de tous les groupes intéressés. Ainsi, au point de départ, le texte est déjà le fruit de patients compromis et d'un consensus préalable avant de venir sous les feux de la rampe. Formule hélas ! inapplicable en France, dans la mesure où elle suppose que chaque membre de ladite commission soit capable d'un minimum de bonne foi, et se prononce, au moins en partie, en fonction du dossier, non de son appartenance politique et idéologique ou de ses intérêts corporatistes. Aux États-Unis, les deux principales réformes récentes, la loi sur l'immigration et la réforme fiscale, ont été longuement élaborées par des commissions de travail bipartisanes. Une civilisation est bien malade quand plus personne n'a l'indépendance ni le courage de se décider sur le fond.

L'avenir de l'identité française au cours de son prochain millénaire, si toutefois elle « aborde heureusement aux époques lointaines », découlera de nombreux facteurs qui ne dépendent qu'en partie d'elle : économiques, politiques, stratégiques.

Volontairement, je n'ai mentionné ici que quelques-uns des facteurs qui dépendent de chaque Français. L'échec vient souvent de l'extérieur ; la décadence vient toujours de soi.

5 janvier 1987

Secteur public : le privilège du gréviste

Maintes explications des grèves de décembre et de janvier plaquent de l'ancien sur du nouveau. Il y eut d'abord, c'est tout naturel, l'explication des grévistes eux-mêmes, par la « baisse du pouvoir d'achat », les « mauvaises conditions de travail » et le « refus de négocier ». Il y eut ensuite l'explication de Raymond Barre par l'« overdose » des réformes depuis mars 1986. Il y eut également l'explication, en sourdine, du président de la République, et à grands cris du Parti socialiste, par les « injustices sociales » et la « répartition inégale des sacrifices ». Il y eut enfin, dans la majorité, dans le cabinet même de Jacques Chirac, l'explication... par le manque d'explication aux partenaires sociaux. On songeait à la boutade d'un ultraroyaliste, Vaublanc, vers 1785 : « En France, c'est toujours le chef de l'État et ses ministres qui renversent le gouvernement. »

Ce mot, Albert Mathiez le cite dans le chapitre de sa *Révolution française*[1] intitulé « La révolte nobiliaire ». Il désigne par cette expression la crispation, à la fin de l'Ancien Régime, de la noblesse d'épée,

1. 1922. Récemment réédité par la collection « Médiations », chez Denoël (3 vol.).

de robe ou de soutane, qui se cramponne d'autant plus fort à ses privilèges qu'elle les sent davantage menacés. Croyant les consolider, elle achève de les rendre insupportables. Pour être encore plus vieux que d'autres (mai 1968 par exemple), ce précédent est peut-être moins périmé. Plus que par l'appétit de conquérir, les grèves de cet hiver semblent dictées par la peur de perdre.

Les agents des services publics, qui se décrivent comme des prolétaires, se scandaliseront qu'on les compare aux nobles de l'Ancien Régime. Ils voient rouge quand on parle de leurs « privilèges ». Mais le public — plusieurs sondages l'ont montré — ne partage déjà plus tout à fait leur avis. L'un des rares bénéfices indirects de cette crise a été de nous informer, enfin, de la situation réelle de ces agents, de leurs salaires, de leurs primes, du nombre de leurs heures de travail dans la semaine, de jours dans l'année, d'années dans la vie, de leurs régimes de maladie et de retraite, de leurs avantages particuliers, de leurs congés, de leurs œuvres sociales, des ressources de leurs comités d'entreprise, du coût pour les contribuables de quelques prodigieux déficits.

« Privilège » n'est pas nécessairement synonyme de « richesse ». C'est, disent Littré et Robert, « un droit particulier accordé à une catégorie d'individus en dehors de la loi commune ». Un milliardaire peut ne devoir sa fortune à aucun privilège, et un salarié relativement modeste jouir d'avantages que n'ont pas la majorité des autres salariés de même qualification et qui travaillent plus. Aussi bien un « nanti », autre contresens fort répandu, n'est-il pas uniquement celui qui nage dans l'opulence ; c'est, au sens strict, celui qui possède une garantie, un bien ou un droit qu'il ne peut pas perdre.

Si Raymond Barre avait choqué en appliquant

cette épithète aux fonctionnaires et autres agents publics, c'est sans raison valable. Car la garantie de l'emploi les excepte en effet indiscutablement de la loi commune. À leurs yeux, d'ailleurs, tous les autres avantages de leur situation spéciale dans le monde du travail, les fameux avantages « acquis », doivent également faire l'objet d'une garantie définitive, quelle que soit la situation économique. C'est là encore, à travers les âges, une caractéristique constante du privilège : son détenteur le tient pour intangible. Pourquoi le statut de la fonction publique de 1946, par exemple, mériterait-il une éternité que n'ont pas eue les droits féodaux ?

Une autre caractéristique est la résistance au contrôle. De même que l'abbé d'Ancien Régime touchait son « bénéfice » sans résider dans son abbaye et sans y remplir les fonctions justifiant ce bénéfice, de même un chargé de « recherches » peut percevoir son traitement pendant trente ans au CNRS sans rien publier. Les professeurs refusent désormais l'inspection dans les lycées et l'évaluation dans les universités. Les instituteurs ne veulent pas de directeurs d'école. Autrement dit, ils veulent à la fois l'autonomie de la profession libérale et l'absence de risques de la fonction publique. La notion même de capacité professionnelle tend à disparaître. N'avait-on pas déjà vu, en 1985, après les catastrophes ferroviaires de l'été, qui avaient fait quatre-vingt-quatorze morts et un millier de blessés dans trois déraillements, tous dus à des erreurs humaines, les agents de conduite se mettre en grève sauvage et illimitée parce que la direction de la SNCF avait décidé de procéder à un nouvel examen de leurs connaissances ?

D'où leur opposition, en 1986, au projet d'une « grille salariale » fondée en partie sur le mérite. Ce projet, d'ailleurs, avait été esquissé dans son principe sous le dernier gouvernement socialiste. Vu le climat ambiant dans le service public, cela sonnait comme une véritable atteinte aux droits de l'homme. Rejet d'autant plus intéressant qu'il a émané non des plus mal traités, mais d'une aristocratie de travailleurs : les 21 000 conducteurs de la SNCF et les 3 249 de la RATP. Une analogie de plus avec la « révolte nobiliaire »... On a beaucoup répété que la grève était venue « de la base ». Si l'on entend par là qu'elle n'est pas venue des syndicats, fort bien. Mais cela ne signifie pas pour autant qu'elle ait émané de la vraie base, des plus nombreux et des moins bien payés, puisqu'on la doit aux 10 % d'agents les plus qualifiés et les mieux rémunérés. Les comparer aux étudiants et lycéens n'était guère plus juste. Certes, l'élément commun est le refus de la sélection. Mais les étudiants l'ont refusée à leurs risques et périls : ils ne sont pas, eux, rétribués par les contribuables pour faire fonctionner un grand monopole d'État, vital pour l'économie nationale. Quant à l'overdose diagnostiquée par Raymond Barre, elle existe peut-être ailleurs, mais on ne sache pas que des réformes de structure draconiennes aient été imposées à la SNCF, à la RATP ou à EDF-GDF. Il ne s'agissait que d'améliorer la gestion et la productivité, tout comme à l'AFP, autre théâtre de grèves du même type, cet hiver.

Et ce n'est pas à ce type de grève, mais plutôt à des souvenirs de Mai 68, que s'applique la remarque du sociologue Alain Touraine, selon qui la crise serait née de ce que la politique a trop le « culte du système » et pas assez le « respect des acteurs ». Si des phénomènes obéissent à une logique de système, ce sont bien ces grèves déclenchées par des minorités de travailleurs d'élite, qui tiennent entre leurs mains les centres nerveux des mastodontes de la « société technétronique ».

L'impression d'avoir affaire à des systèmes impersonnels était encore accentuée par la « langue de bois » des jeunes porte-parole de la « coordination », par leurs enchaînements mécaniques de stéréotypes verbaux, comparée à quoi l'éloquence du secrétaire général de la CGT communiste, Henri Krasucki, est un modèle de fraîcheur intellectuelle.

On ne peut certes dénier à aucun salarié, du public ou du privé, le droit de chercher à gagner plus tout en réduisant ses obligations. Il est équitable que le fonctionnaire et l'agent des services publics défendent leurs intérêts comme tout un chacun. Ce qui stupéfie, c'est ici la disproportion entre les sujets de réclamation, d'importance inégale mais jamais fondamentale, et l'immensité du coup porté à la communauté par l'arme absolue de la grève des services publics. Même s'il est prouvé que la soupe n'est pas assez chaude, le droit commun n'admet plus que le mari décharge son fusil de chasse sur la cuisinière.

Le pouvoir d'achat ? Il a baissé pour tous les Français en 1983 et 1984, et peu ou prou progressé depuis. Mais désirer qu'il progresse davantage ne justifiait pas une sanction aussi brutale infligée à la société tout entière. Surtout, pour le calculer, il ne faut pas se borner à l'examen de la seule feuille de paye mensuelle. Quand un agent a 155 jours de congés par an, soit cinq mois de vacances, 32 heures de travail par semaine, la retraite à 50 ans avec 75 % du meilleur salaire, plus des fournitures gratuites, son revenu réel doit se calculer en rapportant le gain total au nombre d'heures travaillées durant la vie active. On s'aperçoit alors que le gain horaire de l'agent public figure parmi les plus élevés, en France et en Europe. Quant aux conditions de travail, comment être hostile à leur amélioration ? Il est par exemple scandaleux qu'avec tous les milliards qu'elle nous coûte la SNCF n'ait pas réussi à offrir à ses roulants des foyers moins sinistres et moins inconfortables pour les « découchés ». Mais personne n'accomplira le miracle, auquel semblent aspirer les cheminots, qu'un conducteur de train prenne tous ses repas à la maison et ne travaille jamais la nuit ni le dimanche.

On a pu noter aussi qu'après chaque reculade de leur direction les grévistes, loin de reprendre le travail, changeaient de terrain pour émettre de nouvelles exigences. Le retrait pur et simple, le 31 décembre, du projet de nouvelle grille salariale, présenté jusque-là par la coordination des cheminots comme le principal point de friction, n'empêcha pas la grève de se poursuivre. Elle se réincarna sous d'autres mots d'ordre pendant presque une quinzaine, accompagnée de sabotages et d'atteintes à la liberté du travail. Ce que la coordination appelle « refus de négocier » de la direction signifie en réalité refus de capituler. Mais quand la direction capitule, cela ne suffit toujours pas. À EDF, à la RATP, on observe ce même changement à vue des revendications, cette guerre de mouvement menée toujours par les catégories de personnels relativement les mieux loties. Elles paraissent avoir pour objectif, par-delà telle ou telle victoire particulière, de faire bien sentir à la nation rassemblée sous leur férule la toute-puissance des monopoles d'État.

Car c'est bien là qu'il faut chercher la cause globale et profonde de ces grèves. Ce sont des batailles livrées par le secteur protégé de l'économie pour qu'on ne remette pas en question son statu quo. Il s'agit d'une guerre préventive, dirigée beaucoup plus contre un danger futur que contre une injustice actuelle. On le remarquera : depuis longtemps, les grèves dures et longues éclatent presque exclusivement dans les services publics et les monopoles d'État. Pourquoi ? Parce que, au milieu de la grande vague de désétatisation et de course à la compétitivité qui déferle sur le monde, les monopoles publics savent très bien que la société va se tourner vers eux pour exiger ce qui est de plus en plus vital : l'alignement des rémunérations sur le rendement et la compétence. Il ne peut plus y avoir pendant longtemps dans nos sociétés deux secteurs : un secteur exposé à la concurrence internationale, dans lequel, à tout instant, les entreprises courent le risque de faire faillite, les travailleurs de perdre leur emploi, et, en face, un secteur protégé, où l'entreprise est dispensée de compétitivité et de productivité, où les salariés ont la sécurité de l'emploi. De plus, injustice suprême, ce sont les impôts du premier secteur qui comblent les déficits du second. La pression deviendra sans cesse plus forte pour contraindre le secteur protégé à partager les obligations d'efficacité et d'adaptation au marché du secteur libre. Aussi, le secteur des monopoles publics, qui tient la société en otage, lance-t-il des grèves d'avertissement chaque fois qu'on cherche à le moderniser. Le message est clair. Il signifie : « Constatez notre pouvoir, nous pouvons paralyser tout le pays, asphyxier toute votre activité quotidienne ; vous êtes à notre merci, ne touchez donc pas à nos statuts ; nous refusons l'univers du risque où vous vous trouvez ; à vous de vous débrouiller pour nous nourrir quand même. » Contraindre le secteur public, dans l'intérêt même de ses agents, à accepter la même compétitivité que le privé, ou, sinon, le privatiser à son tour, voilà la grande bataille de ces prochaines années.

L'avez-vous remarqué ? Chaque fois, ces jours-ci, en Occident, que l'on veut faire l'éloge d'un dirigeant communiste, on exalte sa volonté d'injecter dans le collectivisme le sang frais de l'économie de marché, à Moscou, Pékin ou Budapest. On s'extasie : « Quel libéral ! Il rétablit la concurrence entre les entreprises ! La primauté à la compétence ! le salaire selon les mérites ! les promotions selon le zèle et l'assiduité ! Que voilà un habile homme ! » Si habile que nous, pauvres capitalistes, aimerions bien jouir d'un peu de ce marxisme-léninisme nouvelle manière... Pourquoi ce qui est vérité au-delà du rideau de fer serait-il erreur en deçà ?

2 février 1987

La vie d'artiste d'un Nobel : François Jacob

Les écrivains, les artistes, les philosophes se représentent volontiers l'invention dans les sciences comme un exercice mécanique, les chercheurs scientifiques comme des tâcherons, tenant à la fois du pédant de collège et de l'ouvrier qualifié. Là-dessus se greffe un ressentiment contre ces intellectuels de l'autre bord. Intellectuels, d'ailleurs, méritent-ils vraiment ce titre ?

Dans une conférence mémorable, prononcée à Cambridge en 1959, et intitulée pertinemment *Les Deux Cultures*[1], sir Charles Snow, hybride de physicien et de romancier, raconte que le mathématicien Geoffrey Hardy lui demanda un jour : « Avez-vous remarqué l'emploi que l'on fait aujourd'hui du mot "intellectuel" ? Il semble correspondre à une définition nouvelle, qui ne s'applique en tout cas ni à Rutherford, ni à Eddington, ni à Dirac, ni à Adrian, ni à moi. » Que l'on refoulât hors de la communauté pensante cette cohorte de prix Nobel de physique, de chimie ou de médecine mesure l'épaisseur des préjugés sur la nature de la création scientifique.

1. Trad. franç. J.-J. Pauvert, 1968.

Il arrive quelquefois par bonheur qu'un savant au palmarès probant écrive un livre pour témoigner de la manière dont ce type de création se déroule. Car, François Jacob le souligne avec insistance dans cette autobiographie, les ouvrages et les articles scientifiques ne reflètent pas du tout la recherche telle que la vit le chercheur. La science achevée, publiée, c'est celle des résultats, stylisée dans un parcours idéal, figée dans une logique rétrospective, expurgée de tout le « jeu des possibles » (pour reprendre le titre d'un précédent essai de l'auteur). Au cours de son élaboration quotidienne, l'invention scientifique naît, au contraire, plus souvent du désordre que de l'ordre, de l'intuition que de l'esprit de système, du hasard que de la raison, même si, comme le disait Pasteur, « le hasard ne favorise que les esprits préparés ». Elle jaillit moins souvent de ce qui est central que de ce qui est marginal.

Et François Jacob, justement, est l'illustration vivante de cette marginalité. Il n'est devenu central que pour avoir été longtemps excentrique, tout comme l'étaient, au début, le champ de recherche où il s'est aventuré, le groupe de travail où il s'est inséré par le plus déraisonnable des paris. Si la découverte, c'est l'inattendu, l'apparition d'un talent de chercheur, c'est l'incompréhensible. La leçon de ce livre de souvenirs est de nous éclairer sur l'abîme qui peut séparer une personnalité, telle qu'elle émerge de ses années d'apprentissage, et ce qui se met à émaner d'elle. C'est le spectacle, au jour le jour, de ce « plus » imprévisible, issu d'un individu qui cesse d'être simplement une machine à s'auto-entretenir, un jeu à sommes nulles. Pourquoi et comment se mue-t-il soudain en ce visionnaire de la nature, inventeur du vrai jusqu'alors caché, en cet « essayeur », « *il saggiatore* », comme disait Galilée ?

François Jacob, au fil du récit, s'efforce bien de diagnostiquer dans son passé, chez les autres qui furent lui jadis, durant son enfance et son adolescence, les indices d'une prédisposition à la recherche. Il ne réussit guère qu'à souligner davantage encore les ruptures entre les diverses étapes de sa vie, le rôle déterminant des accidents. Parti pour Londres s'engager chez de Gaulle à l'âge de vingt ans, il n'avait alors à son actif que deux années de médecine, peu de chose. Très grièvement blessé pendant la campagne de Normandie, après le débarquement, il ne pourra jamais recouvrer la dextérité manuelle indispensable à l'exercice de la chirurgie, sa première vocation.

Intact, il eût ouvert des ventres toute sa vie. Vieil étudiant de vingt-six ans, après la guerre, il termine sa médecine sans enthousiasme, sans passer les grands concours et sans intention d'exercer. Vague chômeur à trente ans, il frappe à diverses portes, dont celle de l'Institut Pasteur, où, à force d'obstination, il est admis dans le laboratoire d'André Lwoff, malgré son insuffisance en biologie. Il parvient à la dissimuler au moyen d'un prudent mutisme et d'un art consommé du monosyllabe. En effet, Jacob, à cette époque, n'a même pas fait les études de base de sa discipline. Il lui faudra préparer en rechignant les certificats de licence requis, aux côtés de condisciples de dix ans ses cadets. Et c'est là, précisément, que le raté doublé d'un imposteur accouche du miracle : ce débutant s'initie aux rudiments de sa science tout en la renouvelant, cet ignorant apprend par la découverte, et, faute de savoir la biologie qui existe, il invente celle qui va exister, par une prodigieuse cabriole de l'incompétence créatrice.

C'était en 1950. Dix ans plus tard, la veille de Noël 1960, François Jacob signait avec Jacques

Monod l'article fameux sur « Les mécanismes régulateurs génétiques dans la synthèse des protéines », où, pour la première fois, l'homme expliquait comment fonctionne un gène[1].

Il serait, bien entendu, abusif de réduire la recherche à de la prestidigitation. Ce survol ne révèle que la face extérieure des événements. L'incompétence apparente est ici toute socratique, et cache une attention secrète à ce que les autres chercheurs ne voient pas encore. Reste que la création, dans le domaine scientifique comme dans les autres, n'est jamais le prolongement du connu. Jacob le dit en une phrase que ne manqueront pas de méditer les historiens des sciences : « Contrairement à ce que j'avais longtemps cru, la démarche de la science expérimentale ne consiste pas à expliquer l'inconnu par le connu, comme dans certaines démonstrations mathématiques ; elle vise au contraire à rendre compte de ce qu'on observe par les propriétés de ce qu'on imagine, à expliquer le visible par l'invisible. » Aussi les champs d'investigation vraiment nouveaux et prometteurs sont-ils ceux dont on ne soupçonne pas l'existence.

Vers 1950, la science française dédaignait ou méconnaissait les travaux de l'équipe de Pasteur, laquelle fonctionnait en dehors des circuits et des crédits officiels, avec un financement dû à des fondations américaines. Et seule une équipe aussi paradoxale était susceptible d'accueillir un chercheur aussi peu orthodoxe. François Jacob avait en vain frappé auparavant à des portes plus classiques. Indifférente, l'Université était en train de passer à côté

1. Pour la honte de l'Université française, cet article, déclencheur du Nobel octroyé en 1965, paru en anglais, dans *The Journal of Molecular Biology*, sous le titre « Genetic regulatory mechanisms in the synthesis of proteins ».

d'un ensemble de découvertes qui allaient constituer la plus grande réussite de notre siècle en biologie.

Par ses cheminements psychologiques, l'invention scientifique ne se conforme pas davantage aux images conventionnelles. Il y aurait, par exemple, toute une étude à écrire sur le rôle du cinéma dans les progrès de la génétique cellulaire. Non pas du cinéma utilisé en laboratoire, mais des chercheurs généticiens en tant que cinéphiles. C'est dans un cinéma, en juillet 1958, à Montparnasse, que François Jacob sent son esprit tout d'un coup envahi par les hypothèses décisives qui le conduiront à son importante découverte. Dans *La Double Hélice*[1], James Watson, prix Nobel 1962, raconte comment, vautré dans les salles obscures, pendant des mois, il rêvait vaguement à la solution qui allait lui être donnée : la compréhension de l'ADN, c'est-à-dire la substance qui, à l'intérieur d'une seule et même structure « en double hélice », présente des formes assez diverses pour contenir tout le code de l'hérédité. Hélas ! les films n'étaient pas tous des adjuvants efficaces. « Ma pire déception, écrit Watson, eut lieu lors d'une soirée consacrée à *Extase*. Nous étions trop jeunes pour avoir vu les premières projections des fesses nues de Heddy Lamar. Quand vint le soir tant attendu, nous allâmes au Rex. » Fureur ! Le passage guetté avait été coupé par le censeur britannique.

La Statue intérieure, ce compte rendu par un chercheur de la découverte de son propre talent, nous enseigne que la création scientifique n'est pas différente des autres. Du moins dans son processus subjectif, car, bien évidemment, elle s'en distingue par son point d'application et par la sanction expéri-

1. 1968. Réédition récente dans la collection « Pluriel », Hachette.

mentale. Reste, comme l'écrit Jacob, qu'il y a un style en science, qui change avec chaque individu, comme en art, en littérature ou en musique. Et reste aussi, comme nous devons sans cesse nous en ressouvenir, que la science ne progresse pas toute seule. Ce sont toujours des hommes qui la font avancer. Ou stagner. Des hommes qui, si le milieu des maîtres est défavorable, le système d'enseignement asphyxiant, les institutions de recherche stérilisantes, peuvent fort bien ne jamais se révéler, mourir sans savoir qu'ils avaient le don d'inventer.

9 février 1987

La Statue intérieure de François Jacob, Odile Jacob.

Le vice caché de Cioran

Imaginez l'humeur d'un Pascal venant d'apprendre qu'il a perdu son pari, et vous aurez Cioran. Dieu s'effondrant, ne subsiste plus de l'édifice des *Pensées* que la partie consacrée à la « misère de l'homme sans Dieu ». De cet homme, sans jamais se lasser ni nous lasser, Cioran nous détaille l'abjection. C'est là son « passe-temps de vipère élégiaque », dit-il. Dieu a-t-il réellement disparu ? Il semble, puisqu'il se signale à l'auteur comme « un Absent universel ». L'homme, en revanche, lui, répond présent — beaucoup trop ! Cioran a longtemps espéré, nous confie-t-il, ne pas achever le cours de sa vie sans assister à l'extinction de son espèce. Mais, hélas ! la chose traîne en longueur, les délais ne sont pas respectés.

Faut-il placer Cioran parmi les moralistes, pour employer un substantif que l'on ne comprend sans doute plus guère aujourd'hui ? Oui, s'il est vrai que le moraliste n'enseigne point la morale, mais peint les mœurs, ou l'homme. Non, si l'on se rappelle que les moralistes français (Pascal excepté, précisément) se soucient fort peu de métaphysique, à l'opposé de Cioran. Même le chapitre de La Bruyère sur « Les esprits forts », c'est-à-dire les incroyants, délaisse très vite l'au-delà pour se cantonner dans la satire d'un milieu social, d'une coterie intellectuelle.

Cioran, lui, va plus loin que la psychologie, où il excelle au demeurant. Il fait le pont entre La Rochefoucauld et Pascal, à cet inconvénient près que l'arche pascalienne du pont s'est écroulée, ainsi que je l'ai dit. Reste donc un penseur de l'absolu — sans l'absolu. En quoi il se rapproche de Nietzsche, dont il se réclame, d'ailleurs. Il est le seul représentant littérairement réussi de l'art de l'aphorisme depuis Nietzsche.

Comme ce dernier, il veut « philosopher poétiquement ». Mais aussi polémiquement : pas une phrase de Nietzsche qui ne soit à quelque degré polémique ; de Cioran non plus. Le rythme de la phrase, le sarcasme lyrique, la musique de l'invective, le miel du style sur l'amertume du syllogisme : tout est déjà présent, et passe victorieusement l'épreuve de la traduction, dans *Des larmes et des saints,* texte roumain de 1937. On y trouve bien plus que les simples prémices de l'œuvre française de Cioran, laquelle a pour dernier-né ces *Aveux et anathèmes,* où tous les aveux, d'ailleurs, sont également des anathèmes.

Le plaisir que procure la lecture de Cioran ne doit pas nous masquer la cohérence de sa pensée, ou, mieux, la persévérance de ses intuitions. Tout occupé à se délecter de ses pointes et de ses trouvailles, le lecteur risque d'oublier qu'il ne s'agit pas seulement là d'outrances brillantes et de provocations érudites. L'art même de Cioran, qui sait mettre le trait d'esprit au service du désespoir, nous détourne de l'étudier aussi attentivement que s'il était ennuyeux. Ecclésiaste jovial, sceptique intolérant, Job esthète, incrédule convertisseur, il s'ingénie à donner l'impression qu'il n'a rien à enseigner.

Depuis longtemps admirateur de Cioran par pur

épicurisme littéraire, je décelais pourtant chez lui je ne sais quelle faiblesse que je n'arrivais pas à définir, une faille qui me gênait, un défaut caché qui, sans m'apparaître jamais nettement, me poussait à interrompre souvent ma lecture. Aujourd'hui, j'ai enfin trouvé. Je sais quel est le vice de Cioran : c'est qu'il a raison. Il a raison comme ont raison, précisément, et l'Ecclésiaste et Job, et les mystiques espagnols et quelques philosophes grecs, et Shakespeare et Pascal, tous les auteurs dont il tire un suc original, à la fois nectar et venin. Qu'est-ce qui surnage de la dizaine de livres qu'a publiés Cioran ? L'espèce humaine est le fléau de la planète, et elle est le pire ennemi de l'espèce humaine elle-même. Toute forme de gouvernement tend à la tyrannie. Toute société humaine qui parvient à se transformer en une civilisation supportable est tôt ou tard éliminée par les groupes restés fidèles à la brutalité primitive. La science ne change rien à notre destinée fondamentale. De quel droit persécuter odieusement les analphabètes en les contraignant à la lecture ? Le progrès moral n'existe pas. La religion et la philosophie ne font qu'exaspérer le fanatisme. Quant aux saints, ils sont surtout utiles pour nous permettre de comprendre ce qu'est la hargne, par exemple saint Grégoire de Nazianze, « fielleux et cependant insipide » (merci pour lui). « Suite de libelles camouflés en traités, l'apologétique chrétienne représente le summum du genre bilieux. »

Si des philosophes ont quelque mérite, c'est d'« avoir de temps à autre rougi d'être hommes ». Toute activité est vaine. L'ambitieux n'est qu'un imbécile méprisable. Conquérir la gloire, la réussite, c'est se disqualifier. « Pour entrevoir l'essentiel, il ne faut exercer aucun métier. Rester toute la journée allongé, et gémir. » L'Ecclésiaste l'a bien dit : mieux vaut la fin d'une chose que son commencement. Seule est réelle, seule est éclairante la souffrance — et les larmes qu'elle nous fait verser. Mais ce ne sont pas ici des larmes de compassion : ce sont des larmes de vitriol.

16 février 1987

Des larmes et des saints d'E.-M. Cioran, traduit du roumain par Sanda Stolojan, L'Herne.
Aveux et anathèmes d'E.M. Cioran, Gallimard.

Divorce à la française

Vers 1955, le Parti communiste français comptait dans ses rangs ou parmi ses sympathisants plusieurs grands noms des lettres, des sciences et des arts. Surtout, il parvenait à leur imposer ses vues : réalisme socialiste, aberrations biologiques de Lyssenko, matérialisme dialectique, croyance dans la supériorité du système soviétique. Cet âge d'or de la culture communiste en Occident, Mme Verdès-Leroux l'a décrit dans un précédent livre : *Au service du parti* (1983). Aujourd'hui, le parti est déserté par les intellectuels, son influence culturelle est réduite à l'état de vestige. Le marxisme même, apparaissant à beaucoup comme « la plus grande fantasmagorie de notre époque » (Leszek Kolakowski), est discrédité. Comment est-on passé du glorieux premier stade à cet âge de fer ? C'est ce que l'auteur raconte et analyse dans ce *Réveil des somnambules,* consacré à l'histoire et à la dégradation de la culture communiste entre 1956 et 1986.

Tout un milieu nous est restitué, avec ses façons de penser, de sentir, de parader ou de désespérer, ses drames et ses fraternités, ses usages particuliers, ses tabous et ses superstitions, son univers mental et le regard de la secte sur l'extérieur. L'enseignement qui s'en dégage ? C'est que l'homme peut se convaincre d'à peu près n'importe quoi, fût-il un intellectuel, fût-il même très intelligent, et peut accepter, voire revendiquer, l'abdication de l'esprit. C'est ce qu'exprime bien une phrase de Frédéric Joliot-Curie, prix Nobel de chimie, prononcée en 1951 : « Placé au centre même des luttes, disposant grâce à ses militants d'une information complète, et armé de la théorie du marxisme, le parti ne peut manquer de savoir mieux que chacun d'entre nous. »

En 1956, le rapport Khrouchtchev sur les crimes de Staline pousse les intellectuels sur le chemin du doute et du regimbement, des conflits avec la direction et des vains compromis, des tentatives pour faire « changer le parti de l'intérieur », et de la constatation, pour certains, qu'il ne reste plus qu'à combattre de l'extérieur. Trente ans de convulsions, de fausses renaissances, de débandade, pour aboutir à l'électroencéphalogramme plat de 1986. Les causes de friction et de dissension jalonnent cette route : l'affaire Pasternak, l'affaire Soljénitsyne, l'écrasement du Printemps de Prague, la métamorphose de l'Union soviétique de paradis en repoussoir, l'épisode dérisoire de l'eurocommunisme, la rupture de l'union de la gauche en 1977 et l'échec presque voulu aux élections de 1978, l'Afghanistan, la Pologne. Enfin, à partir de 1981, la descente du Parti communiste français en deuxième division électorale, sa marginalisation, sa vraisemblable réduction à l'état de groupuscule. Mais si les intellectuels se sont beaucoup agités et révoltés durant cette période, s'ils se sont ingéniés à trouver les règles d'une vie culturelle compatible avec l'appartenance au parti, la direction, de son côté, n'a guère varié. Malgré quelques signes évanescents de tolérance apparente, son principe demeure qu'au bout du compte, quand on est membre du parti, intellectuel ou pas, il faut se soumettre ou se démettre. Le courage de Pierre Daix et quelques états d'âme d'Aragon impriment aux *Lettres françaises* un cours différent de la ligne officielle, à propos, notamment, du Printemps de Prague : immédiatement, le mécanisme de rejet se déclenche et, à terme, entraînera la suppression de l'hebdomadaire.

Jean Elleinstein élabore une interprétation du « phénomène stalinien », qu'il s'efforce de rendre acceptable par le parti et, en même temps, recevable par la science historique normale : il ne reste pas bien longtemps branché sur ce double voltage et, finalement, après Pierre Daix, il ne se met d'accord avec lui-même qu'en quittant le parti. Car certaines prises de position ne sonnent comme des audaces que par rapport aux interdits de la culture communiste et au sein de son univers fictif. Mesurées à l'étalon de la culture normale, ce sont des banalités. Ainsi, en 1963, Roger Garaudy, dans un livre, et la revue mensuelle *La Nouvelle Critique* s'avisent de « réhabiliter » Kafka, jusqu'alors à l'index dans la culture communiste.

Fort bien, mais cet éloge tardif n'innove que pour ses auteurs et leurs lecteurs, prisonniers jusqu'alors de leur censure idéologique, nullement pour la culture vivante, où cela constitue une platitude. De même, lorsque Louis Althusser, après l'échec électoral de mars 1978, publie dans *Le Monde* trois articles retentissants sous le titre « Ce qui ne peut plus durer dans le Parti communiste français », l'événement est créé exclusivement par le fait que ces articles sont signés par un philosophe communiste. En eux-mêmes, ils ne contiennent rien d'original. Les critiques qu'Althusser y exprime sur la sclérose autoritaire du parti et son archaïsme intellectuel sont depuis bien longtemps des évidences pour tous les observateurs non communistes.

Le succès de Louis Althusser, qu'analyse longuement et avec finesse Jeannine Verdès-Leroux, tient en partie, sans doute, à ce qu'il a su se faire entendre à la fois dans les deux cultures : la communiste et la vraie. D'un côté, on peut le qualifier d'antistalinien, puisqu'il revendique l'autonomie du penseur par rapport au parti et à ses dirigeants. De l'autre, il n'a pourtant jamais rejeté catégoriquement le stalinisme. Il reproche au PCF ses faiblesses pour « l'humanisme » petit-bourgeois de Garaudy. Staline n'a commis à ses yeux qu'un seul crime : il s'est complu dans « l'économisme », valeur bourgeoise ! En traduisant Marx dans la langue de Jacques Lacan, l'auteur de *Lire « Le Capital »* extrayait la culture marxiste de sa naphtaline, pour la plonger dans les idées et les manières de parler en vogue des années 1960. Mais, surtout, il a délivré de ses chaînes le marxisme encore plus radicalement par un moyen dont Mme Verdès-Leroux ne semble pas avoir vu toute la portée. La trouvaille d'Althusser fut d'affirmer qu'il fallait lire *Le Capital* non pas comme un livre d'économie, mais comme un « discours » philosophique autonome, un phénomène de langage, sans référence externe. Du coup, il affranchissait les marxistes de ce qui faisait leur calvaire : la confrontation entre la doctrine et les faits, le démenti infligé à la théorie marxiste par le déroulement de l'histoire, le contrôle du dogme par la science économique. On aurait plu à moins. Althusser plut donc, sauf, une fois encore, aux aveugles, dont il tentait en vain d'enrayer la décrépitude culturelle : les dirigeants du parti.

Au terme de sa monumentale et passionnante enquête, Jeannine Verdès-Leroux constate l'échec global des efforts déployés pendant trente ans par certains intellectuels communistes pour conquérir le droit à la liberté de l'esprit sans trahir leurs options politiques. D'où l'extinction de toute réflexion originale dans le cadre du parti. On y trouve toujours, certes, des contestations, comme en ce début de 1987. Mais les mécontents qui se nomment « rénovateurs » renouvellent en fait fort peu la vie intellectuelle communiste. Leur pensée est aussi archaïque et leur « langue de bois » aussi stéréotypée que celles des dirigeants qu'ils critiquent.

Néanmoins, s'il est vrai que l'influence culturelle directe des communistes tend vers zéro, leur influence indirecte reste considérable. Les réflexes léninistes ont souvent été intériorisés par les intellectuels non communistes, qui les suivent sans même en avoir conscience. Il ressort, ainsi, de la plupart des reportages télévisés sur le Nicaragua diffusés en France qu'un régime, à partir du moment où il est communiste, n'est plus tenu de faire des élections libres pour être légitime. Sur le Vietnam, on a pu voir à TF1, le 3 mars 1986, un reportage où, après avoir reconnu des échecs économiques à vrai dire impossibles à nier, on nous les explique par les dégâts de la guerre, achevée en 1975, et par le vieux poncif de l'encerclement impérialiste, qui sert d'excuse depuis soixante-dix ans à toutes les économies collectivistes en faillite. Quant aux boat-people, s'ils sont partis, c'est de la faute des capitalistes, principalement ! Énoncés dans *L'Humanité,* ces subterfuges ne convainquent plus personne. Sous l'apparente neutralité de TF1, ils retrouvent une audience. Lorsque Régis Debray dit, en 1979, que le mot goulag est « imposé par l'impérialisme » (américain, s'entend, le seul, le vrai), il a beau être conseiller de François Mitterrand, il raisonne et s'exprime selon le moule communiste. La démolition de Soljénitsyne en Occident a été accomplie pour l'essentiel par la gauche non communiste. Avant de proclamer la fin de la pensée communiste et de son influence, il faut donc en dénombrer attentivement les métastases.

9 mars 1987

Le Réveil des somnambules de Jeannine Verdès-Leroux, Fayard-Minuit.

Culture : la crise de l'Occident

L'énergique et séditieux essai d'Allan Bloom aurait pu, tout banalement, et plus clairement, prendre pour titre son sous-titre, *Le déclin de la culture générale*. Il y est traité de la culture américaine, mais le lecteur s'aperçoit vite que la plus grande partie des observations de l'auteur s'appliquent aussi à l'Europe. L'auteur réfléchit sur la culture, disais-je, ou, pour être plus précis, sur l'enseignement, sans lequel il n'est pas de culture. Car, et c'est là un des préjugés récents auxquels s'en prend Bloom, c'est une erreur de penser que de vagues « activités culturelles » proposées par de soi-disant spécialistes en « animation » ou en « communication sociale » puissent tenir lieu de culture si l'enseignement qui devrait leur servir de socle s'est désagrégé. Cette « culture » tout entière faite d'apparences, de « manifestations », sert avant tout aux relations publiques : municipales, ministérielles, professionnelles, voire présidentielles. Lorsque Rabelais éprouva le sentiment que la culture reçue dans sa jeunesse se réduisait à une litanie de mots creux, il ne suggéra pas d'organiser un colloque avec remise de prix pour vaticiner sur « la crise d'identité culturelle ». Il établit un nouveau programme d'enseignement, d'une ambition à première vue excessive et irréaliste, par la pression de travail qu'il créait, mais dont tout le secret tenait à ce qu'il s'agissait désormais d'apprendre quelque chose plutôt que de n'apprendre rien. La culture est d'abord une capacité acquise d'évaluation personnelle, que l'enseignement sert à façonner, au moyen de disciplines sans cesse refondues, mais jamais absentes ni faciles à pratiquer. De plus, ces disciplines, pour être efficaces, doivent reposer sur des critères de vérité reconnus, sur un ensemble de valeurs acceptées, sinon immuables, et avant tout de jugements communs sur la société dans laquelle on vit. Or, l'évolution qu'observe Allan Bloom chez les étudiants américains et dans le monde universitaire américain en général, depuis une vingtaine d'années, a placé au centre des conceptions philosophiques, politiques et morales de ce monde l'idée que le péché majeur est constitué par l'ethnocentrisme. Autrement dit, par l'illusion de supériorité qui nous pousserait à considérer notre propre civilisation comme meilleure que les autres. C'est là le préjugé qu'ont nourri sur elles-mêmes toutes les civilisations à travers l'histoire, et que conservent encore imperturbablement la plupart d'entre elles. Comme l'a remarqué Claude Lévi-Strauss, il n'existe pas de groupe humain, si minuscule, misérable et primitif soit-il, qui ne se considère comme la plus haute incarnation possible de l'essence humaine et ne ricane de mépris en contemplant le reste de l'espèce. Hérodote raconte que les Perses s'estimaient les échantillons de la plus parfaite humanité, après quoi venaient les habitants des territoires jouxtant la Perse, puis, un peu plus bas sur la pente de l'animalité, les voisins de ces territoires, et ainsi de suite : ils tenaient les gens pour d'autant plus barbares qu'ils les voyaient plus éloignés géographiquement d'eux-mêmes, les Perses. (Ils n'ont pas beaucoup changé, d'ailleurs.)

Ce n'est qu'avec la civilisation grecque, puis avec Rome et avec l'Europe moderne, que naquit dans une culture non certes une totale modestie, mais un point de vue critique de soi au sein même de cette culture. Avec Montaigne, par exemple, et, bien sûr, encore plus avec Montesquieu, se développe pleinement le thème de la relativité des valeurs culturelles. À savoir : nous n'avons pas le droit de décréter une coutume inférieure à la nôtre simplement parce qu'elle en diffère, et nous devons nous rendre capables de juger notre propre coutume comme si nous l'observions du dehors.

Seulement, chez Platon, Aristote ou au XVIIIe siècle chez les philosophes des Lumières (dont font partie les Pères fondateurs américains), ce principe relativiste ne signifie pas que toutes les coutumes se vaillent, mais que toutes doivent être impartialement jugées à la lumière de la raison, *y compris la nôtre.* Nous ne devions pas, selon eux, être plus indulgents pour nous-mêmes que pour autrui, mais *nous ne devions pas non plus être plus indulgents pour autrui que pour nous-mêmes.* L'originalité de la culture occidentale est d'avoir établi un tribunal des valeurs humaines, des droits de l'homme et des critères de rationalité devant lequel toutes les civilisations doivent également comparaître. Elle n'est pas d'avoir proclamé qu'elles étaient toutes équivalentes, ce qui reviendrait à ne plus croire à aucune valeur. « Le fait, écrit Allan Bloom, qu'il y ait eu à différentes époques et qu'il y ait eu en différents lieux des opinions diverses sur le bien et le mal ne prouve nullement qu'aucune de ces opinions n'est vraie ni supérieure aux autres. » Dans l'Université américaine, chez les étudiants et chez les professeurs réunis, nous dit Allan Bloom (et on peut, je crois, étendre son observation à l'Europe), prévaut depuis peu l'idée fort différente que nous devons nous interdire de juger et à plus forte raison de condamner toute civilisation *excepté la nôtre.* Par exemple, Bloom pose à un étudiant le petit problème de morale pratique suivant : « Vous êtes administrateur civil britannique en Inde vers 1850 et vous apprenez qu'on s'apprête à brûler vive une veuve avec la dépouille de son mari défunt. Que faites-vous ? » Après plusieurs secondes d'intense perplexité, l'étudiant répond : « Pour commencer, les Anglais n'avaient qu'à pas se trouver en Inde. » Ce qui est sans doute exact, mais ne répond pas à la question et traduit surtout le désir d'éviter à n'importe quel prix de condamner une coutume non occidentale. « Dans la république des cultures, l'égalité règne, observe encore Bloom. Malheureusement, l'Occident se définit par son besoin de passer au crible les conduites et les valeurs, par son besoin d'expliquer la nature, par son besoin de philosophie et de science. Privé de cela, il s'effondrera. » Comme, au demeurant, la vigilance à l'égard de la civilisation occidentale ne s'est pas relâchée ; comme cette civilisation demeure, elle, pour toute âme vertueuse une proie légitime, il en résulte qu'elle seule reçoit désormais de nous et des autres les flèches de la critique. Aussi le seul crime considéré de nos jours comme inexpiable est-il le racisme. Et il doit l'être, à condition qu'on n'en tire pas le corollaire qu'un crime cesse d'être grave s'il est perpétré entre membres d'une même communauté raciale. Pourquoi serait-il moral de fusiller des homosexuels quand c'est en Iran, ou d'exterminer des Noirs quand c'est Robert Mugabe qui le fait ? Lorsque Montaigne stigmatisait avec une vibrante virulence les forfaits des Européens durant la conquête du Nouveau Monde, il le faisait au nom d'une morale universelle, dont les Indiens eux-mêmes n'étaient pas, à ses yeux, dispensés.

Notre civilisation a inventé la critique de soi au nom d'un corps de principes valable pour tous les hommes et dont doivent donc relever toutes les civilisations, dans la véritable égalité. Elle perd sa raison d'être si elle abandonne ce point de vue. Les Perses d'Hérodote pensaient que tout le monde avait tort sauf eux ; nous autres Occidentaux modernes, nous ne sommes pas loin de penser que tout le monde a raison sauf nous. Ce n'est pas là un développement de l'esprit critique, toujours souhaitable, c'en est l'abandon total.

30 mars 1987

L'Âme désarmée d'Allan Bloom, traduit de l'anglais par Paul Alexandre, Julliard.

Culture : les Arabes malades de l'islam

Ou bien l'on considère que le poids et l'évolution du monde islamique constituent aujourd'hui des questions qu'il faut étudier sérieusement, ou bien l'on continue à s'en servir comme d'un réservoir d'invectives, national et international. Cette deuxième attitude conduit à l'ignorance, donc à la catastrophe. Fort heureusement, des esprits honnêtes s'efforcent d'adopter la première méthode. On voit de plus en plus de livres analysant sans antipathie ni complaisance l'Islam contemporain. Avec le fondamental *Retour de l'islam,* de l'Anglais Bernard Lewis, professeur à Princeton (traduit en français en 1985 chez Gallimard), il faut citer *Le Radeau de Mahomet,* de Jean-Pierre Péroncel-Hugoz (1983, Lieu commun et Champs-Flammarion). Mais il est évident que tout témoignage critique et réfléchi venu du sein même de l'univers islamique est doublement intéressant pour nous et a plus de chance de se faire lire sur place que ceux des Occidentaux. Saluons donc *Arabes, si vous parliez,* de Moncef Marzouki, un médecin tunisien, que publie précisément Péroncel-Hugoz pour inaugurer une collection nouvelle, « Islamie ».

Méditant sur ce qu'il nomme, lui, l'« Arabie », à savoir les deux cent cinquante millions d'habitants peuplant l'ensemble des nations arabophones, Marzouki part d'un constat simple et sans détour : l'histoire de l'Arabie est l'histoire d'un échec. Cet échec est avant tout culturel, dit-il, apostrophant les Arabes, non sans cruauté : « Citez-moi le nom d'un seul objet de ce siècle, d'une seule école de pensée, de science ou d'art que nous ayons créés. » On est enclin à lui donner raison. Les pires désastres politiques, militaires, économiques ne sont-ils pas réparables, lorsque la force de création culturelle est là ? Il n'est que de voir le Japon d'après 1945, et aussi l'Europe occidentale, ruinée et ravagée par la Seconde Guerre mondiale. Le sous-développement, c'est d'abord « une mauvaise gestion de la matière grise ». L'enseignement arabe est inefficace : l'Arabie compte encore, suivant les pays, entre 60 % et 90 % d'analphabètes. Surtout, c'est un enseignement dogmatique, perpétuant des stéréotypes venus du fond des âges, mais qui n'ont plus la vitalité de la culture arabe médiévale, qui fut l'une des plus hautes de l'histoire. Quant à la fonction éducative de la « culture de masses », nous autres Européens, qui déplorons le déferlement sur nos écrans de certains téléfilms américains, apprenons que, de Riyad à Rabat, on subit bien pire : le mal du siècle, c'est le feuilleton d'amour égyptien, dont les intarissables Niagara de niaiseries, dit l'auteur, « ont lassé tous les Arabes, à l'exception des responsables des programmes ». Quant à l'information télévisée, elle n'est destinée qu'à complaire aux dirigeants, elle laisse la majorité indifférente et ignorante.

Avec le mauvais enseignement, la principale cause de stérilisation de l'intelligence arabe, c'est l'absence de démocratie. Voilà le grand thème lâché ! Décidément, la décennie 1980-1990 aura été celle de la redécouverte de la démocratie politique en tant que moteur de progrès, dans tous les domaines. En particulier, le tiers monde a compris, semble-t-il, qu'elle constitue l'une des composantes organiques du développement, et non le bouquet de fleurs qu'on met sur le toit quand l'édifice est achevé, car il ne le sera jamais sans elle.

Même dans les pays industrialisés autoritaires comme la Corée du Sud, Taiwan, Singapour, la démocratie n'est pas totalement absente. Elle est même présente sur un point essentiel : l'esprit critique ne dort pas. Quand les choses marchent mal, on met en cause les responsables, les méthodes, pas l'« impérialisme », le sionisme ou le Fonds monétaire international. Or l'esprit critique, c'est ce qui fait le plus défaut dans l'Arabie, où le régime du parti unique, du chef unique, de la doctrine unique, entraîne la démobilisation des intelligences, le gaspillage du capital humain. Ce ne sont pas seulement les droits de l'homme et les libertés qui sont étouffés, ce sont aussi l'initiative, l'imagination, c'est la création collective, c'est la trouvaille individuelle.

La panne de la culture arabe, dans un intervalle qui n'est ni la culture ancestrale ni la culture moderne, explique le tourment et la révolte des masses. Tous les régimes arabes font face aujourd'hui à la contestation de leur peuple. Mais cette contestation a désormais le choix entre deux formes : une forme régressive, l'intégrisme, et une forme progressive, la démocratie. Intégrisme ou démocratie, telle est l'alternative. Tout le livre de Marzouki est un manifeste en faveur de la seconde, qui seule, selon lui — son titre même l'indique —, peut donner la parole aux peuples, et donc libérer les forces de la créativité, ouvrir le chemin de la modernité à l'Arabie.

À l'Arabie ou à l'Islamie ? L'auteur ne semble pas assez distinguer les deux, et là se situe sans doute la faille de son livre. La plupart des freins qu'il décrit comme propres à la civilisation arabe ne proviennent-ils pas en fait de la religion islamique ? Lui-même, certes, évoque cette explication, bien qu'il soit citoyen d'un pays qui, justement, a fait des efforts particuliers pour séparer le Code civil de la loi coranique. Mais il persiste néanmoins à décrire tout du long comme « arabes » des comportements que d'autres observateurs tiennent en général pour islamiques. C'est le cas, entre autres, de Péroncel-Hugoz, dans un récent article de *Politique internationale* (n° 34) et du romancier anglo-indien (né à Trinidad !) V.S. Naipaul, qui est aussi un des reporters les plus perspicaces de notre temps.

Lorsqu'il prépara son *Crépuscule sur l'Islam* (Albin Michel), Naipaul a regardé surtout l'Iran, le Pakistan, le Bangladesh, l'Indonésie. Si l'on ajoute à cette liste les Afghans, les Turcs, outre les musulmans de l'Afrique noire, de l'Inde, des Philippines, on s'aperçoit que les musulmans non arabes sont de très loin plus nombreux que les musulmans arabes. En outre, pourquoi oublier qu'il y a aussi des Arabes chrétiens et juifs, dont l'insertion dans la civilisation moderne s'est d'ordinaire assez bien passée ?

Pourquoi ? Parce que l'islam, depuis ses origines, se définit et se vit comme indissociable du pouvoir et de l'organisation de la société tout entière. Il ne tolère pas la séparation du civil et du religieux, sur laquelle reposent les États modernes. Je cède ici la place, pour le dire clairement, à une plume plus autorisée, ô combien ! que la mienne, celle de l'imam Khomeyni, qui écrit : « Le Coran contient cent fois plus de versets concernant les problèmes sociaux que de versets sur les sujets de dévotion. Si l'on prend cinquante livres sur la tradition musulmane, il y en a peut-être trois ou quatre qui traitent des devoirs de l'homme envers Dieu. Tout le reste roule sur la société, l'économie, le droit, la politique de l'État. »

Les peuples islamiques devront donc, sans doute, pour accéder à la démocratie et à la modernité, amorcer l'évolution qui fut d'ailleurs celle de la chrétienté : élaborer une conscience laïque à la fois respectueuse et indépendante du domaine religieux. La Turquie, dans une moindre mesure la Tunisie, le Liban, quand il existait, se sont engagés dans cette voie. Des intellectuels courageux, comme Moncef Marzouki, contribuent à la frayer.

27 avril 1987

Arabes, si vous parliez de Moncef Marzouki, Lieu commun.

Tiers monde : vers la richesse ?

L'information existe-t-elle pour que l'on ne s'en serve pas ? La question se pose, en tout cas, à propos du tiers monde, du sous-développement, des relations entre pays riches et pays pauvres. C'est l'un des terrains les plus propices à la falsification des faits, à la propagande mensongère et à l'essor des mythes. Pourquoi ? Les origines et les causes de l'idéologie tiers-mondiste mériteraient d'être étudiées à fond. Ses effets trompeurs le sont sérieusement depuis quelques années. Mais le livre de Jean-Claude Chesnais, économiste et démographe de grande valeur, va plus loin que la critique du tiers-mondisme qui s'est élaborée depuis 1975 environ. Chesnais ne se borne pas à démontrer que l'explication courante de la pauvreté du tiers monde est fausse ; il prouve que cette pauvreté même est fausse. Désormais, le tiers monde décolle économiquement, son entrée dans le développement a bel et bien commencé.

Contrairement aux ritournelles sur l'écart qui ne cesserait de se creuser entre monde riche et monde pauvre, la place du monde en développement dans l'économie mondiale, mesurée par sa part de revenu, s'est accrue entre 1950 et 1985. Son niveau de vie a doublé au cours de cette période, ce qui représente une croissance moyenne de 2 % par an : exactement le taux qu'a connu l'Europe au cours de son ascension économique du siècle dernier. Au demeurant, le raisonnement par l'« écart » est fallacieux : si mon revenu passe de 1 franc à 2 francs et celui de mon voisin de 4 à 6 francs, l'écart entre nous s'est creusé, mais mon niveau de vie n'en a pas moins doublé, ce qui est pour moi fort appréciable. De plus, les économies du tiers monde se diversifient. Elles dépassent le stade de l'exportation des matières premières pour prendre une part grandissante de la production mondiale des objets manufacturés et de ses parts de marché. En Inde, en Indonésie, au Pakistan, plus du tiers du produit national provient désormais de l'industrie.

Dans le secteur agricole et alimentaire, selon l'opinion dominante qui continue d'être quotidiennement martelée partout, la situation se serait dégradée et se dégraderait continuellement. Les chiffres sont pourtant là : de 1950 à 1984, la production alimentaire par habitant (c'est-à-dire en sus de l'accroissement de la population) a augmenté de 30 % dans les pays en voie de développement. Le champion est l'Asie, à un moindre degré l'Amérique (mais qui partait d'un niveau beaucoup plus élevé). Le grand perdant est l'Afrique.

En fait, c'est la tragédie africaine, au demeurant fort récente, qui nous masque en grande partie le rattrapage global du monde développé par le monde en développement. Cette tragédie, *Le Point* y a consacré tout un dossier, d'où il ressort qu'elle provient beaucoup plus d'erreurs humaines que de catastrophes naturelles ou de la légendaire inégalité des « termes de l'échange ». La plupart des dirigeants africains ont mené des politiques opposées à celles des gouvernements asiatiques. Ces erreurs, ils doivent et peuvent les corriger, à condition de ne pas en attribuer les méfaits à des boucs émissaires, comme on l'a entendu faire dernièrement encore avec un rare talent d'embobineur par le président de Madagascar, Didier Ratsiraka, lors de son passage à Paris. L'endettement de l'Amérique latine, savamment exploité par les élites responsables de la dilapidation et du détournement des fonds prêtés, nous dissimule aussi la progression générale du tiers monde, et, en particulier, le prodigieux bond en avant, au cours des trente dernières années, des deux géants les plus endettés : le Brésil et le Mexique. L'afflux des capitaux ne garantit pas que leur emploi sera judicieux, comme le montre l'absence de décollage de maints pays pétroliers, malgré le pactole de la décennie 1973-1983. Les pays en développement qui ont atteint durant ces années les plus forts taux de croissance et les plus considérables améliorations du niveau de vie individuel ne figurent pas sur la liste des pays pétroliers.

Une autre idée fausse, venue de Malthus et reprise en particulier par le Club de Rome, est que la poussée démographique constituerait à la fois un signe et une cause de la pauvreté. En réalité, comme l'illustre clairement l'histoire démographique de l'humanité jusqu'au XVIIIe siècle, la pauvreté engendre la stagnation de la population, qui fut la règle pendant des millénaires. Pour que le chiffre de la population augmente, il faut d'abord que la mortalité infantile diminue et que la vie humaine s'allonge. On ne voit pas comment ces deux phénomènes peuvent avoir lieu sans que se soient améliorées les conditions alimentaires et sanitaires. L'explosion démographique commence donc par être une conséquence du progrès, que la multiplication de la population active, comme l'avait bien vu Keynes, accélère encore. Ensuite seulement, quand on parvient à un niveau élevé de bien-être, commence à se produire spontanément la stagnation démographique avec longue espérance de vie.

Elle caractérise les pays prospères et a pour cause non plus l'insuffisance des ressources et de l'hygiène, mais la restriction volontaire des naissances. Plusieurs pays dits du tiers monde commencent à entrer dans cette phase, comme y sont entrés, voilà trente ans, les pays du sud de l'Europe.

Et l'avenir de l'Europe, justement, dans cette course en avant ? Il est urgent de le repenser à la lumière des nouveaux éléments de réflexion qu'apporte Chesnais, dans cet ouvrage de spécialiste que, chose rare, le grand public pourra lire et même dévorer sans difficulté. Je ne dirai pas, selon le cliché, que « ça se lit comme un roman ». Car le roman, sur ce sujet, c'est l'évangile tiers-mondiste, et il est illisible. Ça se lit plutôt comme un passionnant livre d'histoire et de prospective.

L'Europe, elle, ferait bien de s'aviser au plus vite que la concurrence, demain, ne lui viendra pas seulement de ses présentes bêtes noires commerciales, l'Amérique du Nord et le Japon, mais de l'Inde, de l'Indonésie, du Brésil. Proche de nous, bientôt parmi nous, l'économie la plus ascendante va être celle de la Turquie. En outre, rappelons-nous qu'un bon tiers des pays sous-développés se situent dans le monde communiste : Chine, Vietnam, Corée du Nord, Cuba, Éthiopie, Nicaragua, etc. Le vrai tiers monde est là, sur tous les continents.

L'avenir dépend en grande partie du cours réformateur ou non pris par les États communistes : libéralisation réelle et en profondeur de l'économie, ou simple tirage de peau. Dans la première hypothèse, leur taux de croissance d'ici à 2025 serait plus que le double de celui que leur assurerait la fidélité au communisme. Le calcul avait déjà été présenté ici :

si la Chine était capitaliste, elle équivaudrait pour nous en dynamisme concurrentiel à dix Japon, à vingt-cinq Corée du Sud et à cinquante-cinq Taiwan [1].

On a beaucoup ressassé l'expression de « compétition économique mondiale ». Et voilà, pour le coup, qu'elle va vraiment le devenir. Face au défi de ce « tiers monde mouvant, bientôt fondant », selon les termes de Chesnais, l'unité politique de décision et de mobilisation européenne semble aussi impérative que face au défi stratégique soviétique. Mais pour les relever l'un et l'autre, il est une condition de base, plus intellectuelle que matérielle : la connaissance des faits.

25 mai 1987

La Revanche du tiers monde de Jean-Claude Chesnais, Robert Laffont.

1. Sur Taiwan et son miracle, voir l'excellent livre, très à jour, de Ricardo Paseyro, *Taiwan, clé du Pacifique*, PUF.

L’heure espagnole

Si l’on mesure la réussite culturelle d’un empire disparu au nombre d’hommes dont sa langue est devenue la langue maternelle, alors l’hispanité représente sans aucun doute l’un des plus beaux succès dans l’histoire des transferts de culture.

Partout où elle était parvenue, la civilisation hispanique est restée vivace après que la force impériale se fut retirée. Près de 300 millions d’êtres humains, aujourd’hui, parlent espagnol. C’est le groupe linguistique le plus fourni après le chinois, l’anglais et l’hindi. Comme, en outre, 155 millions de nos contemporains parlent portugais (huitième groupe, le groupe francophone étant le douzième), on voit que la péninsule ibérique est, en définitive, après les îles Britanniques, la région d’Europe qui a le plus durablement marqué le reste du monde.

Sans doute la langue n’est-elle pas toute la civilisation, mais elle en demeure le véhicule le plus sûr et le plus résistant. Les mêmes auteurs classiques servent de fonds scolaire à Lima et à Mexico, à Buenos Aires et à Caracas, à Lisbonne et à São Paulo. Payant de retour l’antique métropole, les auteurs latino-américains modernes figurent à Madrid ou à Séville au programme des étudiants, qui, pour les travailler, n’ont pas à changer de langue. Car c'est bien le même espagnol, malgré d'infimes variantes de prononciation, de vocabulaire et de tournure, moins sensibles, à vrai dire, que celles qui distinguent le parler d'un Marseillais de celui d'un Lillois. D'autres facteurs renforcent encore cette unité de culture, ne fût-ce qu'une homogénéité religieuse presque introuvable ailleurs, sinon dans le monde arabe.

Cette vitalité sociale, cette conscience spirituelle de l'hispanité s'installent dans la durée dès l'accession des anciennes colonies à l'indépendance, au début du XIXe siècle. Curieusement, l'hispanité se juxtapose plus qu'elle ne se mélange à l'enclave lusitanienne, petite en Europe, énorme avec le Brésil en Amérique du Sud. Les liens économiques sont nécessairement étroits entre les deux aires. Les liens culturels, les ressemblances psychologiques et politiques le sont beaucoup moins. L'Amérique hispanique n'est pas toute l'Amérique latine. Le passé des lusophones est moins tragique, moins sanglant et moins violent que le passé hispanique. Dans le bureau du président de la République brésilienne trône le portrait du dernier empereur : signe de l'aménité des changements de régime.

L'hispanité connaît, en cette fin de XXe siècle, un renouveau, un regain, une croissance, mais, plus et mieux encore, une métamorphose, une mutation qualitative. Elle vit une inversion de sens plus qu'un grossissement. Quelle est donc cette transformation radicale ? Elle s'exprime par une constatation fort simple : si vive fût-elle, la conscience hispanique a été, pendant deux siècles, une conscience malheureuse. Ce fut la conscience d'un échec. Désormais, sans être congénitalement optimiste à la manière nord-américaine, la conscience de soi sud-américaine est devenue sinon un paradis, du moins un purgatoire où le pour l'emporte sur le contre, où le salut n'est pas impensable, où l'estime de soi est enfin permise, non plus seulement dans le rêve ou le verbe, mais dans l'action et la réalité.

Car si, depuis la fin de l'ère coloniale, le monde hispanique, de 1800 à nos jours, se perçoit bien comme une communauté, on ne peut pas dire que cette communauté de jadis, même si elle ne se l'avouait pas, eût beaucoup de sujets d'être satisfaite d'elle-même. Pendant cent cinquante ans, l'ancienne métropole traverse une période sombre de son histoire. Les gouvernements espagnols du XIXe siècle ne personnifient pas la quintessence de l'art politique. Cela ne va guère mieux au XXe, avec la guerre civile, suivie par trente-cinq ans de franquisme. L'économie et les mœurs espagnoles retardent sur l'évolution du reste de l'Europe. L'activité culturelle de l'Espagne est loin d'être faible, mais, équitablement ou non, les grands centres de production et de redistribution intellectuels et artistiques sont ailleurs. Excommuniée politiquement, marginalisée culturellement, bloquée économiquement, la matrice de l'hispanité ne fournit guère de sources d'inspiration et de motifs de fierté à ceux qui en descendent. Durant ces deux longs siècles, l'Amérique latine endure une première aliénation, qui est de se sentir la province d'une province.

Une deuxième aliénation lui appartient en propre. Au siècle dernier, comme au nôtre, il apparaît au fil des ans que, décidément, l'Amérique latine ne parvient à entrer pour son propre compte dans la modernité ni au point de vue politique, ni au point de vue économique, ni au point de vue culturel. Sa vie politique oscille entre le « caudillisme » et les guerres civiles, le terrorisme, les dictatures et les révolutions qui n'en sont pas, sinon par le sang qu'elles versent. De plus, l'armée constitue partout (sauf dans le petit Costa Rica) un centre de décision indépendant. Elle s'estime en droit de prendre le pouvoir chaque fois qu'elle juge que les civils ne sont pas capables ni dignes de l'exercer. L'archaïsme prédomine également dans la plupart des économies, gérées en fait par la classe politique et à son profit, dans un système de corruption institutionnalisée, sans que puissent œuvrer de véritables entrepreneurs. Enfin, la culture latino-américaine reste tributaire de l'Europe et de l'Amérique du Nord. D'où un sentiment d'humiliation doublé d'agressivité chauvine. Les intellectuels feignent de mépriser les cultures étrangères qu'ils imitent, et affirment verbalement une originalité faite surtout de rejet, ce qu'on a fort justement nommé « l'identité nationale négative[1] ».

Mais voilà que, depuis une quinzaine d'années, un retournement a eu lieu dans le monde ibérique, à la fois dans les faits et dans la conscience des faits. Les valeurs positives se mettent à l'emporter sur les valeurs négatives, la confiance en soi sur le sentiment d'infériorité et la fierté sur la vanité. Pour commencer, en Europe, les deux anciennes métropoles se débarrassent de leurs dictatures et passent à la démocratie. Passage mouvementé dans le cas du Portugal, quoique sans violence grave, passage d'une superbe sérénité dans le cas de l'Espagne, tour de force d'audace et de prudence mêlées. Jusqu'alors, les apports espagnols au lexique international de la science politique étaient plutôt lugubres. Les mots *junte, guerilla, golpe, caudillo, pronunciamiento* n'étaient pas spécialement évocateurs de solutions civilisées.

Après 1976, voici le mot *transición.* Renvoyant à

1. Jeffrey W. Barret, *Impulse to Revolution in Latin America*, New York, 1985.

la « transition démocratique » de l'Espagne, il a pris valeur de modèle, de cas d'école admiré, figurant la méthode idéale pour passer d'une dictature à une démocratie sans guerre civile, sans état de siège, sans rôle inconstitutionnel de l'armée, sans proscription, sans anarchie.

Ce modèle a fortement impressionné l'Amérique latine. Les Chiliens de l'opposition démocratique vous disent couramment qu'ils cherchent les personnalités et les partis capables de mettre en route la « transition ». On n'a même pas besoin d'expliciter, tous comprennent qu'on se réfère à l'Espagne. La vieille métropole a retrouvé son prestige moral. Et, d'ailleurs, la magie du modèle espagnol a opéré en pratique. C'est pacifiquement que les militaires ont cédé la place au pouvoir civil et constitutionnel au Pérou en 1980, en Bolivie en 1982, en Uruguay en 1984, au Brésil en 1985 — moins pacifiquement en Argentine en 1983 (à cause de la guerre des Malouines et de la cruauté du régime renversé).

On se réveille alors dans une situation presque incroyable : à part quatre pays — Chili, Paraguay, Nicaragua et Cuba —, pour la première fois de son histoire, l'Amérique latine presque entière se trouve en démocratie. Démocratie souvent approximative, sans doute, et toujours fragile ; mais en tout cas, à peu près partout, situation de non-dictature. Même les petits pays d'Amérique centrale, si instables — Guatemala, Honduras, Salvador (en dépit d'une interminable guerre civile) —, ont cahin-caha procédé à des élections au suffrage universel. On découvre alors les mérites rétroactifs de pays comme le Venezuela, la Colombie, la république Dominicaine, qui, depuis vingt, vingt-cinq, trente ans, pendant que l'Europe n'avait d'yeux que pour Castro ou Allende, avaient établi patiemment et réussi à faire vivre, dans des conditions difficiles, des régimes démocratiques.

On découvre aussi ce que je baptiserai la « loi de Rangel », formulée par Carlos Rangel dans *Du bon sauvage au bon révolutionnaire,* paru en 1976, et constamment vérifiée depuis. À savoir : chaque fois, en Amérique latine, que le peuple, le vrai peuple, est libre de voter dans des élections non truquées, il choisit des solutions modérées, les partis du centre gauche ou du centre droit. En d'autres termes, le légendaire extrémisme latino-américain est un phénomène élitiste. Les militaires « fascistes » et les intellectuels « révolutionnaires » qui se disputent depuis deux siècles le pouvoir à coups de fusil représentent les uns et les autres des oligarchies, avides d'assouvir leur appétit de domination (sans parler de leurs appétits financiers). Les peuples dont ils prétendent abusivement exprimer les aspirations rejettent ces oligarchies quand on leur donne la parole. Ils ont, ces dernières années, démontré une maturité politique très supérieure à celle qu'on leur supposait.

Par rapport à cette modernisation, le système mexicain, longtemps crédité de mérites qu'il était d'ailleurs loin de posséder, paraît soudain dépassé, avec son mélange de phraséologie gauchisante et de pratique autoritaire, son parti unique monopolisant le pouvoir depuis cinquante ans, derrière un habile trompe-l'œil électoral. La démocratie essuiera sans doute encore, en Amérique, des syncopes : l'hispanité nouvelle ne les considérera plus jamais comme normales.

Et d'autant moins que la culture latino-américaine, elle aussi, de provinciale qu'elle était ou croyait être, est devenue l'une des plus cosmopolites, sans doute la plus cosmopolite de notre époque. Il n'est pas rare, en Amérique latine, de rencontrer des intellectuels, en général trilingues, aussi au courant que les Américains de tout ce qui se passe aux États-Unis et aussi informés qu'un Français ou un Italien de ce qui se passe en Europe. Ce retournement a transformé la faiblesse en force — et en force créatrice. La littérature latino-américaine n'a plus rien de marginal. Elle existe non plus comme reflet, mais comme source. Originale, abondante, diverse, elle allie le particularisme de ses racines à l'universalisme de sa signification humaine. Les écrivains de cette hispanité d'outre-Atlantique, « rejetons excentriques de l'Occident », comme le disait ici même, dans un entretien accordé au *Point*, le grand poète et philosophe mexicain Octavio Paz, « ont transformé leurs désavantages en avantages ». Ce sont les intellectuels européens et américains qui désormais, à leurs yeux, sont souvent provinciaux, voire folkloriques, amputés du sens de l'universel.

Certes, le bas clergé de l'intelligentsia latino-américaine et même son épiscopat perpétuent des tares invétérées. Ils sont aisément conformistes et verbeux, « opportunistes », nous disait encore Octavio Paz, qui ajoutait : « L'ancien establishment était à droite, l'actuel est à gauche : c'est un fait, au Mexique, pour quiconque veut faire une carrière universitaire ou journalistique. » Mais les grands esprits de l'hispanité, pour la plupart, ont rompu avec « la pensée théologique du XVIIe siècle, qui les poussait à idolâtrer les orthodoxies politiques du XXe siècle ».

Et gardons-nous de ne considérer que le théâtre où évoluent les vedettes. Ce qui compte, plus que les disputes idéologiques, c'est que les masses latino-américaines ont quasiment éliminé l'analphabétisme. De 42,2 % de l'ensemble qu'ils étaient en 1950, les illettrés adultes sont tombés à 16,9 % en 1985 (derniers chiffres de l'Unesco, explicables en grande partie par la proportion encore élevée d'Indiens non hispanophones — au Pérou, en Bolivie, au Guatemala). Rapprochons ce pourcentage des 53 % d'illettrés que compte encore l'Afrique et des 41 % que l'on dénombre en Asie, et nous comprendrons que l'Amérique latine ne peut plus être classée dans la catégorie des sous-développés. Surtout quand on sait que les analphabètes femmes (18,4 %) ne sont pas sensiblement plus nombreuses que les hommes (15,4 %), signe capital de « décollage » culturel.

Certes, son échec économique, du reste fort relatif et ambigu [1], permet encore de considérer certains aspects de l'hispanité avec pessimisme. Mais, là encore, sa pauvreté par rapport aux États-Unis s'est convertie en facteur d'expansion de sa culture. Les Hispaniques en Amérique du Nord constituent aujourd'hui une société vivace et en pleine expansion. Aux émigrants économiques, surtout mexicains, s'ajoutent les réfugiés politiques cubains et, récemment, nicaraguayens. Dans une partie de la Californie, au Nouveau-Mexique, en Floride, l'espagnol se parle autant et parfois plus que l'anglais. À Miami (où un hispanophone peut très bien se débrouiller sans savoir un mot d'anglais), le *Diario de Las Americas* concurrence le *Miami Herald,* d'autant plus brillamment que, contrairement à ce dernier, il n'est pas un simple journal régional. Il est lu par les Hispaniques de tous les États-Unis, distribué dans plusieurs pays d'Amérique centrale et du Sud, et en Espagne. Sa panoplie d'éditorialistes compte autant d'Américains du Nord que d'Hispaniques, d'Européens que de Latino-Américains.

1. Voir chronique suivante.

Passée ainsi de la mythologie compensatrice à la maturité culturelle, l'hispanité a reconquis les moyens de se vouloir une grande puissance civilisée. Mais a-t-elle l'ambition de ses moyens ? C'est aujourd'hui la seule question.

10 août 1987

Le gaspillage du développement

L'Espagne a longtemps souffert d'un retard économique relatif en Europe. Elle est, aujourd'hui, devenue une nation moderne. Pourtant, à l'heure de sa « transition démocratique », elle n'a pas eu de chance : c'est au moment où la démocratie arrivait que la crise mondiale s'abattit sur le pays. Aujourd'hui, l'essor a nettement repris.

C'est également ce qui s'est produit, un peu plus tard, avec l'Amérique latine. Pourtant, on continue à en parler comme si elle figurait parmi les continents du monde les plus pauvres. Les médias occidentaux perpétuent ce cliché. Les gouvernements concernés le cultivent, tant pour masquer leurs erreurs de gestion que pour obtenir les meilleures conditions possibles en renégociant leurs dettes extérieures.

En réalité, l'Amérique latine appartient à la catégorie que la Banque mondiale appelle des « pays à revenus intermédiaires », mieux pourvus que les pays à « faibles revenus » d'Afrique et d'Asie[1]. Durant les cinq décennies écoulées, l'Amérique latine dans son ensemble a progressé en moyenne de 5 % par an. Aucun pays d'Europe n'a eu un

1. Banque mondiale, *Rapport sur le développement dans le monde*, 1987.

rythme moyen aussi soutenu. Mais c'est une croissance en dents de scie, avec des écarts énormes selon les années, et une distribution très inégale, entre les pays comme entre les régions de chaque pays et les couches sociales.

Néanmoins, cette croissance existe. De 1950 à 1985, le revenu réel par habitant a doublé, en dollars constants (valeur 1975), passant d'environ 1 000 dollars annuels à un peu plus de 2 000, ce qui est le niveau de l'Europe de l'Ouest vers 1950, et le triple du revenu des régions pauvres d'Afrique et d'Asie. Avec 2 420 dollars annuels de revenu réel par habitant (toujours en valeur 1975 du dollar), le Mexique, en 1985, est plus haut dans l'échelle que l'Italie en 1960 (2 313 dollars), et encore plus haut que ne l'était l'Espagne (1 737 dollars) la même année 1960 (l'Espagne atteint les 4 390 dollars en 1985).

Ces chiffres montrent la fausseté des ritournelles sur « la pauvreté qui ne cesse de s'aggraver ». Les disparités de niveau de vie en Amérique latine, la misère d'une partie de la population, les banqueroutes fracassantes des finances publiques, l'inflation qui désorganise la vie quotidienne et stérilise l'investissement ne découlent pas d'un sous-développement fondamental. Ces maux proviennent plutôt d'un gaspillage du développement.

La démographie ne constitue pas davantage une explication. L'explosion démographique n'a pas empêché l'ascension économique du Brésil et du Mexique. En Colombie, pays intermédiaire dans le classement latino-américain, le revenu par tête a plus que doublé de 1945 à 1980, alors que, dans le même intervalle, la population passait de 10 200 000 à 27 millions d'habitants. Au demeurant, signe classique de décollage, la croissance de la population dans le monde hispanique ne figure plus parmi les plus fortes. Il est entré, d'abord en Europe, mais aussi, depuis peu, en Amérique, dans ce que les démographes appellent la « transition démographique » : baisse de la mortalité et de la fécondité, accompagnant l'industrialisation, l'urbanisation et l'essor du secteur tertiaire[1]. En réalité, l'action économique a pénétré dans le royaume de la rationalité en Espagne, mais pas encore en Amérique latine, où sévit toujours l'irresponsabilité, avec son cortège de mythes conjuratoires, de mensonges compensatoires et d'incohérences.

N'y a-t-il pas quelque abus à refuser tout contrôle du Fonds monétaire international, alors que l'on prétend à la fois suspendre le remboursement de ses dettes et en contracter de nouvelles ? Les gouvernements latino-américains sont passés maîtres dans l'art de sommer les prêteurs de continuer à les renflouer, au nom de l'aide sacrée au tiers monde, tout en leur déniant le moindre droit de regard sur l'emploi des fonds. Et pour cause ! « Nous ne pouvons pas payer notre dette avec la faim du peuple », déclarait le président Sarney, en annonçant à la télévision, le 20 février 1986, que le Brésil allait cesser d'honorer ses engagements. Nobles paroles ! Mais on voudrait être sûr que l'argent non remboursé va bien au peuple.

Certains en doutent. Par exemple le *Financial Times,* qui, après la banqueroute du Mexique en 1982, écrivait que « d'éminentes personnalités publiques mexicaines ont joué un rôle de tout premier plan dans l'exportation de dollars à destination de comptes bancaires suisses et d'achats immobiliers dans le Connecticut ou en Californie ». S'il est une question sacrilège à ne pas poser en Argentine,

1. Jean-Claude Chesnais, *La Transition démographique*, PUF, 1986.

au Brésil ou au Mexique, c'est : « À quoi avez-vous employé, au juste, l'argent que vous avez emprunté durant les décennies 1960 et 1980 ? » Il y a quelque paradoxe à pleurer misère quand on est, comme le Brésil, la huitième puissance économique du monde, la troisième du continent américain, après les États-Unis et le Canada (certaines années, même, devant le Canada), quand on a exporté, en 1986, pour 23 milliards de dollars de produits — industriels pour les deux tiers — avec une balance commerciale excédentaire de 10 milliards de dollars.

Que cet excédent du commerce extérieur doive passer intégralement au paiement des intérêts de la dette, certes, c'est déplorable, c'est inacceptable. Mais, alors, il faut rechercher la cause de cette absurdité. Et c'est précisément parce que les pays latino-américains ne veulent pas qu'on trouve cette cause qu'ils refusent tout contrôle du FMI, et qu'ils ont inventé la théorie de la « dépendance ». Entendez la dépendance latino-américaine par rapport aux pays les plus industrialisés, théorie que le célèbre économiste argentin Raul Prebisch a élevée à la hauteur d'une métaphysique. Il vaut mieux accuser l'étranger quand on a besoin d'un coupable.

Or le vrai coupable, c'est un système que l'on pourrait appeler politico-affairiste, syndicalo-corporatiste et bureaucratico-étatique. Il vit aux dépens aussi bien des masses laborieuses que des investisseurs étrangers, qui, pour cette raison, se raréfient : de moins en moins de ces multinationales honnies sont présentes en Amérique latine. S'il existe une aire géographique où l'on peut, selon la formule de Bertrand de Jouvenel, « montrer le fait politique comme cause économique », c'est bien l'Amérique latine. La classe dirigeante est plus fonctionnarisée que capitaliste : elle rançonne le capitalisme, mais elle le pratique fort peu. Un secteur public, immense autant que déficitaire, assure à ses employés, en surnombre, des salaires et des loisirs largement supérieurs à la moyenne nationale. Octavio Paz qualifie fort justement ce système de « patrimonial », voulant dire que la classe politico-bureaucratique, y compris ses serviteurs et sa clientèle, gère le pays comme s'il était son patrimoine et donc lui appartenait. Les bénéficiaires du système patrimonial, notamment les intellectuels, dont beaucoup sont du nombre, donnent souvent le change à l'aide d'un virulent discours de gauche. Ce camouflage rhétorique sert à convertir l'impopularité en xénophobie et à détourner vers l'« impérialisme » étranger les critiques qui devraient normalement pleuvoir sur les gouvernements. Il faut une robuste éloquence pour exciter contre le Gatt ou la Banque des règlements internationaux une marchande de pastèques de Veracruz, mais, avec de la persévérance et du patriotisme, on y parvient.

C'est dans le traitement des problèmes économiques que persistent en Amérique latine le verbalisme archaïque et les conduites de fuite devant la réalité. Le Pérou vient encore d'en donner un exemple, en nationalisant d'un seul coup, comme l'avait fait le catastrophique président López Portillo au Mexique, en 1982, toutes les banques, toutes les compagnies d'assurances, tous les établissements financiers. Le président Alan García vient de signer la paralysie générale de l'économie péruvienne.

Plusieurs gouvernements demandent qu'on remette leurs dettes pour sauver la démocratie. Certes, le chaos économique est une menace pour la démocratie. Mais cette menace vient du dedans. Ce ne sont pas les dettes qui créent le chaos : c'est le chaos qui a créé l'endettement et l'insolvabilité. L'Amérique latine doit se servir de la démocratie non comme d'une excuse à l'impéritie, mais comme d'un moyen de l'éliminer.

10 août 1987

Terrorisme corse : le cliché économiste

Avec la recrudescence des attentats en Corse, on a vu refleurir le raisonnement selon lequel la « répression » ne suffirait pas, et devrait être accompagnée par le « traitement en profondeur » des causes économiques du terrorisme.

Or, raisonner ainsi, c'est déjà entrer dans le système de pensée terroriste. D'abord, parce que c'est accepter l'affirmation que le fameux traitement en profondeur n'aurait jamais été appliqué, ce qui est faux. Ensuite et surtout, c'est accepter l'hypothèse selon laquelle il existerait un lien de cause à effet logique entre la situation économique en Corse et la violence. C'est là, malheureusement, prendre un délire systématisé pour une explication rationnelle.

Il n'y a aucun département français qui ne s'estime d'une manière ou d'une autre lésé sur le plan national. Si les habitants de tous les départements se jugeaient dès lors autorisés à recourir au terrorisme, la France entière ne serait qu'un immense champ de tir, et une décharge publique de cadavres. Souscrire à l'idée que le mécontentement conduit normalement à la violence, c'est nier la démocratie, qui est précisément le système permettant de pallier le mécontentement sans luttes armées.

En outre, quand bien même voudrait-on satisfaire les revendications du Front de libération nationale de la Corse qu'on ne le pourrait pas. Elles sont en effet incohérentes et contradictoires. Le FLNC veut arracher la Corse à son relatif sous-développement, mais en même temps il refuse les investissements venus de l'extérieur, il plastique les commerces, les entreprises qui sont créées par des « continentaux », il assassine les gens qui viennent établir des affaires et fournir des emplois. Seuls des Corses devraient, paraît-il, avoir le droit de créer des entreprises et de travailler eux-mêmes sur place. Imaginons ce que serait l'économie française si chaque département français avait raisonné ainsi et appliqué ce principe. Que serions-nous si toute activité avait été en France de tout temps interdite, sous peine de mort, à quiconque n'était pas natif du département où cette activité était exercée ? Paris serait encore à l'état de forêt primitive. Notre flotte commerciale ne suffirait pas à transporter tous les Corses qu'il faudrait refouler vers leur département d'origine.

Un autre exemple de l'irréalisme économique des autonomistes : leur attitude à l'égard du tourisme. Selon eux, il serait humiliant pour la Corse d'être une région touristique. Le tourisme serait une « aliénation », une forme de colonialisme. D'où les plastiquages contre les résidences secondaires et les assassinats dans les clubs de vacances. Ainsi donc, d'après le FLNC, des pays comme l'Espagne, l'Italie, la Grèce, la Suisse, le Mexique, dont le tourisme crée la prospérité pour une part très large et parfois prépondérante, seraient méprisables. Ces pays pitoyables n'auraient ni indépendance politique ni originalité culturelle. En Allemagne, la province la plus touristique, la Bavière, serait, à ce compte, fort à plaindre. Il faudrait « libérer » tous ces malheureux. On voit à quelles conclusions risibles conduit ce type de raisonnement. La Corse a certainement beaucoup de problèmes, comme maintes autres régions françaises. Mais imaginer un lien « génétique » entre ces problèmes et le terrorisme est une erreur. Le terrorisme en démocratie est une mentalité paranoïaque autonome sans rapport avec des conditions objectives. On ne le calme pas au moyen d'une action logique sur la réalité. On ne peut d'ailleurs pas donner aux terroristes ce qu'ils demandent, pour la bonne raison que ce qu'ils demandent n'existe pas. Ou plutôt si, cela existe : c'est le modèle albanais. Et encore ! L'Albanie est fort pauvre et fort peu libre. Obtenir à la fois la fermeture totale de l'île et la prospérité corse n'est pas possible. La prospérité est, partout et toujours, venue de la libre circulation des capitaux, des personnes et des idées. Mais pas des armes. Au lieu de considérer le marasme économique comme cause du terrorisme, nous ferions mieux de remarquer que, dans l'histoire, c'est, plus souvent encore, le terrorisme même qui est la cause de la ruine économique : témoin, le déclin du Pays basque espagnol depuis dix ans.

Traitons donc le terrorisme en tant que tel et le développement économique en tant que tel : ne mélangeons pas folie sanguinaire et droits de l'homme, assassinats et développement, sang versé et revendication démocratique.

17 août 1987

Un biographe à La Havane

Journaliste américain d'origine polonaise, Tad Szulc a été pendant vingt ans correspondant du *New York Times* dans divers pays. Longtemps animé de sympathies pour la révolution castriste, Szulc reconquiert, en quelque sorte, son sens critique au fil de son long travail. En anglais, d'ailleurs, le livre est sous-titré *Biographie critique.*

L'ouvrage est, en effet, avant tout une biographie de Fidel. Il ne commence pas avec la fondation du régime castriste, tant s'en faut. Nous devons attendre la page 403 pour assister à la conquête du « pouvoir absolu ». Szulc a été parmi les contemporains témoins de ce fait, en tant que correspondant du *New York Times* à La Havane en 1959. Sa première conversation avec Castro date de cette année décisive. De nombreuses autres ont suivi, durant la période de formation du régime. Puis, vingt ans plus tard, l'ancien correspondant se mue en historien. Il se réinstalle à La Havane, où Fidel Castro lui ouvre les archives. Lesquelles ? Et jusqu'à quel point sont-elles fiables et complètes ? On peut s'étonner ici de la crédulité de l'enquêteur. Elle n'est pas, fort heureusement, sans limite. Car s'il eut, en 1985, de nouveaux et fréquents entretiens avec Fidel, il ne fut pas envoûté par son modèle au point de ne pas noter que

« la mémoire élastique du Líder Maximo lui permet de faire des déclarations contraires à la vérité lorsqu'il évoque un événement passé ». On voit que Castro a, malgré tout, des points communs avec les chefs d'États démocratiques.

Tout en apprenant avec soulagement que le Comandante a autorisé l'auteur à publier son manuscrit sans exiger de le relire, le lecteur n'en est pas moins un peu déçu que Tad Szulc paraisse souvent se censurer lui-même, quand il s'agit de juger l'œuvre politique de son modèle. « Il n'est pas question ici d'une histoire de la révolution cubaine, écrit-il, et c'est la raison pour laquelle j'ai évité d'étudier en profondeur les réussites et les échecs qui ont accompagné ce grand événement historique. » Voilà qui frise la blague ! À quand la biographie d'un coureur cycliste, d'un général en chef, d'un candidat à l'élection présidentielle ou d'un champion d'échecs dont on éviterait soigneusement d'évoquer les défaites et les victoires ? Grâce au ciel, Szulc ne parvient pas toujours à se contenir et, s'il est vrai qu'il nous offre la vie de Castro la plus complète à ce jour, il n'a pas pour autant délaissé entièrement la politique au profit de l'anecdote.

Par exemple, lorsqu'il traite de l'année cruciale, 1959, il apporte des éléments d'information inédits et probants pour étayer une thèse jusqu'à présent peu orthodoxe. À savoir que, contrairement à la légende, ce ne sont pas les États-Unis qui ont poussé Fidel Castro dans les bras des Soviétiques, par hostilité à la « démocratisation » de Cuba. Non seulement les États-Unis avaient contribué à la chute du dictateur Fulgencio Batista, mais ils furent le deuxième pays au monde, après le Venezuela, dès le 7 janvier, à reconnaître le régime révolutionnaire de La Havane. Bien avant l'URSS, qui, à cette époque, se désintéressait de ce qui se passait dans l'île et ne saisit qu'un an plus tard l'intérêt de l'aubaine. Mais Fidel, qui avait bien étudié ses classiques, était depuis longtemps décidé à imposer à son pays la discipline marxiste-léniniste. Dès les premiers jours, tout en attribuant les apparences du pouvoir à un gouvernement d'union nationale, avec tous les démocrates qui avaient travaillé à renverser Batista, il constitue un gouvernement secret, composé de communistes et apparentés, où se trouve le pouvoir réel. C'est là un fait essentiel, établi de façon irréfutable par Tad Szulc.

Dès lors, Castro applique la recette bien connue consistant à éliminer peu à peu les hommes et les partis non communistes : le président Manuel Urrutia, par exemple, ou Huber Matos, ancien chef militaire des troupes insurrectionnelles de la sierra Maestra. Désapprouver, ou même simplement démissionner, vaut aux récalcitrants l'arrestation, assortie des calomnies staliniennes traditionnelles : conspiration, corruption, trahison. En même temps se poursuit le quadrillage de la population, dans chaque village, chaque quartier, à travers, notamment, l'Institut national de la réforme agraire, instrument de camouflage de la police du gouvernement secret. Enfin, les élections, promises pour la fin du trimestre, sont une première fois repoussées jusqu'au terme d'un « délai d'au moins quatre ans ». Après quoi, le 9 avril, Castro annonce qu'elles ne sauraient avoir lieu avant que « tout le monde ait du travail, que la réforme agraire soit passée dans les faits ». Vaste programme, prévu pour durer au moins une génération. Pas d'élections, non plus, avant que « chaque Cubain connaisse bien ses droits et ses devoirs », noble discernement moral dont l'acquisition peut prendre plusieurs siècles. Castro déclare, ensuite, à la tribune de l'ONU, sous les ovations de tous les tiers-mondistes conséquents, que le peuple cubain est « unanimement » opposé à des élections dans l'avenir immédiat. Le tour était joué.

Mais, s'il est manifestement faux que ce soit l'animosité américaine qui ait acculé Castro au communisme, il est tout aussi faux, selon Tad Szulc, que les États-Unis n'aient pas cherché à l'évincer avant que Cuba ne fût communisée. Plus exactement, comme d'habitude, il y avait deux clans dans l'administration : ce fut le clan de la déstabilisation qui arracha au président Kennedy la décision de l'opération désastreuse de la baie des Cochons. Ironie : en 1958, la CIA, par l'entremise de son agent à Santiago, avait versé au mouvement de Castro 50 000 dollars (un peu moins d'un demi-million de dollars 1987). Comme elle en avait versé autant au chef d'un autre mouvement insurgé, Justo Carillo, ces libéralités font de la CIA le principal commanditaire de la révolution cubaine de 1959.

Le livre est tiraillé entre l'indulgence de Szulc pour l'homme et la constatation des méfaits du dictateur, que le journaliste ne peut pas toujours s'empêcher d'enregistrer. L'indulgence l'amène, en particulier, à minimiser l'étendue de la répression ou à prendre pour argent comptant les prétextes fournis par Fidel. Ainsi, selon Szulc, Castro ne put s'entendre avec Faure Chomon, chef du Directoire révolutionnaire étudiant, pour la raison que cette organisation représentait, dit-il, la « classe moyenne » — de faux révolutionnaires, en somme. Or le Directoire, en 1958, comptait 1 500 combattants, qui attaquèrent le palais présidentiel et laissèrent 35 morts sur le terrain, alors que Castro n'était même pas encore arrivé à La Havane. Szulc ne mentionne pas cet événement, et ne paraît pas comprendre qu'en l'occurrence Castro invente ce prétexte pour écarter un rival. La perfection, la cruauté du despotisme castriste se trouvent bien décrites dans le livre de Martha Frayre, *Écoute, Fidel* (Denoël), nouveau témoignage à verser dans un dossier déjà accablant. Parmi ces témoignages, il en est un que Szulc mentionne, mais dont il ne cite pas une ligne : c'est la célèbre lettre qu'Huber Matos, durant son procès truqué, avant d'être condamné à vingt ans de prison, écrivit à Castro pour le mettre en garde contre l'orientation totalitaire du régime. Supplique et réquisitoire à la fois, annonçant la dégradation des espoirs révolutionnaires en une tyrannie policière organisée autour du culte d'un Staline de province.

Et puis, soudain, au détour d'une phrase, la vérité surgit brièvement, insolite comme un grain de poivre dans de la crème sucrée. Estomaqués, nous découvrons que « dans l'ensemble la politique culturelle honteuse de Castro a éliminé toute créativité à Cuba », et qu'« en 1986 encore la Grande Île était un désert d'idées ». Plus loin, l'auteur nous lance en passant qu'à partir de 1968 « Moscou avait imposé la primauté du KGB à Cuba ». Mais le plus beau est l'épilogue, où, en trois pages, Szulc pulvérise l'œuvre du Líder Maximo. Tout y passe.

La catalepsie de l'économie réduit Cuba à importer du sucre et du riz ! Le carnet de rationnement donne droit à de moins en moins de denrées, malgré la subvention soviétique de 4 milliards de dollars par an, représentant la moitié du revenu national. Castro se vante de ne pas avoir à la rembourser (*Le Monde,* 25 septembre). En réalité, il la rembourse bel et bien, sous forme de mercenaires qui vont se faire tuer en Afrique pour le compte de l'URSS ; ou bien de travailleurs, envoyés contre leur gré exploiter d'énormes secteurs forestiers dans les neiges glaciales de la Sibérie (ce qu'on appelait jadis, sauf erreur, si j'en crois les vieux dictionnaires, des esclaves).

Malgré ces spasmes de sévérité, Szulc retombe vite sous le charme de son modèle. Il ne craint pas d'avancer, par exemple, que *Granma,* l'organe du parti, « peut désormais se comparer par sa qualité à la *Pravda* ». Comme l'auteur ne trahit, par ailleurs, au vu du reste de son ouvrage, aucune propension naturelle à la plaisanterie, on doit croire à la sincérité de ce compliment empoisonné. Plus grave : Szulc entérine le boniment classique selon lequel, si mal aillent les choses, elles vont cependant mieux qu'« avant ». C'est faux : en 1959, Cuba jouissait du troisième revenu par tête et d'un des meilleurs taux d'alphabétisation de l'Amérique latine, après le Chili et l'Uruguay. Selon l'ONU, l'île avait une des meilleures couvertures sanitaires et sociales, avec, dès 1950, des statistiques de mortalité infantile comparables à celles des pays développés.

N'est-il pas, enfin, confondant que le gros de l'histoire de la Cuba castriste, la période 1964-1986, durant laquelle le régime consolidé se déploie pleinement, occupe à peine soixante pages sur près de sept cents ? Que dirait-on d'une vie de Napoléon (toutes proportions gardées) où la période proprement impériale, 1804-1815, occuperait moins du dixième de l'ouvrage ? Tad Szulc prend peut-être, au fond, cette voie détournée pour nous souffler à l'oreille son message final : combien Fidel eût été sympathique s'il n'avait jamais gouverné !

12 octobre 1987

Fidel Castro, trente ans de pouvoir absolu de Tad Szulc, traduit de l'américain par Marc Saporta[1], avec la collaboration de Sabine Boulongne et Brigitte Delorme, Payot.

1. N'en déplaise à l'excellent traducteur qu'est Marc Saporta, l'américain n'existe pas. Les éditeurs qui se croient savants quand ils emploient cette mention n'écrivent qu'une sottise. Les Américains parlent l'anglais, malgré des différences d'accent et d'expressions comme il y en a aussi entre les régions et les classes sociales en Grande-Bretagne. Dit-on d'un roman de Simenon, d'un poème de Michaux, qu'ils sont « traduits du belge », et des versions étrangères du *Contrat social* qu'elles sont traduites du genevois ?

Supervielle : la vie selon la poésie

Au risque de m'attirer le courroux de son omniscient biographe et pertinent commentateur, je dirai qu'à mon avis Supervielle n'est pas un grand poète. Pourtant, c'est un poète. La chose existe. Je veux dire qu'on cherche en vain chez lui un seul poème vraiment sublime, de ces textes dont le premier contact fait que tout se tait soudain en nous et se vide, pour livrer passage à l'union imprévue et irremplaçable d'une musique et d'un sens, puis à cette « tristesse majestueuse » dont parle Racine. Mais il existe bel et bien des œuvres où règne de bout en bout un flux poétique, même s'il ne se ramasse jamais, fût-ce en un seul de ces « poèmes joyaux » de style pétrarquien, mallarméen ou baudelairien. L'œuvre de Supervielle est de celles-là.

Poète, Supervielle l'est aussi bien dans sa prose, comme le note Ricardo Paseyro. Non qu'il s'adonne à la « prose poétique », exercice bâtard plus souvent grandiloquent qu'émouvant. Mais plutôt parce que ses romans sont des romans de poète, comme ceux de Gérard de Nerval. *Le Voleur d'enfants,* peut-être son meilleur livre, avec ce mélange unique de tendresse, de cocasserie, d'invraisemblance placide et d'humour, ne pouvait être conçu, vu, écrit que par un poète.

Que serait la poésie française sans l'Uruguay ? Nous devons à cette nation Isidore Ducasse, devenu par ses propres soins comte de Lautréamont, Jules Laforgue et Jules Supervielle (1884-1960). C'est dans le milieu hispano-américain que Valery Larbaud situe en 1911 sa *Fermina Marquez*. C'est à l'Amérique du Sud, de façon plus générale, nous rappelle Paseyro, que Paris dut, pour une large part, sa réputation de « capitale culturelle » mondiale de 1850 à 1950. Le plus grand poète hispano-américain d'avant 1914, et l'un des plus grands poètes de la littérature universelle, le Nicaraguayen Rubén Dario (1867-1916), transmua en espagnol, sans la copier, la révolution poétique de Baudelaire, Verlaine, Rimbaud, Mallarmé, à un moment où la France encensait encore éperdument Sully Prudhomme, Catulle Mendès et Edmond Rostand. Quant à Supervielle, bien qu'appartenant aux deux côtés d'un océan Atlantique qu'il traversa tant de fois, il est, du haut en bas de ses manières et de son génie, un homme de lettres français de la première moitié du XXe siècle.

Cette civilisation littéraire a disparu avec la Seconde Guerre mondiale ; ce n'est pas un des moindres charmes du livre de Paseyro que de la faire revivre à travers Supervielle. Le critère dominant, sinon exclusif, de cette civilisation était esthétique. Il fut remplacé, à partir de 1945, par la triade : politique, idéologie, didactisme. La vie littéraire de la première moitié de notre siècle se caractérisait aussi par des rapports étroits, confiants et généreux entre les écrivains. Certes, les brouilles y existèrent, célèbres, même, et bruyantes. Mais, hors brouille, si je puis dire, les relations se nourrissaient d'une attention profonde à l'œuvre des autres. Le narcissisme n'était pas la seule norme. Les correspondances, fort copieuses, sont là pour en témoigner.

Paseyro a épluché un millier de lettres de ou à Supervielle. Le temps que consacraient un Gide, un Larbaud surtout, un Michaux, un Max Jacob, un Rilke, un Paulhan, un Montherlant même (pourtant considéré comme très égocentrique) à écrire à des confrères sur leurs textes est incroyable pour nous, gens pressés... par le téléphone. Et leurs lettres ne sont pas de pure politesse. Ce sont des analyses poussées, détaillées, véritables articles de critique, appuyés sur une qualité de lecture d'un désintéressement que seul explique un authentique amour de la littérature.

La réputation, non plus, ne se gagnait pas comme aujourd'hui, en pénétrant dans une sorte de salle commune de la célébrité où se côtoient le coureur cycliste, l'écrivain, l'animateur de télévision, le couturier et le cuisinier. La réputation littéraire gardait sa spécificité. Réussir dans les lettres, c'était d'abord conquérir les autres écrivains. Poète, se faire lire des autres poètes. Le public s'engrangeait par cercles concentriques, de plus en plus larges, à partir d'un noyau de connaisseurs.

La « vie selon la poésie », comme aimait à dire André Breton, ce fut celle de Jules Supervielle. De la poésie, il fut le « forçat volontaire », pour reprendre le bon sous-titre de Paseyro, allusion au livre de Supervielle intitulé *Le Forçat innocent*. La poésie flotte tout au long de sa vie, comme dans ses meilleurs recueils, *Gravitations* ou *Débarcadères,* même si, brillante poussière cosmique, elle ne se concentre jamais, selon moi, en l'un de ces soleils suprêmes qui percent le temps.

Dans le numéro spécial (n° 11) que la *Nouvelle Revue de Paris* consacre aussi à Supervielle, on trouvera une mine précieuse d'informations et d'analyses critiques, avec des lettres inédites. Aucune ne paraît plus touchante que la dernière lettre de Rilke agonisant et remerciant Supervielle, cinq jours avant sa mort, en 1926, d'un livre reçu : « Je pense à vous, poète ami, et, faisant cela, je pense encore le monde, pauvre débris d'un vase qui se souvient d'être de la terre. Mais cet abus de nos sens et de leur dictionnaire par la douleur qui le feuillette... »

16 novembre 1987

Jules Supervielle, le forçat volontaire de Ricardo Paseyro, Le Rocher.

Communisme : réversible ou irréversible ?

Avec le gorbatchévisme, voilà remise à l'ordre du jour la vieille question de la réversibilité ou de l'irréversibilité du communisme. S'y ajoute, en effet, une notion nouvelle : celle de société « post-totalitaire ». On la doit surtout à des intellectuels tchèques, tels Petr Fidelius, auteur de *L'Esprit post-totalitaire*[1], ou Jiri Pehe, qui a publié aux États-Unis son étude *Post-totalitarian Systems*[2]. Le communisme est-il donc entré dans l'ère du post-totalitarisme ?

Que faut-il entendre par cette expression ? D'abord ceci : que s'amorcerait dans certaines sociétés communistes une redistribution de la décision économique, allant vers une plus grande autonomie et une responsabilité accrue des unités de production. Ensuite, qu'il y apparaît une indéniable atténuation de la répression et une acceptation par le pouvoir de formes modérées de protestation. Enfin, l'idéologie, l'obsédante pédagogie marxistes n'ont

1. Traduit du Tchèque par Erika Abrams, précédé d'un essai d'André Glucksmann, *Devant le Bien et le Mal*, Grasset, 1986.

2. Dans la revue *Freedom at Issue*, mars-avril 1987. Objections et réponses dans le numéro de septembre-octobre de la même revue.

plus de prise sur les esprits. La propagande officielle, « âme » du totalitarisme, selon Fidelius, laisse de marbre, désormais, le psychisme collectif. Son influence épuisée fait place à un « nihilisme post-totalitaire ».

Les faits confirment-ils ces analyses ? Rappelons-nous d'abord la nouveauté, l'étrangeté extrêmes de cette question de l'irréversibilité, de l'indestructibilité, voire de l'immuabilité du communisme. Car ce problème n'avait effleuré les hommes à propos d'aucun autre régime, surtout pas aux XIXe et XXe siècles, époques par excellence des métamorphoses. Auparavant même, les anciennes monarchies bougeaient, sous l'apparente fixité des institutions. La société y jouissait d'un flottement relativement autonome. Les absolutismes se dissolvaient. Quand, à distance, nous croyons contempler un monde presque immobile, les écrits contemporains font état d'un perpétuel changement. Parcourons une collection de journaux de notre demi-siècle : en dehors des systèmes communistes, quel jeu de massacre ! Quelle démonstration de la fragilité des formes d'autorité ! À peine au pouvoir, les novateurs eux-mêmes ont peur de la nouveauté. Ils ne parlent plus que de « consolider » les acquis. L'humanité a toujours éprouvé l'angoisse de l'instabilité. Grâce au communisme, c'est bien la première fois qu'elle se plaint du contraire.

Cette irréversibilité surprend d'autant plus qu'elle ne s'explique guère par la réussite. Quel autre régime que le communisme éthiopien survivrait à deux famines successives, provoquées par les mêmes mesures gouvernementales et aggravées par les mêmes détournements de l'aide internationale ? Quel autre régime que le communisme soviétique aurait résisté à la famine induite en 1933 par la collectivisation stalinienne, suivie par la grande terreur de 1937 et couronnée par la débâcle militaire de 1941 ?

Pour de nombreux pays communistes, la réversibilité pose un problème moins de système social que d'indépendance nationale. Pour la Pologne, la Tchécoslovaquie, l'Afghanistan, le Cambodge, l'Angola, le Tibet, quelques autres encore, le fardeau n'est pas celui d'un mauvais choix de société ; c'est celui d'une occupation étrangère. Ou, dans le meilleur des cas, d'un pouvoir local qui ne tiendrait pas sans la garde que monte une puissance étrangère. C'est parler dans le vide que d'analyser ces pays comme s'ils se livraient de leur plein gré à des expérimentations sociales en vue de savoir s'ils doivent conserver ou transformer le communisme. Il est donc vain de spéculer sur les systèmes « post-totalitaires » dans les sociétés pour lesquelles le communisme, imposé du dehors, ne correspond à aucun débat interne authentique.

L'évolution intérieure de ces sociétés se déroule dans un espace étroitement délimité par le conflit, latent ou feutré, entre ses propres exigences et celles de la puissance qu'il faut bien appeler coloniale. Lénine baptisait cette situation « la solution prolétarienne de la question nationale », formule charmante que cite Hélène Carrère d'Encausse dans son plus récent livre, *Le Grand Défi* (Flammarion), où elle traite du rapport entre les bolcheviks et les nations à l'intérieur de la future URSS, de 1917 à 1930. Car ce défi, avant de déborder sur le reste du monde, commence, en effet, par être intérieur à l'URSS, comme en témoignent en particulier les annexions de la Géorgie en 1921, ou des États baltes en 1940. Il n'a pas disparu : « Partout, écrit Hélène Carrère d'Encausse, Gorbatchev discerne des nationalismes véhéments qui réclament le droit d'expression au nom de la glasnost et accusent le pouvoir soviétique de vouloir les russifier sous le masque de l'internationalisme. »

La question de l'irréversibilité du communisme se montre indissociable de la question de son impérialisme. Dans la plupart des cas, c'est parce que l'autodétermination entraînerait l'élimination de l'influence soviétique qu'elle est refusée à un pays et que l'irréversibilité interne y est organisée. Le revirement égyptien, avec le renvoi par Anouar el-Sadate, en 1972, de 21 000 conseillers militaires soviétiques, prouve qu'un pays ami, si sûr qu'il paraisse, peut vous échapper tant que le parti communiste local n'y a pas monopolisé le pouvoir. On se méprend sur les aspirations aux « réformes » dans les nations indépendantes si on les envisage comme des interrogations autonomes et si on ignore la priorité impériale. La nature du régime n'importe autant que dans la mesure où elle constitue le socle de la subordination : celle du Cambodge par rapport au Vietnam, celle du Tibet par rapport à la Chine, celle de l'Europe centrale par rapport à l'URSS. Staline distinguait l'autodétermination nationale et l'autodétermination prolétarienne. Pour traduire en images sa pensée, disons que l'Afghanistan actuel jouit de la seconde et non de la première.

Les changements que l'on associe à l'idée de société post-totalitaire ne sont pourtant pas complètement une illusion. Bien que réprimées, les manifestations récentes dans les États baltes le furent sans sauvagerie. Il y a seulement trente ans, la troupe aurait tiré sur la foule. Bien que dû à sa maladresse plus qu'à ses penchants démocratiques, l'échec du général Jaruzelski au référendum du 29 novembre 1987 n'en constitua pas moins une première. On n'avait jamais vu un pouvoir marxiste-léniniste s'exposer à recevoir un tel désaveu de son peuple. Les sandinistes ne sont pas allés se fourrer dans ce piège[1]. Et, bien que la liberté accrue de critique et d'expression octroyée aux intellectuels en URSS reste soumise aux objectifs du seul secrétaire général et révocable à tout instant, elle n'en est pas moins précieuse pour ceux qui en profitent.

En revanche, ce qui convainc le moins, dans ces phénomènes « post-totalitaires », c'est le projet de réforme économique. Les litanies sur l'inefficacité et la corruption de la bureaucratie, sur la nécessité de l'initiative, l'absurdité du système des prix, l'insuffisance et la mauvaise qualité des produits vont-elles enfin déboucher sur du concret ? Beaucoup le croient. « La Russie se ressaisit, déclare à son retour d'URSS Rufus Woods, grand patron de presse américain. Elle passe du communisme au socialisme grâce à l'adoption de méthodes de production capitalistes. Le fétiche de l'égalité des salaires a été abandonné en faveur d'une échelle graduée, comme celle qui existe dans les pays capitalistes. On paie désormais les travailleurs en fonction de leurs capacités, ce qui a déclenché un bond en avant de la production. Enfin, l'Union soviétique a renoncé à contrôler toute la distribution et autorise maintenant un marché libre en concurrence avec le marché gouvernemental. Ainsi remise sur pied, l'URSS présente une solidité dont on n'osait pas rêver. » Ce texte est un bon échantillon de l'enthousiasme qui règne en Occident. Il a une petite particularité : il a été publié en 1936[2].

Mikhaïl Gorbatchev, dans son livre *Perestroïka,* frappe par le caractère finalement timoré des

1. Note de 1999 : obligés d'accepter, en 1990, d'organiser des élections libres, sous contrôle international, les sandinistes les perdront ; voir plus bas p. 297.

2. *Herald Tribune*, 12 mai 1936.

réformes économiques qu'il propose. La quadrature du cercle reste la même : comment corriger le socialisme tout en le conservant ? Surtout au moment où les expériences hongroise ou yougoslave, qui consistaient à greffer des branches capitalistes sur un tronc socialiste, chavirent à leur tour. Loin de répudier la collectivisation, comme le font, du bout des lèvres au moins, les Chinois, Gorbatchev en fait l'éloge (ainsi que du pacte germano-soviétique de 1939, d'ailleurs !). Comment concilier une éventuelle économie innovatrice, indépendante, concurrentielle, avec les vieilles structures de pouvoir ? Le lecteur ne parvient pas à le comprendre, en tout cas pas grâce à des formules magiques telles que « l'union du centralisme démocratique et de l'autonomie ». Moins qu'en économie, où la stérilité se perpétuera autant que le système politique qui en est la cause, la grande nouveauté qui permet de parler de sociétés post-totalitaires se situe bien plutôt, à mon sens, dans l'abandon de la terreur de masse. Entre la terreur et la démocratie s'étale une zone où l'homme jouit de fort peu de droits, mais peut compter au moins sur la survie physique. Cette étape semble avoir été atteinte, au moins en URSS et en Europe centrale.

Mais pas ailleurs. Et ailleurs, c'est vaste. Ailleurs, ce sont les 10 000 morts au Yémen du Sud en 1986, dans la seule capitale. Ailleurs, c'est le communisme pharaonique dynastique et familial de la Roumanie, de Cuba et de la Corée du Nord, tous pays où la terreur de masse existe encore. Ailleurs, ce sont les exécutions en Éthiopie, les famines provoquées, l'extermination par transfert de populations. C'est le communisme malgache, avec le despotisme et la misère.

Cette palette cosmopolite illustre la fréquente reproduction dans le tiers monde du prototype stalinien. Malgré les variantes, le registre de base reste le même. Au Vietnam, après l'invasion du Sud par le Nord, se met en route le sempiternel processus de la collectivisation forcée des terres, des camps de rééducation et de la terreur de masse, qui rappelle trait pour trait le stalinisme soviétique des années 1930, ou castriste des années 1960. On chiffre les exécutions sommaires à 65 000 entre 1975 et 1985, à 15 000 depuis 1985. Et 300 000 Vietnamiens seraient morts des suites de mauvais traitements subis dans les camps ; environ 500 000 boat-people ont péri en mer. Outre les camps, le quatrième congrès du PC vietnamien, en 1976, a créé des « zones économiques nouvelles » — ZEN — où plusieurs millions de personnes ont été transférées de force et travaillent sous surveillance militaire. Un demi-million de travailleurs ont été envoyés en URSS contre leur gré, main-d'œuvre gratuite pour le célèbre gazoduc sibérien qui approvisionne l'Ouest. Comme jadis en URSS ou en Chine, les plans drastiques destinés à fortifier l'économie ne font qu'en parachever le délabrement [1]. Le Cambodge occupé s'offre même, lui aussi, son mur de Berlin : le mur construit à la frontière thaïlandaise par des Cambodgiens recrutés de force. Ce tableau relativise singulièrement la notion de prisonniers politiques. Lorsque Amnesty International écrit, dans un récent rapport (juin 1987), que « des milliers de prisonniers politiques détenus sans jugement ont été torturés au Cambodge » depuis l'occupation vietnamienne, il ne s'agit que d'une seule catégorie de prisonniers politiques : ceux qui sont incarcérés. Les autres ressortissants sont-ils

1. Voir « Vietnam, les mécomptes d'un socialisme asiatique », dans *Courrier des pays de l'Est*, juillet-août 1987, La Documentation française.

pour autant libres ? Ils peuvent être dans un camp, une ZEN, attachés à la construction du mur, en instance de transfert en Sibérie.

Les systèmes post-totalitaires de type hongrois ou polonais, ou éventuellement soviéto-gorbatchévien, tout en restant fort éloignés de la démocratie, n'en constituent pas moins un incontestable progrès. Mais ils sont loin d'être les seules sociétés communistes au monde. Et, de toute manière, ces sociétés mêmes ne fournissent pas de réponse à la question de la réversibilité du communisme, dont elles conservent les structures.

Jusqu'à présent, on n'a pas trouvé le moyen de se débarrasser en douceur du totalitarisme. On ne sait toujours pas comment en sortir. Mais, en revanche, on sait à peu près ce qu'il faut faire pour ne pas y entrer. Il vaut donc mieux agir préventivement, c'est plus prudent. En 1975, on a réussi à empêcher le Portugal de se faire happer. Aujourd'hui, on voit deux candidats à la trappe qui n'ont pas très bonne mine : la Nouvelle-Calédonie et les Philippines. Peut-être pourrions-nous examiner leur cas autrement qu'avec les clichés des années 1940.

28 décembre 1987

1988

Le pessimiste étincelant

Quiconque a la faiblesse de répondre à la question oiseuse « Quels sont, dans l'ordre, vos dix écrivains préférés ? » doit aussitôt songer à Chamfort pour saisir l'absurdité de tout classement dans les lettres. Voltaire est-il plus grand que Chamfort ? Comme « phénomène culturel », probablement oui. Mais Chamfort a dit ce qui n'aurait jamais été dit s'il n'avait pas existé. Peut-être même est-il plus quotidiennement lu aujourd'hui que certains phares littéraires de son temps. Son influence posthume va plus en profondeur, elle pèse à la racine même, spirituelle et stylistique, de l'art d'un Stendhal, d'un Nietzsche, d'un Camus, d'un Cioran. Car avec Chamfort, ce Mallarmé de l'aphorisme, se fixe dans sa perfection l'esthétique du pessimisme civilisé. Et, d'ailleurs, son recueil, que nous persistons à connaître sous le titre banalement descriptif de *Maximes, pensées, caractères et anecdotes,* il l'appelait précisément, lui, *Produits de la civilisation perfectionnée,* pendant les années où il y travaillait en secret. Dans le foisonnement actuel des biographies en France, il en est peu dont les auteurs soient remontés aux sources, aient découvert des documents nouveaux, tracent un portrait qui, par la pensée et l'expression, n'affadisse pas le modèle.

Aussi ne peut-on refréner un accès de gratitude en lisant une biographie comme le *Chamfort* de Claude Arnaud, où la recherche est de première main, la réflexion, originale, le style, digne du sujet, la familiarité, totale avec la période. Chamfort disait : « La plupart des livres d'à présent ont l'air d'avoir été faits en un jour avec des livres lus la veille. » Ce n'est pas le cas — exception opportune — de celui qui lui est aujourd'hui consacré.

Né bâtard et mort suicidé, en un siècle où le premier accident constituait une tare sociale et le second une tare métaphysique, Chamfort fut, entre ces deux termes lugubres, un révolutionnaire qui vécut aux crochets de la noblesse et un républicain pensionné par la monarchie. À 10 ans, ce fils (officiellement) d'un épicier auvergnat est remarqué par son maître d'études, qui lui obtient une bourse pour aller au collège des Grassins, à Paris, un des meilleurs de France, réservé aux jeunes gens pauvres. (Eh oui ! le système des bourses date de l'Ancien Régime !) À 20 ans, il est déjà un jeune homme de lettres en vogue — c'est-à-dire quelqu'un qui a l'intention d'écrire. À 30 ans, il a derrière lui une comédie couronnée de succès, une tragédie applaudie à la Cour et sifflée à la ville, toutes deux mauvaises. À 40 ans, il est le virtuose absolu de la conversation parisienne, en ce demi-siècle où la conversation fut, de vive voix et par lettres, peut-être l'art suprême. À 50 ans, il est le maître à penser de Mirabeau, qui lui doit maints de ses discours, le maître à dire de Talleyrand, dont plusieurs futurs bons mots sont de Chamfort, le maître à proclamer de l'abbé Sieyès, auquel il dicte le fameux slogan ravageur : « Qu'est-ce que le tiers état ? Tout. Qu'a-t-il été jusqu'à présent dans l'ordre politique ? Rien. Que demande-t-il ? À y devenir quelque chose. »

À 54 ans, il meurt des blessures causées par un

suicide provisoirement raté. Auparavant, il a traversé une période d'indulgence « stalinienne » pour les massacres de septembre, en 1792. Il a été nommé à la fonction d'administrateur général de la Bibliothèque nationale, qu'il assume avec la compétence que l'on devine. Mais le voilà vite au nombre des déçus de la Révolution. Devenu suspect, arrêté, puis relâché, c'est quand on vient le réarrêter, durant l'hiver de 1793, qu'afin de ne pas retourner en prison il se tire un coup de pistolet, se taille poignets et cuisses, réchappe inexplicablement, pour n'en agoniser que plus cruellement, et finir par expirer avec ce murmure : « Sans moi, je me porterais à merveille. »

Son ami Ginguené publie ses notes retrouvées, insoupçonnées. Il donne, en 1795, la première édition des maximes et anecdotes : quatre volumes qui, nous dit Claude Arnaud, font le tour de l'Europe aussitôt. Émigré à Londres, un Chateaubriand séduit et horrifié les dévore sans tarder. Pourtant, ils sont incomplets, comme le seront toutes les éditions ultérieures. Maints textes sont perdus : Claude Arnaud en a retrouvé soixante-dix d'inédits ou de jamais réédités. Mais la plongée dans la sensibilité esthétique et psychologique de ce chef-d'œuvre inattendu commence. Il éblouira (outre ceux que j'ai déjà nommés) des auteurs aussi différents que Pouchkine et Léautaud, les Goncourt et Schopenhauer. Le philosophe allemand — bonne occasion d'égratigner un rival — déclare trouver, dans une seule anecdote de Chamfort, plus de métaphysique que dans toute la *Phénoménologie* de Hegel...

Compliment un peu lourd. Chamfort n'est ni un métaphysicien ni un politique. C'est un artiste, et il l'est entièrement. Le cristal, la musique de la phrase sont la suprême affaire de ce magicien de l'épigramme. Précurseur de la Révolution ? Le tic de notre époque est de tout interpréter en termes de causalité historique. Si Chamfort s'était borné à faire le banal « procès de l'Ancien Régime », nous ne le lirions plus aujourd'hui que pour nous documenter sur ledit régime, ce dont la plupart de ses lecteurs n'ont cure. La société de la monarchie finissante ne fut pour Chamfort que le décor momentané d'une pièce intemporelle, dont les personnages sont nés avec l'homme et dont la représentation ne se terminera qu'avec lui.

1er février 1988

Chamfort de Claude Arnaud, Robert Laffont.

Annenkov : tableaux de la révolution russe

Que de chefs-d'œuvre sont des cadeaux imprévus du passé ! Songeons que les *Pensées* de Pascal et les *Maximes* de Chamfort, les *Mémoires* du cardinal de Retz et ceux de Saint-Simon sont des œuvres posthumes, comme les romans de Kafka. Le Diderot que nous lisons n'est pas du tout celui que lisaient les contemporains, puisque *Jacques le Fataliste* parut douze ans après la mort de l'auteur, et puisque *Le Neveu de Rameau* vit le jour encore neuf ans plus tard, en 1805... dans une traduction allemande, faite par Goethe d'après un manuscrit retrouvé dans la bibliothèque de Catherine de Russie.

La littérature enferme ainsi des surprises dans les placards du temps, comme une bonne grand-mère cache des jouets de Noël dans une « armoire à trésors », que les enfants n'ont pas le droit d'ouvrir. Le roman d'Iouri Annenkov, *La Révolution derrière la porte,* qui vient d'être traduit en français, est l'un de ces cadeaux imprévus, quoiqu'il ait paru en russe dès 1934, en Occident, mais pour ne circuler que dans les milieux confidentiels de l'émigration. Non qu'Annenkov fût un Russe blanc ; il était au contraire très rouge, puisqu'il était le peintre officiel de la Révolution bolchevique et le portraitiste attitré de Lénine. Mais il « blanchit » assez vite en voyant évoluer le nouveau régime, et décida de filer à l'Ouest, en 1924. En France, il fit carrière comme décorateur de théâtre et de cinéma, collaborant avec Max Ophuls, pour *La Ronde* et *Lola Montes.* Lorsqu'il mourut, à Paris, en 1974, bien peu de gens, même parmi les rares lecteurs de l'édition russe de *La Révolution derrière la porte,* savaient qu'il en était l'auteur, puisqu'il l'avait publiée sous un pseudonyme : B. Tamiriazev. Dans sa préface, Michel Heller nous raconte les péripéties dignes de Fantomas qui entourèrent la diffusion restreinte de ce livre, vite oublié, même dans le milieu russe émigré.

Peintre d'un intérêt moyen, comme artiste, intéressant surtout pour l'iconographie des chefs bolcheviques, Annenkov se révèle en revanche écrivain original. Si écrivain et si original que le lecteur français ne peut qu'admirer la traduction qui nous est aujourd'hui enfin donnée, prouesse dont on devine combien elle a dû être difficile. À l'opposé du style fluvial du roman russe du XIXe siècle, le style du pseudo-Tamiriazev se fragmente en une infinité de petits filets d'eau de ruissellement. Allusif, syncopé, elliptique et parfois presque sténographique, Annenkov ne tombe cependant ni dans la préciosité ni dans l'obscurité, tant sa perception visuelle et son vocabulaire du concret sont riches et précis. En russe, son récit s'intitule d'ailleurs *Histoire de riens.* Sens que ne traduit pas le titre français, qui est cependant heureux, puisqu'en lisant nous écoutons et voyons la Révolution, en effet, comme si nous étions blottis derrière une porte entrebâillée. Nous observons, devinons et reconstituons la grande fresque à partir des interstices de l'histoire.

Récit autobiographique où l'auteur se dépeint sous un autre nom, Kolenka, ce texte atteint cependant à ce que l'on pourrait appeler la probité romanesque, car, impression étrange, il s'agit d'une autobiographie purifiée de tout narcissisme. Au lieu d'être ramenées au moi qui les reçoit, les sensations en sont au contraire détachées, flottant dans l'espace, comme les « paroles gelées » de Rabelais. En fait, le personnage central n'est pas le narrateur, ou son double, c'est la ville de Saint-Pétersbourg, devenue Petrograd puis Leningrad. C'est elle, sa beauté architecturale, ses lumières, ses brumes, son fleuve, ses hivers blancs, ses nuits, ses dégels, ses odeurs et ses bruits, qui sert d'écrin et de tombeau à une société bigarrée, qui s'effiloche avec les ultimes années de la vieille Russie et les premières de la Russie soviétique. Chez Annenkov, tout est image et détail, ce détail qui, dans l'œuvre d'art, est la clef de l'essentiel. Le narrateur est le contraire de l'un de ses propres personnages, dont il dit, dans un sarcasme discret, que, « comme tous les Russes, il savait assez bien pleurer sur les abstractions ».

Annenkov ne pleure même pas sur les réalités, si tragiques soient-elles. Lorsqu'il s'évoque enfant, égaré dans la foule des émeutiers sur laquelle, en 1905, tire la troupe, dans l'air glacé, nous avons non l'événement, mais les chromosomes de l'événement : « Il entendit, stupéfait, un brusque craquement de noix. Ce bruit semblait si déplacé — il était évident que personne, ici, ne cassait des noix — que Kolenka se dit aussitôt qu'on devait lancer des pavés sur la chaussée. Mais l'épaisse neige de janvier recouvrait tout alentour. Ne comprenant rien à ce qui se passait, Kolenka se tourna vers Serioja pour l'interroger : agité de soubresauts, Serioja était étendu dans la neige. » C'est tout pour les massacres de 1905. De même, Michel Heller souligne la puissante sobriété d'Annenkov, qui, au lieu de s'appesantir sur l'hécatombe des habitants de Petrograd, décimés par la famine et les exécutions en

1918, se borne à citer l'affiche par laquelle la section des Pompes funèbres annonce la distribution de bons pour la location de cercueils, lesquels cercueils devront être retournés à l'administration après usage, pour servir au suivant de ces messieurs-dames. Roman tragique, mais aussi comique, où, comme dans *L'Éducation sentimentale,* danse toute la gestuelle des tics révolutionnaires : « Deux types de mimique coexistaient dans la Révolution russe : la première, léniniste, était le sourire. Un sourire débonnaire, avec un clin d'œil, qui traduisait une simplicité de cœur et un amour du prochain ou, tout au moins, d'une classe. La seconde était trotskiste : un coup d'œil perçant, inquisiteur, symbolisant l'inflexibilité et la vigilance révolutionnaire ; un sourire méphistophélique. » Mais il existait aussi une ligne médiane, synthétique. Félix Dzerjinski, le fondateur du KGB, « sourit comme Lénine mais se taille la barbe à la façon de Trotski, créant un type nouveau : le Méphisto débonnaire ».

La littérature, elle aussi, remodèle au fil du temps peu à peu son visage ; et les lettres russes de la période révolutionnaire révèlent, quand tombe le masque plâtreux du pompiérisme de Gorki, l'orient rare et fortuit de ses vrais créateurs.

22 février 1988

La Révolution derrière la porte de Iouri Annenkov, traduit du russe par Anne Coldefy-Faucard, préface de Michel Heller, Lieu commun.

Les beaux parleurs

Peu d'auteurs français excellent aujourd'hui autant que Jacqueline de Romilly dans l'histoire des idées, avec ce rare alliage, qu'on doit y trouver, de science et de style, d'érudition et d'intuition. Les grands psychologues de la culture, dont elle est, savent faire revivre une pensée lointaine, à la fois dans ce qu'elle signifia pour son temps et dans ce qu'elle signifie pour le nôtre. Jacqueline de Romilly nous avait déjà montré, dans ses *Problèmes de la démocratie grecque,* entre autres livres, avec quelle élégance elle concilie la sûreté de la connaissance et l'originalité de la réflexion.

Mais, avec *Les Grands Sophistes dans l'Athènes de Périclès,* elle soutient une gageure plus épineuse encore, pour deux raisons. La première, que nous ne conservons des sophistes grecs qu'une pauvre poignée de textes décousus. La seconde, que le mot « sophiste » a pris le sens indélébile de trompeur, imposteur, charlatan. Il paraissait chimérique de remonter la pente pour rétablir l'authenticité de ce que furent vraiment les sophistes dans la Grèce du ve siècle avant notre ère. Elle y parvient pourtant.

C'est à cette époque, en effet, que surgit un type culturel nouveau : celui des professeurs itinérants, des forains de la pensée, des troubadours de l'éloquence. On les appelle les sophistes, c'est-à-dire les « habiles ». Ils vont de ville en ville et, scandaleuse nouveauté, font payer leurs leçons, fort cher au demeurant. Ce sont les précurseurs de nos « professions libérales ». Car ils enseignent un art éminemment utile dans la civilisation grecque, surtout dans la démocratie athénienne, l'art qui donne le pouvoir : parler, argumenter, persuader, convaincre. Prestidigitateurs du raisonnement et virtuoses de la discussion publique, ils enseignent comment on peut soutenir une thèse et son contraire, de manière en apparence aussi démonstrative dans les deux cas. Les hommes politiques de notre temps ne cultivent-ils pas cette versatilité salutaire ? Comme nous tous, ils descendent des sophistes. Mais cette dextérité, à leurs yeux, ne constituait qu'une technique, un exercice. Que l'on puisse tout prouver ne signifie pas que tout soit vrai. Cela signifie que l'homme est crédule.

L'importance culturelle des sophistes allait certainement beaucoup plus loin que l'art d'enjôler avec des mots, si l'on en juge par leur influence et leur prestige dans la civilisation athénienne de la seconde moitié du ve siècle. Il faut qu'ils aient bouleversé le climat intellectuel pour que Périclès s'en entoure, que des cités les supplient de rédiger leur Constitution, que leur principal adversaire, Platon, en soit à ce point obsédé qu'il consacre presque toute son œuvre à les réfuter.

Car non seulement plusieurs de ses dialogues ont pour titre les noms de sophistes célèbres, Protagoras, Hippias, Gorgias, mais un dialogue s'appelle expressément *Le Sophiste,* et les dialogues même qui portent d'autres titres font intervenir dans le débat un sophiste connu ou les thèses des sophistes. Dans une scène ironique et délicieuse, qui ouvre le *Protagoras,* Platon nous montre l'animation fiévreuse et fervente qui règne dans la demeure du riche et hospitalier Callias : c'est que viennent d'y arriver trois vedettes de la sophistique. Aussitôt alertés, le Tout-Athènes philosophique, la jeunesse argentée, les aspirants au pouvoir accourent, suspendus aux lèvres des maîtres et à la mélodie de leurs discours.

Les sophistes transformaient la conception de la vérité, de l'homme et de la société. Selon eux, les sociétés et leurs lois ne sont que des conventions. Cela introduit dans la pensée occidentale un courant d'idées qui deviendra vite irréversible. Leur distinction entre la Nature et la Loi, leur analyse de la technique du pouvoir pur donnent l'essor à la réflexion politique, dans des termes qui ne changeront guère jusqu'à nos jours.

Quand ils disent qu'il n'existe de preuve absolue de rien, le métaphysicien Platon voit dans cette affirmation un paradoxe pervers, une immoralité, un attentat contre le Vrai, le Bien, le Beau. Maintenant, nous sommes plutôt enclins à y voir un rejet du dogmatisme, l'apparition de la tolérance et de l'humanisme, exprimés par la formule de Protagoras, d'une incomparable nouveauté à l'époque : « L'homme est la mesure de toutes choses. » Esprit farouchement religieux, Platon ne pouvait qu'être horrifié par cette autre maxime du même sophiste : « En ce qui concerne les dieux, je ne puis savoir ni s'ils existent, ni s'ils n'existent pas, ni quelle forme ils ont ; il y a en effet bien des obstacles à cette connaissance : l'incertitude de la chose et la brièveté de la vie. »

Une autre originalité des sophistes, c'est qu'ils créèrent le modèle de nos professeurs de l'enseignement supérieur. Les jeunes gens du siècle de Périclès découvraient une source d'éducation située à l'extérieur de la famille, et purement intellectuelle.

Dès lors, ce que nous appelons « les intellectuels », voilà qu'en émergeait le prototype, celui des professionnels de la « communication ».

D'où les contre-attaques des traditionalistes, la meurtrière satire, en particulier, que sont *Les Nuées*, la comédie d'Aristophane. Furent-ils réellement, ces sophistes, immoraux, impies, cyniques, marchands d'erreurs et de tromperies, avocats de l'injustice et de la force ? Mme de Romilly réussit, au terme d'une minutieuse reconstitution, à nous persuader qu'il n'en fut rien. Ils firent glisser la justice politique du terrain ancestral de la croyance en une origine divine à celui de l'entente entre les hommes, grâce à ce que nous appellerions aujourd'hui le « consensus » : bref, ils inventèrent le contrat social.

Dans nos échanges, nous continuons de vivre sur l'invention des sophistes : la discussion publique considérée comme un tournoi. Ce fut plus tard la *disputatio* médiévale, ce sont nos tables rondes et débats télévisés. Quand nous disons que, dans une campagne électorale, les arguments pèsent moins que la manière de les présenter, avons-nous conscience que ce sont Gorgias et Protagoras qui parlent par notre bouche ?

21 mars 1988

Les Grands Sophistes dans l'Athènes de Périclès de Jacqueline de Romilly, de Fallois.

Campagne électorale :
les trous de mémoire

L'absence de mémoire était peut-être, en d'autres temps, compatible avec le métier de gouvernant et avec la survie du gouverné. À notre époque, elle devient suicidaire, pour deux raisons : l'une, que nous vivons au siècle de l'information ; l'autre, que nous vivons au siècle de la démocratie.

L'information planétaire — la « géo-information », pourrait-on dire, comme on dit « géopolitique » — et l'interdépendance universelle rendent indispensable que la prise de décision des dirigeants se fonde sur des connaissances exactes. Dans les démocraties, en outre, le mode d'attribution du pouvoir, conféré par le vote du peuple, rend salutaire que ce peuple choisisse en connaissance de cause. Or, aucune de ces deux conditions n'est remplie aujourd'hui.

Mettant les techniques présentes au service des mentalités passées, les dirigeants, ou les candidats aux fonctions dirigeantes, continuent d'avoir pour but l'impression passagère produite sur l'électorat, et non la vérité des dossiers. L'électorat, de son côté, se défend moins bien que par le passé contre les faux-semblants. Quoique nourri plus que jamais d'informations, il semble de moins en moins capable de se souvenir de celles de l'avant-veille, et de faire la synthèse de son expérience, même récente. Il se déleste de l'expérience vécue, cette mémoire instinctive, paysanne et populaire qu'on appelait la tradition. Mais il ne lui a pas vraiment substitué la connaissance raisonnée des situations qu'est censée lui apporter l'information.

La « mémoire » est à la mode. Elle devient d'ailleurs synonyme de « souvenir », c'est-à-dire de ce qui se conserve dans la mémoire. On oublie le vrai sens du mot, qui désigne la fonction par laquelle s'emmagasinent et reviennent à l'esprit les souvenirs. Le culte de la mémoire commence par une amnésie !

Ce n'est pas la seule. Ainsi, on a fait beaucoup de bruit, dernièrement, autour de la « mémoire » soudain révélée, paraît-il, des convictions nazies de Martin Heidegger. Mais le nazisme du philosophe allemand a toujours été connu. Chaque fois qu'il resurgit à la surface, la tribu philosophique pousse les mêmes glapissements. Pourquoi ces cycles répétitifs ? Parce que le nazisme de Heidegger, non point accidentel, mais profondément inhérent à sa doctrine, met en question la philosophie même. Lorsque, entre 1935 et 1945, la philosophie française, qui était un peu faible en degrés, eut besoin d'être chaptalisée, on y versa une forte dose de Heidegger pour la remonter. On ne vérifia pas l'appellation d'origine, le terroir politique du fournisseur. Depuis, notre philosophie, en majorité de gauche, vit avec, dans son sang, ce virus réactionnaire, ce qui provoque périodiquement d'indicibles trémulations.

On a employé, avec raison, le terme « mémoire » au moment du procès Barbie. Sans aucun doute, c'est une nécessité, c'est même un devoir absolu, que de transmettre la mémoire du génocide nazi, en vue de l'éducation morale de l'humanité. Mais, précisément, la valeur pédagogique de cette mémoire d'un génocide passé me paraît limitée, puisque nous laissons encore s'accomplir des génocides présents : le génocide cambodgien, le génocide afghan, le génocide tibétain, le génocide éthiopien.

L'association « La Mémoire courte », qui, en 1984, multiplia les placards pour protester contre les « calomnies », selon elle, qui salissaient la Révolution française, volait au secours d'une légende. Elle plaidait l'inviolabilité d'une tradition sentimentale contre la science historique. Les trois volumes des « Lieux de mémoire » français, publiés chez Gallimard par Pierre Nora, constituent l'un des plus originaux fleurons de cette science historique. Hélas ! l'enseignement qu'on en retire, c'est que la conscience collective idéalise et fige à jamais un certain nombre de mythes imagés, que nous évoquons inlassablement ou tâchons de revivre, mais dont la valeur pratique est nulle. Nous nous crispons sur une sélection de souvenirs, nous n'utilisons pas l'expérience passée pour améliorer l'action présente.

En campagne électorale, la société remplace les lieux de mémoire par les trous de mémoire. Que les candidats récrivent l'histoire, on le comprend ; surtout les candidats sortants, qui expurgent et embellissent leur bilan. Mais que le public, dans sa majorité, semble avoir oublié les événements récents et flagrants dont la seule évocation suffirait à ridiculiser certaines vantardises, c'est plus mystérieux. Après tout, les électeurs auraient intérêt à établir un compte rendu véridique des résultats obtenus, afin d'y voir clair dans ce qu'on leur propose. Pourquoi ne le font-ils pas ou si peu ? Comment avalent-ils sans broncher les versions romancées de faits qu'ils ont vécus à peine trois ou quatre printemps plus tôt ?

On ne peut éviter de songer, pour l'expliquer, au

caractère volatil de l'information moderne, et, surtout, de l'information télévisée, qui domine largement, par la quantité de l'audience, le champ de la communication des nouvelles. Je me réfère ici aux journaux télévisés, car les magazines permettent bien davantage d'utiliser la puissance illustrative de la télévision sans renoncer au raisonnement et à la comparaison des données, bref, à tout ce qui s'adresse à la conscience claire et laisse une trace dans la mémoire. Mais la masse principale des messages vient des journaux télévisés. Or la nature du médium télévisuel — indépendamment, bien sûr, de la volonté des journalistes — favorise chez le téléspectateur à la fois l'intensité de l'impression et la rapidité de l'oubli. La loi du genre impose la succession rapide et la brièveté des sujets. Elle entraîne l'absence de hiérarchie. Une nouvelle internationale ou économique d'une extrême importance voisine avec un fait divers ou un épisode local. Le commentaire, inévitablement très simplifié, reste superficiellement perçu quand il est même physiquement entendu. Le « je l'ai vu » à la télévision n'implique pas qu'on ait la moindre notion de ce qu'« il » a dit. Isolée de ses causes et de son contexte, l'image frappe un étage de notre perception où l'analyse intellectuelle et donc la mise en route de la mémoire interviennent faiblement. Nous nous rappelons de « grands moments de télévision » parce qu'ils nous ont marqués par le pathétique, le baroque, l'horrible ou le comique, non par leur valeur explicative ou leur influence objective sur le cours de l'histoire.

On pourrait appliquer à l'état de conscience du téléspectateur, qui est aussi un télé-électeur, les quatre termes qu'employait Freud pour décrire le mécanisme du rêve : « déplacement » (ce qui veut dire que quelqu'un peut jouer le rôle de quelqu'un d'autre, posture fréquente en campagne électorale) ;

« dramatisation » (ce qui veut dire que le geste remplace la pensée, même remarque) ; enfin, « condensation » et « symbolisation ». J'y ajouterai un cinquième terme : évaporation.

Ce n'est pas là une « critique de la télévision », critique qui n'aurait pas plus de sens que celle des voyages aériens. Constatons simplement que l'information télévisée — même si j'écarte par hypothèse les déformations dues au parti pris, à la censure ou à l'incompétence — n'est qu'une forme d'enregistrement et non d'analyse des faits. Et encore n'enregistre-t-elle que la face externe des événements, jouant devant nous une pièce dont nous ne parviendrions pas à saisir le texte. Pièce somptueuse, à n'en pas douter, et qui a enrichi jusqu'au prodige, jusqu'à la satiété notre vision physique de la planète et de nos frères humains. Mais cette vision ne nous permet pas de tirer la leçon des faits, de les rattacher les uns aux autres ni d'introduire un ordre entre les antécédents et les conséquences. Comment pourrions-nous, dès lors, articuler les événements au sein d'une compréhension d'ensemble de notre propre mémoire ? Une impression chasse l'autre — et c'est ce dont savent fort bien jouer les plus habiles politiques.

D'où ce paradoxe : les candidats qui réussissent le mieux sont ceux dont les messages électoraux ont été le plus soigneusement évidés de tout contenu informatif précis. Sommes-nous pleinement conscients de la signification qu'aura, pour les historiens futurs, ce fait énorme que les campagnes électorales de nos présidents sont désormais directement et ouvertement prises en main par les publicitaires ? Mesurons-nous ce qu'a d'humiliant pour la démocratie une telle délégation du pouvoir de convaincre à ces modernes fermiers généraux de la communication politique ? Dans des sociétés où les citoyens jouissent du plus haut niveau jamais atteint d'instruction générale et de liberté de penser, nous voyons s'étaler sur nos murs des slogans à ce point creux et passe-partout qu'ils auraient pu et pourront encore servir à n'importe qui d'autre, dans n'importe quel pays, à n'importe quelle époque. Alors que la publicité commerciale a progressé en tâchant d'avoir un rapport minimal avec les besoins du consommateur et avec le contenu effectif du produit, la publicité politique ne tente même pas cet effort.

Je n'ai ni la sottise d'être publiphobe ni la naïveté de croire qu'une élection se décide sur des critères exclusivement rationnels. Mais il se trouve que nous avons choisi de bâtir une civilisation dont la matière première est l'information, et dont le système de désignation des gouvernants présume, chez l'électeur, une capacité au moins élémentaire de mise en perspective de cette information. Il en résulte que, dans ce type précis de civilisation, la fausseté des perceptions, l'oubli de l'expérience et la dissimulation comme principal talent politique ont des effets particulièrement dévastateurs.

Les débats télévisés, dit-on, remédient à ce triomphe du vague, chacun des deux interlocuteurs pouvant contraindre l'autre à préciser sa pensée ou se chargeant de lui rafraîchir la mémoire. Mais si vif soit le plaisir que prend le public à ces duels, je doute qu'il en retire beaucoup de renseignements sur sa propre situation. Contrairement à un préjugé fort répandu, le choc des opinions contraires ne remplace pas une bonne information. Quant aux séances d'interrogations par les journalistes, trop souvent elles dégénèrent en parties de cache-cache, où les pièges tendus à propos de problèmes purement conjoncturels et tactiques incitent le suspect du jour à fuir la précision et à se réfugier dans les généralités. Ce qui fait juger favorablement ou non un candidat, c'est non pas un bilan — dont il est devenu (dernière innovation !) du plus mauvais goût de parler —, ce n'est pas davantage la vraisemblance de ce qu'il propose, car l'avenir n'est à personne, c'est « comment il s'en est sorti », « comment il a été ». Curieuse démocratie, où l'on n'a plus ni à rendre de comptes ni à prendre d'engagements.

On n'avait jamais, peut-être, depuis la guerre, agité autant d'idées nouvelles en France que durant la décennie qui s'achève. Sur l'économie, la stratégie, l'enseignement, le tiers monde, les systèmes communistes, sur les mutations de la société française et sur l'histoire de France, vue d'une façon différente, sur le racisme, l'individualisme, la culture, la mode et la morale, sur le travail futur, l'égalitarisme, la démographie et l'État providence, sur l'islam et le christianisme, le syndicalisme et le capitalisme libéral, que sais-je encore, rarement autant de livres originaux avaient été écrits depuis longtemps, et rarement la presse en avait aussi complètement et largement fait état. Si nous considérons la petite boule de conceptions figées sur laquelle fonctionnait en majorité la classe intellectuelle vers 1980, et si nous les comparons à ce qui va de soi aujourd'hui, on voit qu'un immense déniaisement s'est produit. Nous sommes passés du Moyen Âge au siècle des Lumières en l'espace de quelques années. Nous ne nous rendons peut-être pas assez compte qu'une extraordinaire bataille intellectuelle a été gagnée.

Mais qu'est-ce qui lui correspond sur le plan politique ? Qu'est-ce qui est passé de cette nouvelle provision d'idées dans le débat de l'élection la plus décisive pour notre démocratie ? Je n'ose écrire la réponse, tant elle serait triste. Pourquoi donc avons-nous l'impression que les politiques soit n'ont rien remarqué, soit croient prudent de répéter pompeusement et paternellement quelques vieilleries d'avant la mort du socialisme, comme des perroquets qui se réveilleraient tout juste d'une cure de sommeil ?

4 avril 1988

Scrutin majoritaire ou proportionnel : entre l'injuste et l'inique

Habitués au scrutin majoritaire depuis 1958, les électeurs français n'auront jamais été autant promenés entre divers types de scrutin que depuis 1981.

Cela commença par un abandon partiel du système majoritaire pour les élections municipales de 1983, cela se poursuivit par l'adoption de la proportionnelle pour les élections générales de 1986, puis on rebroussa chemin vers le scrutin majoritaire pour celles de 1988. Et ce n'est pas fini, si l'on en croit les déclarations du président de la République durant sa campagne. Ajoutons que nous votons à la proportionnelle depuis 1979 pour élire nos représentants au Parlement européen. Quant à l'élection présidentielle, par nature elle ne saurait être que majoritaire : c'est le candidat terminant premier qui reçoit la totalité du pouvoir, même s'il gagne de peu.

Mais combien de citoyens se doutent de l'importance des types de scrutin et ont conscience que, selon le système électoral adopté, tout peut changer dans la manière dont un pays est gouverné, comme dans les mœurs de sa classe politique ? Avec le parti vainqueur d'une élection générale obtenant à peu près le même pourcentage de suffrages, vous pouvez avoir soit l'énergique gouvernement britannique, grâce au scrutin majoritaire, soit le nongouvernement italien, à cause de la proportionnelle. L'« ingouvernabilité » que l'on attribue hâtivement au « caractère national » italien provient en réalité du système électoral. N'observe-t-on pas le même symptôme chez les Belges, dont pourtant le caractère national diffère notablement de celui des Italiens, et qui viennent de s'offrir une crise ministérielle de quatre mois, pour finir par composer le même cabinet ? Les antagonismes régionaux, économiques, stratégiques, sociaux qui travaillent la Grande-Bretagne sont si forts qu'il ne lui faudrait pas six mois pour devenir, elle aussi, ingouvernable, si elle abandonnait son système majoritaire.

Pourquoi ? Élire une Assemblée démocratiquement doit remplir, en régime parlementaire, trois fonctions : permettre l'alternance, représenter l'opinion et faire que se dégage de sa majorité un pouvoir exécutif efficace. En théorie, la proportionnelle assure mieux la fonction représentative, et le système majoritaire la fonction d'efficacité. Avec la proportionnelle, en effet, le pourcentage de sièges de chaque parti à l'Assemblée reflète fidèlement (à quelques correctifs près) le pourcentage des voix obtenues dans le pays. Avec le système majoritaire, qui procède par élimination des battus, la traduction des voix en sièges confère une prime aux candidats parvenus en tête, fût-ce à la majorité relative. Les gagnants disposent donc d'un socle parlementaire solide pour légiférer et gouverner.

Ainsi, dans l'Assemblée de 1981, élue au scrutin majoritaire, les socialistes, avec 37,51 % des voix au premier tour, ont obtenu au second une large majorité absolue en sièges. Dans l'Assemblée de 1986, la droite libérale (RPR et UDF), avec 40,98 % des voix [1], n'a obtenu, à la proportionnelle, qu'une

1. 44,88 %, en y ajoutant les divers droite, sans le Front national.

maigre majorité de trois voix au Parlement. Et en 1988, avec un pourcentage voisin dans le pays, étant donné le retour du scrutin majoritaire, la gauche peut dominer sans partage l'Assemblée élue le 12 juin. Selon le système appliqué, donc, à peu près le même nombre de voix dans le pays peut donner soit un quasi-match nul, soit une victoire écrasante. On a calculé que si l'Assemblée de juin 1981 avait été élue à la proportionnelle, le PS aurait enlevé 191 sièges au lieu de 285, et le RPR avec l'UDF, 202 sièges au lieu de 150. Il n'y aurait donc pas eu de « vague rose »; le président eût été à la merci, pour gouverner, du groupe communiste, lequel eût compté, d'ailleurs, 82 députés au lieu de 44. Ce qui eût créé une situation radicalement différente.

Nous touchons là au défaut qui rend le système proportionnel beaucoup moins démocratique en réalité qu'en apparence : le rôle décisif des groupes charnières. Comme il est rarissime dans l'histoire qu'un seul parti, voire une coalition homogène, dépasse les 50 % à la proportionnelle, la formation politique disposant du plus large appui dans l'opinion se trouve fréquemment dépendre de groupes parlementaires qui représentent moins du cinquième ou du dixième des électeurs. François Mitterrand connaît bien cette position de force, puisque, sous la IVe République, il dirigeait, avec René Pleven, l'un de ces groupes charnières : l'UDSR (Union démocratique et socialiste de la Résistance). Alors, la morale démocratique se trouve purement et simplement mise à l'envers, puisque ce sont les partis les moins représentatifs de l'opinion publique du pays qui détiennent la clef des votes au Parlement et peuvent faire ou défaire les majorités. La proportionnelle aboutit, de la sorte, non seulement à l'impuissance gouvernementale, mais à une impuissance qui n'offre même pas la consolation, si l'on peut dire, de traduire les courants les plus populaires.

Par exemple, la tragédie actuelle d'Israël résulte de ce que, depuis la guerre des Six Jours, aucun gouvernement n'a pu définir de politique cohérente et courageuse à long terme vis-à-vis des territoires occupés, tous se trouvant, à cause de la proportionnelle, dépendre à la Knesset du groupuscule des parlementaires dits « religieux ». Peut-on appeler démocratique un mode d'élection qui place l'intérêt national entre les mains de minorités souvent infimes ? En Belgique, les deux partis linguistiques flamand et wallon ne représentent qu'une frange des flamingants et des francophones. L'immense majorité des Belges votent pour d'autres formations politiques. Mais ces deux partis marginaux disposent d'assez de sièges pour infliger leur sectarisme à la majorité.

Conscients de ces absurdités, certains hommes politiques et politologues préconisent un système de proportionnelle mitigée, qui éviterait la coupure du pays en deux blocs tout en permettant de dégager une majorité cohérente et stable. On cite souvent le système allemand. En RFA, en effet, on vote deux fois : on élit la moitié du Bundestag au scrutin uninominal à la majorité simple, et l'autre moitié à la proportionnelle.

C'est ingénieux, mais l'on ne voit pas que cela supprime l'omnipotence des groupuscules. Depuis la chute de Helmut Schmidt, le SPD vit sous la pression des Verts, qui dépassent tout juste la barre des 5 %. Avec à peine davantage, le petit Parti libéral est, depuis des décennies, le maître du jeu politique, à force de s'allier tantôt avec le SPD, tantôt avec la CDU. Il peut aller jusqu'à retourner du tout au tout la tendance exprimée par le pays : en 1969, la CDU (chrétiens-démocrates) obtint 46,1 % des voix, le SPD, dirigé par Willy Brandt, 42,7 %. Malgré sa défaite, c'est Willy Brandt qui prit le pouvoir, parce que le Parti libéral changea de camp, ce qu'il devait refaire en sens inverse en 1982. Ainsi, un parti qui représentait, en 1969, très exactement 5,8 % des électeurs décida de l'orientation de l'Allemagne ! Même ceux qui approuvent la politique suivie par la suite peuvent-ils prétendre que c'est le peuple souverain qui la décida ? Est-il démocratique, aujourd'hui, que le vrai maître de la politique étrangère allemande soit le libéral Hans-Dietrich Genscher, dont le parti a obtenu 9 % des voix en 1987, et qu'il impose ses vues au chancelier Kohl, dont le parti a obtenu 44,3 % ?

Il existe, certes, des pays où la proportionnelle ne met pas les grands partis à la merci des petits en favorisant la multiplication des « serruriers » qui ont en poche la clef du pouvoir. En Suède, en Autriche, en Norvège, en Espagne, nous voyons de grands partis exercer durablement un pouvoir conforme aux valeurs de l'électorat. Mais lorsque c'est le cas, on s'aperçoit qu'un facteur extérieur à la politique vient consolider ces partis, non sans leur mettre au pied une autre sorte de boulet. En général, c'est une robuste organisation syndicale qui sert d'épine dorsale à un parti socialiste, et l'Église à un parti catholique. En l'absence de ces contreforts externes, la proportionnelle entraîne naturellement la fragmentation de la représentation parlementaire et paralyse la décision, comme en Belgique, en Finlande ou aux Pays-Bas. Ce dernier pays a vécu, en dix ans, deux périodes de six mois sans gouvernement. En vain objectera-t-on que, dans les régimes mi-présidentiels, mi-parlementaires, le Président apporte la consistance qui peut manquer à un Parlement invertébré parce que trop morcelé. La cohabitation française a, je crois, assez montré que la relation de paralysie réciproque propre à la proportionnelle se transporte alors entre le Président et le gouvernement.

Dans toutes les éventualités possibles, malgré tous les correctifs imaginables, il est une autre raison qui rend la proportionnelle moins démocratique qu'elle ne paraît : c'est qu'elle favorise la toute-puissance des états-majors des partis. Ce ne sont plus les électeurs qui choisissent un député, comme dans le scrutin uninominal majoritaire. Avec le scrutin de liste à la proportionnelle, les états-majors savent que dans telle circonscription (ou dans le pays tout entier pour les élections européennes) on peut s'attendre à voir élus environ tant de candidats de tel parti et tant de tel autre. Les candidats que la bureaucratie du parti inscrit parmi les premiers, en tête de liste, peuvent donc compter sur leur siège. Ils sont ainsi, en pratique, *nommés* par les maîtres du parti. Les appareils distributeurs de mandats, c'est ce que dénonçait le philosophe Alain, voilà bien longtemps déjà, en 1914 (mais la politique n'est-elle pas éternel oubli ?), dans un de ses plus mordants *Propos* : « Quand ils ont dit que la proportionnelle est juste, écrit-il, ils croient avoir tout dit. Et je vois bien une espèce de justice au premier moment ; mais encore faudrait-il y regarder de plus près. Si les comités ont tout pouvoir pour imposer tel candidat, est-ce juste ? Si un ferme et libre esprit ne peut être élu qu'en traitant avec un parti, est-ce juste ? Si les partis ainsi organisés ont presque tout pouvoir pour échapper à la pression des électeurs, est-ce juste ? J'ouvre bien les yeux, car j'aime la justice, mais je ne perçois rien de ce que vous annoncez. C'est contre l'électeur qu'ils ont inventé la proportionnelle, et l'invention est bonne. » Les conséquences prévues par Alain se déploient en Italie de nos jours : une classe politique isolée ; des crises, des dissolutions, des cascades d'élections anticipées sans autre cause que les dissensions factices au sein de cette classe politique ; l'indifférence et le mépris des citoyens ; une « partitocratie » close.

La proportionnelle, a-t-on plaidé, permet à des courants minoritaires et à des personnalités hors série de se manifester dans la légalité au lieu de se livrer à l'agitation extraparlementaire. Mais n'est-il pas préférable que ces tendances s'expriment dans le cadre des grands partis, ce qui oblige à plus de sens des responsabilités ceux qui les épousent ? Le PS français n'est-il pas l'exemple même d'un grand parti offrant tout l'éventail des opinions, depuis l'extrême gauche messianique jusqu'à la social-démocratie libérale ? Certaines idéologies d'extrême droite n'auraient pas pris la même ampleur si elles étaient restées extraparlementaires. Trouver dans les institutions un champion pour leur donner la légitimité exalte et amplifie des extrémismes que la nécessité de s'exprimer dans un cadre raisonnable et pluraliste aurait contenus. La Suisse pratique le scrutin proportionnel, mais adopte le majoritaire pour l'élection de sa seconde Chambre. Elle concilie ainsi une grande variété de partis politiques avec l'absence d'un quelconque « régime des partis ».

On l'a vu en France, avant Le Pen, avec le poujadisme en 1956 (11,4 % des voix en 1956), au Danemark avec le Parti du progrès de Morgens Glistrup (9 % le 10 mai dernier, jusqu'à 15,9 % en 1973), en Norvège avec une récente percée de l'extrême droite (10 % aux municipales de l'an dernier), en Allemagne (avec les 18,3 % au Parti nazi en 1930). N'allons pas croire que les partisans de ces courants auraient été aussi nombreux si la proportionnelle ne leur avait permis à la fois de s'isoler et d'acquérir une perspective de pouvoir. Hors des institutions, ces forces n'auraient pas été identiques.

Durant sa campagne, François Mitterrand a dit et répété que la proportionnelle était le mode de scrutin normal de toutes les démocraties, sauf la Grande-Bretagne. Curieuse affirmation ! Faut-il entendre par là que les États-Unis, le Canada, la Nouvelle-Zélande, l'Inde, tous pays qui votent au scrutin majoritaire à un tour, ne sont pas démocratiques ? Le scrutin majoritaire à deux tours a toujours été le scrutin français, sauf pendant les douze ans de la IVe République, et en 1986. Il est abusif de présenter une loi de circonstance, celle de 1985, adoptée sept mois avant l'échéance, comme un retour à la norme. Souhaitons que, l'heure venue, et si l'opinion se retourne de nouveau, on ne remodifie pas le système. Il n'est pas sain pour une démocratie de s'amuser à changer trop fréquemment sa loi électorale. C'est parfois nécessaire, mais un mode de scrutin est un code dont les électeurs apprennent à se servir. Et, pour que l'alternance ait lieu, il faut compter les points de la même manière dans les consultations successives.

6 juin 1988

Immigration : le parler vrai

Comme presque toutes nos grandes querelles nationales, celle de l'immigration possède une caractéristique : on parle beaucoup et on sait peu. Connaissons-nous exactement le nombre des étrangers résidant en France ? Faut-il arrêter l'immigration ? Les départs forcés ou volontaires, sont-ils plus nombreux aujourd'hui qu'hier ? La France a-t-elle trahi sa mission de « terre d'asile » ? Combien d'étrangers accèdent chaque année à la nationalité française ? Y a-t-il une délinquance étrangère supérieure à la moyenne nationale ? Pourquoi les enfants d'immigrés, même nés français, souffrent-ils d'un échec scolaire particulièrement grave ? L'immigration en provenance d'autres continents est-elle vécue en France autrement que dans le reste de l'Europe occidentale ?

Autant de questions à propos desquelles la véhémence des échanges le dispute ordinairement à l'ignorance des données. On a pu entendre récemment un éminent homme d'État, tout à fait libéral, déclarer : « Il faut arrêter l'immigration. » Or l'immigration est arrêtée depuis 1974, date à laquelle le gouvernement a décidé d'interdire l'entrée en France de nouveaux travailleurs étrangers permanents. Les seules entrées nouvelles autorisées, depuis lors, sont dues au regroupement familial, ou aux demandeurs d'asile politique. Le pourcentage global d'augmentation de la population étrangère, qui était de 4,5 % par an de 1968 à 1974, est tombé à 1 % par an de 1975 à 1982 et à 0,7 % de 1982 à 1985.

On répondra que l'immigration clandestine échappe à ces statistiques. Mais point besoin de la clandestinité pour que les statistiques nagent dans le chaos. En 1982, l'Institut national de la statistique et des études économiques — l'Insee — dénombre 3 680 100 étrangers, et le ministère de l'Intérieur, 4 223 928. C'est que l'Insee se fonde sur les résultats du recensement de 1982, comme si les formulaires étaient tous remplis et retournés avec le même zèle et la même exactitude en milieu immigré que dans les autres ! Quant aux bénéficiaires de l'asile politique, il y en a eu 1 600 en 1974 et 30 000 en 1986. Comment, à la lecture de ces chiffres, ne pas rire aux anathèmes stupides sur la France devenue « terre de l'exclusion » !

Ces précisions, et bien d'autres encore, il faut savoir gré à Jacques Voisard et Christiane Ducastelle de nous les apporter dans leur livre clair, succinct et serein, précieux outil d'information, rédigé sur un ton d'une neutralité totale. La lecture devrait en être rendue obligatoire à tous les députés de la nouvelle Assemblée, et plus encore peut-être... aux battus, s'ils veulent s'expliquer leur infortune.

Non que l'immigration en France soit exceptionnelle. Avec 7 % d'étrangers dans la population, nous sommes dans la moyenne européenne. Mais plusieurs facteurs additifs aggravent les tensions : la surconcentration dans certains départements et, avant tout, dans les zones urbaines. Songeons que 70 % des étrangers vivent dans des villes de plus de 100 000 habitants, et 40 % seulement des Français.

D'où quatre conséquences : logements surpeuplés, chômage aggravé, enseignement insuffisant débouchant sur l'échec, forte délinquance. D'où cette idée clef que le problème immigré en France n'est d'abord que l'amplification des handicaps de la France pauvre en général, auxquels s'ajoutent des handicaps spécifiques, différents selon les pays d'origine. Aussi la véritable ligne de partage ne passe-t-elle pas avant tout entre les résidents qui ont la nationalité française et ceux qui ne l'ont pas. Entre les naturalisations (60 000) et les naissances (40 000), il y a 100 000 nouveaux Français par an. Mais cela ne veut pas dire qu'ils ne continueront pas à vivre pour autant dans le contexte immigré, avec ses désavantages économiques, socio-culturels et psychologiques. L'immigré « existentiel » peut fort bien ne pas être étranger, et de nombreux étrangers, résidents permanents ou de longue durée, ne partagent pas du tout le mode de vie immigré.

Il faut donc « déracialiser » la question immigrée et la « socialiser », retirer le dossier aux vociférateurs de tous bords, pour le situer enfin sur son terrain propre, celui des réalités humaines, économiques et culturelles.

Deux exemples. La surdélinquance immigrée est un fait. Je me propose de démontrer ici que celui qui nie catégoriquement ce fait est en réalité raciste. En effet, c'est parce qu'il admet implicitement que la surdélinquance peut être due à la race ou à l'ethnie que notre homme préfère la nier, craignant qu'elle n'exacerbe la xénophobie. Au contraire, celui que n'effleure pas l'idée que la surdélinquance s'expliquerait par la race n'éprouve aucun besoin de s'aveugler, parce qu'il sait qu'elle provient des conditions de vie : hyperconcentration dans les villes, entassement dans de mauvais logements, échec scolaire et chômage supérieurs à la moyenne générale, revenu inférieur. Ces conditions sont les mêmes que celles qui poussent à la délinquance la partie sinistrée de la population française. Mais la proportion de la population française qui vit dans ces mauvaises conditions est inférieure à celle des étrangers. Refuser de prendre acte de la surdélinquance étrangère n'est donc pas un comportement antiraciste : c'est le contraire. Ce comportement a des conséquences néfastes, car il paralyse toute action entreprise pour obvier aux causes réelles, sociales, de cette surdélinquance. Pourquoi se pencherait-on sur les causes d'un phénomène dont on nous affirme qu'il n'existe pas ?

De même, remédier à l'échec scolaire en organisant une scolarité spécialement adaptée aux besoins des enfants d'immigrés, y compris la première génération née en France, ce serait, paraît-il, du racisme, parce que ce serait organiser la ségrégation scolaire. Mais c'est cet interdit même qui reflète un racisme subconscient. Car celui qui ne songe pas à attribuer l'échec scolaire à l'ethnie n'éprouve aucune fausse honte à en traiter les vrais générateurs, qui sont socio-culturels. Pour lui, un type d'enseignement conçu, à titre provisoire, de manière à pousser rapidement au niveau des autres élèves une catégorie handicapée par son milieu, à en épouser les besoins spécifiques, résulte d'impératifs purement techniques. Le véritable raciste, c'est l'autre.

« Compte tenu de l'échec scolaire, écrivent nos auteurs, du niveau de chômage, de l'absence de qualification professionnelle, on peut estimer entre 300 000 et 500 000 le nombre de jeunes, français ou non, âgés de 15 à 35 ans, qui sont en voie d'exclusion totale. » Cela ne les console guère de savoir que, quand ils avaient 8 ans, de belles âmes les ont imposés dans des classes qu'ils ne pouvaient pas suivre, sous prétexte de « refuser l'exclusion ». Entendons-nous : le but, l'impératif absolu, est que tous les enfants éduqués en France suivent côte à côte le même enseignement dans les mêmes établissements. Mais entre 6 et 9 ans, une pédagogie adaptée aux enfants souffrant de handicaps linguistiques, parce que le français n'est pas la langue maternelle de leurs parents, ce n'est pas de la discrimination : c'est le moyen de la supprimer. Dans ce cas, la ségrégation d'aujourd'hui, c'est l'intégration de demain, et l'intégration d'aujourd'hui, la discrimination de demain.

Voisard et Ducastelle sont, certes, partisans, comme doit l'être tout démocrate, de « banaliser la situation de l'enfant étranger à l'intérieur du système scolaire » et d'éviter « toute solution discriminatoire ». On les approuve fortement. Mais voilà : dans la situation actuelle, pour prendre l'exemple de la région lyonnaise, 70 % des jeunes immigrés de 16 à 25 ans sont sans travail et sans qualification. Les enfants d'immigrés qui sortent démunis du système scolaire français sont encore plus nombreux que les jeunes Français. Quelle morale abstraite peut justifier ce massacre ?

Si le pourcentage des étrangers en France est sensiblement le même qu'avant la guerre, l'immigration en provenance d'Afrique du Nord est devenue prédominante et a remplacé l'immigration d'origine européenne. La vague portugaise, dernier flux significatif en provenance d'un autre pays européen, est elle-même en voie d'extinction. L'islam n'est pas seulement la deuxième religion pratiquée en France, c'est la deuxième religion des Français, devant la religion juive et la religion protestante. Trop occupés à se jeter mutuellement la pierre à propos du fluctuant phénomène Le Pen, tout en le favorisant par leur carence, les partis politiques n'ont conçu, vis-à-vis de ces situations nouvelles, aucune politique d'ensemble. Ils n'ont réagi qu'au coup par coup, y compris les mauvais.

Pis : le même aveuglement se répète à l'échelle européenne. Car l'immigration africaine, proche-orientale ou asiatique concerne tous les pays d'Europe, et, parmi eux, dorénavant, également les pays du Sud, où le flux migratoire s'est inversé. Aujourd'hui, c'est à Rome qu'on entend des réflexions ouvertement racistes contre les Nord-Africains et les Noirs. Or il n'existe, déplorent nos auteurs, aucun organisme européen chargé de suivre l'évolution de la présence étrangère sur le territoire de la Communauté ! Alors que le déséquilibre de la croissance démographique d'une rive à l'autre de la Méditerranée va faire monter la pression migratoire, l'Acte unique européen pour 1992 passe totalement sous silence la question immigrée ! Tant d'irresponsabilité confond. Ne nous étonnons pas si, demain, nous avons à payer cette ignorance volontaire de quelques nouvelles difficultés imprévues, quoique non imprévisibles.

27 juin 1988

La Question immigrée dans la France d'aujourd'hui de Jacques Voisard et Christiane Ducastelle, fondation Saint-Simon-Calmann-Lévy.

Anatoli Rybakov, l'antistalinien officiel

Il est toujours difficile de porter un jugement littéraire sur une œuvre qui est en même temps un événement politique et un tournant historique. Consacrer aux *Enfants de l'Arbat* une analyse purement esthétique serait artificiel et, sans doute, psychologiquement impossible. Dans notre attirance pour ce livre, comment faire abstraction des circonstances et des conséquences de la parution ? C'est le premier récit antistalinien accessible sans restriction aux lecteurs soviétiques. La décision de le publier a été prise, bien entendu, par les autorités suprêmes, et nous éclaire donc sur l'état d'esprit du parti, aujourd'hui, autant que sur la période du passé traitée dans le livre. L'action du roman a beau se situer en 1934, c'est 1988 que nous tâchons de déchiffrer entre les lignes.

Le précédent majeur d'une dénonciation du stalinisme officiellement autorisée en URSS est *Une journée d'Ivan Denissovitch*, publié en 1962 grâce à Khrouchtchev dans *Novyï Mir*. Mais la diffusion de cette revue ne permit au chef-d'œuvre de Soljenitsyne d'atteindre qu'un public restreint, en attendant d'ailleurs de devenir totalement introuvable. Le parti, en effet, s'empressa d'effacer les traces de l'initiative « subjective » du camarade Nikita.

Depuis, les livres de dissidents ont tous vu le jour à l'étranger. *Les Enfants de l'Arbat* constituent donc bien une première.

Et une première authentique, puisque l'œuvre, presque achevée voilà plus de vingt ans, et même fugitivement annoncée, mais sans suite, par *Novyï Mir,* attendait dans l'ombre son heure. Elle n'a pas été écrite sur commande pour les besoins du gorbatchévisme, comme le furent à l'époque du « dégel », dans les années cinquante, certains romans hâtifs, qui faisaient précisément partie de la propagande du dégel. Elle coïncide avec un contexte qui en relève singulièrement la saveur et en actualise le message.

Je n'irai pas jusqu'à dire qu'elle en avait besoin. L'histoire se lit avec un intérêt que soutient encore l'excellence de la version française. Rybakov pratique sans se tourmenter un type de narration carré [1], où les descriptions, les actes, les portraits, les conversations, l'état civil des personnages et leurs plus secrètes pensées se juxtaposent comme les lattes d'un parquet. N'eût été le contenu accusateur du livre, sa forme n'eût pas mécontenté les partisans du « réalisme socialiste ». On se croirait même plongé parfois dans un feuilleton bourgeois de la Belle Époque quand on lit : « Une femme d'une trentaine d'années venait d'entrer : une beauté, un port de déesse, des lèvres dessinées par Léonard de Vinci. » Soyons juste : la plupart du temps, Rybakov est direct, simple, concret. Son canevas est historique et autobiographique. Il relate l'année 1934 et l'épreuve qu'elle a infligée à son héros, c'est-à-dire son alter ego, lui-même à 22 ans : Sacha, un bon étudiant communiste, intelligent et digne, croyant et militant de la plus pure ardeur sta-

1. On lira également, d'Anatoli Rybakov, *Sable lourd*, traduit du russe par Monique Slodzian, Fayard.

linienne, et néanmoins accusé inexplicablement d'avoir conspiré contre le parti. Le voilà donc emprisonné tout d'un coup et déporté en Sibérie.

Là encore, la mise en scène des mécanismes exterminateurs du communisme n'apprend plus rien aujourd'hui au lecteur occidental. Il s'agit plutôt d'une confirmation de l'invariable. Arrêté pour avoir douté qu'il existe une « comptabilité marxiste » supérieure à la comptabilité bourgeoise, et pour avoir refusé de s'associer par son vote à l'exclusion d'un maître innocent, Sacha subit les affres de l'interrogatoire totalitaire, en tous points conforme au modèle bien connu. Le socialisme étant un échec, ses dirigeants doivent se désolidariser de leur propre faillite en se trouvant des boucs émissaires, au sens où René Girard emploie ce terme dans *La Violence et le sacré*. C'est-à-dire des innocents consentants auxquels l'État prête des crimes qu'ils n'ont pas commis, mais qui en plus reconnaissent les avoir commis, ou même indiquent, inventent eux-mêmes ces crimes mystérieux que les accusateurs refusent de leur préciser. « Je veux savoir pourquoi j'ai été arrêté », dit Sacha au policier qui l'interroge. « Et nous voulons, nous, que vous le disiez vous-même », répond le fonctionnaire. Comme Sacha refuse de s'attribuer des fautes imaginaires, il est déporté ; mais il l'eût été aussi en cas d'aveu. Tel est l'engrenage communiste. Il faut, certes, le redire et le relire.

On parcourra de même avec un sentiment de déjà vu, mais sans ennui, la description de la société soviétique, ou, du moins, moscovite, avec sa « nouvelle classe », la vie luxueuse des rejetons de la bureaucratie, cette jeunesse dorée du Moscou bolchevique, où les filles n'ont pourtant qu'une idée en tête, « épouser un étranger pour partir avec lui ».

Cependant, dans une société où toute vie privée

est peu à peu dévorée par le pouvoir d'État, la matière romanesque se raréfie inéluctablement et s'homogénéise au profit de la matière historique. L'axe central de ce roman, ou, plutôt, de ce document romancé, est le récit du début de la Grande Terreur et la mise en scène de son démiurge : Joseph Staline en personne, héros réel du livre. La reconstitution du personnage, de sa psychologie, de sa vision de lui-même et de l'histoire fournit quelques-uns des meilleurs moments du livre. C'est le morceau de bravoure de Rybakov, récurrent tout au long de la narration. Plusieurs chapitres sont rédigés sous la forme d'un monologue intérieur de Staline, procédé risqué, mais ici tour de force assez convaincant. Rybakov s'est immergé longtemps dans les écrits et discours de Staline, il a recueilli les confidences de ceux des familiers du dictateur qui avaient survécu à sa fréquentation. Il est parvenu, dit-il, à s'identifier au psychisme de son modèle, au point de pouvoir se glisser dans sa pensée et « faire du Staline à volonté », s'exprimer comme lui, sentir et voir à sa place. La revendication n'est pas sans fondement, ni l'évocation sans vigueur.

Autour de Staline font la ronde, dans ce musée Grévin verbal, ses fidèles compagnons et imminentes victimes. Fondre dans un même tissu narratif, comme le fait Tolstoï dans *Guerre et paix*, personnages historiques et personnages fictifs ne relève pas d'un art aisé : c'est peut-être pour rendre naturelle une soudure du monde imaginaire et du monde réel qu'un génie de romancier est le plus nécessaire. Ne disons pas que Rybakov en manque : disons plutôt qu'il ne se pose guère le problème.

Chez lui, la couche romanesque et la couche historique se superposent. La seconde est la plus vivante. La scène où Staline, en des propos semés d'énigmes, uniquement à l'aide de sous-entendus, donne l'ordre de lancer la grande purge à Iagoda, chef du NKVD, et à Iejov, chef du personnel du comité Central, fournit un brillant exemple d'histoire transposée en roman vrai. Ou encore la séance avec son dentiste juif, appelé d'urgence sur les bords de la mer Noire pour lui extraire une molaire. Pour une fois, c'est le dentiste qui a plus peur que le patient...

Quant aux causes de la Grande Terreur, Rybakov dévoile son interprétation dans les pages où il fait penser Staline à voix haute, où le tyran, seul dans son bureau, remâche sa philosophie de l'histoire, sa mégalomanie, sa méfiance maladive. Pour le Staline de Rybakov, les architectes de l'histoire sont les dirigeants qui s'emparent du pouvoir absolu en liquidant physiquement tous leurs rivaux. Quant au peuple, à son égard, la méthode de Machiavel, quoique estimable, lui paraît encore trop rudimentaire, dans la mesure où le pouvoir s'y appuie seulement sur la peur. « Un pouvoir fondé seulement sur l'amour du peuple est faible », marmonne le petit père dudit peuple ; « mais un pouvoir fondé uniquement sur la peur est aussi un pouvoir instable. Un pouvoir stable se fonde à la fois sur la peur devant le tyran et sur l'amour pour le tyran. » C'est là une bonne définition du stalinisme. Cette ambivalence éclaire le mélange de terreur et de culte de Staline, ou de Mao ; un culte, certes, largement fabriqué, mais non pas entièrement factice, puisqu'il fut célébré aussi en Occident par des millions de citoyens libres, dont quelques milliers d'intellectuels très bien informés. C'est triste pour la nature humaine, mais c'est ainsi.

En même temps, cette explication des malheurs de l'URSS par la seule personnalité de Staline marque les limites du roman de Rybakov. Elle fait comprendre aussi pourquoi en URSS les autorités actuelles l'ont promu. Quoique écrit en toute indépendance et bien avant la perestroïka, *Les Enfants de l'Arbat* est un roman idéalement gorbatchévien, qui tombe à point nommé pour l'actuel secrétaire général, puisqu'il attribue l'arriération économique et politique aux erreurs et aux crimes des dirigeants décédés et non au système lui-même. On éprouve un étonnement sans cesse renouvelé à voir les chefs marxistes, dans le monde entier, piétiner régulièrement le principe fondamental du marxisme, à savoir que le sort d'une société est modelé non par des erreurs individuelles, des malchances, des conspirations, des sécheresses, mais par son infrastructure économique.

Si la personnalité de Staline expliquait seule la faillite soviétique, comment comprendre que la voie socialiste vers l'autodestruction se répète dans nombre de pays aussi différents culturellement que la Chine et Cuba, l'Éthiopie et le Vietnam, Madagascar et le Nicaragua, le Cambodge et l'Angola, la Birmanie et la Roumanie ? Ce sont plutôt ces systèmes qui produisent chacun son Staline, et non Staline qui produisit le système.

Les œuvres les plus belles de la dissidence sont dues aux auteurs, romanciers ou mémorialistes, qui ont su remonter jusqu'à la source du mystère totalitaire : les Boulgakov, Soljenitsyne, Vassily Grossman, Vladimir Boukovski, Alexandre Zinoviev, Valladares. Eux ont vu qu'on ne peut pas poser le problème du stalinisme sans poser le problème du communisme dans son ensemble, et qu'on ne peut pas poser ce dernier problème sans poser aussi celui de l'homme même.

C'est sans doute pourquoi ces écrivains sont en général rejetés par la gauche des pays démocratiques dans l'enfer « réactionnaire ». Au milieu du naufrage universel des systèmes communistes, qu'elle reconnaît, cette gauche s'accroche encore néanmoins à l'idée qu'on ne peut critiquer le communisme que de l'intérieur, pour le réformer, non pour le rejeter ; d'un point de vue communiste, et non capitaliste. Mais dit-on jamais : il n'est permis de critiquer l'hitlérisme que d'un point de vue national-socialiste ?

Les Enfants de l'Arbat auront une portée à long terme s'ils sont le signe non d'un simple relâchement, mais d'un changement définitif du système. Sans quoi, les choses peuvent toujours revenir en arrière. C'est ce que montre opportunément la publication des minutes du procès Brodski[1]. Le futur Nobel de littérature 1987 (aujourd'hui en exil aux États-Unis) fut condamné en 1964 à cinq ans de travaux forcés pour « parasitisme social ». Il avait 24 ans et n'était l'auteur que de quelques poèmes qui circulaient sous forme manuscrite et n'avaient rien d'antisoviétique. Or ce verdict survint au terme de huit années de « dégel », dont Hélène Carrère d'Encausse, dans la préface, et Efim Etkind, dans les commentaires, nous dépeignent, avec science et acuité, à la fois les réalités positives et la totale fragilité. Le parti, le KGB, et surtout l'Union des écrivains, composée d'intellectuels veillant jalousement à leurs privilèges, avaient toléré une dénonciation surveillée du stalinisme, mais ne pouvaient accepter une émancipation véritable des créateurs, une autonomie irréversible de la pensée. Sont-ils plus disposés ou plus obligés aujourd'hui qu'hier à franchir le pas ? C'est la seule question nouvelle et importante. La glasnost vient d'en haut. Elle reste révocable. Tant qu'il n'y a que la glasnost, il n'y a pas la

1. *Brodski, ou le procès d'un poète*, édition réalisée sous la direction de Janine Lévy, Le livre de Poche.

liberté. Pour changer le système, il faut aller au-delà de la glasnost.

19 septembre 1988

Les Enfants de l'Arbat d'Anatoli Rybakov, traduit du russe par Antonina Roubichou-Stretz, Lucia et Jean Cathala, Albin Michel.

Bicentenaire

Bas les armes, citoyens !

Dans un article sur les préparatifs du bicentenaire de 1789, l'hebdomadaire américain *Newsweek* écrit le 3 octobre 1988 : « La France étant la France, il y aura des centaines de colloques, un flot de livres et d'articles savants. À la télévision comme dans les rencontres universitaires, les spécialistes débattront à nouveau des causes et origines de la Révolution, de la signification de la Terreur sous Robespierre, et se demanderont si la Révolution doit être considérée comme un bloc, y compris la guillotine et les massacres, ou comme porteuse du seul message de la Déclaration des droits de l'homme. »

Parfois, nos drames personnels, pour nous inédits, subtils, complexes, révèlent leur banalité quand ils sont décrits par un témoin extérieur. Incontestablement, il existe un radotage de la culture politique française, depuis cent quatre-vingt-dix ans, au sujet de la Révolution. Nous seuls n'en avons pas conscience, car, précisément, le propre du radoteur est de s'imaginer formuler pour la première fois ce qu'il a rabâché à d'innombrables reprises. Ah ! ces querelles au sujet de la Terreur et des droits de l'homme ! Elles tournent en rond, dans les mêmes termes, avec les mêmes éclats de voix, au milieu du XIXe siècle, au début du XXe et aux approches du XXIe.

C'est que les commémorations de notre Révolution sont régulièrement utilisées comme outils politiques. Elles servent à régler les comptes idéologiques du moment. Elles ravivent les divisions, contrairement aux commémorations de la Révolution américaine, occasions d'unanimité.

Pourtant, les préparatifs de notre bicentenaire sont en train de servir de miroir à une triple évolution : évolution politique, avec le rejet des tentatives de greffe du passé sur le présent ; évolution des études historiques sur la Révolution française depuis une trentaine d'années ; évolution, enfin, de la sensibilité publique.

Le débat qui déchire la conscience française depuis deux siècles a un fondement réel : c'est que notre Révolution est bien la mère des deux types de régime : les régimes démocratiques et les régimes totalitaires.

La Révolution comme projectile politique

Nous avons toujours perçu la Révolution moins en elle-même que comme un instrument d'interprétation des événements contemporains et de justification d'une action politique présente. Les commémorations n'ont pas échappé à ce détournement d'histoire. Le premier centenaire, en 1889, sert à glorifier le camp républicain, à exalter cette IIIe République récemment consolidée. Non sans raison, d'ailleurs, car la stabilisation institutionnelle, fondée sur le suffrage universel, est un bien précieux. Il est naturel qu'elle inspire une juste fierté. Reste que la célébration imprime à la lecture du passé comme à celle du présent un tour polémique, où la Révolution fait office d'arsenal plus que d'arc-en-ciel.

Grand historien officiel, Ernest Lavisse propage alors dans l'enseignement public l'évangile laïque et républicain. Ses manuels enfoncent dans le crâne des enfants que la France n'a vécu de 887 à 1789 que pour préparer la Révolution, et ensuite pour l'appliquer. Jaurès achève en 1903 son *Histoire socialiste de la Révolution française*, d'une grande érudition et d'une haute tenue intellectuelle, mais dont le dessein est d'enrôler les grands ancêtres dans la bataille socialiste future. Avec Octobre 1917, s'opère la fusion idéologique des deux Révolutions, la russe et la française. 1793 devient l'année de référence. La dictature de Robespierre justifie celle de Lénine, la Terreur jacobine celle des soviets. Réciproquement, le Comité de salut public se trouve validé par le politburo.

Dès 1920, Albert Mathiez, un des maîtres de l'histoire universitaire, publie une brochure, *Le Bolchevisme et le jacobinisme*. Il y écrit : « Jacobinisme et bolchevisme sont au même titre deux dictatures de classe, opérant par les mêmes moyens : la Terreur, la réquisition et les taxes, et se proposant, en dernier ressort, un but semblable, la transformation de la société, et non pas seulement de la société russe ou de la société française, mais de la société universelle. » Voilà donc l'explication par les circonstances, la rédemption de la terreur comme méthode normale en cas de danger, de complot réel ou supposé. La Révolution française est utilisée comme un supermarché politico-idéologique où l'on choisit à son gré, sur les rayons, le matériau destiné à étayer telle ou telle position partisane contemporaine. Et ce au niveau le plus élevé de l'histoire dite scientifique, puisque Albert Mathiez fut professeur à la Sorbonne et à l'École pratique des hautes études et auteur d'une *Révolution française* en trois petits volumes qui sera le texte de base des étudiants jusque vers 1950.

Sa querelle avec son rival Alphonse Aulard, titulaire, à la faculté des lettres de Paris, de la chaire d'histoire de la Révolution française, créée en 1886 — signe des temps —, tourne, elle aussi, autour d'enjeux politiques. Aulard soutient la version « républicaine » de la Révolution, une Révolution selon lui pleinement réalisée par le « consensus républicain » de la IIIe. Son grand ancêtre préféré est Danton. Mathiez, lui, veut imposer la version « socialiste » de la Révolution. Son héros est Robespierre. Pour déconsidérer Danton, Mathiez se livre donc à un travail de juge d'instruction, épluchant des comptes dont l'irrégularité prouvera que Danton était probablement fort vénal. Autant qu'à une recherche historique, son enquête s'apparente au procès pour corruption fait en 1988, à Moscou, au gendre de Brejnev. À travers Danton, c'est la « stagnation » des radicaux-socialistes que Mathiez entend discréditer.

Le cent cinquantenaire, en 1939, se mua en apothéose du Front populaire, pourtant défunt, sinon enterré, et fut d'inspiration principalement communiste. Le beau film de Jean Renoir *La Marseillaise,* commandé pour la circonstance, en traduit bien l'esprit. À l'approche du bicentenaire, les socialistes au pouvoir en 1982 voulurent à leur tour, dans le cadre d'une préparation de longue main, susciter un film « révolutionnaire » ; ce fut le *Danton* d'Andrzej Wajda. Amère déconvenue ! Plusieurs dirigeants du PS quittèrent la salle pendant la première projection en criant : « Il s'est moqué de nous ! » C'est que Wajda, dans son film, dépeint le Paris de 1794 comme une capitale terrorisée par le pouvoir totalitaire, qu'il voit à travers celui de sa Pologne natale. La nomenklatura jacobine, dans des restaurants de luxe, savoure des repas raffinés au milieu d'une ville en proie à la famine. Rappel intolérable, pour un PS aspirant alors à transformer les cérémonies de 1989 en une sorte de canonisation de son propre retour au pouvoir, et à déguiser la Révolution elle-même en éclair annonciateur de son imminente « rupture avec le capitalisme ». La compénétration idéologique entre le passé et le présent bat son plein. Mais déjà une nouvelle génération d'historiens en avait démonté les fondements.

L'effondrement d'un consensus

À partir de 1960, l'évolution des études historiques se met à ronger l'image officielle de la Révolution construite depuis un siècle par l'école universitaire française. C'est ce bouleversement qu'un historien britannique, William Doyle, appelle fort justement « l'effondrement d'un consensus », dans un livre lui-même très novateur, dont la traduction vient à point nommé de paraître : *Des origines de la Révolution française* (traduit par Béatrice Vierne aux éditions Calmann-Lévy). De quel consensus s'agirait-il ? La version jadis admise consistait à présenter la Terreur, la répression en Vendée, la dictature du Comité de salut public comme des nécessités dictées par la double menace des guerres extérieures et des complots intérieurs.

Dans cette version, 1793 ne tourne pas le dos à 1789 et aux droits de l'homme, c'en est le prolongement. 1789 apporte une révolution « bourgeoise », l'égalité des droits, un régime constitutionnel, la liberté d'entreprendre et d'échanger voulue par la classe capitaliste naissante. 1793 tente le passage à la révolution intégrée, socialiste (avant la lettre). Cette seconde révolution, la vraie, est brutalement interrompue le 9 thermidor (27 juillet 1794) par la chute de Robespierre. C'est précisément cette révolution prolétarienne interrompue que ressuscite Lénine en octobre 1917, après qu'elle eut tenté une fois déjà brièvement de revivre au moment de la Commune de Paris, en 1871. Selon cette conception mystique d'une histoire tournée par avance vers une finalité rédemptrice, « thermidor » devient d'ailleurs synonyme de « Révolution trahie », et, dans le livre qui porte précisément ce titre, Léon Trotski flétrit sous l'épithète de « thermidoriens » les dirigeants staliniens selon lui « embourgeoisés » des années trente.

Un autre stéréotype, dans ce roman allégorique, est le « bonapartisme ». Trotski qualifie de « bonapartiste » la dictature de Staline. La bourgeoisie se jette sous la protection d'un sauveur à l'épée. Après le discours radiodiffusé du 30 mai 1968 grâce auquel de Gaulle sut retourner à son profit le courant, Mitterrand s'exclama : « Nous connaissons bien tout au long de notre histoire cette voix : elle vient du 18-Brumaire ! » : identification machinale de l'allocution présidentielle en 1968 au coup d'État de Bonaparte en 1799. Le seul et unique point commun était qu'il s'agissait dans l'un et l'autre cas d'un général.

À peine est-il besoin de souligner que le schéma explicatif était d'inspiration marxiste. Les chefs de file universitaires de l'histoire révolutionnaire, tous professionnels éminents, depuis Albert Mathiez (disparu en 1932) jusqu'à Albert Soboul (disparu en 1982) en passant par Georges Lefebvre (1874-1959) furent d'ailleurs membres ou proches du Parti communiste, ce qui est encore le cas aujourd'hui pour un de leurs successeurs, Michel Vovelle.

Le premier accroc au consensus, on peut même dire l'ébranlement décisif, vint en 1965 de deux historiens qui n'avaient pas encore la quarantaine : François Furet et Denis Richet. Le premier est spécialisé dans la Révolution, le second davantage dans l'Ancien Régime. Leur *Révolution française,* de par sa présentation chez Hachette en deux grands volumes illustrés, s'adressait au grand public, mais ce fut chez les historiens et dans les milieux intellectuels qu'elle provoqua le plus de remous.

Quelle est leur objection majeure contre la version officielle ? C'est que le chercheur scientifique ne peut pas se contenter, pour comprendre un phénomène historique, de prendre au pied de la lettre et de reprendre à son compte les explications de leurs actions qu'ont données les acteurs eux-mêmes au moment des faits. On ne peut se borner à souscrire paresseusement aux justifications de la terreur que fournissaient dans un torrent de mots les terroristes eux-mêmes. On ne peut admettre sans inventaire l'explication « par les circonstances », l'excuse par la guerre civile et la guerre étrangère. C'est un peu comme si l'on acceptait comme vérité historique définitive l'explication que donnait Staline lui-même des procès de Moscou.

L'explication « par les circonstances » tient d'autant moins que la terreur de masse a battu son plein et atteint son paroxysme APRÈS que tout danger eut été écarté, que nos armées eurent remporté la victoire sur les envahisseurs et que la rébellion de Vendée eut été matée. C'est alors que commencèrent les pires massacres, les exécutions massives, à Paris, à Lyon, à Nantes, l'extermination systématique, ordonnée d'en haut, de la population vendéenne, femmes, vieillards et enfants inclus. Comment de grands historiens ont-ils pu être aveuglés au point d'expliquer la Terreur par le besoin de prévenir un péril qui, en réalité, était déjà passé ? Comment l'ordre idéologique peut-il inverser avec autant d'aplomb l'ordre chronologique ? L'essentiel des aspirations de la France avait été atteint en

1791 : après quoi survient ce que Furet et Richet appellent le « dérapage » de la Révolution française. Alors apparaît un régime nouveau, qui n'est ni l'absolutisme ancien ni la démocratie, qui est la préfiguration des régimes totalitaires futurs. Cet accident retarde d'un siècle la normalisation démocratique en France.

Déjà, sous le second Empire, Edgar Quinet, dans sa *Révolution,* à laquelle Furet consacre en 1986 un très éclairant ouvrage, écrit superbement : « L'illusion persistante des terroristes est d'invoquer le succès pour se couvrir devant la postérité. En effet, lui seul pouvait les absoudre. Mais ce succès, où est-il ? Les terroristes dévorés par les échafauds qu'ils ont dressés, la République non seulement perdue, mais devenue exécrable, la contre-Révolution politique victorieuse, le despotisme à la place de la liberté pour laquelle toute une nation avait juré de mourir : est-ce là le succès ? Combien de temps répéterez-vous encore cet étrange non-sens, que tous les échafauds étaient nécessaires pour sauver la Révolution, qui n'a pas été sauvée ? »

Cette étude de Furet sur Quinet s'intitule : *La Gauche et la Révolution au milieu du XIXe siècle* (Hachette). Car le débat sur le problème du jacobinisme, aujourd'hui comme hier, est intérieur à la gauche. Les contre-révolutionnaires purs sont depuis longtemps hors de combat, politiquement parlant. La question n'est pas de savoir si le passage de la France à la démocratie devait avoir lieu. Les Français en quasi-totalité répondent oui. La question est de savoir si la façon de s'y prendre fut la meilleure, et si elle ne retardera point, en définitive, l'entrée de la France dans la modernité politique.

La Révolution est-elle terminée ?

Cette idée de la Révolution brisée non par la réaction mais par elle-même court tout au long du XIXe siècle. La hantise des plus grands historiens d'alors, c'est l'échec de la démocratie en France. Lorsque Quinet écrit sa *Révolution,* le deuxième Bonaparte vient de renverser la IIe République. Une fois de plus, la révolution débouche sur la dictature. Michelet, figure tutélaire et géniale de l'historiographie de gauche s'il en fut, n'est pas moins catégorique. Selon lui, le dictateur militaire sort du dictateur jacobin. Contrairement à ce que l'on fait souvent croire (car la désinformation existe aussi en histoire), Michelet tient que la Terreur fut la trahison de la Révolution et tonne contre certains auteurs socialistes de son temps — Buchez, Louis Blanc — qui entendent la réhabiliter. Il leur lance : « Le sang humain a une vertu terrible contre ceux qui l'ont versé. Il me serait trop facile d'établir que la France fut sauvée malgré la Terreur. Les terroristes nous ont fait un mal immense, et qui dure. Allez dans la dernière chaumière du pays le plus reculé d'Europe, vous retrouvez ce souvenir, et cette malédiction. »

À quel moment la Révolution s'est-elle terminée ? Selon les manuels scolaires : en 1799. Les marxistes répondent : en 1794, avec la chute de Robespierre. Selon François Furet, elle s'est terminée, dans les faits sinon dans les esprits, seulement au moment où la démocratie a enfin pris durablement racine en France, c'est-à-dire au début de la IIIe République. La Révolution française a duré un siècle ! Et même davantage, car elle a commencé avant 1789. Le grand livre de Furet qui vient de paraître porte ce titre intrigant : *La Révolution, 1770-1880* [1]. Cette « périodisation », comme disent

1. Hachette, collection « Histoire de France ».

les hommes de l'art, est pour le moins provocante, de même que le sous-titre : *De Turgot à Jules Ferry.* Quelle est l'idée ? « L'idée centrale, écrit l'auteur, est que seule la victoire des républicains sur les monarchistes, en 1876-1877, donne à la France moderne un régime qui consacre durablement l'ensemble des principes de 1789 : non seulement l'égalité civile, mais la liberté politique. C'est ce premier siècle de la démocratie en France que j'ai tenté de peindre et de comprendre. »

Avec cette synthèse dont la maîtrise, l'intelligence étonnent à chaque ligne, Furet nous donne ses « origines de la France contemporaine », mais en observant une sérénité que Taine ne montrait pas toujours. Sa dureté pour ce qu'il a lui-même baptisé le « catéchisme révolutionnaire » de l'école Mathiez-Soboul n'en est pas moins sans concession. Là-dessus, sa religion est faite. Elle l'est aussi dans le *Dictionnaire critique de la Révolution française*[1] qu'il cosigne avec Mona Ozouf et qui, simultanément, paraît chez Flammarion. C'est beaucoup plus qu'un dictionnaire, car chaque article constitue non seulement une notice synthétique et une source d'information, mais un petit essai à lui tout seul et une interprétation originale. Les deux coauteurs principaux ne se sont pas bornés à « diriger », ils ont abondamment mis la main à la pâte. À Furet, on doit certains articles clefs, tels que « Jacobinisme », « Terreur », « Vendée ».

Terminer la Révolution, c'est au fond — ce fut en tout cas — une sorte de gageure personnelle de la part de François Furet. La terminer, c'est l'assimiler comme acquis de civilisation et s'en débarrasser comme obsession idéologique. « L'historien qui

1. Collaborateurs nombreux, tous historiens de premier plan, dont plusieurs de la toute dernière génération.

étudie les rois mérovingiens ou la guerre de Cent Ans n'est pas tenu de présenter, à tout moment, son permis de recherches. L'historien de la Révolution française doit, lui, produire d'autres titres que sa compétence ; il doit annoncer ses couleurs. » Ces lignes, Furet les trace au début d'un livre fameux, son « manifeste » d'historien : *Penser la Révolution française* (Gallimard, 1978). La première partie de cet essai s'intitule, avec une impatience significative et peut-être quelque excès d'optimisme : « La Révolution française est terminée ». Une autre partie polémique contre les historiens communistes de la Révolution. Elle liquide avec une implacable logique l'interprétation alors dominante, le « catéchisme révolutionnaire ».

Le catéchisme révolutionnaire a également souffert à propos d'un autre problème que la Terreur : celui des origines de la Révolution. Cette révision fut l'œuvre, dans une large mesure, d'historiens anglais et américains. On n'a pas encore suffisamment rendu hommage, en France, à la richesse des travaux anglo-saxons sur la Révolution française depuis le début des années cinquante et à leur nouveauté. L'un des auteurs les plus connus dans ce domaine est Alfred Cobban, dont *Le Sens de la Révolution française,* paru en 1964, a été traduit en... 1984[1]. Mais il y en a de nombreux autres, et l'on trouvera un bilan très vivant de leur apport dans le livre de William Doyle, déjà cité, *Des origines de la Révolution française.*

En gros, ces trente ans de recherches des historiens de langue anglaise, avec, bien sûr, des divergences entre eux, aboutissent à réfuter la thèse marxiste classique de la Révolution comme prise du

1. Préface d'Emmanuel Le Roy Ladurie, Julliard, coll. « Commentaire ».

pouvoir par la bourgeoisie aux dépens de la noblesse, et du capitalisme au détriment du « féodalisme », terme au demeurant vide de sens au XVIIIe siècle. Le capitalisme industriel se trouvait en fait très faiblement développé dans la France de l'Ancien Régime, et ses rares représentants ne jouèrent aucun rôle politique en 1789. La noblesse et la bourgeoisie étaient, toutes deux, composées de propriétaires terriens qui se ressemblaient plus qu'on ne l'a dit. Bref, la Révolution, en réalité, eut pour moteur les paysans, et, au niveau politique, elle fut conduite par une classe de bourgeois non capitalistes, principalement des avocats. Ce fut d'ailleurs un phénomène d'essence politique. Comme le dit l'un des plus innovateurs historiens de cette période, l'Américain George Taylor : « La Révolution de 1789 fut essentiellement une révolution politique avec des conséquences sociales, et non une révolution sociale avec des conséquences politiques. »

Bref, ce qui s'écroulait, dans ce grand bouleversement de la connaissance historique, c'était l'explication conventionnelle de la « crise de l'Ancien Régime » par des causes uniquement économiques et sociales. Ce qui s'écroulait aussi, c'était le noyau même de l'interprétation marxiste : la Révolution comme avènement de la bourgeoisie capitaliste, entraînant dans son sillage les paysans et les prolétaires, mais leur soufflant, au bout du compte, le bénéfice de l'opération.

La métamorphose de la sensibilité publique

Un écrivain et éditorialiste me racontait récemment avoir, au cours d'un entretien avec un groupe de jeunes, parlé des « Oradour » de la Terreur. Dans notre culture médiatique, certains mots font mouche. Celui-là possède ce pouvoir dans l'horreur. Il éveilla aussitôt une intense curiosité. Quels Oradour ? Comment ? Pourquoi ? Ainsi, les vieilles images d'Épinal se jaunissent et les tabous s'écroulent. Ce qui se produit, c'est non pas le remplacement d'une histoire prorévolutionnaire par une histoire contre-révolutionnaire, comme le plaident les attardés de la vieille école, c'est le refus de continuer à mentir sur le passé pour sauvegarder la cohésion du présent.

À ce jeu, d'ailleurs, on risque de se trouver pris à son propre piège. L'école universitaire française, qui a voulu se servir d'Octobre 1917 pour légitimer le jacobinisme, voit aujourd'hui l'argument se retourner contre elle. La débâcle mondiale des systèmes issus de la révolution bolchevique rejaillit sur la Révolution française. On avait voulu se servir de 1917 comme d'une estampille d'authenticité pour 1793, en disant : « Vous voyez bien qu'il faut accepter certaines extrémités pour qu'une révolution réussisse. » Mais comme la révolution bolchevique a raté et qu'aujourd'hui ce ratage impressionne l'imagination populaire, on ne peut plus nous présenter la Révolution française comme le premier jalon d'une révolution socialiste mondiale.

La sensibilité publique, durant la décennie qui se termine, en même temps qu'elle rejetait l'illusion des révolutions miraculeuses, redécouvrait la valeur de la liberté en tant que telle, de la démocratie politique, du pluralisme, de la tolérance et des droits de l'homme. Nous savons aujourd'hui que ceux-ci sont premiers par rapport aux droits économiques et sociaux et que, sans démocratie politique, les sociétés font naufrage aussi en économie. Nous savons aussi que vouloir placer l'égalité avant la liberté, c'est anéantir les deux.

Conclusion : vers quel bicentenaire ?

Un temps, le courant d'opinion dominant avait de la Grande Révolution rejeté le bon et gardé le mauvais.

Peut-être venons-nous d'entrer enfin dans l'ère où la France s'apprête à faire l'inverse. Puissent les officiels chargés de célébrer le bicentenaire entériner ce choix.

Puissent, au cours des cérémonies, l'amour de la démocratie évincer le penchant à l'idéologie, la pudeur civique triompher de l'esprit de propagande, et le culte de la liberté l'emporter sur celui de la personnalité.

24 octobre 1988

Droits de l'homme : l'homme et ses droits

Le Haut-Commissariat des Nations unies pour les réfugiés vient de donner sa bénédiction au rapatriement forcé de boat people vietnamiens que Hong kong, la Malaisie, la Thaïlande ne peuvent plus absorber. En 1945, deux millions de Soviétiques désireux de rester à l'Ouest, notamment des prisonniers de guerre en Allemagne, furent, sur les instances de Staline, renvoyés en URSS par les Alliés. Aussitôt déportés au goulag, la plupart moururent.

Après quarante ans, les progrès en matière de défense des droits de l'homme restent donc minces. À situation identique, solution identique, j'oserai dire légèrement finale. Interrogé sur le sort qui attendait ces boat people, le haut-commissaire des Nations unies, au cours d'une interview, en août, a déclaré d'une voix suave qu'il leur fallait s'attendre à être « un petit peu punis », puisqu'ils étaient partis « sans autorisation ». Pardi ! Mais trois cent mille personnes ont péri dans les camps vietnamiens en dix ans et la famine qui sévit dans le pays laisse peu d'espoir de survie aux rapatriés. Ce n'est pas à eux, je suppose, que seront réservés les magasins pour privilégiés. En outre, l'argument étonne dans la bouche de ce fonctionnaire. N'excuse-t-il pas une violation par les Nations unies mêmes de leur propre charte internationale des droits de l'homme ? Celle-ci stipule (article 13) : « Toute personne a le droit de quitter tout pays, y compris le sien, et de revenir dans son pays. » L'indignation de l'Occident a souvent flambé pour des expulsions moins contestables en droit et moins lourdes de conséquences.

Les Nations unies se montrent, certes, parfois plus dignes de leur mission. Ainsi, les divers rapports de sa Commission des droits de l'homme sur l'Afghanistan, dits « rapports Ermacora » (du nom du président de la commission spéciale d'enquête), dressent, depuis 1984, le tableau des atrocités soviétiques et des exterminations de civils — plus d'un million de victimes. En revanche, Armando Valladares, qui a passé vingt-deux ans dans les prisons de Castro, écrit : « La Commission des droits de l'homme des Nations unies est le seul organisme international qui n'ait jamais pris position au sujet des violations des droits de l'homme à Cuba[1]. »

Les organisations non gouvernementales ne subissent pas, comme les Nations unies, la contrainte des marchandages politiques. Sont-elles pour autant à l'abri des groupes de pression idéologiques ? Pour certaines, on peut d'emblée répondre non, tant leur partialité sélective saute aux yeux : elles défendent les droits de l'homme à peu près comme le Mouvement de la paix défend la paix. Ce dernier, on le sait, présente depuis toujours l'Occident comme le seul agresseur, réel ou potentiel. Pour d'autres organisations de défense des droits de l'homme, l'impartialité constitue la règle de base. C'est le cas de la plus connue et respectée d'entre elles, Amnesty International. Et pourtant, depuis plusieurs années, nombre de sympathisants

1. *La Prensa*, Buenos Aires, 16 février 1988.

actifs ou d'observateurs attentifs d'Amnesty ont commencé à se poser des questions. Les rapports semblaient d'une sévérité plus systématique pour les régimes autoritaires ou semi-autoritaires de droite, voire pour les imperfections de nos démocraties, que pour les systèmes totalitaires socialistes.

À ces doutes, Amnesty rétorque qu'il est plus difficile d'enquêter dans les pays totalitaires. Objection qui rappelle le raisonnement du brave homme cherchant son bouton de culotte là où il n'est pas tombé, parce que c'est le seul endroit où il y ait de la lumière. De plus, on ne retire pas à tout coup de la lecture des rapports d'Amnesty l'impression que seul l'obstacle technique explique d'étranges indulgences.

Ainsi, pour le Cambodge, le rapport de 1975 nous dit : « Les allégations d'exécutions massives reposent sur des affirmations sans solidité et des récits de seconde main. » Or, entre mars et août 1975, des dizaines de reportages de première main dans la presse des pays démocratiques permettaient déjà de comprendre qu'un carnage se mettait en train. Plus aucun doute ne subsistait en 1976, année où Amnesty consacre cinq maigres lignes au Kampuchéa rouge. Selon le rapport de 1977, « les exécutions massives semblent avoir cessé ». Mais on ne nous avait pas dit qu'elles avaient commencé ! Un témoin, précise le rapport 1978, a traversé le Cambodge sans rien apercevoir des boucheries relatées dans les journaux occidentaux. Or, à cette date, on estime qu'entre deux et trois millions de Cambodgiens ont été massacrés, entre le tiers et la moitié de la population. Le livre du père François Ponchaud, *Cambodge année zéro,* témoignage de première main s'il en fut, était paru dès 1977. Plus tard, Amnesty rectifia. Mais sa vocation est-elle de faire de l'histoire ancienne ?

Dans son rapport de 1987, examinant la situation des droits de l'homme en Amérique centrale, Amnesty accable le Guatemala, le Honduras et le Salvador, mais voit beaucoup moins de forfaits à reprocher au Nicaragua. Or, si les trois premiers pays cités ont bien des points noirs, ils s'efforcent malgré tout d'établir ou de préserver la démocratie, ce que ne font aucunement les sandinistes. S'il y a des violations des droits de l'homme au Nicaragua, des exécutions, des tortures, elles viennent, selon Amnesty, des rebelles contras, jamais du gouvernement ! Au Salvador, en revanche, les guérilleros, qui, eux, luttent contre un gouvernement démocratiquement élu, n'ont, paraît-il, jamais commis la moindre atrocité. Le rapport de 1988 (publié chez Flammarion) revient sur les « meurtres commis par les contras », mais signale cette fois objectivement que les sandinistes détiennent « plusieurs milliers de prisonniers politiques dans des conditions constituant un traitement cruel, inhumain ou dégradant ».

Pourtant, ce rapport 1988 ne contient pas une seule fois, à propos du Nicaragua, le mot « torture ». À peine dit-on, en passant, que certains prisonniers « affirment » avoir été torturés. Au contraire, le mot revient à plusieurs reprises à propos de l'Italie ou de l'Espagne. Écrivant aux autorités françaises, Amnesty a maintes fois protesté contre les expulsions de Basques vers l'Espagne, alléguant « un risque de torture ». Le risque existe, mais beaucoup moins dans la démocratie espagnole que dans la dictature sandiniste. Pourquoi doit-on croire des terroristes violents en Espagne plus que des prisonniers d'opinion au Nicaragua ? On s'étonne d'autant plus que le mandat précis de l'organisation est d'« obtenir la libération de détenus à condition qu'ils n'aient pas usé de violence ni préconisé son usage ». Condition qui devrait être d'autant plus stricte, semble-t-il, qu'est plus démocratique le régime contre lequel s'exerce la violence.

Amnesty, toutefois, il faut le noter en toute équité, sait traiter aussi avec sévérité des régimes socialistes. Dans son chapitre sur la Birmanie, rédigé avant l'explosion populaire de cet été, elle dépeint bien l'intolérable atmosphère du pays. Elle est accablante aussi pour la Chine. À sa décharge, il convient de prendre en considération également la manière dont les médias montent parfois en épingle certains aspects des rapports de l'organisation et en passent sous silence d'autres. On peut croire à une plaisanterie des services humoristiques du KGB quand on entend, par exemple, dans un même bulletin d'information de la BBC, annoncer qu'Amnesty félicite chaleureusement Castro pour ses progrès dans le respect des droits de l'homme et blâme en revanche la Confédération helvétique pour le traitement qu'elle inflige à ses objecteurs de conscience qui refusent de faire leur service...

Amnesty ne fait que refléter en toute bonne foi les variations de la question même des droits de l'homme selon les régimes. Car on ne peut pas traiter cette question de la même manière selon qu'on parie de pays dans lesquels les droits sont par définition garantis ou de gouvernements par lesquels ils sont par nature exclus. Dans les premiers, les manquements sont des entorses à la norme. Sous les seconds, ils sont la norme.

Lorsque, récemment, un sous-secrétaire américain aux Affaires étrangères exhorte Nicolae Ceausescu à « améliorer ses résultats en matière de droits de l'homme » (« improve his human rights record », selon la ritournelle en usage), il le pousse gentiment à disparaître. On comprend que le Conducator soit furieux. Demander au gouvernement britannique de lutter contre le terrorisme irlandais sans manquer au respect de la personne humaine, c'est poser un problème qui n'est pas insoluble dans le cadre du Royaume-Uni tel qu'il est. Demander aux Chinois de mieux respecter les droits des Tibétains, c'est les engager à évacuer le pays.

De là vient l'équivoque de la notion de « prisonnier politique » telle qu'Amnesty l'utilise. Et la récente annonce, par le chancelier Kohl, que l'URSS allait libérer « tous ses prisonniers politiques » participe de cette équivoque. C'est pourquoi, sans doute, les Soviétiques l'ont démentie.

Être prisonnier politique sous une Constitution qui garantit et applique effectivement le droit de critique, d'opposition, de pluralité des partis, de réunion, de libre circulation des idées, de pétition, de remise en cause des institutions, cela veut dire quelque chose de précis. On est incarcéré sans avoir violé aucune loi, pour avoir, au contraire, usé des avantages de la loi. Mais que veut dire être prisonnier politique en Roumanie, au Nicaragua, au Vietnam, à Cuba, en Corée du Nord, en Éthiopie ? C'est le peuple tout entier, sous de tels systèmes, qui est prisonnier politique. Ne pas aller de surcroît derrière les barreaux ou ne pas être déporté exige d'un individu qu'il s'en tienne prudemment au degré zéro des droits de l'homme. Il est donc dérisoire de dénombrer 47 ou 378 ou 2 039 ou 93 « prisonniers d'opinion », dans des pays où la première condition de survie est de n'avoir pas d'opinion. La lutte pour les droits de l'homme, en l'espèce, passe par la lutte pour la libération non de tel ou tel prisonnier, mais de la société tout entière.

Il en va de même pour les régimes intermédiaires entre le totalitarisme et la démocratie. Mais, pour eux, changer s'est révélé plus facile, comme l'ont prouvé, cahin-caha, la Grèce, l'Espagne, le Portugal, la Corée du Sud, le Brésil, l'Argentine, les Philippines et, en ce moment, peut-être la Turquie. La gêne de la gauche à propos de l'Algérie provient d'abord de ce qu'une fois de plus un régime socialiste engendre la pénurie alimentaire et la répression sanglante, mais aussi de ce qu'au même moment le Chili de Pinochet montrait sa capacité d'évoluer vers une transition démocratique. Quelles que soient les manœuvres qu'imaginera Pinochet, on aura vu un dictateur organiser un référendum pour demander à ses compatriotes s'ils veulent encore de lui, et le perdre ! Point question de ce scénario en Algérie, où Chadli précise bien que la « libéralisation » devra rester inscrite à l'intérieur du système du parti unique. On pourra voter pour des opposants... à condition qu'il n'y ait pas de parti d'opposition !

« Les droits de l'homme ne sont pas une politique », écrivait, dès 1980, dans *Le Débat*, le philosophe Marcel Gauchet. Et en effet, l'homme et ses droits sont partout les mêmes, mais la politique des droits de l'homme ne peut pas être partout la même. Dans les démocraties, elle veille au respect et à l'amélioration des lois existantes. Dans les systèmes intermédiaires, elle vise à provoquer l'adoption d'institutions politiques nouvelles. Dans les régimes totalitaires, elle suppose beaucoup plus que des réformes : un changement global de la société, avec toutes ses structures.

7 novembre 1988

En France, on réfléchit mais on n'agit pas

La nouvelle idée à la mode, c'est qu'il n'y a plus d'idées. Un peloton fourni d'auteurs talentueux pleure la disparition du talent. C'est à qui se montrera le plus imaginatif pour s'affliger du manque d'imagination. Après la riche réflexion de Furet, Julliard et Rosanvallon dans leur *République du centre* (Calmann-Lévy), après le renouvellement profond dans l'analyse de la société française que nous apportent cette année *La Nouvelle France* (Seuil), d'Emmanuel Todd, ou *La Seconde Révolution française* (Gallimard), d'Henri Mendras, voici Jean-Marie Domenach qui nous livre de brillantes *Idées pour la politique,* idées dont il déplore, tout au long de son livre, la cruelle absence. Dans *Le Débat* de septembre-octobre, Alain Finkielkraut et Marcel Gauchet dialoguent avec une subtile intelligence sur le dépérissement de l'intelligence.

Rarement on aura pensé avec autant d'originalité pour expliquer qu'on ne pense plus. Dans sa *Lettre ouverte à la génération Mitterrand qui marche à côté de ses pompes* (Albin Michel), Thierry Pfister flétrit avec une fraîche vivacité d'esprit l'effondrement de l'esprit, du moins de l'esprit socialiste. Il n'a pas tort. Mais que les idées socialistes se soient révélées fausses signifie-t-il que toutes les idées soient fausses ? Je ne pense plus, donc personne ne pense, nous dit la gauche, qui, selon Pfister, est « devenue incapable de formuler un projet de société ». Certes ! Mais est-ce pour autant la fin de tout projet ? Plusieurs éditorialistes insistent sur la « crise du sens », la « perte de toute norme » dont souffrirait la société française. Et ils montrent du doigt ce pelé, ce malade d'où nous vient tout le mal : l'individualisme, doublé de « gestionnite ».

En réalité, notre crise n'est pas une crise de la pensée, c'est une crise de l'action. Des idées, des connaissances, des analyses de ce qui est, des notions de ce qui devrait être et de ce qu'il faudrait faire, jamais nous n'en avons tant eu, et d'aussi exactes. Ce que nous n'avons pas, c'est le courage de les appliquer. Alors, nous reportons en amont cette carence de l'action en décrétant que c'est une carence des conceptions. Pour ne pas nous avouer que nous ne voulons pas faire l'effort de gravir le mont Blanc, nous disons : « Je ne sais plus où c'est ; j'ai perdu la carte. » Il n'en est rien. Les cartes sont là, bien étalées, et fort claires, avec les itinéraires marqués en gras.

Prenons trois d'entre eux parmi les plus impératifs : la réforme fiscale ; la réforme de la fonction publique, et du secteur public en général ; la réforme de l'éducation.

À gauche comme à droite, on sait que notre système fiscal est archaïque, qu'un taux de prélèvements obligatoires supérieur à 45 % est un handicap dans la concurrence internationale, que notre impôt direct est à la fois trop lourd pour ceux qui le paient et trop peu rémunérateur pour l'État, parce que trop de Français en sont exonérés. Par voie de conséquence, notre TVA, qui doit compenser, est trop élevée. C'est un licou qui nous asphyxiera lors de l'entrée dans l'Europe de 1993. Mais au lieu de jeter bas cet édifice archaïque, nous le consolidons, nous l'agrandissons ! Par fétichisme idéologique, nous alourdissons l'impôt sur le patrimoine, déjà le plus salé d'Europe. En revanche, nous renonçons à réduire la TVA. L'expérience nous l'a prouvé : les pays qui, depuis 1980, ont allégé leur pression fiscale sont également ceux qui ont résorbé sensiblement leur chômage. Il a été de bon ton chez nous de se moquer de ces pays. Résultat : malgré la nette reprise de notre croissance depuis 1987, la France est un des derniers grands pays industriels à compter actuellement plus de 10 % de chômeurs. Aucune pénurie d'idées ni de lumière à l'origine de ce fiasco : une simple pénurie d'actes.

Il en va de même pour le statut de la fonction publique. Élaboré à la Libération par Maurice Thorez, alors secrétaire général du PCF et vice-président du Conseil, ce statut fossile est un monstre de rigidité bureaucratique. La fameuse « grille » des rémunérations rend difficile d'augmenter les infirmières ou les postiers sans réveiller l'appétit de tels employés de ministères qui (nous dit Pfister, un ancien de Matignon) font à peine vingt-cinq heures hebdomadaires, les semaines de surmenage. Nous avions, en 1987, 522 milliards de frais de personnel dans l'État, soit la moitié du budget et 10 % du produit national brut. Par le mécanisme du salaire indiciaire, cette masse aura augmenté de 4,95 % à la fin de 1989 par rapport à janvier 1988. L'État va dépenser en 1989 7,5 milliards de francs supplémentaires en traitements publics. À elle seule, l'augmentation des salaires des enseignants pourrait aller jusqu'à 40 milliards sur quelques années. Michel Rocard a beau proclamer la nécessité de « faire évoluer cette immense machine rigide de la fonction publique » et de « négocier hôpital par hôpital, lycée par lycée » (*Le Nouvel Observateur* du 17 novembre), il sait fort bien que c'est impossible sans démanteler le statut de la fonction publique. Et le démanteler serait partir en guerre contre les intérêts catégoriels, les forteresses syndicales, les clientèles politiques et les tabous idéologiques. Pour se lancer dans une entreprise aussi téméraire, il faudrait une Mme Thatcher française. Nous ne l'avons pas.

La privatisation de certains services dits « publics » est envisagée, voire effective ou en cours dans plusieurs pays, développés ou en développement. Lorsque les camionneurs postaux de la région parisienne ont fait grève, notamment contre le recours à des entreprises privées pour transporter une partie du courrier, ils ont par là même démontré la nécessité d'y recourir encore davantage. La justification donnée aux nationalisations, en 1936, 1946 ou 1981, fut qu'on ne pouvait pas abandonner aux aléas du privé des services essentiels, dont la continuité, disait-on, ne pouvait être assurée que dans le cadre public. Or, c'est le contraire qui s'est produit : plus un service essentiel est public, moins il est assuré. Le monopole public a pour effet de détruire la concurrence, et donc de priver les usagers de toute solution de rechange en cas de mauvais fonctionnement ou en cas de grève. La grève est devenue une caractéristique presque exclusive des services publics. L'État n'est plus responsable de l'État.

La différence qu'il y a entre une grève dans une compagnie privée et une grève dans un monopole public, c'est que, dans une compagnie privée, il s'agit d'une grève contre l'employeur et que, dans le monopole public, il s'agit d'une grève contre la nation. La question est de savoir si le même droit peut régir ces deux types de grève. Soyez tranquilles : cette question ne sera pas posée — pas, du moins, par le gouvernement. Et ne le sera pas davantage une autre question de toute économie moderne : qu'est-ce qui relève vraiment du secteur public et qu'est-ce qui serait beaucoup mieux fait par le privé ? Et si elle n'est pas posée, ce n'est pas qu'il soit impossible d'y répondre, c'est qu'on ne veut surtout pas connaître la réponse. Discrétion coûteuse : moins il y a de concurrence, plus la productivité est basse, plus les effectifs doivent donc être nombreux, et moins les salaires peuvent être hauts. Les personnels y perdent autant que les usagers.

Dans aucun domaine, peut-être, autant que dans l'éducation le gouffre n'est si vaste entre ce que nous savons et ce que nous faisons. Nous savons que la sélection à l'entrée des universités est nécessaire et qu'elle serait seule démocratique ; nous savons que les universités devraient être réellement et non fictivement autonomes, et se faire une concurrence ouverte et non occulte ; qu'elles devraient se soumettre à des évaluations de compétence ; nous savons que la recherche devrait quitter la citadelle du CNRS pour se mêler à l'enseignement même ; nous savons que nos meilleurs étudiants, nos meilleurs jeunes professeurs et nos chercheurs partent pour les États-Unis ; nous savons que dans la cohue désorientée des lycéens existe une filière d'excellence et une seule, mais secrète et officieuse, permettant de détecter sans le dire la minorité qui pourra préparer le baccalauréat scientifique C ; nous savons que le rapport de notre population à celle des États-Unis est de 1 à 4,5, mais que le rapport entre nos effectifs d'étudiants et les leurs est de 1 à 13. De plus, leurs 13 millions d'étudiants étudient vraiment, et terminent leurs études, ce qui n'est le cas que d'un étudiant sur cinq en France. Bref, nous savons que l'enseignement français persiste à grande allure dans la voie royale qui mène au sous-développement culturel.

Et que faisons-nous ? Les gouvernements socialistes successifs ont écarté la sélection et encouragé avec une démagogie irresponsable les adolescents qui, écrit François Furet dans *La République du centre,* manifestèrent en 1986 contre le projet Devaquet « au nom de mots d'ordre prétendument démocratiques qui n'avaient rien à voir avec le texte de la loi ou avec les problèmes réels de l'enseignement supérieur ».

Quant à l'autonomie, nous ne la faisons pas, pour une raison simple : elle porterait un coup fatal à la toute-puissance de la Fédération de l'éducation nationale. À partir du moment où les établissements supérieurs, voire secondaires, deviendraient des entreprises dirigées indépendamment du pouvoir central, c'en serait fini de l'omnipotence de la FEN, qui, en fait, est le véritable ministère de l'Éducation nationale. Un lecteur m'écrit : « Je vais vous faire un aveu : excédé de demeurer depuis de longues années proviseur d'un lycée de second ordre, j'ai demandé secours, l'espace d'une année, au SNES, syndicat noyauté par les communistes. Cette lâcheté m'a permis enfin de terminer honorablement ma carrière ! J'ai été promu aussitôt. » La France souffre à la fois d'une insuffisance et d'un excès d'État.

Mais casser le monopole de la FEN — qui regroupe le SNI (Syndicat national des instituteurs), le SNES (Syndicat national des enseignements du second degré) et le SNES-Sup pour le supérieur —, c'est briser l'épine dorsale du Parti socialiste. L'actuel ministre de l'Éducation, Lionel Jospin, peut d'autant moins se le permettre qu'il est « présidentiable ». Pis, son éventuelle candidature à la présidence de la République devra se « positionner » à la gauche de celles de ses deux probables rivaux socialistes pour l'investiture du parti, Michel Rocard et Laurent Fabius. Voilà pourquoi le ministre n'entreprend aucune réforme des structures. Il se borne à des « arrosages » financiers destinés à édulcorer la paupérisation des enseignants. Mais nous n'en allons pas moins manquer d'enseignants. Et toujours davantage nos universités surchargées d'étudiants vont décliner, faute d'espace et de moyens, voire fermer, comme l'université Paul-Valéry à Montpellier, avec ses 13 000 inscrits pour 6 000 places. Ou elles devront tirer au sort leurs étudiants, comme celle de Lille.

Le plus triste, dans cette occasion manquée, est que l'opinion semble mûre aujourd'hui pour une authentique et fondamentale réforme de notre système d'éducation, y compris l'opinion d'une bonne partie des enseignants et des étudiants. Ils ont beaucoup changé d'avis depuis 1986. Hélas ! dans l'éducation comme en économie, les socialistes gouvernent un peu comme les automobilistes parisiens conduisent : ils brûlent les feux rouges (voir 1981), mais quand le feu passe au vert, ils ne démarrent pas.

Fi donc ! diront les nostalgiques de l'idéologie. Ce que vous recommandez là, c'est de la simple gestion. Le dénigrement de la gestion, nouveau goût du jour, n'est que le masque de l'immobilisme. Si refondre l'administration, les services publics, la fiscalité, l'enseignement n'est que de la gestion, alors les constituants de 1789, Napoléon Ier ou Jules Ferry furent de ternes gestionnaires, qui se contentèrent d'expédier les affaires courantes.

5 décembre 1988

1989

Le peuple se trompe aussi

Les amis et défenseurs de la démocratie partent en général du principe que les menaces dirigées contre elle ou les obstacles dressés contre sa naissance proviennent toujours d'en haut : des États, des militaires, des chefs religieux, de l'« argent » ou des partis avides de devenir uniques. C'est là une foi ancrée dans le noyau dur de notre culture démocratique et dans la vision romantique des combats pour la liberté. Guy Hermet a l'originalité sinon de renverser la perspective, du moins de déployer l'autre volet du tableau.

C'est souvent le peuple qui est contre la tolérance, le pluralisme, le respect des droits de l'homme, la liberté d'expression, et même le suffrage universel. C'est là un facteur que nul analyste ou acteur politique ne doit négliger. La provocation que constitue le titre du livre sera peut-être atténuée quand on saura que l'auteur, politologue renommé, enseigne en Suisse (en plus de quelques autres hauts lieux de la réaction, telles la Fondation nationale des sciences politiques ou l'université de Paris).

Sans tenir compte de son investigation, généreusement fournie d'exemples historiques et actuels, on ne comprendrait pas que les régimes fascistes et nazi aient surgi sur la crête de puissantes vagues populaires, de même que le péronisme argentin. Le péronisme a périodiquement pulvérisé toute reconstruction démocratique — et s'apprête à recommencer — dans un peuple, rappelons-le, d'origine entièrement européenne. On ne comprendrait pas non plus que les premiers autodafés des *Versets sataniques* aient été l'œuvre d'émeutiers appartenant à la communauté musulmane de Grande-Bretagne, avant même que l'ayatollah Khomeyni n'ajoutât au débat sa touche personnelle. On ne comprendrait pas davantage que les récentes élections à Sri Lanka aient fait plusieurs centaines de morts, non point parce qu'elles étaient truquées, mais parce qu'elles étaient régulières : la minorité refusait « légitimement » de s'incliner devant les urnes. L'idée bizarre qu'on doive le faire a mis beaucoup de temps à s'implanter dans les comportements d'un petit nombre de pays.

Car, à cet égard, l'éducation démocratique des Occidentaux a parcouru des étapes assez semblables aux épreuves que traverse aujourd'hui le tiers monde, en trébuchant souvent. La violence de la rue, en Corée du Sud, aux Philippines, au Pakistan, ne le cède en rien au chapelet des « journées » révolutionnaires souvent sanglantes qu'a égrenées la foule parisienne depuis 1789 jusqu'à la Commune. En admettant même qu'il se soit agi dans tous les cas de la seule violence excusable des opprimés, la question est de savoir s'ils aspiraient à un régime de démocratie pluraliste ou à leur propre dictature. Les penseurs les plus proches des humbles ont pu sur ce point hésiter, telle l'insoupçonnable Simone Weil, qui profère ce blasphème : « Les opprimés en révolte n'ont jamais réussi à fonder une société non oppressive. »

Guy Hermet montre chiffres à l'appui que, dans les années qui suivirent l'établissement du suffrage universel, en France et en Grande-Bretagne, la participation électorale des masses fut très faible. Le peuple, comme plus tard les « révolutionnaires » de Mai 68, voyait dans les élections une « trahison », une potion calmante destinée à le détourner du grand soir et à le frustrer du pouvoir prolétarien absolu.

Le vote n'est qu'une méthode pour canaliser la violence, dénombrer les forces en présence, de manière à proclamer le vainqueur sans avoir à livrer bataille. Il faut beaucoup de maturité, de temps, de déboires et de civilité pour qu'une société se résigne à ce pis-aller prosaïque et rédempteur.

En outre, cet inappréciable et irremplaçable substitut à la violence n'est, pas plus qu'elle, infaillible. C'est, là encore, un préjugé dont il faut se défaire. Le vote nous permet de choisir ce qui nous plaît, pas forcément ce dont nous avons besoin. Il signifie que la solution des problèmes nous appartient, il ne garantit pas que nous saurons à coup sûr les résoudre. Nous, c'est-à-dire ceux que nous choisissons pour le faire. Et de certaines réélections, en particulier, on peut dire ce que Samuel Johnson disait des seconds mariages : « C'est le triomphe de l'espérance sur l'expérience. »

6 mars 1989

Le Peuple contre la démocratie de Guy Hermet, Fayard.

Le phénomène de rejet

Ces élections soviétiques, même si elles sont encore trop « à la soviétique », montrent que l'Occident a sous-estimé l'échec économique du système et sa faillite politique, c'est-à-dire le mécontentement de la population.

Durant les années 1970, la détente pariait sur la viabilité de l'économie collectiviste, qui avait besoin, pensait-on, d'un simple coup de pouce donné de l'extérieur, avec des crédits, des apports technologiques, des contrats de faveur. Cette conception s'est révélée fausse. Jamais, depuis la mort de Staline, l'économie soviétique n'a été en aussi mauvais état que durant les années 1980, après une décennie de générosité occidentale. De 1981 à 1985, le taux de croissance annuel de la consommation par tête tomba au tiers de ce qu'elle avait été de 1971 à 1975. Et, à partir de 1986, à moins du tiers. Ce sont là les estimations d'Abel Aganbegyan, l'économiste soviétique devenu célèbre grâce à la glasnost. Selon lui, la croissance entre 1980 et 1985 est quasiment une croissance zéro. Un chiffre en particulier montre que c'est le système même qui est la cause du mal, et non une langueur passagère : depuis 1970, les investissements dans l'agriculture ont quadruplé et la production agricole, elle, a stagné, voire baissé ! C'est cette panne globale de l'économie qui a rendu la perestroïka nécessaire, sinon suffisante.

On le voit, la coopération occidentale est un palliatif qui ne résout rien à terme. En fait, on peut même lui reprocher d'avoir retardé l'heure de vérité pour les régimes communistes et, par là même, un début de liberté pour les peuples vivant sous ces régimes.

Là se situe la seconde erreur commise par nombre de dirigeants et d'analystes occidentaux depuis la guerre : on a sous-estimé la force du rejet de ces régimes par la population. Il n'était pas rare d'entendre dire, dans les palais gouvernementaux comme dans les colloques savants : « Vous savez, le système communiste fonctionne mal, mais il fonctionne ; car la population est satisfaite de cette sécurité dans la médiocrité, et s'il y avait des élections libres, les communistes les gagneraient probablement. » Les élections soviétiques du 26 mars ont pulvérisé avec éclat cette thèse outrecuidante. De quel droit les Occidentaux se permettaient-ils une telle affirmation, aussi condescendante qu'invérifiable ? À leur manière, et malgré l'étroitesse du choix qui leur était laissé, les Soviétiques ont dit, avec clarté, à la première occasion possible, qu'ils ne veulent pas du système. Et il y a vraisemblablement très longtemps qu'ils sont dans ce sentiment.

Pourtant, on entend parfois les mêmes affirmations proférées à propos de Fidel Castro à Cuba, des sandinistes au Nicaragua, comme si ces dictateurs ne savaient pas mieux que nous pour quelle excellente raison ils évitent avec soin d'entrouvrir même la porte électorale. La tournure prise par les élections soviétiques n'est guère faite pour les y pousser. Tout comme nous avons contribué à prolonger le système Brejnev par notre aide économique, nous renflouons par nos crédits le régime atrocement répressif du Vietnam, ou encore le sinistre Didier Ratsiraka, ce Ceausescu malgache. Quel acharnement thérapeutique pour repousser l'échéance fatale ! Écoutons plutôt le message que vient de nous envoyer le peuple soviétique, à savoir : le seul moyen de réformer le communisme, c'est de s'en débarrasser. N'oublions pourtant pas que Gorbatchev a mis ses hommes sur toutes les listes sûres, celles des députés automatiquement désignés par le pouvoir. On a trop répété, dans la ligne d'une soviétologie conventionnelle, que Gorbatchev risquait d'avoir des problèmes avec l'appareil. En fait, l'appareil, il le connaît bien et il l'a maîtrisé. Les problèmes, ce n'est pas avec l'appareil, c'est avec le peuple qu'il va les avoir.

3 avril 1989

Gorbatchev : Cuba si !

En allant à Cuba, Gorbatchev poursuivait un double objectif : obtenir de Castro qu'il lui coûte moins cher, et néanmoins maintenir en Amérique centrale une présence soviétique, dont Cuba est à la fois le bastion et le tremplin.

Moscou a de cuisantes raisons de vouloir un peu de « castrost » et de « cubastroïka » : pour maintenir à flot l'économie comateuse de l'île, il se saigne chaque année d'environ 8 milliards de dollars. La dette cubaine envers l'URSS avoisine 20 milliards de dollars, c'est-à-dire, rapportée à la population, égale les dettes mexicaine et brésilienne. Moscou, aux abois, ne peut plus se permettre ces largesses aux assistés de la révolution mondiale.

Le petit frère nicaraguayen est un autre gouffre. Moscou y a dépensé en 1988 quelque 555 millions de dollars en armements (alors même que le Congrès américain avait suspendu toute aide militaire à la Contra) et presque autant pour aider l'économie. En vain : les denrées ont quasiment disparu du Nicaragua, dont les crédits militaires atteignent 60 % du budget ! L'inflation y a été de 13 000 % en 1988. D'après l'*Observer* de Londres du 12 février dernier, elle atteint aujourd'hui

36 000 %, record cosmique, battant la légendaire inflation allemande de 1923.

Gorbatchev ne peut guère espérer à court terme un allégement de ses charges tropicales. Sans illusion sur la capacité de Castro de réformer l'économie, il voudrait bien que le grand chef améliore ses relations avec les États-Unis, afin que ceux-ci le renflouent un peu, notamment grâce au tourisme. Hélas ! le rapport horrifiant que la Commission des droits de l'homme de l'ONU vient de dresser contre le régime, même si Castro a réussi à l'étouffer à demi, n'en fait plus un candidat présentable aux arrosages capitalistes. Les démocraties, n'en doutons pas, oublieront vite ce fâcheux rapport ! En attendant, il faut payer.

C'est que Gorbatchev ne peut pas abandonner ses deux coûteux protégés : le gain financier représenterait pour lui une perte politique et stratégique excessive. Cuba sert en effet à Moscou d'aéroport militaire, où stationnent 300 avions de combat, presque autant de missiles sol-air. C'est surtout un précieux centre d'espionnage électronique, à 150 kilomètres des côtes américaines. Le bras long de Castro sème sa manne jusqu'en Colombie.

Quant au Nicaragua, c'est le point de passage obligé des armements alimentant les 6 000 guérilleros du Salvador. Là, l'extrême droite a gagné une élection présidentielle dont nul n'a contesté la régularité, ce qui indique l'irritation de la population contre la guérilla et l'échec de la politique centriste et réformatrice dans laquelle les États-Unis avaient placé tous leurs espoirs.

Précisément, George Bush, au moment où Gorbatchev s'envolait pour La Havane, l'a pressé de montrer sa volonté de régler les conflits régionaux en cessant d'attiser les guerres civiles en Amérique latine. Mais, que ce soit en Angola ou en Afghanistan, jamais l'URSS, même gorbatchévienne, ne s'est retirée d'un conflit régional par pur amour de la paix. Elle ne l'a fait qu'au moment où la situation devenait pour elle intenable, et le rapport qualité-prix injustifiable.

Ce moment est-il arrivé à Cuba et au Nicaragua ? À moitié seulement. Si l'addition est amère, le bénéfice politique reste coquet. On comprend donc que Gorbatchev ait coupé la poire en deux. Pas question, d'un côté, de lâcher la succursale cubaine. Mais, d'autre part, Gorbatchev a déclaré qu'on ne devait plus exporter la révolution ni la contre-révolution : réponse à l'interrogation de George Bush. Reste à savoir si Castro lui-même abdiquera son rôle de parrain des guérillas et acceptera le sort médiocre d'un dictateur vieillissant confiné dans son île.

10 avril 1989

Tiananmen vu de France

La révolte des Chinois a stimulé une de nos activités intellectuelles favorites : la fausse comparaison historique.

Le président Mitterrand a vu la Chine à travers le bicentenaire de la Révolution française. Les Chinois en 1989, dit-il à Montréal, c'est nous-mêmes en 1789. Dur pour notre XVIIIe siècle ! Le comparer au tunnel noir de la période maoïste, où la culture chinoise se résume, en tout et pour tout, à deux opéras de Mme Mao Zedong et aux sornettes du *Petit Livre rouge,* ce n'est guère lui rendre justice. Où sont les Watteau et les Fragonard, les Montesquieu et les Voltaire de l'ère maoïste ? Le maoïsme fut une désertification culturelle et sociale.

D'autres ont comparé Pékin 89 à notre Mai 68. Là encore, aucun rapport. Les sociétés des années 1960 étaient les plus démocratiques et les plus riches que l'humanité eût jamais connues. La révolte de Mai 68 fut la fille de la liberté et de la prospérité. La rupture eut lieu parce que l'évolution des mœurs n'avait pas suivi l'évolution des structures. Ce fut le contraire d'une révolte contre un système totalitaire. Ses acteurs se prirent pour les disciples de Mao. Mais, tel Christophe Colomb croyant découvrir la Chine, eux aussi découvraient en réalité l'Amérique, d'où leur venait le « souffle révolutionnaire ».

Autre fausse comparaison : on a parlé de « la Commune de Pékin ». Née de l'humiliation de la défaite devant la Prusse et de la tradition ouvrière et parisienne des « journées » de la Grande Révolution, notre Commune, bizarrement, se dresse non contre l'Empire, déjà renversé, mais contre la République, proclamée le 4 septembre 1870, et contre l'Assemblée nationale, élue en février 1871. Isolés du reste de la France, qui a peur d'eux et ne les comprend pas, les communards seront massacrés par milliers durant les répugnants carnages de la « semaine sanglante », du 21 au 28 mai 1871, un dossier de notre histoire qu'il faudra bien aussi rouvrir un jour. Curieuse façon d'encourager les étudiants de Pékin que de les assimiler aux malheureux communards.

Les systèmes totalitaires communistes sont des phénomènes historiques entièrement inédits. Ils doivent être étudiés en eux-mêmes. Nous ne disposons d'aucun précédent qui nous aide à les comprendre.

Et encore moins à comprendre leur succession. En effet, l'une des caractéristiques fondamentales de ces régimes est de travailler, dès la première heure de leur installation, à éradiquer toutes les forces susceptibles de les remplacer. Dans le cas des colonels grecs, de Pinochet, de Franco, de Salazar, de Louis XVI, de Napoléon, de Mussolini, de Hitler, de Marcos, sans parler, bien entendu, des crises qu'ont connues aussi les démocraties, les solutions de rechange existaient.

Il n'en va pas de même dans les régimes communistes, qui ont pris grand soin de détruire la possibilité même de ces solutions. Nous voyons bien que ces régimes ne fonctionnent plus du tout. Mais nous voyons aussi bien qu'ils n'ont pas prévu d'itinéraire de sortie et n'arrivent pas à en fabriquer un, notamment les deux grands mastodontes et leurs sosies du tiers monde. Des ébauches de solution affleurent en Pologne et en Hongrie, où le totalitarisme n'avait pas tout anéanti.

Cependant, jusqu'à présent, n'en déplaise à ceux qui confondent la maladie avec la cure, aucun processus achevé de substitution complète d'un régime démocratique à un régime communiste n'est encore parvenu à son terme. Cela viendra un jour, je le crois et l'espère. Mais comment ? Nous constatons seulement que ces systèmes paraissent plongés dans une crise fatale et sont secoués de soubresauts. Ironie suprême, eux qui ont sécrété tant de plans, ils n'ont pas de plan de retraite. Ils se trouvent, et nous avec eux, face à l'inconnu. C'est cet inconnu que nous devons apprendre à penser.

29 mai 1989

L'impossible perestroïka

Les Allemands qui ont adoré Gorbatchev avec presque la même extase que les Iraniens le défunt Khomeyni ne se doutaient pas qu'eux aussi acclamaient un enterrement : celui de la perestroïka.

Car la restructuration économique vient d'être renvoyée par les autorités soviétiques à un lointain « avenir radieux ». L'événement est passé inaperçu en Occident, bien que le faire-part en ait été publié et que Sakharov nous l'ait confirmé, à Londres, le 20 juin, dans un discours pessimiste.

Le report des réformes est dû à l'impossibilité de prendre, dans l'immédiat, sans faire tout exploser, trois mesures : la réduction draconienne du déficit budgétaire, la libération des prix, la convertibilité du rouble. Selon le nouveau calendrier, apprenons-nous dans le dernier *Courrier de l'Est* (La Documentation française), intitulé significativement « La perestroïka embourbée », le programme d'assainissement financier prévoit désormais « deux à trois ans pour rétablir les grands équilibres, puis trois à quatre ans pour mettre en place les conditions propres à la relance des réformes, qui n'interviendront donc que durant le quinquennat 1995-2000 ».

Cette « pause », terme fatidique, marque la troisième phase de la perestroïka : son ajournement. Sa brève histoire se décompose en deux périodes, comme le montre la soviétologue Françoise Thom dans *Le Moment Gorbatchev* (Hachette, coll. « Pluriel »), le livre le plus lumineux qui ait été consacré à l'expérience tentée depuis 1985. La première étape consistait à intensifier la cure Andropov : renforcer la discipline et l'assiduité au travail, lutter contre l'ivrognerie, pourchasser les revenus illégaux, les « parasites », la mafia et la corruption. La campagne andropovienne partait du principe qu'il suffisait de peser sur le « facteur humain » pour que le système, tel qu'il était, fonctionnât enfin. Il n'en fut rien.

Mikhaïl Gorbatchev se lança donc, à partir de juillet 1987, dans la deuxième phase de la perestroïka. D'audacieux mots jaillirent alors : autofinancement et autonomie des entreprises, rentabilité, responsabilisation des directeurs et du collectif ouvrier, relâchement du monopole étatique, ouverture extérieure, création de coopératives, location de la terre aux paysans.

Pourquoi cette deuxième perestroïka vient-elle à son tour de sombrer ? Parce que les entreprises ne sont pas vraiment autonomes dès lors qu'elles continuent de dépendre de l'État pour leur approvisionnement en matières premières et en machines, pour leurs prix de vente, fixés de façon arbitraire, pour leur commerce, toujours dépendant des ministères. Parce que les coopératives, à peine légalisées, furent frappées d'impôts prohibitifs. Parce qu'on ne reconstitue pas une classe paysanne par décret.

Voilà pourquoi la deuxième perestroïka aussi est en panne. Les émeutes du Kazakhstan sont en grande partie des émeutes de la faim. Devant le Congrès des députés du peuple, le 8 juin, l'économiste Nikolaï Chmeliev annonçait une catastrophe imminente, avec retour au rationnement total, prépondérance de l'économie « souterraine », rétablissement de l'« économie administrative » à la stalinienne. Il recommandait, pour parer à ces dangers, d'autoriser la propriété privée de la terre, de payer les paysans efficaces en devises fortes, d'arrêter les subventions à Cuba et au Nicaragua.

Que peut faire Mikhaïl Gorbatchev ? Il ne peut sauver l'économie qu'en s'en prenant à la cause réelle du mal. Or, la cause du mal, c'est le système politique. Peut-il, veut-il la supprimer, c'est-à-dire se supprimer lui-même, puisqu'il a concentré entre ses mains tous les pouvoirs ? D'où son désir de faire entrer la carcasse fourbue de l'économie soviétique dans la « maison commune » européenne, selon l'expression d'Andreï Gromyko. Car l'expression est de lui, et non de Gorbatchev.

26 juin 1989

Le vrai devoir de l'enseignement

Il est bien sûr intéressant de discuter du calendrier scolaire et de l'échec du même nom, mais par rapport à quoi ? Oui, visons les 110 % de reçus au baccalauréat (de quel droit, en effet, défavoriser ceux qui ne se sont pas inscrits ?). Mais cela ne nous dit pas ce qu'est censé savoir un bachelier. De quelle culture est garant ce grade prestigieux ?

Que les élèves, chaque jour davantage, passent à tabac leurs enseignants, tant mieux, si c'est pour leur arracher les secrets des verbes irréguliers espagnols ou de la génétique cellulaire. Mais ces jeunes chercheurs musclés convoitent-ils vraiment de telles conquêtes culturelles ?

Domenach part d'une constatation fort simple : jusque vers 1950, notre enseignement secondaire avait une assiette sociale encore trop peu large, mais sur laquelle il savait ce qu'il servait. Les professeurs avaient confiance dans ce qu'ils enseignaient et les élèves, dans ce qu'ils apprenaient. C'était un programme où se mariaient, d'une part, l'humanisme classique fondé sur l'étude des grands auteurs et de l'histoire, d'autre part le positivisme scientifique du XIXe siècle, avec une initiation aux mathématiques et aux sciences expérimentales. Ce modèle équilibré n'a plus cours. Nous ne pouvons que prendre acte de la « désagrégation du corpus classique ». Par quoi l'avons-nous remplacé ?

Jusqu'à présent, par rien. C'est la cause essentielle du malaise scolaire, plus que l'absence éventuelle de neige dans les stations pendant les vacances d'hiver. Le corps enseignant ne sait plus quelle est sa mission exacte. Faute d'un nouveau modèle, il ne conserve que l'ombre de l'ancien.

C'était visible, à lire dans la presse les sujets de philosophie du dernier baccalauréat, mal écrits et mal pensés. « À quoi reconnaître qu'une science est une science ? » Que voilà mauvaise formulation ! Elle suppose acquis ce qui est objet d'examen. Il eût fallu demander : « Quels sont les critères permettant de dire qu'une connaissance est scientifique ? » De même : « Une violence légale est-elle une violence ? » est d'une piètre rédaction. Car une violence est toujours une violence, légale ou non, et la loi peut être juste ou inique. Le vrai problème est : « Existe-t-il une violence légitime ? » ou mieux : « La violence d'État peut-elle être légitime ? Si oui, à quelles conditions ? » Un bon sujet ne doit pas présupposer la réponse du candidat. Ce qui est aussi le défaut du sujet suivant : « Pourquoi est-il difficile de mesurer ? » On décrète au départ que la mesure n'est jamais facile. Ce n'est pas prouvé. Bref, si les examinateurs eux-mêmes se prennent les pieds dans le tapis, comment voulez-vous que les candidats fassent mieux ?

Apprendre à exprimer ce que l'on pense et donc, si possible, penser quelque chose, tel était l'objectif de l'enseignement classique. Cet objectif n'est nullement dépassé du fait de la civilisation moderne. Au contraire. Prenons l'une des plus vieilles activités du monde : l'art de discuter. Non seulement l'enseignement de cette vieille technique intellectuelle n'est pas devenu superflu, mais il serait plus que jamais nécessaire. Rarement, en effet, société aura, autant que la nôtre, baigné dans le flot ininterrompu du dialogue, du débat, notamment radiophonique ou télévisé, du colloque, de la conférence de presse, de la table ronde, du face-à-face et autres modes de confrontation. Et rarement le niveau et la teneur de ces confrontations auront été aussi pauvres, incohérents, stériles. Ce ne sont qu'arguments qui se contredisent ou s'ignorent, questions auxquelles on ne répond pas, diversions de basse cuisine et affirmations invérifiables ou notoirement fausses, enchaînés suivant la pure logique du coq-à-l'âne. Cette inaptitude à la discussion fait beaucoup plus de ravages dans notre culture de la parole médiatique permanente qu'elle n'en eût fait au XVIIe siècle.

Notre société technologique et démocratique n'est plus du tout, bien sûr, la société à laquelle préparait le « corpus » classique. Mais, dans toute société, la mission de l'enseignement est et restera de développer la capacité d'expression et de raisonnement, l'esprit critique et l'art de rassembler, de trier et d'utiliser l'information. C'est à cela que sert la transmission du patrimoine culturel. En même temps, l'enseignement doit préparer et adapter à ce que la société du moment comporte de spécifique et de nouveau. Mais cet appétit de « modernité » peut devenir factice et très naïf. L'idée d'un « corpus » changeant au gré de la mode, dit fort bien Domenach, est le contraire d'une idée avancée. Cette conception de la modernité risque de faire varier le contenu de l'enseignement au gré des idéologies du moment, des humeurs des enseignants et des engouements de l'opinion. Remplacer systématiquement les classiques par des œuvres contemporaines est une solution réactionnaire. L'école, c'est précisément ce qui doit être soustrait aux vaguelettes de l'actualité, aux goûts passagers. Le rôle de l'enseignement n'est pas de véhiculer ce que Mauriac appelait la « sottise d'époque ».

En revanche, ce qu'il doit désormais faire comprendre à l'élève, c'est cette époque même. Là est la grande différence par rapport au programme classique, tourné vers le passé. L'école d'aujourd'hui doit enseigner le monde d'aujourd'hui. La sociologie, l'économie, les institutions, le droit, les systèmes universitaires, la stratégie, la démographie, la technologie et son impact sur le travail, toutes ces matières, sous l'angle international, peuvent faire l'objet d'une initiation élémentaire mais sérieuse. Encore faut-il en bannir les deux grands maux qui les empoisonnent trop souvent : la boursouflure jargonnante et la falsification idéologique.

Les révolutions dans la civilisation et les révolutions dans l'éducation vont de pair. Quand Rabelais écrivit son chapitre : « Comment Gargantua fut mis sous autres pédagogues », il sonnait le glas de l'enseignement de la Renaissance, sur lequel nous avons vécu jusqu'à hier. Comme il le fit, nous devons nous préoccuper de « ce qu'il faut enseigner ». C'est le premier de tous les problèmes à résoudre. La solution des autres y est entièrement subordonnée.

26 juin 1989

Ce qu'il faut enseigner de Jean-Marie Domenach, Seuil.

La leçon Soljenitsyne

L'annonce de la publication en URSS de *L'Archipel du goulag* doit être une amère pilule pour quelques soviétologues, notamment américains, et pour une partie des intellectuels en Occident. Beaucoup en effet avaient accrédité l'idée que l'anticommunisme de Soljenitsyne était outrancier, réactionnaire et stérile. Ce ne semble plus être l'avis des Soviétiques.

En un temps qui se dit passionné par la communication, espérons qu'un ouvrage documenté se prépare sur l'accueil plutôt ambigu réservé à Soljenitsyne en Occident, non pas il est vrai lors du coup de tonnerre de *L'Archipel du goulag,* en 1973, et de l'expulsion d'URSS de son auteur, en 1974, mais dès l'année suivante.

Outre les réactions prévisibles des partis communistes, il serait édifiant de récapituler les tirs de barrage dirigés contre Soljenitsyne par tant d'intellectuels et d'hommes politiques de la gauche non communiste, et instructif de chercher pourquoi tant de grands journaux, des deux côtés de l'Atlantique, s'acharnèrent à le discréditer.

Le motif de cette hargne fut sans doute d'abord la peinture même des camps soviétiques. Mais ce n'était pas à l'Ouest une révélation totale, et elle valait surtout par la vigueur de la fresque. Le motif le plus profond fut en réalité que Soljenitsyne diagnostiquait le système concentrationnaire non point comme une maladie mais comme l'essence même du communisme. En d'autres termes, il refusait d'inscrire le débat à l'intérieur du socialisme, de présenter le réquisitoire contre le goulag dans la perspective de l'amélioration du système. Or, c'était ce rejet qui était insupportable à la gauche. Elle acceptait les critiques du stalinisme, à condition qu'on les considérât comme des jalons vers la reconstruction d'un socialisme authentique. Or, Soljenitsyne disait qu'il n'y a pas de socialisme authentique. Ou plutôt si : c'était celui qui existait ; et, selon lui, il ne pouvait pas y en avoir d'autre.

La preuve ? Dès 1975, lors de son premier passage à « Apostrophes », peu après la chute de Saigon, il annonçait sous les quolibets de certains participants qu'on allait bientôt voir apparaître des camps de concentration au Vietnam et que la répression allait y faire des centaines de milliers de morts. S'est-on excusé auprès de lui lorsque cette prévision se vérifia ? Je n'en ai point souvenance. Pas plus que je n'ai entendu dire qu'aient fait amende honorable les intellectuels espagnols qui insultèrent Soljenitsyne parce qu'il déclarait à Madrid, à la télévision, quelques mois après la mort de Franco, avoir constaté plus de liberté en Espagne qu'en URSS. L'un d'eux, et, je le répète, non communiste, alla jusqu'à écrire : « On comprend qu'il existe des camps de concentration pour de tels individus. » Quant aux milieux universitaires américains, l'impopularité de Soljenitsyne y est si profonde que l'approuver y est une tare. Cette animosité intrigue d'autant plus que l'auteur de *L'Erreur de l'Occident* est notoirement fort éloigné d'être un laudateur sans réserve de la civilisation capitaliste. Dans son « Discours de Harvard », en 1979, il en jugeait avec sévérité nombre d'aspects. Mais ce n'était apparemment pas ceux que les progressistes américains eussent souhaité l'entendre flétrir. Car le *New York Times* alors le flagella dans un éditorial méprisant. De surcroît, tombant au beau milieu de la détente, il dérangeait aussi à droite. Sur le conseil de Kissinger, Gerald Ford refusa de le recevoir, pour ne pas mécontenter Brejnev.

En autorisant *L'Archipel du goulag,* Gorbatchev contresigne la plus absolue condamnation du passé soviétique jamais prononcée. Certes, pour le père de la glasnost, l'aveu des crimes du passé est devenu un instrument politique. Mais, ici, ce n'est plus d'une critique qu'il s'agit, c'est d'une répudiation. Réhabiliter Soljenitsyne, c'est reconnaître que le malheur originel fut la révolution de 1917.

10 juillet 1989

L'autocratie présidentielle

Alors qu'on lui demandait s'il n'avait pas orchestré le bicentenaire un peu comme une glorification de lui-même, François Mitterrand répondait (*L'Express* du 14 juillet) : « Qu'avais-je à en attendre ? Je ne serai plus candidat à rien. Je suis un homme libre. Je n'ai besoin de plaire à personne. J'ai seulement l'amour de la France. » Le Président avait-il conscience de reprendre là un vieil argument du parti royaliste d'avant guerre, une idée centrale de Charles Maurras ? À savoir : on est plus désintéressé lorsqu'on ne dépend pas du vote populaire.

S'il suffisait de ne pas dépendre du suffrage pour haïr la gloriole, Louis XIV aurait vécu dans les bois en jouant du pipeau et Napoléon n'aurait pas tenu à siéger, pour regarder jouer Talma, au milieu d'un « parterre de rois ». La presse d'ailleurs, dès le 15 juillet, saluait le « triomphe de Mitterrand » plutôt que celui de la Révolution.

Par-delà les anecdotes, le problème de fond est bien celui de la dérive présidentialiste du régime. Il est à ce point sensible qu'un Mitterrand piqué au vif, au cours de son entretien télévisé du 14 juillet, a nié toute hypertrophie du pouvoir présidentiel. Question qui est dans l'air cependant. Ainsi, la revue *Le Débat* publie une enquête intitulée tout crûment : « Sur la monarchie présidentielle ». Elle s'interroge sans détour sur la « dérive régalienne », sur la formation d'une « cœur », sur les étendues de la vie nationale subordonnées à la logique de la faveur et de la disgrâce, sur l'arbitraire des grandes décisions architecturales et de la plupart des nominations individuelles.

Certes, plusieurs contestent l'existence même d'une dérive. Et l'on comprend l'irritation du chef de l'État : il n'est pas responsable, après tout, de la pente naturelle de nos institutions et, bien évidemment, il n'est pas conscient des coups de pouce personnels qu'il peut donner à cette glissade vers l'autocratie républicaine. Tous les régimes démocratiques, de nos jours, rétorque-t-on, ont vu leur exécutif se renforcer. Un Premier ministre britannique a davantage de pouvoirs qu'un président français, écrit Maurice Duverger. Est-ce si vrai ? Un Premier ministre britannique ne peut décider ni de dégommer un chef d'orchestre ni de casser en deux la Bibliothèque nationale. Il ne conserve pas son poste s'il perd les élections législatives. Surtout, ce qu'il faut comparer, c'est non pas l'étendue des pouvoirs, mais leur arbitraire ; ce n'est pas la liste de ce que l'un et l'autre peuvent décider officiellement, c'est la liste plus ou moins occulte de ce que le président français décide en sous-main. Et elle est fort longue.

Néanmoins, il existe aussi une contre-dérive. Plusieurs modifications vont en sens inverse de la pesanteur monarchisante. L'audiovisuel s'est largement libéré de l'État, encore que la bataille autour de la présidence d'Antenne 2 reste dirigée par l'Élysée, illégalement. Le Conseil constitutionnel n'a pas cessé de se renforcer, avec la réforme Giscard permettant la saisine par un groupe de parlementaires, maintenant grâce au projet que vient d'annoncer François Mitterrand : la saisine par les citoyens eux-mêmes [1]. Il est exact aussi que Michel Rocard est un Premier ministre fort indépendant de l'Élysée, bien qu'il n'ait pas de majorité au Parlement. Mais en eût-il une et fût-il encore plus soutenu par l'opinion, le Président n'en pourrait pas moins le renvoyer d'une chiquenaude. Une source de la « dérive » est là : la France est la seule démocratie qui possède cette anomalie d'avoir deux exécutifs. Et le plus puissant des deux n'est pas responsable devant l'Assemblée, tout en ayant le pouvoir de la dissoudre. Aussi ne peut-il s'empêcher de grandir par une sorte d'entraînement mécanique. D'où un volontariat de la soumission, autour de lui, qui déforme les esprits et altère les comportements : il n'y a peut-être pas de monarque aujourd'hui en France, mais il y a beaucoup de sujets.

24 juillet 1989

1. Le projet est resté lettre morte. (Note de 1999.)

Au nom de l'unité

Le différend franco-britannique sur l'Europe porte, on le sait, sur deux sujets. Le premier est sérieux : c'est l'union, économique et monétaire. Le second l'est moins, et paraît même parfois un leurre idéologique, c'est « l'Europe sociale ».

François Mitterrand dessine les grands traits de sa charte sociale de l'Europe dans l'entretien donné à cinq journaux européens, le 27 juillet. Je n'aurai pas l'irrévérence de dire qu'il enfonce des portes ouvertes. Pourtant, les mesures qu'il y préconise ne sont pas précisément inédites. Les unes figurent d'ores et déjà dans l'Acte unique : liberté de circuler, de séjourner, d'exercer un métier dans n'importe quel pays de la Communauté. Les autres font partie depuis plusieurs décennies — parfois un siècle ! — du droit social ou de la pratique contractuelle de la plupart des Douze : ce sont la liberté syndicale, la réglementation de la durée du travail, le droit aux congés, la protection des travailleurs adolescents. D'autres tardent plus en France qu'ailleurs : la formation professionnelle, la participation des travailleurs à la stratégie des entreprises ou l'insertion des travailleurs handicapés. D'autres, enfin, brillent par le vague : qu'est-ce qu'un « salaire équitable » ? L'équitable en Grèce ou au

Portugal le serait-il en Allemagne ou en Belgique ? Qu'est-ce que « l'Europe des citoyens » ? Nos partenaires vivraient-ils en dictature ?

Roland Dumas suggère comme outil de cette Europe la création pour les jeunes d'une carte européenne à prix réduit d'accès aux transports et aux musées ; puis un service civil orienté vers le tiers monde. La première existe déjà ; le second très largement aussi. L'une est agréable, l'autre généreux, mais ni l'une ni l'autre ne révolutionnent la « citoyenneté européenne ».

Qu'est-ce qu'une protection sociale « adéquate » ? Tout est adéquat, du moment qu'on peut le faire sans casser la croissance. L'État providence aurait-il disparu de notre continent ? N'a-t-il pas crû à tel point que le problème est d'en financer le maintien plutôt que l'extension ? La France en sait quelque chose, puisque son niveau de chômage est supérieur d'un point à celui de la moyenne européenne, alors que le chômage de la Grande-Bretagne y est inférieur de trois points.

L'anglophobie servirait-elle de canot de sauvetage aux Français chaque fois qu'ils ont peur de la concurrence internationale ? De Gaulle affichait une condescendance patriotique pour ces sauvages insulaires. Mitterrand et Rocard voient l'Angleterre comme une jungle sociale, oubliant que le Royaume-Uni a été et reste, avec la Suède, un pionnier de la protection sociale. Le débat sur l'union économique et monétaire, en revanche, repose sur des arguments sérieux. Veut-on ou non que l'Europe devienne un seul espace économique, avec une seule banque centrale ? Cela préparerait, bien entendu, l'unité politique et stratégique. Cette résiliation des souverainetés nationales constituerait la plus radicale mutation de l'Europe dans toute son histoire depuis la mise en place des nationalités actuelles. On peut en être partisan, sans pour autant taxer d'insanité réactionnaire ceux que ce projet effraie. L'application intégrale de l'Acte unique est assez difficile pour que nous y consacrions dans un premier temps toutes nos énergies. Sa mise en œuvre oblige la France, en particulier, à un rude nettoyage en un bref délai. Margaret Thatcher a beau jeu d'objecter qu'à bien des égards — libre circulation des capitaux, abolition du contrôle des changes, suppression des subventions — la Grande-Bretagne a progressé plus que la France en direction du marché unique. La querelle Mitterrand-Thatcher sur un éventuel nouveau traité européen ne devrait pas occulter la tâche primordiale d'appliquer d'abord complètement à la date prévue le traité qui est déjà signé : l'Acte unique de 1986.

7 août 1989

L'obsession du partage

La nouvelle pensée socialiste en France, cette année, se concentre autour du mot « partage », répété jusqu'à l'incantation. Comme tant de choses en ce bas monde, cette notion prend sa source à l'Élysée et principalement dans la « Lettre à tous les Français » du président Mitterrand. Le terme est ensuite « décliné », comme disent les publicitaires, dans tous les contextes imaginables par les socialistes. La « société de partage » intronisera le partage de la richesse, le partage du pouvoir, le partage des responsabilités, à la fois entre les hommes et les femmes, les nationaux et les immigrés, et même le partage du savoir. Cette dernière disposition, louable entre toutes, présente des difficultés d'application : si tel de mes amis, prix Nobel de physique, consent généreusement à me donner 50 % de son savoir, j'avoue humblement n'être pas sûr de pouvoir absorber ce beau cadeau.

On espérait qu'au moins un article disparaîtrait de ce catalogue des partages, étant donné les amères déconvenues auxquelles il avait conduit en 1982 et 1983 : c'était le partage du travail. Eh bien non ! Le voici qui refait surface dans le second plan pour l'emploi que prépare le gouvernement pour la mi-septembre. Les socialistes avaient constaté il y a six ans que raccourcir la semaine de travail et allonger la durée des congés, que forcer des milliers de salariés à prendre une retraite anticipée, tout cela sans gain correspondant de productivité, n'avait eu pour effet que de faire grimper la France de 1 700 000 à 2 600 000 chômeurs en deux ans. Ils ont même constaté aujourd'hui que la reprise de la croissance, à partir de 1985, et la création de 300 000 emplois nouveaux en 1988 ne réduisaient pas sensiblement le pourcentage des chômeurs.

Ils l'ont constaté, mais se sont-ils demandé pourquoi ? Ont-ils cherché des raisons pour lesquelles tant de demandeurs d'emploi n'ont de préparation à aucun travail et tant d'offres d'emploi demeurent insatisfaites ? Je crains que non, car les réponses à ces questions les obligeraient à changer de système de pensée.

Ils persistent dans un vieux préjugé : l'enrichissement inégal provient de ce qu'une partie de la société, nationale ou internationale, dérobe plus que sa part à l'autre partie, qui est la majorité. Il faut donc contraindre la « minorité voleuse » — les citoyens les plus riches dans chaque nation et les pays les plus riches internationalement — à restituer ce qu'elle a pris en trop. Comme si une certaine quantité globale de richesse se produisait automatiquement, qu'il suffit ensuite de répartir dans un esprit d'égalité. De même, il pousserait naturellement une quantité fixe et anonyme de pouvoir, de savoir, de responsabilité, d'initiative, de bonheur, de culture, de santé, de travail, en vrac. Il suffirait alors de débiter cette quantité au mètre, en prenant soin que chacun emporte un morceau de tissu égal à celui du voisin.

Le Parti socialiste a beau traverser une crise d'identité idéologique, il devrait éviter néanmoins de tomber à un tel niveau de simplisme. Ses économistes n'ignorent pourtant pas que la période de toute l'histoire de France où les inégalités, aussi bien entre les revenus qu'entre les hommes et les femmes, se sont le plus réduites, où l'éventail des revenus s'est le plus resserré, d'où d'amples couches nouvelles ont accédé à l'éducation et à la culture, ce fut la période dite « des Trente Glorieuses », de 1945 à 1975.

L'obsession de la répartition autoritaire ne crée pas le progrès social : au contraire, elle le détruit souvent. Le progrès résulte d'un ensemble de facteurs trop complexe pour être entièrement planifié, mais hélas assez fragile pour être durablement perturbé, comme les socialistes nous en ont déjà administré la coûteuse preuve entre 1981 et 1983. Qu'ils se gardent de briser à nouveau l'élan vital de la société civile.

28 août 1989

Fin des partis uniques

Le passage au multipartisme, en Pologne et en Hongrie, constitue une rupture aussi décisive que le fut, en 1917, l'inauguration par les bolcheviques du système du parti unique. Certes, il ne profite encore qu'à 48 millions d'êtres humains en tout, une goutte d'eau dans le milliard et demi d'hommes encore soumis au communisme. Mais ce premier démantèlement du totalitarisme a pour le monde une valeur symbolique aussi grande que l'est sa portée pratique pour l'Europe.

Cependant, le cas de l'Europe centrale diffère de celui de l'Union soviétique. Dans la première (sauf la Yougoslavie), le communisme n'était pas d'origine interne. Imposée du dehors, son instauration coïncidait avec la perte de l'indépendance nationale. Son maintien s'expliquait par la surveillance et, au besoin, l'intervention militaire soviétiques. Nul ne doutait du désir des habitants, maintes fois manifesté, de s'en débarrasser le jour où le contrôle extérieur se relâcherait. Ce jour est arrivé, car l'URSS, épuisée, a trop besoin de l'Occident pour se permettre à nouveau d'utiliser la force.

Mais, pour elle-même, renoncer au monopole du parti, autoriser non pas seulement des candidatures individuelles libres, mais des partis politiques variés, c'est briser le seul ciment qui tenait ensemble les républiques. On comprend que Mikhaïl Gorbatchev ait introduit une subtile distinction entre le pluralisme, qu'il déclare accepter, et le pluripartisme, qu'il rejette. Le multipartisme ferait craquer le corset qui emmaillote une « Union » bien peu unie. Pour que l'indispensable réforme politique soit vraiment réalisée, faudra-t-il au préalable que le pays aille jusqu'au bout de sa désagrégation ?

Aussi emploie-t-on à tort l'expression de « processus révolutionnaire » pour ce qui se passe à l'Est. Révolution implique l'inédit, l'innovation et la modernisation. Là, c'est plutôt à un retour au point de départ que nous assistons, à un repli de ces sociétés au stade de leur histoire où elles ont pénétré dans le tunnel totalitaire. À la sortie, elles retrouvent intacts, et même jaillissant avec une violence accrue, les réalités et les problèmes que le totalitarisme avait cru anéantir, et qu'il avait seulement placés en hibernation. Les nationalités, la famille, la religion, le capitalisme, la propriété privée, la démocratie parlementaire, le droit des entreprises, le pluralisme syndical, la liberté de la presse, du commerce et des prix, toutes ces questions qui se posaient aux sociétés du XIXe siècle, les pays communistes les retrouvent inchangées à la fin du XXe siècle.

Mais ils sont moins bien équipés pour y répondre que ne l'étaient nos sociétés du siècle dernier. Avec des économies anéanties, une population active sans expérience de l'entreprise ni de la concurrence, un marché financier inexistant, une administration ignare, une technologie d'un autre âge, une classe politique réduite à refaire son apprentissage et à épeler laborieusement l'alphabet démocratique, l'État, qui n'a plus la moindre idée de ce qu'il faut faire pour sauver le navire, accumule les décisions inapplicables ou contradictoires. L'État totalitaire, quand il ne contrôle plus tout, ne contrôle plus rien.

Aussi les interlocuteurs venus de l'Est, avec lesquels on a, de plus en plus fréquemment, l'occasion de s'entretenir, sont-ils moins optimistes que nous. Ils voient mal, en Yougoslavie et surtout en URSS — plus tard en Roumanie —, comment éviter une longue anarchie. Ils vont jusqu'à envisager des affrontements sanglants. Même en s'étiquetant socialistes, les partis communistes ne peuvent guère éviter la décomposition finale de systèmes qui sont impossibles à conserver comme à réformer. Repartir de zéro ? Il ne suffit pas de reconnaître soixante-dix ans d'erreurs pour y remédier sans délai. C'est difficile, le capitalisme, fût-il baptisé socialisme démocratique.

16 octobre 1989

Libéral-socialisme

Un double glissement bouleverse aujourd'hui l'Europe : à l'Est, les partis communistes deviennent sociaux-démocrates ; à l'Ouest, les partis socialistes deviennent libéraux. Les premiers le proclament, les seconds le cachent. Les uns et les autres tendent au même but par les mêmes moyens. Mais les communistes n'ont pas ces moyens, tandis que les socialistes occidentaux les ont, puisque, pour leur bonheur, ils n'ont pas réussi à faire la révolution.

La conversion des partis socialistes occidentaux s'étend à toute l'Europe démocratique. Le plus vénérable d'entre eux, le Parti travailliste britannique, vient d'abjurer à son tour. Il refuse par avance de renationaliser ce que Margaret Thatcher a privatisé, et même d'abroger les lois qui ont réduit l'omnipotence syndicale. Felipe Gonzalez a lui-même fait voter de telles lois en Espagne, à propos du droit de grève dans les services publics, au point de se brouiller avec le syndicat socialiste. À la longue, les sociaux-démocrates ont choisi la réforme contre la révolution, et l'économie de marché contre l'économie collectivisée. Ils ont compris les limites de l'État providence, même s'ils ont le ralliement vindicatif et expédient au capitalisme quelques bons coups de pied sous la table.

Les Français perçoivent cette évolution. Dans un sondage *Figaro*-Sofres (5 octobre), une majorité, énorme parmi l'ensemble des Français et substantielle parmi les sympathisants socialistes, estime qu'il y a peu de différence entre le PS et la droite. Ensuite, à la question « Rocard mène-t-il une politique socialiste ? », une majorité énorme de sympathisants socialistes et substantielle de l'ensemble des Français répond « oui ». Syllogisme parfait. Si Rocard mène une politique socialiste et s'il n'y a pas de différence entre le PS et la droite, c'est que la droite aussi mène une politique socialiste.

Bien sûr, il existe malgré tout des différences, mais de dosage. Tous cherchent à repérer la frontière exacte au-delà de laquelle la redistribution paralyse la production, donc engendre l'appauvrissement et aggrave les inégalités. Tous savent désormais que seul le capitalisme permet de réaliser l'unique forme de socialisme possible : une sorte de « garantisme », à la fois du pouvoir d'achat et de la couverture sociale, ainsi que de leur progression régulière.

Mais, pour rendre viable ce socialisme-là, il faut accepter comme structurelle l'inégalité des fortunes et des revenus, même si le processus d'enrichissement global tend à la réduire. L'inégalité sévit bien davantage dans les sociétés marxistes, mais c'est une inégalité dont la source est le pouvoir politique, distributeur de privilèges et prébendes. C'est donc une inégalité stérile, qui n'est pas la contrepartie d'une création économique. Le reste est partagé très équitablement, mais ce reste égale zéro. « Nous devons, disait récemment un conseiller économique de Gorbatchev, passer du principe de partage au principe de gain. » Voilà ce que certains socialistes français n'ont pas encore compris : vouloir établir l'égalité par le partage autoritaire, par l'impôt despotique, c'est casser le moteur de la croissance, donc couper le robinet qui alimente le « garantisme ».

Bien sûr, la déchirure idéologique des socialistes ne va pas sans blessures d'amour-propre. Tous n'ont pas la sérénité de François Mitterrand, qui a traversé le socialisme comme le Rhône traverse le lac Léman, en y entrant intact pour en ressortir indemne. Bien des socialistes d'Europe occidentale s'irritent ou se dérobent quand on leur demande : « Qu'est-ce que le socialisme pour vous, maintenant ? » La meilleure réponse que je connaisse est celle du secrétaire général du Parti socialiste italien, Bettino Craxi, qui a trouvé la solution qu'on attendait depuis un siècle : « Le socialisme, c'est ce que font les socialistes. »

23 octobre 1989

Sortir du communisme

Le mot de « réforme » convient-il à ce qui se passe à l'Est ? La réforme détourne la catastrophe ; elle n'en est plus une si elle la suit. Glisser dans un précipice et tenter de s'accrocher à la paroi ne saurait se définir comme l'application d'un programme réformateur. Souvent, bien entendu, ce sont l'échec et le déclin qui font prendre conscience qu'une réforme est opportune. Mais, sous peine d'inefficacité, elle doit intervenir assez tôt pour que le système, tout en se corrigeant, se conserve — ce qui est la définition même de la réforme.

Or, que s'est-il passé dans les pays communistes ? Aucune direction n'a décidé à froid, en temps utile, par suite d'une réflexion sur l'avenir, de procéder à une démocratisation politique jointe à une libéralisation économique. Les plus lucides n'ont ébauché les transformations que poussées par la débâcle. Dès lors, ce n'est pas le totalitarisme qui démontre sa capacité de se réformer, c'est la société qui défaille sous lui. Épuisée, elle s'effondre et ne peut plus nourrir l'État parasite qui l'a dévorée, et qu'elle entraîne dans la chute, avec son parti unique et sa collectivisation dirigiste. S'il y avait eu véritablement réforme, c'est-à-dire des aménagements appliqués par choix et non parce qu'on n'avait plus le choix, la décomposition soviétique ne se serait pas accélérée à ce point, au fil des cinq années de la perestroïka. La Pologne et la Hongrie ne seraient pas à genoux. Gorbatchev lui-même ne publierait pas, avec une régularité aussi frappante, des bulletins de santé toujours plus sombres de l'économie et même de la cohésion de l'Union soviétique.

Face à la panne générale du communisme, quelle politique nouvelle doivent élaborer les démocrates ? Ce ne saurait être la même dans tous les cas.

Une première catégorie de pays, pour l'instant la Pologne et la Hongrie — mais le groupe va rapidement grossir —, annoncent sans ambages qu'ils veulent sortir du communisme, adopter la démocratie, l'économie de marché, recouvrer leur indépendance en politique étrangère. Ces pays — auxquels le système communiste a été en général imposé de l'extérieur —, les démocraties occidentales doivent les aider de toute leur énergie à réussir leur retour à la civilisation.

À l'extrême opposé, un autre genre de pays, dont le prototype est la Chine — mais qui comprend aussi le Vietnam, Cuba, l'Éthiopie, la Roumanie —, repoussent toute démocratie. La Chine a expérimenté d'audacieuses réformes économiques, pour les arrêter, en fait, bien avant les massacres de Tiananmen, dès que s'en dessinèrent les inéluctables conséquences politiques. Ces pays, les démocraties doivent leur refuser une aide qui ne pourrait leur servir qu'à échapper à la noyade économique tout en maintenant la répression. Enfin, il y a l'Union soviétique et la Yougoslavie, que mènent à la trique vers le changement à la fois la déroute économique et les conflits entre nationalités. En l'espèce, les démocraties doivent encourager toutes les forces qui poussent à la sortie du communisme, mais seulement celles-là. Elles doivent décourager non seulement l'esprit conservateur, ce qui va de soi, surtout quand on l'a tant appuyé sous Brejnev, mais aussi l'illusion de la « troisième voie », du « socialisme de marché » ou « à visage humain », cette éternelle licorne qu'enfourchent les naïfs, les roués et les lâches, parce qu'ils ne veulent pas choisir. Gardons-nous de subventionner l'impraticable. Croyant par là venir en aide aux Soviétiques en quête de liberté, nous ne ferions que prolonger l'agonie du système.

Les démocraties ne doivent pas s'enfermer dans le dilemme bébête « aider ou ne pas aider ». Elles doivent diversifier leur politique et montrer plus de perspicacité et de résolution vis-à-vis des communismes décadents qu'elles n'en ont eu vis-à-vis des communismes triomphants.

30 octobre 1989

Libérer l'Europe centrale

C'est la première fois depuis 1945 que les démocraties se trouvent, vis-à-vis de l'Union soviétique, dans une position aussi favorable pour négocier. La partie consisterait, de la part de l'Europe des Douze, à proposer à Mikhaïl Gorbatchev le marché suivant : nous vous aidons sérieusement à réussir la perestroïka, et, en échange, vous laissez l'Europe centrale devenir réellement indépendante.

En effet, pour le moment, Gorbatchev a pour politique de laisser les peuples asservis après la guerre rejeter le communisme, mais à la condition qu'ils demeurent dans le pacte de Varsovie et ne remettent pas en question ce qu'il appelle « leurs engagements internationaux ». Comme si ces engagements avaient été librement souscrits ! En somme, Gorbatchev, malgré la faillite de l'ancien système, voudrait en conserver tous les avantages géostratégiques. Et il montre les dents quand on parle de réunification de l'Allemagne. Nos négociateurs devraient lui rétorquer : vous professez de respecter désormais la souveraineté de ces pays ; de quel droit prétendez-vous alors continuer à leur dicter leur politique étrangère ?

La réponse de Gorbatchev sur ce point est prévisible : c'est la dissolution simultanée des blocs, vieille ruse de la dialectique soviétique. Car, on le sait, l'Otan repose sur une alliance multilatérale. Si on l'enlève, il ne reste rien. Au contraire, le pacte de Varsovie est une superstructure qui coiffe un réseau de traités bilatéraux entre l'URSS et chacun des pays membres. Ôtez la superstructure, l'essentiel reste.

De plus, il est facile, même si c'est cruel, de faire observer à Gorbatchev que le monde occidental ne s'est pas effondré politiquement et économiquement, comme le monde socialiste, et que rien ne nous contraint à lui faire des concessions unilatérales. Il faut lui représenter que, tôt ou tard, les peuples qui sont en train de se libérer du communisme rejetteront aussi leur subordination diplomatique. C'est là qu'est le vrai risque de déstabilisation de l'Europe. Autant, par conséquent, régler le problème à froid.

Pourquoi, nous, Europe des Douze, en outre, aiderions-nous l'Europe centrale à rebâtir son économie si elle continue d'appartenir à une organisation militaire tournée contre nous ? Le mot d'ordre du jour est de « sortir de la guerre froide ». Alors, sortons-en pour de bon, sans oublier qu'elle eut pour source l'occupation de l'Europe de l'Est par Staline.

Précisément, Gorbatchev fait répandre l'idée que, si la perestroïka échoue, la guerre froide reprendra. Or, il devient de plus en plus clair que l'URSS ne peut pas surmonter par ses propres moyens son déclin économique et sa crise politique interne. Mais l'aider à y remédier n'a de sens pour l'Occident qu'au prix d'un retour de l'Europe centrale vers l'Europe tout court. Alors deviendrait possible une véritable « maison commune », qui serait plus qu'une façade en trompe l'œil.

Par rapport aux États-Unis, l'originalité de

l'Europe des Douze est qu'à terme nous sommes les seuls à pouvoir fournir à l'Europe centrale non pas seulement des crédits, mais une insertion dans une organisation d'avenir, conforme à la logique de la géographie et de l'histoire.

Rappelons-nous que les démocraties ne sont pour rien dans le vaste mouvement de libération des satellites soviétiques. Elles ont, au contraire, toujours tout fait pour le freiner, pour se plier aux exigences soviétiques en matière de conservation des régimes et des frontières. Mais nous pouvons racheter notre passivité de naguère en osant aujourd'hui vers l'Est une diplomatie active, qui modifie enfin l'histoire au lieu de se contenter de la photographier. À moins que les dirigeants des pays de l'Ouest ne soient irrémédiablement les derniers grands contemplatifs de l'ère chrétienne.

20 novembre 1989

1990

Et le Vietnam ?

Des hommes politiques ont confessé avoir eu tort de combler le tyran communiste de la Roumanie Ceausescu de visites et d'éloges. Mais la question intéressante, désormais, n'est pas celle de leurs remords. Elle est de savoir s'ils tireront profit du passé pour éviter de commettre la même erreur à l'avenir, dans des cas semblables.

Or, c'est le contraire qui est en train de se produire, notamment à propos du Vietnam. Il existe, au Quai d'Orsay, à l'Hôtel Matignon, à l'Élysée, un actif groupe de pression qui œuvre pour que la France accroisse son aide économique à ce régime communiste parmi les plus archaïques : sclérosé, sectaire, incapable, implacable et corrompu. J'espère pour notre ministre de la Francophonie qu'il n'aura pas un jour à rougir du dithyrambe qu'il a entonné en rentrant de Hanoi et n'en éprouvera pas la honte ressentie aujourd'hui par les anciens laudateurs du « génie des Carpates ».

J'apprécie Bernard Kouchner et son travail comme secrétaire d'État à l'Action humanitaire. Mais je ne puis le suivre lorsque, en vue de résoudre le problème des boat people, il déclare : « Il faut que les Vietnamiens cessent de partir et, pour cela, il faut aider le régime à se libéraliser. » On est stupéfait de voir préconisée cette politique de l'arrosage financier qui n'a jamais servi nulle part à libéraliser un régime communiste quelconque, ni même à relever son économie. Récemment encore, Bronislaw Geremek se moquait des 30 milliards de dollars déversés par la naïveté occidentale sur la Pologne de Gierek sans aucun profit — sauf pour les voleurs de la nomenklatura. Si 1989 n'a pas fait entrer dans la tête de nos dirigeants qu'on ne démocratise jamais un régime communiste autrement qu'en aidant le peuple à le renverser, c'est à désespérer des leçons de l'histoire.

La faillite de la « démocratisation par la consommation » (ni l'une ni l'autre ne se produisant, d'ailleurs) était déjà patente en 1975, à l'époque de la détente. Elle s'est confirmée cette année en Chine. Quelles tribulations supplémentaires faudra-t-il pour provoquer enfin, en Occident, l'abandon définitif de cette fantasmagorie régulièrement réfutée par l'expérience ? « L'homme aime tellement la vérité, écrit saint Augustin, que, lorsqu'il croit quelque chose qui n'est pas la vérité, il se persuade par n'importe quel moyen que cette chose est la vérité. »

Bien entendu, la direction vietnamienne se livre à tous les simulacres classiques de créations d'entreprises prétendument libres pour donner l'impression qu'elle aussi accomplit sa perestroïka. C'est une façon de crier : « Par ici, les capitaux ! » Mais ce qu'il faut savoir, c'est que, dès le moment où l'une de ces entreprises marche un peu et devient alors l'objet de reportages flatteurs dans la presse occidentale, elle repasse instantanément sous le contrôle de la bureaucratie d'État. Cette pratique a même été récemment critiquée dans une pétition signée par des personnalités importantes du parti, originaires de Saigon, à propos de l'entreprise Ba Thi de cette ville. Ce texte révèle d'ailleurs la tension qui monte entre « Nordistes » et « Sudistes ». Le régime n'a nulle intention de desserrer ce qui constitue la base de son pouvoir : le contrôle direct de l'économie et l'encadrement policier de la population. Les petites opérations de chirurgie plastique sont destinées à entôler les jobards capitalistes.

Un million de boat people sont partis en sachant qu'ils avaient une chance sur deux de mourir en mer, et la moitié y ont effectivement laissé leur vie. S'imagine-t-on que c'était uniquement parce que leur gouvernement n'avait pas reçu assez d'argent occidental ? Pour que les démocraties consentent à ouvrir les yeux, faudra-t-il que le sang coule et que des milliers de cadavres s'ajoutent au million et demi que le régime, déjà, possède à son palmarès ?

8 janvier 1990

Le camouflet des urnes

On ne se méfie jamais assez des élections ! Ceux qui déploraient la répétition au Nicaragua d'une erreur déjà condamnée par l'histoire ne demandaient aux sandinistes qu'une chose : qu'ils laissent le peuple voter, dans le pluralisme et la régularité. Il est surprenant que le résultat ait surpris.

Le dimanche, une de nos chaînes donnait pour sûre la victoire des sandinistes, alors qu'on votait toujours au Nicaragua. La télévision de Suisse romande en avait fait autant la veille. Lundi, à 3 heures GMT, la BBC affirmait que des premiers dépouillements se dégageaient une avance sandiniste. Elle précisait même : 52 %. Sauvant l'honneur, Radio France Internationale annonçait peu après que c'était l'inverse. Toujours souverain, *The Economist* avait, dès le 10 février, livré son pronostic : Daniel Ortega, 51 % ; Violeta Chamorro, 24 %. (Le verdict a été : Chamorro, 55,2 % ; Ortega, 40,8 %.) Juste avant le scrutin, *Frankfurter Allgemeine* prévoyait 60 % pour Ortega et 30 % pour Chamorro.

Pourquoi donc, sauf rares exceptions (parmi lesquelles l'article de Philippe Nourry dans *Le Point* du 19 février et ceux de Bertrand de La Grange dans *Le Monde*), les médias, la presse internationale et les responsables politiques ont-ils, avec autant d'imprudence, ajouté foi aux fanfaronnades sandinistes et tenu pour acquise la victoire d'Ortega ? Leur bévue vient de loin. Elle s'enracine dans l'interprétation erronée du sandinisme et de l'antisandinisme qui a eu cours.

Première erreur : les États-Unis auraient, dès le début, été contre le nouveau régime. Faux. Ils l'ont soutenu, y compris par une aide économique, en 1979 et en 1980. Leur hostilité n'a commencé qu'après l'établissement de la dictature prosoviétique.

Deuxième erreur : les contras n'étaient qu'une création factice, due à la seule CIA et aux somozistes. Faux : si la CIA a en effet soutenu la Contra, celle-ci n'en jaillissait pas moins d'une authentique rébellion de la paysannerie contre les réquisitions de denrées et le service militaire obligatoire (qui n'avait jamais existé auparavant). Les neuf dixièmes des contras, surtout après 1985, étaient des enfants au moment de la chute de Somoza.

Troisième erreur : la faillite économique du socialisme (énième édition) proviendrait au Nicaragua des dépenses militaires imposées par la guerre civile. Faux : ces dépenses ont toutes été prises en charge par l'Union soviétique. Ou alors la banqueroute serait due à l'embargo américain. Faux : l'embargo a pu provoquer la baisse des exportations, pas la pénurie interne, dans un pays à l'agriculture florissante. D'ailleurs, la balance agricole a encore présenté un excédent de 106 millions de dollars en 1987, mais nul ne sait ce qu'est devenu l'argent.

Sans allonger une liste non limitative, encore une erreur : Violeta Chamorro serait un pur produit de l'argent américain. Le Congrès lui a, en effet, voté une aide très officielle de 3,3 millions de dollars.

Pourquoi les médias ont-ils sans cesse martelé ce fait, sans mentionner les 3 à 4 *milliards* de dollars *annuels* reçus d'URSS par Ortega ? De plus, le gouvernement sandiniste a bloqué les virements bancaires destinés à l'opposition, qui n'a touché que 200 000 dollars en temps utile ! La campagne n'a pas été la concurrence loyale de deux partis, mais le matraquage d'une opposition par un État. L'épilogue n'en est que plus probant.

La perfection ne règne, certes, dans aucun des deux camps. Mais pourquoi cet acharnement déployé par une large part des médias des pays libres, au prix de je ne sais combien de débats télévisés truqués, pour essayer de prouver que l'opposition au sandinisme ne pouvait pas être démocratique ni exprimer de véritables aspirations populaires ? La leçon de ce peu glorieux mensonge, c'est qu'on a toujours raison de réclamer des élections.

5 mars 1990

Pérou : le modèle chilien

Ce qui rend originale la candidature de Mario Vargas Llosa, le 8 avril prochain, à la présidence du Pérou, ce n'est pas seulement qu'un grand nom de la littérature de notre temps se mue en grand nom de la politique. C'est surtout la politique même que, en cas de succès, compte faire ce débutant peu commun.

Parmi nos innombrables idées fausses sur l'Amérique latine figure celle que la pauvreté y serait le fruit amer de la pure sauvagerie capitaliste. Erreur. Ce qui, dans cette région, a entretenu, ou, plutôt, reconstitué la pauvreté, c'est un mélange de vieilleries coloniales précapitalistes et d'un État providence postcapitaliste grevé de prodigalités ruineuses et prématurées. Selon les théologiens de la libération, il faut aux pays pauvres un État dilaté pour « redistribuer » la richesse. Hélas ! le prétendu redistributeur est en réalité un parasite. Il dévalise les pauvres pour entretenir une insatiable clientèle improductive. Il fait ainsi disparaître la richesse. L'« ogre philanthropique », comme le baptise Octavio Paz, se repaît de ce qu'il croit répartir. L'histoire économique de l'Amérique latine, depuis un demi-siècle, n'est que dirigisme, protectionnisme, corporatisme déguisé en syndicalisme, rentes de situation, nationalisations, subventions, corruption, non sans une couverture sociale souvent plus généreuse qu'on ne le dit, mais en banqueroute. Mais où est passée la production ? L'ogre est nourri par l'endettement extérieur et la planche à billets, c'est-à-dire saigné par l'inflation, la fuite des capitaux et la désertion de l'investissement étranger.

Contre cette course à l'abîme sont en train de réagir, depuis peu, tous les chefs d'État aujourd'hui aux commandes. En Argentine et au Mexique, au Venezuela comme au Brésil ou en Uruguay, le vent tourne au libéralisme, à l'assainissement et à la privatisation, avec plus ou moins de succès selon la profondeur du mal. Et puis — cela ne s'avoue pas de gaieté de cœur quand on aime la démocratie — le modèle à suivre existe : c'est le modèle chilien. Contrairement à ce qui s'est passé en Argentine et au Brésil, le retour à la démocratie s'y effectue sur fond de réussite économique. Cela peut épargner à Patricio Aylwin, s'il ne fait pas de bêtises, les naufrages de Raúl Alfonsin et de José Sarney.

Le Chili est en effet actuellement le seul pays du continent où ne sévissent ni l'inflation, ni l'endettement, ni le chômage (le taux en est inférieur de moitié à celui de la France). La croissance élevée y persiste depuis sept années consécutives, avec notamment 6,5 % en 1987, 7 % en 1988 et 10 % en 1989. La recette de ce succès fut l'ouverture des frontières, la suppression des subventions et des règlements, la privatisation généralisée, y compris de l'électricité, des télécommunications, des retraites. Les riches sont plus riches, mais les pauvres sont moins pauvres. Car le premier moyen d'éliminer la pauvreté, c'est d'avoir la prospérité, une balance bénéficiaire et une monnaie solide.

Vargas Llosa, s'il est élu, pourra-t-il appliquer au Pérou cette recette ? Il devra, pour y parvenir, surmonter des obstacles que le Chili n'avait pas : une guérilla terroriste, liée à la mafia de la drogue ; une moindre homogénéité culturelle de la société. Mais il aura en sa faveur des atouts dont le Chili était dépourvu : à l'intérieur, la démocratie, le consensus majoritaire, et, à l'extérieur, la bienveillance de la communauté internationale. Jusqu'à présent, et c'est dangereux, la renaissance démocratique du continent a déçu les espoirs d'amélioration du niveau de vie, parce que les dirigeants n'ont pas compris que la liberté économique est le complément indispensable de la liberté politique. Vargas Llosa, lui, l'a compris. Mais tout son talent littéraire ne sera pas de trop pour qu'il le fasse comprendre également à ses concitoyens et à ses voisins.

19 mars 1990

Le péril-troïka

Les soulèvements et affrontements nationaux qui secouent l'Union soviétique et l'Europe centrale sont de trois origines distinctes. Les uns proviennent de conflits interethniques antérieurs au communisme et qui rejaillissent, aggravés, au sortir de leur hibernation. Les autres traduisent les aspirations de peuples colonisés par les Russes. Les troisièmes, enfin, résultent du caractère factice des frontières, divisions et annexions que Staline a imposées à l'Europe après la Seconde Guerre mondiale.

À la première catégorie appartiennent les luttes entre Hongrois et Roumains en Transylvanie, entre Arméniens et Azéris dans le Caucase, entre Serbes et Albanais au Kosovo. À la deuxième, les rejets de la tutelle moscovite par les républiques non russes. Du troisième cas relèvent les remises en question des frontières tracées par Staline, telles les dissensions sur la frontière germano-polonaise ou la proclamation de leur indépendance par les Baltes.

Sortir de l'Union des républiques socialistes soviétiques ne pose pas pour ceux-ci de problème constitutionnel, puisque leur entrée y fut inconstitutionnelle. Juridiquement, n'ayant jamais ni signé de traité ni voté, ils n'ont souscrit aucun engagement. Ils n'ont donc pas à se plier au consentement ou au refus éventuel des autres républiques, consultées par référendum, selon le projet du Kremlin. « L'Estonie, observait un député à Tallin, ne fait point partie intégrante de l'URSS. C'est un pays occupé. Il ne peut être question d'un référendum. » De même, les Moldaves, annexés par Staline sur autorisation écrite d'Adolf Hitler, ne devraient pas avoir besoin d'une procédure juridique spéciale s'ils veulent redevenir roumains. Et les démocraties ne devraient pas, dans tous ces contentieux, soutenir de préférence la partie russe, à moins, il est vrai, qu'elles ne se sentent tenues moralement d'honorer la signature du Führer.

En Europe centrale, comme en URSS, la volonté des Occidentaux de sacraliser les frontières de l'après-guerre risque de ne pas avoir beaucoup plus de succès que n'en eut, en novembre 1989, leur interdiction lancée à l'Allemagne de se réunifier. Pourquoi ? Parce qu'il y a des choses que les peuples décident, et non les gouvernements : nos dirigeants ont appris ce précepte dans leurs manuels d'histoire, mais l'oublient quand leur tour vient de gouverner. Ils ont acculé Kohl à déclarer intangible la frontière Oder-Neisse. Mais croient-ils que le comportement futur des populations allemandes dépendra de la promesse du chancelier ? Autant faire prendre par le Premier ministre japonais l'engagement qu'il ne se produira plus jamais de tremblement de terre à Tokyo. Si on leur ôte tout espoir, les Allemands de Pologne peuvent être tentés d'émigrer en masse vers l'Ouest. L'astuce de Staline fut de dédommager la Pologne sur le dos de l'Allemagne à l'Ouest, parce qu'il s'emparait de près de la moitié du territoire polonais à l'Est. Si l'URSS se désagrège, que deviendra en outre la vieille Prusse-Orientale, aujourd'hui divisée en une moitié polonaise et une moitié soviétique, où se trouve la ville de Kant : Königsberg, lugubrement rebaptisée Kaliningrad, d'après le nom d'un président du Soviet suprême ?

Loin de moi l'idée de pousser l'Allemagne à forger un « quatrième Reich » ou la Pologne à reconquérir son territoire perdu à l'Est. Simple commentateur, je n'ai pas ce pouvoir. Mais ceux qui ont le pouvoir devraient dépasser, eux, le commentaire, et ne pas se borner à épiloguer réprobativement sur le retour archaïque des nationalismes. Ils regrettent presque l'heureux temps où la camisole totalitaire les contenait ! Au lieu de prétendre les supprimer par décret, il vaudrait mieux préparer une politique apte à y faire face et à réorganiser l'Europe sur ses bases réelles et non sur celles, vouées à l'effondrement, de 1945.

9 avril 1990

L'air de la supercherie

Eugène Ionesco racontait récemment (*Le Figaro,* 19 avril), avec sa drôlerie et son ironie, la réception de Vaclav Havel au ministère français de la Culture. « Ils étaient là, écrit-il, tous au complet, anciens staliniens, anciens communistes, anciens maoïstes, anciens et actuels castristes. » Le héros qui avait fait tomber le communisme tchèque, ils l'acclamaient. Que dis-je ? Ils revendiquaient sa gloire pour eux-mêmes. Le rire de Ionesco, à ce spectacle, se colorait de quelque amertume. Encore, l'auteur de *Rhinocéros* peut s'estimer heureux qu'on l'ait invité. Car, aujourd'hui, la thèse à la mode, c'est que les anciens « anticommunistes primaires » pleurent la « perte de leur fonds de commerce ». La supercherie est un peu vulgaire.

Ainsi donc, ce seraient les auteurs et commentateurs qui ont toujours dépeint le communisme comme un désastre et un fléau qui seraient inconsolables de son déclin. Quant aux suiveurs qui ont passé leur vie à le justifier ou à l'excuser, ils ne se tiendraient pas de joie en le voyant chanceler. De même, les procureurs qui ont sans relâche accusé le libéralisme de tous les maux et de tous les crimes connaîtraient l'extase au moment où il s'impose ou fait envie à toute la planète. Cet épilogue vérifie, osent-ils prétendre, leurs théories. Au contraire, les écrivains, journalistes, hommes politiques, économistes qui, sous les quolibets et les attaques, ont plaidé dans le désert pour le libéralisme et la démocratie s'affligent, paraît-il, de les voir triompher. On les exhorte à contempler avec humilité dans ce retournement la réfutation de leurs idées.

Les sommités qui célébraient, il n'y a pas si longtemps, la haute productivité de l'agriculture soviétique doivent défaillir d'allégresse en entendant de la bouche même de l'économiste Stanislav Chataline, membre du conseil présidentiel de Gorbatchev : « Le niveau de développement de nos campagnes est digne du Moyen Âge. » Ce qui, d'ailleurs, est une évaluation optimiste. Les « réactionnaires », qui, en revanche, expliquaient à l'Occident, chiffres en main, depuis trente ans, que la collectivisation avait anéanti l'agriculture russe, quelle douleur, quel doute sur leurs propres facultés ne doivent-ils pas ressentir en lisant le même diagnostic sous la plume des économistes officiels de la perestroïka ! À quand un prix spécial aux experts de chez nous qui ont tant vanté le dynamisme industriel est-allemand ? Le jour où le communisme chinois s'effondrera, malgré les efforts actuels de l'Occident pour le consolider, il va de soi que Simon Leys sanglotera de désespoir, tandis que nageront dans le bonheur les prêtres défroqués de l'idolâtrie maoïste et les lucides adulateurs de la « démocratisation » à la Deng Xiaoping. Ils insinueront que l'histoire a donné tort à Leys et leur a donné raison. Mao et les bouchers de Tiananmen n'ont-ils pas disparu ? diront-ils. N'est-ce point la preuve que nous étions dans le vrai et qu'il n'y avait point tant matière à crier ? N'avions-nous point prophétisé que tout finirait par s'arranger ?

Allons plus loin, et réjouissons-nous de ce que

George Orwell, Boris Souvarine, Arthur Koestler, Raymond Aron n'aient pas vécu assez longtemps pour subir l'épreuve cruelle d'assister à la décomposition du totalitarisme et à la résurrection partielle de la liberté. Imaginez leur tourment ! Du moins auraient-ils eu le réconfort des paternelles remontrances que leur auraient dispensées les anciens compagnons de route du communisme, suivis par la cohue de tous les conformistes. Les détracteurs invétérés des sociétés ouvertes auraient avec bonté absous, peut-être, les anticommunistes de leurs fautes passées.

« Un anticommuniste est un chien », disait Sartre. Parmi les chiens il y a ceux qui aboient quand l'adversaire dangereux est debout et fort, et puis ceux qui s'y mettent quand il est à terre.

30 avril 1990

L'après-Gorbatchev

Depuis deux mois, le tabou est soudain tombé. Auparavant, il était de bon ton de s'interroger sur la « sincérité » de Gorbatchev, sur l'opportunité de « l'aider » et sur sa capacité de résister aux « conservateurs ». Mais, en général, l'Occident ne doutait pas que sa politique de réformes économiques fût viable. Puis, brusquement, on se permit de prendre conscience que le principal obstacle à cette politique était la résistance persistante de la réalité sociale du communisme.

Si l'on examine la presse internationale du deuxième trimestre de 1990, on plonge dans un bourdonnement d'articles intitulés « La crise de la perestroïka », « Sombre avenir pour Gorbatchev », « On demande un médecin », « Et maintenant les mauvais jours », « Économies de l'Est : sombre pronostic », « Les derniers atouts de M. Gorbatchev », « La pauvreté en Union soviétique », « Le grand désarroi des économistes soviétiques », « Prochaine étape pour les Soviétiques : la famine universelle », « La grande illusion de la perestroïka », etc.

Sous ce dernier titre, Michael Ignatieff, envoyé de l'*Observer* à Moscou, écrit que la perestroïka, se substituant au communisme comme légende, est devenue le nouveau mythe collectif, avec sa « novelangue » orwellienne, qui a remplacé l'ancienne, sans valoir mieux. Le langage de Gorbatchev n'est pas celui d'un gestionnaire pragmatique, tel que l'imagine l'Occident. Il regorge de clichés léninistes, avec ses « problèmes résolument affrontés », ses « rudes vérités honnêtement regardées en face », autant de traînées verbeuses destinées à donner l'impression que l'on s'attaque aux difficultés, alors qu'on se borne à les décrire. Cependant, le pessimisme là-bas est plutôt bien vu, jusque dans la *Pravda,* et, ironie des temps, les économistes soviétiques reprochent aux experts de la CIA d'avoir surestimé les résultats économiques de l'URSS et répandu par là de néfastes illusions !

Une deuxième rafale d'articles prennent pour image centrale celle du chaos. Ce mot est répété à satiété : « Chaos, chaos ; naufrage, naufrage... Les gens n'ont que ces mots à la bouche », se plaint Gorbatchev dans un récent discours. C'est effectivement le refrain, depuis plusieurs années, dans la population soviétique. Ce qui est plus nouveau, c'est que ce soit devenu chez les responsables occidentaux une hypothèse de travail désormais normale. Valéry Giscard d'Estaing l'a tranquillement exposée dans un récent article de *Paris-Match.* Il y a un an, le secrétaire américain à la Défense, Richard Cheyney, avait été vivement rappelé à l'ordre par Bush pour avoir dit, dans une conférence de presse, qu'à son avis Gorbatchev échouerait. Cette année, le 29 avril dernier, Cheyney a pu réitérer la même analyse, sur la chaîne ABC, sans s'attirer la moindre réprimande présidentielle. « Signal » très net. En Allemagne, le chancelier Kohl n'exige même pas qu'on lui promette le secret quand il vous glisse au creux de l'oreille sa mince confiance dans la longévité de Gorbatchev.

Les démocraties doivent donc préparer l'« après-

Gorbatchev » (selon le titre d'un dossier de *Politique internationale,* aux éditions de la Table ronde). Cet après-Gorbatchev peut fort bien être dirigé par Gorbatchev lui-même. La double incapacité de résoudre et le problème économique et celui des nationalités, qui s'enveniment l'un l'autre, nous met d'ores et déjà dans l'ère de l'après-gorbatchévisme. Ce Gorbatchev sans gorbatchévisme apprendra qu'avec ou sans référendum on ne passe pas à l'économie de marché par décret.

L'après-Gorbatchev signifie que les démocraties doivent sans doute s'apprêter à traiter, au moins pendant quelques années, avec une Union soviétique non point en voie de guérison économique et d'harmonisation ethnique, mais toujours plus malade et pauvre, divisée et agitée.

28 mai 1990

L'Est et le néant

L'état de décomposition chaque jour plus avancé où se trouve l'économie soviétique permet de comprendre l'erreur de beaucoup d'Occidentaux depuis cinq ans au sujet de la perestroïka. On aurait dû se demander non si le succès de Gorbatchev était *souhaitable,* ce qui ne faisait aucun doute, mais s'il était *possible.*

Or, la nature de la crise communiste, plus encore que sa profondeur, la rend incomparable à toute autre. Raisonner en termes de réformes, comme on en lance en Occident, au sein d'une économie qui, dans l'ensemble, marche, c'était se tromper sur les données mêmes du problème.

La réalité soviétique n'est pas une économie développée nécessitant diverses rectifications, c'est un gigantesque bric-à-brac inutilisable et imperfectible. Ce n'est même pas une économie sous-développée où l'on pourrait expérimenter les méthodes ayant amené le développement d'autres pays.

Les pays en voie de développement — ou ceux de l'Occident d'avant le décollage industriel — ont, ou avaient, des économies qui n'étaient pas modernes, mais qui, à leur niveau, fonctionnaient. Les sociétés traditionnelles ont leur agriculture, leur artisanat, leurs réseaux commerciaux, leur art de bâtir, leurs techniques, leur outillage, qui, même s'ils sont moins productifs que les nôtres, composent un univers équilibré, doté de sa logique interne et qui répond tant bien que mal à son objet. À partir de là, on peut tenter de perfectionner, voire de révolutionner, parce qu'on s'appuie sur quelque chose qui existe.

Dans les pays communistes, on ne s'appuie que sur un spectre. Tous n'ont pas la chance, comme l'Allemagne orientale, d'avoir un jumeau milliardaire, prêt à retransformer son frère clochard en gentleman présentable. Ailleurs, les comparaisons avec des réformes ou des décollages normaux sont toutes fausses. Car ce dont il faut sortir, ce n'est pas de telle ou telle économie défectueuse ou pauvre, c'est de l'absence d'économie. Les vergers français sous François Ier produisaient des poires que l'horticulture soviétique est incapable de fournir.

Une diligence tirée par des chevaux n'est certes pas aussi rapide qu'un autobus ou un avion. Mais, en elle-même, c'est un moyen de transport efficace et cohérent, qui remplit sa fonction. À partir de la diligence, le progrès permet de passer à l'automobile, c'est ce qu'a fait l'Occident au XIXe siècle. Mais l'économie des pays communistes n'est pas une diligence qui fonctionne et peut se perfectionner : c'est un avion à réaction qui s'est écrasé, un autobus qui est tombé pour l'éternité en panne, et qu'on ne peut pas non plus faire tirer par des chevaux parce qu'on ne peut plus les nourrir.

Le problème de l'économie de ces pays n'est pas celui d'un développement rectiligne à partir d'une forme moins efficace jusqu'à une forme plus efficace. Il s'apparente plutôt au ramassage des débris dans une ville pulvérisée par un séisme. Rien, dans l'histoire, ne nous fournit d'exemple de passage du socialisme au capitalisme parce que le socialisme n'a jamais existé : la seule chose qui ait existé, c'est l'anéantissement de toute économie antérieure quelle qu'elle soit, y compris le savoir-faire des hommes. « Du passé, faisons table rase » : cet article du programme de *L'Internationale* a été vraiment rempli — mais hélas ! c'est le seul. En fait, le système soviétique ne pourrait être amendé que par un homme qui lui serait extérieur, serait né en dehors de lui, ne serait prisonnier d'aucune de ses pesanteurs mentales et l'enverrait froidement à la casse pour laisser enfin agir la nature. L'Armée de libération nationale colombienne est dirigée par un curé défroqué, et ce guérillero, un peu dérangé, affirme que Gorbatchev est un agent de la CIA recruté au Canada ; je crains que, malheureusement pour le peuple soviétique, il n'en soit rien.

4 juin 1990

La nouvelle Allemagne

L'enchaînement et la rapidité des métamorphoses qui, entre l'été 1989 et les élections est-allemandes du 18 mars 1990, ont préparé la réunification allemande éclairent cruellement le rôle que jouent parfois, dans et contre le destin des peuples, la cécité des gouvernements et les ravages du mensonge.

Même après l'écroulement du Mur de Berlin, le 9 novembre 1989, et l'accélération de la ruée des Allemands de l'Est vers l'Ouest, les gouvernements de l'Europe des Douze, et plus particulièrement ceux de Paris et de Londres, en étaient encore à évoquer la réunification comme une très lointaine échéance, à ne jurer que par le « respect des frontières », qui venaient justement de voler en éclats, et surtout ils s'imaginaient que la suite des événements dépendrait en premier ressort de leurs décisions. Lorsque, dans les jours qui suivirent, le chancelier Helmut Kohl proposa un plan prudent de réunification ou de fédération par étapes, il souleva la réprobation de ses partenaires européens, comme s'il avait en quelque sorte trahi leur confiance en abusant de l'affaiblissement de l'Allemagne communiste. C'était ne pas comprendre que l'élan populaire, les facteurs politiques et les nécessités économiques convergeaient vers la réunification, donc échappaient d'ores et déjà au contrôle des gouvernements. Mais il fallut attendre (et ce n'est qu'un exemple) le 31 décembre 1989 pour que le président Mitterrand, dans son message télévisé de vœux à ses concitoyens, inverse la position française, et se réfère enfin à la réunification allemande comme à une question inscrite parmi les probabilités du proche avenir.

En février 1990, le président Bush, conscient que l'unité allemande était devenue une certitude, suggéra que les deux Allemagnes, aussitôt après les élections est-allemandes, pussent débattre d'abord entre elles des problèmes juridiques, politiques et économiques de leur réunification. Ensuite, sur la base de leur accord préalable, les États-Unis, l'Union soviétique, la France et la Grande-Bretagne (les alliés de la Seconde Guerre mondiale) se joindraient à la négociation pour en régler les aspects internationaux. C'est ce que l'on baptisa la solution « deux plus quatre ». À quoi la Grande-Bretagne, la France et l'Union soviétique rétorquèrent qu'elles préféraient la solution « quatre plus zéro », soit, en somme, que la réunification allemande fût conçue et conduite par les ex-alliés de la guerre, sans les deux Allemagnes, lesquelles cependant, à vue d'œil, en faisaient d'heure en heure toujours davantage une seule. Moscou, pour sa part, après avoir repoussé l'idée même de réunification, puis l'avoir acceptée à condition qu'elle fût assortie de la neutralisation, se résigna au compromis. Britanniques, Soviétiques et Français ne purent ainsi faire autrement que de se rallier à la proposition américaine, qui se bornait d'ailleurs à enregistrer une réalité en train de prendre consistance devant tous.

Cet aveuglement, qui induisit tant de dirigeants à courir après les événements sans les comprendre, au lieu de les prévoir et de s'y préparer, prenait racine dans un vaste mensonge, auquel peut-être Gorbatchev même avait fini par croire : la prétendue réussite économique relative de l'Allemagne de l'Est, sa prétendue solidité en tant qu'État autonome, abstraction faite de la présence militaire soviétique. Le succès de cette fable, propagée ou avalée sans examen par tant d'hommes politiques et de journalistes, à droite comme à gauche, pendant si longtemps, a de quoi nous remplir de stupeur, après ce que nous avons vu et découvert, depuis l'été de 1989. Même quand on est blasé sur la désinformation massive et l'autodésinformation volontaire qui servent trop souvent de bases aux stratégies diplomatiques des États, il faut l'admettre : l'abîme entre la légende et la vérité dépassait ici l'ampleur des impostures habituelles. Comment l'Ouest a-t-il pu miser sur la viabilité d'un pays non seulement ruiné mais en ruine, dévasté par la faillite économique, la banqueroute financière et le cataclysme écologique ? Prendre au sérieux un État factice, dirigé par des voleurs et protégé par des troupes d'occupation ? Ajouter foi aux fariboles honteuses des Verts et de la gauche du SPD, décrivant le bonheur des Allemands de l'Est, qui avaient la chance d'être soustraits aux abominations du capitalisme ? Cette gauche, d'ailleurs, durant l'été de 1989, dénonça les premiers réfugiés, arrivés via la Tchécoslovaquie ou la Hongrie, comme des « traîtres », voire des « fascistes ».

Mais, après l'écroulement de la RDA, elle s'adapta aussitôt à la nouvelle situation au moyen d'un deuxième mensonge : présenter l'Ostpolitik des années 1960 comme la préparation de la révolution anticommuniste de 1989. Or, l'Ostpolitik allait dans le sens exactement opposé. Elle était un soutien au communisme. C'était une alliance avec les États communistes contre les peuples asservis par ces États. Elle consistait en traités par lesquels Bonn reconnaissait le statu quo en Europe centrale et prodiguait aux régimes existants assistance économique et, appui diplomatique. La RFA conférait l'équivalence aux deux États germaniques, les plaçait sur un pied d'égale légitimité, et condamnait toute politique tendant à jouer sur les aspirations des peuples pour déstabiliser les États. Il fallait respecter le postulat que la RDA était un État indépendant et la réunification une pure fiction politique. Telle fut la doctrine constante des deux chanceliers du SPD, Willy Brandt et son successeur Helmut Schmidt, comme aussi des journaux de gauche les plus influents, *Der Spiegel, Stern, Die Zeit.* La veille de la démolition du Mur, Brandt fit encore une déclaration dans ce sens. Puis, en politicien roublard, il changea prestement de langage et partit se faire acclamer en Allemagne orientale par les foules mêmes dont il avait tant aidé les oppresseurs à consolider leur pouvoir.

Une analyse erronée de la réunification a empêché les démocraties, notamment la Grande-Bretagne et la France, d'aborder d'emblée le cœur du problème : faire sortir la RDA du pacte de Varsovie tout en assurant sa disparition en tant qu'État, la faire revenir à son sort naturel : celui d'être une partie de l'Allemagne, et, par conséquent, de l'alliance occidentale. Au lieu de cela, Londres et Paris soutinrent d'abord la thèse soviétique de la « stabilité des alliances ». Comme si ces alliances avaient jamais été acceptées librement par les peuples concernés ! C'est-à-dire avaient été signées par des gouvernements légitimes que ces peuples eussent librement élus. Pourquoi fallait-il, une fois de plus, que les démocraties (à l'exception, cette fois, des États-Unis) défendissent le point de vue soviétique et non le leur ? La RDA n'avait jamais été une nation, ni un État. C'était un ersatz dû au refus soviétique, pendant quarante-cinq ans, de négocier un traité de paix, et ce, dans le dessein de conserver un moyen permanent de chantage et de pression sur la RFA, et par là sur l'Ouest tout entier. Le jour où l'instrument du chantage se volatilisait, quel spectacle étrange d'en voir les victimes se solidariser avec les maîtres chanteurs !

Certes, les craintes qu'inspire la formation d'une puissante Allemagne au centre de l'Europe sont compréhensibles. Mais c'était, là encore, une inéluctable échéance, que les autres Européens devaient préparer, au lieu d'espérer la retarder indéfiniment. De même, on peut redouter que l'Allemagne unie ne recommence un jour, malgré toutes les assurances données, à revendiquer des territoires situés aujourd'hui en Pologne. Mais à qui la faute ? Les Alliés n'ont-ils pas lâchement accepté, en 1945, que l'Union soviétique annexe près de la moitié de la Pologne, donnant à celle-ci, en compensation, un morceau d'Allemagne ? L'Europe d'après guerre ne fut point celle qui aurait dû résulter de cette guerre gagnée par les démocraties. Ce fut l'Europe que Hitler et Staline s'étaient partagée d'un commun accord en 1939. Les démocraties ont eu la faiblesse et la sottise de l'entériner six ans plus tard. Elles doivent aujourd'hui faire face aux conséquences de cette concession et s'entraîner à résoudre les conflits qui n'ont pas fini d'en découler.

Été 1990

Les voix de la résistance

Maintenant que les dissidents ne sont plus des dissidents, on peut les lire d'un regard pour ainsi dire normal, sans songer à chaque ligne qu'on tient entre les mains un livre que l'auteur a écrit en risquant, souvent même en sacrifiant, sa liberté ou sa vie. Mais il ne faut pas pour autant oublier qu'un tel risque et un tel sacrifice furent le lot, il n'y a pas si longtemps, d'un Sakharov, d'un Boukovski, d'une poignée d'autres combattants de la lutte pour les droits de l'homme. Aujourd'hui, les dissidents racontent et jugent le passé soviétique à peu près comme les dirigeants le font eux-mêmes, à commencer par le premier d'entre eux. Ils critiquent aussi le présent, mais, ce faisant, ils se posent non plus en rebelles exposés à la terreur, mais en opposants exerçant un droit, même si le régime n'est pas encore pleinement démocratique.

À l'Ouest, jadis, après un bref accueil en fanfare, on les poussait dans le ghetto des réactionnaires et des ennemis de la détente. Cette réprobation n'est pas encore tout à fait épargnée aux opposants actuels. En un chapitre fort drôle, Boukovski raconte une conversation imaginaire, dans un bar de San Francisco, avec un Gorbatchev qui a décidé de tout plaquer pour s'installer aux États-Unis. Les autres clients ne le reconnaissent même plus : « Quand j'étais secrétaire général, gémit-il en sirotant des vodkas-tonic, les gens ici me disaient libéral, me trouvaient charismatique, bien élevé, célébraient mes moindres paroles. Me voici devenu à leurs yeux antidémocrate, dogmatique, peu plaisant. »

L'Occident, selon Boukovski, ne comprend pas mieux la dislocation du communisme qu'il n'avait compris son ascension, parce qu'il s'obstine à en méconnaître l'originalité et à le ramener à des traditions historiques avec lesquelles il fut en rupture totale. Comparer Gorbatchev à Pierre le Grand, après avoir vu en Staline un nouvel Ivan le Terrible, c'est oublier que la Russie actuelle, comme les autres pays communistes, est non pas une nation « arriérée », comme elle l'était au XVIIe siècle, selon le tsar, mais une création artificielle, due au volontarisme d'une poignée d'hommes décidés à mettre en pratique jusqu'au bout une théorie.

L'Union soviétique stalinienne ressemble plus aux autres pays communistes qu'à la Russie des tsars. La puissance des représentations mentales est dans l'histoire plus grande que ne l'enseignent les marxistes. Ne leur en déplaise, les idées mènent le monde, surtout les mauvaises. L'hitlérisme, autant que le communisme, en est un exemple. Il existe une explication intellectuelle, mais pas d'explication rationnelle du communisme, et, notamment, pas au moyen de tout l'arsenal scolastique des « infrastructures » ou de l'« exploitation de l'homme par l'homme ». Pour comprendre le marxisme, il faut se garder de l'utiliser.

Peut-être les protestations contre le communisme qui survivront le plus longtemps dans la mémoire des hommes sont-elles d'abord les protestations morales. Pour Sakharov, il ne s'agit pas de se borner à des objections techniques sur la plus ou moins piètre efficacité de l'économie administrée, bien qu'il ait souvent insisté sur le lien entre démocratie et progrès scientifique, technologique, économique. Mais les échecs pratiques, il le sent bien, ne sont que les sous-produits d'un mal radical, dont la perception, le refus, enfin l'élimination ou la dénonciation deviennent peu à peu la grande affaire de sa vie. Ce qui rend ses *Mémoires* si émouvants, ce qui, à leur valeur historique, ajoute une profondeur intemporelle, c'est qu'ils racontent, à la lettre, l'avènement d'une conversion, dictée par une intransigeance d'ordre spirituel. Voici un favori du régime, un membre des couches supérieures de la nomenklatura, un savant absorbé par ses recherches, et que l'on aurait donc excusé de ne pas bien mesurer les souffrances endurées hors de son club de privilégiés. Et cet homme comblé, que rien ne menace, auquel le pouvoir ne demande rien, sinon son travail scientifique, se met à ne plus pouvoir supporter d'être, par son seul silence, complice du système. Il décide un beau matin, en 1968, de rompre avec ce système, en écrivant un texte d'abord clandestin, puis publié à l'étranger — crime suprême aux yeux des autorités. En toute connaissance de cause, et sans autre mobile que l'exigence de sa conscience, Sakharov pose ainsi le pied sur la pente qui le fera glisser de la vie protégée d'un aristocrate rouge à l'existence précaire, angoissée, traquée d'un paria voué par le KGB à l'exil final, en résidence surveillée.

Ne fût-ce qu'en raison de ce choix ô combien facultatif, les *Mémoires* de Sakharov resteront, bien après que les cendres du communisme auront été mêlées aux autres fossiles des aberrations humaines. Ils témoigneront que, parfois, la noblesse relève la tête, pour racheter le mensonge, la sottise, la veulerie. Tout comme aussi restera, au même titre, l'œuvre de Boukovski, en particulier son autobiographie, *Et le vent reprend ses tours.*

Boukovski lui-même est d'ailleurs l'un des héros des *Mémoires* de Sakharov. On est tenté de dire : l'un des rares héros. Car ce qui frappe, dans cette histoire de la dissidence racontée par son principal animateur, c'est combien peu nombreux furent les résistants. « C'est un miracle, écrit Soljénitsyne dans *Le Chêne et le veau,* que constitua l'apparition dans l'État soviétique d'Andreï Dmitrievitch Sakharov, dans la foule corrompue, vénale et sans principe de l'intelligentsia technicienne. » En même temps, l'efficacité, la ténacité, l'ingéniosité que déploya la dissidence pour mettre l'État soviétique en accusation devant l'opinion mondiale, les résultats qu'elle obtint suggèrent l'idée que le système totalitaire aurait pu être beaucoup plus tôt ébranlé s'il avait eu moins de complices, à l'intérieur comme à l'extérieur.

Mais Sakharov n'est pas seulement l'un des grands acteurs de la dissidence, il n'est pas seulement, dans son livre *Mon pays et le monde* (qu'il rédige en 1975, l'année même où il reçoit le prix Nobel de la paix), le père de la perestroïka — en attendant de critiquer, en 1989, dans les derniers mois de sa vie, l'insuffisance et les lenteurs de la démocratisation gorbatchévienne. Il a également pu observer, pendant deux décennies, le système à partir du sommet de la pyramide. Dans la richesse d'informations dont son livre regorge, c'est là un volet plein d'enseignements. Nous apprenons par exemple que l'élite des savants atomistes réunis dans une sorte de phalanstère mystérieux nommé « l'Installation » était placée sous le contrôle direct de... Beria, l'illustre boucher, chef du KGB, qui prenait même les décisions de caractère scientifique jusqu'à mettre à l'index la théorie de la relativité en tant que « contraire au matérialisme dialectique » ! Sakharov s'inquiétait fort du danger atomique pour l'humanité tout entière. Néanmoins, il désapprouve rétrospectivement la proposition faite par Robert Oppenheimer, au début de la guerre froide, de ralentir le programme américain de mise au point d'une bombe à hydrogène, dans l'espoir que cette concession inciterait le gouvernement soviétique à en faire autant. Sakharov est formel : toute initiative américaine tendant à renoncer de façon temporaire ou définitive à élaborer l'arme thermonucléaire aurait été regardée par Staline, Beria et les autres comme une manœuvre de diversion ou comme une manifestation de faiblesse. « Dans les deux cas, écrit Sakharov, la réaction aurait été la même : ne pas tomber dans le panneau et profiter au plus vite de la bêtise de l'adversaire. » Rappelons qu'à cette époque un autre savant américain, Edward Teller, s'opposa au projet de son collègue Oppenheimer et que, vilipendé comme « maccarthyste », il fut mis au ban de la communauté intellectuelle de son pays.

Si, comme on le répète souvent aujourd'hui, les démocraties ont gagné la guerre froide, ce ne fut pas seulement contre le totalitarisme, ce fut aussi contre une bonne partie de leurs propres ressortissants, et souvent ceux dont on était en droit d'attendre le plus de clairvoyance. Les livres de Sakharov et de Boukovski, l'exemple de leur vie nous le rappellent : réfléchir sur la politique et tenter de l'influencer par la philosophie, si peu que ce soit, n'a d'intérêt que moral, c'est-à-dire dans la seule mesure où l'on croit pouvoir parvenir à une gestion intelligente, honnête, libre et véridique de la communauté humaine. Si l'on n'a pas cet espoir, alors il vaut mieux abandonner la politique aux gloutons du pouvoir et de la gloriole, à leurs larbins, à la glose bavarde des menteurs et des ignares.

2 juillet 1990

Mémoires d'Andreï Sakharov, traduit du russe par Alexis et Wladimir Berelowitch, avec D. Legrand pour les passages scientifiques, Seuil.
URSS : de l'utopie au désastre de Vladimir Boukovski, traduit de l'anglais et du russe par Louis Martinez, Robert Laffont.

Les apprentis sorciers

Que les Nations unies aient résolu à la quasi-unanimité de sanctionner l'Irak indique l'apparition d'une sensibilité internationale nouvelle : la conscience enfin claire du banditisme pur et simple comme menace politique brute. Il y a quelques siècles, Saddam Hussein aurait été célébré comme un glorieux disciple de Machiavel et d'Alexandre le Grand à la fois. Il y a quelques décennies, il aurait encore trouvé des admirateurs, au nom de la raison d'État, de l'égoïsme national et de la volonté de puissance, considérés comme des valeurs transcendant la morale. Il y a quelques années à peine, les réactions à la ruée irakienne vers les Émirats et l'Arabie saoudite se seraient distribuées selon des critères idéologiques, des antagonismes entre les pays développés et les autres, des dissensions à courte vue entre les puissances occidentales mêmes : en 1986, la plupart des Européens ont soutenu Kadhafi contre Reagan, au moment du bombardement américain de la Libye.

En cet été de 1990, en revanche, la comparaison des méthodes de Saddam Hussein avec celles de Hitler est venue sous la plume des commentateurs du monde entier. On a bien remarqué, çà et là, dans les pays arabes, une sorte de fierté devant la force de l'un des leurs, capable de perturber à lui seul l'équilibre de la planète, et, surtout, de l'Occident. Mais cette joie perverse ne saurait aller très loin, parce qu'elle est suicidaire à un double titre. D'abord, les victimes actuelles et désignées du banditisme irakien sont, dans l'immédiat, d'autres pays arabes. Ensuite, les nations en voie de développement ne peuvent pas réclamer une aide sans cesse accrue aux nations industrialisées tout en souhaitant leur ruine. Il faut choisir. C'est ce qu'a d'ailleurs fort bien compris Mikhaïl Gorbatchev, premier dirigeant soviétique qui ait renoncé à exploiter une crise internationale pour déstabiliser l'Occident. Il a trop besoin de ses crédits pour contribuer à en tarir la source. D'où sa mutation décisive. Il a fait plus que rester neutre : il s'est rangé aux côtés des États-Unis. Seul Cuba (avec le Yémen) a souligné sa propre marginalité, mettant sur le même plan l'invasion du Koweït par l'Irak et celle du Panama par les États-Unis. Or, dans le premier cas, le but de l'opération est d'étendre le rayon d'action d'un dictateur bandit, dans le second, il était d'en déloger un.

Au total, la perception s'est imposée qu'il existe comme un minimum de *légalité internationale,* de plus en plus indispensable à préserver dans la mesure où l'interdépendance internationale devient elle-même chaque jour plus contraignante. Noriega était autre chose qu'un folklorique truand présidentiel : il manœuvrait une plaque tournante du trafic mondial de la drogue. Saddam Hussein est beaucoup plus qu'un aventurier mégalomane : il peut secouer l'économie de toute la planète. C'est pourquoi l'accord des nations a pu être aussi complet. Margaret Thatcher l'a salué comme un événement sans précédent. Sans précédent peut-être, mais aussi, hélas ! sans efficacité à court terme, parce qu'il survient trop tard, une fois que le mal est en partie fait, et bien difficile à défaire. Quel aveuglement de la part des grandes puissances ! En quinze ans, elles ont construit de leurs propres mains le colosse militaire irakien. Aujourd'hui, aucune armée de terre ne peut barrer la route à ce million de soldats aguerris par sept ans de batailles et équipés par nos soins. Il ne nous reste de nos calculs bornés que des duplicata de factures impayées — et la perspective d'un troisième choc pétrolier.

L'imprévoyance face au banditisme politique, dont notre trop longue indulgence pour le terrorisme international d'État est un autre exemple, nous coûte cher. Le nouveau consensus international dont nous nous félicitons à juste titre aurait beaucoup gagné à être préventif.

13 août 1990

« Pauvres » Irakiens

Depuis le début de la crise du Moyen-Orient, il court une idée reçue : Saddam Hussein aurait pour lui d'être le héros des Arabes pauvres contre les Arabes riches, complices de l'Occident.

En quoi l'Irak est-il représentatif des Arabes pauvres ? Avec sa production pétrolière de trois millions cent mille barils par jour, il se classe au deuxième rang mondial, précédé par la seule Arabie saoudite, qui vend cinq millions quatre cent cinquante mille barils par jour. Leurs populations sont comparables (dix-sept millions et demi pour l'Irak, quinze et demi pour l'Arabie saoudite) ; le revenu par tête de l'Irakien devrait donc figurer parmi les plus élevés du monde tout en restant inférieur à celui du Saoudien. En 1988, les revenus du pétrole irakien ont représenté onze milliards quatre cents millions de dollars, contre dix-huit milliards et demi pour l'Arabie. Gagner presque les deux tiers de ce que gagne Crésus, est-ce la misère ?

Si l'Irakien moyen est pauvre, donc, ce n'est pas faute de ressources, ni non plus parce qu'il est victime du Koweït ou de l'Occident. C'est parce qu'il est saigné (dans tous les sens du terme) par son dictateur. Sa folie guerrière a englouti la richesse nationale dans une armée vingt fois plus nombreuse que celle des Saoudiens, avec dix fois plus de chars et deux fois et demie plus d'avions de combat. Le coût financier global de la guerre avec l'Iran peut s'évaluer à deux cents milliards de dollars. Le revenu irakien par tête a baissé d'un tiers depuis 1980.

Néanmoins, il reste six à sept fois supérieur à celui de l'Égyptien. En quoi, donc, l'Égypte — qui a pris l'initiative du sommet arabe du Caire et proposé l'envoi d'une force arabe dans le Golfe — mériterait-elle l'opprobre pour cause de richesse, contrairement à l'Irak, avocat des pauvres ? C'est une imposture pure et simple. En outre, les « masses arabes » admirent-elles vraiment le régime irakien, qui, depuis 1958, entre les répressions, coups d'État, pendaisons, massacres, tortures (notamment d'enfants) et guerres, a coûté la vie à deux millions de ses ressortissants et qui compte aujourd'hui plus de cent mille prisonniers politiques ?

Mais ces masses arabes, au fait, qui sont-elles et où sont-elles ? Voyons la liste des pays qui, au Caire, ont voté contre la résolution, se sont abstenus ou ont émis des réserves.

Contre : l'Irak même (belle découverte) ; la Libye, encore un pays arabe « pauvre » gouverné par un des grands « sages » de notre époque ; enfin, l'OLP.

Abstentionnistes : le Yémen, connu pour la générosité de ses hécatombes ; et l'Algérie, exemple même d'un grand pays riche appauvri par la longue gestion incompétente d'un parti unique et corrompu. Les Algériens pourraient donc commencer par balayer devant leur porte.

Réservés : le Soudan, où les Arabes du Nord — un tiers de la population — font la guerre aux Noirs non musulmans du Sud pour leur imposer la charia islamique, guerre qui, par occision directe ou famine provoquée, a entassé près d'un million de victimes ; la Mauritanie, dont les travailleurs émigrés se font lyncher par les Sénégalais, ce à quoi Saddam Hussein, je crois, ne pourrait pas grand-chose ; enfin, la Jordanie, peuplée de Palestiniens, lesquels voient dans l'Irak, après la défection de l'Égypte et de la Syrie, le dernier État arabe assez fort militairement pour attaquer Israël. Leur attitude rejoint, c'est naturel, celle de l'organisation de Yasser Arafat. Mais s'imaginent-ils qu'un Saddam Hussein grand vainqueur respecterait l'indépendance de la Palestine ?

Ce qui se passe n'est donc en rien une confrontation entre conservateurs et progressistes. C'est là une affabulation de la propagande. Si les masses arabes croient à ce mensonge, elles seront les premières, hélas pour elles, à en payer les dégâts.

20 août 1990

L'art du « compromis »

En optant pour le « capitalisme tempéré », Michel Rocard a-t-il converti le parti quasi léniniste — selon lui — fondé en 1971 à Épinay en nébuleuse sociale-démocrate ? Bien sûr, en renonçant ouvertement à la fameuse rupture avec le capitalisme, le PS s'oblige à « repenser de fond en comble », comme dit le Premier ministre, le débat entre la droite et la gauche en France. Depuis le XIXe siècle, en effet, le choix ou le rejet du capitalisme constituaient l'élément essentiel qui les différenciait. Aujourd'hui, comment ne pas rester songeur en voyant Jacques Attali, ancien conseiller spécial de François Mitterrand, et appelé en 1981 auprès du chef de l'État pour l'aider à rompre avec le capitalisme, se trouver, en tant que président de la BERD (Banque européenne pour la reconstruction et le développement), chargé d'aider les pays de l'Est à rompre avec le socialisme ?

Pourtant, le mot le plus important de Michel Rocard, dans son récent discours aux socialistes français, le mot le plus social-démocrate n'est peut-être pas « capitalisme », c'est surtout « compromis ». Certes, comme l'ont fort clairement analysé

Alain Bergounioux et Bernard Manin[1], la social-démocratie accepte le capitalisme. Mais ce n'est plus très original. Qui n'en fait pas autant de nos jours, y compris les anciens pays communistes, pour qui cette acceptation s'est même muée en ardente quête ? Précurseurs de Mikhaïl Gorbatchev, les sociaux-démocrates ont toujours admis le caractère irremplaçable de la propriété privée et de la régulation par le marché. Mais, sur cette base intangible, la social-démocratie (nos deux auteurs le démontrent, en historien convaincants) ne s'identifie à aucune doctrine économique en particulier. Pendant des décennies, elle s'est faite le champion du keynésianisme, de l'État providence et de la redistribution. C'était ce qu'autorisait et conseillait le pragmatisme le plus pur durant les années grasses. Et puis, avec le même pragmatisme, les grands partis sociaux-démocrates, allemand, suédois, sont passés à la rigueur, à la dérégulation et aux allégements fiscaux quand la crise le leur imposa. Sur le plan strictement économique, leur trajectoire ne se distingue guère de celle des gouvernements conservateurs.

Car l'originalité de la social-démocratie se situe avant tout sur le terrain politique. Elle est une forme de gouvernement fondée sur la modération et sur cet art du compromis prôné par Michel Rocard. Elle repose sur « la croyance qu'une force politique doit faire une part aux intérêts de ses adversaires, même si elle est majoritaire ». À plus forte raison si elle ne dispose que d'une majorité relative, comme c'est le cas du gouvernement socialiste en France depuis 1988. Avec le compromis rocardien, nous sommes aux antipodes de la logique d'exclusion qui animait le PS au congrès de Valence en 1981, et même loin

1. *Le Régime social-démocrate,* PUF.

de la tradition politique française en général, de droite ou de gauche. Valéry Giscard d'Estaing a bien essayé, durant son septennat, de proposer un compromis à l'opposition. Mais celle-ci n'en avait que faire, ne songeant qu'à éliminer à jamais les libéraux pour appliquer son projet de société.

Le soin d'élaborer un nouveau projet pour octobre 1991 a été confié à Michel Charzat, membre du courant « Socialisme et République » de Jean-Pierre Chevènement. Tel qu'il en a dévoilé l'ébauche, le 24, sur les ondes de RTL, c'est un festival de phrases creuses : « Ouvrir un nouvel horizon pour le socialisme, tracer des perspectives, donner un sens nouveau, définir les objectifs, assainir le débat, préparer l'an 2000, retracer les grands clivages », etc. Ce vide est de bon augure. Les socialistes l'ont-ils enfin compris ? C'est la société qui fait les projets et les gouvernements qui les appliquent, non l'inverse.

8 octobre 1990

René Girard : ce que cache Shakespeare

Au cours d'une période très récente, et très brève encore, un battement de cil dans son histoire, l'humanité a *tenté* de soumettre sa compréhension du monde à la rationalité, et de soustraire son propre comportement à la violence. Mais que s'est-il passé auparavant et pourquoi ? Qu'arriva-t-il durant les millénaires qui précédèrent l'apparition du modèle rationnel et contractuel ? D'où vient que ce modèle, dans l'humanité contemporaine, ne gouverne qu'une petite partie des sociétés, dans ces sociétés qu'une petite partie des individus, et chez ces individus qu'une petite partie du temps de veille ? Ce sont ces mystères, ces « choses cachées depuis la fondation du monde » (pour reprendre le titre de son grand livre de 1978), que René Girard expose avec acharnement depuis la fondation de son œuvre, c'est-à-dire depuis bientôt trente ans. Il le fait en arrachant aux textes littéraires et religieux de tous les temps, et de presque toutes les cultures, le tortueux aveu par l'homme de son inconfessable secret.

Girard a écrit *Shakespeare, les feux de l'envie* en anglais. Ce n'est pas sans un brin de tristesse, non point chauvine mais littéraire, qu'on lit « traduit de l'anglais » sous le titre d'un ouvrage aussi beau, dû au plus original des philosophes français apparus depuis 1960. Je dirai même : le seul original, le seul qui ne nous donne pas à remâcher la sempiternelle « terrine du chef », nauséabond amalgame structuro-psychanalytico-linguistico-marxiste. Ce qu'il a dit, on ne l'avait pas lu auparavant, et ce sont des idées qui ne traînent pas précisément à toute heure sur la voirie culturelle ordinaire. Certes, si Girard a rédigé son *Shakespeare* dans la langue du susdit, c'est qu'il vit et enseigne aux États-Unis depuis des lustres. Mais pourquoi ? Pourquoi est-ce également le cas de l'un de nos deux prix Nobel d'économie, Gérard Debreu, devenu citoyen américain ? La réponse gît quelque part dans le fatras des « choses cachées » de nos énigmatiques ministères que sont la Culture et l'Éducation nationale.

Ce scandale appelle un bouc émissaire, au sens girardien du terme, c'est-à-dire un vrai coupable. Entendons-nous : le naïf animal est, doit être innocent, car seuls les innocents fournissent de bons coupables, complets, absolus. La responsabilité prouvable et prouvée demeure à jamais partielle, douteuse, sujette à retouches. La punition méritée ne lave qu'à moitié de sa trop réelle faute le responsable effectif : la société, la caste ou la coterie. Pour se disculper, la société fabrique un coupable total, tiré de la seule matière première intégralement malléable : l'innocence. En l'occurrence, le véritable criminel, c'est l'incurable système universitaire français, qui, comme l'économie soviétique, est un noyé qui meurt de soif. Quant au bouc émissaire (Jospin ? Lang ? Beaucé ?), il faut pour le confondre appliquer la recette magique dont René Girard nous conte les merveilles dans son bref chef-d'œuvre sur le livre de Job : *La Route antique des hommes pervers* (1985). Au départ, Job ne se sent aucune vocation de coupable, il se prend pour un Juste auquel

Dieu envoie des catastrophes afin de l'éprouver. Mais les « amis » qui viennent le visiter, soi-disant pour le consoler, se mettent peu à peu à l'accabler, à lui « démontrer » qu'il mérite son malheur, puis enfin à l'en convaincre ! Le voilà mûr pour l'émissariat. Ce très vieux scénario, on le retrouve au XXe siècle dans les procès totalitaires modernes (Girard s'y réfère explicitement), où l'accusation exige du faux coupable qu'il devienne vrai, c'est-à-dire non seulement qu'il reconnaisse en public, « pour la cause », sa culpabilité imaginaire, mais surtout qu'il s'en persuade intimement lui-même et sollicite la faveur de l'expier. C'est ce qu'a encore fait à Cuba le général Ochoa, fusillé « volontaire » pas plus tard qu'en 1989, sur les conseils désintéressés de son vieil « ami » Castro. D'après son récent entretien à la BBC, Salman Rushdie lui aussi me semble tout près d'entrer dans ces excellentes dispositions. D'ailleurs, ceux qui ont décidé de le tuer considèrent sincèrement qu'il mérite la mort : « Comme tous les faiseurs de boucs émissaires, écrit Girard, ils tiennent leurs victimes pour coupables ; il n'y a donc pas, pour eux, de bouc émissaire. »

Les sociétés humaines se sont à l'origine fondées sur la violence sacrificielle (*La Violence et le sacré,* 1972) et la chasse aux sorcières (*Le Bouc émissaire,* 1982). Elles ont ensuite éliminé l'antique causalité magico-persécutrice et ont accédé à la vision scientifique. Cette transition est loin d'avoir été effectuée par toutes les sociétés à l'heure qu'il est. Suivez mon regard...

Si vous me demandez ce que vient faire Shakespeare dans ce discours, je vous répondrai par l'avertissement de Girard lui-même : « Mon travail sur Shakespeare est indémêlable de tous mes travaux antérieurs. » Parmi les ressorts invisibles de l'homme, selon Girard, il en est un que l'esprit scientifique n'a pas fait disparaître. Peut-être même l'a-t-il tendu encore davantage : c'est celui que René Girard nomme « le désir mimétique ». Il l'avait dévoilé dans son premier livre (1961), consacré à cinq grands romanciers européens (dont Dostoïevski et Proust) : *Mensonge romantique et vérité romanesque.* Cette « loi » girardienne peut se formuler ainsi : l'homme (j'entends évidemment par là l'être humain des deux sexes, selon la tradition lexicale de toutes les langues indo-européennes, et romanes en particulier) éprouve du désir pour un objet parce que quelqu'un d'autre en éprouve. Ce mimétisme explique selon Girard non seulement le désir amoureux, mais l'ambition, la cupidité, les goûts, les modes, l'orgueil, l'humilité, l'abnégation, et même l'égoïsme. Proust nous en montre le fonctionnement lorsqu'il met en scène, à plusieurs reprises dans *La Recherche,* la jalousie comme déclencheur brutal, instantané, irrésistible d'une passion amoureuse qui sans elle n'eût pas jailli. Et, bien entendu, comment, sans recourir au désir mimétique, rendre compte d'une monomanie aussi répandue, aussi vaine, aussi multiforme que le snobisme ?

Or, pour René Girard, il se trouve que Shakespeare a fait du désir mimétique la force principale qui meut presque tous les personnages de son théâtre. Avec cette clef, notre compréhension de son œuvre devient possible. En particulier, elle nous ouvre l'accès de pièces comme *Les Deux Gentilshommes de Vérone* ou *Le Songe d'une nuit d'été,* qui avaient constitué jusqu'ici, malgré leur vivacité charmante, un kaléidoscope inintelligible, tout comme pouvait paraître gratuite la monotone boucherie à répétition de *Richard III.* À vrai dire, c'est tout Shakespeare que l'on relit d'une vue corrigée grâce à Girard, et grâce au collier de citations somptueuses qui serpente à travers sa démonstration. L'essence du désir mimétique se trouve condensée avec une perfection insultante dans ce vers des *Sonnets* : « Tu l'aimes seulement de savoir que je l'aime. »

Êtes-vous, d'aventure, de ceux ou de celles qui ne goûtent pas Shakespeare, ou, du moins, de ceux qui n'approuvent pas tout dans toutes les pièces de Shakespeare ? Je vais vous faire un aveu : j'ai parfois appartenu, moi aussi, à cette confrérie maudite. Mais c'est fini. J'ai pris tant d'intérêt à sa redécouverte sous la conduite de Girard que vous ne pourrez, mus par le « désir mimétique », à l'annonce de mon plaisir, et brûlés déjà que vous êtes par tous « les feux de l'envie », vous retenir de vouloir le redécouvrir à votre tour grâce au même guide.

22 octobre 1990

Shakespeare, les feux de l'envie de René Girard, traduit de l'anglais par Bernard Vincent, Grasset.

Oukases et anarchie

Le Soviet suprême vient d'octroyer à Mikhaïl Gorbatchev le droit de gouverner pendant 500 jours par « oukases », selon le terme même utilisé jadis sous l'autocratie tsariste. Quand on lit la presse occidentale, on y apprend que le « parlement » a donné ainsi au « président » un pouvoir absolu.

Ce vocabulaire même est trompeur. En effet, le Soviet suprême n'est pas réellement un parlement, au sens où l'on entend ce mot en Occident, et Gorbatchev n'est pas davantage un président, du moins pas élu au suffrage universel. Le Soviet suprême émane du Congrès des députés du peuple, dont les 2 250 membres ont été élus en mars 1989, selon une procédure qui apportait, certes, un immense progrès par rapport aux méthodes totalitaires antérieures, mais qui ne fut pourtant que semi-démocratique. Pour un tiers, les députés ont été désignés par diverses organisations : le Parti communiste, les syndicats, l'Union des femmes, les Jeunesses communistes, l'Académie des sciences, le Comité pour la paix, l'Union des philatélistes, etc. Les deux autres tiers furent élus, soit dans le cadre des nationalités, soit dans celui de l'Union, au suffrage universel, mais sans qu'ait eu le temps de s'organiser un véritable multipartisme. Cela n'a pas empêché les électeurs de signifier souvent leur mécontentement aux candidats communistes. Un an plus tard, Gorbatchev était élu président par ce même Congrès des députés du peuple, donc au suffrage non universel et non direct. Sa candidature était d'ailleurs la seule, et elle avait été proposée par le parti.

Si grande y ait été l'extension des libertés, l'URSS n'en reste pas moins, parmi les pays en train de sortir du communisme, le seul qui n'ait pas accompli, même dans la forme, toute sa démocratisation politique. Dans les anciens satellites, on a voté au suffrage universel, fût-ce, comme les Roumains, avec des manipulations.

Pour justifier le recours aux oukases, Gorbatchev invoque l'urgence de la réforme économique. Il est vrai, le pays n'est pas au bord du gouffre : il est au fond du gouffre. Mais alors, pourquoi toutes ces tergiversations depuis des mois ? En quoi Gorbatchev, élu en mars président, triomphateur en juillet au congrès du Parti communiste de l'Union soviétique, où il a écrasé ses derniers adversaires conservateurs, avait-il besoin de pouvoirs spéciaux pour choisir entre le plan plus radical de Stanislav Chataline et celui plus timoré de son Premier ministre, Nikolaï Ryjkov ?

Il a paru pendant tout l'été approuver le premier. Mais il a choisi le second, ou plutôt un compromis entre les deux. Cette prétendue synthèse, qui associe des mesures incompatibles, qui propose une libre entreprise précédée d'un renforcement du contrôle bureaucratique ou bien une économie de marché sans capitalisme, ressemble au fameux « couteau sans lame auquel manque le manche » de Georg Christoph Lichtenberg.

En fait, ce programme ne va guère plus loin que les lois de juin et juillet 1987, qui, déjà, devaient privatiser les entreprises sans abandonner le socialisme, donner la terre aux paysans sans rétablir la propriété, créer des sociétés mixtes sans actionnaires étrangers, rendre les prix réalistes et le rouble convertible sans les libérer. Supposées entrer en vigueur le 1er janvier 1988, ces lois sont tombées en panne au démarrage. La solution n'est pas de renforcer encore les pouvoirs du président. Il faudrait que ses décisions fussent obéies, voire applicables. On n'a pas le sentiment qu'elles puissent l'être, tant est grande l'anarchie.

Le passage à l'économie de marché et à une authentique construction démocratique ne peut plus se poursuivre que dans le cadre des Républiques, grâce à leur autonomie croissante, et non dans le cadre évidé de l'Union. Créée pour et par le communisme, elle ne saurait l'effacer sans s'effacer elle-même.

29 octobre 1990

Sous les pavés, le vide

Si justifiées soient les récriminations des lycéens, elles n'aboutiront à des réformes que si elles reposent sur une compréhension des causes de la crise. Or, à chaque agitation scolaire se produit plutôt une régression intellectuelle. L'exubérance des sentiments et l'indéniable légitimité des indignations se superposent à un rachitisme de l'analyse et à une sclérose des esprits. Ainsi, l'actuelle contestation s'est scindée en deux « coordinations ».

Ce terme même appartient au vocabulaire périmé de la « spontanéité » soixante-huitarde. De plus, il constitue d'emblée un mensonge. L'une de ces coordinations émane du Parti communiste, qui est, nul ne l'ignore, ce qu'on fait de plus « créateur » dans le renouveau intellectuel contemporain. Un vrai pari sur l'avenir ! Elle reçoit l'appui de Socialisme et République, le courant chevénementiste du PS, chargé d'astiquer les débris vermoulus de la phraséologie socialiste des temps néolithiques.

L'autre coordination est fille de SOS-Racisme. Sans doute à cause du fiasco de SOS-Racisme dans la lutte contre le racisme, cette organisation cherche à se recycler dans le potache en perdition. Si elle est à court d'idées, elle ne manque pas de moyens, grâce à la bienveillance de la FEN, des parents d'élèves socialistes, de Laurent Fabius, et même de l'Élysée, où veille Isabelle Thomas. La supersonique ascension de Mlle Thomas remonte à décembre 1986. Quant au contenu mental de décembre 1986, on se rappelle sans doute le rôle moteur joué à l'époque par les trotskistes. Rôle réconfortant quant au dynamisme intellectuel de la jeunesse. N'appert-il pas en effet de la contemplation globale du planisphère, en cette fin de siècle, que le trotskisme est une école de pensée qui voit s'ouvrir toutes grandes devant elle les portes du futur ?

Ce goût maniaque pour les épaves politiques et philosophiques remonte d'ailleurs à Mai 68. Née d'une sensibilité originale, la vague de 68 se fit confisquer par le maoïsme, dont les perroquets occidentaux se mirent à ressasser les indigents borborygmes. Les non-maoïstes ne trouvaient à se mettre sous la dent que d'autres variétés antédiluviennes de léninisme. Là encore, là déjà, le conformisme de la pensée gâta en quelques jours, voire en quelques semaines, ce que pouvait contenir de fraîcheur authentique certaines intuitions du cœur. Mai 68 se perdit dans les marécages de la scolastique marxiste, voire, en Italie et en Allemagne, dans la démence terroriste.

Nous sommes heureusement loin de ces fléaux, mais nous ne sommes pas pour autant proches d'une solution. Depuis vingt-deux ans, aucune revendication lycéenne ou universitaire ne concerne l'enseignement proprement dit, sauf une, qui revient avec régularité : le refus de la sélection. Personne ne se demande si un diplôme qui n'est pas sélectif est autre chose qu'un passeport pour le chômage. L'enseignement français a été fondé pendant deux siècles sur la responsabilisation précoce de la jeunesse. Il est aujourd'hui fondé sur son irresponsabilité prolongée. Et celle des élèves s'est étendue à leurs professeurs.

Au lieu de repenser ce qu'est enseigner, ce qu'il faut enseigner, avec quelles méthodes l'enseigner, les professeurs syndiqués, le ministère et les sociologues accrédités auprès du service spécial « lieux communs sur la jeunesse » entassent des poncifs étrangers au problème central de l'éducation. Par exemple, on sait, on écrit depuis des lustres que la formation professionnelle allemande est efficace et la nôtre inefficace, mais on ne touche à rien. Il faudrait violer trop de tabous, de préjugés racornis. Et pour réformer l'enseignement général aussi. Or, à quoi bon les crédits là où n'est pas la réflexion ? Et à quoi bon l'agitation là où n'est pas l'action ?

19 novembre 1990

Tous des exclus

Chaque époque a ses mots passe-partout. La nôtre a l'exclusion. L'exclusion est partout, et tout est exclusion.

Le malade du sida est un exclu, le clandestin refoulé à la frontière est un exclu, de même que l'immigré en règle, l'auteur non édité, le film non programmé, le détenu, le recalé au baccalauréat. Quand le gouvernement se fixe le fameux objectif des 80 % de bacheliers, aussitôt les sociologues se récrient : « Les 20 % restants vont être des exclus ! » Et la Légion d'honneur ! N'est-elle pas une exclusion pour ceux qui ne l'ont pas ? Souffrent d'exclusion les femmes, les drogués, les marginaux, les casseurs, les homosexuels, victimes de discrimination professionnelle, les agriculteurs. Le chômage ? Les difficultés de logement ? La solitude du troisième âge ? La mendicité dans le métro ? La nouvelle pauvreté ? Les familles trop démunies pour pouvoir partir en vacances ? L'illettrisme de nombreux Français ? Les inégalités sociales ? La sélection à l'université ? Exclusion, exclusion vous dis-je !

J'ai même lu que l'informatisation de la société fabrique une nouvelle catégorie d'exclus : les analphabètes technologiques, ceux, comme moi, qui sont dépassés par les mystères du Minitel, de la carte Pastel, du Casio ou de la machine à traitement de texte. J'espère qu'une indemnité est prévue. Gilbert Bonnemaison, vice-président du Conseil national des villes, déclare à propos des violences et du vandalisme dans les banlieues : « Il faut gagner la bataille contre l'exclusion urbaine. » Pris à la lettre, « exclusion urbaine » désigne le fait de mettre quelqu'un à la porte avec courtoisie.

Lorsqu'un terme veut tout dire, il ne veut plus rien dire. Nous assistons ainsi à l'apparition d'un type humain nouveau, qui est l'Exclu devant l'Éternel, l'Exclu en soi, même quand c'est lui qui chasse les autres. L'émergence d'« exclusion » dans un discours est désormais le signe sûr du zéro absolu de la pensée, du degré suprême de la non-pensée. Lorsqu'un homme politique est dépourvu de toute idée sur la manière de résoudre un problème, lorsque son cerveau est un espace vide, un vaste courant d'air, cet homme annonce alors avec solennité qu'il est contre l'exclusion. Il se décerne ainsi un certificat de noblesse morale, mais il étale sa paresse intellectuelle.

Car tous les phénomènes classés en vrac sous l'étiquette d'exclusion sont en réalité tellement hétéroclites, ont des racines sociales, historiques, économiques ou culturelles tellement différentes, que les unifier à l'aide d'un mot cliché révèle qu'on veut se donner bonne conscience et non pas comprendre. Certains, comme l'inégalité professionnelle des hommes et des femmes ou le racisme, viennent de comportements ancestraux, lents à extirper mais en voie d'élimination. Le vandalisme dans les banlieues est la conséquence de l'urbanisation hâtive et massive de la population depuis trente ans, urbanisation conjuguée avec l'immigration, avec la régression de l'offre d'emplois non qualifiés et avec une inefficacité croissante de l'État dans la protection des citoyens. D'autres encore ont été engendrés par l'inadaptation de notre système éducatif à la nouvelle demande d'enseignement, aux erreurs de diagnostic qui ont poussé à confondre le combat contre les inégalités dans la société avec la suppression des critères de classement et de sélection des élèves dans le travail scolaire. D'autres enfin, comme l'engorgement carcéral, sont des maux qui relèvent de notre justice. Ce qui est encore une affaire sans rapport avec les précédentes.

Exclusion est ainsi devenu un terme écran qui masque la diversité de ces problèmes, empêche la recherche des solutions, chaque fois distinctes, qui leur seraient propres, prend l'effet pour la cause, et donc court après l'ombre, et non après la proie.

3 décembre 1990

URSS : de l'aide à l'aumône

La fameuse question « Faut-il aider Gorbatchev ? » signifiait, il y a cinq ans : faut-il l'aider à réaliser ses réformes ? Aujourd'hui, l'aide est devenue une aide alimentaire d'urgence. Nous sommes passés d'une conception de type plan Marshall à une opération caritative de style secours humanitaire à l'Éthiopie.

La leçon de ce désastre est que la première forme d'aide n'a servi à rien. À ceux qui disaient, il y a cinq ans, que les problèmes économiques de l'Union soviétique ne pourraient pas être résolus par l'aide étrangère et ne le seraient que par une révolution dans les structures, on reprochait souvent d'être « contre » Gorbatchev. Simplisme navrant. Comment être « pour » ou « contre » sans savoir ce que Gorbatchev voulait faire, et alors qu'il ne le savait peut-être pas lui-même ? Il semble, d'ailleurs, le savoir de moins en moins. L'aide occidentale ne pouvait être utile que pour accompagner des réformes effectives.

L'ambassadeur d'Union soviétique à Paris, Son Excellence Youri Doubinine, a expliqué, le 9 décembre, aux téléspectateurs français que la famine en URSS provenait du choc causé par l'adoption de l'économie de marché. Je croyais que la glasnost avait balayé ce genre de boniments. Si les consommateurs soviétiques ont le ventre creux, ce serait donc à cause du libéralisme ! L'ambassadeur « extraordinaire » l'est vraiment. Car il devrait savoir — et du reste sait fort bien — que c'est non pas du changement mais de l'absence de changement que meurt son peuple. Aucune des réformes annoncées, voire promulguées, depuis 1987 n'a été honnêtement appliquée. Celles qui ont commencé de l'être furent ligotées de tant de réglementations restrictives qu'elles périrent étouffées à la naissance. Ce fut le sort des baux agraires, qui devaient transformer les kolkhoziens en semi-propriétaires. Dernièrement, l'effort du Parlement de Russie pour rétablir une vraie propriété du sol s'est heurté à une contre-offensive de Gorbatchev, qui a châtré le projet. Les privatisations industrielles et commerciales sont au point mort. Les « coopératives » représentent moins de 3 % de l'activité — ou de l'inactivité — soviétique. Ce qui veut dire, en bonne arithmétique, que 97 % de l'appareil de production restent étatiques. Grande attraction de l'été, le mirobolant Plan des cinq cents jours, fixant ce délai pour passer à l'économie de marché, a capoté en cinq semaines. Plus personne n'en parle, sauf son auteur, l'économiste Stanislav Chataline, mais dans une conférence donnée à Paris.

L'URSS n'a pas les excuses que peut invoquer l'Éthiopie : pas de guerre, ni de sécheresse. Au contraire, nul ne l'ignore plus, la récolte de 1990 a été la plus plantureuse des vingt dernières années. Hélas ! les patates pourrissent dans les champs et le blé sur les quais de gare. Quant à l'argent étranger, rarement l'État soviétique en aura autant reçu que depuis le printemps. Le gros morceau est venu de l'« achat » par l'Allemagne de sa réunification dans l'Otan, suivi d'un autre achat : celui par les États-

Unis de la coopération soviétique dans le Golfe. De plus, la dernière tournée de Mikhaïl Gorbatchev à Madrid, Paris et Rome a été raisonnablement fructueuse. Nul ne le reçoit jamais impunément. Comme le raconte Voltaire d'un de ses débiteurs : « Il me serra sur sa poitrine, me jura une amitié éternelle : j'avais perdu dix pour cent. »

Ni les fruits de la terre russe ni ceux de l'amitié occidentale n'ont arrêté la famine. La pénurie s'explique donc par le système soviétique, non par l'absence de ressources ou d'aide. Et ce système, dans le domaine économique, n'a pas fondamentalement changé depuis cinq ans. S'adressant à la presse, le 29 novembre, Gorbatchev s'est reconnu « coupable vis-à-vis de la classe ouvrière ». Ce brusque passage de Lénine à Dostoïevski honore l'âme slave. Mais une conversion à Adam Smith serait plus utile.

17 décembre 1990

1991

Le mythe de l'unité arabe

On voit traîner dans la presse internationale ce slogan que Saddam Hussein émergera de la crise comme le héros et le chef du monde arabe, en cas de guerre comme en cas de paix. Cette idée de chef unique repose naturellement sur la vieille croyance en un monde arabe unique, lui-même identifié au monde musulman.

Ramener tout l'islam aux Arabes est aussi abusif qu'il le serait de prétendre que tous les catholiques doivent défendre les intérêts et partager les aventures de l'Italie. Il y a un milliard de musulmans sur la planète et seulement deux cents millions d'Arabes. En Indonésie, au Bangladesh, en Afghanistan, au Pakistan, en Inde, en Turquie, en Iran, en Afrique noire vivent des centaines de millions de musulmans, avec des objectifs nationaux différents de ceux des Arabes, et qui ne les portent nullement à se mettre au service de tel ou tel dictateur arabe. Lorsque l'Irak faisait la guerre à l'Iran, de quel côté cette guerre était-elle « sainte » ? L'extermination à l'arme chimique par Saddam des Kurdes, eux aussi musulmans, était-elle « sainte » ?

Quant à l'unité du monde arabe proprement dit, en quoi peut-elle bien consister ? Il existe, certes, du Maroc au Golfe, une communauté de langue et de religion, majoritaires sinon uniques, mais qui n'est pas plus une unité politique au sens strict que ne l'est l'hispanité en Amérique latine. Voire beaucoup moins : les États latino-américains s'entendent mieux entre eux que les membres de la Ligue arabe. Car enfin, si la crise actuelle est née, c'est quand même bien parce qu'un pays arabe en a envahi un autre ! Et ce n'était pas une première. La Syrie a bien envahi le Liban, si j'ai bonne mémoire ? Et avant de précipiter les Arabes dans la déconfiture de la guerre des Six Jours, Nasser avait bien envoyé un corps expéditionnaire guerroyer au Yémen ? Kadhafi a bien comploté pendant des années contre les gouvernements de ses deux voisins, l'Égypte à l'est et la Tunisie à l'ouest ? Il y a bien une guerre interminable qui oppose de façon plus ou moins occulte l'Algérie et le Maroc au Sahara occidental ? Le roi Hussein de Jordanie a bien massacré plusieurs milliers de Palestiniens lors du « septembre noir », il y a vingt ans ? Et, durant ce même « septembre noir », les chars syriens avaient bien commencé à envahir le territoire jordanien, et il a bien fallu, alors, une menace d'intervention israélienne pour leur faire rebrousser chemin ?

Voilà quelques exemples charmants de l'« unité nationale arabe », mythe pur, qui nuit surtout aux Arabes eux-mêmes, en leur faisant attribuer leurs malheurs à l'agression étrangère et en étouffant chez eux tout esprit d'autocritique. Soyons logiques : s'indigner de ce que des Occidentaux s'efforcent de sauver le Koweït parce que les Arabes ont été incapables de le faire, cela implique-t-il que l'on accepte aussi ce que Saddam Hussein avait dans l'esprit pour la suite, à savoir mettre la main sur les Émirats et l'Arabie saoudite ?

Il serait souhaitable que les Arabes mécontents des Occidentaux répondent clairement par oui ou par non.

Enfin, l'idéalisation de Saddam Hussein, l'un des plus abominables et des plus sanguinaires dictateurs du XXe siècle, n'honore guère ceux des Arabes qui s'y livrent. Aucun pays arabe, sauf le Liban, n'a jamais été démocratique. Mais on peut trouver malgré tout certaines monarchies traditionnelles moins néfastes que les régimes néo-totalitaires, avec culte grotesque de la personnalité, parti unique, terreur politique et pendaisons en série. On qualifie à tort ces régimes de progressistes : ce sont en réalité des régressions. Si les Arabes veulent devenir des acteurs de l'histoire, ils doivent entrer dans la rationalité politique et la modernité culturelle, non pas stagner dans des élucubrations mythiques, incohérentes et complaisantes.

14 janvier 1991

Les folies Bastille

À l'heure où les Français acquittent pour la première fois un impôt tout neuf, venant surélever la pile déjà vertigineuse de leurs prélèvements obligatoires, la lecture de cette histoire tragi-comique de l'Opéra de la Bastille les convaincra d'une amère vérité : si eux, contribuables, se conduisaient vis-à-vis de l'État, incarné par le fisc, avec autant de malhonnêteté que l'État se conduit avec eux, ils se retrouveraient tous en prison. Comme tous les grands réquisitoires, *Le Syndrome de l'Opéra,* que vient de publier Maryvonne de Saint Pulgent, n'a même pas besoin d'en être un, tant l'accusation y découle de la masse des faits relatés. L'auteur les rassemble ici avec la conscience de l'historien, la ténacité du journaliste, la compétence du musicologue, toutes les trois servies, en outre, par la plume vivante et mordante d'un mémorialiste et portraitiste.

Maryvonne de Saint Pulgent sait par le style prêter à la solidité de l'enquête la vivacité de la satire (et je ne lui décerne point cet éloge, croyez-le, parce qu'elle collabore à ce journal, ce qui me porterait plutôt à en rabattre pour ne pas être soupçonné de partialité). S'il est un plaisir que je vous conseille de vous offrir, c'est bien cette lecture. De toute façon, l'Opéra-Bastille, où 99,9 % d'entre vous ne mettront jamais les pieds, vous a déjà tellement coûté à votre insu que vous pouvez bien dépenser quelques francs de plus afin de savoir pourquoi.

Apprenez, en effet, que pour s'asseoir à l'Opéra-Bastille, le Parisien nanti déboursa, en 1990, 340 francs au plus pour un fauteuil qui revient à l'État, c'est-à-dire vous, à 2 900 francs. Le comble est que ce beau résultat fut obtenu au nom de la démocratisation de l'art lyrique et de l'ambition d'un opéra « populaire » ! La société devait, paraît-il, réparer ses torts envers les victimes de l'« exclusion lyrique ». En fait de démocratisation, ce sont aujourd'hui les classes moyennes qui payent pour les riches, alors que, il y a cent ans, c'était l'inverse.

Au palais Garnier, en 1891, la location à l'année d'une vingtaine de loges, fort chères, soit les cent vingt meilleures places sur deux mille cinq cents, suffisait à couvrir les dépenses. Autre exemple : lors de la fameuse soirée inaugurale de Garnier, en 1875, les spectateurs avaient payé leur place au prix fort, ce qui avait procuré à l'institution un bénéfice confortable. En 1989, lors de l'inauguration de la Bastille, les heureux élus furent invités aux frais des contribuables. Ce « nomenklaturisme » effronté n'est certes pas la seule cause de l'ascension des frais de fonctionnement.

Mais comment expliquer que cette ascension prévisible n'ait pas été prévue ? Acharnement d'une coterie opiniâtre, et habile à dissimuler le coût financier de l'opération ? Incompétence crasse ou servilité prudente de hauts fonctionnaires empressés à inventer des « comptes bleus » (comme disait Voltaire) pour rester fidèles à la « pensée du Président » ? Comment de prétendus « grands commis » ont-ils pu, à moins de mentir sciemment pour plaire au prince, évaluer à trois cents millions (en francs constants) une construction qui a, pour le moment, déjà coûté trois milliards (et même, probablement, près de quatre) ?

Au fil de ces pages truculentes, qui semblent parfois dues à la collaboration baroque de Saint-Simon et de Courteline, on s'émerveille de voir cette farandole d'olibrius vaseux, baptisés « experts » chargés d'une « mission de préfiguration » *(sic)*, de directeurs artistiques aussi éphémères que les amants d'Antinéa (lesquels, on le sait, étaient tous exécutés à l'aube), de « parrains » verrouillant la vie musicale française, de favoris politiques érigés soudain en mélomanes infaillibles, d'architectes ignorant tout des exigences d'une scène lyrique, de ministres aussi prompts à soutenir le projet en cours qu'à le renier après coup. François Mitterrand lui-même, bien que l'Opéra-Bastille participe de l'essence transcendante des « projets présidentiels », laisse entendre qu'il s'y est résigné plus qu'il ne l'a désiré.

Qui donc a décidé ? La réponse relève d'un « modèle » très remarquable, estime Maryvonne de Saint Pulgent, celui des décisions « qui ne résolvent pas les problèmes posés, qui sont adoptées alors qu'il n'y a aucun problème, qui sont prises sans qu'on s'en aperçoive et dont on ne peut pas retrouver l'auteur intentionnel ». La seule chose dans la Bastille, semble-t-il, que le chef de l'État ait décidée lui-même, au cours d'une séance à l'Élysée dont le récit vaut son pesant de Ionesco, c'est la couleur des fauteuils d'orchestre : noirs. Bon choix ! Car le deuil sied au bilan. La charge publique de l'Opéra s'est accrue de moitié entre 1981 et 1989 cependant que le nombre des représentations chutait à peu près d'autant. Maurice Fleuret, directeur de la Musique et fidèle socialiste, poussait, en avril 1989 (peu avant sa mort), ce cri douloureux : « Il se levait en moi une sainte colère. Comment, tous ces espaces immenses, tous ces efforts de rationalisation, de simplification du travail, d'efficacité, et même tout ce confort, qu'aucun artisan du spectacle n'a jamais connu, tout cela pour ne pas jouer plus qu'au palais Garnier ! »

En deçà des incohérences administratives françaises et des interventions politiques dans les choix esthétiques, la source de cette absurdité gît dans une idée fausse de la situation de l'art lyrique aujourd'hui, et dans une ignorance de la sociologie présente et passée de l'Opéra. C'est sur ces points que *Le Syndrome de l'Opéra* fournit les explications les plus profondes. Une grande partie du livre traite de l'histoire du genre de l'opéra, apparu au XVIIe siècle dans un nombre très limité de pays. Puis l'auteur en expose clairement le statut artistique, technique et financier au sein du marché international contemporain. L'erreur du projet Bastille fut de tabler sur un accroissement de la demande « populaire », alors que le public potentiel de l'opéra, depuis quelques années, stagne, ou même régresse ; sur une réduction des coûts, alors que tout montre qu'ils augmentent inexorablement depuis cent ans ; sur une restauration de l'opéra de répertoire, alors qu'on ne peut plus trouver suffisamment d'argent, ni suffisamment de spectateurs, pour faire tourner toute l'année tous les théâtres lyriques de première qualité actuellement en activité sur la planète ; de parier sur un opéra dit « moderne », alors que la composition s'est tarie mystérieusement depuis une cinquantaine d'années et que le public se déplace presque exclusivement pour aller entendre une vingtaine immuable de chefs-d'œuvre presque tous des XVIIIe et XIXe siècles.

Cette défaillance de la composition contemporaine a entraîné du reste la dictature des metteurs en scène, libres de martyriser à leur gré des compositeurs et des librettistes disparus. C'est ainsi qu'on a vu le *Freischütz* situé au Vietnam, *Carmen* dans un cimetière de voitures, *Les Noces de Figaro* au cinquante-deuxième étage de la Trump Tower de New York, *Rigoletto* transposé dans la mafia, *Tosca* chantée dans une salle de bains... Ces calembredaines pseudo-modernes achèvent de mettre en fuite le spectateur payant, même si elles enchantent le dandysme de certains directeurs, d'un type dont je vous livre pour finir le divertissant portrait : « Tous les jours, après le déjeuner, la tête échauffée par d'enivrantes vapeurs, le directeur dandy, escorté de quelques lions de ses amis, vient à la répétition, et là, ces messieurs se conduisent comme les marquis d'autrefois, qui avaient un banc réservé sur la scène. On interrompt la pièce pour causer avec les actrices ; on échange des calembours avec le premier comique, ou bien on prie l'orchestre d'exécuter quelques morceaux de choix ; le soir, les coulisses sont encombrées de merveilleux. »

Si vous avez cru reconnaître quelqu'un, détrompez-vous : ces lignes, extraites des *Français peints par eux-mêmes,* d'Eugène Guinot, datent de 1853.

4 mars 1991

Le Syndrome de l'Opéra de Maryvonne de Saint Pulgent, Robert Laffont.

Terrorisme : les séquelles du KGB

L'attentat qui vient de coûter la vie au président de l'organisme chargé de privatiser l'économie est-allemande soulève une question inquiétante : la perestroïka et la glasnost ont-elles réellement transformé les anciens services secrets communistes, et, en particulier, le KGB soviétique ?

Après la disparition du rideau de fer en 1989 et les changements de régime en Europe centrale, des révélations affluèrent sur l'aide fournie de longue date aux groupes terroristes par les États communistes. La preuve, finalement apportée, de ces liens mit un terme à une vieille querelle. Pendant des années, les « obsédés » qui trouvaient nos terroristes vraiment trop bien organisés, trop bien armés et trop argentés pour qu'on ne les soupçonne pas de recevoir une assistance étatique et professionnelle s'opposaient aux idéalistes qui ne voulaient voir dans les Brigades rouges, Action directe ou la bande à Baader que de généreux révolutionnaires. En 1990, on apprit par le nouveau gouvernement hongrois que « Carlos », coupable entre autres d'assassinats à Paris en 1975, avait en permanence disposé dans la Hongrie communiste de bases de repli, d'appartements, de comptes en banque, de camps d'entraînement pour ses tueurs.

De même on découvrit, installés à Berlin-Est, pourvus de logements et de traitements officiels, des meurtriers notoires de la Fraction Armée rouge, si chère jadis à Jean Genet et à Jean-Paul Sartre. De nouvelles informations, apportées le 26 mars dans le magazine télévisé allemand « Monitor », ont confirmé que la bande à Baader était un instrument des organes secrets de la RDA, la Stasi. Souvent, même, c'était Erich Honecker en personne qui concevait et commandait les attentats à exécuter en RFA. Son récent enlèvement subreptice par les Soviétiques pour le faire « soigner » à Moscou s'explique sans doute moins par le souci de sa chère santé que par la crainte des révélations supplémentaires qu'il aurait pu faire à son procès.

Car les services secrets de l'Europe communiste dépendaient alors en dernier ressort du KGB, surtout pour des opérations aussi délicates et périlleuses, dont le but était de déstabiliser l'Ouest sans pour autant paraître en première ligne, de peur de compromettre la « détente ».

Le rôle des Soviétiques vient enfin d'être, une fois de plus, mis à nu dans la vieille affaire des « parapluies bulgares », c'est-à-dire le meurtre à Londres, en 1978, d'un écrivain bulgare dissident, et la tentative de meurtre, à Paris, d'un autre, au moyen de parapluies équipés de pointes acérées et empoisonnées. En effet, on vient de préciser à Sofia même que les services bulgares, les plus asservis à leur grand frère soviétique, avaient reçu à l'époque le matériel, le poison, l'autorisation formelle et les conseils éclairés de Youri Andropov et de son principal collaborateur, Vladimir Krioutchkov. Or M. Krioutchkov est devenu, sous Gorbatchev, le numéro un, toujours en poste, du KGB. Comme indice de perestroïka, on pourrait rêver mieux...

Que le vieil état-major de la déstabilisation soit encore au pouvoir et qu'aucune épuration sérieuse dans la Stasi n'ait eu lieu (sinon celle des dossiers) expliquent en partie que l'on n'ait pas démasqué tous leurs agents à l'Ouest. Quatre attentats graves, dont deux avec mort d'homme, ont ainsi pu être commis dans l'ex-RFA depuis la chute du Mur. (Je parle des seuls attentats politiques, non de ceux dus à des déséquilibrés.) Les terroristes ouest-allemands sont, certes, assez bêtes pour croire que les malheurs économiques actuels de l'Allemagne orientale viennent de ses six mois de privatisation et non de ses quarante-cinq ans de communisme. Je leur fais confiance. Mais nous aidons et soutenons suffisamment Mikhaïl Gorbatchev pour exiger de lui, semble-t-il, que le KGB nous fournisse les renseignements nécessaires à la capture des derniers groupuscules terroristes encore actifs en Occident.

8 avril 1991

Le devoir de ne pas aider

Les pays aujourd'hui encore communistes — Chine, Vietnam, Cuba, Cambodge, Laos, Corée du Nord — se verront eux aussi tôt ou tard acculés à la décommunisation. L'Occident prévoit-il ce moment et trouve-t-il à leur égard une politique tenant compte des leçons décevantes de la perestroïka ? À divers signes, hélas ! on peut craindre la répétition des erreurs passées. Une commission sénatoriale française, de retour de Cuba, s'est déclarée titillée par des « frémissements » démocratiques et nous incite à la générosité. Je doute que le vieux caudillo des Caraïbes frémisse ailleurs que dans son tiroir-caisse, effectivement tiraillé par la disette.

Ce n'est pas davantage des coupables de la répression de Tiananmen qu'il est sage d'attendre une amélioration en Chine. Deux spécialistes, aux parcours bien différents dans le passé, nous expliquent pourquoi : Simon Leys, dans son dernier livre, *L'Humeur, l'honneur, l'horreur* (Laffont), et Jean-Luc Domenach, dans un article de la revue *Futuribles* (mars 1991). Il est impensable de couper toute relation avec un pays de 1 200 millions d'âmes et qui est membre permanent du Conseil de sécurité. Donnons-en acte à notre ministre des Affaires étrangères Roland Dumas, dont la visite à

Pékin a été égayée par quelques exécutions de Tibétains. Mais c'est à condition de ne pas perdre de vue que le régime pékinois est, selon le mot de Leys, « avancé » — au sens où on le dit d'un poisson pas frais — et ne représente pas l'avenir. Selon Domenach, la Chine actuelle est un « métissage d'impossibilité » : impossibilité de rester communiste, impossibilité pendant longtemps de devenir démocratique, impossibilité d'appliquer une formule de type sud-coréen ou taïwanais, combinaison transitoire d'autoritarisme politique et de libéralisme économique.

Mais c'est sans doute la nomenklatura vietnamienne aux abois qui joue en ce moment la comédie avec le plus d'habileté et de cynisme. Le 24 février 1990, Roland Dumas, hôte d'Hanoi, annonçait un don du Trésor français de 45 millions de francs. Le 17 avril, le secrétaire général du PCV dénonçait « le complot impérialiste et le pluralisme politique ». En juin, les 45 millions étaient débloqués. Le 13 août, le ministre vietnamien de l'Intérieur déclarait : « La police doit réprimer résolument les réactionnaires » et annonçait trente mille arrestations. Ce qui incitait notre ambassadeur à écrire dans le bulletin de l'ambassade : « Nos deux pays se comprennent bien. » Aujourd'hui, Hanoi tire d'un camp le philosophe Tran Duc Tao, figure légendaire de l'École normale d'il y a cinquante ans, et l'autorise à visiter Paris, espérant ainsi amadouer les intellectuels français. Cependant, le PCV garde entier le monopole du pouvoir, de sorte que le mélange habituel de fausses réformes et de vrais crédits étrangers hâte, au lieu de l'enrayer, l'inéluctable faillite. Le Vietnam, lui aussi, ne se redressera qu'après l'élimination complète de toute trace de communisme. Toute politique qui n'est pas fondée sur cet axiome, en pariant sur des régimes inviables, contribue à l'instabilité du monde. Les ministres des Finances et les gouverneurs de banques centrales des sept pays les plus industrialisés viennent de le dire avec clarté : les prêts aux pays de l'Est européens seront inutiles tant que ces pays n'auront pas transformé de fond en comble leurs structures économiques. Ensuite, ajoutent-ils, mieux vaut pour ces pays opérer cette transformation vite, voire d'un seul coup : on ne sort pas « à petits pas » de l'économie administrée. Enfin, jusqu'à l'instauration complète d'une économie de marché, on doit refuser des crédits destinés à servir seulement de palliatifs à la dégradation du niveau de vie. Ce qui vaut pour l'URSS et l'Europe de l'Est ne vaut-il pas plus encore pour des pays communistes d'Asie, beaucoup moins engagés dans la voie libérale ?

6 mai 1991

Éducation : la volte-face Cresson

Entre les projets annoncés par le nouveau Premier ministre[1], l'un des plus frappants est sans doute celui qui concerne l'enseignement. D'un coup, en se demandant si tout enfant est bien fait pour suivre des études générales jusqu'à seize ans, puis en admettant qu'une partie des jeunes peuvent être doués d'emblée pour les activités concrètes plus que pour les exercices intellectuels abstraits, enfin en envisageant d'enlever à l'école le monopole de la formation professionnelle pour la transporter largement dans les entreprises, Édith Cresson a jeté par-dessus bord toute la philosophie de l'éducation de la gauche, telle qu'elle s'exprime depuis soixante-dix ans.

C'est, en effet, au lendemain de la Première Guerre mondiale qu'apparut la doctrine de l'école unique, ou du tronc commun, qui allait, jusqu'à aujourd'hui, rester celle de la gauche, et plus particulièrement des syndicats d'enseignants. Le postulat de cette théorie consiste à proclamer l'égalité des dons et à nier la diversité des dispositions. Les dif-

1. Édith Cresson fut nommée Premier ministre le 15 mai 1991 en remplacement de Michel Rocard, congédié par François Mitterrand quelques jours auparavant. (Note de 1999.)

férences entre les enfants sont censées toutes provenir du milieu social. Tous les élèves doivent donc recevoir le même enseignement jusqu'à un âge aussi avancé que possible, d'abord 14 ans, puis 16, maintenant beaucoup plus, avec l'objectif des 80 % de bacheliers. Ce n'est qu'après ces dix ou quinze années d'études identiques et communes que chacun devrait être autorisé à choisir sa voie propre — trop souvent celle de l'ANPE.

Dans un excellent article, les *Études sociales et syndicales* (10 mai 1991 : « L'école, une fabrique de marginaux ») citent ce texte terrifiant où Léon Blum préconise « une prise en charge de l'enfant par la société... Un système d'orientation et d'affectation portant nécessairement sur la totalité des enfants ; un système national unique, inscrit lui-même dans un système collectif d'organisation du travail ». Cette conception inspira en 1947 le fameux rapport Langevin-Wallon, qui, prévoyant de prolonger par paliers l'enseignement général jusqu'à 18 ans, voulait étendre à la totalité de la jeunesse le dressage élitiste du lycée napoléonien, lui-même copié sur les collèges de jésuites. Cet élitisme de masses, qui se révéla aussi fatal aux élites qu'aux masses, n'en demeura pas moins un tabou, qui dicta les quarante-deux réformes ou projets de réforme égrenés depuis la Libération, y compris ceux de la droite, envoûtée par les utopies de la gauche.

Car ce fut, en 1975, la loi Haby (ministre giscardien) qui unifia l'enseignement jusqu'à la classe de seconde des lycées et supprima les « filières ». Cette rage d'uniformiser culmina dans l'inénarrable et heureusement englouti rapport Legrand de 1983 et, bien entendu, dans le vaste dessein d'école unique de la FEN, avec suppression de l'enseignement privé, reprise du « système national unique » de Blum. Le projet de loi se fracassa contre les manifestations de 1984 et fut retiré par le chef de l'État.

C'est donc une authentique révolution qu'annonce le Premier ministre, et une pierre supplémentaire qu'elle arrache à l'édifice de la pensée socialiste. Selon les célébrants de la « génération » Mitterrand, les augures qui parlaient en 1981 d'« expérience socialiste » brève auraient péché par pessimisme. Point du tout ! C'est Mitterrand qui a duré, pas le socialisme. L'« expérience » socialiste, elle, a bel et bien fini en 1983 pour l'économie et en 1984 pour l'éducation, du moins quant à l'enseignement privé. Elle n'a pas vécu beaucoup plus longtemps que les expériences du Cartel des gauches, en 1924, et du Front populaire, en 1936. Depuis 1984, simplement, les socialistes répugnent à mettre leurs paroles en accord avec leurs actes. Félicitons Mme Cresson d'avoir eu, sur l'enseignement, le courage de reconnaître sa volte-face.

27 mai 1991

Violence : un drame en trois actes

Il existe une réalité immédiate de la violence, distincte des réalités du long terme : l'emploi, la scolarisation, l'immigration, le logement. Ressasser que la première sera résorbée seulement le jour où les secondes auront fait l'objet de solutions parfaites, c'est nous inviter à patienter une petite quarantaine d'années. En effet, la politique socialiste pour l'emploi se traduit en ce moment par une augmentation du chômage de plus d'un point par mois ; et la lutte pour l'éducation, par un gonflement des effectifs de jeunes sans formation. Faut-il donc renoncer pour un temps indéterminé à garantir la sécurité des personnes et des biens ?

D'ailleurs, une partie des fauteurs des récents saccages avaient moins de 14 ans. Ils ne peuvent donc être comptés parmi les chômeurs. Quant à leur scolarisation, comment pourrait-elle progresser ? Sans arrêt augmentent les vacances. Le troisième trimestre a disparu. Le ministre et la Fédération de l'éducation nationale refusent toute modernisation de la formation professionnelle. Ainsi, les socialistes combattent les solutions de fond dont ils professent, d'autre part, qu'elles constituent les seuls remèdes à la violence. Et, en suggérant que les casseurs, tout en enfreignant la loi républicaine, sont en quelque sorte dans leur droit, tant que la société ne leur fournit pas emplois et réussite scolaire, on les légitime. On les traite en noyau représentatif d'une génération, ce qu'ils ne sont pas. L'incohérence de la pensée socialiste sur ce point ne laisse présager aucune politique efficace.

Aussi le scénario des violences se répète-t-il à satiété ou, plutôt, empire-t-il à chaque reprise. Premier acte : des hordes se mettent à briser, voler, incendier. Elles détruisent les biens, maltraitent les personnes, ruinent les commerçants. Jusque-là, si l'on peut dire, tout va bien : les victimes n'ont qu'à se taire et les voitures de police qui osent paraître, aussitôt lapidées, prennent la fuite. Deuxième acte : après plusieurs heures ou plusieurs nuits de vandalisme, une tragédie survient ; un vigile tire ; un jeune, malade ou non, meurt dans des conditions suspectes. Troisième acte : la véritable affaire commence, tout ce qui s'est passé au premier acte est effacé. Les casseurs n'ont jamais agressé personne ! L'affliction, la colère, le besoin de vengeance des banlieues deviennent la seule réalité, coupée de tout ce qui précède.

Or, ce n'est ni excuser ni minimiser ces tragédies que de les replacer dans leur contexte, hors duquel elles ne se seraient pas produites. Les enragés qui ont pris l'initiative des violences ont autant de responsabilité dans ces morts que les fonctionnaires ou médecins qui ont pu, par la suite, commettre une faute ou un crime, mais qui, sans les violences, n'auraient jamais été en situation de les commettre. Refuser de le dire, c'est accroître l'amertume et l'isolement des populations locales non violentes, que la République abandonne aux pillages et aux brutalités. C'est renforcer la tendance de la police à éviter certains quartiers pour s'épargner des ennuis. En ne s'y aventurant jamais, au moins on est certain qu'il n'y aura pas de bavures. La violence est, sans doute, l'effet du chômage et de la sous-éducation : mais elle en est aussi la cause. Quels commerçants, quels investisseurs iront demain ouvrir les entreprises pourvoyeuses d'emplois dans des zones urbaines livrées aux bandes destructrices, et où même les chauffeurs d'autobus supportent de moins en moins de se risquer ? Quels enseignants auront assez d'abnégation pour aller encore faire classe dans des établissements où leur intégrité physique même n'est plus assurée ? L'insécurité est un mal qu'il faut traiter en tant que tel, sans brutalité ni discrimination, mais sans oublier non plus que la déroute de la loi, loin d'atténuer les autres maux, les rendrait incurables.

3 juin 1991

Le devoir d'ingérence politique

Comme les pays riches ne pourront jamais complètement ni absorber ni arrêter le flot des émigrés venus des pays pauvres, la seule solution n'est-elle pas d'aider les économies retardataires à se développer ? Ainsi seraient fixées sur place des populations qui trouveraient enfin chez elles emplois et salaires décents. Comme on sait, d'autre part, que toute hausse du niveau de vie entraîne une baisse de la natalité, la pression démographique du Sud sur le Nord diminuerait, réduisant par là même une autre cause d'émigration. Et certains de lancer l'idée, à laquelle on n'échappe jamais en pareil cas, d'un « plan Marshall » en faveur du tiers monde.

L'idée est juste dans son principe, mais fausse dans la pratique. De toute évidence, si les pauvres devenaient riches, ils partiraient moins ailleurs : le développement peut seul remédier au débordement. En revanche, les difficultés de l'Afrique, noire et maghrébine, ne découlent pas principalement de causes économiques et ne relèvent guère de la seule aide directe, laquelle, au demeurant, a fait la preuve surabondante de son inefficacité. À cet égard, l'utilisation du slogan de « plan Marshall » dans ce contexte constitue en soi un contresens. Elle suppose le problème résolu. En effet, l'aide américaine à l'Europe d'après guerre s'adressait à des pays qui avaient depuis longtemps accompli leur révolution industrielle, installé chez eux l'économie de marché, atteint un haut niveau scientifique et technologique, développé l'instruction et les qualifications.

Après les destructions matérielles et les pertes humaines de la guerre, les crédits américains avaient pour but de réamorcer la pompe. Mais il y avait une pompe. Ce n'est pas le cas dans la plupart des pays d'où partent aujourd'hui les émigrés. En outre, le gros des nations bénéficiaires du plan Marshall disposaient en général de fonctionnaires compétents et intègres. Elles possédaient ou retrouvaient la démocratie. L'usage des fonds pouvait donc être contrôlé au grand jour, les détournements et les gaspillages, réduits au minimum.

Ces conditions existent peu — ou n'existent pas du tout — dans les pays où l'actuel mouvement migratoire, qu'il soit africain ou est-européen, prend sa source. Aussi le développement de ces pays est-il subordonné, non pas seulement à l'aide économique, mais à ce qui peut la rendre utile, c'est-à-dire la réforme politique et administrative. Le « devoir d'ingérence », qui paraît de plus en plus légitime à l'opinion démocratique internationale, s'est limité jusqu'à présent aux questions de droits de l'homme et d'aide humanitaire. Il va falloir l'étendre à l'ingérence politique.

Qu'on ne sursaute pas ! Dès lors que nous vivons une mondialisation de l'économie, dès lors que les pays pauvres nous demandent soit d'accueillir leur surplus de main-d'œuvre, soit de les aider à l'employer en finançant leur développement, l'absolutisme politique de l'État souverain est déjà dépassé. La communauté internationale est en droit d'exiger d'un État, avant de l'admettre parmi les partenaires d'une action économique mondiale concertée, des garanties élémentaires de compétence, de probité, de responsabilité et de représentativité. Ainsi que le démontre la Banque mondiale dans son dernier *Rapport sur le développement dans le monde,* une amélioration de la politique d'un pays augmente la croissance deux fois plus que la coopération internationale. Le règne des aventuriers ruineux est terminé. D'ailleurs, nous n'avons pas le choix : c'est cela, ou la faillite des quatre cinquièmes de l'humanité. Comme toutes les mutations historiques, le devoir d'ingérence politique s'imposera au jour le jour sans même que l'on ait clairement conscience de son indispensable progression.

20 juillet 1991

Gorby : la méprise de Londres

On a célébré à juste titre comme un grand tournant la présence de Mikhaïl Gorbatchev au sommet des sept démocraties les plus industrialisées. Mais on a moins signalé l'autre grand tournant que marque ce sommet de Londres : l'abandon par les Occidentaux de la doctrine, jusqu'alors prépondérante chez eux, sur la meilleure façon de favoriser le redressement économique de l'URSS. Selon cette doctrine, le financement occidental devait être le carburant de la reconstruction orientale. Sur cette conception, qui remonte non pas même à la perestroïka, mais à la détente du début des années 1970, le G7 de la mi-juillet 1991 a fait une croix.

Désormais, on professe que les crédits seront utiles seulement après la transformation de l'économie soviétique en économie de marché, et non pour opérer cette transformation. Sans doute les membres du G7 ne sont-ils pas tous également convaincus du bien-fondé de la nouvelle fermeté. Les Américains et les Japonais sont plus sévères que les Français, les Italiens et les Allemands. Mais même un ardent avocat du soutien à Gorbatchev, le chancelier Helmut Kohl, déclarait à Londres (*Herald Tribune,* 18 juillet) : « Ceux qui pensaient que nous devions ouvrir tout grand un vaste sac rempli de gâteries se sont trompés depuis le début. » On ne saurait illustrer d'une plus parlante image le complet revirement occidental sur la manière de mettre en route la réforme soviétique. Si les fleurs et les mamours dont Gorby a été couvert à Londres comptent — car la politique se compose en partie de symboles —, le héros de la fête aurait à coup sûr préféré recevoir les 100 milliards de dollars espérés plutôt que le titre platonique de membre à part entière de la communauté économique des pays les plus riches. Gorbatchev s'est trouvé dans la position de quelqu'un qui réussit enfin à se faire inviter à une réception du plus huppé des clubs, mais avec interdiction de s'approcher du buffet.

Il avait coutume, lors des sommets précédents, celui de l'Arche, à Paris, en 1989, de Houston en 1990, de se manifester en envoyant à ses amis capitalistes une lettre qui lui assurait la vedette et à laquelle il joignait la petite facture habituelle, « en leur aimable règlement ». Absent, il obtenait de l'argent. Présent, il n'obtient plus que des conseils. C'est que, de toute évidence, les Sept, désormais aussi généreux en éloges qu'avares en devises, applaudirent au « brillant » exposé des projets de Gorbatchev, mais non sans remarquer que ces « concepts » nouveaux ne différaient guère des réformes supposées être entrées en vigueur... le 1er janvier 1988 ; et restaient en deçà du mort-né plan dit « des cinq cents jours » de 1990.

Les dirigeants occidentaux semblent donc avoir compris que les investissements qui stimulent une économie déjà capitaliste restent inopérants dans une économie tétanisée par le centralisme bureaucratique. En revanche, ils n'ont pas encore compris ce que leur explique Boris Eltsine : que la réanimation de cette économie ne saurait, précisément, passer par le « Centre » ; ou que, pour sauver les entreprises, il faut en expulser le Parti communiste, qui les empêche de travailler, ce que Gorbatchev aurait pu faire depuis longtemps. Les politiciens qualifient avec mépris de « populistes » les mouvements populaires qu'ils n'ont pas sentis venir : tel celui qu'entraîne derrière lui Eltsine. La dévotion de certains dirigeants occidentaux pour l'« équilibre » européen dû à Staline les empêche de voir que la renaissance à l'Est partira des républiques et non du centre ; du terrain et non du Kremlin. Ils ont mis six ans à comprendre la face économique du problème. Espérons qu'ils seront moins lents à en assimiler la face politique.

27 juillet 1991

La revanche des mencheviks

Pour la première fois depuis 1917, et même depuis 1903, année du deuxième congrès du parti, la thèse « menchevique », adjectif qui signifie « minoritaire », sert de base au programme officiel du secrétaire général du PCUS. Déjà, l'abrogation de l'article de la Constitution réservant en pratique le monopole du pouvoir au Parti communiste avait brisé la doctrine « bolchevique », autrement dit majoritaire, et qui en fait ne l'était pas, comme l'ont prouvé diverses élections. Le projet présenté par Mikhaïl Gorbatchev au plénum du comité central des 25 et 26 juillet, et adopté — malgré la « menace » conservatrice — par 243 voix sur 258, rompt sans conteste encore davantage avec le collectivisme totalitaire. Mais pas avec le socialisme. Il renoue avec une vieille tradition, précisément la tradition menchevique.

Ne l'oublions pas, l'idée selon laquelle on peut corriger le socialisme réel sans pour autant renoncer aux principes socialistes constitue une thèse classique depuis longtemps. Les dirigeants réformateurs qu'a frappés la répression ou le désaveu, un Imre Nagy, un Alexander Dubcek, un Nikita Khrouchtchev, se réclamaient en toute sincérité du socialisme. Dans la gauche occidentale, la réflexion sur un socialisme « à visage humain » s'est exprimée dans des milliers de livres et d'articles. Avec Gorbatchev, la « troisième voie » est enfin expérimentée non en tant qu'hérésie, mais comme méthode orthodoxe. Car lisons-le avec attention : « La tragédie de notre société est que la construction du socialisme a été déformée par l'instauration du système totalitaire. »

Cette vision d'un socialisme qui n'a besoin pour fonctionner que d'être déstalinisé n'est pas de la première fraîcheur. Pas plus que la réhabilitation de « l'idée du socialisme démocratique humain ». Gorbatchev rompt-il avec le marxisme parce qu'il préconise l'« abandon de la lutte des classes » ? Il faudrait pour cela que la théorie de la lutte des classes fût de Marx. Or, comme l'auteur du *Capital* l'a lui-même toujours reconnu, elle est due à François Guizot et fut exposée pour la première fois par ce grand penseur libéral dans son *Histoire de la civilisation en Europe,* publiée en 1828, année où Karl Marx avait 10 ans. De plus, même si elle n'est pas le démiurge métaphysique exalté par Marx et Engels en 1848 dans le *Manifeste du parti communiste,* la lutte des classes, ou en tout cas des intérêts, est une réalité sans laquelle il n'y aurait même pas de démocratie politique. Seul un esprit déformé par l'abus des abstractions programmatiques peut s'imaginer qu'on l'instaure ou qu'on la supprime du haut de la tribune d'un congrès.

Gorbatchev veut-il, comme on l'en a crédité, pousser le PCUS vers la social-démocratie ? Sans doute en rêve-t-il, mais la social-démocratie doit s'appuyer sur un tremplin capitaliste et ne saurait réussir à partir d'un communisme exsangue. Les partis sociaux-démocrates puissants sont toujours apparus d'abord dans les pays capitalistes industriellement les plus avancés. Il existe dans l'histoire socialiste trois grands courants : le communisme totalitaire, le socialisme démocratique mais fidèle aux nationalisations, enfin la social-démocratie. Gorbatchev n'opte pas entre le deuxième et le troisième courant. Il conserve même une partie du premier, puisqu'il reproche à Boris Eltsine d'avoir interdit dans la République de Russie l'activité politique du PCUS dans les entreprises, héritage léniniste par excellence et cause principale de l'état comateux de la production.

En conservant aussi « plusieurs formes » de propriété, Gorbatchev est en retard sur les ci-devant satellites d'Europe centrale. Malgré toutes ces considérations fort intéressantes, la production soviétique est encore tombée de 10 % par raport à 1990. Le menchevisme eût certes été moins nocif que le bolchevisme en 1917 : aujourd'hui, il est tout aussi périmé.

10 août 1991

La fin du gorbatchévisme

La virulence des réactions populaires au putsch d'août 1991 a révélé que l'impopularité de Gorbatchev provenait non pas d'un rejet, mais d'un désir de démocratie et de réformes plus larges que celles réalisées durant l'ère de la perestroïka. L'échec des comploteurs du « Comité d'État » et l'ascension concomitante de Boris Eltsine, le plus démocratique et le plus radical des réformateurs, indiquent clairement la direction dans laquelle va la volonté populaire. Les putschistes ne représentaient même pas la majorité du PCUS, puisque, au dernier plénum du comité central, en juillet, Gorbatchev avait été approuvé par 243 voix sur 258.

Mais Mikhaïl Gorbatchev ne représente pas davantage désormais la majorité des réformateurs. Son « accident de santé », le 19 août 1991, a-t-il traduit exclusivement la contre-offensive des conservateurs ? On pourrait interpréter de cette manière sa séquestration si sa politique de réformes avait réussi, ou était en train de réussir. Mais il ne faut pas oublier qu'elle était depuis longtemps considérée comme un échec par certains des plus proches conseillers du Président lui-même, tel l'économiste Stanislav Chataline, qui lui avait demandé de démissionner dans une lettre ouverte retentissante à la fin de 1990. Il ne faut pas oublier non plus que Gorbatchev subissait autant de critiques venues du côté des progressistes, qui lui reprochaient les lenteurs et les incohérences de sa marche à la démocratie et à l'économie de marché, que du côté des conservateurs, qui redoutaient cette évolution. Il ne faut pas oublier, enfin, que depuis trois ans la production et le niveau de vie s'étaient effondrés et continuaient de s'effondrer, que l'anarchie s'installait dans un système qui avait cessé d'être communiste sans parvenir à être libéral, qui n'était plus totalitaire sans être devenu démocratique.

Gorbatchev pataugeait de surcroît dans une suite interminable de projets de nouveaux traités de l'Union sans trouver de solutions claires au problème majeur des rapports futurs entre les républiques et le centre. Certes, les conservateurs ultracommunistes ne manquaient pas de nourrir de mauvaises intentions. Mais ils n'auraient pas songé à passer aux actes si la politique de Gorbatchev avait été un succès. Le Parti communiste était en fait, en 1991, moins fort qu'en 1985. Il n'avait pas cessé de perdre des membres et des élections. Si au bout de cinq ans Gorbatchev avait enfin réussi à mettre en place un nouveau système politico-économique qui fonctionnât de façon acceptable, les conservateurs n'auraient pas pu tenter de le renverser. Ils n'auraient pas osé s'en prendre à un chef de l'État qui eût été populaire.

Or, justement, Gorbatchev ne l'était plus. Retourné en 1991 en URSS, quatorze ans après son expulsion, Vladimir Boukovski y avait été frappé de constater combien Gorbatchev y était haï. Haine imméritée, sans aucun doute, au regard de ce qu'il entendait faire, de ce qu'il fit effectivement dans le domaine des libertés et dans celui de la détente internationale. Mais, sur le point le plus vital, la réforme des structures de la société soviétique, le gorbatchévisme fut un cimetière de velléités, qui indisposaient autant les réformateurs que les conservateurs, pour des raisons opposées. Par qui que ce fût, et par les conservateurs notamment, la société soviétique est devenue ingouvernable, dans ce terrain vague où elle s'enfonce, entre un collectivisme en ruine et une libéralisation avortée. C'est pourquoi la déconfiture du complot conservateur marque aussi bien la fin du néobrejnévisme que celle du gorbatchévisme et du réformisme timoré de la perestroïka.

Le retour à la voie démocratique ne peut plus être le retour pur et simple de Gorbatchev au pouvoir.

24 août 1991

La gonflette de la culture

Comment la culture, synonyme jadis à la fois d'épanouissement individuel et de civilisation universelle, est-elle devenue en France un moyen d'uniformiser les masses dans ce qu'elles ont de moins original et de glorifier le pouvoir dans ce qu'il a de plus personnel ?

Pourquoi, depuis 1981, la France de gauche a-t-elle embrassé des méthodes d'« action culturelle » qui doivent fort peu, en fait, à la tradition de gauche, celle des Lumières et de la IIIe République, et doivent beaucoup à deux techniques qu'en théorie la gauche abhorre : la manipulation totalitaire des foules et la commercialisation publicitaire des loisirs ? Qu'est-ce qui nous a valu ce jargon burlesque de la « communication culturelle », ces « espaces » que « dynamise » une approche « interdisciplinaire » et « multimédiatique » ?

Telles sont les questions auxquelles répond Marc Fumaroli dans *L'État culturel.* Un maître livre, comme on disait à l'époque où la culture était conçue non comme l'immersion dans un torrent anonyme, mais comme la conquête d'un jugement et d'un goût personnels, à laquelle pouvait initier la lecture de quelques ouvrages, eux-mêmes fruits d'un tel jugement et d'un tel goût. Car Fumaroli ne se contente pas de nous donner une satire descriptive de l'ostentation culturelle de la décennie écoulée. Il remonte aux sources anciennes et disparates, souvent respectables et parfois méprisables, de cette gonflette de la culture qui, sous couleur de la livrer à tous, ne l'inculque plus à personne et la transforme en tam-tam des relations publiques de l'État. Il nous offre, pour comprendre la période actuelle, une méditation sur la culture française en général, son sens, son passé, sa nature. Méditation savante mais non pédante, que ce professeur au Collège de France exprime dans un style pur sans purisme, vivant mais non négligé, subtil et pourtant clair. À un moment où, comme il le dit lui-même, n'ont plus cours en France quasiment que deux styles, « le style administratif et le style voyou », quelle délivrance qu'un style... cultivé !

Contrairement aux affirmations de l'histoire officielle, le dirigisme culturel inauguré par André Malraux en 1959 et systématisé par François Mitterrand et Jack Lang depuis 1981 ne plonge pas ses racines dans les idéaux du Front populaire. Les deux responsables de la culture dans le cabinet Blum étaient Jean Zay, ministre de l'Éducation nationale et des Beaux-Arts, et Léo Lagrange, ministre des Sports et des Loisirs. Marc Fumaroli leur rend un hommage vibrant et étayé. Leur conception de l'éducation populaire restait fidèle à l'idéal républicain du respect de l'individu et de sa liberté. Elle consistait à mettre à la disposition du plus grand nombre les moyens d'accès à la culture, non à leur en imposer les thèmes. Leur but était l'éveil des vocations, non le viol des foules. Leur maxime était celle de Gambetta, qui disait : « La démocratie, ce n'est pas de reconnaître des égaux, c'est d'en faire. » Et Léo Lagrange ajoutait : « Il ne peut s'agir, dans un pays démocratique, de caporaliser les loisirs, les distractions et les plaisirs des masses populaires, et de transformer la joie habilement distribuée en moyen de ne pas penser. » Placardons ce texte juste, noble et désintéressé sur nos murs, le jour de la fête de la Musique ! Il exprime à merveille la différence entre vulgariser la musique et faire de la musique une vulgarité.

Le but de la IIIe République était de rendre les individus le plus possible capables de penser et de sentir par eux-mêmes. Le but des « animateurs » culturels est aujourd'hui de penser et de sentir à leur place. Dans le premier cas, on élargit les élites ; dans le second, on les anéantit. Ou, plus exactement, la seule élite tolérée devient le corps fonctionnarisé qui nous « dynamise » : une « oligarchie démagogique », selon l'expression de Fumaroli.

Les sources de la présente « action culturelle » se trouvent — ô paradoxe ! — dans... le régime de Vichy. Disons : dans certains aspects du régime de Vichy qui coïncidaient avec certains thèmes chers à la gauche antilibérale des années 1930. De l'une ou de l'autre provenance, les animateurs de la nouvelle culture se donnent comme ennemis à exterminer la république libérale et l'enseignement universitaire. Pour arracher le capital culturel aux « privilégiés » et le redistribuer aux « défavorisés », le bon moyen n'est pas selon eux l'éducation, encore moins la lecture (trop « individualiste »), c'est la communion enthousiaste au moyen de fêtes collectives. Le modèle s'en trouve, selon qu'on est de droite ou de gauche, dans l'Allemagne hitlérienne ou l'URSS stalinienne. Marc Fumaroli consacre des pages révélatrices à l'exhumation de l'association Jeune France, qui eut pour âme l'équipe d'*Esprit,* pour stratège, Emmanuel Mounier, de novembre 1940 à mars 1942. Sous le patronage officiel du gouvernement de Vichy, elle a organisé pour des centaines de milliers de spectateurs et participants des transes festives qui préfigurent le défilé de Jean-Paul Goude ou la commémoration de la bataille de Valmy, en 1989. On lit dans un de ses manifestes : « Jeune France ne se donne pas pour tâche de combler les loisirs, mais de ranimer la vie de l'art et la vie de la culture par les jeunes dans le peuple français. Notre projet principal est d'aider à transfigurer la vie quotidienne des Français. » Voilà qui sonne bigrement « moderne », hélas !

Lorsque Malraux est nommé ministre des Affaires culturelles, il reçoit pour mission d'« accomplir le rêve de la France » (décret du 24 juillet 1959). Dès lors, plus rien ne doit échapper à ce rêve. Et Jack Lang se situe dans le droit fil de cette nouvelle religion d'État, lorsqu'il s'écrie, le 17 novembre 1981, devant l'Assemblée nationale pantelante : « Culturelle, l'abolition de la peine de mort que vous avez décidée ! Culturel, le respect des pays du tiers monde ! [...] Sur chaque membre du gouvernement repose une responsabilité artistique évidente ! » Partie de grandioses intentions, cette politique est esclave du spectaculaire et non du substantiel. Elle sert avant tout la gloire de ceux qui la font. D'où la négligence et l'indigence de ce qui ne se voit pas, de nos bibliothèques publiques en particulier. Sauf, bien entendu, lorsqu'il s'agit de l'annonce théâtrale, en direct à la télévision, de « la plus grande bibliothèque du monde ». Fût-il réalisable, ce projet ne saurait de toute manière remplacer le travail obscur et fécond qui manque à l'échelon des bibliothèques municipales et universitaires, et, au stade de l'éducation, passage obligé de toute démocratisation de la culture. Car gaver de « communication culturelle » des jeunes de plus en plus sevrés d'enseignement sérieux, cela revient à jeter en vrac des paquets d'aliments à des gens dépourvus de tube digestif. Ce n'est pas à force de fonctionnariat culturel, de sinécures, de prébendes, de subventions, de clientélisme, de coups médiatiques et d'argent public dépensé sans contrôle qu'on reconstituera une civilisation cultivée. La beauté et la vérité ne se fabriquent pas dans les ministères.

Et il y a un fléau que l'on voit surgir périodiquement à travers l'histoire, chaque fois que l'État s'empare lui-même du luth pour donner à la muse un baiser : cela s'appelle le style pompier.

7 septembre 1991

L'État culturel. Essai sur une religion moderne de Marc Fumaroli, de Fallois.

La fin du communisme et les pleureurs de la onzième heure

Cette espèce de grande crise intellectuelle et morale qui secoue les milieux de gauche, depuis le putsch du 19 août, étonne par son caractère tardif et archaïque. Ce coup d'État manqué contre une politique manquée ne nous a, en effet, rien appris de fondamentalement nouveau sur la faillite du communisme. C'est bien un événement énorme, décisif, dans ce sens que l'échec du complot a permis une accélération prodigieuse de la sortie hors du communisme, et qu'il a mis fin à trois ans d'immobilisme gorbatchévien. Mais ce qui a croulé en août, c'est une structure de pouvoir en URSS. L'idée communiste, elle, n'avait pas attendu pour perdre tout crédit.

On croyait la perception du désastre, même par les socialistes, acquise depuis plusieurs années. Dans les gémissements d'aujourd'hui, c'est donc plutôt le caractère sénile de cette crise d'adolescence qui inquiète. « Les socialistes ne veulent pas tirer de conclusions électorales hâtives de l'effondrement du communisme », titrait récemment *Le Monde.* Le moins qu'on puisse dire est que la hâte n'est pas sur ce sujet leur vice majeur. L'effondrement du communisme date-t-il du mois dernier ? Voilà des consciences et des intellects bien lents, et un désarroi bien tard venu. « L'idée du socialisme ne sort pas intacte de l'effondrement du prophétisme révolutionnaire », lisons-nous dans l'avant-projet du PS pour son prochain congrès. Tiens ! C'est aujourd'hui qu'ils s'en aperçoivent ? Le rédacteur ajoute : « Les socialistes sortent moralement indemnes de la faillite du communisme. » Ça, toujours ! Il n'est rien dont les socialistes ne sortent, à leurs propres yeux, moralement indemnes. N'ayons pas la cruauté de les renvoyer à leurs écrits et à leurs comportements des années 1970, qui constituaient plus que de la complicité.

À vrai dire, il existe bien une raison à ces sanglots de la onzième heure, et même deux raisons. La première est que la gauche se cramponnait, jusqu'au bouleversement d'août, à l'espoir que l'URSS trouverait une formule de socialisme atténué, d'économie mixte, qui lui épargnerait l'adoption pure et simple du capitalisme démocratique. C'est pour cela que les socialistes avaient tant investi en Gorbatchev. Or l'échec du putsch et, surtout, ses suites ont tiré un trait non seulement sur l'impossible retour au système brejnévien, mais aussi sur l'impossible synthèse gorbatchévienne entre libéralisme et socialisme : ce je-ne-sais-quoi qui tenait du marxisme sans en être. Bref, ce fut la mort non seulement du communisme, mais aussi de ce que l'on appelait le « révisionnisme ». Le deuil inopiné des socialistes révèle qu'il y a moins d'un mois ils y croyaient encore.

La deuxième raison gît dans une entreprise, qui s'amorce, de justification posthume du communisme, jointe à l'élaboration d'une idéologie de remplacement. Le communisme est fini, nous dit-on, mais que de gens merveilleux il a mobilisés ! Bien entendu : c'est précisément parce que le communisme a pu abuser tant de gens sincères, sérieux, voire fort intelligents, qu'il a été si redoutable. S'il n'avait jamais séduit que de multiples canailles, dont il attira certes aussi un contingent fourni, il n'aurait pas pu asservir tant de milliards d'hommes. C'est bien là le piège des idéologies. Les professeurs, paraît-il, sevrés de la « grille » marxiste, ne savent plus comment enseigner l'histoire et cherchent une autre idéologie. Peut-être pourraient-ils tâter un peu du contraire de l'idéologie, je veux dire de la connaissance ?

La machine totalitaire tourne depuis toujours dans l'esprit humain. Car, ne l'oublions pas, si le communisme a presque détruit l'homme, c'est l'homme qui a inventé le communisme.

14 septembre 1991

La Suède jette l'éponge

Les socialistes français n'ont pas de chance dans leur bricolage idéologique. Au moment même où ils se rallient du bout des lèvres à la social-démocratie, la Suède, son incarnation suprême et enviée, la rejette. Lorsque la recette sociale-démocrate était encore une réussite, en 1971, le PS français l'excommuniait pour cause de complicité avec le capitalisme. « La Suède n'est pas assez socialiste », écrivait François Mitterrand dans *Politique* en 1977. Il ajoutait : « En dépit d'une redistribution des revenus sans égale entre les groupes sociaux, elle n'a pas frappé le capitalisme au cœur, je veux dire au cœur de son pouvoir, la propriété des grands moyens de production. » Quinze ans plus tard, alors que tous les socialistes, à l'Ouest comme à l'Est, cavalent après les investisseurs qui voudraient bien les aider à privatiser, voilà que la Suède, avec son « économie mixte » — leur canot de sauvetage idéologique — coule à son tour.

Car c'est bien le « modèle », comme on appelle tout ce qu'il faut se garder d'imiter, qui vient de sombrer. En 1976, quand les sociaux-démocrates avaient perdu le pouvoir pour la première fois depuis 1932, on avait parlé non de chute du socialisme à la suédoise, mais de simple défaite électorale, due à des excès, notamment fiscaux. Aujourd'hui, c'est la formule sociale-démocrate même qu'on juge à bout de souffle. C'est dans ce sens, à Stockholm et partout ailleurs, que l'on a interprété le retournement du 15 septembre. Il y avait longtemps que le système fonctionnait mal, ne parvenait plus à subvenir à ses besoins, et que l'« assistantialisme » universel avait engendré l'inefficacité et les tricheries.

Du reste, le socialisme à la suédoise s'était écarté de la social-démocratie pure, si celle-ci a jamais existé. La première génération des constructeurs de l'État providence suédois avaient une doctrine fort claire : la production doit rester capitaliste et la redistribution seule être socialiste. En outre, ils n'aspiraient à aucun dirigisme idéologique ou culturel, et, comme tous les socialistes d'avant 1970, professaient une robuste antipathie pour le communisme. Ce système a été dénaturé par la faute d'un homme : Olof Palme, plus marxiste que social-démocrate. Le secteur public est devenu pléthorique et le secteur privé, de plus en plus soumis à l'État. La fiscalité prit des dimensions despotiques, acculant, on s'en souvient entre autres, un Bergman à la dépression nerveuse et à l'exil. En politique étrangère, Palme s'aligna sur toutes les positions soviétiques, en des années, il est vrai, où Moscou déployait avec succès une grande offensive de charme en direction de l'Internationale socialiste.

Dans le domaine de l'information, des idées, de la culture, enfin, un pesant conformisme fut en douceur imposé à la télévision, à l'enseignement, et même à la presse. Le correspondant à Stockholm de l'hebdomadaire britannique *The Observer,* journal qui n'est point de droite, Roland Huntford, a pu en être exaspéré au point d'écrire sur la Suède un livre intitulé *Le Nouveau Totalitarisme* (Fayard, 1975). Il y dénonçait, dans le modèle suédois, pas moins que « l'asservissement de l'homme à une bureaucratie toute-puissante, qui a supprimé le jeu normal des institutions politiques ».

Ce jeu pourra-t-il reprendre alors que, par la faute du scrutin proportionnel, l'arbitre de la nouvelle majorité est le petit parti poujado-populo-clownesque appelé Nouvelle Démocratie, qui remporte vingt-cinq sièges ? Pour éviter la farce, les sociaux-démocrates feraient bien de s'allier aux conservateurs afin de mener une politique tout simplement réaliste et atteindre leurs objectifs. Car même eux paraissent l'avoir compris : le socialisme n'est pas mort, il s'appelle capitalisme.

21 septembre 1991

Delors, l'homme double

Depuis quelques mois, on ne peut ouvrir un journal sans y lire que Jacques Delors est l'homme miracle qui va sauver le Parti socialiste de la ruine politique et idéologique. Tous le voient déjà Premier ministre. Dans les sondages, il se hisse en tête des présidentiables de gauche. Une gauche assagie, bien sûr, plus centriste que socialiste, compétente et conciliante. Bref, l'idéal. Fort bien. Mais j'espère que, pour dissiper toute confusion possible, le président de la Commission des Communautés européennes aura pris soin de se distinguer de son homonyme, le Jacques Delors qui fut ministre de l'Économie, des Finances et (à partir de mars 1983) du Budget dans les trois gouvernements Mauroy, c'est-à-dire, sans discontinuer, du 21 mai 1981 au 17 juillet 1984.

Car ces années figurent parmi les plus désastreuses de l'histoire de la France d'après guerre, précisément aux points de vue économique, financier et budgétaire. Ceux qui le disent, ce sont les militants mêmes du PS, si j'en crois un de ses meilleurs connaisseurs, Éric Dupin, qui écrit : « Ces années ont curieusement laissé un très mauvais souvenir à une majorité de dirigeants socialistes... L'impression d'avoir frôlé la catastrophe hante toujours le PS » (*L'Après-Mitterrand*, Calmann-Lévy, 1991). Il y a de quoi. C'est la période où nous avons eu trois dévaluations du franc en moins de deux ans ; où, durant le même laps de temps, le nombre des chômeurs a bondi de 1 750 000 à 2 500 000 ; où l'on vit le dollar à presque 10 francs ; où le déficit budgétaire, le déficit du commerce extérieur et l'endettement de la France, dû à des emprunts répétés auprès des épargnants français ou des banques internationales, dépassèrent chacun 100 milliards de francs en une seule année ; où le ministre dut non seulement rebloquer les prix, libérés sous Raymond Barre, mais bloquer les salaires, ce qui ne s'était pas vu depuis les années dures d'après la Libération. Il dut aussi recourir à l'emprunt forcé, inconnu depuis la drôle de guerre, en 1939 et 1940. Il enchaîna les plans de rigueur et fit grimper la fiscalité. Il limita même à tel point les dépenses touristiques des Français hors du territoire que les dix millions de citoyens qui avaient l'habitude d'aller passer leurs vacances à l'étranger durent y renoncer ou les écourter. Il institua un « carnet de change » qu'il fallait montrer à la frontière. J'ai encore le mien, daté du 10 mai 1983. Un dépliant en trois volets, pour l'emplette duquel on devait d'ailleurs acquitter un droit. Il fallait payer pour perdre la liberté de circuler !

Le Jacques Delors de Bruxelles a donc intérêt à empêcher sa réputation d'être ternie par l'amalgame avec le Jacques Delors de Paris. Ce dernier, notez bien, n'appliquait, dit-on, qu'avec chagrin la politique de l'ère Mauroy. Il était connu pour ses fréquentes menaces de démission. Il fut de ceux qui ont, en mars 1983, dissuadé le président de la République de faire sortir la France du Système monétaire européen, ce qui eût été le coup de grâce. De façon générale, il renâclait, clairement, dès 1981, contre les nationalisations en chaîne, demandait une « pause » et refusait le laxisme du temps.

C'est tout à l'honneur de l'intelligence du Delors parisien. Est-ce assez ? Pas sûr. La vertu républicaine exige qu'un homme d'État se désolidarise publiquement, et pas seulement sous forme de confidences, d'une politique qu'il condamne. Ce qui m'inquiète un peu, c'est que le Delors bruxellois déclare aujourd'hui à Éric Dupin (page 198) : « J'en appelle à la reconstitution d'une pensée socialiste à long terme... D'une pensée non pas prophétique, mais dialectique. » Pour de la langue de bois, c'est de la langue de bois. Ciel ! les deux Jacques Delors n'en feraient-ils qu'un ?

5 octobre 1991

Le naufrage scolaire

Depuis 1920, le projet pédagogique de la gauche française est de transformer l'école en outil préparant l'entrée des jeunes dans la société socialiste. C'est, ô paradoxe ! sous la Ve République qu'elle a pu commencer à réaliser ce projet grâce au fameux tronc commun, où tous les élèves devaient faire les mêmes mauvaises études et avoir le même bas niveau. En 1981, la gauche a cru le moment venu de franchir le pas décisif vers la création d'un « grand service public laïque unifié » de l'Éducation nationale. Devant la résistance de la société française, elle a dû reculer. Mais elle n'a pas renoncé. Le système Jospin, avec plus de discrétion que le système Savary, pousse toujours l'enseignement dans cette direction, sans absorber, mais en alignant le privé et, surtout, en évidant le public.

À vrai dire, le seul vrai patron de l'Éducation nationale, c'est l'ensemble des syndicats d'enseignants. Appelons-les : la Corporation.

Pourquoi le monopole et l'idéologie de la Corporation ont-ils produit le naufrage scolaire actuel ? Si vous voulez le savoir — et, citoyen responsable, vous devez absolument le savoir —, lisez chaque ligne, chaque note du livre que vient de publier Philippe Némo, *Pourquoi ont-ils tué Jules Ferry ?*

(Grasset). Livre vigoureux et profond, et aussi amèrement savoureux, que les Tartuffe tentent déjà de discréditer en parlant de pamphlet, d'excès de langage, façon à eux de nommer l'excès de vérité. Réflexion sur l'éducation et son authentique mission, sur les causes qui l'ont dévoyée, l'essai de Némo est aussi un précieux instrument d'information : l'auteur extrait et analyse la quintessence des ouvrages les plus importants produits sur l'école française depuis dix ans, tant par les socialistes que par leurs contradicteurs. Symptôme accablant, les uns et les autres sont d'accord sur l'échec du système ! Mais les premiers, comme tous les doctrinaires, l'attribuent à ce que l'on n'a pas assez appliqué leur idée, les seconds à ce qu'on ne l'a que trop appliquée.

Cette idée, qu'est-elle ? Elle est le renversement et non l'accomplissement de la conception prônée il y a cent ans et mise en pratique par Jules Ferry et les fondateurs de la IIIe République, eux-mêmes héritiers des philosophes du XVIIIe siècle. Siècle dit « des Lumières », précisément parce que, pour ces philosophes, éclairer par l'instruction l'esprit des enfants possédait par soi-même une vertu libératrice. De là sortait la personnalité autonome du futur adulte et du futur citoyen. Mais à une condition : le strict respect de l'indépendance de la connaissance par rapport à quelque dogme que ce soit et de l'école par rapport à tout critère autre que le savoir — ce qui explique l'anticléricalisme initial de l'enseignement public. À partir du moment où le marxisme se substitue en France à la tradition des Lumières, le savoir cesse d'être considéré comme une valeur autonome. Il n'est, pour la Corporation, qu'un leurre destiné à légitimer l'oppression du prolétariat par la bourgeoisie, dont l'enseignement perpétue la tyrannie, n'étant que le reproducteur des divisions sociales existantes. Dans deux bibles idéologiques, *Les Héritiers* (1964) et *La Reproduction* (1970), le sociologue marxiste Pierre Bourdieu accrédita la thèse que le lycée n'avait jamais eu le moindre effet de brassage social et n'avait jamais servi qu'à assurer la répétition indéfinie des inégalités régnantes. Conclusion : il ne fallait pas rechercher l'égalité des chances en vue de l'accession du plus grand nombre à la culture. C'est cette culture bourgeoise même qu'il fallait détruire. L'école ne devait pas être le lieu de transmission du savoir ; elle devait devenir le creuset d'une société dont l'avènement impliquait l'immolation de ce savoir.

L'ennui est que la description « bourdivine » — comme dit sarcastiquement Némo — de l'enseignement, pure machine à reproduire ne déterminant aucun brassage, est fausse. Tout au contraire, la représentation des classes modestes dans l'enseignement secondaire monte lentement mais sûrement de 1900 à 1960.

Némo cite sur ce point les chiffres incontestés que donne, dans ses travaux, un spécialiste inestimable, Antoine Prost, socialiste et ancien conseiller du Premier ministre Michel Rocard. En revanche, horrible révélation, le même Antoine Prost l'avoue avec honnêteté : les inégalités se remettent à croître durant les années où la Corporation commence à imposer ses réformes. La raison en est simple ; quand l'enseignement « pour tous » devient mauvais, il faut appartenir à un milieu favorisé pour parvenir à faire quand même de bonnes études. Ce système « soviétiforme », donc irréformable, est le produit de la Corporation, société fermée, qui a usurpé l'autorité de la République. C'est elle qui décide, en toute illégalité, des programmes, des recrutements, des affectations. Là encore, ce syndicalisme monopolistique, politique, idéologique et omnipotent tourne le dos à Jules Ferry, qui avait d'ailleurs vu le danger. Si, disait-il en 1887, on laisse « se constituer cette coalition de fonctionnaires, outrage vivant aux lois de l'État, à l'autorité centrale, au pouvoir républicain, il n'y a plus de ministère de l'Instruction publique ». C'est le cas aujourd'hui. La Corporation commande, et le ministère obéit. L'actualité nous montre que les systèmes soviétiformes, pour se remettre en cause, doivent d'abord aller au bout de leur désastre. L'enseignement français n'est certes pas loin de ce bout : mais ce sont les derniers pas que la nation paiera le plus cher.

12 octobre 1991

Sang contaminé : un Tchernobyl épidémique

Les réactions de nos dirigeants politiques au scandale de la transfusion sanguine indiquent un nouvel affaissement de la démocratie en France. En effet, en régime démocratique, le pouvoir exécutif est comptable de ses actes. Le Centre national de transfusion sanguine est un organisme d'État, placé sous l'autorité des ministres de la Santé et des Affaires sociales. Tous les politiques en fonction à l'époque des faits doivent donc rendre des comptes, et non pas se borner à faire inculper les fonctionnaires qu'ils avaient eux-mêmes nommés ou auraient pu déplacer. D'autant que plusieurs d'entre eux, cela est bien établi, les avaient informés des dangers courus. Malgré ces avertissements, le gouvernement n'avait pas pris à temps les décisions qui s'imposaient. En régime démocratique, les fonctionnaires appliquent les instructions du gouvernement, et n'en appliquent pas s'ils n'en reçoivent pas. Les ministres sont donc les ultimes responsables.

Or c'est ce que les ministres alors au pouvoir nient avec un aplomb où se mêlent la morgue et l'inconscience. C'est ce que nie aussi le ministre actuel des Affaires sociales, Jean-Louis Bianco, innocent, quant à lui, de toute faute, mais qui défend ses camarades de la majorité. L'ennui, précisément, est que la « république des camarades » n'a rien à voir avec la République des citoyens. Georgina Dufoix, ministre des Affaires sociales du 17 juillet 1984 au 20 mars 1986, déclare, en juin dernier : « Vous voulez savoir si je me sens coupable ? Je réponds non. » A-t-elle une claire notion des implications constitutionnelles d'une telle réplique ?

L'irresponsabilité ministérielle comme base de l'État, en démocratie, c'est une trouvaille. Son successeur actuel ajoute qu'on n'avait pas encore, en 1984 et 1985, les connaissances nécessaires pour dépister le virus du sida ou celui de l'hépatite. Est-il vraiment si peu au courant de la chronologie des découvertes en biologie ? On a peine à le croire. Et, s'il dit vrai, pourquoi inculper les trois anciens directeurs, respectivement, de la Santé, du Laboratoire national de la santé et du CNTS ? Les connaissances scientifiques étaient-elles de notoriété publique pour les fonctionnaires et pas pour les ministres ? Au demeurant, Edmond Hervé, ministre de la Santé de 1984 à 1986, se félicite, dans une déclaration télévisée suintante de contentement béat, le 26 octobre, de ce que la France ait été très tôt championne du monde du dépistage. Exact, mais cela ruine le plaidoyer en irresponsabilité de ses collègues.

Enfin, Laurent Fabius porte plainte en diffamation contre l'ex-directeur de la santé, qui lui reproche d'avoir soustrait, pour les employer à d'autres usages, des fonds destinés au CNTS. M. Fabius est certes fondé à défendre son honneur personnel. Mais nous aimerions qu'il n'oubliât pas pour autant les devoirs qu'il avait vis-à-vis de notre peuple quand il était « Premier ministre de la France », comme il aimait à le rappeler à ses interlocuteurs. Où est le très saint souci du bien public ? Que de diatribes n'entendrions-nous pas si ce crime avait été commis par un laboratoire privé ! Quelle puérilité que ce mythe selon lequel il faudrait étatiser le plus possible d'activités pour les soustraire à la logique de l'argent. L'État possède plus de moyens de trafiquer et de tromper que n'importe quelle entreprise. Le Tchernobyl épidémique français l'aura démontré avec un éclat rouge sang.

En dix ans de présidence socialiste, la France a été de plus en plus étatisée et de moins en moins gouvernée. Gouverner, cela veut dire prendre, en fonction de l'intérêt des citoyens et d'eux seuls, des décisions dont on assume la responsabilité. Étatiser, cela veut dire accroître le plus possible le nombre de places et la quantité d'argent public que le parti au pouvoir distribue à ses membres et à ses amis, tout en les absolvant de leurs malhonnêtetés ou erreurs et des catastrophes qui en résultent.

2 novembre 1991

Gouverner, c'est « passer à la télé »

Gouverner, c'est parler. Du moins le dirait-on, aujourd'hui, en France. Le chômage augmente-t-il à nouveau ? Des crises sociales éclatent-elles et s'enveniment-elles ? Les popularités du Président et du Premier ministre s'effondrent-elles ? On pourrait croire qu'ils vont tenter de remédier à ces calamités par des actes. Car, en somme, de tous les citoyens, ce sont eux qui ont, ès qualités, le plus de leviers en main pour modifier la réalité par voie d'opération directe. La parole, c'est le recours de ceux qui n'ont pas le pouvoir. C'est notre lot à nous, les sans-grade, qui, en politique, nous contentons de dire ce que nous souhaitons, à défaut de pouvoir le faire.

Et pourtant, curieuse interversion des rôles, ceux qui détiennent tous les moyens d'agir dans la République semblent leur préférer l'exposé oral. L'emploi se dégrade ? Les paysans se soulèvent ? Les lycéens tabassent leurs professeurs, que les infirmières refusent de soigner ? Réponse : le Président a été excellent à France Inter. Trois semaines passent, rien ne s'arrange, les sondages deviennent encore plus mauvais. Vous attendez les mesures adéquates ? Vous ne serez pas déçu. La voici : le Président va passer sur La Cinq. C'est, n'en doutons pas, pour annoncer une décision importante. Quant au Premier ministre, les Français ont-ils le sentiment qu'elle ne parvient pas à gouverner ? Qu'à cela ne tienne ! Edith Cresson est invitée sur TF1 : la voix est mieux posée, le geste a plus d'aisance, elle ne se met pas en colère, ne profère aucun gros mot, en trouve même un bon contre l'opposition. Sauvés ! Elle a « redressé la situation ». On se demande laquelle. À croire que nous élisons non des dirigeants, mais des conférenciers.

J'entends bien qu'il n'existe point de politique sans « communication ». Mais la communication ne saurait être le substitut de l'action. Elle ne peut en être que l'éclaircissement. Or, depuis qu'ils sont au pouvoir, les socialistes ont souvent eu tendance à penser, quand l'opinion se montrait mécontente, que leur politique était non pas mauvaise, mais « mal expliquée ». Certes, un habile orateur peut atténuer bien des aigreurs avec une « bonne » explication. Mais il ne saurait y parvenir au-delà des limites d'une élémentaire vraisemblance. Napoléon était un causeur incomparablement plus brillant que Wellington. Mais, même en l'« expliquant » admirablement, il n'aurait jamais pu faire passer Waterloo pour Austerlitz. De même, l'actuel système de défense des politiques dans l'affaire des transfusions est en contradiction si flagrante avec les informations les plus notoires qu'il se retourne contre eux. Bien qu'elle consiste en partie à savoir ruser avec la vérité, la communication politique ne peut pas, sous peine d'inutilité, lui devenir totalement étrangère.

De plus, elle n'est efficace qu'à condition d'être elle-même une forme d'action, ou une partie de l'action. Si la communication de François Mitterrand pendant la guerre du Golfe a été bonne, c'est qu'elle consistait à encadrer d'arguments une politique qu'il mettait avec succès en pratique. Mais les arguments seuls n'auraient pas suffi à lui procurer 77 % d'approbation des Français. Imaginez qu'en 1914, quand les Parisiens angoissés savaient l'armée allemande à quelques kilomètres, on leur ait dit : « Rassurez-vous, Joffre va passer chez Elkabbach. » Il vaut mieux « passer » à la suite plutôt qu'à la place de la victoire de la Marne. La communication devient un poison quand elle débouche sur l'illusion que le verbe suffit. Schopenhauer a écrit un charmant petit livre, *L'Art d'avoir toujours raison*[1]. Il est à déconseiller aux politiques : ils ne sont déjà que trop versés dans cet art !

9 novembre 1991

1. Trad. franç. d'Henri Plard, Circé.

URSS : le cœur ne bat plus

Avoir un seul interlocuteur parlant au nom de toutes les Républiques de l'ancienne Union soviétique, tel est le vœu exprimé par les seize pays de l'Otan, qui viennent de se réunir à Rome. Tel était aussi le sens de la présence de Mikhaïl Gorbatchev à l'ouverture de la conférence de Madrid sur le Proche-Orient, aux côtés de George Bush, qui souligna une fois de plus, alors, la nécessité pour les Occidentaux de pouvoir traiter avec un « Centre » solide à Moscou. Et tel fut encore, croit-on savoir, le thème principal des propos tenus par François Mitterrand au président de l'ex-Union, quand il le reçut, peu après, à Latche.

Malheureusement, il n'y a plus de centre à Moscou. L'interminable traité de l'Union ne cesse de se transformer en une commedia dell'arte permanente où les personnages sortent de scène ou y rentrent à leur gré en improvisant leurs répliques selon l'humeur du moment. Depuis son « retour en faiblesse » après le putsch, Mikhaïl Gorbatchev s'est encore affaibli. Son autorité s'est évanouie. Si le président itinérant conserve à l'Ouest l'usage du tapis rouge, en revanche, l'ex-secrétaire général du Parti communiste risque des ennuis supplémentaires chez lui, voire une prompte retraite. On découvrira de plus en plus les irrégularités financières et les monstrueuses escroqueries du parti, les détournements, les sociétés-écrans, les comptes en Suisse des dignitaires ou les paiements aux partis frères. Et, inévitablement, jailliront à la lumière les documents signés par Gorbatchev qui autorisaient ces opérations jusqu'au 19 août dernier[1]. Non seulement le vieux Centre finira de s'évaporer jusque dans les relations internationales, puisque le ministère des Affaires étrangères, démantelé, se voit dépossédé de maintes attributions, mais les nouveaux « centres », les capitales des Républiques divorcées, se verront eux-mêmes assaillis, comme vient déjà de le montrer la révolte de la Tchétchéno-Ingouchie contre Moscou : mais, cette fois, la Moscou d'Eltsine, capitale de la Russie, pas celle de Gorbatchev, capitale de l'Union. Car la République, dite « fédérative », de Russie, présidée par Boris Eltsine, compte en son sein, et elle n'est pas la seule, nombre de sous-Républiques dites « autonomes rattachées » auxquelles s'ajoutent des régions et des territoires également classés autonomes. Ils correspondent à autant de nationalités. La question du jour est donc de savoir jusqu'où ira, combien de temps durera et où s'arrêtera cette vaste redistribution de la souveraineté : raison de plus, s'exclament les Occidentaux, pour garder un interlocuteur unique qui représentera cette multitude vertigineuse d'États et de sous-États, au moins dans les discussions sur les armements nucléaires. C'est, de toute évidence, désirable, mais cela n'est plus possible.

Il nous faut donc penser un autre cadre diplomatique et apprendre à traiter avec chacune des auto-

1. Date du coup d'État manqué contre Gorbatchev. Voir plus haut, p. 463.

rités effectives dans les Républiques où sont stationnées ces armes. C'est moins simple, mais la génération qui gère les affaires à l'Ouest va bientôt être remplacée par des esprits exempts des habitudes contractées jadis. Cette direction rajeunie sera davantage capable de regarder l'Est tel qu'il est devenu, et non à travers le fantôme de l'empire disparu.

On ne peut pas sortir de la centralisation par le centralisme. Si Gorbatchev avait pris le risque de la démocratisation, il aurait peut-être été battu aux élections ; mais, en cas de victoire, il aurait joui d'une autorité retrempée dans le suffrage universel. Efficace jusque vers 1989, Gorbatchev a ensuite perdu le contact avec la réalité ; malgré la rudesse du réveil, il ne l'a pas retrouvé après le putsch. Et les Occidentaux non plus [1].

16 novembre 1991

1. Le 17 décembre 1991, sera annoncée la dissolution de l'Union soviétique pour la fin de l'année et, le 25 décembre, Gorbatchev donnera sa démission en proclamant la « suppression de l'institution de la présidence de l'URSS ». (Note de 1999.)

1992

Illusions algériennes

À en croire les porte-parole du Front islamique du salut, la démocratie en Algérie aurait progressé. Le peuple, selon leurs dires, n'a-t-il pas, pour la première fois, pu choisir librement, dans des élections pluralistes, le parti auquel vont en majorité ses préférences ? Ce parti se trouve être islamiste, et entend appliquer à toute la société la charia, la loi musulmane. N'en va-t-il pas de même dans n'importe quelle démocratie, où les électeurs désignent à la majorité le programme de leur choix ?

Justement, non. Le pluralisme et la liberté des élections, amélioration incontestable pour les Algériens, sont la porte d'entrée dans la démocratie : ils ne constituent pas la maison tout entière. Encore faut-il, pour la construire et la consolider, que la majorité au pouvoir respecte les libertés fondamentales et les droits de l'homme, auxquels aucune législation, fût-elle due à un Parlement régulièrement élu, ne peut porter atteinte sans perdre sa légitimité. À quoi bon des élections pluralistes si la société doit cesser de l'être ? Quel intérêt peut avoir la liberté du vote, si elle sert à engloutir celle des individus ? Or c'est bien de cela qu'il s'agirait, si un régime islamique s'instaurait en Algérie. Imposer la charia consiste en effet à conférer à la loi religieuse le statut de Code civil, de Code pénal et de base du droit public. Aucune liberté individuelle, aucun pluralisme culturel n'y survivraient. Or, on ne peut fonder la démocratie sur l'intolérance. La civilisation moderne suppose, non certes l'irréligion, mais la distinction du religieux et du politique, du profane et du sacré, du laïque et du confessionnel. Contrairement à ce que l'on avance parfois, la confusion du droit civil et politique avec la loi divine n'est pas une étape qu'aurait parcourue l'Occident avant d'inventer la laïcité. L'Occident chrétien a été aussi fanatique et persécuteur que l'Islam. Mais, du moins, il a, dès l'origine, eu un droit, une justice, des lois fondamentales de l'État tirés de principes et de sources indépendants du christianisme. Cette distinction entre conscience religieuse et conscience laïque s'est révélée être en Europe une clef du développement économique et politique, et, plus encore, du développement scientifique et technologique, impossible sous la tyrannie d'un dogme.

L'Algérie vient déjà de se voir infliger trente ans d'arriération, dus à un régime copié sur le modèle soviétique. Car, au moment de la disparition officielle de ce modèle, comprenons que ses dégâts posthumes s'étendent bien au-delà de son aire propre. Il a eu, de par le monde, maints imitateurs, hors même la liste des satellites homologués. Combien de décennies faudra-t-il pour effacer leurs méfaits ? Pourquoi le peuple algérien, exténué par le socialisme, veut-il avec tant d'ardeur tomber dans une autre dégradation sectaire et stérile ? Est-ce bien le moment ? Est-ce bien le remède ? À quoi bon congédier le FLN incapable et vénal, si c'est pour adopter une pire recette de régression ? Les démagogues du FIS citent à l'appui de leurs illusions d'autres nations musulmanes gouvernées selon la charia. À voir le résultat, on se demande s'ils plaisantent. Et, une fois encore, ce n'est pas la religion musulmane comme telle qui est en accusation, c'est l'extension indue de l'autorité religieuse, quelle qu'elle soit, aux décisions qui relèvent de la société civile.

Ce n'est pas non plus d'un point de vue occidental « impérialiste » que le FIS paraît néfaste. Depuis l'échec pitoyable et sanglant du khomeynisme en Iran, il est clair que l'intégrisme est cause d'affaiblissement, d'impuissance et de stérilité. Il ne représente donc aucune menace géostratégique sérieuse pour l'Occident, sauf quand celui-ci est assez stupide pour l'armer. Mais, à terme, la seule victime du FIS sera le pauvre peuple algérien, qui s'est fourré dans la sinistre alternative de ne plus pouvoir échapper à la dictature des mosquées que par celle des casernes.

4 janvier 1992

L'Europe des provinces

Les États-Unis sont-ils devenus, depuis le naufrage de l'Union soviétique, la seule véritable grande puissance ? C'est ce qui a paru évident lors de la guerre du Golfe en particulier. C'est aussi ce que beaucoup contestent, en soulignant l'affaiblissement économique relatif de l'Amérique par rapport au Japon et à la Communauté européenne [1].

La thèse de la suprématie américaine s'appuie cependant sur un faisceau de données précises. Ainsi Zbigniew Brzezinski, l'ancien conseiller à la sécurité du président Carter et un remarquable politologue, propose quatre critères pour définir ce qu'est une superpuissance mondiale. Ce sont : l'influence politique à l'échelle planétaire ; la capacité d'intervention militaire sur la totalité du globe ; la puissance économique mondiale ; l'influence culturelle internationale.

Un coup d'œil à cette liste enseigne que seule l'Amérique remplit aujourd'hui ces quatre conditions *à la fois*. Le Japon remplit avec une rare

1. Rappelons qu'entre deux périodes de prospérité, l'économie américaine subit, en 1991 et 1992, un fléchissement qui explique en partie la non-réélection de George Bush en novembre 1992. (Note de 1999).

vigueur, certes, la condition économique, mais aucune des trois autres, du moins pour l'instant. L'Europe occidentale possède la force économique et le rayonnement culturel. Mais, dans les domaines politique et stratégique, elle reste une puissance régionale à moins de s'associer aux États-Unis. Même dans les limites européennes, d'ailleurs, elle a étalé son aboulie et sa débilité devant la crise yougoslave. La Communauté des États indépendants née des cendres de l'URSS garde un peu du poids politique de la défunte, surtout la Russie, mais bien peu : du point de vue militaire, la CEI n'est plus pour l'Ouest une rivale, c'est un problème. Ne parlons pas des deux autres critères : la charité nous l'interdit. Même du temps de sa splendeur impériale, l'URSS demeurait un nain économique. Quant à son influence culturelle, elle était due presque uniquement à l'idéologie et... aux dissidents.

Par son influence actuelle, la culture européenne fait jeu égal, et parfois mieux, avec l'Amérique s'il s'agit du niveau élitiste : la littérature, les idées, les arts plastiques, la haute couture, la nouvelle cuisine. Sauf la recherche scientifique. Mais l'Amérique domine la culture de masse. Elle seule possède une chaîne de télévision et des journaux diffusés dans le monde entier, un cinéma et des téléfilms, une musique populaire, des restaurants à bas prix, dont la présence est universelle. Quant à l'économie américaine, ses difficultés, dues à la concurrence japonaise et, dans une moindre mesure, européenne, ne doivent pas nous dissimuler qu'elle continue à être un colosse. Nous aimons à croire et à dire, en Europe, que, si les États-Unis ont connu, durant les huit années reaganiennes, la plus longue expansion de leur histoire, et l'un des plus bas taux de chômage des pays industrialisés, ils le doivent exclusivement à leurs déficits. Cette explication flatte notre ego, mais elle est insuffisante. S'il suffisait de s'endetter pour prospérer, la Terre entière nagerait dans l'opulence.

Cette analyse est assez convaincante. Elle ne doit toutefois pas dissimuler que la prééminence n'est pas l'omnipotence et, de surcroît, provient souvent de l'inertie d'autrui. Si l'Europe affirmait une cohésion en politique étrangère, l'Amérique serait moins souvent amenée et appelée à combler, bien ou mal, le vide laissé par notre indécision. Nous sommes devant l'immense et durable chaos des anciens pays communistes, dans lequel vont tomber aussi la Chine et le Vietnam. Nous contemplons les convulsions de l'Afrique, du Proche-Orient et d'une partie de l'Asie centrale. Il importe donc que les rares pays ou groupes de pays qui jouissent d'une relative santé surmontent leurs querelles provinciales et assument les responsabilités qui correspondent à leur pouvoir. Ainsi seulement renaîtra, et en mieux parce que composé de démocraties, l'ordre mondial plus équilibré que l'on nommait, naguère encore, « multipolaire ».

1er février 1992

Cours de rattrapage socialiste

Voici enfin, accessible à tous, le texte définitif, sous le titre « Un nouvel horizon » (*Le Débat,* Gallimard), du « Projet socialiste pour la France », élaboré « sous la responsabilité de Michel Charzat et sur la base d'une large consultation ». On y trouve, superposés tout du long, trois étages.

Le premier consiste en une pluie de formules passe-partout. Exalter « le nouvel horizon d'une citoyenneté intégrale » ou « un projet au nom de l'Homme », ou encore « le défi français, une identité à construire tous les jours » ; appeler à « prolonger la conception grandiose de la marche vers les Lumières » qui « fait le pari de l'homme et de la connaissance » pour « reconstituer l'espace public de la délibération », c'est confondre un programme réfléchi avec un discours pour apéritif d'honneur dans une mairie en fête. Ces fleurs de rhétorique sont destinées à ouvrir l'appétit plutôt que le débat.

Au deuxième étage se déploie un effort plus sérieux pour incorporer à la pensée socialiste les résultats de la sociologie non socialiste, de l'économie, de la politologie de ces cinquante dernières années. Nos néophytes découvrent avec Edgar Morin que les sociétés sont « complexes ». Leur « aggiornamento » (terme emprunté au vocabulaire de l'Église) déclenche une éblouissante farandole de noms d'auteurs. Après Georges Sorel et Proudhon, nous voyons défiler Ernst Bloch, Walter Benjamin, Elias Canetti, Norbert Elias, Paul Ricœur, Hannah Arendt, Adorno, Habermas, Horkheimer, et même ce pauvre John Rawls, qui, après avoir fait bâiller pendant vingt ans les États-Unis, se transporte chez nous, tel un cépage américain substitué aux vignes socialistes détruites par le phylloxéra de l'histoire. L'accumulation de ces références prestigieuses évoque moins un programme politique qu'un DEA (diplôme d'études approfondies). Elle atteste, en tout cas, la culture personnelle de M. Charzat et l'étendue de ses lectures philosophiques, toutes énumérées dans un entretien complémentaire qu'il donne à la revue *Le Débat* (n° 68). Boulimie louable ! Pourtant, le lecteur hésite entre deux attitudes. Faut-il aborder cet aspect du « Projet » en fonction de l'originalité des idées ? Auquel cas le travail est vite fait, car aucune d'entre elles n'est nouvelle. Ou bien en tant que moyen de mesurer le degré d'acceptation par les socialistes d'analyses jusqu'ici repoussées par eux comme réactionnaires ? Alors, il est à lire plutôt comme le journal d'une convalescence intellectuelle, une sorte de cours de rattrapage.

Cours bénéfique, d'ailleurs, ainsi qu'en témoigne le troisième étage, le plus intéressant, que l'on peut qualifier de révisionniste. Sans être tout à fait déchirante, cette révision n'en porte pas moins sur des points aussi sensibles, idéologiquement, que la « rupture avec le capitalisme », explicitement rejetée. Ou, plus méritoire encore, elle répudie les « simplifications d'une vision tiers-mondiste », ou l'erreur néfaste du « droit à la différence », qui a empoisonné les discussions sur l'immigration, ou encore l'obstination puérile mise à nier l'inquiétude populaire issue de l'insécurité.

Ces tournants, qu'il faut sans barguigner saluer, suffiront-ils ? On est tenté de s'écrier : trop peu, trop tard ! C'est en 1972 qu'aurait dû avoir lieu la révolution des idées. Et puis, comment trouver suffisant ce même projet socialiste quand il nous offre en guise de « nouvel horizon » le « marché sans capitalistes », un réchauffé de la défunte troisième voie ? Après l'effondrement du socialisme réel et aussi du socialisme irréel, c'est-à-dire de la théorie socialiste, la modernité authentique aurait dû consister non pas à sacrifier, une fois de plus, la gauche pour sauver le socialisme, mais à se débarrasser enfin du socialisme pour ressusciter la gauche.

29 février 1992

Le racisme a bon dos

L'un des grands dangers que fait courir à la civilisation française le Front national, c'est la masse des interprétations stupides que suscite son existence. Les envolées alarmistes sur une prétendue montée générale du fascisme, les comparaisons historiques, consternantes d'incompétence, avec les ligues d'avant guerre — comme si le contexte national et international avait le moindre rapport — n'ont qu'un but : substituer l'indignation à l'action et voiler à l'aide d'emphatiques platitudes les causes concrètes de la protestation lepéniste. Sans doute cette protestation exprime-t-elle un choix erroné. Mais la faute à qui et à quoi si une partie de l'électorat fait ce mauvais choix ? Aux défaillances impardonnables de l'autorité publique. Ce sont ces défaillances que nos inconséquents « responsables » (un euphémisme) noient dans leur phraséologie oiseuse, parce qu'ils n'ont ni la clairvoyance de les analyser ni le courage d'y porter remède.

Dans leur essai sur la France actuelle, *Le poisson pourrit par la tête* (Seuil), José Frèches et Denis Jeambar donnent de ces plaies béantes des exemples particulièrement frappants, à propos de l'insécurité. On a tout dit (et rien fait) sur l'insécurité banale hélas, et, pour ainsi dire, disséminée au sein même du tissu géographique et social : vols, viols, meurtres, coups et blessures, agressions, vandalisme dans la rue, dans les commerces, les transports en commun, les établissements scolaires.

Mais, soulignent nos auteurs, on a moins remarqué, dans cette déliquescence de la première mission de l'État — assurer la protection des citoyens —, l'émergence d'un fait nouveau. C'est la délimitation sur le territoire national de parcelles chaque jour plus larges où les représentants de la loi et de l'ordre public ont renoncé à pénétrer. L'État les abandonne par résignation tacite à la délinquance. Ce n'est plus seulement la sécurité de la population, c'est la sécurité de la police que l'État ne peut même plus garantir ! Au-delà d'une extension quantitative de la criminalité, il s'agit donc, en l'occurrence, d'une mutation qualitative, sur le plan du droit.

En effet, se dessinent, à l'intérieur même de nos frontières, des zones hors la loi, des sortes de concessions soustraites à la souveraineté de l'État républicain. Des bandes violentes y jouissent d'un privilège d'exterritorialité implicitement reconnu, honteuse brèche dans notre droit constitutionnel. Là-dessus arrive un quidam auquel on a volé sa voiture et auquel la police répond : « Nous savons très bien où elle est ; mais, dans ce quartier-là, nous n'y allons jamais... » Et, si l'individu se rebiffe, il entend un Michel Noir ou un Jack Lang lui lancer : « Ah ! je vois ce que c'est, vous êtes pour la réouverture des fours crématoires !... » Accuser de racisme assassin un électeur qui se plaint de ce qu'on lui ait volé sa voiture dans Marseille-Nord, parce que le voleur se trouve être un Maghrébin, c'est précisément là l'injustice qui rend raciste.

La victime est évidemment, au début, en colère contre le vol, non contre le Maghreb. Pour se permettre de porter l'accusation de racisme, l'insulteur devrait d'abord prouver que notre homme serait fou de joie si sa voiture lui avait été dérobée par un Hollandais. S'il ne peut le démontrer, il commet un crime moral et une faute politique.

Nous devons tous lutter contre toute idéologie scélérate au niveau où elle se situe et chez ceux qui effectivement la professent. Mais il est psychologiquement et électoralement désastreux de la reprocher à de pauvres gens qu'écrasent les chutes de pierres provenant d'un État qui s'écroule. Et dont les gravats sont partout, parce qu'il était lui-même partout.

14 mars 1992

Le péril suprême : Disneyland

L'ouverture d'un Disneyland à Marne-la-Vallée est-elle, comme l'aurait, paraît-il, crié l'un de nos génies, un « Tchernobyl culturel » ? Si elle l'est, alors ce n'est pas en raison d'une improbable menace que cette fête foraine ferait peser sur la culture française. C'est plutôt, semble-t-il, en raison des convulsions nerveuses et de la confusion mentale qu'elle sème parmi nos élites.

Si la culture française, voire européenne en général, pouvait être écrabouillée par Mickey, plus exactement par le simple déplacement géographique de Mickey, c'est qu'elle serait d'une inquiétante fragilité. En outre, les contempteurs souffrent d'incohérence ou d'ignorance, puisqu'une grande partie des thèmes inspirateurs de Walt Disney, en particulier dans ses longs métrages, sont d'origine européenne. *Blanche-Neige et les sept nains, La Belle au bois dormant,* le *Pinocchio* de Carlo Collodi, les partitions de *Fantasia* ou la reconstitution du navire des corsaires de *L'Île au trésor* représentent des emprunts — et des hommages — de l'Amérique à l'Europe.

Que des contes populaires, d'abord imaginés au sein des classes paysannes européennes et transmis par la tradition orale, aient été ensuite transcrits pour le livre par Perrault, par Grimm ou autres, lus à haute voix pendant des siècles à nos enfants, puis transposés au cinéma et montrés au monde entier sous forme de dessins animés par un artiste californien, pour enfin se matérialiser en décors dans de vastes lieux de divertissement, n'est-ce pas là un exceptionnel exemple du cheminement imprévisible des folklores ? De quoi passionner les esprits qu'intéresse vraiment la vie des cultures. Quelle sottise protectionniste sera en l'occurrence assez obtuse pour se retourner contre nous-mêmes ? Quel Espagnol serait assez borné pour se plaindre de ce que Corneille, en écrivant *Le Cid,* Molière, *Dom Juan* et Lesage, *Gil Blas* aient ainsi témoigné de la richesse et du rayonnement du génie castillan ? Bien sûr, il s'agit, avec ces auteurs, de haute littérature et non d'une récréation de masse. Mais les contes médiévaux de la vieille Europe, qui ont pour postérité lointaine une bonne part des sujets de Disneyland, étaient eux aussi de la récréation de masse.

Sur ses cimes comme dans ses plaines, toute histoire culturelle est circulation et compénétration afin que reparte l'invention. Il n'y aurait pas eu de comédie latine sans modèles grecs ni d'école de la Pléiade sans poésie italienne. Edgar Poe a été reconnu comme grand écrivain par Baudelaire et Mallarmé alors qu'il ne l'était pas encore aux États-Unis. Aurions-nous dû avoir un ministre de la Culture sous Henri II pour prescrire à Ronsard des « quotas », en ne l'autorisant à imiter Pétrarque qu'une fois par semaine, et jamais le samedi soir ? Qu'eût été le cinéma des États-Unis sans les Européens, sans Chaplin, sans Stroheim, sans Lubitsch, sans Capra ? Leur musique sans le génie africain ? Les voies paradoxales de l'interaction des civilisations mènent parfois du Mal au Beau, de l'esclavage au jazz.

Autre scandale : l'Italie a fait cadeau à l'Amérique de la mafia, puis l'Amérique a offert à la mafia la prohibition de l'alcool, sans laquelle Cosa Nostra fût restée une organisation artisanale. Or, que de bons films sont sortis de cette double malédiction, depuis *Scarface* jusqu'au *Parrain,* en passant par *Key Largo* et *Certains l'aiment chaud* ! C'est à une association de malfaiteurs européens que l'Amérique doit une source d'inspiration de son art cinématographique, la veine du film de gangsters, aussi originale et riche que le western. Lequel, d'ailleurs, est devenu entre-temps un article italien.

Certes, le miracle n'est pas toujours sûr. Ce n'est pas de gaieté de cœur que je tombe parfois sur les abjects dessins animés japonais que notre télévision inflige à nos enfants. L'art japonais nous a jadis donné mieux. Mais je ne vois pas que le tri puisse être fait de façon autoritaire. Le mauvais goût du client est ici coupable, autant et plus que la cupidité du fournisseur. Le seul remède est, en l'espèce, l'éducation du public par les œuvres et les progrès de son discernement. Après tout, c'est l'insignifiant Paul de Kock qui, au XIXe siècle, a ouvert au roman français dans toute l'Europe, en Russie notamment, l'accès au grand public international où sont passés à sa suite Balzac, Stendhal, Flaubert et Zola. Prétendre détourner le cours des fleuves culturels, ou au contraire le grossir à volonté, ou en filtrer l'eau, c'est une risible fanfaronnade. Le roman américain a exercé une profonde influence sur les littératures et les lecteurs européens durant l'entre-deux-guerres, période d'isolationnisme des États-Unis. Au contraire, les romanciers de l'après-guerre, période réputée « impérialiste », ont été et sont fort peu lus, et encore moins imités de ce côté-ci de l'Atlantique.

En revanche, le roman européen, allemand, français, italien, ainsi que le roman latino-américain, a été très prisé depuis 1945 aux États-Unis par le public, et très étudié dans les universités. C'est même depuis 1960 que les écrivains d'Europe, du Japon et d'Amérique du Sud, ou encore les historiens français, ont été, sans doute, le plus répandus, le plus influents, le plus invités et le plus fêtés, de New York à Los Angeles et de Chicago à Miami. Ces constatations amènent à trois remarques.

La première : nous rageons surtout en ce moment de voir les producteurs américains réussir à transposer mieux que nous dans le langage des médias de masse les recettes millénaires du grand spectacle populaire, le mélodrame, le féerique, l'épouvante, le mystère, la farce, la violence, les vices et les vertus élémentaires. Le Rocambole moderne, c'est Rambo. Le Sherlock Holmes, c'est Columbo. Bien sûr, nous avons Cyrano, Maigret et Manon des Sources : mais ce sont là des adaptations, non des créations. Pour nous consoler de notre infériorité dans l'invention de nouveaux mythes, nous décrétons que les feuilletons américains sont le fruit de basses opérations commerciales. Et Fantômas, qu'est-ce que c'était ? Mais, par une inconséquence révélatrice, notre ministre de la Culture, tout en s'efforçant de refouler loin de nos regards ces films et téléfims, cavale après leurs auteurs et acteurs pour les couvrir de décorations et s'exhiber à leurs côtés devant les caméras. Il est vrai que l'envie et le snobisme marchent souvent de pair.

Deuxième remarque : les films et les feuilletons télévisés américains ne se limitent pas aux mélos et aux polars. Ils traitent aussi, avec plus de courage que les nôtres, des vices et des scandales de la politique, de la société, de la presse, de la justice. Et pas dans l'abstrait, mais en mettant en scène des épisodes réels et récents. Pourquoi exploitons-nous beaucoup moins qu'eux ce filon ? Pourquoi n'avons-nous pas déjà un téléfilm sur l'affaire Pechiney ? Parce que la vie culturelle française, depuis le début de la Ve République, a une tendance croissante à s'officialiser. Entre la subvention et la liberté, il faut choisir. Et une proportion élevée de nos producteurs ont choisi la subvention. On est même surpris par le nombre des écrivains qui, souvent à l'insu du public, sont les bénéficiaires directs ou indirects des libéralités présidentielles, de flatteuses invitations à des voyages d'État ou de nominations de faveur à de lucratifs et inutiles emplois. Ces pensionnés de la courbette ne tirent évidemment sur les injustices de l'ordre établi qu'avec des flèches en caoutchouc. La véritable culture constitue le territoire par excellence où les créateurs et le public doivent se sentir affranchis de toute pression de la propagande et de toute autorité autre que celle du talent. Or un accouplement presque comique montre à quel point les Français ont perdu le sens de cette liberté spirituelle : ils ne trouvent pas anormal que leur ministre de la Culture exerce en même temps les fonctions de porte-parole officiel du gouvernement ! Est-il plus candide aveu du rôle que le régime assigne à la culture ?

Troisième remarque : la culture, fût-elle américaine, ne se réduit pas au cinéma et à la télévision. On le croit trop dans certains milieux européens, que les préoccupations économiques, à coup sûr prépondérantes dans l'audiovisuel, paraissent subjuguer plus que le pur amour de la Beauté. Ces voraces de l'oscar césarisé et du « Sept d'or » gaulois semblent perdre de vue que la culture, c'est aussi la recherche scientifique, la musique, les arts, la littérature, les idées. Laissons aux spécialistes le soin d'évaluer les poids respectifs de l'Europe et des États-Unis dans la recherche scientifique. Dans les autres domaines, la culture européenne, loin d'être anémique et subordonnée, face à l'américaine, a des joues de pomme d'api. Elle n'est en rien colonisée. Tout au contraire, les deux cultures, qui, d'ailleurs, sur bien des points, n'en font qu'une seule, me paraissent entretenir entre elles des relations fort équilibrées et des plus fécondes. S'il faut à tout prix en faire des rivales, je dirai que c'est la culture américaine, et non la nôtre, qui me semble aujourd'hui souffrir d'une crise. Parmi les intellectuels de l'establishment académique et de la presse, la vieille garde « libérale » aux États-Unis (c'est-à-dire hostile au libéralisme, dans le sens où nous entendons ce mot) s'accroche à ses vieux poncifs et n'a même pas ébauché l'aggiornamento que l'intelligentsia européenne a quasi terminé. De surcroît, les universités américaines sont rongées par un étrange virus : le « politiquement correct ». Selon cette lubie, pour les étudiants américains, toute la culture occidentale, de Platon à Tolstoï en passant par Dante, Montaigne, Cervantès, Shakespeare ou Nietzsche, serait à rejeter parce qu'elle exprimerait le point de vue du seul « chauvinisme mâle et blanc ». Il en résulte sur les campus un sectarisme qui, sous ce fantasmagorique chef d'accusation, tend à bannir ou à « déconstruire ». D'après le « politiquement correct » (PC), toute civilisation, si barbares soient les violations des droits de l'homme en son sein et envers les autres sociétés, se conforme de plein droit à sa propre identité. Elle est donc légitime, à la seule exception de la civilisation européenne et de son rejeton américain. Celle-là est l'unique à laquelle soit refusé le droit à l'identité, ou plutôt dont l'identité soit frappée d'illégitimité congénitale. Ce nihilisme culturel atteindra-t-il son objectif ? Si oui, ce ne sera pas la première fois qu'on aura vu un prétendu progressisme organiser, au nom de l'universalisme humaniste, l'autodestruction, l'intolérance et la censure.

Enfin, la crise de la pensée, outre-Atlantique, résulte d'un autre curieux effet pervers : je veux dire que l'universalité même de la langue anglaise se met à engendrer la provincialisation de la haute culture américaine. L'avantage de rencontrer partout dans le monde des interlocuteurs qui parlent leur langue donne aux intellectuels américains l'illusion d'être informés de tout ce qui se passe sur la planète. Mais, en fait, cet avantage se retourne contre eux et les isole des courants mondiaux. Ils n'entrent en contact qu'avec une mince pellicule d'anglophones qui « résument » pour eux quelques généralités conventionnelles. Ils n'atteignent pas à la familiarité, à l'intimité, à la connaissance intuitive et concrète que seule confère la capacité de lire une autre culture « dans le texte », de l'entendre parler, de s'imprégner de sa sonorité.

Il y a vingt ans, on rencontrait dans les grandes maisons d'édition américaines des hommes et des femmes polyglottes à la culture authentiquement cosmopolite. Aujourd'hui, il n'est pas rare que personne ne soit capable, chez un éditeur, de lire une seule langue étrangère. La maison demande alors des rapports de lecture sur les livres non anglais à des professeurs, qui connaissent la langue originale mais ne sont pas plus éditeurs qu'un directeur de cinémathèque n'est un producteur de films. Chez ces universitaires, la vision de la civilisation qu'ils enseignent est souvent dépassée, ce qui accentue encore le néoprovincialisme ambiant des États-Unis.

Si donc les productions audiovisuelles et la presse américaine sont présentes dans le monde entier, ce qui permet aux intellectuels du monde entier de se tenir au courant de ce qui se passe et se pense aux États-Unis, en revanche, la réciproque n'est pas vraie. La majorité des intellectuels américains n'ont qu'une connaissance schématique et superficielle de ce qui se passe et se pense hors de chez eux. Le grand débat d'idées moderne, le débat compétent, imaginatif, innovateur et international, c'est en Europe et en Amérique latine, de nos jours, qu'il se déroule. Y compris à la télévision ! Car l'Europe bat de loin l'Amérique dans le domaine des émissions culturelles et du débat télévisé de haut niveau. Il faut bien se rendre compte que les penseurs américains qui nous ont le plus intéressés au cours de toutes ces dernières années, Allan Bloom, Francis Fukuyama, sont chez eux à la fois très lus par le grand public et quasiment mis en quarantaine par leurs confrères intellectuels. Voilà ce que devraient méditer nos prophètes culturels, au lieu de se mettre un crêpe sur le nombril médiatique, en tournant un œil pleurnichard en direction d'Euro-Disney.

21 mars 1992

Vrai et faux antiracisme

On se demande souvent quelle idéologie va remplacer le socialisme. Mais elle est déjà là, sous nos yeux : c'est l'antiracisme. Entendons-nous bien : l'antiracisme dont je parle n'a pas pour but réel de lutter contre le racisme, pas plus que le socialisme n'avait pour but réel de lutter contre la pauvreté et l'inégalité. Ne les a-t-il pas toutes deux aggravées ? Comme toutes les idéologies, celle de l'antiracisme se propose non de servir ceux qu'elle prétend délivrer, mais d'asservir ceux qu'elle vise à enrôler. Elle aussi aggrave les maux qu'elle fait mine de combattre. Agissant par la terreur et non par la raison, cet antiracisme fabrique plus de racistes qu'il n'en guérit. Telles les autres idéologies, celle-ci est à la fois confuse et péremptoire dans la théorie, terroriste et contradictoire dans la pratique. L'antiracisme idéologique, qu'il faut soigneusement distinguer de l'antiracisme effectif et sincère, attise les divisions entre les humains au nom de leur fraternité proclamée.

Il les attise de deux manières. D'abord, le seul racisme qu'il dénonce et, si besoin est, qu'il invente est celui des Européens ou des populations d'origine européenne à l'encontre des populations du tiers monde ou qui en proviennent. Mais des Africains peuvent se massacrer entre eux, dans des guerres à caractère nettement racial ou tribal, comme ils en donnent le terrifiant spectacle depuis trente ans, sans que les militants du pseudo-antiracisme aient un mot de blâme. Or, des gens qui ne perçoivent la discrimination ou le génocide que dans le cas où ils peuvent les imputer à une civilisation déterminée et qui ferment les yeux chaque fois qu'ils devraient déclarer coupable une autre civilisation ne sont pas des antiracistes. L'antiracisme est universel ou il n'est point. De même, les communistes et leurs compagnons de route ne repéraient les atteintes aux libertés et les injustices sociales que dans les pays capitalistes, jamais dans les pays socialistes, où elles étaient pourtant infiniment plus graves. Cette duplicité indique avec certitude que, sous le masque de la générosité, se trouve l'imposture. En 1987 a lieu aux îles Fidji un coup d'État visant à interdire l'accès aux fonctions publiques des citoyens d'origine indienne, pour la plupart nés sur place et n'ayant jamais vu l'Inde de leur vie, afin de réserver les postes gouvernementaux aux Mélanésiens. Pour le goût de ces derniers, les Indiens avaient remporté trop de victoires électorales. Cette discrimination excluant de la vie politique près de la moitié de la population en fonction de critères ethniques est identique en tous points à ce qu'était l'apartheid sud-africain au même moment. Mais, comme les racistes étaient en l'occurrence des hommes « de couleur » sévissant contre d'autres hommes « de couleur », les antiracistes idéologiques du monde entier ensevelirent leur indignation dans les oubliettes de leur conscience. Les idéologies sont délicates à critiquer, car elles défendent toujours, au départ, une cause juste, puis pervertissent cette défense pour la détourner au profit de nouvelles formes de discrimination et de domination.

La deuxième manière dont s'y prend l'antiracisme idéologique pour attiser, voire susciter le racisme consiste à « racialiser », si j'ose dire, la question de l'immigration, en attribuant à un racisme a priori doctrinal et métaphysique les réactions d'inquiétude et les difficultés pratiques inévitablement éprouvées par les populations d'accueil. La meilleure méthode pour lutter contre le racisme de façon concrète, ce serait d'aborder avec réalisme les problèmes soulevés par l'immigration. Ce qu'a obtenu le terrorisme moral des antiracistes professionnels, c'est de rendre muets ceux qui vivaient ces problèmes ou voulaient les poser, en leur inspirant la peur de passer pour racistes. Par là, les antiracistes idéologiques ont envenimé les frustrations qui alimentent le racisme. Ils ont nié que les déplacements de population dans un pays différent par la culture et le niveau de vie commencent par provoquer des perturbations pratiques et psychologiques. En prêtant sottement et injustement du racisme à ceux qui les constataient, ils le leur ont inoculé. La victime en a évidemment après le vol et non après le Maghreb. C'est surtout en France qu'a pris de l'ampleur cette manœuvre malhonnête. À partir du moment où les socialistes ont dû abandonner le socialisme, il leur fallait une référence de remplacement pour se fabriquer des adversaires, pour excommunier les citoyens qui refusaient de penser comme eux, ce qui était d'autant plus facile qu'ils ne pensaient plus rien. Cette idéologie fut l'antiracisme érigé en procès d'intention universel contre toute la « droite ». Contraints en économie d'appliquer, fût-ce en rechignant, un libéralisme minimal, ils choisirent de se différencier des vrais libéraux en leur prêtant à tous le vice rédhibitoire et suprême à notre époque : le racisme. Ce réquisitoire délirant fit croître le mal au lieu de le réduire, pour la plus grande commodité politique et le plus grand confort moral de la gauche à court d'idées. Des réactions et des fantasmes xénophobes dus aux remous consécutifs à l'immigration se produisent dans toute l'Europe. Mais la France est le seul pays européen où ces appréhensions aient suscité très tôt, dès 1983, un parti et un électorat substantiels, qui pèsent sur toute la vie politique. Le Parti républicain allemand, d'extrême droite, n'obtint jamais les 15 % de voix que Jean-Marie Le Pen atteignit à l'échelle *nationale* dans l'élection *présidentielle* de 1988. Les violences néonazies et les comportements de xénophobie en Allemagne de l'Est ont de quoi écœurer, mais restent marginaux. Le 9 novembre 1991, jour anniversaire à la fois de la « Nuit de cristal » antisémite de 1938 et de la chute du Mur en 1989, les manifestants hostiles à la xénophobie, au racisme et à l'antisémitisme se trouvaient à mille contre un devant les nostalgiques de la barbarie ou les détraqués de l'angoisse migratoire. En Italie, où un racisme antinoir visant la vague des immigrants africains sévit depuis plusieurs années, l'apparition des ligues, en particulier de la Ligue lombarde, n'a que peu de rapport avec les « vu-compra », ces vendeurs ambulants, ivoiriens ou sénégalais : elle traduit plutôt un rejet de l'Italie du Sud mafieuse par une Italie du Nord soucieuse. En Espagne, les phénomènes de rejet sont dirigés surtout contre les immigrants latino-américains qui, cependant, ni par la culture ou la langue, ni par l'aspect (les Indiens purs n'émigrent pas) ne se distinguent des Galiciens, Catalans, Castillans ou Andalous dont ils descendent. En Autriche, la montée de l'extrême droite xénophobe aux élections du 10 novembre 1991 à Vienne constitue une réaction de peur contre l'immigration venue de l'Europe de l'Est et de l'URSS, comme d'ailleurs la xénophobie allemande, qui gronde contre tout ce qui vient de l'Est, y compris les Allemands dits « ethniques », arrivés d'Union soviétique, et les Allemands de l'Est tentant de travailler à l'Ouest. Ces exemples montrent qu'il existe des séismes spécifiques déclenchés par les flux migratoires et qui diffèrent en essence et en nature du racisme, puisqu'ils se produisent avec fréquence entre populations de même « race » et de même civilisation. Il est donc grand temps de traiter l'immigration, que nous ne pourrons jamais complètement arrêter, comme une réalité en soi, sous tous ses aspects : pratique, social, économique, psychologique, culturel, éducatif, sanitaire, politique, policier, urbain, juridique. L'antiracisme idéologique, désireux d'aggraver ces difficultés normales jusqu'à les rendre anormales et insurmontables, afin de les exploiter, a jeté sur elles un tabou. Il a donc fomenté le racisme. À nous de briser ce tabou, justement pour prévenir le racisme.

Printemps 1992

Fiscalité : le coupe-gorge français

L'impôt est l'un des piliers de la démocratie, prend soin de souligner François de Closets en commençant son dernier livre, *Tant et plus !* (Grasset-Seuil). Ainsi, la démagogie antifiscale repose sur l'ignorance des obligations d'un État moderne et des services que les citoyens en attendent. Mais l'impôt n'est démocratiquement justifié que si, en face de ma contribution, l'État inscrit une dépense utile. Il devient inacceptable si l'argent public sert à financer le gaspillage. D'autant plus que le gaspillage, quand l'habitude en est prise, tend à croître sans cesse, et entraîne ainsi l'accroissement parallèle des prélèvements obligatoires.

L'impôt s'alourdit parce qu'il est mal utilisé. Il augmente en proportion directe de la répugnance de l'État gestionnaire à se réformer et à mettre de l'ordre dans ses dépenses. Si la démagogie antifiscale est irresponsable, l'État lui-même peut l'être tout autant. C'est pourquoi il faut à la démagogie substituer la « critique » fiscale, responsable, équitable et raisonnable. C'est ce que fait François de Closets dans *Tant et plus !* avec cette moisson d'exemples sidérants, de cas horrifiques, de faits insoupçonnés qui, comme dans ses retentissants ouvrages antérieurs, fonde la vigueur démonstrative de ses raisonnements et l'irrécusable légitimité de ses conclusions.

Quel usage l'État fait-il de notre argent ? Le droit pour le citoyen de le vérifier est, comme l'impôt même, une condition de la démocratie et en fut même l'origine. De son exploration dans le coupe-gorge français actuel, le citoyen Closets est revenu « stupéfait, scandalisé, effaré ». « Une entreprise, un individu, une famille, ajoute-t-il, qui se conduiraient comme l'État se ruineraient en très peu de temps. » Seulement voilà, eux, pour échapper à la ruine, doivent se réformer, tandis que l'État, lui, pour échapper à la réforme, n'a qu'à augmenter les prélèvements.

Où passe donc notre argent ? Qui décide de la manière de le dépenser ? Qui choisit ? Qui arbitre ? Qui profite ? Qui contrôle ?

Si vous goûtez les romans d'épouvante, en voici un de l'encre la plus noire, de la veine et de la verve les plus captivantes, et d'autant plus terrible que tout y est vrai. Frères contribuables qui après nous vivez, que personne de notre mal ne rie...

En France, comme il se doit, le cogito étatique est cartésien : « Je dépense, donc je suis. » C'est-à-dire : si je fais partie, à un titre quelconque, de l'État, je me sens d'autant plus important que je dépense davantage, et je me prouve donc mon importance en dépensant toujours plus.

Si un abus caractérise la présidence à la française, c'est bien cette licence bien peu républicaine de puiser sans limite, sans autorisation et sans contrôle dans l'argent public, pour satisfaire des fantaisies ou subvenir aux besoins de ses amis. Même dans les cas où les dépenses présidentielles servent l'intérêt général et le prestige national, elles n'ont cependant pas, dans une démocratie, à être décidées par un seul individu qui en fixe arbitrairement la destination et le montant. Cette illégalité devient doublement inacceptable quand elle dilapide le produit des impôts et des dépôts dans des aventures dénuées de toute justification d'intérêt public et inspirées par la seule solidarité clientéliste.

Ne glisse-t-on pas du gaspillage au brigandage dans un exemple que François de Closets décortique avec une redoutable sérénité : les centaines de millions déversés — en subventions indirectes et camouflées — sur l'écurie de formule 1 Ligier, complétée par le joujou de grand luxe du Président, le circuit de Magny-Cours, dans la Nièvre ? Plus les résultats sportifs de Ligier étaient désastreux, puisque la marque n'a obtenu aucune victoire en grands prix depuis dix ans, plus le Président faisait pleuvoir sur elle la manne prélevée sur les citoyens. C'est une écurie où ne subsiste plus que la mangeoire. La presse[1], la Cour des comptes, même, ont beau dénoncer ce qui s'apparente à un abus de biens sociaux, « François Mitterrand, écrit Closets, résiste mal au plaisir de combler ses amis ; et, dans cette affaire, ils étaient nombreux et gourmands ».

L'auteur insiste, à juste titre, dans l'ensemble de son livre, sur le fait que le gaspillage coûte beaucoup plus cher au contribuable que la corruption. Reste que la frontière entre les deux est, dans un cas pareil, difficile à tracer. Pour la justice, il n'y a corruption que s'il y a enrichissement personnel. Pourra-t-on longtemps s'en tenir à ce critère ? L'appliquerait-on à un PDG privé qui, sans mettre un sou dans sa poche, distribuerait les fonds de sa firme à ses copains et connaissances ? François de Closets signale au passage, sans y insister suffisamment, à mon avis, cette hypocrisie qui consiste à

1. Voir l'article de Thierry Dussard, « Ligier, l'écurie royale », *Le Point* du 22 octobre 1990.

dénoncer « la société du fric » quand il s'agit de l'argent privé, tout en laissant la société du fric public se livrer impunément à des déprédations bien pires.

Cependant, il est vrai, le mal le plus nocif reste la manie qu'a tout ministre de mesurer son élévation au gouffre de sa dépense. Peu importe que les crédits soient bien utilisés ! Dans cette optique, gouverner, c'est distribuer. Les milliards donnés à la culture, par exemple, ont été éparpillés à la va-vite « pour satisfaire une clientèle boulimique et sans aucune maîtrise de l'argent public ». « Clientèle » est ici le mot clef.

Chaque ministre, chaque directeur a la sienne, qui attend de lui toujours plus de crédits. Leur constante augmentation, non leur judicieux emploi, désigne le bon patron. Par malheur, les clientèles elles-mêmes raisonnent en de tels termes purement quantitatifs. En 1989, les « coordinations lycéennes », sans aucune idée des transformations qualitatives qu'appelle l'enseignement français, arrachent au président de la République, qui les reçoit à l'Élysée, par-dessus la tête du ministre, 4 milliards. Quelques personnes savent peut-être ce qu'est devenu cet argent, mais tout le monde peut constater qu'il n'a rien amélioré. Peu importe ! Qu'il s'agisse de la culture ou de l'agriculture, la majoration continuelle des subventions résume le secret du génie politique. Dans ces conditions, quand le chef de l'État, en 1983, à la télévision, en direct, annonça, sans avoir prévenu le ministre des Finances, une baisse de 1 % par an des prélèvements obligatoires, il badinait, à n'en pas douter. La suite de l'histoire l'a d'ailleurs prouvé.

L'État dépense trop parce qu'il dépense mal. Ce n'est pas verser dans le populisme, c'est au contraire le prévenir, que de pousser le pouvoir à dépenser mieux pour nous permettre de payer moins. L'impuissance gouvernementale à y parvenir explique en grande partie le fameux désintérêt des citoyens pour la vie politique classique et la montée des partis protestataires. Comment demander aux Français le civisme, alors que le pouvoir leur donne le spectacle de la gabegie ? Et il aggrave tout quand il s'efforce de calmer les citoyens non en réformant ses finances et en réduisant les prélèvements, mais en jouant la carte du clientélisme, avec en outre le dessein d'en fidéliser ainsi un certain nombre en tant qu'électeurs. C'est ce qu'on appelle le marché politique : on engrange des voix contre des promesses d'intervention. Cette course à l'abîme a, bien entendu, ses limites, comme viennent de le montrer les récentes débâcles électorales, chacun finissant quand même par penser qu'il ne reçoit pas assez et qu'il paie trop.

L'armée française, malgré la bravoure de ses hommes, s'est trouvée humiliée par la vétusté de son matériel durant la guerre du Golfe. Et pourtant, la France a le deuxième budget militaire d'Occident ! C'est la preuve de la mauvaise utilisation des crédits. Le grand public sait moins combien lui coûte chaque géniale fulgurance de Pierre Boulez, ce « Ligier atonal », pour des résultats aussi peu probants que ceux du constructeur. Grâce à Maryvonne de Saint Pulgent et à son *Syndrome de l'Opéra*[1], nous n'ignorons plus de quel poids financier pèse sur nous l'Opéra-Bastille, sans que nous ayons jamais eu notre mot à dire dans cette folie digne de Louis II de Bavière. Si le peuple a du mal à comprendre pourquoi ses impôts locaux, depuis 1982, augmentent chaque année de 10 %, qu'il lise le chapitre intitulé « La France féodale », où Closets

1. Robert Laffont, 1991. Voir plus haut p. 458.

fait les comptes de la « réforme démagogique » que constitue, selon lui, la loi Defferre sur la décentralisation.

Tantôt la société civile est saignée par des projets grandioses et ruineux — Rafale, Hermès, équipements audiovisuels par satellite ou par le « Plan câble » — conçus et poursuivis sans souci de rentabilité, ni même d'adaptation à l'évolution des techniques ; tantôt elle est délestée par l'amical désir qu'éprouve le Prince de procurer à un courtisan quelque prébende compensatoire. À la lecture de tous ces chapitres suffocants, se martelait dans ma mémoire le persiflage qu'avait rimé Rivarol à la fin de l'Ancien Régime : « Tantôt par des abus, tantôt par des abbés, / Les revenus du Roi sont toujours absorbés. »

En matière d'absorption, la loi de 1901 sur les associations, excellente dans son principe, ouvre en pratique une crevasse sans fond, où s'engloutissent des subventions échappant à toute inspection sérieuse. Elle est surtout, du haut en bas de l'échelle féodale, un bon moyen d'assurer des subsides à des amis sous de nobles prétextes culturels ou moraux. Carrefour du développement était une association...

La conclusion de Closets, c'est qu'avec la rupture ou la débilité des instruments de contrôle nous sommes insensiblement sortis de la démocratie. « Une Constitution démocratique, écrit-il, n'autorise pas davantage le pouvoir politique à dépouiller les citoyens de leurs libertés que de leurs biens. Dans un cas comme dans l'autre, c'est la gestion et non pas la propriété qui est déléguée par le vote. »

Chaque fois que l'on propose de réduire les dépenses de l'État pour pouvoir abaisser les prélèvements, on s'entend répondre : « Ah, je vois ce que c'est, monsieur est un libéral sauvage ; vous trouvez sans doute que les infirmières, les postiers, les enseignants sont trop payés ! » Closets tord le cou à cette objection hypocrite. Car sans les gaspillages on pourrait *à la fois* mieux payer les fonctionnaires et diminuer l'impôt. Lorsque Édith Cresson a voulu relancer l'apprentissage, elle n'a trouvé que 500 millions de crédits d'aide directe. Or, 500 millions, c'est ce qu'a coûté le circuit de Magny-Cours, petite fantaisie présidentielle. Le déficit des Charbonnages de France s'est élevé à 5,4 milliards en 1991. Or Michel Delebarre, qui était alors ministre de la Ville, ne reçut que 120 millions la même année pour s'attaquer à une cause de salut public : guérir le « mal des banlieues ». Chaque emploi « sauvé » aux papeteries de La Chapelle-Darblay (dans la circonscription de Laurent Fabius) a coûté aux contribuables non consultés 3 millions de francs, soit à peu près trente ans de traitement d'un enseignant. Les gaspillages de l'État sont la leucémie de la société française.

11 avril 1992

Le non-lieu Touvier

Le non-lieu en faveur de Paul Touvier indique-t-il une sorte de réhabilitation de Vichy ? Mais il y a le Vichy de l'hébétude, le Vichy de la Révolution nationale, le Vichy de la collaboration, le Vichy des crimes. Le premier, suscité par le coup de massue de juin 1940, a été bref, et jugé ensuite avec compréhension. C'est à propos du vichysme de la Révolution nationale que l'arrêt de la chambre d'accusation de la cour d'appel de Paris fait douter de la compétence historique de ses auteurs. Nier qu'il régnât à Vichy une « idéologie précise », c'est nier le manifeste du 10 juillet 1940 sur l'Ordre nouveau, la suppression de la République, la substitution d'un corporatisme de type mussolinien aux syndicats ouvriers, le retour à la terre et, caractéristique commune à tous les régimes totalitaires, l'embrigadement de la jeunesse : apparition de l'expression « culture jeune », Chantiers de la jeunesse, association JFOM (Jeunesse de France et d'outre-mer) et Jeune France. Que peuvent bien lire des magistrats capables d'écrire qu'« on n'arrivera jamais, sous la France de Vichy, à la proclamation officielle que le juif est l'ennemi d'État, comme en Allemagne » ? Précisément, c'est l'État qu'entend protéger la loi du 3 octobre 1940, d'origine purement vichyssoise. Elle barre aux juifs l'accès du gouvernement, à tous les grands corps, dont, justement, la cour d'appel (ces messieurs l'ignoreraient-ils ?), bref, la totalité de la fonction publique, y compris, et surtout, l'enseignement : ils ne doivent pas pouvoir pervertir la jeunesse. Comble de bouffonnerie odieuse : la loi leur interdit l'accès du département de l'Allier, siège de l'État français, qui doit rester pur !

Ne serait-ce pas en raison de l'aspect non seulement haïssable mais ridicule de Vichy que les Français passent leur temps à en édulcorer l'image, pour moins en ressentir la honte ? L'idéologie vichyssoise révèle dans la culture française un filon de bêtise dont nous n'aimons guère devoir rougir. L'imbécillité n'excluant pas le crime, on ne saurait souscrire à une autre thèse de la chambre, pour qui la collaboration avec l'Allemagne aurait été strictement « pragmatique ». Il y avait, certes, parmi les collaborateurs, une école qui agissait par tactique. Mais il y avait l'autre camp, guidé par le fanatisme idéologique, qui croyait à l'ordre européen national-socialiste. C'est de ce camp, le seul à partir de 1943, que faisait partie Paul Touvier, dont le chef, Joseph Darnand, avait prêté personnellement serment de fidélité à Hitler.

Sans être juriste, j'avoue ne pas être ébloui par la rigueur intellectuelle de la définition selon laquelle le crime ne devient « contre l'humanité » que s'il est subordonné au dessein « hégémonique » d'une « idéologie conquérante ». D'abord, ce dessein était manifestement celui de Touvier et de ses compagnons. Ensuite, dans son récent *Procès de Nuremberg* (Perrin), Jean-Marc Varaut montre avec pertinence que la définition « hégémonique » est trop restrictive.

Il valait la peine, en tout cas, d'en débattre au

cours d'un procès public. Pourquoi l'a-t-on éludé ? Pour la même raison que l'on a enterré pendant des années *Le Chagrin et la pitié* ou escamoté la discussion sur l'affaire Manouchian, après le film de Mosco diffusé sur Antenne 2 en 1985. Et aussi que le procès Barbie resta une cérémonie formelle, où l'on se garda bien de remuer les eaux troubles de la société française et de la Résistance. L'explication, à mon avis, est là. Nous avons affaire moins à une réhabilitation de Vichy qu'à une peur d'avoir à trop bien le connaître.

17 avril 1992

Coup d'État au Pérou

L'« auto-coup d'État » d'Alberto Fujimori, le président péruvien, d'origine japonaise, le « shogun des Andes », dit encore « el Chinito » « le petit Chinois »), place en pleine lumière, après le putsch d'Haïti, l'obligation de la nouvelle solidarité entre démocrates. Va-t-elle ou non caractériser le monde de l'après-guerre froide ? D'une part, on a vu, il est vrai, se mobiliser l'union des États américains (OEA), États-Unis en tête, contre cette copie du 2 décembre de Louis-Napoléon. C'est en effet le président légitimement élu qui a dissous un Congrès non moins légitime, arrêté des opposants, révoqué des magistrats, muselé la presse, le tout avec le concours de l'armée et non sans un certain appui populaire. D'autre part, en supposant que l'OEA et, plus largement, la communauté démocratique internationale forcent Fujimori à rétablir l'État de droit, sont-elles prêtes à lui fournir ensuite, à lui ou à un autre, les moyens de vaincre les forces morbides qui rongent la démocratie au Pérou ? Toute la question est là.

Exiger la démocratie partout, d'accord, mais à condition de l'aider à survivre. En somme, la solidarité qui, durant la guerre froide, a inspiré des alliances destinées à protéger les démocraties contre le péril extérieur doit-elle se transposer aujourd'hui à l'intérieur des pays ? Peut-elle intervenir contre les dangers subversifs du dedans ? Oui, sans aucun doute, mais comment ? Déjà, les États-Unis ont suspendu leur aide économique au Pérou. Cela n'est pas suffisant. Mario Vargas Llosa réclame la mise en quarantaine du président félon, sa déposition, son jugement. Il a raison. Mais après ? Rétablir l'ordre constitutionnel n'a de sens que si nous aidons tous le Pérou à éliminer les poisons qui le minent : le terrorisme, la corruption, la drogue.

Ces trois fléaux, du reste, n'en font qu'un. Le terrorisme du Sentier lumineux n'existe que par et pour la drogue, dans ce pays qui est le premier producteur mondial de coca. Il réduit en esclavage les paysans dans les zones de culture, ou les massacre s'ils résistent. Au rebours des thèses éculées, ce n'est pas la pauvreté qui est la cause de la guérilla terroriste, c'est la guérilla terroriste qui est la cause de la pauvreté. Quant à la corruption, sans laquelle les trafiquants ne pourraient tisser le linceul dans lequel ils ensevelissent la nation, Fujimori n'a pas tort d'en dénoncer la pénétration dans l'État, le Congrès, la magistrature, la police. Mais, quand il croit pouvoir s'appuyer sur l'armée pour l'éradiquer — l'armée encore plus pourrie que les autres corps, l'armée dont plusieurs officiers supérieurs sont régulièrement payés par les narco-guérilleros —, il révèle toute l'étendue de sa naïveté ou de sa duplicité.

Fujimori est un populiste, démagogue, qui s'est fait élire en 1990 grâce à de fausses promesses, avec l'appui en sous-main du Parti socialiste (Apra). Le candidat socialiste n'avait lui-même aucune chance, après le désastre et les scandales de la présidence d'Alan Garcia. Mais l'Apra voulait, avant tout, empêcher l'élection du candidat libéral, Mario Vargas Llosa. Ce parti se trouve aujourd'hui mal récompensé, ou, si l'on préfère, justement puni de son coup bas, puisque ses dirigeants sont eux aussi pourchassés ou arrêtés par la police de Fujimori.

Si une leçon ressort de l'histoire de l'Amérique latine, et du Pérou en particulier, c'est que le pouvoir militaire n'y a jamais rien résolu, fût-ce sous la coupe d'un pseudo-président civil. Le risque de contagion est en outre trop grand pour que la communauté démocratique internationale se borne à des condamnations platoniques. Elle doit exercer des pressions énergiques pour obtenir, comme naguère au Nicaragua, non pas le plébiscite truqué que mijote Fujimori, mais de nouvelles élections conformes à la Constitution, et dans un très bref délai.

2 mai 1992

Le boulet est-allemand

Au lieu que l'Allemagne de l'Ouest tire du gouffre l'Allemagne de l'Est, n'est-ce pas plutôt l'Allemagne de l'Est qui l'y entraîne avec elle ? Il serait excessif de l'affirmer. Il ne l'est plus de se le demander. L'optimisme ravi de l'année 1990 s'est brisé sur un héritage communiste encore plus négatif que prévu. « Combien cela coûterait-il d'acheter aux Russes la RDA ? » demandait, en 1963, le chancelier Ludwig Erhard à Willy Brandt, alors maire de Berlin. Maintenant, nous sommes fixés : au minimum 530 milliards de marks sur cinq ans (1 DM = 3,35 F). Malgré le prélèvement exceptionnel de solidarité et l'augmentation de la pression fiscale, l'impôt ne suffira pas à financer un tel investissement. Le recours au déficit budgétaire paraît inéluctable, pour pallier la baisse du pouvoir d'achat, cause des grèves récentes, épreuve que l'Allemagne avait oubliée, tout comme l'inflation, qui a été provoquée par la réunification monétaire et par l'échange au pair du mark-Est contre le mark-Ouest. Sur cette pente, on pourrait voir — ô paradoxe ! — l'Allemagne elle-même incapable de remplir deux ou trois des cinq conditions d'entrée dans l'Union économique et monétaire définie à Maastricht. Cependant, la pire difficulté vient de ce que l'on ne sait pas très bien à quoi sert ou comment employer cet argent, tant est mystérieuse la dérobade d'une économie collectivisée devant sa reconversion au marché. Au début, il semblait simple de décider qu'on allait ou privatiser ou fermer, en tout cas cesser de subventionner les entreprises qui n'étaient pas rentables, ou ne pouvaient pas le devenir. Mais comment privatiser l'invendable ? Quant à fermer, cela veut dire aggraver un chômage déjà massif. Le ministère des Finances estime que le cinquième seulement de l'emploi industriel de l'ex-RDA peut être sauvé, soit 700 000 emplois sur 3 millions et demi. C'est, de toute évidence, inacceptable au point de vue social. Mais comment y parer, alors que, signale un spécialiste du problème (François Bafoil, « La Treuhandanstalt », dans *Pouvoirs locaux,* mars 1992), on se heurte à l'incapacité des entreprises est-allemandes à fournir leurs bilans financiers, à un manque criant de compétences à la tête des entreprises, à l'absence de droit de propriété et à des managers habitués à considérer le principe de la subvention comme le seul ressort de l'activité ?

Avec sa faible étendue, le quart de la France, sa petite population, 17 millions d'habitants, l'inappréciable appui de la plus forte économie d'Europe, l'ex-RDA représentait le cas le plus favorable parmi les pays post-totalitaires. Ses déboires doivent donc nous faire réfléchir sur les autres pays, qui ont encore moins d'atouts qu'elle. Comme l'écrit François Fejtö dans le maître livre qu'il vient de publier sur ces questions, *La Fin des démocraties populaires* (Seuil) : « Lorsque les premiers projets de transition vers l'économie de marché ont été élaborés par les nouvelles équipes, personne n'a su mesurer exactement l'étendue des dégâts. » Grâce à l'expérience, on s'aperçoit aujourd'hui qu'avant de reconstituer l'économie de marché il faut reconstituer les conditions préalables de l'économie de marché, qui sont complexes, nombreuses et autant culturelles que matérielles.

L'année de la réunification, devant la naissance de ce géant au centre de l'Europe, le sujet à l'ordre du jour, l'interrogation angoissée, même, pour beaucoup, c'était la superpuissance allemande. En 1992, ce devrait plutôt être la faiblesse allemande. Car la réunification, dans un premier temps au moins, aura plus affaibli que renforcé l'Allemagne. Recul relatif, certes, sans doute provisoire, et que nous devons pourtant intégrer désormais à nos perspectives européennes.

23 mai 1992

Brouillard sur Maastricht

Ce qui étonne, de la part des partisans du « oui » à Maastricht, c'est la mollesse avec laquelle ils plaident leur cause. Oh ! je conviens que les envolées oratoires ne manquent pas. Hélas ! ce ne sont souvent que propos vagues, nous exhortant à ne pas manquer le « rendez-vous avec l'histoire » et à créer l'ensemble de 345 millions de producteurs et de consommateurs qui fera contrepoids aux États-Unis et au Japon. C'est parler d'or, mais c'est déjà fait. Cela s'appelle le marché unique, et ça entre en vigueur le 1er janvier 1993. Les orateurs proeuropéens se trompent de décennie quand ils défendent avec une louable chaleur ce dossier déjà classé.

Ce que les opinions publiques souhaiteraient comprendre, c'est ce que Maastricht y ajoute. L'essentiel tient en deux innovations : la monnaie unique et l'union politique. Concernant la monnaie unique, chacun saisit ce qu'elle sera. Sans doute tous les citoyens européens n'ont-ils pas une idée claire des conditions que devra remplir chaque pays pour pouvoir adopter cette monnaie unique, ni du nombre de membres de la Communauté qui pourront y satisfaire. Les proeuropéens se montrent peu diserts sur ce chapitre.

Sans doute, aussi, les polémiques vantant ou

niant les avantages de l'union monétaire engendrent-elles plus de perplexité que de lumière. Mais, enfin, on peut être pour, ou peut-être contre : du moins sait-on de quoi il s'agit.

En revanche, on ne le voit guère à propos de l'union politique. Et les avocats de Maastricht ne nous aident que modérément à l'apercevoir. Leurs discours restent flous sur ce point. Vous aurez, nous assurent-ils, à la fois l'unité européenne et l'indépendance nationale. C'est pour le moins bizarre. Or l'union politique, c'est le cœur du sujet. C'est — ou ce devrait être — le grand thème des explications au public. En effet, la monnaie unique prolonge logiquement l'intégration économique européenne. Elle est la poursuite naturelle de l'œuvre entamée dès le début des années 1950. Malgré des implications politiques évidentes, elle reste encore sur le terrain économique où se cantonnait depuis sa naissance la Communauté. L'union politique apporte, elle, une mutation. On change de niveau. L'objectif, nous dit-on, est de permettre à l'Europe de « parler d'une seule voix », et, si possible, de faire un peu plus que de parler, dans les grandes affaires internationales. Quelle est donc l'institution nouvelle qui aura la mission et le pouvoir d'unifier, d'exprimer et d'appliquer les décisions européennes en matière de politique étrangère et de sécurité commune (PESC) ?

Aucune. Le traité exclut avec force la mise en place d'un super-État communautaire. L'instance compétente pour conduire la PESC reste le conseil des ministres des Affaires étrangères, dont on a vu la prodigieuse efficacité dans l'affaire yougoslave. Ce conseil, lisons-nous, « définit à tout stade du déroulement de l'action les questions au sujet desquelles les décisions doivent être prises à la majorité qualifiée ». Suit une phrase entortillée : « Pour les décisions qui requièrent l'unanimité, les États membres éviteront autant que possible d'empêcher qu'il y ait unanimité lorsqu'une majorité qualifiée est favorable à la décision. » Traduction : chaque membre conserve en pratique un droit de veto, et à votre bon cœur messieurs-dames. On n'aperçoit pas même l'esquisse d'une autorité centrale capable d'ériger l'Europe comme telle en puissance politique mondiale.

De quoi discutons-nous donc ? Que s'agit-il de ratifier ? Le traité de Maastricht, au point de vue politique, est-il, après tout, aussi révolutionnaire que le disent et ses adversaires et ses partisans ?

13 juin 1992

L'Allemagne moderne : du « miracle » à l'Europe

Il existe une grande différence entre « faire de l'histoire » et écrire un livre d'histoire. L'*Histoire de l'Allemagne depuis 1945,* due à Dennis Bark et David Gress, dans l'excellente traduction française d'Odile Demange, qui paraît dans la collection « Bouquins », est d'abord un livre. Dans toute véritable œuvre historique, le récit et l'analyse sont indissolublement unis, la reconstitution et l'interprétation se fondent en un seul alliage, l'idée se coule dans le fait, la frontière entre « l'événementiel » et « le structurel » s'efface.

Due à la collaboration d'un Américain et d'un Danois, cette œuvre, dans sa version originale anglaise, parue en 1989, s'intitulait *Histoire de l'Allemagne de l'Ouest,* ce qui n'empêchait pas les auteurs de parler aussi de l'Allemagne de l'Est quand le sujet l'exigeait. Mais comme, dès l'année suivante, les deux Allemagnes fusionnèrent, Bark et Gress, sous les auspices de Guy Schoeller et la direction éditoriale de Georges Liebert, ont enrichi leur ouvrage de trois cents pages inédites sur l'Est, la réunification et ses conséquences. Le résultat fait de la version française de leur livre une somme sur l'Allemagne tout court depuis la guerre.

Le cas de cette Allemagne d'après 1945 pose d'ailleurs un problème unique dans l'histoire, problème que résout brillamment le livre, tout au long de ses 1 560 pages. Comment ce pays détruit, ruiné, politiquement anéanti, moralement déconsidéré, humainement brisé, amputé d'une large partie de son territoire, puis coupé en deux, a-t-il pu ressusciter, redevenir une nation, un État, une grande puissance, un pays respecté ?

Beaucoup de choses ont joué. D'abord, le choix de l'économie libérale à une époque, l'après-guerre, où l'économie dirigée et le socialisme semblaient en Europe la panacée, y compris, bien sûr, dans les rangs bien garnis du SPD. Ensuite, l'ancrage délibéré en Occident, voulu par Konrad Adenauer, le premier chancelier fédéral, qui eut la vision exacte des conditions politiques et morales à remplir par l'Allemagne pour avoir la capacité de revivre. À cet égard, le tournant décisif fut la réponse négative, en 1952, à la note de Staline proposant la réunification de l'Allemagne en échange de sa neutralisation. Une troisième raison fut un engagement très précoce dans un début de construction européenne. Avec le plan Schuman et la Communauté européenne du charbon et de l'acier de 1951, avec la naissance d'une concertation des Six bien avant le traité de Rome, l'entente franco-allemande devint la base de la future Europe. La réconciliation entre les deux pays ne date pas de 1962 et des voyages officiels d'Adenauer en France et du général de Gaulle en RFA, comme une imagerie sommaire le suggère trop souvent. Ne l'oublions pas, la première visite que fit Adenauer à un pays étranger en qualité de chancelier de la très récente RFA fut, en 1951, pour se rendre à Paris.

Enfin, une autre raison du miracle économique

allemand fut probablement le ralliement officiel des socialistes du SPD à l'économie de marché, ralliement qui se parachèvera en 1959 lors du célèbre congrès de Bad Godesberg, mais qui s'amorce bien plus tôt, notamment avec l'adoption de la cogestion syndicalo-patronale des entreprises. Cette renonciation au sectarisme idéologique a permis, entre autres, à deux reprises, la formation de gouvernements de « grande coalition » réunissant la droite et la gauche, ce qui fut, dans des circonstances difficiles, un atout supplémentaire pour la bonne gestion de l'Allemagne.

Tout bon chapitre d'histoire est à la fois une investigation, une narration, une galerie de portraits et une leçon de philosophie. Les auteurs excellent sous chacun de ces quatre aspects. Dans les portraits, surtout, ils nous font toucher du doigt le rôle imprévisible de l'acteur humain, souvent plus décisif que les forces anonymes. Méfions-nous à cet égard de l'illusion rétrospective.

Ainsi, l'ère Adenauer nous paraît après coup « incontournable ». Or, en 1949, Adenauer fut élu chancelier à... une voix de majorité, la sienne ! Il expliquait malicieusement par la suite qu'il eût été de sa part « hypocrite » de voter autrement. Autre exemple de la contingence de l'histoire que la rapidité d'intuition et d'exécution avec laquelle le chancelier Kohl a profité de la « fenêtre d'opportunité » qui s'ouvrait à lui, en novembre 1989 et mars 1990, pour la réunification. Il avait contre lui le SPD, presque tous les intellectuels, presque toute la presse, presque tous les partenaires européens, à commencer par François Mitterrand. Certes, on le sait aujourd'hui, la réunification allait entraîner des difficultés économiques et sociales. Mais, pour la première fois depuis quarante ans, l'occasion politique et historique se présentait de réaliser l'unité allemande aux conditions non plus des Soviétiques mais de l'Occident, et il aurait fallu ne pas la saisir aussitôt ? Dès la fin de 1990, avec le déclin du pouvoir de Mikhaïl Gorbatchev, il eût sans doute été trop tard.

L'aveuglement sur ce point de la presse la plus prestigieuse se perpétua bien après la chute du Mur. Je pense en particulier à *Die Zeit* et au *Spiegel.* Ils avaient depuis longtemps fait le pari et le choix de la pérennité de la sphère soviétique, donc de la RDA. Dès 1962, *Der Spiegel* avait cassé net le « destin national » de Franz Josef Strauss, alors ministre de la Défense, en publiant un mystérieux document selon lequel Strauss préparait avec les Américains le déclenchement d'une guerre atomique. Bien sûr, le journal ne révélait pas ses sources. « On devait découvrir dans les années 1980, signalent les auteurs, certains indices suggérant que les informations publiées dans le *Spiegel* émanaient de sources soviétiques et que cette affaire était, dans une large mesure, le résultat d'une campagne du Kremlin destinée à perdre Strauss. » Ce n'est pas là le seul exemple de diffamation réussie dans la presse allemande.

Hélas, ces campagnes ont contribué à entretenir chez les Européens, les Français entre autres, certains préjugés envers l'Allemagne, à la fois « revancharde », belliciste et soupçonnée de vouloir fuir vers l'Est en abandonnant l'Europe des Douze et en rompant ses liens avec les Occidentaux. Vingt ans plus tôt, le « danger allemand » provenait, au contraire, de ce que la RFA était, à nos yeux, trop inconditionnellement proaméricaine et atlantiste. Aujourd'hui, nous la voyons se profiler en tant que puissance hégémonique en Europe centrale et maîtresse du jeu économique dans la Communauté en raison de la « royauté du mark ». Un fil conducteur du livre de Bark et Gress est précisément l'analyse de ces fantasmes successifs, à côté desquels existent, fort heureusement, des perceptions plus justes et des réserves mieux fondées.

Car l'Allemagne a aussi ses faiblesses, bien sûr. Les frais et le coût humain de la réunification, je l'ai dit, expliquent les troubles sociaux récents, de même que l'afflux des réfugiés de l'Est. La très basse démographie entraîne un vieillissement de la population et, par voie de conséquence, une surévaluation des valeurs de sécurité au détriment du risque et de l'innovation. Sur ce plan, la fin de l'ouvrage comporte une passionnante discussion de la thèse, elle-même passionnante, exposée en 1991 par Michel Albert dans *Capitalisme contre capitalisme.* Albert oppose le « bon » modèle rhénan au « mauvais » modèle américain. Or Bark et Gress, sans sous-estimer le modèle allemand, montrent malgré tout que, comparé à l'américain, son attachement obsessionnel à la sécurité le prive de souplesse, de rapidité de réaction, d'invention innovatrice. Il perd du temps chaque fois qu'il faut s'adapter très vite à une technologie nouvelle, à une évolution brusque du marché, à une potentialité à risques. C'est là, aussi, un désavantage de l'Allemagne des années 1990.

La conclusion de cette synthèse riche et subtile, c'est que rien, en tout cas, n'autorise les voisins de la nouvelle Allemagne à la soupçonner d'infidélité à la démocratie et à l'Europe, ou d'un retour au nationalisme borné. Elle a, de toute son âme, mené à terme la cure que lui prescrivait Thomas Mann en 1945, l'année de l'apocalypse, à savoir : cesser de vouloir une « Europe allemande » pour devenir une « Allemagne européenne ».

13 juin 1992

Histoire de l'Allemagne depuis 1945 de Dennis L. Bark et David R. Gress, traduit de l'anglais par Odile Demange, Robert Laffont, collection « Bouquins ».

Une thèse originale : la corruption serait indispensable à la démocratie

C'est une parade grossière, devant les affaires frauduleuses du parti socialiste, que de ramener toute la corruption politique à l'enrichissement personnel. Le Premier ministre Pierre Bérégovoy ne cesse de la ressasser, et Henri Emmanuelli, l'ancien trésorier du PS, s'est défendu sur ce seul terrain. Il serait donc ainsi légal d'extorquer des fonds à des entreprises dès lors qu'on ne mettrait pas l'argent dans sa poche, mais qu'on le verserait intégralement dans la caisse du parti. M. Emmanuelli n'a d'ailleurs pas craint d'ériger ce trafic en instrument de moralisation : « Oui, Urba existait, a-t-il dit, et j'affirme que, parmi toutes les méthodes de financement parallèle, ce moyen était le mieux à même de faire barrage à la corruption. » Urba était, on le sait, la société écran chargée d'extorquer aux entreprises des fonds occultes en échange de marchés octroyés illégalement.

En d'autres termes, grâce à ce dispositif centralisé de fausses factures, le trésorier du PS pouvait veiller à ce que les candidats ne se servent personnellement pas trop au passage. Ainsi, après avoir détourné les fonds, on détourne l'attention. On légitime les pratiques illicites d'attribution de marchés publics, véritable rançonnement des biens de la nation, en concentrant les foudres de la loi sur les cas marginaux d'enrichissement personnel. De plus, cet enrichissement personnel, les socialistes proposent de l'évaluer à la seule aune de l'augmentation du patrimoine. C'est oublier qu'on peut fort bien voler de l'argent et le dépenser aussitôt ou le cacher. Nombre de truands finissent ruinés. Leur patrimoine ne s'étant pas au bout du compte accru, leur innocence doit-elle être proclamée par les tribunaux ? Si oui, qu'on vote une loi pour le dire ! Ce serait original.

Moins originale est la seconde parade, celle du ministre de la Justice, agitant le vieil épouvantail du « gouvernement des juges ». Il arrive qu'on emploie cette expression quand une cour, comme la Cour suprême des États-Unis, est amenée, par le biais du contrôle de la constitutionnalité des lois ou de certains actes de l'exécutif, à émettre des décisions qui ont des incidences politiques. Le troisième pouvoir influence alors indiscutablement les deux autres, mais il le fait toujours sur des bases juridiques dont il n'est pas l'auteur, en se bornant à appliquer la loi fondamentale. Il ne « gouverne » pas au sens où il choisirait les orientations politiques de la nation. Ne prenons pas une métaphore polémique pour une analyse sérieuse.

En France, cette surveillance de la légalité est impartie aux tribunaux administratifs, au Conseil d'État, à la Cour des comptes, au Conseil constitutionnel. Quand ce dernier estime que le gouvernement doit réformer la Constitution avant de soumettre à ratification le traité de Maastricht, cette décision comporte une indéniable dimension politique. Mais on ne peut prétendre pour autant que les juges gouvernent : ils jugent, c'est tout.

Il est encore plus faux de dénoncer ce prétendu « gouvernement des juges » lorsqu'un magistrat instructeur ou un tribunal applique le Code pénal dans les cas où l'infraction a été commise par un homme politique ou au bénéfice d'un parti politique. Arguer que les magistrats chercheraient alors à prendre en main par la bande la direction des affaires publiques, c'est se moquer du monde. Dans son entretien télévisé du 14 juillet, le président Mitterrand a de nouveau plaidé que les financements politiques illégaux avaient toujours existé dans tous les partis, et que la loi de janvier 1990 y avait précisément mis fin. Or les faits visés par les inculpations récentes sont postérieurs à cette loi, qui semble donc assez peu respectée. Et en banalisant l'escroquerie sous le prétexte qu'elle serait un péché œcuménique, et presque, comme l'a d'ailleurs dit Laurent Fabius à Bordeaux, une condition sans laquelle « aucune formation démocratique ne peut être assurée de son existence », le chef de l'État se rend-il compte de l'énormité de ce qu'il avance ?

18 juillet 1992

Pérou : le Sentier de la mort

Les idées mènent le monde, surtout les mauvaises. C'est ce qu'on ne peut s'empêcher parfois de penser en contemplant les ruines et le sang laissés derrière lui par le maoïsme et par deux de ses rejetons, les Khmers rouges au Cambodge et le Sentier lumineux au Pérou.

Le fondateur et chef de ce dernier mouvement vient d'être arrêté, à Lima, en compagnie de son « état-major », avec, à son actif, quelque vingt-cinq mille cadavres. Aucun raisonnement économique, social, moral ou politique ne saurait expliquer ni excuser ces terrorismes. C'est le spectacle de la pauvreté, allèguent souvent de compréhensibles sociologues, qui a poussé les terroristes à la violence. Mais, hélas ! ce que l'on constate en général, ce n'est pas que la pauvreté est la cause de la guérilla, c'est que la guérilla soit la cause de la pauvreté. Elle l'a partout aggravée, voire, dans certains pays, créée. Le peuple péruvien était, certes, très pauvre en 1970, mais moins qu'en 1980, après dix ans de dictature militaire socialiste, et beaucoup moins qu'en 1990, après dix ans de subversion exterminatrice due au Sentier lumineux. Son chef « historique » n'a rien résolu, sinon pour les pompes funèbres. Il a, au contraire, rendu impossibles tout redressement économique et toute stabilisation démocratique. Je doute que la compassion ait été le ressort principal d'Abimael Guzman, dit « le président Gonzalo ». Il n'hésita jamais à perpétrer autant d'Oradour qu'il lui en fallut dans les villages pour imposer la « libération ». Philosophe, comme Pol Pot, il a produit quelques écrits « théoriques » dont l'indigence déshonorerait le plus navrant oral de rattrapage de notre comateux baccalauréat, même après instructions du ministère aux examinateurs d'avoir à recevoir cent pour cent des candidats. Mais, comme son homologue cambodgien, et comme tous les utopistes obsessionnels, il a très tôt conclu que la façon la plus expéditive de réfuter ses contradicteurs, c'est de les supprimer. Son ennemi suprême n'était pas la misère, c'était la liberté. C'est, en effet, le jour même de la première élection au suffrage universel direct, du retour à la démocratie, après douze ans de dictature militaire, que le Sentier lumineux, qui s'était organisé dans l'ombre depuis longtemps, commit son premier attentat, le 17 mai 1980.

Toutefois, on ne s'expliquerait pas la force et la longévité du Sentier si on ne tenait pas compte du fait qu'il est vite devenu le principal producteur de cocaïne de la planète. Car, si la Colombie arrive en tête dans la commercialisation de la drogue, le Pérou est de loin le premier dans la production. Et c'est aux « narcoguérilleros » du Sentier lumineux qu'il doit ce classement flatteur. Car il faut toute la jobardise d'un sociologue pour croire que les activités de Guzman et de sa bande trouvent leur source dans la paysannerie de l'Ayacucho et dans une conviction idéologique dévoyée quoique sincère. Le « président Gonzalo », autopromu « quatrième épée du marxisme », est surtout le président de la plus importante multinationale actuelle de stupéfiants :

70 % de la production mondiale de coca, en feuilles comme en pâte, proviennent des campagnes péruviennes. Plus d'un million de personnes — soit un cinquième de la population active — directement ou indirectement contrôlées par le Sentier y vivent de cette culture.

D'où la difficulté qu'auront les autorités à déraciner complètement cette multinationale, malgré l'arrestation de son PDG. Quelles autorités, d'ailleurs ? Depuis son « coup d'État civil » d'avril dernier, Alberto Fujimori n'a plus de légitimité. Souhaitons que l'Assemblée constituante qui doit, en principe, prochainement se réunir restitue à l'État péruvien la légitimité démocratique et l'efficacité pratique sans lesquelles ce pays est perdu.

19 septembre 1992

Willy Brandt : le contresens

Willy Brandt, qui vient de disparaître, a eu de nombreux mérites. Mais, par un contresens suspect, celui qu'on lui a le plus souvent attribué, dans les hommages qu'on lui a rendus après sa mort, est précisément l'un de ceux qu'il n'a pas eus.

Je veux parler des vertus supposées de son Ostpolitik — ouverture à l'Est — décrite comme un premier pas vers la réunification allemande et vers l'élimination des dictatures communistes d'Europe. Or, ni en tant que chancelier, de 1969 à 1974, ni, plus tard, en tant que président du SPD et de l'Internationale socialiste, Brandt n'entendit assigner à l'Ostpolitik un tel objectif.

Son ouverture à l'Est reposait non, certes, sur des sympathies pour le communisme, mais sur un calcul et un espoir de détente qu'il faut replacer avec équité dans le contexte de l'époque. Que le calcul fût bon ou mauvais, en tout cas il ne consistait en aucune manière à parier sur la libération des peuples soumis au Kremlin. L'Ostpolitik fut au contraire un rapprochement avec les gouvernements et une acceptation du statu quo dans les pays satellites. C'est d'ailleurs pourquoi les citoyens de ces pays la ressentirent comme un abandon de plus de la part de l'Occident. L'un d'eux, le dramaturge Pavel Kohut, l'a rappelé, non sans une acerbe tristesse, en décembre 1989, lors d'une fête donnée par le SPD à Berlin, justement pour l'anniversaire de Willy Brandt, quelques semaines après la chute du Mur. « C'est à vous d'analyser, dit alors Kohut dans son allocution aux invités, pourquoi vous nous avez laissés tomber pendant les années 1970 ; pourquoi, au lieu de soutenir les vaincus, vous avez préféré pactiser avec les vainqueurs. » L'interpellation, à vrai dire, par-delà le SPD, s'adressait à tout l'Occident.

La pièce maîtresse de l'Ostpolitik fut la reconnaissance par Bonn de l'Allemagne de l'Est en tant qu'État séparé. En conférant ainsi à la RDA la légitimité que les chanceliers précédents lui avaient refusée depuis 1949, Brandt comptait naturellement obtenir des avantages en contrepartie. Aux historiens d'apprécier si les gains furent proportionnels aux concessions. La bonne volonté de Brandt était certaine. Mais il est tout à fait fantaisiste d'affirmer qu'elle jetait les bases de la réunification allemande et, au-delà, préparait l'affranchissement des Hongrois, des Tchèques ou des Polonais. L'Ostpolitik, tout à l'apposé, avait pour condition que l'Ouest renonçât définitivement à remettre en cause la domination soviétique en Europe centrale.

Après sa démission de 1974, et à la tête du SPD et de l'IS, Brandt resta fidèle à ce principe. Toute son influence pesa dans le sens de la conciliation avec l'URSS, même après le déploiement des fusées soviétiques SS20, ou après l'invasion de l'Afghanistan et la répression en Pologne contre Solidarnosc. On se rappelle, en outre, l'accueil glacial des députés socialistes et de leur chef, en 1983, au Bundestag, quand François Mitterrand y prononça son fameux discours en faveur du déploiement des euromissiles occidentaux, destinés à faire pièce aux SS20.

Encore à une date aussi tardive que 1987, à l'occasion de la visite en RFA d'un Erich Honecker en bout de course et déjà lâché par Moscou, le SPD crut avisé de concocter avec le SED (parti communiste est-allemand) une « déclaration commune » faisant état d'une « simple convergence de vues ».

Le destin de Brandt est assez riche pour n'avoir pas besoin d'être enjolivé de légendes. Aussi le maquillage récent de l'Ostpolitik est-il trop grossier pour être innocent. Ne serait-il pas un moyen détourné de justifier, à travers Brandt, la politique à l'Est de l'Occident tout entier durant les années équivoques dites « de la détente » ?

24 octobre 1992

La Russie dans le rouge

Pour comprendre ce que les autorités russes entendent par privatisation, on peut étudier le cas d'un vieil et célèbre hôtel de Saint-Pétersbourg qui vient d'être fort bien rénové grâce à des capitaux finlandais. Mais, comme aucune participation étrangère ne peut dépasser 49 %, la direction reste assurée par l'Intourist.

Le voyageur peut ainsi attendre aisément deux heures entre le moment où il s'est enregistré à la réception et celui où on lui donne le numéro de sa chambre et sa clef. L'informatisation règne, mais ne fonctionne pas. Le matin, quand les clients pressés demandent leur note, la caissière est le plus souvent absente et, de toute manière, l'ordinateur est hors service. Les chambres sont équipées d'un minibar, qui est vide; et d'une télévision censée capter les chaînes occidentales, ce qu'elle ne fait point, car l'antenne parabolique du toit est en dérangement permanent. Bref, la privatisation russe, c'est la combinaison de l'investissement capitaliste et de l'inefficacité socialiste.

Voilà qui limite la portée des palabres du Congrès des députés, lesquels, depuis le 2 décembre, débattent de l'opportunité de poursuivre ou de ralentir les réformes. Que peut bien vouloir dire réformer les grands combinats ruineux, dirigés par une classe d'apparatchicks, appelés « les industriels », sans doute parce qu'ils sont le contraire de ce qu'on désigne ailleurs par ce mot? La seule solution serait de les supprimer.

En rendant, à juste titre, les prix libres et le rouble convertible, mais sans jeter bas ni remplacer le système productif, ou plutôt improductif, on a provoqué une inflation qui oscille entre 30 et 40 % par mois. Et aussi un afflux de produits importés que seule la classe mafieuse et nomenklaturiste peut acheter, en les payant avec des devises. Moscou est la ville d'Europe, hors d'Allemagne, où il y a eu le plus d'immatriculations de Mercedes en 1992. Il existe deux circuits de consommation, deux mondes hermétiquement séparés : l'un en dollars, l'autre en roubles; l'un riche, l'autre pauvre. Des dizaines de millions de salariés et de retraités doivent vivre un mois avec ce que coûte un petit déjeuner payé en devises, soit de 40 à 60 francs, l'équivalent de 3 000 à 5 000 roubles. Le salaire est, pour la plupart des gens, aujourd'hui absorbé en totalité par l'achat de la nourriture. Le salaire minimal mensuel vient d'être fixé à 2 400 roubles (26 francs). Il est vrai, changer de système entraînerait dans l'immédiat des licenciements massifs. Mais ne pas en changer en entraînera davantage. En réalité, nous commençons tout juste à entrevoir l'étendue de la destruction que le communisme a produite.

Et la reconstruction politique est aussi lente que la reconstruction économique. Sous la rhétorique des duellistes réformateurs et conservateurs, l'ancien appareil persiste. Même les libéraux les plus flamboyants viennent du PC ou du Komsomol, les « Jeunesses communistes », où l'on demeurait paisiblement jusqu'à la cinquantaine. Au Congrès, entouré de l'indifférence abyssale de la population, il n'y a pas de vrais groupes parlementaires, pas plus qu'il n'y a de vrais partis politiques dans le pays. Les luttes opposent des clans plus que des idées. Dans une société qui a besoin d'une transformation radicale, le personnel politique s'use vite et devrait se renouveler fréquemment.

La popularité de Boris Eltsine commence elle aussi à décliner. Et devant des réformes qui échouent... parce qu'elles n'ont pas lieu, ou restent superficielles, il n'est pas exclu que d'éventuelles élections renforcent demain les conservateurs, c'est-à-dire les anciens communistes.

12 décembre 1992

Chronique de la fin du dernier tsar

Le temps ne viendra sans doute pas de sitôt où il sera possible de juger Mikhaïl Gorbatchev avec sérénité. Si jamais il vient. Face à certains tournants de l'histoire, les siècles même ne calment pas les passions. Nous venons encore de le vérifier, en 1989, à propos de la Révolution française, et, en 1992, à propos de la découverte du Nouveau Monde. C'est pourquoi on saluera l'indépendance d'esprit avec laquelle Andreï Gratchev, qui fut le dernier porte-parole de Gorbatchev, raconte le naufrage de son patron, entre le coup d'État du 19 août 1991 et la démission du 25 décembre de la même année. Son livre, *L'Histoire vraie de la fin de l'URSS,* est à la fois le récit heure par heure d'un confident bien placé, qui a tout vu, et la réflexion lucide d'un observateur perspicace, qui a beaucoup compris.

Entendons-nous : Gratchev ne se départit à aucun moment de sa fidélité et de son admiration pour Gorbatchev. Ami loyal, il n'esquisse jamais le moindre coup de pied de l'âne. Mais, ami sincère, il décrit sans complaisance et non sans tristesse cette perte de contact avec la réalité qui, souvent, chez l'homme d'État, prépare puis précipite une chute que tous voient se dérouler, sauf l'intéressé. Alors que son pouvoir se délitait de minute en minute, « Gorbatchev, en s'écoutant, se prenait pour son propre interlocuteur et se persuadait plus qu'il ne persuadait les autres ». C'est que, ajoute Gratchev, « inconsciemment, le Président confondait la résolution en politique avec la résolution de ses propres jugements sur la politique ». Au cours des derniers mois de 1991, Gorbatchev ne se rend pas compte que, s'il est encore président, nul, hormis lui, ne sait plus très bien de quoi. L'URSS, qu'il est censé présider, fond à vue d'œil. Bientôt, il n'est plus, selon le titre cruel d'un des chapitres du livre, qu'un « président sans pays ». Le dernier voyage en Occident — sa drogue — du tsar sans pouvoir, pour la conférence de Madrid et pour un séjour à Latche, dans les Landes, où il est l'hôte personnel du président Mitterrand, se nimbe d'illusion pathétique, celle d'un acteur costumé qui n'a plus de rôle.

Outre l'imprécision, la propension à prendre pour un plan économique un « exposé flou et non chiffré », il est un autre défaut de Gorbatchev que son assistant relève : son indécision, sa fuite devant ses responsabilités, par exemple au moment de la répression dans les pays baltes, en janvier 1991. En particulier, selon Gratchev, la faute la plus grave, et fatale, de Gorbatchev provint de « l'indécision dont il fit preuve lors de la création du poste de président de l'URSS, en mars 1990 ». Il ne voulut pas alors comprendre que, pour asseoir solidement sa légitimité, il lui fallait tenir son mandat du suffrage universel direct et non d'un Congrès de députés élu de manière semi-démocratique. Toutefois, malgré ses réserves, qui ne vont pas jusqu'à l'examen du trouble coup d'État d'août 1991, Gratchev estime que, le jour du départ de Gorbatchev, « une erreur impardonnable et irréparable venait d'être commise sous les yeux du monde entier ».

C'est que notre auteur, s'il ne croit qu'à demi en Gorbatchev, croit en revanche au gorbatchévisme. C'est-à-dire en la possibilité de réformer le système tout en conservant les structures du parti (il a été membre du comité central jusqu'en août 1991) et de l'URSS. L'idée fixe de Gorbatchev, son vain combat durant tout le dernier trimestre de 1991, est d'ailleurs de remettre debout cette Union qui part en lambeaux et dont personne ne veut plus. Après le putsch et son retour à Moscou, il y met autant d'acharnement et d'aveuglement que Napoléon, pendant les Cent-Jours, à croire en la possible restauration de l'Empire.

Tout le malentendu entre gorbylâtres occidentaux et gorbyphobes orientaux tient à cette équivoque. Pour nous, il est le premier des réformateurs ; pour eux, il est le dernier des communistes. Pour nous, il est le promoteur de la perestroïka ; pour eux, il est celui qui l'a ratée. Quant à Gratchev, il n'a pas raté sa chronique haletante des derniers instants de l'URSS, créée par Lénine le 30 décembre 1922, enterrée par Eltsine le 21 décembre 1991.

31 décembre 1992

L'Histoire vraie de la fin de l'URSS, ou le naufrage de Gorbatchev d'Andreï S. Gratchev, traduit du russe par Galia Ackerman et Pierre Lorrain, Le Rocher.

1993

Le Président sabote par avance la cohabitation

Si François Mitterrand avait voulu démontrer à nouveau, et par avance, l'impossibilité de la cohabitation, il ne s'y serait pas pris autrement qu'il ne l'a fait dans ses vœux aux Français, le 31 décembre. En deux phrases, il a déclaré une guerre préventive à la future majorité et amorcé le travail de sape auquel il compte se livrer[1].

Dans la première, il proclame son intention de veiller « au respect scrupuleux de notre vie démocratique », et il insinue que d'autres pourraient n'avoir pas cette intention. On peut sourire de ce langage, dans la bouche d'un président dont les deux mandats grouillent de manquements à la démocratie. Ce qui inquiète, en revanche, c'est de voir réapparaître le stratagème consistant à décréter que tout ce qui n'est pas socialiste est fasciste ou peut être soupçonné de l'être. À ce compte, vu les derniers résultats électoraux, les quatre cinquièmes des Français seraient fascistes. Déjà, Bérégovoy nous a prédit une Assemblée « totalitaire » et Fabius, une « chambre noire », fine allusion aux

1. Rappelons qu'aux élections législatives prévues pour mars 1993, la défaite de la gauche était donnée par les observateurs et sondeurs comme une quasi-certitude. (Note de 1999.)

chemises mussoliniennes. Si dérisoires soient-elles, ces outrances préfigurent une cohabitation où le Président entend recommencer à déséquilibrer le gouvernement : on ne laisse pas agir des « ennemis de la démocratie ».

La seconde phrase présidentielle : « J'espère que personne ne songe à s'attaquer à nos acquis sociaux », est encore plus perfide. En effet, elle fait croire que nos acquis sociaux sont dus aux socialistes. Or, leur quasi-totalité est antérieure à 1981, et certains même à la Ve République. On doit aux socialistes, il est vrai, la création du RMI, parce qu'on leur doit également la multiplication de ceux qui en ont besoin. On leur doit surtout d'avoir mis en faillite les systèmes sociaux qu'ils ont trouvés à leur arrivée. Certes, la baisse de la natalité, le vieillissement de la population expliquent en partie ces déficits. Mais fallait-il les creuser davantage en abaissant, par exemple, l'âge de la retraite au moment même où l'espérance de vie ne cessait de s'allonger ? On voit donc le piège : héritant d'une Sécurité sociale, d'un régime des retraites et des allocations de chômage au bord de la banqueroute, la future majorité devra bien, d'une manière qui sera nécessairement peu populaire, redresser la situation. Il sera facile alors au Président de crier au crime contre les acquis sociaux, et, comme il l'a déjà fait en 1986, d'exciter la rue et les grévistes contre le gouvernement. Qui pensera une seconde qu'un pays peut être dirigé dans de telles conditions d'incohérence ?

De judicieux observateurs de notre vie publique jugent futile la querelle de la cohabitation. Les Français, arguent-ils, veulent qu'on leur présente un plan sérieux de redressement économique et de réduction du chômage. Comment en douter ? Mais aussi comment ne pas comprendre que les deux questions sont liées ? Imagine-t-on que la crise de l'activité et de l'emploi pourra être surmontée dans un agencement politique où le Premier ministre passe son temps à éluder les traquenards du Président et où le Président passe le sien à tenter de faire échouer les initiatives du Premier ministre ? Ce n'est pas seulement là une absurdité de notre Constitution, c'est une recette pour l'inefficacité. Ce ridicule duel au sommet a ainsi provoqué, en 1986, le naufrage de la réforme de l'enseignement, sans laquelle il n'y aura jamais de remède au chômage.

Il est dangereux de présenter les problèmes institutionnels comme des hochets pour spécialistes. Car la démocratie est précisément le régime où ce sont les institutions qui définissent les conditions de l'action et fixent les règles de la pratique. Si ces règles sont inapplicables, l'État est inopérant.

9 janvier 1993

Erreurs en Bosnie

Les tentatives occidentales pour faire cesser les hostilités et les atrocités à Sarajevo et ailleurs dans l'ex-Yougoslavie ont, jusqu'à présent, échoué.

Comment expliquer cette impuissance, sinon par une cascade d'erreurs dans l'interprétation politique de la situation, voire par un manque total d'analyse politique ? Défendre les droits des Croates était, certes, une obligation. Mais faire passer le président croate Frandjo Tudjman pour un pur démocrate, c'était escamoter un peu vite certains de ses écrits sur les juifs et l'Holocauste qui valent bien les élucubrations des gens que l'on appelle en France les « révisionnistes ».

Défendre les droits des Musulmans, victimes des atrocités actuellement commises en Bosnie-Herzégovine, est aussi une obligation. Mais promouvoir le président bosniaque musulman, Alija Izetbegovic, comme un champion de la démocratie dénote un excès d'optimisme. C'est oublier qu'Izetbegovic est l'auteur d'une certaine *Déclaration islamique,* ancienne sans doute (elle date de 1970), et qu'il aurait reniée. Ce qui est heureux, si c'est vrai. Car on y lit des propos inquiétants sur « l'impossibilité du lien entre l'islam et d'autres systèmes non islamiques » ou sur la nécessité de mettre « la presse, la radio, la télévision, le cinéma entre les mains de ceux dont l'autorité morale et intellectuelle islamique est incontestable. Il ne faut pas permettre à des gens dépravés et dégénérés [c'est-à-dire tous les non-Musulmans, si j'ai bien compris] de s'emparer de ces moyens. » Peut-être Alija Izetbegovic ne se reconnaît-il plus dans ce texte vieux de vingt ans. Accordons-lui le bénéfice du doute. Reste, malgré tout, qu'il a préféré, le 11 janvier, se rendre à la conférence islamique de Dakar plutôt qu'à la conférence de Genève sur la paix en Bosnie.

Mais l'absence actuelle de doctrine politique d'ensemble déborde largement le cas yougoslave. Une anomalie est frappante : chaque fois dans l'histoire que l'ordre européen, à plus forte raison mondial, s'est trouvé profondément bouleversé, les Européens, éventuellement avec des puissances extra-européennes, ont éprouvé le besoin de se réunir pour repenser de fond en comble les données politiques du continent ou de la planète. Ce furent les congrès de Vienne, en 1815, et de Berlin, en 1878, les conférences de Versailles, en 1919, de Yalta, Potsdam, San Francisco, en 1945. Au contraire, après un séisme aussi radical que l'effondrement du communisme, les dirigeants occidentaux n'ont pas jugé utile de reprendre à la base la question du nouveau système global. Par paresse d'esprit, ils ont cru que la démocratie et l'économie libérale allaient tout simplement se couler dans les vieilles structures et les vieilles frontières communistes. Chaque réveil nationaliste, chaque modification territoriale les prennent au dépourvu, faute d'un plan général.

D'où cette idée bizarre que le communisme apportait une sécurité que nous aurions perdue. Consentirait-on à nous expliquer en quoi furent sécurisants le blocus et le mur de Berlin, les guerres de Corée et du Vietnam, l'écrasement des révolutions est-allemande, hongroise, tchèque et polonaise, la crise des missiles de Cuba, la mainmise sur l'Éthiopie, l'Angola et le Mozambique, le déploiement des SS20, la destruction du Boeing 747 des Korean Airlines ou l'invasion de l'Afghanistan ? Le communisme laisse après lui un champ de ruines et un vide politique, des populations coupées depuis plusieurs décennies du développement de la civilisation dans le reste du monde, une arriération morale et une régression vers des archaïsmes dont il fut, non le remède, mais la cause. Telle est la réalité inédite, qui appelait une solution également inédite et réclame d'urgence un effort intellectuel d'une autre envergure que les sautillements verbaux et médiatiques dont on nous gratifie.

16 janvier 1993

La pavane culturelle de l'État français

Dans son *État culturel* (de Fallois, 1991), Marc Fumaroli a relevé le drapeau du libre choix culturel avec la vision d'un Tocqueville et la verve d'un Proust. Dans son *Syndrome de l'Opéra* (Laffont, 1991), Maryvonne de Saint Pulgent a épluché les comptes bleus de la Bastille avec l'œil d'un Balzac et ausculté la cacophonie esthétique avec l'oreille d'un Stendhal. Il appartenait, dans sa toute fraîche *Comédie de la culture* (Seuil), à Michel Schneider d'être le Saint-Simon de nos extases planifiées.

Mais, pour être Saint-Simon, il faut avoir vécu à la Cour. Tel est bien le cas de ce mémorialiste vigilant, qui fut directeur de la Musique et de la Danse et qui, en 1991, claqua la sublime porte du ministère. « Renonçant à parler et à agir contre ma conscience, écrit-il, et, pire, contre mes goûts, j'ai quitté mes fonctions. »

Son écœurement se cristallisa un soir d'avril 1991, où le ministre de la Culture, de la Communication, des Grands Travaux, du Bicentenaire de la Révolution, etc. — qui assuma en outre par la suite la charge accessoire de ministre d'État chargé de l'Éducation nationale — « offrait » à trois cents amis intimes une représentation privée d'opéra. « Curieux, écrit Michel Schneider, l'abus du mot

« amis », qui désignait ce soir-là des camarades de parti, des hommes d'affaires à circonvenir, des pilleurs de cocktail, des artistes fidèles — en tout cas à la subvention. »

Versailles, où cette fête avait lieu, à nos dépens, donne décidément la dent dure. Schneider peint ainsi le festin qui suit : « Les courtisans font des chatteries aux artistes, espérant que le ministre remarquera leur familiarité avec ceux dont vient l'onction sacrée : un chorégraphe qui monte, une chanteuse idiote, un peintre de salons — pas ceux où l'on expose, ceux où l'on soupe. » La veine satirique de l'auteur ne se tarit jamais pour railler ces mondanités culturelles où, autour des buffets, la servilité court après la prébende. « Peut-être, ironise-t-il, certains artistes se souviennent-ils du geste de Charles Quint ramassant le pinceau tombé des mains du Titien, tandis qu'ils se penchent, eux, pour retrouver par terre la serviette de table du ministre. »

Ce brio même incitera, dans les milieux visés par l'ancien directeur de la Musique, à occulter ses arguments pour lui imputer de sordides « règlements de comptes » — le cliché usuel. Soulignons donc avec force que, sous le scintillement vengeur des mots d'esprit, Michel Schneider expose une critique sérieuse et une réflexion d'ensemble sur ce que pourrait être et n'aurait pas dû être une politique de la culture. Il s'agit non pas de prétendre que les politiques suivies n'ont donné aucun résultat, mais d'examiner si les résultats sont proportionnels aux moyens dilapidés. L'État peut, bien sûr, servir l'art, à condition de résister à la tentation de s'en servir.

Il est exact que l'État français a, depuis dix ans, considérablement accru ses dépenses culturelles, c'est-à-dire la part de la contribution forcée des citoyens à ces dépenses. Mais cet argent ne profite guère à l'élargissement et à l'approfondissement de la culture publique. Les chiffres de fréquentation et de lecture que cite Schneider sont à cet égard démonstratifs. La manne sert avant tout à l'autoglorification du pouvoir, essentiellement du président de la République et du ministre de la Culture. Elle est consacrée en majeure partie à ce qui se voit, à ce qui produit un effet. De plus, dans sa naïveté, croyant faire moderne, le pouvoir copie le moderne existant déjà, c'est-à-dire qu'il fait pompier.

Schneider ne s'avise même pas, d'ailleurs, de l'énormité d'un aveu involontaire, à savoir que, pendant la période qu'il raconte, le ministre de la Culture est en même temps porte-parole du gouvernement ! Comment confesser avec plus d'ingénuité que la culture s'identifie à la propagande officielle ? L'élasticité du concept de « communication », ce fourre-tout des bavardages, lui permet de servir d'asile à l'infinité des parodies de la culture. « La fête de la Musique n'a jamais amené personne dans les conservatoires. Jack Lang préfère se faire téléviser lançant cette fête que visiter les conservatoires de région, où les caméras ne vont pas. » Le clientélisme étatique tient lieu de créativité, donne naissance à une classe de prébendiers, pousse au gaspillage. Pourquoi l'Opéra de Paris, avec 120 représentations par an, paie-t-il son administrateur trois fois plus que ne l'est celui de Vienne, qui en monte 350 ? Genève réalise chaque année autant de nouvelles productions que l'Opéra Bastille, avec un budget dix fois moindre.

L'erreur suprême de l'État français est de se pavaner dans le culturel tout en ayant laissé l'éducatif rouler dans l'abîme. Or, et sur ce point Schneider rejoint Fumaroli, c'est à l'école et au lycée qu'on forme les futurs lecteurs, spectateurs et auditeurs.

Quand l'enseignement s'est effondré, ce n'est pas à coups de « journées », d'« espaces », d'« animations », voire de « fureurs » qu'on reconstitue un public attiré par les œuvres et non par la gesticulation.

« Le bilan des années Lang ? interroge Michel Schneider. Musique officielle et politique de prestige, le tout mâtiné d'événements médiatiques et commerciaux superficiels et de mesures démagogiques. État transformé par les artistes en libre-service pour subventions, publics en déshérence. » Un bon livre rend le critique paresseux : il a envie de tout recopier. Mais c'est pour mieux donner l'envie de tout lire.

23 janvier 1993

La Comédie de la culture de Michel Schneider, Seuil.

Le castrisme : coma dépassé

En décrivant avec minutie et après une longue enquête sur place, dans *Fin de siècle à La Havane,* un « nulle part » aussi lugubrement superflu que l'actuelle Cuba, Jean-François Fogel et Bertrand Rosenthal ont sans doute voulu ajouter moins un chant à *L'Enfer* de Dante qu'un conte bizarre à ceux d'Edgar Poe. Les tourments infernaux de *La Divine Comédie* possèdent, en effet, une netteté palpable, presque rassurante. Les histoires de Poe joignent à la cruauté des détails l'angoisse de l'équivoque : les personnages, le narrateur lui-même doutent à chaque instant s'ils sont en train de vivre un cauchemar ou de le faire. Comment l'humanité a-t-elle pu fabriquer un aérolithe aussi inhabitable et stérile que le castrisme finissant ? Et qui s'y intéresse encore, à part quelques cardinaux ou épouses de chefs d'États démocratiques ? Le sujet méritait-il tant d'efforts ?

Oui, assurément, car il est bon, de temps en temps, que les Kamtchatka de l'absurde et de la barbarie fassent l'objet d'explorations méticuleuses. Il faut que l'on parvienne à comprendre comment les Castro, les Kim Il-sung et les Ceausescu, les Enver Hodja sont possibles. D'où sortent ces répressions qui ne répriment plus qu'un troupeau décérébré ? Qui écrit ces comédies ratées, où un bouffon tortionnaire braille, des heures durant, des bribes idéologiques informes à l'intention de clochards hagards alignés devant des magasins vides et des maisons en ruine ? À bord d'un rafiot politique dans un tel état de perdition, le dictateur, sans horizon, sans but et sans espoir, n'est plus que le garde-chiourme du néant. Le despotisme a perdu tout intérêt pour le despote lui-même.

Il faut lire *Fin de siècle à La Havane* comme on lirait un délire de Louis-Ferdinand Céline autant que comme un témoignage de grands journalistes. Cuba aujourd'hui, c'est le Sigmaringen du communisme. Avec cette aggravation que Pétain et son « gouvernement », retranchés dans le château allemand où ils avaient fui après le débarquement allié de juin 1944, jouissaient au moins de la protection d'un IIIe Reich finissant, et, surtout, ne « gouvernaient » plus rien. Castro a perdu l'appui soviétique même, et pourtant il s'obstine à gouverner, disons à reproduire machinalement les gestes d'un automate qui gouvernerait. La substance vitale de son peuple est partie ailleurs. Elle continue à fuir quand elle le peut.

Le produit économique de la colonie cubaine de Miami équivaut plusieurs fois au PNB de l'île. Le seul total de ses revenus individuels nets, 7 milliards de dollars par an, est le double des recettes annuelles en devises de Cuba. Et, contrairement à un mensonge toujours répandu, il n'y a jamais eu de « blocus » américain. Il s'agit d'un embargo concernant les seules compagnies américaines. Tous les autres pays peuvent faire du commerce avec Cuba et en font. Jusqu'à tout récemment, même les filiales des sociétés américaines situées hors des États-Unis le pouvaient. Plusieurs sociétés françaises exportent à Cuba avec l'aide de la Coface, opération qui consiste, pour résumer, à payer les importations de Castro avec l'argent des contribuables français.

Mais ces détails sont encore trop réalistes pour permettre d'appréhender un univers aussi fantomatique. Et si j'ai une objection à formuler, en lisant cette somme, c'est qu'elle est encore trop rationnelle. Parler de « temps des revers » et d'« enlisement », c'est demeurer dans une pensée logique, où subsisteraient des calculs plausibles, fussent-ils faux. En fait, l'impression qui ressort de cette lecture, c'est que le système cubain a franchi depuis longtemps le seuil au-delà duquel ne survit plus aucun sens. Même pas le sens de l'échec, puisque cette notion d'échec n'est intelligible que si on la compare à des succès. Or ils sont absents.

Fogel et Rosenthal peignent ce royaume de la nuit avec une puissance d'irréalité supérieure, peut-être, à ce qu'ils soupçonnent eux-mêmes. Il n'est pas jusqu'à la « dernière séance » des procès de Moscou qu'a voulu s'offrir Castro en 1989 qui ne prenne une allure spectrale, tant en est patente l'inutilité politique. Les procès staliniens s'inséraient dans les calculs d'une superpuissance aux ramifications mondiales, qui visait une colonisation de la planète. Mais, dans « le zéro et l'infini » de Fidel, il n'y a plus que le zéro. L'assassinat légal d'Arnaldo Ochoa et de ses compagnons fut une nécessité mafieuse. Il s'agissait de coller l'affaire du trafic de drogue, dans laquelle Castro était mouillé, sur le dos d'un général innocent, tout en profitant de l'occasion, il est vrai, pour fusiller un homme qui avait un peu trop son franc-parler. Pour Lénine, le socialisme, c'était « les soviets plus l'électricité » ; pour Castro, c'est les pelotons plus la cocaïne.

Dans leur enquête effrayante sur cette affaire, Fogel et Rosenthal ne mentionnent toutefois pas l'explication d'un des plus profonds connaisseurs de

Cuba, Carlos Alberto Montaner. Selon lui, Castro redoutait que Gorbatchev ne voulût le déstabiliser au profit d'Ochoa, comme il était alors en train de déstabiliser, en Europe centrale, les vieux brejnéviens au profit (éphémère) de gorbatchéviens acquis à la perestroïka.

Le travail monumental de Fogel et Rosenthal dessillera-t-il les yeux des derniers aveugles ? Seulement, je le crains, au moment où il n'y aura plus rien à voir. Castro n'a-t-il pas reçu l'an dernier de flatteuses visites et été invité glorieusement à Madrid, alors qu'il dégoulinait encore du sang d'Ochoa et autres victimes ? C'est en vain qu'un Octavio Paz condamne « les efforts de maints gouvernements démocratiques pour essayer de sauver Fidel Castro, au lieu de permettre sa chute, comme cela devrait être » (*Diario Las Americas,* 10 janvier 1993). L'imposture continue à régner, comme l'a encore prouvé France 2, chaîne publique de télévision qui, dans une émission du 9 janvier, a réussi à concentrer tous les bobards pour jobards qui traînent à gauche depuis trente ans. Sottise ? Incompétence ? Complicité ? Paresse ? En tout cas, cette longévité du charlatanisme induit à douter de l'utilité de l'histoire.

Sachons gré à Fogel et à Rosenthal d'avoir, une fois de plus, surabondamment démontré que la seule cause de la faillite du communisme cubain, c'est le communisme cubain.

6 février 1993

Fin de siècle à La Havane de Jean-François Fogel et Bertrand Rosenthal, Seuil, collection « L'histoire immédiate ».

Le trio de la corruption

La corruption, entend-on fréquemment soupirer, existe partout et elle a toujours existé. C'est faux. Elle ne sévit pas dans toute l'Europe des Douze avec la même gravité. Chez trois de ses membres, l'Espagne, la France et l'Italie, elle est plus grave que jamais et qu'ailleurs.

L'opinion ne s'y trompe pas. En Espagne, selon un sondage du 27 décembre 1992 (ICP, pour *Diario 16*), 73,6 % des citoyens estiment que la corruption gouvernementale est énorme (39,4 %) ou considérable (34,2 %). En Italie et en France, les sondages sont tout aussi clairs, et les sanctions électorales plus encore. Devant l'ascension des partis protestataires, le pouvoir crie à la démocratie en péril. Mais demander à la population de tolérer la vénalité pour défendre la démocratie est une étrange manière d'inspirer l'amour de nos institutions.

Dans les trois pays, les mécanismes de la corruption sont à peu près les mêmes. Une première batterie comporte les détournements de fonds, le trafic d'influence, les commissions sur les marchés publics, avec ou sans bureaux d'études et autres sociétés écrans, créés dans le seul but de rançonner les entreprises au profit des partis et des féodaux municipaux ou régionaux. Une deuxième catégorie d'opérations relève de l'affairisme pur, c'est-à-dire consiste à se servir du pouvoir politique pour favoriser des sociétés appartenant à des amis de ce pouvoir. Lesquels, bien entendu, ne se montreront pas ingrats, surtout si quelques fructueux délits d'initiés viennent pimenter ces effusions. Le troisième terrain de chasse est le vaste domaine des nominations aux emplois publics et des attributions de subventions. Elles se font de plus en plus en fonction non de l'intérêt national et des talents, mais du souci de procurer à des amis politiques des prébendes et des positions de pouvoir.

L'un ou l'autre ustensile prédateur est plus ou moins employé selon le pays concerné. Le deuxième et le troisième volets sont particulièrement développés en France, en raison de l'omnipotence et de l'irresponsabilité présidentielles. Le premier a davantage d'importance en Italie, où l'absence d'un État central fort éparpille la corruption. L'Espagne, à la fois décentralisée et centralisée, puisque pourvue d'un gouvernement assis sur une majorité absolue depuis onze ans, brille dans les trois compartiments du jeu. On peut y apprécier l'entregent d'un frère du vice-Premier ministre, surnommé « el conseguidor » : « celui qui obtient ». Il a tenu bureau ouvert dans un palais de l'État pour y vendre ses interventions. On réserve les places et fonctions publiques aux amis. Amis aussi, une ancienne trésorière du Parti socialiste et un ancien membre du cabinet du Premier ministre, qui créent une société spécialement destinée à palper des dessous-de-table sur les adjudications des travaux du TGV.

Dans les trois pays, enfin, les gouvernements essaient de se couvrir en faisant obstruction au cours de la justice et en taxant les juges de partialité politique. Ils accusent la presse de se livrer, pour le plaisir, à des « lynchages médiatiques ». Ironie de l'histoire, c'est en Italie que la justice frappe aujourd'hui le plus fort. Sans doute parce que l'imbrication de la corruption politique et de la criminalité mafieuse imposait à l'État de droit de réagir ou de périr. Quand donc l'Espagne et la France se rendront-elles compte, elles aussi, qu'elles sont en passe d'atteindre ce point de quasi-non-retour ? Combien de temps encore des hommes d'État prétendront-ils commettre impunément des actes qui valent à tout citoyen privé des sanctions pénales ? Que voient-ils en ce privilège, sous l'angle démocratique ? Un acquis social ?

6 février 1993

La Russie au point mort

Imputer au seul Boris Eltsine la glissade russe vers l'économie de néant est devenu, en Occident, la ritournelle des nostalgiques de la « troisième voie ». Cette fameuse licorne devait, on s'en souvient, cesser d'être le socialisme tout en le restaurant. Les adversaires d'Eltsine condamnent sa « thérapeutique de choc », assurent qu'il eût fallu réformer par paliers successifs. Cela revient à dire que l'on peut « progressivement » s'éjecter d'un avion qui vient d'exploser en plein vol.

Mikhaïl Gorbatchev lui-même le reconnaît enfin, dans sa préface inédite au recueil de documents, entretiens et discours qu'il vient de publier : *Avant-Mémoires* (Éditions Odile Jacob). Le collectivisme avait été poussé trop loin pour être réversible.

Ainsi, pourquoi la maigre liberté rendue aux agriculteurs chinois a-t-elle aussitôt stimulé leur ingénieuse activité ? Parce que Mao n'avait pas eu le temps d'anéantir la paysannerie et ses savoir-faire millénaires. Staline, en revanche, y était magistralement parvenu en URSS. Pour la prétendue agriculture, donc, comme pour la prétendue industrie et le prétendu commerce, le choix russe n'est pas entre une économie dirigée vaguement tempérée par le marché et une économie de marché vaguement tempérée par l'État, ce dont rêvent les anciens staliniens et trotskistes occidentaux. Il est entre l'économie de néant et la nécessité d'en sortir.

Comment ? C'est justement la question que peu de gens ont posée, ici ou en Russie. La plupart des analystes ramènent le cas ex-communiste à des précédents de crise, de récession, de sous-développement survenus dans des sociétés peut-être archaïques ou perturbées, mais existantes. Or, le postcommunisme, ce n'est pas tel ou tel « défaut », c'est « une grande difficulté d'être », comme disait M. de Fontenelle.

Nous avons depuis plusieurs années émis ici, au *Point,* l'idée que la renaissance russe ou l'ukrainienne traverseraient un inéluctable prélude chaotique. On conçoit que les populations supportent mal cette épreuve et, parfois même, dans leur désarroi, se tournent vers les débris de la nomenklatura, qui, ravie de cette aubaine, relève la tête et remporte même certains succès électoraux, propices à la perpétuation de ses privilèges.

Mais si l'on assiste ainsi, et pas seulement à Moscou, à un retour *des* communistes, personne ne propose un retour *au* communisme. Nul ne préconise une restauration de l'ancien régime. Le but est plutôt de préserver les avantages acquis, grands ou petits. Petits pour ces fonctionnaires et ces militaires qui manifestent dans la rue, en criant des slogans staliniens. Classe de modestes parasites d'État que guette la « dèche » des demi-soldes. Mais avantages grands pour les directeurs de combinat et autres profiteurs de la haute nomenklatura. Ce sont ces derniers que représente aujourd'hui à Moscou le Congrès des députés, aussi mal élu qu'Eltsine l'a bien été.

Eltsine commet des erreurs, mais il agit dans le dessein de tirer son pays du vide. Eux en commettent peu, mais c'est avec l'espoir de l'y maintenir.

L'ancien numéro deux de Gorbatchev, Alexandre Yakovlev, le comprend avec plus de lucidité que son ex-patron, dans *Le Vertige des illusions* (Jean-Claude Lattès). L'appareil dirigeant, souligne-t-il, détient encore le pouvoir réel à tous les niveaux, dans les kolkhozes, les entreprises et plus haut. « Il n'y a eu *aucun* tournant réel vers un marché de la consommation, et c'est là l'origine de la catastrophe financière. » La condition du succès, c'est ce que Yakovlev appelle la « déparasitisation » de la société. Elle n'aura pas lieu tant que dominera un Congrès qui n'est pas une assemblée politique, mais un syndicat d'intérêts catégoriels, hostile à la poursuite des réformes démocratiques.

6 mars 1993

Universités américaines : le politiquement correct

Les totalitarismes nous ayant fait faux bond, après tant de mauvais et de déloyaux services, il fallait s'attendre à ce que l'esprit humain, dans sa malignité, ne restât pas longtemps oisif et inventât de nouvelles façons et raisons de persécuter son semblable, le pusillanime et crédule « roseau pensant ».

Les méthodes postmodernes d'asservissement émanent, cette fois, des États-Unis, où elles sont regroupées sous l'appellation globale de « politiquement correct » et sévissent dans les universités. Mais, à peine nées, elles ont suscité leur pertinent critique. En 1991, paraissait chez Free Press un ouvrage-séisme, *Illiberal Education,* traduit aujourd'hui chez Gallimard sous le titre *L'Éducation contre les libertés.* L'auteur, alors inconnu, Dinesh D'Souza, est un Indien (de l'Inde, pas d'Amérique), venu dix ans plus tôt comme boursier dans une université américaine et, de surcroît, issu d'un milieu fort pauvre. L'intelligentsia de gauche américaine était donc un peu coincée et mal à l'aise pour tenter la parade classique de discréditer l'homme, faute de pouvoir réfuter les arguments. C'était un intellectuel du tiers monde qui reprochait à l'enseignement supérieur américain de se tiers-mondiser !

La contre-attaque était d'autant plus difficile à trouver que, loin d'être un cri de rage sommaire, un « pamphlet d'humeur », *L'Éducation contre les libertés* apporte une démonstration copieuse, reposant sur une solide masse d'informations et de minutieuses enquêtes directes, menées par l'auteur dans six des plus glorieuses universités américaines : Berkeley, Stanford, Howard (la plus ancienne université noire), Harvard, Duke et l'université du Michigan. Je ne le nie pas, ce chercheur consciencieux possède aussi une savoureuse plume de satiriste. Mais, comme toute bonne polémique, la sienne repose d'abord sur des faits, des preuves et une conviction.

Telles maintes autres machines de répression, passées ou présentes, le « politiquement correct » (ou PC) prend sa source dans une intention généreuse : en l'occurrence, combattre le racisme, le sexisme et, en général, toute discrimination contre des minorités, culturelles ou sexuelles. Jusque-là, on ne peut qu'être d'accord. C'est la mise en œuvre du combat qui horrifie.

Ce combat victorieux porte sur deux domaines principaux : le mode d'admission et le contenu des enseignements. L'admission à l'université se fait non plus selon le dossier scolaire, mais selon les races. Les autorités universitaires favorisent ouvertement les minorités. Encore faut-il s'entendre sur le sens de ce mot, « minorité », car les candidats d'origine asiatique, incontestablement minoritaires, sont souvent refusés, malgré des notes supérieures à celles des Noirs, des Latino-Américains, et même des Blancs. En effet, ils ont le tort d'être trop studieux, d'appartenir à des familles trop solidaires et trop incitatrices au travail. On les écartera donc pour cause de réussite excessive, même s'ils proviennent de milieux très pauvres. Si l'on ne tenait compte, en effet, que de leurs résultats aux examens, on aboutirait à une proportion d'étudiants américains-asiatiques très supérieure dans les universités à la proportion de leur communauté dans l'ensemble du pays. Or, le but du « PC » n'est pas d'appliquer aux études des critères intellectuels, il est de garnir les universités au prorata exact des diverses communautés raciales du pays, comme s'il s'agissait d'une assemblée multiraciale élue à la proportionnelle intégrale. On module donc les critères intellectuels en fonction des races. Par là, d'ailleurs, on rend un mauvais service à ceux que l'on croit aider. Car il ne suffit pas d'entrer, il faut pouvoir suivre. Et le nombre des abandons en première année des étudiants noirs ou latino-américains est très élevé.

Quant au contenu de l'enseignement, il doit, pour le « politiquement correct », enterrer la domination bimillénaire des « mâles blancs occidentaux ». Depuis 1988, le cours d'initiation à Stanford élimine Platon, Aristote, Cicéron, Dante, Montaigne, Cervantès, Kant, Dickens ou Tolstoï au profit d'une culture plus « afrocentrique » et plus féminine. De la littérature américaine même, on raye le *Moby Dick* de Herman Melville au motif qu'« il n'y a pas une seule femme dans le livre » (les équipages de baleiniers comptaient en effet peu d'emplois féminins, il y a cent cinquante ans). « L'intrigue, en outre, poursuit l'inquisiteur, incite à la méchanceté envers les animaux ; et les personnages noirs se noient pour la plupart au chapitre 29. » Donc, à la porte, Melville ! Mais le bouquet de l'afrocentrisme est sans doute le livre d'un professeur de Cornell, Martin Bernal : *Athènes noire* (*Black Athena*). Sa thèse tient en trois points : les anciens Égyptiens étaient des Noirs ; la culture grecque classique a été entièrement pillée chez les Égyptiens ; donc, la culture athénienne fait partie de la culture noire. Or, si l'Égypte se trouve bien en Afrique, les Égyptiens n'étaient ni ne sont des Noirs. Et les emprunts grecs à l'Égypte, fort marginaux, ne comportent rien de ce qui fit le miracle grec : ni la logique, ni la science politique, ni la géométrie euclidienne, ni la physique d'Archimède, ni la tragédie, ni la comédie, ni l'histoire. De plus, il y a, dans tout ce plaidoyer, florissant dans les « campus de concentration », une légère incohérence : si Platon et Aristote étaient, en dernier ressort, africains, pourquoi les exclure du programme de Stanford ? C'est de la discrimination raciale ! De même, pourquoi bannir Shakespeare, dès lors que la militante noire Maya Angelou croit pouvoir écrire : « Je sais, sans aucun doute possible, que Shakespeare était une femme noire. » Voilà enfin résolue la fameuse énigme de l'identité réelle de Shakespeare. Mais qu'attend la communauté homosexuelle masculine pour protester contre ce larcin ?

Heureusement, la vraie société américaine évolue sans tenir compte de ces insanités. « À côté de la réalité des ghettos, écrit Pierre Briançon, l'apparition d'une classe moyenne noire est un des événements marquants des deux dernières décennies, dont le déroulement ne s'est nullement ralenti pendant la révolution conservatrice reaganienne [1]. » Le code de censure, en vigueur dans plus de cent universités américaines, avec mises en accusation en cas d'infraction, séances publiques d'autocritique et de rétractation, exclusion éventuelle des coupables, constitue l'un des plus mystérieux retournements

1. « La fragmentation de la société américaine », *Notes de la Fondation Saint-Simon*, janvier 1993.

dans l'histoire des intellectuels occidentaux. Au Moyen Âge, en Europe, les universités étaient des îlots de liberté au milieu d'un océan de répression. Aux États-Unis, aujourd'hui, elles sont devenues, selon l'affligeant constat de Dinesh D'Souza, « des îlots de répression au milieu d'un océan de liberté ».

20 mars 1993

L'Éducation contre les libertés de Dinesh D'Souza, traduit de l'anglais par Philippe Delamarre, Gallimard, collection « Le Messager ».

Le complexe de Buren

En 1986, François Léotard, ministre de la Culture dans le gouvernement Chirac, n'osa pas faire enlever des jardins du Palais-Royal les colonnes de Buren que son prédécesseur, Jack Lang, venait d'y semer. Ce fut là une victoire de la gauche mondaine par intimidation idéologique de la nouvelle majorité.

Je ne discute pas ici du mérite esthétique en soi des œuvres de Daniel Buren. Même si l'art officiel est presque toujours l'avant-garde d'avant-hier prise pour le Beau de demain, la question n'était pas là : elle était dans le choix de l'emplacement. Un ministre de la Culture grec, mettons, peut avoir le bon ou le mauvais goût de faire acheter par l'État des sculptures d'un ami. Sont-elles belles ? Sont-elles laides ? La postérité en jugera. Mais, grands dieux ! à tout le moins, qu'il n'aille pas les fourrer sur l'Acropole !

Cette reculade le montre : on peut gagner politiquement et perdre intellectuellement. Autre illustration : la confirmation du transfert à Strasbourg de l'École nationale d'administration. Qu'on supprime l'ENA, si on la trouve inutile ou néfaste. Mais, si on la garde, il faut voir qu'elle ne peut vivre qu'en symbiose avec les ministères. Sa mission est de familiariser de futurs fonctionnaires avec la marche quotidienne des organes de l'État. J'adore Strasbourg, mais y mettre l'ENA, c'est comme expédier tous les étudiants en médecine à un endroit sans hôpitaux ou placer une école de maîtres nageurs sur le mont Blanc.

Pourquoi, donc, le gouvernement Balladur a-t-il cru devoir entériner la lubie démagogique du vizir d'Édith Cresson, le fameux Abel Farnoux ? Ce fut ce gourou non élu qui décréta d'un trait de plume, en 1991, année où sa patronne devint Premier ministre, le transfert en Alsace, sans consultation ni concertation. Comme un malheur culturel n'arrive jamais seul, il lança aussi à cette occasion le hideux barbarisme de « délocalisation ». M. Balladur a-t-il simplement voulu faire plaisir à son ministre des Collectivités locales, l'Alsacien Daniel Hoeffel, qui ne se tient pas de joie ? Ce serait bien futile.

La peur de passer pour béotien ou de paraître pratiquer la « chasse aux sorcières » inspire ces molles capitulations. Mais ce n'est pas être béotien que de rompre avec une politique culturelle fondée sur des coups médiatiques et destinée avant tout à mettre coûteusement en vedette la personne même du ministre.

Quant à la chasse aux sorcières, elle consiste à exercer d'abjectes vindictes contre des individus, ce que la majorité actuelle a heureusement su éviter, non à mettre en œuvre ses propres idées, celles pour lesquelles on a été élu. La tolérance oblige à laisser exprimer sans sectarisme les idées que l'on tient pour fausses, non à les appliquer soi-même.

On a frôlé ce non-sens à propos de la politique de la ville. Le gouvernement a paru un instant tout près de céder à l'idéologie antisécuritaire de ses prédécesseurs, selon laquelle les violences des banlieues découlaient de carences purement sociales et nullement d'une déchéance de la sécurité. Il a fallu l'impressionnant cyclone des sondages, succédant à celui encore plus puissant des élections, pour faire mesurer au gouvernement l'ampleur du besoin de sécurité chez la quasi-totalité des Français. Pour eux, le maintien de l'ordre n'est pas contraire au traitement social du mal des banlieues : il en est la condition.

Édouard Balladur a raison de dire qu'il n'a pas « besoin de proclamer la rupture tous les matins » pour la réaliser. Reste qu'en bonne démocratie un gouvernement doit être sensible, d'abord, à la voix des électeurs qui lui ont donné la majorité, ensuite, seulement, à celle des partis auxquels ils l'ont retirée.

7 mai 1993

La vraie mission de l'ONU

Un hasard instructif a voulu que la Conférence mondiale sur les droits de l'homme, organisée par l'ONU, s'ouvre à Vienne au moment même où les titres des journaux du monde entier claironnent l'impuissance de cette même ONU à remplir ses tâches de maintien de la paix et de restauration du droit.

Les causes des échecs et des faux pas des Casques bleus sur le terrain sont à chercher en partie dans les conceptions qui prévalent à la Conférence. C'est fort clair : dans une large mesure, les quelque 180 gouvernements et 2 000 délégués de 1 300 organisations non gouvernementales qui sont présents à Vienne rejettent peu ou prou la Déclaration universelle des droits de l'homme, adoptée en 1948. Les États membres s'y étaient alors engagés à garantir, « en coopération avec les Nations unies », non seulement le règlement pacifique des conflits mais « le respect universel et effectif des droits de l'homme et des libertés fondamentales ».

À Vienne, au contraire, la tendance est de nier l'universalité des droits, au profit d'un relativisme culturo-juridique. Les libertés, le respect de la personne humaine varient, nous dit-on dans le document préparatoire, « en fonction des particularités nationales ou régionales et des diverses traditions historiques, culturelles et religieuses ». Équipée de ces principes, l'assistance a conspué l'ancien président américain Jimmy Carter et ovationné le ministre des Affaires étrangères d'Indonésie, philanthropique champion du nettoyage ethnique à Timor-Est. La Chine, bienfaitrice notoire du peuple tibétain, a brandi son droit d'interdire le discours du dalaï-lama.

Là gît la racine du mal et du malentendu. Les Nations unies ne pourraient réussir que si leurs membres, dans leur majorité, partageaient la même notion du droit et de la légitimité politique. À défaut, les missions de paix de l'ONU risquent trop fréquemment de dégénérer en exhibition d'impotence ou, pis, en belligérance défensive. Comment pourrait-il en aller autrement? Le seul droit international reconnu à Vienne par la plupart des Africains et des Asiatiques est le « droit au développement », c'est-à-dire celui de recevoir des aides financières et humanitaires, mais sans contrôle, et, surtout, sans conditions morales ni sermons démocratiques.

Ainsi, les chefs de bande somaliens, dont les combats ravageaient le pays et constituaient la vraie cause de la famine, voulaient bien que l'ONU et les ONG envoient des vivres, pour pouvoir les confisquer, les manger eux-mêmes ou les revendre. Mais ils n'apprécièrent pas que les Casques bleus viennent sur place assurer l'acheminement des secours jusqu'au destinataire : la population. Cela devait donc arriver tôt ou tard, les pillards ont agressé les soldats de l'ONU, qui ont ensuite riposté. Ces soldats n'auraient pu prévenir l'attaque qu'en désarmant, dès le début, les factions. Mais cela eût constitué une initiative de guerre, contraire aux statuts de l'ONU, même si elle eût ainsi épargné les fusillades dont ont été victimes des civils.

Le président de Médecins sans frontières, Rony Brauman, a condamné les représailles contre le « seigneur de la guerre », Aïdid, coupable du meurtre de 23 Casques bleus pakistanais. Il déplore que le militaro-humanitaire ait été ramené à du « militaro » pur. La formule frappe, mais ne convainc pas. D'abord, l'humanitaire n'a pas disparu. Des dizaines de milliers de Somaliens sont encore en vie aujourd'hui grâce à l'intervention militaire de l'ONU. Pour l'essentiel, l'opération « Restaurer l'espoir » est donc un succès. Quant au reste, l'ONU n'a ni mission ni pouvoir d'imposer une solution politique interne. La plupart des actions qu'elle entreprend ou devrait entreprendre se heurtent ou se heurteraient à des adversaires résolus à les contrecarrer par la force. Une force qu'elle n'a pas le droit d'employer elle-même, sauf en cas de légitime défense, si on tire directement sur ses hommes. Elle est donc d'ordinaire contrainte de s'incliner. C'est une injustice que de le lui reprocher, puisque son statut même le lui commande.

Qu'on change ce statut ou qu'on cesse d'accabler l'ONU, après l'avoir poussée à s'enfoncer dans des guêpiers où elle est censée satisfaire à des obligations contradictoires. Du reste, à l'origine, telle qu'elle fut conçue, dans les horreurs de la Seconde Guerre mondiale, elle avait pour vocation principale non de couvrir, sans se battre, l'action humanitaire[1], mais d'empêcher les conflits entre États et de remettre à leur place, au besoin en se battant, les fauteurs de guerre. C'est ce qu'elle fit contre la Corée du Nord et l'Irak. C'est ce qu'elle fait en séparant Grecs et Turcs à Chypre, où ses troupes veillent depuis vingt-neuf ans !

1. Mission d'une des agences de l'ONU, l'UNRRA (United Nations Relief and Rehabilitation Administration).

En revanche, on ne saurait la blâmer d'échouer à juguler les guerres civiles et à imposer partout le respect des droits de l'homme, à moins d'élargir à cet effet ses pouvoirs. Mais ce ne serait possible que sur la base d'une doctrine partout acceptée. Or nous voyons à Vienne une assemblée incohérente acclamer successivement le délégué de la Chine, quand il revendique la liberté pour chaque État de définir les droits de l'homme à sa guise, puis le président bosniaque, réclamant une intervention contre le génocide dans son pays, au nom d'une conception universaliste des droits de l'homme. Entre l'accusation lancée contre l'ONU de chercher à « recoloniser » les peuples, en intervenant trop, et l'accusation de les laisser mourir en n'intervenant pas assez, il faudrait choisir.

En réalité, l'ONU n'est efficace que lorsqu'elle s'appuie à la fois sur sa Charte et sur un État ou un groupe d'États pourvus d'une vision claire de leurs objectifs politiques et humains, avec la volonté de les atteindre. C'est cette vision et cette volonté qui ont fait défaut autant aux Américains qu'aux Européens face au bain de sang yougoslave. D'où le fiasco.

Faut-il donc envisager la création d'une force multinationale permanente, placée sous le contrôle de l'ONU et prête à tout instant à intervenir sur tous les points du globe ? Une telle innovation exigerait que l'on récrive la Charte des Nations unies et la Déclaration universelle des droits de l'homme, en vue de préciser à la suite de quels forfaits un État perd sa légitimité, et relève donc, vu sa carence et ses crimes, de l'ingérence militaire. Mutation nécessaire, mais que le monde, dans son ensemble, paraît encore fort éloigné d'accepter.

19 juin 1993

Vietnam : l'aveuglement français

La France est-elle en train de rééditer vis-à-vis du Vietnam « l'opération RDA » ? On le croirait, à en juger par la visite officielle en France du premier ministre vietnamien Vo Van Kiêt, succédant au tout récent voyage du président français à Hanoi. Curieuse « Realpolitik » que celle qui consiste à parier sur le passé.

Nul ne nie que le peuple vietnamien, en cherchant à se débarrasser du communisme, s'engage sur la voie d'un essor économique dont, intelligent et industrieux, il amorce déjà les premières étapes. Mais ce n'est pas avec le gouvernement actuel, c'est contre lui, et après lui, que cet essor pourra s'accomplir.

Ne renouvelons pas l'erreur de gaspiller l'argent des Français pour rafistoler le pouvoir chancelant d'une vieille garde corrompue. Ce n'est pas ainsi que nous favoriserons l'amitié franco-vietnamienne, encore moins la sacro-sainte francophonie. Tout au contraire, les générations qui vivront plus tard dans un Vietnam démocratique garderont rancune à la France d'avoir, une fois de plus, retardé l'avènement de la liberté dans son ancienne colonie.

On connaît l'argument collaborationniste : la France doit participer au développement économique du Vietnam de manière à ne pas abandonner le terrain aux Japonais et, demain, une fois l'embargo levé par les États-Unis, aux Américains. Mais la différence tient à ce que ce sont les entreprises japonaises et américaines qui investissent ou comptent investir dans le secteur privé, tandis que c'est l'État français qui subventionne l'État vietnamien, ou la momie que l'on nomme ainsi.

Oh ! bien sûr, le politburo du PCV ne jure aujourd'hui que par la « libéralisation », sachant que dans ce langage gît le sésame des crédits. Et Vo Van Kiêt, un dur de dur, quoique originaire du Sud, aura su poser, l'espace d'un matin, au disciple fervent de Milton Friedman et d'Alain Madelin. Un vrai *Chicago boy* asiatique !

Il existe une fraction lucide de l'appareil de Hanoi qui a l'art incomparable de mettre régulièrement Paris dans le coup, chaque fois qu'elle a besoin d'aide pour masquer ses désastres et sa politique répressive, pour désamorcer l'hostilité de l'opinion et pour renflouer ses caisses. La France a, par exemple, décidé de régler avec ses deniers, et sans aucune contrepartie ni condition, 50 millions de dollars sur les 150 d'arriérés dus par Hanoi au Fonds monétaire international, de manière que celui-ci consente à reprêter. Ou encore François Mitterrand, lors de son voyage là-bas en février, a promis une aide de 360 millions de francs pour 1993.

Et la promotion des droits de l'homme, dont nous rebattons les oreilles à la terre entière ? Dans son classement annuel des pays en fonction de leur respect des libertés fondamentales, Freedom House situe le Vietnam, pour 1993, parmi les 12 pays les plus mal notés, sur les 186 examinés. Pourtant, notre président déclarait, le 9 février, à ses hôtes : « Je puis, en répondant à vos demandes et *dans le respect de vos choix,* vous dire que la France est prête à développer avec le Vietnam une coopération ambitieuse et globale ; elle entend doubler en 1993, comme elle l'a fait en 1991 et en 1992, d'un an sur l'autre, son effort financier [souligné dans le texte]. » Or l'histoire de ces dernières années montre que, après chaque nouvelle pluie de la manne française, Hanoi donne un tour de vis supplémentaire à la répression.

On pouvait espérer que le changement de majorité changerait la politique étrangère de la France. Mais, la cohabitation aidant, c'est la nouvelle majorité qui a changé d'idée en politique étrangère.

26 juin 1993

Immigration : l'imposture

Il existe aujourd'hui une variante du sectarisme qui consiste à crier que soumettre à des lois et à des règlements l'immigration et la naturalisation, c'est être raciste, d'extrême droite et, par extension, « révisionniste » et propagateur de l'Holocauste. La « mémoire » a bon dos. Même Bernard Tapie se compare aux juifs du Vel' d'Hiv, parce que la justice enquête sur les finances boueuses de l'équipe de ballon rond dont il est le président. La « banalisation » n'est pas toujours là où l'on croit.

Cette abjecte glissade sert d'excommunication de rechange aux déshérités de la trique morale, que l'effondrement et le déshonneur des pays socialistes ont privés de leur tribune d'accusateurs publics. Ces tchékistes de l'âme ont remplacé, comme motif de condamnation d'autrui, le capitalisme par le racisme.

Je ne me réfère pas ici à la collusion raciste et antisémite entre nostalgiques du fascisme et nostalgiques du stalino-maoïsme, que l'on vient de feindre de découvrir. Seuls les pharisiens détournaient jusqu'ici leurs regards de l'essentielle parenté des deux idéologies de mort qu'a enfantées notre siècle terrible. Non. Je me réfère aux calomnies nauséabondes projetées sur d'authentiques démocrates, parce qu'ils tentent de formuler, avec réalisme et honnêteté, les données et les solutions du problème que posent à nos sociétés l'ampleur et la rapidité sans précédents historiques des flux migratoires.

Ce vaudeville terroriste s'est depuis peu gonflé jusqu'à l'absurde. Ainsi, les inquisiteurs recyclés nous ont appris, pour notre stupeur, que Pierre-André Taguieff, auteur, contre le racisme, d'un livre profond, *La Force du préjugé,* mais qui a le tort de ne pas confondre immigrationnisme et antiracisme, était complice de l'extrême droite. Ou encore que Pierre Nora, le célèbre historien des *Lieux de mémoire,* s'était brusquement transformé en disciple de Jean-Marie Le Pen. Pourquoi cette risible imputation ? Pour avoir publié, dans la collection dépendant de sa revue, *Le Débat,* le livre de Paul Yonnet, *Voyage au centre du malaise français.* Or quelle est l'idée centrale de ce livre ? Qu'il y a contradiction à soutenir, comme le fait l'antiracisme démagogique, à la fois qu'une immigration illimitée peut s'intégrer sans difficulté et sans délai à l'identité française, et qu'il n'y a pas d'identité française.

Selon l'ONU, 100 millions de migrants vont vouloir changer de pays d'ici à l'an 2000. Les migrations créent souvent les civilisations. Encore faut-il, pour qu'elles soient un bien, qu'elles « prennent », comme on dit d'une greffe, ce qui requiert des conditions. Il est irresponsable d'affirmer que n'importe quelle société, même en récession, souffrant d'un chômage grave et d'une crise de la formation, peut intégrer n'importe quelle quantité d'immigrés dans n'importe quel laps de temps.

C'est le moyen le plus sûr de rendre insurmontables les convulsions des banlieues. Bien sûr, notre principe du droit du sol est fait pour permettre l'intégration. Mais ce principe suppose, pour fonctionner, l'adhésion consciente des intégrables à l'État de droit. Or, c'est cette exigence que l'antiracisme de tréteaux appelle violation des droits de l'homme ! Ce serait un crime contre l'humanité que d'appeler de futurs citoyens à comprendre ce qu'est la citoyenneté ; que de contenir l'afflux d'immigrés en situation irrégulière, sans emploi, sans logement, sans connaissance de la langue ; que de déjouer les faux mariages et de dépister les faux demandeurs d'asile.

C'est une imposture que d'attribuer au racisme des précautions qui ont justement pour but d'empêcher qu'il ne naisse. « Dieu, dit Bossuet, se rit des créatures qui déplorent les effets dont elles chérissent les causes. » Il n'y a pas que Lui.

7 août 1993

Contre l'Europe providence

Qu'est-ce qui paralyse l'Europe, a brisé notre système monétaire[1], mine nos économies et détruit nos emplois ? Les grandes voix européennes se demandent chaque jour en gémissant pourquoi nous en sommes arrivés là, comment poursuivre l'œuvre accomplie depuis quarante ans, et, d'abord, comment la sauver.

La réponse qui commande l'avenir de l'Union européenne est peut-être celle que nous donnerons à la question suivante : voulons-nous construire une Europe de la production ou une Europe de la redistribution ? La première était conforme à l'esprit du traité de Rome. Nous nous sommes orientés depuis dix ans vers la seconde.

Ainsi, le 20 juillet, la Communauté a décidé de répartir, sur cinq ans, 141 milliards d'écus (1 écu = 6,65 francs), au titre des aides dites « fonds structurels », auxquels s'ajoutent 15 milliards d'écus pour le fonds dit « de cohésion », destiné à subventionner

1. Rappelons que l'Europe traverse en juillet-août 1993 une crise monétaire qui fit éclater le cadre dans lequel les diverses monnaies appartenant au Système monétaire européen étaient autorisées à flotter les unes par rapport aux autres. (Note de 1999.)

l'Espagne, la Grèce, l'Irlande et le Portugal. Plus de 1 000 milliards de francs ! Et, n'en doutons pas, le fameux « élargissement » à l'Europe centrale consistera, pour l'essentiel, selon cet évangile, à élargir le cercle de dissémination de la manne ; une manne extorquée à une activité toujours plus étranglée. Énoncée dans ces termes, la cause est perdue d'avance.

Au lieu d'harmoniser les économies par l'ascension des productions, l'Europe a choisi de le faire par la redistribution de la récession. C'est ce qu'on appelle l'Europe sociale. Une Europe des prélèvements et des transferts. Nous avons étendu à l'échelle de la Communauté la recette qui avait déjà fait merveille pour asphyxier la croissance et stimuler le chômage à l'intérieur de chacun des pays qui la composent.

En effet, nous ne pouvons plus nous abriter derrière l'explication par la « crise mondiale ». La crise, désormais, a cessé d'être mondiale. Seule subsiste une crise européenne, et même continentale, puisque la Grande-Bretagne, objet de tous les sarcasmes français, semble se redresser et que son chômage recule.

Bruxelles a choisi une logique égalitariste contre une logique de l'émulation. On le notera d'ailleurs, les mystérieux « critères de convergence » de Maastricht, ouvrant l'accès à la monnaie unique, ont pris peu à peu, dans les médias, le sens d'égalisation des *niveaux de vie* des pays membres, par la redistribution. Or ces critères (inflation, taux d'intérêt, déficit budgétaire, dette publique, change stable) étaient, selon le texte du traité, avant tout financiers, et conçus pour être remplis par des pays aux PNB par tête forcément inégaux. Les interpréter comme un impératif d'homogénéisation *préalable* des revenus nationaux, c'est poser à l'union économique et à la monnaie unique une condition impossible à remplir. Et, au demeurant, une condition inutile : les Yvelines et le Gers ont des niveaux de vie fort éloignés, mais n'en ont pas moins la même monnaie, au sein de la même économie.

Il faut revenir à une Europe de l'émulation et de l'union compétitive. La logique de la redistribution passive équivaut à arbitrer en faveur des prélèvements contre l'activité, et donc contre l'emploi, comme l'a montré le rapport Mattéoli pour la France, à la grande indignation des aveugles. C'est là une vieille aberration, qui préside de temps en temps, dans l'histoire, au suicide des civilisations. Un auteur latin du Bas-Empire, Lactance, diagnostiquait ainsi, au IVe siècle, la maladie dont Rome allait mourir : « Si nombreux étaient ceux qui recevaient en comparaison de ceux qui payaient, si lourd était le fardeau des impôts, que le laboureur succomba sous la tâche, les champs furent abandonnés, et des forêts s'élevèrent là où la charrue avait passé. »

4 septembre 1993

Les enseignants malades de l'école

Dans la grêle d'articles et d'émissions consacrés chaque année à la rentrée des classes, on oublie un peu trop que l'enseignement ne se fait pas seulement avec des élèves et des parents, ou des achats scolaires, mais aussi avec des professeurs.

De ces neuf cent mille professeurs et instituteurs, que sait-on et que dit-on ? Qu'ils ne sont plus assez payés ni considérés et qu'on a du mal à en trouver. On sait moins et on ne dit pas du tout le pourquoi de cette dégénérescence : à savoir que le métier est devenu insupportable à beaucoup, pour des raisons psychologiques et non matérielles.

Au point que la profession est celle qui fournit la plus lourde contribution à la dépression nerveuse, voire à la maladie mentale. C'est ce qu'illustre, après une enquête, Maurice Maschino, auteur, il y a dix ans, du retentissant *Voulez-vous des enfants idiots ?,* dans un nouveau livre, *Quand les profs craquent* (Robert Laffont). Les enseignants sont deux fois plus nombreux à s'effondrer en début de carrière que les débutants dans n'importe quelle autre profession. Chez les rescapés, la santé ne s'améliore guère par la suite : névroses, dépressions, absentéisme, suicides, alcoolisme conduisent la Mutuelle générale de l'Éducation nationale

(MGEN) à gérer un nombre impressionnant d'hôpitaux et de dispensaires psychiatriques. On cite un arrêt de travail de douze ans avec plein traitement !

L'enseignement est-il donc devenu un métier qui rend fou ? On s'en convaincrait à voir défiler les exemples et les chiffres. L'aggravation est incontestable. Comment l'expliquer ? La tendance des psychiatres de la MGEN est de chercher l'explication, de façon très classique, dans la seule histoire personnelle des patients, leur enfance, leur vie conjugale, leurs divorces. Bref, il faut à tout prix, dirait-on, pour rassurer le ministère, que la cause de la maladie soit extrascolaire. C'est là une hypocrisie. La cause réelle de cette pathologie croissante, c'est l'école elle-même. Pour deux raisons.

D'abord, l'insécurité. Professeurs humiliés, insultés, battus par les élèves, les parents et les loubards extérieurs, que plus personne n'empêche de venir saccager les établissements. Là, une enseignante est séquestrée parce que ses élèves estiment trop basses les notes mises à la composition française. Ailleurs, un père, indigné du mauvais livret de sa fille, fait irruption dans la classe et traite l'institutrice de « connasse » et de « salope ». Dans une classe de CE2, les élèves décrochent le tableau noir et s'en servent pour assommer la prof, traitée de « sale pute ». Pour expliquer que cette dame s'offre ensuite une légère dépression, est-il besoin de recourir à des clichés psychanalytiques sur les mauvais rapports qu'elle a eus avec sa mère au stade prénatal ? L'universelle lâcheté administrative accable les victimes. Le proviseur ferme les yeux. Le ministère ne veut rien savoir. L'État prédateur n'est pas l'État protecteur.

Ensuite, sur le plan de la transmission des connaissances, l'enseignement est devenu une parodie. En raison, notamment, de l'interdiction du redoublement, les professeurs voient arriver dans leurs classes des élèves hautement incapables de suivre l'enseignement qu'ils sont censés y donner. On recrute donc les maîtres en vue d'un métier et, en même temps, on organise des conditions qui les mettent dans l'impossibilité de l'exercer. Ce sont les conditions pathogènes exactes de la « névrose expérimentale » de Pavlov. Tout cela au nom des « disciplines d'éveil », qui sont le sommeil de l'intellect. Prenons garde qu'il ne devienne le coma de notre culture. Une civilisation est ce que la fait son enseignement.

18 septembre 1993

Le monde à venir : fragmentation ou globalisation ?

Nous assistons aujourd'hui sur la planète à un double mouvement. L'un tend à constituer de grands ensembles : Union européenne, à laquelle vont ou voudraient s'agréger encore plusieurs pays de l'Europe du Nord et de l'Est ; Association nord-américaine pour le libre-échange (ALENA), regroupant depuis peu le Canada, les États-Unis et le Mexique ; accords du GATT[1] sur le commerce mondial, à quoi il faut ajouter maintes autres organisations multinationales, en Asie du Sud-Est, en Amérique du Sud, en Afrique.

Mais une tendance opposée semble pousser le monde actuel à la décomposition, à l'émiettement, aux séparatismes violents, qu'ils soient nationaux, ethniques, religieux, linguistiques. Alors que nous espérions voir, en cette fin de siècle, la victoire du principe démocratique sur le principe totalitaire, donc de la négociation sur la confrontation et des valeurs universelles sur les particularismes, ne sommes-nous pas au contraire en train de régresser vers l'anarchie primitive ? Que penser de tous ces conflits où s'affrontent partout des communautés de

1. General Agreement on Tariffs and Trade, devenu ensuite OMC (Organisation mondiale du commerce).

toutes sortes ? Retournons-nous vers la barbarie ? Cette vision pessimiste, en tout cas, est à la mode. Il est de bon ton en cette fin de siècle de crier à la dislocation belliqueuse et désordonnée de l'humanité future.

La diversification des sociétés humaines recouvre des phénomènes différents les uns des autres.

Une première catégorie de particularismes a jailli après la fonte de la calotte glaciaire communiste. Dans leur naïve crédulité, les démocraties occidentales professaient que les régimes communistes avaient résolu leurs problèmes de nationalités. J'entends encore résonner dans mes oreilles les éloges dont maints chefs d'État ou de gouvernement, européens ou américains, couvraient le maréchal Tito pour avoir été « l'artisan de l'unité nationale yougoslave ».

En réalité, le communisme non seulement n'avait pas calmé les passions nationalistes, religieuses ou ethniques, mais il les avait aggravées. Avant la guerre de 1939-1945, les Slovaques et les Tchèques étaient parvenus tant bien que mal à vivre ensemble sous l'égide d'un même État. Après leur traversée du communisme, cette cohabitation leur est devenue impossible. La Yougoslavie aussi, entre la Première Guerre mondiale et la Deuxième, avait réalisé un équilibre approximatif entre les diverses nationalités et religions de ses populations. Aujourd'hui, elle est devenue le théâtre du bain de sang que l'on connaît. L'ethnocentrisme et la xénophobie de certaines populations libérées sont beaucoup plus virulents qu'ils ne l'étaient à l'époque où le communisme les a prises en main.

Les Russes et les Ukrainiens, par exemple, ont toujours été différents. Mais, dans l'Empire tsariste multinational, ils ont pu coexister pendant des siècles. Sous Staline, le génocide perpétré durant les années trente en Ukraine par l'État soviétique, un État perçu par les victimes comme essentiellement russe, a laissé des ressentiments ineffaçables, d'un caractère absolument nouveau. Ils ont conduit l'Ukraine à se séparer complètement de la Russie pour devenir un État indépendant. En outre, même l'indépendance ne supprime pas les sources de conflits interethniques à l'intérieur des ex-Républiques qui composaient l'URSS. La politique stalinienne de transferts massifs de populations a constitué, au sein de chacun de ces nouveaux États, de fortes minorités qui se sentent opprimées par l'ethnie dominante. On peut conjecturer qu'au moment où la Chine communiste, à son tour, éclatera, les Tibétains, par exemple, ne supporteront pas longtemps le joug de Pékin et ne réserveront pas un traitement particulièrement bienveillant aux immigrés chinois que le régime a envoyés en hordes nombreuses s'installer sur place pour « siniser » le Tibet.

On constate ailleurs, dans le tiers monde, un regain de l'ethnicisme, du tribalisme, des intégrismes religieux. Il suffit de songer à la révolte des Tamouls contre les Cingalais au Sri Lanka, pays dont l'économie avait décollé brillamment et qui s'est trouvé plongé dans le sous-développement à cause de la guerre civile. Ou encore à la montée du fanatisme religieux hindou prenant pour cible les musulmans de l'Inde, ou à la montée du fanatisme sikh contre les hindous. L'Union indienne survivra-t-elle à ces déchirements ? On sait les méfaits de l'intégrisme islamique en Algérie ou en Égypte. Mais c'est surtout dans l'Afrique subsaharienne que les facteurs tribaux et religieux s'additionnent pour briser les cohésions sociales et les fragiles États constitués après la décolonisation. Aux religions africaines traditionnelles, toujours vivaces, s'ajoutent l'islam, le catholicisme, le protestantisme. En Ouganda, par exemple, la rivalité agressive entre catholiques et protestants est un élément fondamental de la vie politique. Partout, les divisions religieuses recouvrent assez exactement les divisions tribales. Ces dernières restent prépondérantes, comme vient de le montrer à nouveau, de façon tragique, la reprise du massacre des Tutsis et des Hutus les uns par les autres au Burundi. L'incontestable volonté de démocratisation qui est apparue en Afrique récemment se heurte à l'obstacle que le tribalisme oppose à la formation de véritables partis politiques.

Plus déconcertant encore est un troisième type d'évolution parcellaire, celle de certaines démocraties confirmées. Certes, la nation belge, créée en 1830, pouvait dès l'origine être considérée comme une juxtaposition fragile. Mais elle s'était bien consolidée et fortifiée entre 1880 et 1914. Comment expliquer qu'aujourd'hui encore, un parti puissant prenne pour objectif l'indépendance de la Flandre, alors que par ailleurs les Belges ont toujours figuré parmi les adeptes zélés de l'Union européenne ? De même, l'unité italienne a été difficile à réaliser. Mais enfin, elle s'était faite. Pourquoi voyons-nous surgir maintenant, avec la Ligue du Nord, une démangeaison séparatiste lombarde ? Les régionalistes répondent qu'ils veulent dépasser l'État-nation en intégrant les régions à l'Europe. Mais qui croira que c'est en traçant de nouvelles frontières qu'on accélérera l'union européenne ?

Aux États-Unis se répand depuis une vingtaine d'années une désagrégation qui pourrait aller presque jusqu'à l'infini. On entend de moins en moins, outre-Atlantique, quelqu'un se référer encore à la *nation* américaine. Chacun se proclame membre d'une « communauté » : celle des Afro-

Américains, des Latinos, des Judéo-Américains, Italo-Américains, Nippo-Américains, Américano-Coréens, etc. Mais aussi, des communautés regroupent les fidèles d'une même religion, d'une même minorité sexuelle, les militantes féministes, les partisans et les adversaires de l'avortement, etc. L'Amérique est devenue une mosaïque de « communautés » qui revendiquent chacune des droits à part, même si tous leurs membres sont porteurs d'un passeport américain. Être citoyen américain compte moins que l'appartenance à sa « communauté ». Il est visible que le président Clinton, quand il a constitué son équipe, en janvier 1993, a choisi ses collaborateurs en fonction d'une sorte de système des quotas, attribuant à chaque « communauté » un nombre de places proportionnel à son importance et à son influence. Saul Bellow, le prix Nobel de littérature, lui-même fils d'immigrés russes juifs, me disait récemment que, dans sa jeunesse, avant la guerre de 1939-1945, on se voulait citoyen américain avant tout, sans pour autant renier ses origines. De même, en France, qu'une famille fût française depuis dix siècles ou depuis dix ans n'enlevait rien à la prépondérance de la nation et de la civilisation française en tant que points de repère organisateurs de la vie en société.

De nos jours, même dans nos démocraties, la notion d'« identité culturelle », la revendication « identitaire » l'emporte sur les principes de citoyenneté. À une époque où tous les observateurs constatent que presque plus aucun problème n'est susceptible d'une solution purement locale, et où tout se mondialise, c'est plutôt fâcheux. Il est déjà très difficile d'harmoniser les politiques des quelque cent quatre-vingts nations de la planète : si, en plus, chacune d'entre elles tombe en miettes, où finirons-nous ? Les hommes d'État, les intellectuels, les experts, les moralistes feraient bien de se mobiliser pour expliquer à l'humanité contemporaine qu'entre être membre d'une tribu et être citoyen du monde, il faut choisir.

Automne 1993

L'Europe du chômage

De 1970 à 1990, selon l'OCDE, le nombre des emplois aux États-Unis a augmenté de 50 %, au Japon de 23 %, dans la Communauté européenne de 9 % et en France de 6 % à peine. Pourquoi ?

C'est la question à laquelle les gouvernements devraient répondre. Pourquoi l'Europe continue-t-elle à fabriquer du chômage ? Les États-Unis ont créé 20 millions d'emplois et le Japon 5 millions durant les sept ans de croissance, entre 1983 et 1990. Car, en 1983, contrairement à ce que disait alors le Premier ministre français, Pierre Mauroy, la reprise était bel et bien au rendez-vous. C'était la France qui n'y était pas.

Depuis 1980, notre chômage a doublé, alors que l'Amérique retrouvait le plein-emploi dès 1985-1987, avec 5,5 % de chômage, notre chiffre d'avant le premier choc pétrolier. Tant que les causes de ce contraste n'auront pas été trouvées, il est vain d'attendre d'une reprise économique la baisse du fléau chez nous.

L'expérience l'a prouvé : même avec un niveau élevé d'activité et de consommation, la création d'emplois en Europe ne repart que faiblement. De 1986 à 1990, la France a certes recréé des emplois, mais moins nombreux que ceux qui ont disparu.

Pis : le chômage européen est de plus longue durée que partout ailleurs ; il est souvent même définitif.

Refuser ce constat, fuir le vrai diagnostic, cet aveuglement volontaire ne conduira qu'à empirer le mal, surtout si nous persistons à y appliquer les faux remèdes qui déjà l'ont aggravé. Ces drogues s'appellent subvention et protection, les deux mamelles du chômage.

La subvention sous forme d'aide aux exportations, qui sont ainsi payées par le contribuable du pays vendeur et non par le client, ou sous forme de dotations à des entreprises déficitaires, détruit en fait les richesses que l'on se figure engendrer. Un ancien président de Bull, Jean-Pierre Brulé, vient de consacrer à cette illustre entreprise un livre dévastateur, *L'Informatique malade de l'État* (Les Belles Lettres). Dans cette épopée d'un désastre, où l'incompétence autoritaire le dispute à la mégalomanie bouffonne et ruineuse, 40 milliards ont été dilapidés en aides pour *anéantir* l'industrie informatique française. Ne nous attendons pas à les retrouver là où il les faudrait : sur le front des créations d'emplois. Et quand le gouvernement gèle les licenciements par décret, il n'obtient que le résultat familier aux défunts régimes communistes : cacher le chômage.

Et le protectionnisme ? Parfois nécessaire, il doit être provisoire. S'y installer, c'est appauvrir le consommateur-contribuable en lui faisant payer deux fois les produits nationaux et communautaires. À quoi sert que la France soit un des plus gros exportateurs agricoles du monde, avec un excédent commercial de 53 milliards, si les subventions à l'agriculture sont de 50 milliards ? Cela fait penser à ce peintre de Feydeau qui s'achetait à lui-même ses tableaux. Selon le point de vue où l'on se plaçait, ou bien il s'enrichissait, ou bien il se ruinait. La seule gestion du stock communautaire d'excédents agricoles — le fruit des subventions — absorbe plus de 110 milliards par an. De l'exception culturelle à l'exception agricole et à l'exception industrielle, ne revenons-nous pas à l'avant-guerre ? Dans ce contexte factice, à quoi bon privatiser ? Le privé sans le marché ne vaut pas mieux que le nationalisé.

L'Europe a jusqu'ici arbitré en faveur des avantages acquis contre l'emploi, en faveur des pourvus contre les exclus, dont le nombre ne cesse de grandir. Mais les pourvus ne sont pas les capitalistes du secteur exposé, ce sont les nantis du secteur protégé. Sans révision des bases du système, nous finirons par couler à la fois l'emploi et la protection sociale.

25 septembre 1993

Grèce : fini la comédie

La Grèce aura-t-elle la sérénité nécessaire pour exercer pendant six mois la présidence européenne, à un moment où les Grecs sont soupçonnés de s'éloigner à nouveau de l'esprit communautaire, et où eux-mêmes se jugent les incompris et les mal-aimés de l'Europe ?

Tout leur est prétexte à récrimination, depuis les accusations de corruption et de gaspillage qu'ils essuient jusqu'au mépris que leur témoignerait *Europe News* en diffusant, disent-ils, la météo quotidienne de tous les pays sauf de la Grèce.

Surtout, si un étranger tient à repartir vivant d'Athènes, qu'il ait soin d'approuver ses interlocuteurs à propos de la Macédoine ex-yougoslave et de ses « visées impérialistes » sur la Macédoine grecque. Dans sa déclaration de politique générale, Andréas Papandréou a encore attisé cette incandescente exaltation. La reconnaissance de la « fausse » Macédoine par la Communauté peut provoquer une querelle acerbe entre la Grèce et les onze partenaires qu'elle doit piloter du 1er janvier au 1er juillet 1994. Traversée mouvementée en perspective...

Et comment la Grèce, en proie à cette idée fixe, pourrait-elle jouer le rôle d'arbitre dans les Balkans, où elle devrait exercer une action pacificatrice en tant que seul membre balkanique de la Communauté ? Elle prend au contraire parti sans retenue pour les Serbes de Slobodan Milosevic et de Radovan Karadzic, au nom de la civilisation byzantine, hellénico-slave et chrétienne-orthodoxe, contre l'islam (synonyme de la Turquie exécrée) et contre Rome (synonyme de l'Occident catholique peu apprécié).

Quant à la Communauté même, elle est à ses yeux strict synonyme de transferts de ressources. Comme en Espagne, Bruxelles est vue en Grèce avant tout comme une centrale de redistribution. Les subventions voyagent sous l'emballage élégant dit « convergence ». Mais, pour les bénéficiaires, converger veut dire encaisser. Les dirigeants grecs crient à la malveillance quand la presse occidentale s'interroge sur l'usage mystérieux des « fonds structurels » reçus par eux depuis l'entrée effective de leur pays dans la Communauté, en 1981. Pour la corruption et la dissipation, Athènes, il est vrai, durant les années 1980, n'a rien à envier à Paris, Madrid ou Rome. Mais ce qu'attend Papandréou de l'Europe, c'est qu'elle éponge les pertes d'une économie clientéliste qui, malgré les privatisations bien timides de la droite, reste pour 67 % une économie d'État. Si indulgente soit la Commission pour les frasques de la « cohésion sociale », pourra-t-elle continuer à les tolérer, alors que la Grèce vient de se voir allouer, pour les cinq prochaines années, un pactole de presque 175 milliards de francs de subventions ? Papandréou sait bien que non. Mais peut-on se contenter de ses promesses de sagesse ?

Quant à la politique étrangère, Papandréou a exprimé son intention d'améliorer les relations avec les États-Unis et même la Turquie. Le jeune marié[1]

1. Plus que septuagénaire, Papandréou venait d'épouser une hôtesse de l'air. (Note de 1999.)

se voit en effet contraint de mettre beaucoup de glace dans son ouzo. Avant 1989, il pouvait faire chanter l'Occident et narguer Ankara, parce que la Grèce était une des clefs du dispositif stratégique de l'Otan. Avec la disparition de l'Union soviétique, ce moyen de pression s'est évanoui. Privé de la plus-value que lui apportait la guerre froide, le poids international de la Grèce se trouve ramené à ce qu'il est par lui-même.

Ni sur le plan économique ni sur le plan diplomatique, le Papandréou nouveau ne pourra donc se permettre les rapines, les caprices et les provocations de l'ancien, pour le simple et rude motif que l'Europe et les États-Unis n'ont plus les mêmes raisons de les supporter.

30 octobre 1993

Les intellectuels français sous la Ve République

En ces temps de résurgence du tribalisme, on s'aperçoit que les intellectuels français ont été, une fois de plus, des précurseurs. C'est ce que nous montre, démontre et met en scène Rémy Rieffel, professeur de sociologie des médias à l'université de Paris, dans sa pharaonique *Tribu des clercs.* Il y scrute avec une minutie de zoologue les mœurs des intellectuels français sous la Ve République. Peut-être aurait-il mieux fait d'intituler son livre *Les Tribus,* tant le tableau évoque un Rwanda de la cléricature plus que la céleste communion d'un chœur grégorien.

La sociologie n'étant une science que de nom, et la sociologie des médias en étant le marché aux puces, leurs résultats conjugués n'ont pas l'appellation contrôlée. Ils se mesurent sur présentation des pièces, à la même aune que ceux d'une enquête journalistique ou d'une étude historique. C'est-à-dire aux connaissances, à la compétence, à l'intelligence, au travail et à la probité de l'auteur qui opère. Disons sans tarder ni barguigner que ces qualités se trouvent réunies chez Rémy Rieffel, et que son œuvre en témoigne à chacune des 692 pages de son Bottin des malins, sans, bien sûr, que labeur et honnêteté signifient infaillibilité.

Vous saurez tout, ou, du moins, maintes choses sur les intellectuels. Vous les suivrez au bar, dans les librairies à la mode, les salons, les demeures privées où l'on tramait les révolutions et les maisons de week-end supposées influentes — et même (tout arrive) à la Bibliothèque nationale. Notre chroniqueur vous emmènera dans les colloques et les rencontres, dans les foires périodiques de toutes confessions idéologiques où s'animent les débats ouverts au public. Sous sa conduite, vous signerez ou resignerez des milliers de pétitions mémorables ou tombées dans l'oubli. Il analysera pour vous les systèmes de parentés selon les solidarités militantes ou les compagnonnages d'école, les appartenances esthétiques ou les engagements politiques. Il vous emmènera visiter les maisons d'édition, les journaux, les institutions universitaires ou académiques, les revues influentes de toutes paroisses. Il dessinera sous vos yeux les réseaux d'amitiés, d'intérêts, de brouilles et de réconciliations, les lignes de croisement des intellectuels avec les divers pouvoirs politiques, avec les rois et la Cour.

Le voyage vaut la peine et le guide conférencier connaît son sujet. Déplorons chez lui, pourtant, certains tics de langage au goût du jour qui nuisent à sa précision. Ce n'est pas en écrivant toutes les trois lignes le mot « espace » que l'on confère plus de poids à la collecte des faits et à leur interprétation. Pendant une trentaine d'années, le substantif servant à travestir les courants d'air en théories a été « structure ». On baptisait « structure d'accueil » une salle d'attente. L'expression est aujourd'hui tombée en désuétude. Hélas ! Elle a été remplacée par espace : de liberté, de sociabilité, de solidarité, de convivialité, de dialogue, de créativité, de concertation, de communication. Or l'espace, par lui-même, est vide, ce n'est pas le remplir que de le ressasser, à moins que l'on ne veuille à tout prix nous rappeler la phrase de Cicéron : « Rien ne peut être dit de si absurde qui ne soit dit par quelque philosophe. »

Victime plus que coupable de cette manie, Rémy Rieffel conserve, néanmoins, tous ses mérites quant au fond. Avec, toutefois, une restriction qui tient sans doute moins à une insensibilité de sa part qu'à la méthode qu'il s'est imposée ou que lui a imposée ce qu'il croit être sa discipline.

C'est en effet une illusion méthodologique que de croire à la possibilité d'étudier les mœurs des clercs sans avoir en même temps une grille d'interprétation générale de la vie intellectuelle d'une époque, de son sens, de ses réussites et de ses échecs.

L'illustre modèle de ces inventaires d'un milieu littéraire est le célèbre chapitre de Tocqueville sur les gens de lettres au XVIIIe siècle, au début du livre III de *L'Ancien Régime et la Révolution.* Pourquoi cette description est-elle éclairante ? Parce que Tocqueville nous met en main un fil conducteur. À savoir que, pour la première fois dans l'histoire, la société littéraire se mit alors à fonctionner comme une classe politique. Certes, précise Tocqueville, les systèmes politiques de ces écrivains varient tellement entre eux qu'on ne saurait les concilier. Reste qu'à cette époque « les écrivains, prenant en main la direction de l'opinion, se trouvèrent un moment tenir la place que les chefs de parti occupent d'ordinaire dans les pays libres ».

Ce qui manque au lecteur de Rieffel, c'est une clef intellectuelle à cette histoire des intellectuels. Il est d'ailleurs frappant que les livres, qui sont ce qui marque en profondeur une période culturelle, pour le Bien ou pour le Mal, pour l'erreur ou la vérité, tiennent moins de place dans *La Tribu des clercs* que les manifestes, les étiquettes, les défilés, les démarches. Minces façades, au regard des œuvres ! Car, souvent, un événement met en jeu les intellectuels sans être par lui-même intellectuel. C'est le cas, par exemple, des célèbres retrouvailles de Sartre et d'Aron, le 26 juin 1979, à l'Élysée. Que Sartre consentît à s'associer à une requête visant à secourir les victimes du communisme, les boat people vietnamiens, attestait chez lui un revirement intéressant. Cette manœuvre, qui consistait à saisir l'opinion publique en impliquant le président de la République grâce à la mobilisation des deux grands hommes, fut sciemment programmée par le comité *Un bateau pour le Vietnam* et eut le retentissement escompté. Mais, sur le plan intellectuel, ce fut un non-événement. Il n'y eut et il ne pouvait y avoir ni rapprochement ni même échange d'idées entre Sartre et Aron, lequel me confia ensuite n'être même pas sûr que son ancien camarade, dont la vue et la santé s'étaient affreusement dégradées, se soit rendu compte de sa présence.

Même sur le plan de l'efficacité, la scène « historique » sur le perron de l'Élysée ne fut que le couronnement spectaculaire d'une opération déjà largement réussie. L'entreprise Un bateau pour le Vietnam, lancée depuis janvier dans *L'Express* par Bernard Kouchner, y fut orchestrée par Olivier Todd et scandée par maints articles, dont deux reportages d'André Glucksmann en mer de Chine. Le 19 mai, Todd pouvait annoncer dans un éditorial que l'*Île de lumière,* bateau affrété grâce à l'argent collecté par le comité, était arrivé sur place.

Certes, la convergence humanitaire entre Aron et Sartre constituait un éminent symbole moral. Mais, en ce qui concerne l'histoire de la pensée proprement dite au XXe siècle, c'est un épisode mineur qui ne réduisit en rien l'antagonisme fondamental de leurs œuvres et de leurs éthiques.

Ces réserves ne diminuent pas les mérites du travail de Rémy Rieffel, ni la curiosité, l'intérêt, le plaisir avec lesquels on le lira. Mon objection s'adresse à la sociologie plus qu'au sociologue. Peut-on raconter la vie des clercs sous la Ve République sans se demander quel fut le sens de cette vie par rapport à la vérité ? Il est des sujets à propos desquels l'historien ne peut séparer l'inventaire et le jugement.

27 novembre 1993

La Tribu des clercs de Rémy Rieffel, Calmann-Lévy/CNRS éditions.

Nietzsche : un coup de fraîcheur

Les efforts déployés depuis un demi-siècle pour faire de Nietzsche un philosophe ennuyeux, un écrivain pesant, un cuistre dogmatique viennent de voir leurs fruits réduits à néant. Les coupables de ce coup fatal sont les architectes des deux copieux volumes des *Œuvres* de Friedrich Nietzsche, tout juste parus dans la collection « Bouquins ». Nietzsche nous y est restitué dans la même jeune fraîcheur qu'ont reprise les fresques de la Sixtine depuis qu'on les a débarrassées des ajouts dont les pieux barbouilleurs de la Contre-Réforme avaient voilé l'œuvre de Michel-Ange, pour la rendre plus chaste.

La contre-réforme antinietzschéenne est elle aussi effacée. Elle avait presque réussi à châtrer Nietzsche, à le ramener dans le rang de cette « race moutonnière », comme il l'appelle lui-même, qu'est le gros du troupeau philosophique. On avait alourdi, affadi son style, trop brillamment rendu par les premières traductions. Des apôtres pleins de bonnes intentions et de mauvais goût avaient retraduit certaines de ses œuvres. L'éteignoir était le sabir hybride réservé à la philosophie quand elle traverse e Rhin, ce je-ne-sais-quoi qui a cessé d'être de l'allemand et n'est pas encore tout à fait du français.

Dans une notice liminaire sur la traduction, les

maîtres d'œuvre de cette édition, Jean Lacoste et Jacques Le Rider, expliquent bien pourquoi les plus anciennes traductions françaises de Nietzsche, avant tout celles d'Henri Albert, restent les plus fidèles au temps de la prose nietzschéenne. Au prix d'une discrète révision, qu'ils ont pratiquée, il faut donc y revenir. Elles nous rendent le bon compagnon odieusement génial que, même en sursautant parfois, on éprouve tant de joie à lire. Nous y retrouvons au naturel le vociférateur délicat qui passe de l'énormité badine à la saillie libératrice ou à la provocation comique à force d'être outrée. Mais jamais Nietzsche n'incorpore à son pot-pourri ces bas morceaux de l'esprit qu'ont tenté d'y introduire tant de pions mondains et de glossateurs pompeux.

Ce qui rend précieuse, en outre, cette édition, c'est qu'elle est encadrée et scandée par des études, préfaces, postfaces, introductions, notes des éditeurs qui tranchent superbement par leur richesse et leur précision avec les commentaires superflus ou narcissiques, les notes pléonastiques et creuses qui épaississent trop souvent les soupes réchauffées d'auteurs classiques. Ici, nous apprenons et nous comprenons plus de choses sur Nietzsche que nous ne l'aurions pu par la lecture du seul texte. C'est rare. La préface au tome I, de Jacques Le Rider, nous retrace en détail, sur cent pages nourries, la pénétration de Nietzsche en France. Elle fut plus précoce, plus foudroyante et plus complète que dans n'importe quel autre pays. Pourquoi ? C'est la question à laquelle répond, dans la postface de ce même tome I, Jean Lacoste. En étudiant les lectures françaises de Nietzsche, et surtout leur influence sur sa culture et sa pensée, Lacoste élucide avec clarté cette convergence culturelle. Si la France était tellement prête à recevoir Nietzsche, c'est qu'au préalable Nietzsche s'était en quelque sorte lui-même francisé. Il avait fait la moitié du chemin. Selon lui, les moralistes français, pour leur intelligence de la nature humaine, étaient à mettre au-dessus des philosophes allemands. Point de vue que nuance Philippe Raynaud dans sa préface du tome II, « Nietzsche, la philosophie et les philosophes ».

Mais c'est sans doute la postface de Georges Liébert à ce même tome II, « Nietzsche et la musique », qui apporte une des clefs les plus fines à la pensée, à la sensibilité, à la personnalité de ce génie aussi opiniâtre dans l'inconséquence que péremptoire dans la contradiction. D'abord parce que Nietzsche lui-même l'a dit et répété : « Je ne m'adresserai qu'à ceux qui ont une parenté immédiate avec la musique, ceux dont la musique est le giron maternel. » Ensuite parce que Nietzsche voulut être et fut lui-même compositeur ; médiocre, malheureusement pour son équilibre intérieur. Enfin, parce que toute sa vie lucide, jusqu'à l'effondrement psychique de janvier 1889, est dominée par sa passion pour Wagner, culte admiratif pour commencer, haine systématique pour finir. Mais ce drame intérieur dépasse celui d'une amitié rompue. Il touche à l'art même de Nietzsche. Car, note avec profondeur Liébert, « quand Nietzsche, contre toute évidence, prétend que Wagner a travesti en style dramatique son incapacité à concevoir un tout organique, c'est lui-même, en réalité, qu'il décrit ». À partir d'*Humain, trop humain* (1878), en effet, Nietzsche devient incapable de composer des livres. Il se borne à juxtaposer dans le décousu des ébauches les formules brutes qui devraient entrer ans la construction. Il justifie cette impuissance en érigeant en esthétique voulue la littérature aphoristique, selon « l'audacieuse habitude qu'il avait d'énoncer un principe là où il lui manquait une faculté ».

Pouvait-il procéder autrement, si l'on songe que, comme ose l'observer Karl Jaspers, chez Nietzsche « on ne rencontre presque jamais une affirmation qui ne coexiste avec son contraire » ? Dès 1899, Paul Valéry écrivait à André Gide : « Tu te presses un peu de l'unifier. Pour moi, il est avant tout contradictoire. »

Qu'il le soit ou non, et dans quelle mesure, c'est ce que permet de vérifier une autre innovation ingénieuse de cette édition, l'index final des noms et des notions. Sur un même auteur ou personnage, sur une même idée, un même problème, il fournit le moyen de retrouver tous les passages dans lesquels Nietzsche les a traités, dans toutes les œuvres.

Toutes, sauf le montage arbitraire de fragments posthumes qui a longtemps circulé sous le titre de *La Volonté de puissance.* Car ce n'a jamais été un livre de Nietzsche, cette fabrication malhonnête due à sa sœur Élisabeth. Des deux, c'était elle la folle, sur qui vient de paraître en français le livre édifiant de Ben Macintyre, *Élisabeth Nietzsche ou la folie aryenne* (Laffont). Son méli-mélo apocryphe et tendancieux, l'ex-*Volonté de puissance,* n'est plus retenu par aucun éditeur sérieux.

Nietzsche lui-même manquait-il de sérieux ? Sans doute oui, s'il s'agit de ce qu'il appelle « l'effroyable sérieux, le lourd sans-gêne avec lesquels les philosophes ont abordé jusqu'ici la vérité ». Mais il manquait peut-être aussi un peu du bon sérieux, celui des penseurs responsables. Valéry voit-il juste quand il écrit : « Nietzsche n'est pas une nourriture — c'est un excitant » ? Peut-être... Mais quel excitant !

24 décembre 1993

Œuvres de Friedrich Nietzsche, tomes I et II, Robert Laffont, collection « Bouquins ».
Élisabeth Nietzsche ou la folie aryenne de Ben Macintyre, traduit de l'anglais par Michèle Garenne, Robert Laffont.

1994

L'exception culturelle

La France, nous claironne-t-on, a gagné la bataille de l'exception culturelle. Les citoyens ont donc, du même coup, gagné le droit d'examiner les dessous de cette formule équivoque.

Pourquoi la culture y est-elle ramenée tout entière au cinéma ? Non pas même à l'audiovisuel, car les téléfilms français jouissent d'une excellente audience. Quand les exceptionnistes parlent de télévision, ils parlent de films à la télévision. Ils escamotent la littérature, la science, les mathématiques, la philosophie, la politologie, l'histoire, la musique, la peinture et autres arts plastiques. Ces activités offrent, pourtant, me suis-je laissé dire, de vagues aspects culturels. Sans ce tour de passe-passe, le tocsin contre l'« impérialisme culturel américain » n'aurait pas fait plus de bruit qu'une clochette de sacristie.

L'esthétique du roman américain a dominé le roman européen de 1930 à 1950 environ. Mais, depuis, c'est en sens inverse que joue l'influence. Impérialisme européen ! Comment se débrouilleraient les orchestres symphoniques et les théâtres lyriques aux États-Unis si on leur imposait de jouer autant d'œuvres américaines que d'œuvres européennes ? Supposons des quotas d'idées : ils gêneraient bigrement les philosophes et essayistes européens, très lus outre-Atlantique.

Ce n'est pas l'exception qui est culturelle, c'est la culture qui est exceptionnelle. Dans le cinéma comme dans le livre, seule une part infime mérite d'être considérée comme culturelle. Le reste n'est pas pour autant méprisable. Il existe une indispensable industrie de la distraction. De grâce, qu'elle accepte de jouer sa partie sur son terrain, celui des suffrages immédiats du public et de la concurrence commerciale. Quand il nous arrive d'y rafler la mise, nous ne crachons pas dessus. Réjouissons-nous du triomphe financier des *Visiteurs*. Mais de là à en être culturellement fiers... Quels quolibets n'auraient pas stigmatisé les « machines à fric » si cette pantalonnade, fût-ce avec d'aussi truculents comédiens, était hollywoodienne ! On comprend l'affolement des professionnels français de l'écran. Ils sentent leur public se dérober sous leurs pieds. Les chiffres le montrent : ce ne sont pas les films américains qui avancent, ce sont les films français qui reculent.

Récapitulant les entrées à Paris pendant les fêtes, Jean-Michel Frodon constate dans *Le Monde* : « Les films français sont complètement et dramatiquement hors du coup. » Que faire ? Organiser des rafles ?

Les exceptionnistes ne devraient-ils pas plutôt se poser la question de leur propre savoir-faire ? La préférence du public pour les productions américaines ne serait-elle pas en partie la conséquence, et non la cause, de notre affaiblissement ? Est-ce que ce ne sont pas les professionnels français qui pensent en termes d'argent, et non de talent, lorsqu'ils postulent que la qualité des œuvres est proportionnelle au montant des aides ? La subvention ne remplacera jamais l'imagination. Si la création découlait de l'exceptionnisme doré et claquemuré, les pays communistes auraient engendré les plus brillantes cultures du siècle.

Il y a cent quatre-vingt-huit ans, un génial entrepreneur de spectacles français décrochait de gigantesques avances sur recette en présentant le scénario suivant : « Je proscrirai les denrées étrangères et promulguerai un acte de navigation qui ne permettra l'entrée de nos ports qu'aux bâtiments français, construits avec du bois français, montés par un équipage aux deux tiers français. Le charbon même et les milords anglais ne pourront aborder que sous pavillon français » (Napoléon Ier au Conseil d'État, séance du 4 mars 1806).

On connaît la scène finale du film : Napoléon abordant à Sainte-Hélène sous pavillon anglais.

8 janvier 1994

On ne modifie pas une langue par décret

Lutter par décret contre les mots étrangers ne réussit que dans les dictatures. Mussolini a italianisé le vocabulaire du ballon rond (*calcio* pour football, *calcio di rigore* pour penalty, etc.). Il pouvait faire renvoyer sur-le-champ tout journaliste qui employait le mot anglais. Dans la France démocratique, aucun ministre, par bonheur, n'a un tel moyen de se faire obéir, et Jacques Toubon, notre ministre de la Francophonie, aura bien du mal à y parvenir.

En outre, l'expulsion des mots anglais ne suffira pas à enrayer la dégradation du français. Entendons-nous, j'avais applaudi en son temps et je continue d'approuver le fameux livre d'Étiemble *Parlez-vous franglais ?*, paru en 1964. Mais pourquoi des mots anglo-américains superflus s'infiltrent-ils sans rencontrer de résistance dans notre langue ? Parce que cette langue se trouve déjà dans un état de décomposition et de vulnérabilité dû à des causes internes.

Il suffit d'écouter un bulletin d'informations pour entendre pulluler les « j'espère qu'il puisse », « quoiqu'il reçoit une indemnité », « c'est de cela dont le ministre a parlé », « une œuvre auquel je crois ». On entend aussi couramment employer « choqué » pour « hébété » ou « bouleversé »,

« supporter » pour « soutenir », etc. Durant le débat sur Bernard Tapie à l'Assemblée, deux députés ont employé le mot « mainlevée », désignant l'acte qui met fin aux effets d'une saisie, visiblement persuadés qu'il s'agissait d'un synonyme élégant de « levée d'une immunité parlementaire ». Qu'on n'invoque pas l'opposition entre langue populaire et langue savante. La désintégration actuelle du franglais n'est pas populaire, elle est intello-mondaine.

Autre appauvrissement qui ne doit rien à « l'impérialisme de l'anglais » : la généralisation de « sur ». Ce passe-partout, avec une voracité de poisson-chat, détruit les autres prépositions françaises. On dit de plus en plus « il est sur Paris » au lieu de « à Paris » ; « y a combien de boulangers sur le quartier ? » au lieu de « dans le quartier » ; « il a une bonne compréhension sur ce dossier » au lieu de « de ce dossier ».

Le malheur est que nos linguistes et nos lexicographes ont tellement la frousse de se faire traiter de vieux puristes réactionnaires qu'ils ont éliminé la notion de faute de français, pour mettre ces détériorations sémantiques sur le compte de « l'évolution normale de la langue ». C'est oublier, au nom d'un prétendu modernisme, qu'une langue de culture implique toujours une discipline, qui seule maintient la richesse de son vocabulaire, de ses tournures, de ses nuances. Si l'on supprime cette dimension normative, qu'on supprime alors le ministère de la Francophonie. Car au nom de quel bénéfice intellectuel et esthétique les étrangers se donneraient-ils la peine d'apprendre une langue dont les spécialistes mêmes proclament qu'elle ne doit surtout obéir à aucune règle ?

La racine de la décomposition du français est d'abord en nous, chez nous, avec, pour cause primordiale, la détérioration de l'enseignement. En écoutant des étudiants d'une école de commerce confier à une télévision leur hostilité au « SMIC des jeunes », je constatai qu'aucun de ces « bac + 2 » ne parvenait à construire une phrase cohérente. En lisant des copies de français d'élèves de cinquième, je vois un magma indéfinissable, où l'on ne peut même plus parler de faute, car faute suppose, à côté, un contexte non fautif. « Il va de soi, écrit leur professeur dans sa lettre d'envoi, que ces élèves, vu leur âge (nés en 1979 ou 1980, car aujourd'hui on est en cinquième à 14 ou 15 ans), passeront d'office en quatrième. Et pourquoi pas en seconde ? Et pourquoi pas à la fac ? » Que cette enseignante se rassure : c'est déjà le cas.

19 mars 1994

Que la rue gouverne !

Au lendemain de ces élections de mars pour les conseils départementaux, tous les partis, on l'a vu et redit, ont crié victoire. Et pourtant tous ont perdu. Oh non pas, certes, en raison de telle ou telle interprétation tortueuse de leurs résultats. Mais parce que le pouvoir politique a cessé de résider dans les assemblées.

Selon le déroulement théorique des opérations, le Parlement vote une loi, ou le gouvernement, issu de la majorité parlementaire, expression de la volonté générale, prend une décision. L'opposition a pu discuter le projet, déposer maints amendements, contester la mesure. Mais, la majorité étant la majorité, le texte est adopté.

C'est là, dans les démocraties représentatives, que le processus législatif se termine. C'est là, dans la nôtre, qu'il commence. Dès le jour de la promulgation ou de l'application on assiste à la rébellion du groupe social, de la catégorie professionnelle, du service public, de la classe d'âge, de la région, de la corporation, du syndicat dont les intérêts ou les privilèges sont ou paraissent visés par le législateur ou le gouvernement. Si les manifestations et les grèves ont assez d'ampleur et surtout de violence pour paralyser et perturber, au-delà du supportable, la vie nationale, cela vaut abrogation de la loi, retrait de la mesure.

Peu importe que la majorité, comme dans le cas présent, dispose à l'Assemblée nationale de 84 % des sièges contre 16 % à l'opposition, et qu'elle soit donc une des majorités les mieux élues de toute l'histoire de France, dans une consultation datant d'un an à peine, et confirmée par les élections cantonales. Peu importe que chaque catégorie de manifestants ne représente qu'une minorité dans la nation, si encombrante soit-elle dans la rue. Peu importe que le droit de faire grève et de manifester, si sacré soit-il, ne puisse jamais être, d'après la Constitution, un substitut du droit de légiférer. Il l'est devenu.

Entérinons donc un état de fait d'ores et déjà plus fort que la Constitution officielle. J'avance la modeste proposition suivante. Le caractère représentatif du pouvoir ayant perdu toute importance, on désignerait le président de la République par tirage au sort. Il gouvernerait de l'Élysée à l'aide d'un cabinet de favoris, ce qui ne changerait guère les habitudes. Au lieu de faire voter des lois par l'Assemblée et le Sénat, horrible perte de temps, il les lancerait lui-même directement dans la nature et attendrait les réactions. En cas de calme persistant, le texte serait adopté. Si des troubles surgissaient, il serait aussitôt retiré : nous ne ferions que suivre ainsi la procédure déjà en vigueur, mais avec un énorme gain de temps. Et à un moindre coût, puisque nous pourrions supprimer les 1 130 députés, sénateurs, conseillers économiques et sociaux, plus les milliers de conseillers régionaux, généraux, municipaux qui ne font déjà que de la figuration.

Et le vote des recettes et des dépenses, vieille prérogative des Assemblées ? Il serait dévolu aux casseurs, auxquels une mise en forme juridique reconnaîtrait les attributions que la coutume leur a depuis des années conférées. On dresserait un tarif des crédits débloqués en leur faveur. Vandalisme à Rungis deux fois par an ? Deux milliards. Obstruction illégale des pistes des aéroports ? Dix milliards. Incendie volontaire d'un monument historique ? Cinq milliards. Entrave à la circulation sur les routes au moyen de tonnes de patates, choux-fleurs, artichauts ? Dix millions la tonne. Mise à sac d'une école ? Cent mille francs. Passage à tabac d'un enseignant ? Mille francs. D'une enseignante ? Mille cinq cents. Avec viol ? Deux mille. Vive la démocratie directe !

26 mars 1994

Sida : restons lucides !

Le sida relève à la fois de la médecine et de la psychologie des foules. Toutes les épidémies s'accompagnent de hantises collectives ; les unes justifiées par la réalité du mal, les autres hallucinatoires et superstitieuses.

Le sida confirme et, à la fois, infirme cette observation. Car, de toutes les maladies épidémiques cataloguées depuis environ deux mille cinq cents ans, il est la moins meurtrière et la plus facile à éviter. La cause et le mode de transmission en ont été identifiés moins de deux ans après son irruption. Songeons que les agents disséminateurs de deux des fléaux les plus anciens et les plus meurtriers de l'histoire, le choléra et le typhus, n'ont été découverts avec certitude, respectivement, qu'en 1884 et en 1909.

Thucydide raconte qu'en 429 av. J.-C., durant la « peste » d'Athènes (d'après ses propres descriptions, il s'agissait plus probablement du typhus), les cadavres jonchaient les rues et les sanctuaires. Tel était l'entassement des morts qu'on ne pouvait plus leur donner de sépulture digne. Vers 1330, à la veille de la peste noire, la France compte environ 17 millions d'habitants, et, vers 1450, à peine une dizaine de millions. Pertes : 42 %, tant avait fait de ravages ce « mal qui répand la terreur », alors que le sida est transmissible mais non contagieux. Les Français ne seront à nouveau 17 millions qu'au XVIIe siècle.

Je glisserai sur les 100 000 morts du choléra, sous Louis-Philippe, entre 1832 et 1837 (18 000 à Paris durant le seul mois de mars 1832) ; sur les 400 000 victimes françaises de la grippe espagnole en 1919 (25 millions dans le monde) ; sur les 65 800 morts de tuberculose pendant la seule année 1930. Le passé n'a jamais consolé personne.

Tenons-nous-en au présent. Comparons les 16 331 morts du sida en douze ans, soit 1 361 par an, aux quelque 140 000 décès annuels par cancer, aux 12 000 suicides, aux 9 000 tués sur la route, parmi lesquels tant de jeunes, et auxquels s'ajoutent des dizaines de milliers d'invalides définitifs. Je cherche non pas à minimiser ou à « relativiser » le sida, maladie tragique, mais, au contraire, à rappeler qu'il est encore circonscrit, et que les causes en sont bien connues. Malgré sa progression indéniable, la lutte pour le refouler n'a rien de désespéré.

Mais à une condition : que la prévention se concentre sur l'efficacité et qu'on nous épargne la rhétorique cataclysmique des agités confusionnels de certaines associations antisida. Il est méprisable d'assimiler les victimes de la maladie à celles du racisme, par exemple, comme si le sida résultait d'une intention destructrice des pouvoirs publics. Je revois ce pauvre sidéen, hissé à la tribune de la convention du Parti démocrate, en 1992, le jour de l'investiture de Bill Clinton, et articulant d'une faible voix : « Si Bill Clinton est élu, je sais que je guérirai, tandis que si George Bush est réélu, je serai mort le 1er janvier prochain. » Ce spectacle écœurant, aggravé d'une ânerie scientifique, déshonore ceux qui l'ont mis en scène. Au cours de la soirée antisida télévisée du 7 avril en France, des démagogues ont reproché aux politiques leur absence de « prise de position contre » le sida. Je n'ai pas souvenance de quelqu'un d'assez stupide, vers 1935, pour accuser Léon Blum ou André Tardieu de n'avoir pas « tonné contre » la tuberculose à la tribune de la Chambre.

Il faut informer, non terroriser l'opinion. Il faut rationaliser l'action contre le sida, la débarrasser des professionnels de l'autopromotion humanitaire et de la croisade contre l'« exclusion », ce concept fourre-tout, asile de la non-pensée. Il faut la restituer aux chercheurs et aux médecins, aidés par les États et par des associations soucieuses non de publicité, mais de résultats.

16 avril 1994

À quoi bon les lois ?

Le malheureux scénario est connu : des banlieusards à bord d'une voiture volée forcent un barrage ; la police tire ; un jeune est tué. Aussitôt le quartier est mis à sac, incendié, pillé par des bandes qui veulent venger la victime. Face à une telle tragédie, il faut affirmer haut et fort que les policiers devraient se contenter de tirer dans les pneus, pour éviter tout risque de mort d'homme.

Ce qui frappe, néanmoins, dans le raisonnement des jeunes, c'est que toute la première partie de la séquence est « gommée ». Le vol, les rodéos terroristes, dangereux pour la vie des autres, le délit de fuite n'existent plus. L'histoire commence avec le coup de feu policier.

Cette version expurgée supprime ainsi toute responsabilité initiale des acteurs dans un drame qui, sans eux, n'aurait jamais eu lieu. C'est encore plus flagrant quand la mort du conducteur résulte non d'un tir de la police, mais d'un accident dû à un excès de vitesse durant la poursuite. Dans ce cas, les forces de l'ordre n'en sont pas moins accusées par les jeunes des banlieues d'avoir « assassiné » l'un des leurs.

Pour prévenir de tels « assassinats », la seule solution serait donc de légaliser le vol, l'excès de vitesse et le délit de fuite. Demander à un automobiliste ou à un motocycliste de s'arrêter parce qu'ils roulent trop vite, parce qu'ils conduisent un véhicule volé ou pour vérifier si leurs papiers sont en règle constitue une « provocation policière ». Dès lors, on ne voit qu'un seul moyen d'éviter les représailles, les incendies, les mises à sac de magasins ou de gymnases : abroger le Code de la route et le Code pénal.

Hélas ! que deviendraient les autres citoyens ? Dans un vol, ne l'oublions pas, il y a toujours un couple : le voleur et le volé. Bien. Sacrifions néanmoins le second au premier. Je crains que cette immolation ne suffise toujours pas non plus pour tranquilliser les esprits. Une banlieue n'a-t-elle pas été récemment dévastée parce qu'un jeune, excédé d'être rançonné et dépouillé depuis des mois, en avait tué un autre ? Comment doit agir la police devant les extorsions et les brutalités entre jeunes ? Si elle intervient, on l'accusera de « comportement répressif ». Quand elle n'intervient pas, ce qui est devenu son habitude, elle n'en est pas moins jugée coupable si les violences tournent au meurtre. Foin de ce dilemme ! Quel plaisir de voir qu'en général l'évolution des mentalités porte à considérer le Code pénal comme tombé en désuétude !

Ainsi, le 22 avril, des voyous ont envahi, saccagé et pillé une école maternelle à Nice. L'aimable visite a duré six heures, devant les bambins terrifiés et leurs institutrices impuissantes, sans la moindre intervention de la police. Le psychosociologue de service, qui surgit immanquablement dans ces circonstances, a diagnostiqué après coup chez les vandales un « sentiment d'exclusion irréversible ». C'est « dans leur tête, pontifiait l'augure, que les principaux ravages ont été commis ». On respire : les ravages dans l'école sont donc accessoires. En fracturant la porte de l'économat pour le dévaliser, les envahisseurs ont-ils perpétré un vol avec effraction ? Que non ! Il s'agit, poursuit le psychosociologue, d'un « défoulement profanateur ». Joie ! On comprend que le rectorat, empreint d'une sage circonspection, « se refuse à dramatiser ». Il se félicite même de ce que les enseignants ne soient plus rossés que deux ou trois fois par semaine.

En 1990, les élèves, dans toute la France, avaient manifesté pour exiger des mesures contre la délinquance à l'école. Que n'ont-ils pas entendu ! N'avaient-ils pas honte ? Appeler à la répression ! Les inconscients ! Ils demandaient le respect des lois ! Pourquoi pas le fascisme ?

7 mai 1994

Les reliques de l'Espagne

Quand, il y a onze mois, les élections espagnoles redonnèrent aux socialistes un pouvoir limité, avec une majorité devenue relative, Felipe Gonzalez fit savoir qu'il avait compris l'avertissement. Il annonça « un changement dans le changement ». En clair : un décrassage énergique des mœurs putréfiées du Parti socialiste.

Mais depuis juin 1993, le président du gouvernement, au fond velléitaire et attentiste, n'a rien changé du tout. Il ne s'est occupé, contraint et forcé, que de la combinatoire parlementaire de ses alliances politiciennes. La corruption, laissée libre de se dilater, explose aujourd'hui en un tonnerre qui fait vaciller l'État tout entier, et même compromet l'unité nationale. Car les socialistes dépendent pour leur survie des voix du groupe des nationalistes catalans. Leur chef, Jordi Pujol, est en train d'échanger son soutien à Gonzalez contre une autonomie accentuée, presque une indépendance, de la Catalogne. « La Catalogne mérite une reconnaissance comme nation », déclarait-il le 18 avril à *El Mundo.* Pour réchapper de ce naufrage, l'Espagne, affirme Gonzalez sans rougir, ne peut compter que sur... Gonzalez. Dans une conférence de presse puante de narcissisme, il proclame : « J'ai le devoir de ne pas démissionner, car je suis le seul qualifié pour lutter contre la corruption. »

Les socialistes d'argent ne cesseront pas de nous étonner ! Les scandales financiers déferlent à la cadence d'une demi-douzaine par an, au plus haut niveau du gouvernement et du Parti socialiste. Felipe Gonzalez dirige le gouvernement depuis bientôt douze ans, et il dirige le Parti socialiste depuis bientôt vingt ans. Pourtant, dans une Espagne aussi dépecée qu'une banque après le « casse » du siècle, il estime avoir fourni des preuves éclatantes de son efficacité dans l'art de terrasser la corruption. Il se vante plus que jamais d'être l'homme indispensable.

À l'entendre, la gangrène provient non pas des crapuleries de ministres et de hauts fonctionnaires qu'il a lui-même nommés et maintes fois confirmés dans leurs fonctions, mais des perfidies de l'opposition. N'ose-t-elle pas insinuer qu'il a quelque chose à voir avec la dégénérescence morale d'un pouvoir qu'il a exercé sans partage durant toute une décennie ?

Émerveillons-nous ici d'un autre aspect de la psychopathologie de certains dirigeants modernes : la revendication d'irresponsabilité. Certes, Felipe, lui aussi, condescend à se déclarer « responsable mais pas coupable ». Mais responsable de quoi ? D'avoir, dit-il, été « trahi » par des gens dans lesquels il avait placé sa confiance. Une idée ne semble pas l'effleurer : ces gens représentent une proportion élevée des membres du gouvernement, de la haute fonction publique et de la direction du PSOE. Cet inquiétant foisonnement conduit donc à s'interroger sur le discernement de Felipe Gonzalez, voire sur sa complicité, au moins passive. En tout cas, si la culpabilité pénale est improbable, la responsabilité politique, elle, est éclatante. Mais la conscience de Felipe exécute une mirobolante cabriole : elle lui impose, dit-il, de garder le pouvoir. Ce serait en démissionnant qu'il se montrerait « irresponsable », philosophe-t-il avec une morgue sereine.

Et qu'on s'abstienne de nous assener le poncif sur « l'implacable logique du profit capitaliste ». L'argent volé à l'État ou grâce à l'État n'a rien de commun avec le profit dégagé par des entreprises. Les pires escroqueries qui ont pollué l'Europe, depuis dix ans, d'Athènes à Paris et de Madrid à Rome, ont eu pour source la puissance publique, pour proie l'argent public et pour berceau le pouvoir politique. Sans une épuration de fer, l'Europe unie pour laquelle nous allons à nouveau voter le 12 juin risquerait de ressembler à une association de malfaiteurs.

14 mai 1994

Mafias russes

En 1979, des intellectuels communistes français intitulaient un livre *L'URSS et nous,* ultime et vaine tentative pour repenser l'impensable. En 1994, l'Union européenne aurait grand besoin d'un livre intitulé *La Russie et nous,* qui traiterait sans faux-fuyant des vrais problèmes de la Russie postsoviétique.

Ce deuxième casse-tête a d'ailleurs été engendré par le premier. L'anarchie russe est fille de la décomposition communiste. Car, de tous les régimes, démocratiques ou non, connus dans l'histoire, le communisme est le premier qui ait eu pour condition d'existence l'annihilation de la société civile. On ne peut rien comprendre à ses lendemains si on l'oublie. Au terme de cette course au néant, le matériau de base d'une reconstruction a presque disparu. Dans ce chaos sans État, sans économie et sans droit surgit la seule forme de vie compatible avec un tel désert : les bandes de hors-la-loi.

Ainsi, la Russie, comme l'Ukraine, comme la plupart des autres territoires (on n'ose les appeler « républiques ») ci-devant soviétiques, ne connaît quasiment, aujourd'hui, qu'un seul pouvoir réel : la mafia. Même l'armée en dépend pour survivre, puisque les militaires, réduits à la misère, vendent par son entremise les substances nucléaires dont l'Ouest horrifié vient de découvrir le trafic.

La, ou, plutôt, les mafias. Dans un article récent, le professeur Nikolaï Zlobine, historien et politologue, en distingue trois. En bas, la mafia des rues, les truands violents qui rançonnent les commerçants et agressent les passants. Le professeur sait de quoi il parle. Il venait de se faire dévaliser. Au milieu, la mafia des groupes organisés, dédaignant les cambriolages vulgaires et les minables rapines, gère le négoce international des matières premières, dont le plutonium et l'uranium sont les plus prisées.

Au sommet, enfin, la mafia du troisième niveau se compose de « conseillers en entreprise » de haut vol. Ils imposent leurs coûteux services aux sociétés étrangères installées ou projetant de s'installer en Russie. Ils vont les démarcher, c'est-à-dire les menacer jusque chez elles, en Allemagne ou aux États-Unis. Refuser leur assistance expose à bien des contrariétés, qui peuvent aller jusqu'à des morts « accidentelles ». Ces mafieux-là, méthodiques et compétents, se confondent souvent avec l'ancienne nomenklatura communiste et constituent l'armature réelle du pays. Ils intimident même la presse, quand elle bavarde trop sur leurs activités. Échaudé et prudent, Zlobine a d'ailleurs publié son article dans... le *New York Times.*

Ces mafieux supérieurs ont au fond avantage à la résorption de l'insécurité triviale due aux mafieux bas de gamme, qui mettent en fuite les gros clients étrangers. La mafia noble désire un « partenariat pour la paix » avec les entreprises occidentales, de manière à les rassurer et à mieux les ponctionner. C'est entre ses mains que réside pour le moment le véritable pouvoir. C'est avec ce pouvoir-là qu'il nous faut compter, sinon traiter. Je ne pousserai pas le paradoxe jusqu'à soutenir que ce sont ses représentants que nous aurions dû inviter au G7, à Naples, en juillet, au lieu de Boris Eltsine, ornement d'un État sans grande prise sur la société.

Par l'effet de quel mystérieux ressort la décrépitude interne entraîne-t-elle des ambitions démesurées en politique étrangère ? Moins l'État russe a de pouvoir chez lui, plus haut il clame à l'extérieur son statut de « grande puissance ». Qu'il ait vocation à en redevenir une, et l'histoire et la géographie nous en convainquent. Pour l'instant, nous constatons qu'il est incapable d'empêcher les fuites de substances nucléaires organisées par la mafia. Il se borne, sur ce sujet, à accuser la presse occidentale de « sensationnalisme ». C'est avouer clairement qu'il n'est plus le maître chez lui, et c'est à cette réalité que l'Union européenne doit faire face.

27 août 1994

Mitterrand et le pétainisme

François Mitterrand n'a-t-il accepté d'ouvrir le débat sur son passé que pour mieux le noyer sous son verbe ? N'en déplaise aux flatteurs, c'est à répondre oui qu'incite son entretien télévisé du 12 septembre. On y passa spectaculairement sous silence certains des faits les plus embarrassants et des textes les plus gênants que relate Pierre Péan dans *Une jeunesse française,* le livre qui a provoqué la stupeur.

Par exemple, le 22 avril 1942, quatre jours après que Pétain, cédant à la pression des Allemands, a rappelé Laval au pouvoir, capitulation qui amène de nombreux pétainistes à cesser de l'être, Mitterrand écrit à un proche : « Je ne participe pas à cette inquiétude née du changement de gouvernement. Laval est sûrement décidé à nous tirer d'affaire. » (Péan, p. 187.) À propos de sa collaboration à *France, revue de l'État nouveau,* patronnée par Pétain et dirigée par le cagoulard Gabriel Jeantet, revue où il a publié deux articles, en décembre 1942 et en mars 1943, Mitterrand déclare à Péan (p. 185) : « Je ne voyais pas de crime dans le fait de signer des articles dans cette revue. » L'ennui est que le Comité français de libération nationale, lui, en voyait un. La législation en matière de presse, appliquée à la Libération, le stipule : tout organe ayant continué à paraître après l'invasion de la zone libre, en novembre 1942, toute personne ayant signé dans un tel organe après cette date sont réputés avoir collaboré avec l'ennemi.

Dans l'entretien, il ne fut pas davantage soufflé mot de la francisque, décoration distribuée au compte-gouttes, accordée à l'élite de l'État français sous l'égide de deux parrains bien en cour à Vichy. Mitterrand la reçut un an à peine avant la Libération. Certes, alors, il prend déjà part à la Résistance. Mais, à cette date, même pour une vocation tardive, c'est un peu tardif. Et à cet âge, vingt-sept ans, on n'est plus le naïf bambin enrobé dans le conservatisme familial dont il a tracé le portrait à l'antenne.

Son adhésion à la Révolution nationale émane d'un homme jeune, sans doute, mais adulte. Bien sûr, en 1942, les résistants n'étaient pas légion, mais les autres n'étaient pas tous dans la Légion, l'organisation de masse pétainiste, comme Mitterrand. Ils ne sollicitaient pas tous fonctions et décorations à Vichy. L'explication par le milieu de droite est un faux-fuyant. Certains des plus héroïques et précoces résistants, Frenay, Rémy, d'Estienne d'Orves, de Gaulle lui-même, venaient de la droite.

L'explication que suggère le strict récit des actes, c'est l'ambition du pouvoir à l'état pur. Si l'on prend Mitterrand à la fin de 1943, six mois avant le débarquement, il a si bien manœuvré qu'il a réuni dans ses mains les cartes nécessaires pour faire carrière après la guerre, quel que soit le camp vainqueur. À Vichy, il a réussi à devenir le chef de l'un des trois mouvements de prisonniers, le plus pétainiste. À Alger, puis à Londres, il parvient à se faire confier la mission d'unifier sous son autorité les trois mouvements, succès qu'il doit à l'intervention amicale d'Henri Frenay auprès d'un de Gaulle méfiant. Après la Libération, il se retourne contre son protecteur Frenay, ce qui lui vaut un rude rappel à l'ordre du Général.

Il existe deux sortes d'ambitieux : ceux qui veulent le pouvoir pour accomplir une œuvre et ceux qui veulent le pouvoir pour le pouvoir. Que Mitterrand, à partir de 1958, ait passé vingt-trois ans dans l'opposition ne l'empêche pas d'appartenir à la deuxième catégorie. On peut rester dans l'opposition pour en prendre le contrôle et ensuite décrocher le gros lot, ce qui fut le cas. On reproche souvent à Mitterrand de ne jamais reconnaître ses erreurs. Erreurs par rapport à quoi ? De son point de vue, et selon son critère, il n'en a jamais commis aucune.

17 septembre 1994

Le modèle suédois est cassé

Les socialistes ont retrouvé une majorité en Suède pour la même raison que les anciens communistes ont gagné des élections en Hongrie et en Pologne : la nostalgie ou le mirage d'un État qui subventionne, indemnise et garantit, sans tenir compte de la production, du mérite, du travail ni du marché. Socialistes suédois et anciens communistes de l'Est ont un autre point commun : ils savent, et d'ailleurs disent, qu'ils ne restaureront ou n'instaureront pas l'État providence, sans limite ni contrôle, dont rêve toute imagination collective.

Mais ils diffèrent sur un point essentiel : le communisme a toujours échoué, il n'a jamais redistribué que la pénurie, tandis que le modèle suédois a connu des années de réussite. L'erreur des peuples délivrés du communisme fut de croire qu'ils pourraient atteindre le niveau de vie capitaliste dans les structures inchangées de la misère égalitaire. Ils n'ont pas compris que la richesse est inséparable du risque. L'erreur des Suédois est d'avoir, eux, cessé un jour de comprendre que la dépense est inséparable de la recette. Ils ont tué leur illustre « modèle » en l'exploitant sans scrupule et en exerçant de plus en plus à son détriment un brigandage aussi stupide qu'éhonté.

Tout Suédois peut aujourd'hui disposer de revenus aussi élevés sans travailler qu'en travaillant. Il a droit à un an de congé de paternité, à plein salaire. Il peut refuser un emploi dans un lieu qui lui déplaît ou se faire mettre en arrêt de travail, pour une durée indéterminée, en invoquant simplement un malaise psychologique éprouvé, selon lui, devant la tâche qu'il exerce ou qu'on lui propose. Malheur au médecin qui lui refuserait le certificat attestant le trouble de l'âme dont l'intéressé est par définition seul juge : le praticien se verrait aussitôt accusé de pécher contre les acquis sociaux et d'aggraver l'exclusion. Et vous constaterez que cette extravagance a cours aussi aux Pays-Bas, en lisant le chapitre consacré à ce pays dans le livre si éclairant de Guy Sorman, *Le Capital, suite et fins* (Fayard). Un Hollandais débrouillard peut cesser de travailler à 43 ans en touchant son meilleur salaire jusqu'à la fin de ses jours. De tels systèmes sont de toute évidence voués à la faillite. Celle de la Suède est avérée depuis une bonne décennie, ce qui n'a pas empêché les dépenses sociales de continuer à y croître deux fois plus vite que la production. Belle recrue pour l'Europe que cette éclopée en banqueroute !

Partout, les dépenses sociales justifiées servent de cheval de Troie à des groupes de pression qui se couvrent du masque de la solidarité pour extorquer au pouvoir politique des privilèges injustifiés. C'est au contribuable anonyme de les payer. Ce manège est ce que l'on appelle le marché politique : il consiste à échanger des votes contre des promesses d'interventions publiques. C'est pourquoi vous ne trouverez guère de dirigeants et encore moins de candidats, de droite ou de gauche, socialistes ou libéraux, qui ne défilent en paladins des acquis sociaux. Ils omettent de préciser qu'une partie de ces acquis sociaux sont des privilèges antisociaux. Tout l'art du marché politique consiste, au nom de la justice, à surtaxer la partie inorganisée des citoyens pour surindemniser l'autre. Puis l'échéance arrive, immanquable, où ceux qui touchent sont de plus en plus nombreux, ceux qui payent de moins en moins solvables, de sorte que le système explose. L'écroulement s'est produit en Suède, et il commence en Italie, pour les pensions et retraites. En fait de justice sociale, les malins qui ont abusé de la solidarité précipitent dans la détresse les faibles qui en avaient vraiment besoin.

À quoi sert la démocratie, s'il faut attendre les catastrophes pour que les erreurs soient reconnues, et si elles ne sont reconnues que lorsqu'il est trop tard pour les corriger ?

24 septembre 1994

Vandalisme à la française

Transformons la Direction du patrimoine en dictature ! Si vous doutez encore de la nécessité de ces pleins pouvoirs pour arrêter ou ralentir la destruction quotidienne des monuments, des sites, des chefs-d'œuvre français, alors, lisez, pour votre délectation morose, l'*Histoire du vandalisme* de Louis Réau, un classique de la littérature d'épouvante qui vous aspirera aussi implacablement qu'un conte d'Edgar Poe ou un épisode de *Fantômas*.

Louis Réau était un historien d'art qui consacra toute sa vie, principalement, à l'art français. Au terme de sa longue carrière, il s'aperçut que ce qui caractérise les œuvres d'art, surtout les œuvres architecturales, c'est peut-être, avant tout, qu'elles sont massivement détruites par les héritiers de leurs créateurs. Trois ans avant sa mort, il publia, en 1958, cette somme de ruines en France à travers les âges, rééditée et spectaculairement illustrée aujourd'hui dans la collection « Bouquins » ; et augmentée de 150 pages inédites et accablantes, dues à Michel Fleury et Guy-Michel Leproux, sur le vandalisme sous la Ve République.

Le terme « vandalisme » a été forgé en 1794 par l'abbé Grégoire en référence aux envahisseurs vandales, qui, au ve siècle, ravagèrent les monuments gallo-romains. L'abbé entendait admonester les Jacobins (dont il était) qui, sous ses propres yeux, démolissaient ou mutilaient des milliers de cathédrales et de châteaux sous prétexte qu'ils étaient dus à la « superstition » ou au « despotisme ». Le vandalisme révolutionnaire, quoique l'un des plus dévastateurs, n'est pourtant que l'une des espèces d'une barbarie multiforme.

Le catalogue compte aussi le vandalisme guerrier, qui, souvent, aux destructions accidentelles survenues au cours d'opérations militaires ajoute des destructions volontaires dues au plaisir pervers de raser les monuments du vaincu ; le vandalisme religieux : au cours de la croisade des albigeois ou durant les guerres de Religion du XVIe siècle ; le vandalisme pudibond, qui repeignit les « indécences » des fresques de Michel-Ange ; le vandalisme débile : la graffitomanie ; le vandalisme politique, doctrinal ou idéologique, qui engendre l'iconoclasme, auquel Alain Besançon a consacré un livre magistral, *L'Image interdite*.

Voici le vandalisme mégalomane, dû à la vanité d'un chef d'État qui veut « imprimer sa marque » à une capitale en souillant des sites vénérables de déjections de sa conception ; le vandalisme structuraliste d'Haussmann ; le vandalisme ferroviaire du second Empire, auquel on doit la démolition du château de Bercy ; le vandalisme incendiaire de la Commune, qui réduisit en cendres les Tuileries et l'Hôtel de Ville, avec les milliers d'ouvrages précieux, de manuscrits à peinture et de tableaux de maître qu'ils contenaient ; le vandalisme administratif, qui décida la dispersion de la collection Campana, en 1872 ; le vandalisme « moderniste » des chanoines de l'Ancien Régime, qui faisaient casser les jubés et les vitraux, ou celui du clergé postconciliaire, soucieux d'art sacré « dans le vent » ;

enfin, ce qu'on pourrait appeler le vandalisme de juxtaposition, qui, inspiré par un avant-gardisme de sous-préfecture, macule avec le pompiérisme des colonnes de Buren un des plus beaux ensembles architecturaux et paysagers du monde, un miracle intact depuis le XVIIIe siècle, ces jardins du Palais-Royal où Diderot venait faire chaque jour sa promenade !

Certes, des esprits éclairés, comme Grégoire, ont toujours tenté de combattre les vandales. En 1830, le grand François Guizot créa le poste d'inspecteur général des monuments historiques, qui permit à Prosper Mérimée, son titulaire de 1834 à 1852, d'effectuer un minutieux travail de sauvetage. Mais la barbarie reprend vite le dessus.

Amer paradoxe, elle s'est aggravée sous la Ve République. Jamais on n'a autant invoqué la « mémoire » et jamais on n'a aussi placidement effacé le passé. Jamais on n'a autant utilisé la culture comme instrument de propagande politique et de tape-à-l'œil médiatique, jamais non plus on n'a enlaidi à ce point Paris, Metz, Nancy ou Nîmes. Car, outre les folâtreries écrasantes, dans la capitale, d'un certain nombre de Messieurs Jourdain présidents, la loi de décentralisation des élus locaux, démontrent Fleury et Leproux dans leur réquisitoire final, a décuplé les capacités régionales de vandalisme. Laissez-moi vous servir, en guise de pousse-café, cette perle extraite de la séance du 24 juillet 1990 du conseil municipal de Nîmes, qui avait peu auparavant voté la démolition d'une maison du Moyen Âge ornée de fresques d'époque. Comme un conseiller municipal, un fou isolé, protestait, le premier adjoint et l'adjoint culturel lui répliquèrent : « Cet hôtel particulier n'était pas du Moyen Âge ; il datait du XIVe siècle. » Culture, culture ! vous dis-je. Mémoire, mémoire !

12 novembre 1994

Histoire du vandalisme, Les monuments détruits de l'art français de Louis Réau, édition augmentée par Michel Fleury et Guy-Michel Leproux, Robert Laffont, collection « Bouquins ».

L'Alzheimer politique français

Manions avec précaution la notion de décadence. Tel changement paraît décadent à certains qui peut se révéler un progrès, et inversement. Pourtant, il y a un critère. C'est le fait qu'une nation, une classe politique atteignent un point de sclérose où elles se montrent incapables de tirer parti de l'expérience et de modifier leur comportement en fonction de ce qu'elle enseigne.

La classe politique française est aujourd'hui parvenue à cette sénilité alzheimérienne. À gauche, nous avons un des deux seuls partis communistes d'Europe (avec le parti portugais) qui n'aient changé ni de nom ni de ton. Nous avons le seul parti socialiste encore cramponné aux lambeaux des vieilleries idéologiques du XIXe siècle, sans tenir compte des leçons de l'histoire. Pas même de sa propre histoire. Doit-on s'indigner ou rire d'entendre les socialistes condamner, comme Martine Aubry, « cette société d'exclusion que nous ne saurions accepter », alors que ce sont eux qui l'ont créée ? À leur congrès-croupion de Liévin, renchérissant dans l'archaïsme, ils entonnent une *Internationale* qui sonne plutôt comme un *Plus près de toi, mon Dieu !* chanté à l'adresse de Jacques Delors.

C'est en effet l'homme providentiel qu'attendent

ces progressistes. Ils se tournent vers la Belgique pour implorer « le retour de l'émigré », comme en 1815 les légitimistes attendaient Louis XVIII. Ce culte de la personnalité a d'ailleurs donné au roi dont le règne s'achève l'occasion de bénir son successeur présumé. Quelle modernité, quelle audace, dans le discours « parallèle » de François Mitterrand, étalant en lisière du congrès sa coutumière autosatisfaction ! Que c'est agréable d'entendre se congratuler et rire à ses propres bons mots un homme qui, à l'en croire, n'a jamais commis la moindre erreur ! Si entouré soit-on de flatteurs, au fond, on n'est jamais bien flagorné que par soi-même. Oui, vraiment, la pensée de gauche est en plein renouvellement.

Celle de droite ne se porte pas mieux. Faute d'avoir eu le courage de réformer la Constitution, par superstition plus que par fidélité gaulliste, l'ex-majorité de 1993 voit l'élection présidentielle se transformer en machine infernale. L'explosion la taille en pièces et éparpille ses morceaux à travers toute la scène politique.

Selon Chirac, la dégénérescence monarchique serait postérieure à de Gaulle. Hélas ! les documents historiques ne corroborent pas cette thèse. Dans *C'était de Gaulle* (Fallois/Fayard), le Général dit à Alain Peyrefitte : « Le gouvernement n'a pas de substance en dehors de moi. Il n'existe que par mon fait. N'employez donc pas l'expression "chef du gouvernement" pour parler du Premier ministre. Le Premier ministre est le premier des ministres, il coordonne leur action, mais il le fait sous la responsabilité du président de la République, qui dirige l'exécutif sans partage » (p. 116-117).

La classe politique tout entière a perdu tout contact avec les idées de notre temps. Qu'elle nous épargne au moins l'oraison perpétuelle du « débat d'idées ». Quel débat ? Quelles idées ?

Nous n'entendons que des clichés, des formules incantatoires : l'« exclusion », ce vide-poche où l'on entasse cinquante phénomènes hétérogènes, dont chacun a des causes différentes et est justiciable d'un traitement différent ; le « dialogue », c'est-à-dire l'institution du bavardage creux comme panacée ; les solutions dites « de proximité », façon d'éluder la réflexion sur les problèmes de base, qui sont tous généraux ; être « à l'écoute » des gens, ce qui veut dire que l'on s'écoute parler. Contrairement à ce qui se ressasse, la pensée politique s'est profondément renouvelée depuis quinze ans. Mais les acteurs politiques n'en savent rien.

26 novembre 1994

Le coup de poing américain

Aux récentes élections américaines de mi-mandat, la Californie a joint une « proposition 187 », adoptée à une forte majorité, qui a fait crier partout au racisme et au fascisme. Cette proposition tend à priver les immigrés clandestins de l'assistance médicale gratuite (sauf pour les urgences) et de la scolarité gratuite pour leurs enfants.

Pourtant le *Washington Post,* l'un des quotidiens au passé le plus irréprochable dans la lutte contre le racisme et pour les droits de l'homme, a souligné le simplisme de certains anathèmes. Il a, dans un éditorial non signé, c'est-à-dire représentant le point de vue du journal même, demandé : peut-on considérer comme un devoir, pour quelque nation que ce soit, de payer indéfiniment des prestations sociales, sanitaires et scolaires croissantes pour des millions d'étrangers en situation illégale ? Cette question concerne non seulement les États-Unis mais les pays de l'Union européenne, au premier chef l'Allemagne, où ont afflué en masse les étrangers depuis la chute du Mur, et aussi la France, l'Espagne, le Danemark, bien d'autres.

Cette question, il suffit de la poser pour comprendre que l'on ne peut pas y répondre affirmativement sans aboutir, sur le plan purement pratique, à des impasses financières et à des crises sociales sans issue. « On ne peut pas, écrit le *Washington Post,* attribuer automatiquement l'approbation populaire de la proposition 187 au racisme et à la xénophobie, comme beaucoup de gens semblent le faire. » En effet, quand des millions de clandestins, et les employeurs qui les font travailler au noir, échappent à l'impôt, tout en bénéficiant de l'assistance, c'est le reste de la population, lourdement taxée, elle, qui se révolte. La proposition 187 n'a pas été conçue par le gouvernement fédéral ni par l'État de Californie. C'est un référendum d'origine populaire. Il serait temps de dissocier du racisme les problèmes concrets posés par l'immigration, surtout clandestine. Les confondre, de bonne ou de mauvaise foi, est justement ce qui fait monter le racisme.

En 1986, une loi bipartisane, c'est-à-dire rapportée à la Chambre à la fois par un démocrate et par un républicain, la loi Simpson-Rodino, a promulgué une amnistie pour tous les illégaux présents sur le sol américain depuis au moins quatre ans, ainsi que pour leurs employeurs frauduleux, et organisé la régularisation de leur situation. Mais la contrepartie de cette loi devait être que, dès son entrée en vigueur, la lutte contre l'immigration clandestine deviendrait efficace. Or il n'a pas cessé d'entrer en fraude un demi-million de Mexicains par an dans la seule Californie. Ainsi s'est reconstituée une sous-société, vivant dans des conditions indignes et inviable financièrement au regard de budgets déjà déficitaires.

Le gouvernement fédéral n'a donc pas fait face à ses responsabilités. La proposition 187 est avant tout un coup de semonce qui lui est destiné. Contestée devant les tribunaux à la fois fédéraux et californiens pour inconstitutionnalité, elle est très loin d'être appliquée, si elle l'est jamais. Un précédent au Texas, en 1982, a été annulé. Mais il en viendra d'autres si la question de fond n'est pas résolue. Comment veut-on que le Congrès fasse avaler aux syndicats à la fois le traité de libre-échange de l'Amérique du Nord, l'ALENA (Nafta en anglais), qui délocalise au Mexique de nombreux emplois, et le laxisme de l'entrée massive et continue aux États-Unis de travailleurs non déclarés mais assistés ? Dans l'art de fabriquer les bombes sociales à retardement, on ne fait pas mieux. Et, encore une fois, la leçon ne vaut pas que pour les Américains.

3 décembre 1994

L'Europe du troisième âge

Est-il temps de se demander aujourd'hui si nous ne serions pas en train de devenir trop peu nombreux ? Ce serait prématuré. Mais on peut affirmer, en tout cas, que la réponse a cessé d'être uniforme pour toutes les parties du monde. On doit la nuancer fortement. C'est à quoi nous invitent les données et projections formulées, pour la planète, par l'ONU, lors de la Conférence internationale sur la population et le développement, tenue au Caire en septembre. S'y ajoutent, pour l'Europe, de récentes prévisions de l'Ined et, pour la France, le rapport publié, fin novembre, par l'Insee.

À l'échelle planétaire, depuis 1984, la population mondiale a ralenti sa croissance. Il avait fallu trente-sept ans, de 1950 à 1987, pour que la population du globe double. Il en faudra plus de cent pour qu'elle double à nouveau. Il s'avère que, ni au point de vue démographique ni au point de vue économique, on ne peut continuer à partager sommairement le monde en pays riches à natalité faible et en pays pauvres en surnatalité. Les pays de l'ancien tiers monde s'échelonnent maintenant sur tous les degrés économiques qui séparent l'opulence de l'indigence. De même, pour sa démographie, l'humanité s'est scindée en trois groupes. Le premier, à natalité faible, comprend la moitié environ de la population mondiale : ce sont les pays développés, additionnés de pays peu ou prou intermédiaires ou en cours de décollage, tels que la Chine, la Thaïlande, la Corée du Sud, le Chili. Dans le deuxième groupe figurent quelques colosses — Inde, Brésil, Indonésie, Iran, Mexique — qui ont amorcé leur « transition démographique » de baisse de la fécondité. Enfin, il y a le groupe encore en deçà de la « transition », pour l'essentiel l'Afrique subsaharienne. Il se chiffre à 753 millions d'hommes, contre 901 millions il y a dix ans.

Avec ses 99 habitants au kilomètre carré, l'Europe (moins la Russie) a une densité plus de deux fois supérieure aux 40 habitants de la moyenne mondiale. En revanche, comment éluder la question de savoir si l'Europe que nous voulons sera une Europe du troisième âge ? Et pourtant, les faits sont là : en France, la proportion des 60 ans et plus, aujourd'hui un cinquième de la population, en représentera plus du quart en 2020. Le vieillissement va plus vite que ne l'indiquaient les projections antérieures. L'année 1993 a été celle de notre plus basse natalité depuis la guerre. Le remplacement des générations a cessé d'être assuré dès 1974.

Rappeler ces réalités, c'est encourir l'accusation de « natalisme », quasiment de fascisme. Or, sans songer à remettre en question les libertés acquises, de contraception, d'avortement, de refus du mariage, on ne saurait non plus céder sans se déshonorer à l'aveuglement idéologique. Comment nier les méfaits d'un Code de la famille démotivant ? Notamment du point de vue fiscal. Un Français actuel qui se marie, épargne et procrée est une poire. Un seul exemple : si un célibataire ayant déjà un enfant épouse une célibataire ayant aussi un enfant, le couple aura trois parts. S'ils vivent en concubinage, cinq parts. De plus, ils déclareront leurs revenus séparément. Or les statistiques montrent que les ménages non mariés ont moins d'enfants que les couples mariés. C'est ainsi. On comprend que le législateur ne veuille pas forcer les Français à se marier et à faire des enfants. Du moins pourrait-il s'abstenir de les en dissuader. Sauf s'il tient absolument à ce que la France devienne une vieille en pantoufles dans une Europe à la retraite.

23 décembre 1994

1995

Le terrorisme algérien et les musulmans de France

Chaque Français doit s'interdire l'amalgame entre les meurtriers du GIA et les millions de musulmans qui vivent en France, surtout ceux qui sont de nationalité ou d'origine algériennes. Ce serait odieux et trop facile. La responsabilité collective est le degré le plus vil de la morale. C'est justement ce dévoiement de la conscience qui inspire les assassinats du GIA, visant à frapper la France à travers quelques Français sans défense, comme il inspirait les exécutions d'otages par les nazis.

Nul historien du droit ne l'ignore : plus une société se civilise, plus la responsabilité s'y individualise et s'y proportionne à l'intention. Le respect des êtres humains l'exige. Mais l'équilibre indispensable à toute société exige aussi que ce respect soit mutuel. Les musulmans français ou résidents doivent eux aussi comprendre l'état d'esprit devant les crimes du GIA des citoyens français d'autres religions, traditions ou origines. On est tout disposé à croire que, dans leur immense majorité, comme nous le répètent leurs porte-parole de la Grande Mosquée de Paris ou autres lieux, ils réprouvent les forfaits du GIA. Mais on souhaiterait les entendre les condamner de façon un peu plus explicite. Cette prise de position nous réconforterait. Hélas ! dans les réactions que les médias recueillent, après chaque tragédie, comme dans les conversations privées de chacun de nous dans son quartier, on entend les musulmans surtout éluder avec soin l'expression de toute opinion nette sur les agissements du GIA ou du FIS. Cette neutralité ostentatoire ressemble de façon inquiétante à une semi-approbation.

Certes, on peut excuser ces observateurs si réservés en alléguant qu'ils craignent des représailles. En effet, il est notoire que les banlieues sont noyautées. Il s'y cache même des armes — des revolvers et jusqu'à des mitraillettes. Mais la complicité passive n'est guère un moyen d'en prévenir la diffusion. Il est triste de constater que les Algériens libéraux vivant en Algérie ou réfugiés en France, c'est-à-dire ceux dont la vie est vraiment en danger, sont à peu près les seuls à condamner sans équivoque les violences du GIA et le fanatisme du FIS. Les femmes, notamment, se montrent souvent avec éclat les plus courageuses. Pourquoi les musulmans français ou fixés depuis longtemps en France ne leur apportent-ils pas davantage appui et réconfort ?

On eût aimé, en août, quand furent tués à Alger cinq Français dépendant de notre ambassade, entendre de la bouche de Maghrébins établis sur notre sol quelques mots de compassion pour les victimes. Au lieu de cela, ceux, du moins, à qui s'ouvrent micros et télévisions ne parlèrent que pour protester contre l'internement, dans l'Aisne, de suspects proches du GIA. Le gouvernement rétablissait le « délit de faciès », vociférèrent-ils. Ces ritournelles de la récrimination, étrangement identiques à Lille, Lyon, Paris, Marseille ou Mantes, leur étaient-elles soufflées par nos apparatchiks de l'antiracisme ? Est-ce du racisme que de chercher à démanteler sur notre territoire les réseaux du FIS ou de tout autre organisation subversive ?

L'antiracisme est la simple expression de notre devoir de solidarité à l'égard de nos concitoyens musulmans et des résidents de même confession. Mais la solidarité s'essouffle quand elle s'exerce trop longtemps à sens unique. Si les ennemis de la France ne sont pas considérés comme ennemis par tous ceux qui ont adopté la nationalité française ou la résidence durable sur notre sol, leur refus d'épouser clairement les causes nationales risque de provoquer, à la longue, de nouvelles fractures. Et ce, au sein d'un corps social qui n'en compte d'ores et déjà que trop.

7 janvier 1995

Le communisme : illusion ou utopie ?

En intitulant son nouveau livre *Le Passé d'une illusion,* François Furet renvoie bien évidemment au vénérable *Avenir d'une illusion* de Sigmund Freud, essai de 1927 sur la religion. Mais l'illusion que Furet tente d'élucider, lui, c'est le communisme. Comment comprendre l'énigme de son succès ? Non dans la réalité, certes, mais dans les esprits. Surtout les esprits qui le contemplaient de loin. Car le miracle du communisme, ce n'est pas qu'il ait commencé à s'effondrer en 1989, c'est qu'il ne se soit pas effondré dès 1919. Et ce qui aurait dû signaler au monde sa mort, ce n'est pas la chute, c'est la *construction* du mur de Berlin en 1961.

Plus largement, l'essai de Furet concerne le totalitarisme en général. Le communisme en fut (et reste pour un milliard et demi d'hommes) la variante la plus étendue dans le temps et dans l'espace. Le fascisme et le nazisme entretiennent avec le communisme une parenté intime, de plus en plus reconnue aujourd'hui. Comme d'autres grands historiens, dont le spécialiste italien du fascisme, Renzo de Felice, Furet donne, après Hannah Arendt, enfin un bon coup de pied dans le tabou qui interdisait de comparer nazisme et communisme. Prétexte : l'URSS avait contribué à l'écrasement du

IIIe Reich. Que ce fût après en avoir été l'alliée importait peu à nos grands futiles. Piètre prétexte : deux tyrannies ne peuvent-elles s'entrebattre ? Hitler, s'il avait écrasé Staline, aurait-il pour autant gagné le droit qu'on lui tende la palme du parfait démocrate ? À la mort de Raymond Aron, en 1983, *Libération* statuait que celui-ci « avait sauvé la droite du naufrage dans la connerie ». Regrettons qu'il ne se soit trouvé personne pour rendre le même service à la gauche.

Du moins personne qu'elle n'ait instantanément excommunié. Souvarine, Gide, Koestler, Orwell, Silone, Camus... La liste est parlante. Comment le communisme a-t-il réussi à se faire passer pour une forme de démocratie, et même perfectionnée ? C'est là un thème central du livre de Furet. Comment expliquer ce paradoxe ? L'information sur l'Union soviétique a été dès l'origine accessible, précise, abondante, mais refoulée, ensevelie. C'est que la haine de la société libérale n'appartient pas aux seuls marxistes. Elle s'empare de la culture, surtout en France, dès le XIXe siècle, avec la damnation du « bourgeois », même chez les intellectuels de droite : Balzac, Baudelaire, Flaubert, Goncourt. À cette idée fixe, Furet consacre un chapitre initial d'une rare profondeur. S'y ajoute le fantasme parisien et sorbonnard de la réincarnation du jacobinisme dans le bolchevisme. Enfin, entre 1930 et 1939, le communisme gruge la gauche en s'arrogeant la direction et le monopole de la lutte antifasciste. Il farcit les organisations d'un essaim d'agents du Komintern. On les voit bourdonner dans le fondamental *Biographical Dictionary of the Comintern* de Drachkovitch et Lazich (2e éd., 1986, Hoover Institution Press). Dès lors, comme le montre bien Furet, l'interdit se cristallise. On ne doit plus critiquer le communisme, sous peine d'être relégué dans le camp fasciste. On ne saurait être démocrate si l'on est de droite (donc Churchill n'est pas démocrate), ni de gauche si l'on regimbe contre les communistes. Cette magistrale escroquerie s'achève en beauté : par le pacte soviéto-nazi ! Mais celui-ci sera effacé par la participation soviétique à la victoire de 1945, bien que cette participation ait été due à la félonie de Hitler plus qu'à la volonté de Staline.

Cependant, les confusions permises par l'antifascisme n'ont plus cours après la guerre. Alors pourquoi la persistance des amalgames ? Car j'objecterai à Furet que l'idolâtrie de Mao, remplaçant après 1960 le culte de Staline, ne pouvait se justifier par aucune montée fasciste en Europe. Et la condamnation de l'anticommunisme par la gauche non communiste fut d'une virulence accrue durant les années 1970, même si, dans la deuxième partie de la décennie, cette intimidation parvint de moins en moins à étouffer les penseurs anticonformistes. Soljénitsyne, auquel Furet consacre de belles pages, ainsi qu'à Vassili Grossman, essuya, durant ces années, des calomnies ignobles en Occident de la part de la presse de gauche « respectable » et « de qualité », des deux côtés de l'Atlantique.

Pourquoi les crimes nazis contre l'humanité ont-ils d'emblée été définis comme tels et pas les crimes communistes ? C'est ici qu'il faut, à mon avis, au sein du totalitarisme, introduire une distinction entre ce que j'appellerai le totalitarisme à idéologie directe et le totalitarisme médiatisé par l'utopie. Ce qui distingue le communiste du nazisme, ce n'est pas le système de pouvoir. Il est identique dans les deux cas. C'est que le premier est une utopie et non le second. Lorsque Hitler supprime la démocratie et crée des camps d'extermination, il réalise ses idées et tient ses promesses. Lorsque c'est Lénine qui le fait, il réalise le contraire de ses idées et trahit ses promesses. Mais il le nie, au nom de l'avenir, qu'il prétend radieux. C'est ce que j'ai appelé dans *La Tentation totalitaire* (1975) « la preuve par le futur ». L'utopie rend légitime la déconnexion entre les intentions et les actes. Elle permet d'exiger et, souvent, d'obtenir qu'on ne nous juge que sur nos intentions. C'est ce qui a conduit certains historiens à classer « malgré tout » le communisme dans la démocratie. Ce qui est entré dans la logique du totalitarisme utopique. Car on ne peut pas utiliser comme preuve de l'orientation présumée démocratique d'un système politique les illusions de ceux qui en ont été les dupes et les mensonges de ceux qui en ont été les profiteurs.

Furet désamorce ce sophisme avec un doigté chirurgical. Souhaitons qu'on l'entende, car le refus d'analyser les erreurs passées, s'il persistait, n'augurerait rien de bon pour l'avenir. La capacité indéfinie d'autojustification du totalitarisme utopique conduit encore aujourd'hui nombre de ses anciens partisans à s'estimer dispensés de tout regret. Ils admettent que le socialisme réel a été un entassement de crimes et d'échecs. Mais ce tardif constat n'entraîne chez eux aucun examen de conscience. Ils organisent même des colloques pour proclamer qu'ils n'ont pas à avoir honte.

Pourquoi ? C'est que le totalitarisme est une catégorie mentale plus qu'un phénomène historique. L'explication par les circonstances, que Furet, dans ses œuvres sur la Révolution française, a si brillamment réfutée dans le cas de la Terreur, ne vaut en fait pour aucun totalitarisme. Dans les pages qu'il consacre à Hannah Arendt, les meilleures que j'aie jamais lues sur cet auteur, il rend hommage à *The Origins of Totalitarisme,* 1951 (*Le Système totalitaire,* Seuil, traduction française : 1972 !). Livre essentiel, certes, mais à mon sens encore prisonnier de la configuration particulière des événements allemands, et de la méthode circulaire qui explique les symptômes par d'autres symptômes. Le livre plus universel de Karl Popper, par contre, *La Société ouverte et ses ennemis,* creuse plus vers la source cachée, vers le cœur maléfique de l'éternelle tentation totalitaire. Pourquoi les hommes éprouvent-ils le besoin de construire des régimes qui les détruisent ? Telle est l'ultime question. Avant Marx et Lénine, on voit Thomas More ou Campanella, Platon ou Gracchus Babeuf partir de la critique d'une société dont ils dénoncent les injustices et les contraintes pour tracer avec une minutie terrifiante le plan de sociétés encore plus injustes et encore plus contraignantes, caractérisées par un nivellement concentrationnaire (vêtements semblables, maisons semblables, villes semblables) et par une terreur absolue, avec idéologie unique, planification de la culture, travail forcé et camps de concentration. Ce n'est pas à cause des obstacles de la pratique, c'est dans la théorie, dans l'idéal choyé que les écrits des utopistes lancent d'un même souffle un appel à la liberté et un décret d'asservissement ! Furet vise la bonne cible en sous-titrant son livre : *Essai sur l'idée communiste au XXe siècle.*

L'auteur du *Passé d'une illusion* explore dans la vie cette idée suicidaire que l'auteur de *L'Avenir d'une illusion* attribuerait sans doute pour sa part à « l'instinct de mort ». Ce serait là un peu trop expliquer l'effet par l'effet. Même si le mal est infrahistorique, seule la compréhension historique, François Furet le montre, peut nous permettre d'espérer vaincre ce mal en lui opposant l'intelligence.

Qu'est-ce qui fait un grand essai ? La coïncidence d'une intuition, d'une démonstration et d'un style.

14 janvier 1995

Le Passé d'une illusion de François Furet, Robert Laffont-Calmann-Lévy.

Contre l'« euromerta »

Plus on croit l'Europe indispensable, plus on doit montrer de sévérité à l'égard des fautes qui en compromettent la construction. Or, trop souvent, c'est le réflexe inverse qui joue chez certains fervents de l'Union européenne. Cette union constitue pour eux un objectif si sacré qu'ils en viennent à interdire la critique des moyens choisis pour l'atteindre, même quand ces moyens sont mauvais et, en réalité, nous en éloignent.

Ainsi, dans les propos confiés, le 27 janvier, à l'*International Herald Tribune* par le nouveau président de la Commission, Jacques Santer, la presse française a essentiellement vu une attaque contre les quotas de « l'exception culturelle », c'est-à-dire contre le protectionnisme et le subventionnisme audiovisuels. Or, Santer débordait largement cet aspect provincial. Il soulignait surtout que « l'innovation, plutôt que la protection, est la clef de l'avenir européen ». Il insistait sur les progrès à réaliser dans la coopération en politique étrangère, la lutte contre la criminalité, l'immigration illégale et le chômage.

Car, après dix ans d'« Europe sociale », les Douze (il est trop tôt pour se prononcer sur les trois nouveaux venus) ont 20 millions de chômeurs et 50 millions d'exclus. Pis : principal bénéficiaire de la manne incontrôlée des fonds structurels, l'Espagne est également le pays qui a le plus fort taux de chômage : 24 % de la population active, en augmentation de 1 % par an. Pourquoi ? La question ne sera pas posée. Relever cette contradiction serait antieuropéen.

Rien de plus comique — ou tragique — que les airs supérieurs que prennent les Français pour faire fi des emplois, selon eux minables et mal payés, qui ont ramené le chômage à 5,4 % aux États-Unis, et à 8,6 % en Grande-Bretagne, contre 12,6 % en France. La « solution » française est idéologiquement correcte mais pratiquement inefficace. Nos emplois seraient, bien sûr, socialement supérieurs aux emplois anglo-américains... s'ils existaient ! Nous pouvons donc nous rengorger. Nous avons évité l'écueil de l'« ultralibéralisme ». Comme fait dire à l'un de ses médecins notre Molière, qui nous connaissait bien : « Il vaut mieux mourir dans les règles que réchapper contre la Faculté. » Une Europe des RMistes, est-ce là le modèle proposé par la France ?

La question est angoissante, mais sacrilège. Tout comme celle que soulève François d'Aubert, député de la Mayenne et rapporteur du budget européen à l'Assemblée nationale, dans le livre effrayant qu'il vient de publier, *Main basse sur l'Europe* (Plon). Va-t-on l'accuser d'être antieuropéen parce qu'il conteste la manière dont la Commission gère les 500 milliards de francs que les contribuables européens lui confient chaque année ? Et, en particulier, lorsqu'il détaille, dossiers en main, les 50 à 75 milliards annuels détournés par la fraude ? Le plus préoccupant est que sur les pas des virtuoses du gâchis des fonds structurels et autres fructueux mécanismes de « restitution » se sont glissées la Mafia et la Camorra, habiles à exploiter les mille méandres des circuits financiers européens, entre autres, pour blanchir l'argent sale. L'« euromerta » et l'omerta taisent pudiquement ces larcins.

Aubert n'est pas le seul à les épingler. La Cour des comptes européenne, dans son rapport annuel, en novembre dernier, dénonçait aussi le niveau « inacceptable » de la fraude dans la dilapidation des deniers communautaires. Elle attaquait notamment le coût faramineux du complexe immobilier qui abrite les eurodéputés à Bruxelles, le célèbre et superflu « Caprice des dieux ».

Si c'est aider l'Union européenne que d'admettre qu'elle soit gérée comme le furent le Crédit lyonnais ou la BERD, alors, plaignons-la.

4 février 1995

L'autobiographie de Vargas Llosa

Il arrive à des écrivains de jouer un rôle politique, non seulement par l'écrit et la parole, mais par l'action gouvernementale. Ils peuvent devenir conseillers des puissants, voire puissants eux-mêmes, députés, diplomates, ministres. Mais il est rarissime de les voir se lancer à l'assaut du poste le plus important de l'État, du moins en tant que candidats sérieux, capables de rivaliser avec les professionnels.

C'est pourtant ce qui est advenu à Mario Vargas Llosa, en 1990. Il raconte dans *Le Poisson dans l'eau* sa lutte électorale pour la présidence du Pérou, où il fit plusieurs mois figure de vainqueur certain, et où, pourtant, il avait été poussé par la force de l'opinion publique plus que par une froide décision personnelle.

Non que Mario Vargas Llosa se fût jamais désintéressé de la politique. Elle occupe, en filigrane, une place fortement inspiratrice dans sa création romanesque, et, au grand jour, une place explicite dans son œuvre, riche et profonde, d'essayiste, recueillie dans la suite de ses volumes intitulés *Contra viento y marea* (*Contre vents et marées*). Il en connaît bien les détours, et seuls les ignorants pouvaient le prendre pour un néophyte.

Dans le droit fil du conformisme régnant durant ses années de jeunesse, Vargas Llosa, qui eut vingt ans en 1956, a été d'abord un sympathisant intermittent du communisme et du castrisme. Mais, contrairement à d'autres, quand il s'aperçut, à trente ans, qu'il avait été dupé, il eut le courage de le proclamer, bravant la mode d'alors : il combattit, de 1968 à 1980, la dictature militaro-socialiste qui, en douze ans, sous les acclamations des progressistes du monde entier, amputa des deux tiers le niveau de vie des Péruviens, déjà fort dépourvus. Il précisa, durant ces années, sa doctrine. Selon lui, ce dont l'Amérique latine avait besoin, ce n'était pas de pseudo-révolutions, c'était de démocratie, d'un État moins lourd, moins corrompu et moins dirigiste. Cependant, soucieux de rester écrivain avant tout, il ne céda pas encore à la tentation de la politique active ; il se voit offrir par Fernando Belaunde, président de 1980 à 1985, le portefeuille de Premier ministre, mais décline cette responsabilité. Dans un autre registre, les terroristes du Sentier lumineux lui rendent hommage en essayant de l'assassiner, en 1989.

Comment donc passe-t-il du rôle de ce spectateur engagé à celui d'auteur présidentiable ? La chiquenaude initiale se situe en 1987, quand le président Alan Garcia, socialiste, noyé dans la banqueroute de sa gestion corrompue, annonce la mise au pas de la presse et des médias avec la nationalisation massive des banques et des compagnies d'assurances. Vargas Llosa publie alors un article intitulé « Vers le Pérou totalitaire » (repris dans le tome III de *Contra viento y marea,* recueil capital pour comprendre l'évolution idéologique de l'Amérique latine durant les années 1980, avant même la chute du mur de Berlin, mais recueil non encore traduit en français). Surprise : cet article suscite l'approbation non seulement de maints intellectuels en train de pencher vers le libéralisme, mais de larges couches populaires. On presse « Mario » de parler dans des réunions publiques, auxquelles accourent des milliers de petites gens. Ces rassemblements de foules deviennent bientôt réguliers, sous le nom de « Rencontres pour la liberté ». Dépassé par la lame de fond qu'il a soulevée, Vargas Llosa voit surgir et grossir dans son pays un inattendu et authentique libéralisme populaire. « Je ne peux pas le croire, lui dit un de ses amis : tu parles de propriété privée et de capitalisme populaire et, au lieu de te lyncher, on t'applaudit. Qu'arrive-t-il au Pérou ? » Il lui arrivait qu'après douze ans de socialisme galonné suivis de cinq ans de socialisme véreux, le peuple pansait ses plaies, se redébrouillait cahin-caha grâce à l'économie « informelle » et ne voulait pas replonger dans un délire aggravé de dirigisme prédateur. N'en déplaise aux simplistes, Vargas Llosa ne fut pas le « candidat des riches contre les pauvres ». Il a commencé à décoller grâce aux masses.

Comment, de 1987 au début de 1990, il fut porté par ce puissant courant libéral, au point de paraître pouvoir être élu, au printemps suivant, dès le premier tour, contre le candidat socialiste en perdition, et pourquoi il fut cependant battu littéralement à la dernière minute par un zéro émergé du néant, Alberto Fujimori, sans étiquette et sans programme, tel est l'un des deux axes de son récit.

Car *Le Poisson dans l'eau* se construit selon deux axes, qui se superposent, ne s'enchaînent pas et pourtant se complètent, comme les deux lignes narratives des *Palmiers sauvages* de William Faulkner. Un chapitre sur deux du *Poisson dans l'eau* est consacré aux étapes électorales de l'homme politique, et l'autre aux « étapes sur le chemin de la vie », comme dit Kierkegaard, de l'homme tout court, à ses autres souvenirs depuis la petite enfance jusqu'à cette cinquantaine où il s'élance du haut de sa gloire littéraire pour tenter la conquête du pouvoir. Là réside la trouvaille esthétique du livre. Raconté pour lui-même, et par un tel écrivain, le combat pour la présidence du Pérou aurait à lui seul enrichi la littérature d'une chronique historique originale, d'une leçon de politique donnée par un subtil moraliste, leçon féroce, drôle, instructive et digne de rester dans la mémoire des hommes. Adossé à l'ensemble d'une vie, grâce à une marqueterie de romancier, cet épisode acquiert un double fond, où, derrière le récit politique, vibre sans arrêt le destin particulier d'un individu, dont la passion politique n'est que l'une des facettes.

Il serait stupide de décrire Vargas Llosa politique comme un naïf, sans expérience, frappé de mégalomanie. En tant que candidat, il savait beaucoup plus d'économie que François Mitterrand, il connaissait mieux les affaires internationales que Bill Clinton, et le Pérou qu'Alberto Fujimori. De plus, son échec électoral ne fut pas un échec politique, puisque Fujimori, qui n'avait aucun programme, emprunta servilement celui de Vargas Llosa, sauf sur un point, hélas ! — le respect de la démocratie. Si l'actuel président parvient à se faire réélire, malgré ses violations de la légalité, ce sera pour avoir libéralisé l'économie, réduit l'inflation et jugulé le terrorisme, comme préconisait de le faire son concurrent. Quelle est l'explication ultime du coup de théâtre final ? On doit la chercher sans doute dans cet instant de la campagne où, au faîte des sondages, Vargas Llosa s'aperçoit qu'il pénètre dans un monde où la condition de la réussite est la dissociation totale entre la sincérité des convictions et l'appétit de pouvoir. A-t-il été incapable moralement d'accepter cette dissociation ? Ou bien pas assez fort, au contraire, pour la réaliser en lui-même ? Jusqu'à quel point le héros de l'une des deux séquences narratives ne s'insurge-t-il pas contre le héros de l'autre ? L'encourage-t-il ou veut-il le supprimer ? Le lecteur oscille entre les deux réponses. Car, comme toutes les œuvres d'art, *Le Poisson dans l'eau* tire sa beauté de son ambiguïté.

18 février 1995

Le Poisson dans l'eau. Mémoires de Mario Vargas Llosa, traduit de l'espagnol par Albert Bensoussan, Gallimard.

Existe-t-il une conception asiatique de la liberté ?

La démocratie, est-ce la même chose partout ? La démocratie « à l'occidentale » est-elle indispensable au développement économique ? Ces questions sont ardemment discutées aujourd'hui en Asie. Selon le Premier ministre de la Malaisie, Mahathir Mohamad, s'exprimant au « Sommet Chine 94 » à Pékin, en mai, il existe une « conception asiatique des droits de l'homme », différente de la conception occidentale. L'Asie trouvera sa propre voie vers la démocratie, dit-il. L'Amérique et l'Europe perdent leur temps en voulant leur imposer la leur. L'Asie a besoin de régimes forts pour conduire sa croissance économique. De même, Lee Kuan Yew, le célèbre *Senior Minister* de Singapour, soutient que l'Occident doit comprendre la nature particulière du « capitalisme asiatique » et de la « démocratie asiatique ».

Il est évident que ces théories plaisent beaucoup aux pays où subsistent encore des régimes communistes, du moins communistes par leur système politique et policier, sinon toujours par leur gestion de l'économie : Chine, Vietnam, Corée du Nord. Les Européens (l'Allemagne et la France notamment) et même les États-Unis ont dû capituler et ont complètement perdu la face, récemment, dans leurs vains efforts pour conditionner des accords commerciaux à une libéralisation politique en Chine et au Vietnam. Il est aussi évident que bien des États dans l'histoire ont connu un brillant essor économique sous des régimes politiques autoritaires ou à moitié autoritaires. C'est le cas, en Asie, récemment de Singapour, de Taiwan et de la Corée du Sud, avant la libéralisation accomplie dans ce pays en 1987. Mais, contrairement à ce que pensent Lee Kuan Yew et Mahathir Mohamad, ce phénomène n'a rien d'exclusivement asiatique. En Europe, on a vu, de 1960 à 1975, l'économie espagnole décoller et se moderniser sous le régime dictatorial du général Franco. En Amérique du Sud, le Chili, à partir de 1980, sous la dictature du général Pinochet, a fourni un exemple d'expansion économique si frappant que d'anciens pays communistes, notamment la Pologne et la Russie, ont voulu plus tard l'imiter. En outre, ces deux pays ont au bout du compte réussi à opérer une transition pacifique vers des institutions démocratiques. Les États communistes d'Asie, eux, s'y refusent, tout comme Cuba d'ailleurs.

Les auteurs de la « théorie asiatique des droits de l'homme » confondent deux réalités fondamentalement différentes.

D'un côté, l'histoire du XXe siècle l'a démontré de façon définitive et irréfutable, toutes les expériences communistes sont des désastres économiques. L'association du totalitarisme politique et de l'économie à planification centralisée, avec propriété « collective », c'est-à-dire étatique, des moyens de production, aggrave le sous-développement, voire même transforme des pays développés en pays sous-développés. Il n'y a pas d'exception.

Les soi-disant exceptions positives que l'on avait cru pouvoir citer, l'Allemagne de l'Est par exemple, se sont révélées, quand le rideau de fer est tombé, aussi catastrophiques que les autres contre-performances.

D'un autre côté, les réussites économiques des « dragons » asiatiques ou de l'Espagne franquiste et du Chili de Pinochet ont eu lieu dans des pays où l'autoritarisme politique ne supprimait pas *toutes* les libertés. Non seulement les libertés individuelles, la liberté de s'exprimer, de circuler, de quitter le pays et d'y revenir, d'acheter des journaux étrangers, de pratiquer la religion de son choix, n'étaient pas complètement anéanties, mais, surtout, la liberté d'entreprendre et la propriété privée étaient maintenues. Ce qu'il est très important de comprendre, et ce qui distingue fondamentalement ces pays des pays communistes, c'est que *le marché est en lui-même une forme de liberté,* de même que la propriété privée, puisqu'ils soustraient largement l'économie à l'omnipotence de l'État. Certes, dans les dragons comme en Espagne et au Chili, l'État n'a pas cessé de jouer un grand rôle. Mais ses interventions obéissaient à des préoccupations purement économiques. Au contraire, la planification communiste et totalitaire obéit, elle, à des impératifs idéologiques. Le dirigisme économique peut corriger ses erreurs. Le dirigisme idéologique, né d'une abstraction, perpétue ses erreurs jusqu'à la faillite totale.

L'originalité du communisme asiatique, par contraste avec le communisme européen ou cubain, est d'avoir récemment essayé de combiner l'économie capitaliste de marché avec le maintien du contrôle politique sur la société. Ce mariage paradoxal a donné des résultats économiques spectaculaires en Chine. Mais il ne faut pas oublier que ces succès concernent seulement 20 % de la population, celle qui vit dans les villes : 80 % des Chinois sont encore des paysans. Cependant (et c'est un progrès) ces paysans peuvent, depuis la réforme de Deng Xiaoping, vendre une partie de leurs produits sur le marché libre. Politiquement, la réalité du pouvoir réside toujours dans le Parti communiste. L'appareil d'État et l'armée doivent se soumettre à son contrôle. La fidélité politique, plus que la compétence, constitue toujours le critère déterminant pour accéder à un poste de pouvoir. Donc, la décision de lancer des réformes économiques, indispensables à la survie du régime, constitue un danger pour lui. Toute la question est de savoir combien de temps pourra durer la superposition d'une économie de plus en plus libre et d'une structure politique conçue pour vivre sur la base d'un collectivisme à planification centralisée. La tension entre les deux systèmes, le politique et l'économique appartenant à deux conceptions antagonistes de la société, explique la peur des dirigeants chinois, le renforcement de la répression et le rejet systématique de toutes les interventions étrangères en faveur des droits de l'homme.

Le même dilemme s'impose au Vietnam. Classé parmi les quatre pays les plus pauvres du monde, malgré un essor relativement assez spectaculaire depuis deux ans, il figure également (comme la Chine et la Corée du Nord) parmi les 20 pays les plus mal notés pour le respect des droits de l'homme, dans le *Tableau comparatif des libertés 1995,* publié, comme chaque année, par *Freedom House* à New York. Ce classement compte 190 États souverains et 63 territoires rattachés, soit 253 entités géopolitiques en tout. Les progrès dans les droits de l'homme que certains hommes politiques occidentaux croient observer à chacun de leurs voyages en Chine ou au Vietnam sont donc bien minces. Comme les Chinois, les Vietnamiens s'ouvrent au marché, mais ils y réussissent moins bien que les Chinois. En fait, selon la technique de tous les États communistes depuis Lénine, ils comptent principalement sur l'aide capitaliste d'État à État, sur les crédits bonifiés, les emprunts à la Banque mondiale et au Fonds monétaire international — emprunts jamais remboursés et toujours rééchelonnés —, sur les devises fortes envoyées par les Vietnamiens de la diaspora, enfin sur l'assistance pure. Comme dans tous les systèmes communistes, le gaspillage de l'aide, dû à l'incompétence et à la corruption, est énorme.

Par exemple, en 1970, au Vietnam du Nord, la Suède a lancé la construction d'une usine de pâte à papier, à Baï Bang, dans la province de Vinh Phu. Il a fallu vingt ans pour terminer la construction de cette usine ! Et elle n'a jamais réussi à fonctionner ! Cet investissement a coûté à la Suède 1 milliard 500 millions de dollars, somme qui aurait suffi à subvenir aux besoins du Vietnam en papier pendant un siècle, en l'achetant à l'étranger. On voit ici que la structure bureaucratique de l'État totalitaire entre en conflit avec l'efficacité capitaliste et la réduit à zéro.

Chaque civilisation a évidemment ses traditions, qui font que la démocratie n'est jamais identique partout. La démocratie américaine est différente des diverses démocraties européennes, qui sont elles-mêmes différentes entre elles. Mais les bases de la démocratie (élections, libertés individuelles, liberté intellectuelle, État de droit) sont partout les mêmes. Et elles constituent le système politique lié à l'économie de marché. En Asie comme ailleurs, ces bases se sont mises en place dans plusieurs pays, et continueront dans les autres, au fur et à mesure qu'ils émergeront du sous-développement ou confirmeront leur développement.

Printemps 1995

Persistance de la mentalité totalitaire

Le 8 mai 1945, date de la capitulation du IIIe Reich, et le 9 novembre, date de la chute du mur de Berlin, nous le rappellent : par deux fois en ce siècle, l'Europe s'est arrachée à la monstruosité totalitaire. La première fois par la victoire militaire ; la deuxième, de façon plus symbolique, en constatant la décomposition d'un système détruit par ses propres absurdités.

Mais avons-nous, dans les deux cas, tiré les enseignements moraux et intellectuels de ces dévoiements criminels ? L'histoire est jonchée d'empires anéantis par des guerres ou par leur propre ineptie. La gravité particulière des épidémies totalitaires modernes tient au virus de la malhonnêteté qu'elles ont en outre injecté à la pensée humaine. Et il ne suffit pas de célébrer des anniversaires pour être guéri de cette contamination.

Dans son discours de ce 8 mai à Londres, le Premier ministre britannique a déclaré : « Fascisme et communisme sont derrière nous. Les deux grands ennemis de la raison ont été vaincus, non point seulement par les armes, mais par les idées, par la raison elle-même. » C'est très beau, c'est en partie juste, mais pas complètement, hélas ! Les procédés de la culture stalino-nazie restent d'usage courant dans la nôtre. La calomnie, le mensonge, la désinformation, l'amalgame, l'injure excommunicatrice restent admis dans nos mœurs littéraires. Le plus habituel anathème consiste d'ailleurs à traiter de nazi quiconque désapprouve votre secte, même sur un point n'ayant aucun rapport avec la politique.

Ainsi, un auteur, Benoît Duteurtre, vient de publier *Requiem pour une avant-garde* (Robert Laffont), un livre où, en musicologue, il soutient que la musique atonale s'est fourvoyée dans une impasse. Je me garde de prendre position sur le fond, je dis seulement que le droit de critique existe, et que celle de Duteurtre se lit avec intérêt. Pour son malheur, il conteste aussi les prébendes et la dilapidation de l'argent public, connues sous le nom de « système Lang », dont l'un des plus coûteux profiteurs est Pierre Boulez. Aussitôt, l'artillerie de la vertu subventionnée ouvre le feu. Duteurtre se voit qualifié dans *L'Express* de « nauséabond », sans autre argument, et, dans *Le Monde,* de complice... des thèses révisionnistes de Robert Faurisson ! Contester Boulez, c'est approuver les fours crématoires ! Quel lecteur, après ces ignominies, ira lire Duteurtre ? Le but est donc atteint.

Boulez lui-même avait jeté le même opprobre sur François de Closets, qui, en 1992, dans *Tant et plus* (Grasset-Seuil), avait décortiqué les comptes ruineux de l'IRCAM. « Ce qui se cache derrière ce réquisitoire, tonna le maestro, se rapproche terriblement de la lecture révisionniste de l'histoire. Les slogans du temps de Pétain, ceux de Poujade et de Le Pen ne sont pas loin. » Pour avoir de même déploré l'utilisation dispendieuse de la culture comme pourvoyeuse de propagande pour le pouvoir politique et de sinécure pour les amis du Président, Marc Fumaroli, en 1991, avec son *État culturel* (de Fallois), et Michel Schneider, en 1993, avec sa

Comédie de laculture (Seuil), se trouvèrent eux aussi enrôlés sous les crachats parmi les chemises brunes. Si la liberté d'expression disparaît même quand on parle de musique, on conçoit quel terrorisme frappe les auteurs qui abordent des sujets plus directement liés à la vie publique.

La nocivité de ces insultes est certes limitée par leur idiotie. Mais qu'elles ne discréditent pas plus souvent leurs auteurs est le symptôme d'une persistance de la mentalité totalitaire, encore tolérée parmi nous quand elle est « politiquement correcte ». Le pli qui fut pris se révèle difficile à effacer. Il n'y a pas eu assez de 8 mai pour l'esprit, et encore moins de 9 novembre.

13 mai 1995

Les Russes nous roublent

L'échec américain et le succès russe au sommet de Moscou montrent à quel point l'après-communisme a décontenancé les dirigeants occidentaux. Dépourvus d'instruments intellectuels pour le comprendre, ils ont fait peu d'efforts pour s'en forger. D'abord, l'axiome triomphaliste du camp atlantique en 1989, « la guerre froide est terminée et c'est nous qui l'avons gagnée », était une erreur. La guerre froide proprement dite était terminée depuis les débuts de la détente, vingt ans plus tôt.

Ensuite, l'empire soviétique a été défait moins par nous que par lui-même, malgré la détente, c'est-à-dire malgré notre pari de le civiliser en le finançant. Enfin, notre stupeur devant le chaos laissé derrière lui par le communisme manifeste notre incompréhension persistante de ce que fut ce système. Après l'équivalent politique d'un cataclysme nucléaire, il faut être bien crédule pour se figurer qu'on va voir pousser dès le printemps suivant des prairies verdoyantes et des parterres fleuris.

Les dirigeants russes actuels sont d'anciens Soviétiques. Ils connaissent les faiblesses de l'Occident. Ils savent qu'on peut à la fois lui dicter sa politique et lui prendre son argent. Ils tendent la sébile tout en opposant avec arrogance leur veto à l'élargissement de l'OTAN à l'Europe centrale. Ils célèbrent à leur façon le renouvellement du traité de non-prolifération nucléaire en vendant leur technologie atomique à l'Iran. Pourquoi se modéreraient-ils ? Ils viennent, en récompense, de recevoir du FMI un prêt de 7 milliards de dollars que, de rééchelonnement en rééchelonnement, ils se débrouilleront pour ne jamais rembourser. Pourquoi la Russie aurait-elle, à Moscou, le 9 mai, adouci une aussi fructueuse intransigeance ?

Déjà, en décembre 1991, les Européens ont accepté de suspendre le remboursement de la dette extérieure russe, qui les concernait à hauteur de 52 milliards de dollars sur un total de 70. En plus de l'État français, et pour majorer cette somme, nombre d'entreprises françaises sont grevées de créances russes qui resteront à jamais impayées. Plus exactement, ces dettes, ce sont les contribuables français qui les régleront, sans qu'on les ait consultés et sans même le savoir, par l'entremise de la Coface. Ce sigle sinistre désigne la Compagnie française pour le commerce extérieur, une pompe à nous détrousser que le nouveau président devrait bien abolir.

Pas plus que du temps de Gorbatchev, il ne s'agit d'écarter le principe d'investissements en Russie. Mais, pour qu'ils soient justifiés, il faut, dans une politique étrangère judicieuse, pouvoir répondre positivement à trois questions. Sont-ils bien utilisés ? Nous rapportent-ils ? Obtenons-nous en échange des concessions diplomatiques ?

L'influence internationale d'un pays ne se mesure pas aux relations imaginaires qu'il entretient avec le mirage de son statut de « grande puissance ». Elle se mesure à l'intelligence et donc à l'efficacité des positions qu'il prend devant chaque problème particulier. Quand, par exemple, la France se couche devant l'Iran et refuse de s'associer à l'embargo visant à dissuader les mollahs de fabriquer la bombe atomique, elle se transforme elle-même en puissance marginale, par un comportement sous-développé. Tous les discours mégalomanes sur la « place de la France dans le monde » n'y changent rien. La place d'un pays ne dépend pas de ses prétentions. Celle de la Russie dépend largement de son culot. Le président américain n'a rien obtenu au sommet de Moscou sinon l'intensification des bombardements sur la Tchétchénie. Quant à l'Europe, tout s'est passé comme si elle n'y était même pas allée. Y a-t-il une diplomatie occidentale ?

20 mai 1995

Les impostures du « politiquement correct »

La ruse des censeurs vertueux consiste à exercer l'intolérance au nom de causes justes. Protestez-vous ? Ils vous rembarrent au nom de la justice. Objectez-vous que, précisément, ils ne parviennent à aucun résultat dans ce domaine ? Ce sont vos critiques qui les en empêchent, rétorquent-ils. Les communistes nous ont fait le coup pendant soixante-quinze ans ; aujourd'hui, ce sont les « politiquement corrects » qui ont pris en main le martinet.

Eux aussi s'adossent à la souffrance pour faire souffrir. Ils secourent en théorie les victimes, les faibles, les malades, les persécutés. Mais ils enveniment les plaies qui en multiplient le nombre. Car les « exclus » leur servent avant tout de bande de billard sur laquelle ils font ricocher un projectile destiné à frapper la liberté d'examen et d'expression. Paul Thibaud décrit cette démarche dans un article au titre éloquent : « De la censure érigée en méthode intellectuelle » (*Esprit,* 1989).

« Intellectuelle » ? L'adjectif est bien généreux. Pierre-André Taguieff a raison de parler plutôt de « douaniers de la pensée », qui exigent la comparution d'individus « munis d'étiquettes identitaires bien visibles ». Les autres, ajoute Taguieff, sont déclarés « fascistes ». Tout ce qui n'est pas moi est fasciste ! Voilà ce qu'on lit sur la pancarte que les tambours-majors du politiquement correct arborent en écharpe.

Or si l'idéologie fasciste a, sans conteste, empoisonné la première moitié du XXe siècle, c'est l'idéologie communiste qui en a dominé la seconde moitié. Que l'on puisse aujourd'hui déplorer et que l'on doive combattre des résurgences de l'extrême droite (ce à quoi, entre nous, ne nous aident guère les sectaires du politiquement correct) n'autorise pas à oublier que le moteur d'aliénation de l'humanité, prépondérant pendant ces cinquante dernières années, a été le communisme. Cela autorise encore moins ses anciens militants — pas si anciens que ça ! — ou comparses à reléguer à tout bout de champ dans le fascisme une majorité de démocrates qui n'en relève nullement. Simplement, elle ne partage pas leurs idées fixes. Cette puérile diversion escamote l'essentiel : les séquelles du totalitarisme marxiste, encore toutes fraîches, gouvernent à cette date beaucoup plus d'esprits que celles du totalitarisme fasciste.

Cette sempiternelle incrimination de fascisme, aux outrances si voyantes qu'elles ridiculisent leurs auteurs au lieu de déconsidérer leurs cibles, trahit le mobile caché du politiquement correct. Cette perversion sert de substitut aux censeurs qu'a laissés orphelins la perte de cet incomparable instrument de tyrannie spirituelle qu'était l'évangile marxiste. Jadis, les pogroms contre l'esprit découlaient de systèmes globalisants : le jacobinisme pour la Terreur, le léninisme pour les procès de Moscou, le maoïsme pour la Révolution culturelle. Désormais, la dissipation des doctrines des politiques scinde la Grande Armée de l'extermination morale en une poussière de patrouilles spécialisées. Ces commandos redonnent une mission aux âmes qui, pour se sentir exister, ont besoin de la culpabilité d'autrui. Au nom de la tolérance, bien sûr. Les plus forcenés zélateurs du PC en nient avec fureur l'importance.

Le politiquement correct révèle que la gauche n'a pas tiré les leçons du passé, ni compris cette vérité : il n'existe point d'hommes de gauche ni d'hommes de droite ; il n'est que des comportements de gauche et des comportements de droite. La gauche n'est pas une essence, un titre de noblesse, un grade universitaire, indépendants de la conduite de leurs détenteurs. Elle est, à chaque instant, ou n'est pas, cette conduite même. Tout le reste n'est qu'imposture.

10 juin 1995

Fin de partie en Espagne

L'Espagne, qui pour un semestre prend la tête de l'Europe, est un pays lui-même décapité. La disqualification du gouvernement est plus grave à Madrid qu'à Londres. La crise britannique est une crise politique qui remet en jeu le poste de Premier ministre dans le respect des règles. La crise espagnole est une nécrose institutionnelle. John Major a trébuché sur une difficulté réelle, la division de son parti au sujet de l'Europe. Gonzalez est englué dans un bourbier où s'entassent des couches épaisses de tricheries inavouables, de mensonges, de corruption, de scandales, de polices parallèles, d'écoutes téléphoniques.

Les deux chefs de gouvernement étaient depuis longtemps privés de majorité dans le pays. Ils ont essuyé désastre sur désastre aux élections européennes, municipales, partielles ou régionales. Mais aucun Premier ministre n'est tenu de partir tant qu'une élection législative ne lui a pas retiré sa majorité au Parlement. L'ennui, avec Felipe, c'est qu'il n'a plus, depuis 1993, de majorité parlementaire que relative. Il ne survit que grâce à une poignée de députés catalans évoluant sous la baguette du président de la Generalitat de Catalogne, Jordi Pujol. Là encore, il n'y aurait rien d'anormal si cet allié n'était en mesure d'exploiter la vulnérabilité de Felipe Gonzalez, due à des monceaux de scandales. Pujol lui extorque ainsi des avantages dangereux pour l'unité du royaume, même en tenant compte des droits reconnus des autonomies régionales. C'est ce que traduit en style familier l'homme de la rue en Espagne quand il remarque : « Chaque fois que Pujol se pointe à Madrid, c'est pour passer à la caisse. »

J'ai assisté à la séance du *pleno* du Congrès des députés du peuple, le 21 juin. L'hémicycle était effectivement plein, ce qui me faisait songer avec tristesse au Palais-Bourbon, l'aire du vide. Les députés y interpellaient le gouvernement à propos du plus récent des grands scandales du félipisme : la révélation des écoutes téléphoniques qui, depuis des années, servent à espionner, en violation des lois, toutes sortes de personnalités, y compris le roi !

J'ai admiré à cette occasion combien Felipe avait assimilé le système Mitterrand. Son infériorité tient à l'obligation où il est, lui, de se rendre de temps à autre à l'Assemblée. À tous autres égards, il dédaigne lui aussi de fournir la moindre explication et de répondre à la moindre question, sinon avec des interlocuteurs aux ordres et pour proclamer que les critiques dont il est l'objet mettent en danger la démocratie.

Les écoutes effectuées par des services dépendant du gouvernement ? Il en est le premier surpris. Mais, en dénonçant cet abus, on nuit à la sécurité de l'Espagne. Le gouverneur de la banque centrale, nommé et renommé par lui, a-t-il commis plusieurs délits d'initié, semblables aux plus juteux de la période 1988-1989 en France ? Felipe tombe des nues. Le directeur de la Garde civile (fonction qui cumule celles, chez nous, de commandant de la gendarmerie et de directeur général de la police nationale), nommé et renommé par lui, s'enfuit-il à l'étranger avec la caisse après avoir volé des milliards ? Felipe est abasourdi. Apprend-on que les tueurs du GAL, groupe antiterroriste agissant hors la loi, étaient en fait payés par le gouvernement ? Le chef dudit gouvernement en conçoit, croyez-le bien, une affliction profonde. Mais que l'opposition n'aille pas exploiter bassement cet accident pour « comploter » contre lui, c'est-à-dire l'inviter à démissionner.

De toute façon, c'est déjà fait. Il a depuis longtemps démissionné de toutes ses responsabilités. Ce dont il ne veut pas démissionner, c'est de sa place. Un président idéal pour l'Europe ?

1er juillet 1995

Un charter pour les hypocrites !

À propos de l'expulsion de Zaïrois en situation irrégulière, le 18 juillet, le Syndicat des avocats de France dénonce « ces procédés fondés sur la responsabilité collective de personnes sanctionnées ou expulsées en fonction de leur origine, race, nationalité et ethnie ». Or, il n'y a ni recours à la responsabilité collective ni critère ethnique quand les décisions sont, tout au contraire, prises en fonction de situations personnelles, comme ce fut le cas.

D'autres réactions semblables émanent de la Ligue des droits de l'homme, d'Amnesty International ou de la Fédération protestante. Ces organisations doivent avoir le courage de formuler clairement le corollaire qui découle de leurs protestations. À savoir qu'un pays a, selon elles, le devoir d'accueillir et de garder en quantité illimitée des étrangers dépourvus de permis de séjour, de logement, de ressources et de qualification, au moment où des millions de travailleurs non qualifiés, déjà sur place, ne trouvent pas d'emploi. Laissons-leur la responsabilité de la dégradation sociale qui résultera de cette doctrine et de la montée supplémentaire du vote d'extrême droite qui en résultera. Mais que ces procureurs aient ensuite la pudeur de ne pas venir geindre sur les banlieues pourries, l'exclusion, les quartiers hors la loi, l'intensification du racisme. On ne peut indéfiniment jouir à la fois des plaisirs de l'hypocrisie et du monopole de la vertu.

Si c'est violer les droits de l'homme que d'expulser les étrangers qui se sont introduits frauduleusement, pourquoi ne pas étendre ce raisonnement aux autres formes de délits ? Si appliquer la loi, c'est faire injure à l'homme, pourquoi limiter ce principe à l'immigration clandestine ? Professer que tout étranger peut séjourner en France au mépris de notre droit équivaut à dire aux Français qu'ils n'ont plus de motif de le respecter eux non plus.

Et le droit d'asile politique ? Il est sacré, mais, pour l'appliquer, il faut bien se donner les moyens de vérifier qui sont les vrais et qui sont les faux demandeurs d'asile. Or, chaque fois qu'un gouvernement, même socialiste, a voulu procéder à ces contrôles en retenant les nouveaux arrivants dans des lieux de séjour provisoire, les organisations prétendument antiracistes ont hurlé au crime contre l'humanité. C'était Auschwitz ! C'était Dachau !

Bref, si un État souverain n'a le droit de contrôler ni les vrais clandestins économiques ni les faux réfugiés politiques, quel droit lui reste-t-il ? Et qu'on ne vienne pas nous jeter à la figure que ce sont là des arguments lepénistes ! Ce sont plutôt les arguments terroristes des pseudo-antiracistes qui ont nourri le Front national. Si leurs méthodes et leur propagande, qui donnent le ton depuis quinze ans, étaient efficaces, comment expliquer que la France ait fini par avoir le plus fort parti d'extrême droite d'Europe ? On a pu croire que les succès du Front national aux deux dernières élections avaient suscité un salutaire examen de conscience. S'il a été esquissé, il a été de courte durée.

Les migrations sont appelées à devenir toujours davantage une constante de la vie internationale.

C'est ce que montre l'historien-démographe Jean-Claude Chesnais dans son récent livre *Le Crépuscule de l'Occident* (Robert Laffont), essentiel pour comprendre le lien entre la démographie et la politique. On devra donc, justement pour prévenir la xénophobie, soustraire les flux migratoires à l'anarchie et à la tricherie. Il faut les planifier, les rationaliser, peut-être même en recourant, pense Chesnais, à des quotas. Les pays en voie de développement, au lieu de feindre de ne pas connaître leurs ressortissants quand on les leur renvoie, devront coopérer avec les pays d'accueil pour rendre l'émigration transparente, donc viable. Ils ne peuvent pas en même temps revendiquer l'aide économique et refuser leur concours pour la régulation de l'immigration en provenance de chez eux. Sous peine de catastrophe, l'ère des fraudeurs et des irresponsables en la matière est close.

29 juillet 1995

Éternel génocide

Nous réitérons sans cesse l'erreur de voir dans chaque purification ethnique une criminelle exception, due à une poignée de méchants, qu'il suffirait de châtier pour extirper à jamais le mal. Comment tolérer, entend-on, une telle horreur à la fin du XXe siècle, à quelques heures de vol de chez nous ? Quelle naïveté ! D'abord, notre siècle a été l'un des plus atroces de l'histoire ; ensuite, le nombre d'heures de vol n'est pas un étalon moral.

Mais surtout la chasse aux prétendus « impurs » règne partout, depuis toujours. Qu'on ne vienne pas me lancer au visage le cliché selon lequel je serais en train de « banaliser » le génocide, conséquence extrême de la purification. Ce qui le banalise, c'est d'isoler chacune de ses manifestations comme un monstrueux accident, chaque fois qu'il réapparaît — en Arménie, au Rwanda, en Yougoslavie, dans l'Allemagne hitlérienne, au Tibet occupé, en Géorgie. Nous assistons en fait à la poursuite d'une lutte trimillénaire entre les sociétés fondées sur l'élimination de tout élément étranger — qu'il soit humain ou culturel — et les sociétés à vocation libérale et universaliste, seules dignes du nom de civilisation, s'il est encore permis de les préférer aux premières.

La « purification » dans les sociétés closes n'est

pas seulement ethnique. Elle peut aussi être religieuse ou idéologique. Le génocide ethnique nous a pris de court au Rwanda. Pourtant, vingt ans plus tôt, à côté, au Burundi, le même avait eu lieu, en sens opposé : Tutsis contre Hutus. Nous l'avions oublié. Nous avions même célébré plus tard à Bujumbura un sommet de la francophonie mémorable pour avoir rempli certaines poches parisiennes. La guerre du Biafra, qui, à la fin des années 1960, fit un million de morts au Nigeria, eut pour but et pour effet de « nettoyer » une ethnie, les Ibos. Nous n'avons prêté aucune attention depuis 1989 aux massacres sanglants du Liberia, petit pays, moins de 3 millions d'habitants, divisé en 22 ethnies : 200 000 morts et la fuite à l'étranger de la moitié des survivants. Au Sri Lanka, les « Tigres » versent le sang depuis 1983 pour créer un État « pur » tamoul.

La purification religieuse est attestée au fil des siècles, ce qui n'empêche pas chaque religion de se déclarer profondément tolérante. C'est la forme mystique de l'humour noir. La République islamique iranienne fournit un récent exemple d'État fondé sur cette purification. Au Soudan, la guerre interminable des musulmans du Nord contre les chrétiens et animistes du Sud a exterminé trois millions et demi de personnes à ce jour. Le Cachemire, le Pakistan, le Pendjab, le Bihar sont en train de se « purifier » aussi avec ardeur, dans un sens tantôt islamiste, tantôt hindouiste, tantôt sikh.

Quant à la purification idéologique, c'est l'apport majeur de notre siècle au progrès de l'humanité : au Vietnam, à Cuba, elle se fit par les camps de rééducation, assistés au besoin par les pelotons d'exécution. En Chine, ce fut la Révolution culturelle, au Cambodge, les Khmers rouges, très appréciés ici à leurs débuts. Les purges staliniennes des années

1930 — vingt millions de morts — vous captiveront si vous lisez, comme je vous le conseille, *La Grande Terreur,* de l'historien Robert Conquest, livre classique sur le sujet, fort bien réédité dans « Bouquins » (Robert Laffont).

Il est donc puéril de désigner en chaque nouveau crime contre l'humanité une infraction morbide à un ordre général qui reposerait placidement sur le respect des droits de l'homme. Les sociétés ouvertes ont paru devoir l'emporter sur les sociétés closes à partir du début du XVIIIe siècle. Elles ont reflué au milieu du XXe siècle et semblé se reprendre à la fin. Elles fléchissent à nouveau. Le problème n'est pas facile à résoudre. Il l'est encore moins si on ne le pose pas.

9 septembre 1995

Les archives secrètes du Kremlin

En 1978, lorsque sortit le premier livre de Vladimir Boukovski, *Et le vent reprend ses tours* — ses souvenirs du goulag —, un de mes vieux amis, professeur de lettres à Marseille, me dépeignit la panique réprobative de ses collègues du lycée Périer, en majorité confits dans la dévotion du Programme commun de la gauche. Ils se plaignaient de ce que Boukovski écrivît trop bien. Ce charme malsain les exposait, avouaient-ils, à la tentation de le lire jusqu'au bout, peut-être même, par moments, de le croire. La peur de se laisser contaminer par la vérité leur faisait juger le talent littéraire du dissident comme un viol doucereux, les minauderies d'une catin qui enjôle le chaland pour mieux l'entôler.

Aujourd'hui, cette génération d'intellectuels s'est attelée à la solution d'un autre problème : comment prendre acte de la faillite du communisme sans néanmoins reconnaître que nous nous sommes trompés ? J'avertis ces délicates consciences : Boukovski risque de les gêner encore. Car, depuis 1978, la virtuosité vénéneuse du roué a encore empiré. Son dernier livre, *Jugement à Moscou,* a le rythme, la substance, l'élan, la plénitude narrative des marginaux que l'on déteste écouter, mais que l'on ne peut écarter. En passant du russe au français, ces qualités amères et vivifiantes, grâce à la traduction inspirée et précise de Louis Martinez, s'incarnent dans un style originalement tentateur, un récit diaboliquement apte à emporter les bien-pensants vers de mauvaises pensées.

Mais ils résistent. Tout le *Jugement à Moscou* gravite en effet autour de cette question : maintenant que l'accès, partiel mais réel, aux dossiers des États ex-communistes permet de séparer les thèses justes des thèses fausses naguère professées en Occident sur l'URSS et ses satellites, est-ce que nous tirons parti de cette manne documentaire ? La réponse est non. Boukovski, dont le livre a pour sous-titre *Un dissident dans les archives du Kremlin,* constate avec stupéfaction l'indifférence de la presse et des historiens pour les découvertes sans prix que lui et d'autres ont faites durant trois années de recherches enfin possibles à l'ex-comité central et au KGB.

La lecture des sténographies intégrales de plusieurs séances du bureau politique du PCUS du temps de Brejnev n'est pas chose à dédaigner pour un bon historien, un bon journaliste. Et pourtant ! Par exemple, désormais, les preuves écrites existent que les partis communistes occidentaux, et même le parti italien, que l'on croyait devenu depuis longtemps financièrement indépendant, ont tous été régulièrement payés par Moscou, et ce jusqu'à la fin de 1990. Gorbatchev lui-même a mangé le morceau au cours d'une conférence à Florence, deux ans plus tard. On se souvient des virulentes dénégations des communistes et de leurs amis sur ce thème brûlant. On pourrait donc s'attendre à quelque curiosité pour les pièces qui tranchent enfin ce débat vieux de sept décennies. Eh bien, pas du tout. *So what ? Who cares ?* Et après ? Quel intérêt ? Telles sont les réactions, les haussements d'épaules que suscite le trésor des sources inédites.

Cette tactique défensive est habile. Pendant la période où l'absence d'informations irréfutables autorisait tous les mensonges, on traitait de réactionnaires délirants les obsédés de « l'argent de Moscou ». Au moment où l'on peut établir qu'ils avaient raison, la réplique rituelle est : « Mais c'est de l'histoire ancienne ! Bien entendu, c'était vrai, mais cela n'a plus aucune importance. »

Il en va de même — autre exemple cuisant — pour le terrorisme. Insinuer en 1975 que certains groupes terroristes étaient assistés, voire suscités par les pays de l'Est équivalait à poser votre candidature à un traitement psychiatrique. En 1995, on peut lire la démonstration noir sur blanc que c'était exact et décidé en très haut lieu. D'aucuns à l'Ouest en déduiraient-ils qu'ils ont fait erreur en soutenant, par exemple, Klaus Croissant, agent maintenant avéré de la Stasi ? Vous rêvez ! Peu importe que l'on puisse désormais décortiquer dans le détail l'importance des organisations de façade de l'Internationale, telle Pugwash, ce débris de la guerre froide dont le fondateur vient de recevoir le prix Nobel de la paix ! Une chaîne de télévision a consacré, le 26 août, une émission élogieuse à feu le « journaliste » australien Wilfred Burchett, vieil agent du KGB qui se promenait à l'Ouest avec un passeport tantôt bulgare, tantôt cubain. Tant de crédulité frise l'arriération mentale et finit par devenir comique.

En réalité, trop de gens toujours en activité se sont trop lourdement et souvent volontairement trompés pour que l'on puisse espérer avant longtemps un examen sincère de ce dévoiement culturel. La violence pathétique du livre de Boukovski vient de ce que l'auteur, après avoir été incompris et même calomnié à l'Ouest, comme tous les dissidents durant l'ère de l'ensorcellement totalitaire, se heurte aujourd'hui au même refus sournois de la connaissance, au moment où l'accès aux sources confirme le bien-fondé de ses positions passées.

Sans doute le communisme est-il discrédité, mais pas ceux qui l'ont appliqué, prêché, défendu, excusé. Il s'agit d'obtenir un discrédit en quelque sorte abstrait, qui ne mettrait en cause aucune erreur humaine, aucune faute morale d'individus en particulier. D'où la désinformation rétrospective.

Car, en définitive, la gauche occidentale n'a pas lieu d'être très fière, non pas tant d'avoir professé les opinions qu'elle a eues, et qu'elle avait le droit d'avoir, que de s'être laissé manipuler avec une imbécile ingénuité par les services soviétiques. On ne peut plus invoquer un roman dû à la manie du complot : tous les éléments de preuve sont maintenant disponibles. Cette manipulation savante, mais somme toute facile, remonte très loin en arrière, aux origines mêmes du régime bolchevique.

C'est ce que raconte l'historien américain Stephen Koch dans *La Fin de l'innocence,* lui aussi sur la base de documents d'archives inédits et en centrant son récit sur la personnalité de Willi Münzenberg, l'agent spécialement chargé, entre les deux guerres, de faire succomber les intellectuels occidentaux à la tentation stalinienne. « Les archives centrales du parti, écrit Koch, montrent de manière irréfutable que les organisations de façade mises sur pied par Willi et ses réseaux de compagnons de route ou de propagandistes étaient fortement imbriqués avec les services secrets du Komintern comme avec les autres agences de renseignement soviétiques. » Une des dernières vastes opérations des agences, longtemps après la disparition de Münzenberg (mort en 1940, assassiné, selon la coutume, par ses propres services), fut la vague de protestations et de manifestations prétendument pacifistes destinées à empêcher, en 1982 et 1983, le déploiement des euromissiles à l'Ouest, contrepoids indispensable aux fusées soviétiques déjà déployées à l'Est. Or, il y a douze ans, aucun péril fasciste, comme entre les deux guerres, ne pouvait servir de prétexte à ce soutien aveugle à l'URSS.

Mais, même entre les deux guerres, l'exploitation du péril fasciste pour embrigader l'intelligentsia occidentale ne faisait que les berner. Car, tandis que battait son plein la guerre des idées contre le fascisme, les services secrets nazis et communistes se fournissaient des éléments de désinformation pour liquider, révèle Koch, leurs ennemis intérieurs respectifs. Ainsi, la Gestapo aida Staline à fabriquer ses accusations mensongères contre Toukhatchevski, qui servirent à détruire l'état-major de l'Armée rouge. Et le Komintern aida Hitler à discréditer et détruire Ernst Röhm et les SA lors de la Nuit des longs couteaux.

L'un des points forts du livre de Koch est d'apporter la preuve que les préparatifs du pacte soviéto-nazi de 1939 remontent en fait aux origines du régime hitlérien. Les deux dictateurs avaient un même but : anéantir les démocraties, chacun d'entre eux nourrissant l'arrière-pensée d'écraser ensuite son rival. Ainsi, Staline complotait avec Hitler durant les années mêmes où les gauches européennes s'interdisaient tout anticommunisme au nom de la lutte contre le nazisme !

Mis bout à bout, *La Fin de l'innocence* et *Jugement à Moscou* retracent l'histoire complète, entièrement remise à jour à la lumière de documents nouveaux, de cette pathologie culturelle encore inexpliquée que fut, de 1918 à 1995, l'autodésinformation assistée de la pensée occidentale.

28 octobre 1995

Jugement à Moscou de Vladimir Boukovski, traduit du russe par Louis Martinez, Robert Laffont.
La Fin de l'innocence de Stephen Koch, traduit de l'anglais par Marc Saporta et Michèle Truchan-Saporta, Grasset.

1996

La violence à l'école

Plusieurs bubons d'insécurité dans les écoles viennent brusquement d'éclater. En France, quand ces éruptions au grand jour se produisent, c'est que des foyers d'infection étaient cachés depuis longtemps. La tendance française est de voiler tant qu'on le peut la gravité des abus. Regardez l'ARC : toutes les révélations du rapport de la Cour des comptes étaient connues des gouvernements successifs depuis des années grâce à un rapport de l'Inspection générale des affaires sociales, qui avait été étouffé.

Il en est allé de même pour ce qu'il faut bien appeler la criminalité et la délinquance dans les lycées et collèges. Ce n'est pas d'aujourd'hui qu'elles sévissent, mais l'administration détestait en parler. Des proviseurs tremblants assuraient que ce n'était pas la peine d'en faire un drame. Ils dissuadaient les parents des victimes de porter plainte. Lorsque les lycéens eux-mêmes ont manifesté, en 1990, pour réclamer davantage de surveillants, une certaine bonne presse les a traités de réactionnaires, voire de racistes.

La violence à l'école ne s'explique pas seulement par la misère des « quartiers ». Pas plus qu'en Corse les diagnostics purement économiques ne suffisent.

La délinquance provient aussi de ce qu'il est beaucoup moins pénible de voler, de violer, d'extorquer, de trafiquer des drogues que de faire des études. Et les jeunes n'ont aucune raison de se gêner, à partir du moment où ils constatent que ces fructueux débordements ne rencontrent aucune résistance de la part des autorités.

L'indispensable traitement des causes sociales de cette dégradation ne dispense nullement de commencer par en combattre les conséquences criminelles. Or, actuellement, nous en sommes au stade des faux-fuyants vertueux. On a même vu un professeur de collège déclarer à la télévision, le 26 janvier, qu'il était très heureux d'avoir reçu un coup de point d'un élève, ou soi-disant tel, parce que cela nouait le dialogue. Il y a des masochistes partout, mais le masochisme n'a jamais servi à garantir le droit.

Un autre remède proposé a été de projeter aux cogneurs et dévaliseurs un film de quinze minutes les incitant à se radoucir. Merveille ! Quarante-cinq minutes feront l'affaire, j'imagine, pour transformer en agneaux les coupables d'agressions à main armée. Saisissons sans tarder la Commission d'avance sur recettes. Ces sornettes sauveront à coup sûr le cinéma français.

On voit bien ce qui inspire le feu d'artifice de bonnes intentions stériles : le principe que la prévention est préférable à la répression. Comme c'est vrai ! Mais la prévention, c'était il y a quinze ans qu'il fallait y penser. On prévient une maladie avant qu'elle ne se déclare, pas quant elle atteint le stade final où le patient doit de toute urgence passer sur le billard. Prévenir consiste à empêcher le fléau de naître. Lorsqu'on a pris soin de le laisser tout envahir, il faut bien le juguler. La dissimulation de cette tragédie a été un crime contre la démocratie. Car comment les jeunes Français se prépareraient-ils à une vie publique républicaine si le modèle de société qu'ils vivent à l'école s'apparente à la jungle primitive ?

François Bayrou (France 3, le 27 janvier) s'est félicité d'un reportage montrant des élèves décidés à prendre eux-mêmes en main leur sécurité. Puis-je, en toute estime et amitié, faire observer au ministre de l'Éducation nationale que l'État républicain n'a pas à se décharger sur des particuliers, surtout mineurs, du devoir de faire régner la sécurité ? Bien plus : c'est illégal. Nul citoyen n'a le droit de se faire justice lui-même ni de se substituer à la police. Encourager de telles initiatives, n'est-ce pas implicitement reconnaître que les écoles aussi sont en train de devenir des zones de non-droit ?

3 février 1996

Le révélateur Rushdie

En protestant contre la venue en France de Salman Rushdie, le recteur de la mosquée de Paris s'est-il rendu compte qu'il jetait par terre des années d'efforts déployés par les musulmans modérés pour essayer de démontrer que l'islam est une religion tolérante ? Je ne dis pas qu'elle ne le soit pas. Je dis que ses représentants ne le sont guère.

Le recteur Dalil Boubakeur, donc, a écrit au président de France Télévision pour lui signaler l'émotion soulevée dans la communauté musulmane par la présence à l'émission « Bouillon de culture », le 16 février, de l'auteur des *Versets sataniques*. On connaît l'ordre donné en 1989 par l'imam Khomeyni à tous les musulmans d'assassiner l'écrivain pour cause de blasphème. La question est de savoir si les musulmans « modérés » considèrent cette « fatwa », qui est toujours en vigueur, comme légitime ou non. Apparemment, oui. Le recteur invoque le flot de coups de téléphone dont l'ont inondé les musulmans téléspectateurs de France 2 pour dénoncer en ce programme une provocation d'autant plus intolérable, précise-t-il, qu'il coïncide avec le mois sacré du ramadan. M. Boubakeur demandait donc qu'au moins on la retarde.

Une aussi persistante inconscience dans la prétention à exiger le viol des lois de la République est à désespérer de l'avenir. Imagine-t-on le cardinal-archevêque de Paris réclamer qu'on bannisse de la télévision tout auteur antichrétien et que l'on retire des librairies tous les livres anticléricaux pendant la période de carême ? Les musulmans n'ont pas du tout compris, semble-t-il, que, dans notre société, la liberté pour chacun de pratiquer son culte comporte l'obligation de ne pas chercher à l'imposer à ceux qui ne le pratiquent pas, et, plus encore, l'obligation minimale de ne pas les assassiner.

Ces outrances sanguinaires ne seraient, paraît-il, selon l'objection rituelle, le fait que d'une minorité d'intégristes. L'immense majorité des musulmans de France les désapprouverait. C'est ce dont la fâcheuse initiative du recteur nous incite à douter. Au lieu de tancer ses ouailles pour leur fanatisme, il s'en est fait le porte-parole. De la part d'un interlocuteur que plusieurs ministres de l'Intérieur successifs ont promu et décoré, c'est déconcertant. Dalil Boubakeur est — il est vrai — l'interlocuteur moins de l'État français que de l'État saoudien.

On veut bien admettre que la majorité des musulmans français ou résidant en France sont modérés. Mais alors on souhaiterait que parfois cette majorité supposée se prononce de façon plus ouverte, se manifeste de façon plus massive contre l'intolérance des extrémistes. Son silence est accablant.

Faits en main, Philippe Aziz, dans *Le Paradoxe de Roubaix* (Plon), livre qui restera comme une base de vraie sociologie, en rupture avec la sociologie ambiante, bavarde et idéologique, démontre cette vérité : l'acquisition de la nationalité française n'est en rien un facteur d'intégration si ceux qui l'acquièrent — ou la possèdent par droit du sol — n'acceptent pas le pacte culturel et juridique qu'implique cette citoyenneté.

On ne comprend rien aux problèmes de l'immigration musulmane si l'on attribue les échecs actuels de l'intégration sociale et scolaire aux seules difficultés économiques. Nul être humain ne s'intègre à la seule dimension économique d'une civilisation s'il en refuse tous les autres aspects, institutionnels, moraux, intellectuels...

Depuis le Moyen Âge, l'histoire de l'Europe, et de la France en particulier, accumule les immigrations réussies. Mais elles le furent parce que les immigrés comprirent toujours qu'ils devaient s'adapter au pays d'accueil, et non exiger que le pays d'accueil s'adapte à eux.

2 mars 1996

Le vrai Jean Monnet

C'est une étrangeté de notre temps. Alors que nombre d'auteurs universitaires bâclent honteusement des ouvrages d'histoire contemporaine défigurés par les inexactitudes et les partis pris, ce sont souvent des amateurs qui restituent toute sa noblesse à l'histoire sérieuse et intègre. Éric Roussel est docteur en droit, licencié ès lettres et journaliste. Mais son *Jean Monnet* obéit à toutes les règles fondamentales de l'histoire : inventaire scrupuleux et interprétation impartiale des sources et des témoignages ; comparaison de ces mêmes sources entre elles et de ces mêmes témoignages les uns avec les autres ; connaissance approfondie de la bibliographie publiée, dont Roussel cite les ouvrages auxquels il est redevable sans les démarquer, au lieu de faire l'inverse. Enfin, talent de synthèse qui fond dans un récit soutenu et bien écrit une matière à la fois événementielle et structurelle. La prouesse n'est pas mince et le livre non plus, puisqu'il atteint les mille pages.

Elles se déploient selon deux dimensions adroitement tricotées : la vie et le caractère d'un personnage inclassable, Jean Monnet, un marginal au centre de tout. Et, conjointement, justement parce qu'il sut se glisser au centre de tout, nous suivons avec lui l'histoire du monde au XXe siècle. La manière qu'avait Jean Monnet d'occuper le milieu de la scène tout en restant dans la coulisse n'appartenait qu'à lui. Roussel sait rendre avec finesse le paradoxe vivant de cet intrigant qui ne complotait que pour des idées.

Dès 1914, au début de la guerre, cet inconnu de 26 ans qui ne pouvait alors se targuer que d'avoir bien vendu à l'étranger le cognac de la firme paternelle réussit à se faire recevoir par le président du Conseil, René Viviani, pour lui exposer son plan de réorganisation des approvisionnements et de la production franco-britannique — et à le lui faire adopter ! Soixante ans plus tard, en 1974, le même Jean Monnet, devenu l'illustre quoique discret « père de l'Europe », se trouve à l'Élysée, en tête à tête avec Valéry Giscard d'Estaing, pour le pousser à institutionnaliser les sommets européens, à y abandonner la règle paralysante du vote à l'unanimité, enfin à fixer la date à laquelle auront lieu les premières élections du Parlement européen au suffrage universel direct. Ce sera 1979, l'année même de la mort du grand homme qu'Éric Roussel définit bien comme un « visionnaire pragmatique ».

Entre ces deux dates, on est stupéfait de voir Monnet, petit-bourgeois sans diplômes, sans aucun mandat électif, n'appartenant à aucun grand corps administratif, se retrouver en 1922 secrétaire général adjoint de la Société des Nations (poste qu'il abandonne froidement pour retourner à Cognac redresser la PME familiale qui périclite !) ; en 1928 en train d'assainir les finances publiques en Pologne, puis en Roumanie, avant de se rendre vers 1930 en Chine pour, à la demande de Tchang Kaï-chek, se pencher au chevet de ce pays malade. Plus tard, il est banquier aux États-Unis et, en 1942, conseiller de Franklin Roosevelt, pour la mise sur pied de l'industrie de guerre américaine, avant de se rendre à Alger pour tenter de réconcilier, en 1943, de Gaulle et Giraud. Si l'on ne lisait pas les documents précis et indiscutables, abondamment cités dans le cours de l'ouvrage, et qui, loin de l'alourdir, l'animent, on croirait à un conte de politique-fiction. Le « provincial internationaliste », comme l'appelle encore Roussel, qu'était Jean Monnet, ce Français moyen, ressemblait à un prophète à peu près autant qu'Antoine Pinay ou le petit père Queuille. Pourtant, c'était un imaginatif et un passe-muraille universel, qui s'introduisait partout pour défendre son idée fixe auprès des maîtres passagers de ce monde.

Aujourd'hui où notre Union européenne s'empêtre dans la dilatation et dans la paralysie, faute d'unité politique, il est opportun de rappeler que, pour Monnet, cette unité fut toujours le but prépondérant. On est surpris de voir avec quelle clarté il le formule, très tôt, au plus creux des heures les plus noires de la Seconde Guerre mondiale. Lui et les hommes de premier ordre dont il a su s'entourer : Étienne Hirsch, Hervé Alphand, René Mayer, Robert Marjolin. Les notes qu'ils échangent montrent qu'ils ont en détail, dès 1942, l'objectif de l'unification politique de l'Europe et les institutions qui la concrétisaient, en gros les institutions européennes actuelles. Leur raisonnement allait à l'essentiel : par la faute de ses nationalismes, l'Europe s'était, deux fois au cours du XXe siècle, quasiment suicidée dans deux guerres continentales devenues à cause d'elle mondiales. Le seul moyen d'extirper à jamais ce mécanisme fatal était donc d'imposer aux nations européennes une autorité supranationale. Pour Jean Monnet, tout surdoué qu'il fût pour l'économie et les questions monétaires, la priorité n'était pas économique, c'était l'union politique. Si étonnant que cela paraisse, la seule étape de la construction européenne où on ne le voit pas tenir le premier rôle d'entraîneur, d'« inspirateur » des gouvernements est l'élaboration du traité de Rome, en 1957. Il n'avait rien contre le Marché commun, au contraire, mais il professait que l'intégration économique ne conduirait pas d'elle-même à l'unité politique. Il fallait vouloir celle-ci en tant que telle. Le moins qu'on puisse dire est que l'avenir, c'est-à-dire notre présent, a confirmé ses craintes.

Monnet n'a pas davantage affirmé : « Si c'était à refaire, je commencerais par la culture. » Ce mot est apocryphe, et Monnet ne pourrait pas l'avoir prononcé, tant c'est une ânerie. D'abord, parce que la culture européenne a toujours été intégrée, a toujours circulé à travers les frontières, et malgré les censures, sauf dans l'Allemagne nazie et la Russie communiste. Ensuite, parce que cette communion européenne dans les lettres, les sciences et les arts n'a jamais empêché les guerres. À aucun moment les cultures française et anglaise ne se sont mieux connues et admirées qu'entre 1715 et 1815, et à aucun moment les deux pays ne se sont autant battus. Pendant les cent années suivantes, la culture allemande imprègne la culture française. En sens inverse, Nietzsche emprunte l'essentiel de ses références à nos moralistes. Sur le plan du maintien de la paix, les fruits de cette symbiose spirituelle furent plutôt maigres. Abandonnons aux bavards rétribués les homélies sur les bienfaits politiques des rapprochements culturels.

La culture ne sert qu'à la culture. Et un problème politique ne peut se résoudre que politiquement. Pour Jean Monnet, celui de l'Europe se ramenait très simplement à la nécessité de réduire l'autonomie des États-nations pour ériger une autorité qui leur fût supérieure et qui, surtout, s'incarnât dans des institutions irréversibles. D'où l'hostilité réciproque et intense qui ne cessa de régner entre lui et de Gaulle, dès 1940, et au sujet de laquelle Roussel narre avec verve des outrances stupéfiantes. De Gaulle ne concevait et n'acceptait de coopération européenne que dans le cadre intergouvernemental, celui d'une architecture traditionnelle d'alliances entre États, et dirigée contre l'Amérique. Pour Monnet, cette technique de l'« équilibre des puissances » avait cent fois fait faillite, et il fallait sortir complètement du vieux système pour construire « une Europe unie complétée d'un partenariat avec les États-Unis ». Vous reconnaissez cette idée ? C'est, à la lettre, celle dont Jacques Chirac s'est fait l'éloquent avocat au cours de son récent voyage outre-Atlantique.

16 mars 1996

Jean Monnet d'Éric Roussel, Fayard.

Feu vert à la corruption ?

À la condamnation d'Henri Emmanuelli, en tant qu'ex-trésorier du PS s'étant livré à des opérations financières, en effet, condamnables, la classe politique a réagi comme si elle voulait tomber encore plus bas dans l'estime publique. Puisque avec raison elle qualifie de néfaste pour la démocratie le discrédit qui la frappe, pourquoi s'ingénie-t-elle à le mériter ?

Tous les ingrédients qui la perdront se trouvent réunis depuis quelques jours dans le spectacle qu'elle nous donne : négation balourde des évidences les plus flagrantes, refus d'assumer la responsabilité des actes commis ; attribution d'une décision de justice à un complot ; solidarité et complicité transversales, unissant tous les partis dans la revendication du droit à l'impunité.

Touchés cette fois, les socialistes brandissent le lamentable cliché de la machination politique, prétendant que seul leur parti paie. Même si certaines instructions concernant la droite subissent en effet aujourd'hui de suspectes lenteurs, il ne faut pas croire les Français entièrement amnésiques. Autant que je sache, Jacques Médecin et Alain Carignon ne sont pas socialistes. Ce sont pourtant, à ce jour, les deux seuls anciens ministres qui soient allés en prison, désagrément qu'en revanche n'ont essuyé jusqu'ici ni Christian Nucci, ni Bernard Tapie, ni Jean-Michel Boucheron, le voleur député et maire d'Angoulême, auquel les gouvernements socialistes laissèrent soigneusement le temps de déguerpir en Argentine. Nul garde des Sceaux n'a surpassé quelques-uns de ceux de François Mitterrand dans la dextérité à entraver le cours de la justice. Pourrait-on savoir dans quelle trappe sont passés le dossier Luchaire, le dossier Orta ?

Ces souvenirs devraient inciter Lionel Jospin à plus de retenue et de tenue. Premier secrétaire du PS pendant le plus clair des années 1980, espère-t-il nous convaincre qu'il n'a jamais rien remarqué de louche ? Ce serait s'avouer stupide, et nous prisons trop son intelligence pour le suivre sur ce terrain. Encore la condamnation d'Emmanuelli sanctionne-t-elle des malversations commises dans le seul département de la Sarthe. Or, le réseau de faux bureaux d'études et de sociétés écrans mis en place par l'organe socialiste de ponction occulte Urba s'étendait sur toute la France. Dès lors, menacer la Cour de cassation confine à l'indécence. Ce passe-droit blesserait au cœur la République même. C'est avant 1789 qu'une classe sociale échappait par statut au droit commun. Plus depuis.

Quant à l'amnistie de 1990, c'est un autre tour de passe-passe que d'alléguer qu'elle aurait dû jouer en faveur d'Emmanuelli. Tout le monde n'ignore pas, en effet, que cette amnistie était inapplicable aux parlementaires. Emmanuelli l'était au moment des faits et l'est resté. C'est parce que Nucci ne l'était plus qu'il a profité de l'amnistie et obtenu un non-lieu qualifié de « scandaleux » par la commission d'instruction de la Haute Cour. Ce n'était pas l'avis du PS, qui propulsa Nucci aussitôt après dans une sinécure dorée, au cabinet du président de l'Assemblée, Laurent Fabius.

Mais l'argument le plus ressassé en faveur de l'absolution illégale consiste à invoquer l'absence d'enrichissement personnel. C'est aussi le plus spécieux, quoiqu'il ait été utilisé même par la droite volant au secours de la gauche (la réciproque est rare). Selon ce sophisme, il serait légal d'extorquer des fonds à des entreprises, de pratiquer la corruption active ou passive, le trafic d'influence, l'abus de biens sociaux ou recel, dès lors qu'on ne garde pas l'argent pour soi et qu'on le donne à son parti ? Courez donc de ce pas dévaliser une banque et remettez le fruit de votre larcin à votre cercle de pétanque : vous ne serez pas poursuivi. Et des députés qui sont juristes plaident cette absurdité ! Pourquoi ne pas abroger carrément le Code pénal ?

23 mars 1996

L'impôt tue l'emploi

La République meurt-elle de l'absurdité de sa fiscalité, comme en mourut l'Ancien Régime ? Comme lui, elle parvient à augmenter à la fois ses prélèvements et ses déficits. Comme lui, elle dépouille la société civile sans sauver l'État de la banqueroute.

Voilà la constat qu'avec une lumineuse et vigoureuse précision dresse Philippe Manière dans *De la pression fiscale en général et de notre porte-monnaie en particulier* (Plon). Le prélèvement global atteint en France, voire dépasse, 50 % du revenu national. Mais, pour un salarié taxable — dont le revenu annuel est supérieur à 392 000 francs —, si l'on ajoute aux impôts directs les charges sociales et la CSG, la ponction dépasse les 70 %. Et même, vu les récentes augmentations des impôts locaux, de la TVA, de la taxe sur les carburants et autres droits, c'est, calcule Manière, plus des quatre cinquièmes de la richesse créée par le travail qui sont prélevés. On répondra : la gloire de la France est de financer ainsi la justice sociale et la solidarité. Fatal mirage ! Ou, plutôt, grossier mensonge. En théorie, la « contribution commune » devrait être « répartie entre tous les citoyens en raison de leurs facultés » (article 13 du préambule de la Constitution). L'État doit mettre le produit de cette contribution au service de l'utilité publique, ce que le citoyen a le droit de contrôler (article 14).

En pratique, la moitié des foyers fiscaux sont exemptés de l'impôt sur le revenu. Comment croire que la France soit à ce point misérable que la moitié de ses ménages se composent d'indigents ? Mais l'État, et c'est sa ruse, risque moins l'impopularité en surtaxant une minorité qu'en répartissant un impôt modéré sur l'ensemble des citoyens solvables à raison de leurs réelles facultés contributives. Politiquement, il vaut mieux faire payer beaucoup par peu que peu par beaucoup, même si le rendement final est moins bon. À quel pouvoir reprochera-t-on de « faire payer les riches », même si ce n'est qu'une apparence ? Car la faille, c'est que la progressivité confiscatoire de l'impôt français, alourdi de l'ISF, ne frappe pas principalement les vrais riches. Eux disposent de mille moyens d'éluder la fiscalité. Elle frappe surtout les salariés supérieurs et les entrepreneurs moyens, c'est-à-dire des créateurs potentiels d'emplois.

Eh oui ! l'impôt ne tue pas seulement l'impôt, il tue aussi l'emploi. Le fait est là, et la corrélation fort édifiante : parmi les nations les plus industrialisées, la France détient le record à la fois des prélèvements et du chômage. En outre, les exclus, censés être arrachés à la pauvreté par la redistribution, y sont souvent au contraire par elle enfermés. Philippe Manière le montre, chiffres à l'appui : de nombreux allocataires n'ont pas avantage à accepter un emploi modeste qui leur ferait perdre leurs droits à diverses aides sans élever notablement leur niveau de vie. Voire le ferait baisser, surtout si ces allocataires cumulent indemnités de chômage et travail au noir. Ainsi va la course française à l'abîme : toujours plus d'impôts, toujours plus de redistribution, toujours plus de déficits, toujours plus de chômeurs.

La dépense publique est aussi mal affectée et aussi peu contrôlée qu'elle est énorme. Elle se règle non sur les besoins communs à tous, mais sur le clientélisme, sur la pression des groupes les plus puissants et les mieux armés pour extorquer à l'État ou aux collectivités territoriales subventions, exemptions, régimes spéciaux, zones franches, et pour les conserver. Pillage et gaspillage sont les deux mamelles de l'État.

Après le diagnostic, Manière propose la cure : l'impôt proportionnel uniforme. Elle le fera traiter de réactionnaire, tant est vraie cette pensée d'Ernst Jünger : « Il y a toujours dans la vie des régimes un moment tragi-comique où ils dénoncent comme une trahison toute tentative de les sauver. »

13 avril 1996

Le sous-développement : un phénomène politique

La notion de développement, l'action pour le susciter, les organisations internationales et les aides bilatérales destinées à le financer et à l'assister, tout cet ensemble de conceptions et d'institutions est né après la Deuxième Guerre mondiale et s'est renforcé après les indépendances des anciennes colonies.

Durant une trentaine d'années, la philosophie du développement, axe central des relations Nord-Sud, brillait par une lumineuse simplicité. Le retard du Sud, affirmait-on, provenait de causes exclusivement économiques, démographiques et technologiques. Pour y remédier, il suffisait par conséquent d'apports de capitaux, de transferts de technologie et d'un contrôle des naissances. À quoi devaient, bien entendu, s'ajouter des aides d'urgence, en cas de pénuries alimentaires et de catastrophes naturelles ou épidémiques.

Cette théorie supposait, de toute évidence, une humanité d'une rationalité parfaite, chose rarissime au Nord comme au Sud, et des dirigeants ruisselant d'intelligence, de compétence et de probité. Elle fut, il est vrai, très tôt contestée. Au début des années soixante, un grand journaliste, Raymond Cartier, dénonça, en Afrique, le gaspillage et le détournement de l'aide au détriment des masses et au profit d'une minorité opulente. Il forgea une formule qui fit mouche : l'aide, écrivit-il, consiste à « prendre de l'argent aux pauvres des pays riches pour le donner aux riches des pays pauvres ». Mais, malgré sa vogue, qui souleva une violente indignation en Afrique, le « cartiérisme » fut condamné comme réactionnaire. Pourtant un auteur d'une tout autre autorité scientifique, et de surcroît socialiste, l'économiste suédois Gunnar Myrdal (prix Nobel d'économie 1974), aboutit à des analyses voisines, quoique formulées moins brutalement, dans un livre publié à la fin des années soixante, *Le Drame de l'Asie, une enquête sur la pauvreté du monde*. Étudiant essentiellement l'Inde, Myrdal montrait que le développement ne dépend pas des seuls facteurs financiers et techniques. Il est souvent neutralisé, arguait-il, par des pesanteurs culturelles, par l'immobilisme des coutumes, l'irresponsabilité politique, les tabous religieux ou la corruption.

Au début des années 1980, la cause était entendue, l'aide matérielle n'entraîne pas mécaniquement le décollage si de nombreuses autres conditions ne sont pas réunies. C'est alors qu'émergea ce qu'on nomma la « critique du tiers-mondisme », émanant de milieux, pour le coup, nullement réactionnaires, comme Médecins sans frontières, qui engendra, pour étudier des problèmes, une association sœur, Liberté sans frontières.

Prenons l'Afrique, puisque c'est aujourd'hui le continent sinistré par excellence. Il est inexact de dire que l'Afrique n'a pas été assez aidée : elle a été mal aidée. L'Afrique a bénéficié depuis trente ans d'un véritable « plan Marshall permanent ». Le mot est d'Yves Plattard, qui fut ambassadeur de France dans divers pays africains. Avec ses 600 millions d'habitants, soit une densité démographique infime, comparée à celle de l'Asie du Sud-Est, l'Afrique a reçu environ 5 000 milliards de francs français en dons et crédits bonifiés internationaux. La France, pour sa part, en trois décennies, a fourni plus de 400 milliards au titre de la seule aide publique. Pourquoi, dans ces conditions, l'économie africaine s'est-elle effondrée au lieu de progresser ?

Les réponses sont connues : l'aide ne va pas à ceux qui en ont besoin, elle ne va pas aux affamés, elle ne va pas aux investissements, elle ne va pas aux projets qu'elle est censée financer. Elle sert avant tout à régler les dépenses courantes de la classe politique et bureaucratique. La ruine de l'Afrique est en partie due à sa manie étatiste. C'est clair pour l'Algérie, et pour d'autres pays anciennement prospères, comme le Nigeria ou la Zambie. Dans ce dernier pays, ravagé par vingt-sept ans du « socialisme humaniste » de l'ineffable Kenneth Kaunda, 5 % à peine des terres fertiles sont cultivées.

L'Afrique, chaque année, a reçu entre 16 et 19 dollars par habitant. Dans les pays pauvres d'Asie ou d'Amérique, la moyenne s'est située entre 4 et 5 dollars. Or, l'Asie, moins aidée, est actuellement le siège des taux de croissance les plus élevés du monde. L'Amérique latine atteint pour sa part le niveau des régions dites « à économie intermédiaire », voire développée, comme le Chili. À titre de comparaison, le Nigeria et l'Indonésie, deux pays pétroliers, ont bénéficié de la manne due au quadruplement du prix du pétrole des années 1970. En 1970, l'Indonésien était plus pauvre que le Nigérian. Aujourd'hui, le revenu par tête au Nigeria est inférieur à celui de... 1973 ! Il a été multiplié par trois en Indonésie pendant la même période.

Ainsi, de plus en plus, on a été amené à constater que la cause la plus déterminante de la stagnation, voire de la régression, est politique. Elle peut résider dans de mauvaises décisions gouvernementales. Elle peut résider aussi dans les folies de dictateurs mégalomanes ou, pire encore, dans les guerres interethniques qui saccagent toutes les ressources d'une région.

Amin Dada chassa d'Ouganda des dizaines de milliers de ressortissants d'origine indienne qui depuis des générations géraient avec talent le petit et le grand commerce. Résultat : la destruction de tous les circuits d'échange et de distribution, d'importation et d'exportation. Jolie « purification ethnique » et... faillite générale.

Une autre purification, plus tragique et plus connue, est celle qui a fait un million de morts au Rwanda, devenu terre improductive à cause des haines intertribales ; désastre déjà survenu au Burundi en 1973 et qui menace de s'y renouveler. C'est une volonté politique qui a plongé dans le néant l'agriculture éthiopienne sous la dictature marxiste de Menghistu : ce sont les « réformes » de type soviétique, les transferts forcés de population, la répression et les exécutions en masse, les confiscations de récoltes au profit des dirigeants et de l'armée. Le sud du Soudan, chrétien et animiste, ne serait pas depuis quarante ans le siège d'une famine chronique si le nord musulman ne lui livrait pas une guerre barbare, qui a fait trois millions de morts. Au Liberia, depuis le début de la guerre intertribale en 1989, plus de 5 % de la population a été tuée, la moitié a dû fuir son village d'origine, un tiers s'est exilé à l'étranger. Le principal responsable de cette catastrophe, Charles Taylor, surnommé « l'éponge », en raison de sa capacité à absorber l'aide extérieure et à la garder pour lui-même, fait combattre dans ses troupes des enfants de moins de quinze ans, nous a appris l'UNICEF.

En Iran, selon les experts occidentaux, le revenu annuel par habitant en 1995 aurait subi une baisse de 80 %, par rapport à ce qu'il était du temps du shah. En 1979, quand Saddam Hussein prend le pouvoir, le revenu par tête de l'Irakien est un des plus élevés du monde. Avec à peine dix-sept millions d'habitants et sa production pétrolière de trois millions cent mille barils par jour, l'Irak est le deuxième exportateur mondial de pétrole après l'Arabie saoudite. Avec ses deux fleuves, il a en outre la chose la plus précieuse au Moyen-Orient : l'eau. Là-dessus, Saddam se lance d'abord dans une guerre longue et ruineuse contre l'Iran, de 1980 à 1988, qu'il perd ; puis dans la guerre contre le Koweït, qu'il perd également. Quatre cent mille tués, un million et demi de victimes civiles, désorganisation complète d'une économie saignée par les dépenses militaires, embargo contre le pétrole irakien qui plonge les Irakiens dans la pénurie. Pourquoi ? Parce que Saddam refuse d'appliquer les conditions du cessez-le-feu et de laisser les inspecteurs de l'ONU vérifier qu'il a démantelé ses installations d'armement atomique, chimique et biologique. Là encore, cause politique.

L'aide au tiers monde est aujourd'hui devenue impopulaire dans les opinions occidentales parce que celles-ci comprennent, mieux que leurs dirigeants, que l'aide financière ne suffit pas. Le remède à la faim dans le monde n'est pas la seule aide économique. L'idée de poser des conditions politiques, et relatives aux droits de l'homme, pour l'octroi des aides ou pour la coopération n'est pas dictée uniquement par un idéalisme béat ou par la prétention qu'aurait l'Occident d'imposer son « modèle ». Elle est dictée par des considérations pragmatiques, issues des leçons de l'expérience.

Printemps 1996

Brésil : le faux problème des « sans terre »

Le programme de réformes du président Fernando Henrique Cardoso, élu en 1994, semblait devoir continuer à moderniser paisiblement le Brésil. Mais, soudain, le mois dernier, une tragédie déstabilise le président : la police militaire ouvre le feu sur des manifestants « sans terre » qui bloquaient une route dans l'État de Para, dans le nord du pays. Elle en tue dix-neuf. Ce crime, Cardoso a pris des dispositions immédiates pour qu'il soit puni. Mais le président ne s'en trouve pas moins remis face à l'éternelle et explosive question brésilienne dite « de la réforme agraire ».

Question ambiguë, empoisonnée de mensonges et de coups bas. C'est ce que confirme une enquête attentive sur l'événement. Il est vrai, en effet, que la police militaire a tiré sur les « sans terre », qui barraient une route importante, la seule de la région. Il est faux, en revanche, que la police avait reçu l'ordre de tirer. Les ordres étaient de dégager la route. Il est vrai que les « sans terre » furent les premiers à charger la police, l'attaquant avec des pierres et des armes de chasse, sans que cette agression excuse, au nom de la légitime défense, la riposte meurtrière des forces de l'ordre. Il est faux, surtout, que les « sans terre » présents étaient des

« sans terre ». À peine un cinquième des manifestants l'étaient. Les autres étaient des chômeurs urbains et des professionnels de la bagarre sociale transportés sur place.

Par les soins de qui ? Après l'élection et le succès de Cardoso, qui a réussi à extirper l'inflation et à relancer la croissance, le PT, le Parti des travailleurs (extrême gauche dirigée par le candidat malheureux à l'élection de 1994), la Centrale unique des travailleurs, syndicat lié au PT, et l'Église, toujours fidèle à la « théologie de la libération », ne se consolaient pas de voir le réformisme réussir. Avec l'élévation du niveau de vie, ils avaient perdu leurs drapeaux sociaux. Les populations des grandes villes ne supportaient plus les grèves incessantes. Il fallait trouver un autre champ d'action : ressortir la réforme agraire était la riposte idéale.

Or, il est ridicule de parler de réforme agraire si l'on considère les chiffres. Quelques réformes simples suffiraient à tout régler. Pourquoi sont-elles entravées au Congrès par les 120 députés du lobby agricole ? À l'autre extrémité du spectre politique, on trouve aussi des inconscients. Le nombre de vrais « sans terre » est insignifiant, et les terres disponibles sont plus qu'abondantes. Il s'agit d'une question secondaire, d'autant plus que l'agriculture représente seulement 11 % du produit intérieur brut, contre 37 % pour l'industrie et 52 % pour les services.

L'organisation du soulèvement de « sans terre » traduit, en fait, la persistance et la résurgence de la vieille culture latino-américaine de la violence. La conversion, depuis deux décennies, de l'Amérique latine à la rationalité économique et à la démocratie a frustré de leur vision du monde les groupes archaïques qui voyaient dans la guérilla le seul instrument de salut pour le continent. L'action illégale fut un immense échec qui provoqua le contrecoup des dictatures de droite.

De temps à autre, ces groupes éliminés par l'histoire se rebellent encore contre elle. On vient de le voir au Brésil. On l'a vu au Pérou avec le Sentier lumineux. On le voit au Mexique avec les « zapatistes » du Chiapas. Leur accorder le moindre sérieux politique revient à dire que le principal facteur de progrès de l'Europe des Quinze réside dans les indépendantistes corses. Certes, malgré la démocratisation et la libéralisation, l'Amérique latine fourmille de plaies. Mais l'Europe aussi. Ce défaut ne justifie pas le retour à l'action violente, qui, de 1960 à 1980, n'a engendré que catastrophes et régressions.

18 mai 1996

Inde : les maux de l'Union

L'Union indienne diffère de l'Union européenne par les civilisations qu'elle regroupe; mais elle s'y apparente par la forme d'organisation qui les rassemble. Sa crise actuelle éclaire un côté de la nôtre. Tous les édifices multinationaux, multilinguistiques et multiconfessionnels, existants ou en gestation, souffrent du mal indien : particularismes régionaux, fantasmes ethniques et violences religieuses. Le tout corsé par la corruption.

C'est le dégoût de la corruption qui a éloigné les électeurs du Parti du Congrès en mai 1996, de la Démocratie chrétienne italienne en 1994, du Parti socialiste français en 1993 ou espagnol dernièrement. Presque la moitié des députés que vient d'envoyer à l'assemblée de Delhi l'un des plus grands des 25 États de l'Inde, l'Uttar Pradesh, ont eu affaire à la justice! Le riche Bihar, gorgé de minerais, enrichirait ses habitants si son économie n'était saignée par une mafia qui pénètre de haut en bas la hiérarchie politico-administrative.

L'intégrisme religieux, aussi, a ébranlé l'Union. L'Inde abrite une foule de religions, mais l'État indien est laïque. Les partis politiques y pullulent, mais on n'y avait jamais vu de parti confessionnel. Dans les années 1980, les sikhs (adeptes d'une variante de l'hindouisme, mâtinée d'islam) veulent sortir de l'Union et s'approprier l'État du Pendjab, dont ils réclament l'indépendance à leur profit. Devant le refus prévisible de Delhi, les sikhs se lancent dans un terrorisme qui, de 1983 à 1991, fait environ 15 000 victimes : la plus illustre est le Premier ministre en personne, Indira Gandhi, assassinée par eux en 1984. En attendant que son fils et successeur le soit par les Tamouls.

Dans les années 1990, c'est l'intégrisme hindouiste qui se déchaîne. Arrivé en tête des dernières élections, son parti, le BJP, « Parti du peuple indien », a infligé une humiliante défaite à l'historique Parti du Congrès, amputé de la moitié de son électorat. L'intégrisme hindouiste s'en prend aux 120 millions de musulmans indiens. L'État laïque les avait toujours protégés contre les éventuelles brimades de la majorité hindouiste. Or, depuis 1992, les violences antimusulmanes se multiplient : mosquées détruites, rixes sanglantes, incitations à la haine. Il manquait, dans la nouvelle assemblée, 70 à 80 sièges au BJP pour « prouver sa majorité », comme on dit là-bas. Il ne les a pas trouvés, heureusement.

J'ai assisté aux séances agitées des 27 et 28 mai du Parlement indien, au cours desquelles s'est déroulé le débat qui a conduit à la chute de l'éphémère gouvernement hindouiste. J'ai été frappé par le nombre des députés : 545 pour représenter 930 millions de citoyens. Pourquoi nous en faut-il 577, nous qui ne sommes même pas 60 millions ? Il est vrai qu'ils ne viennent presque jamais tous ensemble : nous sommes représentés pour ainsi dire par roulements. Et, malgré l'agressivité des accusations réciproques, nul groupe indien ne joue les outragés au point de quitter l'hémicycle, comédie fréquente au Palais-Bourbon. Le peuple n'élit pas ses parlementaires pour qu'ils se vexent. Les Indiens s'en souviennent.

La coalition parlementaire de treize petits partis qui s'est constituée pour donner une majorité anti-hindouiste au nouveau gouvernement demeurera-t-elle ? Ou le pays devra-t-il revoter ? De toute manière, des affrontements renaîtront sur le terrain : le BJP crie déjà à la manœuvre « antidémocratique ». On a empêché le gagnant des élections d'accéder au pouvoir. Mais que fallait-il faire, quand ce vainqueur entendait violer un principe fondamental de la République indienne ? Demandez la réponse à tous ceux qui rejettent l'humain au nom de la tribu.

8 juin 1996

« Sidaction » : le dérapage

Le sida serait-il le seul mal qui frappe l'humanité ? On le croirait, après la soirée « Sidaction » du 6 juin. Quelle disproportion entre ce déploiement médiatique — six heures sur six chaînes — et le rang, par bonheur relativement modeste, de ce fléau parmi les causes de décès ! Et pourquoi cette agressivité des « militants » antisida d'Act Up ? Toute maladie, certes, est de trop, toute mort aussi. Mais, s'agissant de mobilisation sociale, médicale, financière, on est bien obligé de comparer les statistiques. Le seul cancer de la prostate tue chaque année autant de Français que le sida en a tué en dix-sept ans, de 1978 à 1994 : environ 19 000. À l'ensemble des cancers on doit 146 000 décès annuels. Ce sont les maladies cardio-vasculaires qui entraînent le plus de morts : 173 000 par an. Les cardiaques, pour autant, n'insultent pas les ministres durant les soirées télévisées. Du reste, on ne leur en consacre pas.

Regardons les pays pauvres, objectera-t-on. Le sida y fait des ravages. C'est vrai, mais moindres que la malaria, pour ne citer qu'elle, qui cause deux à trois millions de morts par an. Dans les pays riches, l'information est bien faite, les « comportements à risques » exposant au sida sont connus, signalés, faciles à éviter, qu'ils soient liés à la sexualité ou à la drogue. À part les malchanceux qui ont été victimes à leur insu de négligences criminelles (hémophiles, transfusés, contamination par un partenaire qui a caché sa maladie), la prévention relève pour les autres de précautions simples et efficaces. La médecine, cela va de soi, n'est pas pour autant dispensée d'entourer les malades des meilleurs soins possibles, ni la science de travailler sans relâche à découvrir ce qui pourra les guérir. C'est d'ailleurs ce qu'elles font, avec l'appui des États, des instituts de recherche, des donateurs. Qu'est-ce qui inspire donc les réquisitoires d'Act Up ?

Une partie de la réponse nous est fournie dans un livre profond et méticuleux : *Le Rose et le noir* de Frédéric Martel (Seuil). Traitant des homosexuels en France depuis 1968, Martel raconte comment les mouvements de libération homosexuelle ont d'abord réussi. Ils ont obtenu l'abrogation d'une législation injustement discriminatoire et une plus grande tolérance dans les attitudes sociales. Ensuite, ils ont malheureusement « rencontré sur leur chemin de libération le virus du sida ». Les plus militants ont vu dans cette fatalité une sorte de complot, une volonté de les détruire. Certains brandirent « la comparaison insensée entre sida et Holocauste ». Les mouvements sont passés alors d'un communautarisme défensif à un communautarisme offensif. Un pas de plus, ajouterai-je, et ils ont professé que dans le combat contre le virus HIV se concentrent tous les combats pour les droits de l'homme. Le président d'Act Up exige que l'on s'abstienne de reconduire à la frontière les étrangers sans papiers quand ils sont séropositifs. Pourquoi pas, d'ailleurs, s'ils sont diabétiques, asthmatiques, gastralgiques ? Fort bien, sauf qu'Act Up n'a aucun mandat pour gouverner la France. Si son président veut modifier les lois de la République, qu'il fasse élire des députés, lesquels déposeront des propositions de loi nouvelles. En attendant, avoir une grande gueule et avoir le pouvoir législatif sont deux choses distinctes, qu'il veuille bien s'en souvenir.

Cette dérive communautariste trahit l'esprit de nos lois. Frédéric Martel la dénonce dans une formule à la Montesquieu : « Le droit à la différence peut rapidement conduire à la différence des droits. » Laquelle serait, selon le préambule de notre Constitution, la négation de la démocratie.

15 juin 1996

Justice ou censure ?

Que penser du procès intenté au docteur Gubler et à son éditeur, pour avoir publié *Le Grand Secret* ? Une confusion, inquiétante pour la liberté d'expression, entre condamnation et interdiction semble n'avoir pas frappé grand monde. Des journaux sont fréquemment condamnés, à tort ou à raison, sur plainte d'individus ou d'institutions, sans que la justice les fasse pour autant saisir, c'est-à-dire prive les citoyens de la possibilité de lire les arguments pour et contre.

Faut-il condamner Gubler et Plon pour violation posthume du secret médical ? C'est déjà une question difficile. À la date de la publication, plus aucun secret n'existait depuis longtemps sur le cancer du président Mitterrand. En revanche, quelle que soit la réponse de la justice, la décision déjà intervenue, celle d'interdire le livre, est d'une tout autre nature. Dans une démocratie, empêcher la diffusion d'un livre est un acte d'une extrême gravité. Il côtoie ou constitue une violation de la Constitution. Il peut se justifier dans le cas d'un libelle injurieux ou diffamatoire dirigé contre l'honneur d'un particulier — ou d'un homme politique hors du domaine de ses responsabilités. En revanche, la santé d'un chef d'État, si elle devient trop mauvaise, met en péril l'intérêt national et cesse d'appartenir à la seule vie privée.

Les plaintes et demandes de saisie contre *Le Grand Secret* n'ont pas porté, il faut le souligner, sur l'exactitude des faits relatés. Personne ne les a contestés. Il n'y a pas eu calomnie. L'interdiction dénie donc aux Français le droit de connaître la vérité sur une page importante de leur histoire, un long mensonge de quatorze ans, qui soulève un problème répétitif et capital pour l'avenir. Comment pourrons-nous le résoudre si l'autorité judiciaire persiste à nous en dissimuler l'énoncé ? La justice fera-t-elle saisir les manuels scolaires qui mentionneraient la maladie de Mitterrand et sa dissimulation au moyen de faux bulletins de santé, depuis 1981 ? Et s'ils ne les mentionnent pas, mériteront-ils le nom de manuels scolaires, du moins de ce que l'on appelle ainsi dans les pays libres ? A-t-on réfléchi à toutes les conséquences de cette proscription ? L'empressement avec lequel tant de journalistes et de magistrats ont trouvé normal que l'on censure l'histoire en expédiant Gubler au pilon conduit à douter de la culture française actuelle. Est-elle restée à la hauteur de ses prétentions ? Sommes-nous les enfants de la civilisation des Lumières, où chaque citoyen jouit d'un accès sans limite à l'information ? Ou bien, au gré des puissants, le juge des référés décidera-t-il de ce que nous aurons le droit de savoir et le devoir d'ignorer des annales de la patrie ?

L'interrogation ne concerne pas seulement les politiques. En 1964, Françoise Gilot publia *Vivre avec Picasso*. Le peintre tenta de faire interdire le livre de son ancienne compagne. Il n'eut pas gain de cause, le tribunal estima que tout récit de la vie d'un homme mondialement célèbre avait valeur d'histoire, du moment qu'il était exempt d'indiscrétions futiles ou dégradantes. Pourtant, s'ils passionnent les amateurs d'art, les faits et gestes de Picasso, contrairement à ceux de Mitterrand, ne façonnaient pas le sort de soixante millions de Français. Soyons net : c'est la révélation du mensonge du Président, et non de sa maladie, déjà connue, qui a vexé la famille et inspiré les poursuites. Censurer cette révélation, c'est donc encourager le mensonge dans l'avenir.

Cette censure intervient au moment où le parquet s'apprête, dit-on, à enterrer l'affaire des écoutes illégales de l'Élysée, ordonnées par Mitterrand. Ces pratiques dignes d'un régime policier n'auraient porté atteinte ni aux libertés publiques, ni aux vies privées, ni aux garanties constitutionnelles ! La boucle est bouclée : les citoyens n'ont le droit de rien savoir sur le Président, même quand ça les regarde ; le Président a le droit de tout savoir sur les citoyens, même ce qui ne le regarde pas.

22 juin 1996

Tapie : l'exception culturelle

L'hiver dernier, quand sortit le film d'Édouard Molinaro sur Beaumarchais, France 2 invita au journal de 20 heures l'interprète du personnage, Fabrice Luchini. Après avoir poussé l'acteur à évoquer surtout l'aventurier politique et financier, le présentateur, avec un sourire réjoui, lui demanda : « En somme, Beaumarchais, c'était le Bernard Tapie du XVIIIe siècle ? »

Il est facile d'avoir à distance l'esprit de repartie qui nous ferait sans doute également défaut si nous nous trouvions à la place de l'interlocuteur pris de court. J'ai pourtant regretté que Luchini, d'abord plongé dans un long silence stupéfait, n'en émerge pas pour répliquer : « Tiens ! Je ne savais pas que M. Tapie était l'un des plus grands auteurs dramatiques de tous les temps. » Mais, en ravalant Beaumarchais au niveau de Tapie, notre service public audiovisuel ne reflétait-il pas, au fond, les valeurs de notre société, ce qui est, après tout, sa fonction ? J'avais enfin compris ce qu'est l'exception culturelle française.

Tapie en personne la représenta, en juillet, aux Jeux d'Atlanta, où la caméra, cette fois de Canal Plus, recueillit ses précieuses confidences. Quelle surprise de le voir aux États-Unis ! De grands PDG qui avaient dirigé de véritables entreprises, des hommes politiques réels passaient alors leurs vacances en prison. Serge Dassault, objet d'un mandat d'arrêt international, était dans l'impossibilité de sortir de France. À tort ou à raison, je ne trancherai pas. Mais le dossier Tapie ne semblait-il pas au moins aussi lourd ? Et le voilà libre de voyager, plastronnant aux côtés d'une épouse à laquelle, nous glissa-t-il, les épreuves l'avaient encore plus tendrement uni. J'essuyai une larme furtive. Pierre de Coubertin nimbait de son pur idéal olympique la notoire probité financière et sportive de l'ancien président de l'OM. Exhibant, malgré sa mise en faillite personnelle, d'élégants vestiges de sa splendeur passée, le Beaumarchais du xxe siècle rassura les Français sur son futur : « Avec le film, tout va s'arranger », opina-t-il.

Exception culturelle ! Tapie sauvait le cinéma français du cyclone américain, et le cinéma français sauvait Tapie de la noyade judiciaire. Je ne conteste pas à un réalisateur le droit d'engager un interprète sans tenir compte de ses antécédents ou lendemains pénaux, et au vu de son seul talent. Mais, en l'occurrence, quel talent ? Tapie a-t-il jamais montré des dons de comédien — dans l'art cinématographique, s'entend, pas dans les « affaires » ou dans les prétoires ? Force est donc de soupçonner que Claude Lelouch a eu pour souci primordial de mettre au service du lancement publicitaire de son film une gloriole médiatique amassée sur des tréteaux en général plus fréquentés par les huissiers que par les muses.

Qui sait ? Sous le simulateur peut-être un acteur percera. Tel est le conformisme français qu'en tout cas nous regorgerons de dévots pour s'extasier, même si Tapie est fabuleusement mauvais. Pensez ! Un ancien favori du président Mitterrand ! Ces deux hauts serviteurs de la morale civique ! Quel dommage que Lelouch n'ait pas pensé à nous présenter au complet la triade mitterrandienne du Crédit lyonnais, en faisant jouer dans son film également Giancarlo Parretti et un acteur capable d'incarner feu Robert Maxwell. Il n'en manque pas qui possèdent à la fois son physique et ses idées. Quelle joie c'eût été pour les contribuables de contempler, réunis à l'écran, ces magnats de gauche qui leur coûtent 100 milliards ! Et de voir immortalisées ensemble ces incarnations de l'idéal qu'a proposé à notre jeunesse le précédent règne !

Tapie, arguait Pierre Bérégovoy afin de se justifier de le prendre dans son gouvernement, avait rabattu le caquet de Le Pen dans un débat télévisé. Mais, pour avoir un débat télévisé avec Le Pen, il faut d'abord avoir Le Pen. Et ça aussi, c'est une exception culturelle française, apparue en 1983. Ensuite, le fameux débat télévisé était d'une telle indigence d'idées et d'une telle vulgarité d'expression qu'on avait honte d'entendre un Premier ministre de la République le qualifier d'exemplaire. L'art français de la conversation n'avait donc tant vécu que pour cette infamie ? Et encore, si ce pugilat sordide avait été efficace ! Mais le Front national n'a cessé depuis de gagner des électeurs...

En politique comme en art, c'est le public qui fait le bon ou le mauvais choix. On ne saurait reprocher à un réalisateur ou à un romancier de se faire le truchement de ces choix, lorsque, du moins, son ambition n'est que de les refléter, non de les influencer. Au XIe siècle, Lelouch aurait rameuté des entrées avec Roland de Roncevaux. Il compte les engranger aujourd'hui avec Tapie. À chaque époque son héros.

24 août 1996

Discours sur la diplomatie

Le dernier-né des livres de Henry Kissinger est un monument de réflexion théorique, de connaissance historique et, malheureusement aussi, pour une part, d'égocentrisme et de susceptibilité. Car c'est un triple livre, aux éléments magistralement liés et fondus : une philosophie générale des relations internationales ; une histoire fouillée de ces mêmes relations, depuis le cardinal de Richelieu jusqu'à Ronald Reagan ; enfin, un plaidoyer furibond pour la manière dont l'auteur lui-même a dirigé la politique extérieure américaine, donc largement mondiale, de 1969 à 1977, d'abord avec Richard Nixon, puis quasiment seul, après la démission forcée du président et son remplacement par Gerald Ford.

La diplomatie est à l'étude des relations internationales ce que la médecine est à la biologie. Et si Kissinger intitule son livre *Diplomatie,* c'est qu'il entend répondre à la question qui est au centre de toute sa vie, de sa carrière d'historien et de professeur de relations internationales d'abord, d'acteur politique capital ensuite. À savoir : dans quelle mesure et par quels moyens peut-on ou ne peut-on pas instaurer ou restaurer périodiquement, par la négociation et le compromis, une garantie de paix et un équilibre entre les nations ? Équilibre qui, pour être durable, doit satisfaire peu ou prou toutes les parties explicitement contractantes ou tacitement consentantes. Du moins doit-il ne léser ni mécontenter gravement aucune d'elles. L'exemple idéal de l'édifice diplomatique réussi et solide fut l'œuvre du congrès de Vienne en 1815. Il assura un demi-siècle de paix complète en Europe, suivi d'un autre demi-siècle de paix relative. Le contre-exemple, le ratage désastreux, fut celui de Versailles en 1919, réservoir de frustrations telles qu'il nous apparaît non comme un traité de paix, mais, si moral qu'il se voulût, comme un bref et précaire armistice entre deux conflagrations quasi mortelles.

Trois principes et trois méthodes ont inspiré, successivement ou simultanément, la diplomatie depuis la fin du Moyen Âge, qui avait rêvé d'un empire européen. D'abord le principe de la raison d'État conçue comme entièrement indifférente à la morale et se voulant au service de l'intérêt national pur, conçu comme entièrement indifférent aux intérêts des autres. D'après Kissinger, l'inventeur et le praticien suprême de cette diplomatie fut le cardinal de Richelieu. Le deuxième principe est celui de l'équilibre des puissances. Il encadra aux XVIIIe et XIXe siècles le « concert européen » dont l'inoubliable chef d'orchestre fut Metternich. Lorsqu'un État — tel l'Empire de Napoléon Ier — tentait de s'emparer de l'hégémonie continentale, les autres se liguaient ensemble contre lui pour rétablir un système de contrepoids entre nations petites et moyennes. Préservant tant bien que mal la liberté de chacun par une neutralisation réciproque et organisée de tous, l'équilibre des puissances joue en politique étrangère le même rôle que la séparation des pouvoirs en politique intérieure.

Le troisième principe est engendré par la faillite

des deux premiers, c'est-à-dire de la diplomatie européenne, aboutissant aux catastrophes des guerres de 1914-1918 et de 1939-1945. C'est le principe de la sécurité collective, apporté des États-Unis en Europe par Woodrow Wilson en 1919, date qui marque l'entrée involontaire de l'Amérique dans la politique mondiale. Il fut réaffirmé en 1945 par Roosevelt, puis Truman, et se traduisit par la création d'instances supranationales censées transcender tous les égoïsmes : la Société des Nations après la Première Guerre mondiale, l'Organisation des Nations unies après la Seconde. Selon l'idéalisme wilsonien, en 1919, comme selon la Charte de l'Atlantique, élaborée par Roosevelt dès 1941, la paix future du monde ne repose pas sur l'équilibre des forces, sur des marchandages entre diverses raisons d'État, vieilles techniques européennes. Elle repose sur la mise en œuvre d'une justice internationale liée, en dernier ressort, à une sorte de démocratie planétaire et de morale universelle. L'Amérique « a toujours justifié ses engagements internationaux par une doctrine quasiment sacrosainte : elle défend un principe et non des intérêts, le droit et non la puissance ». C'est ce que Kissinger appelle l'exceptionnalisme américain. Cet exceptionnalisme explique la constante juxtaposition, si déconcertante pour les Européens et les Asiatiques, de l'isolationnisme américain et du rôle, sans cesse repris depuis 1919, de « gendarme du monde » que jouent les États-Unis.

La raison d'État de Richelieu, rebaptisée « Realpolitik » par Bismarck, comme l'équilibre des puissances, rebaptisé aujourd'hui « géopolitique » ou « géostratégie », ne devaient leur viabilité qu'à de subtiles et tacites conventions de savoir-vivre partagé et de modération spontanée. Ces conventions furent brisées en Europe par la démesure de la force à partir de 1890 et entre les deux guerres. Kissinger n'a pas de qualificatifs assez durs pour l'incompétence et l'inconséquence des dirigeants européens durant les deux décennies qui précèdent chacun des conflits mondiaux. Seule la perspective d'une chute générale du monde dans la violence chaotique tire par deux fois les États-Unis d'un isolationnisme congénital et sincère pour les amener à intervenir, sans être eux-mêmes directement menacés, dans des régions éloignées où ils n'avaient aucun intérêt vital (sauf la zone du Pacifique après l'agression japonaise de 1941).

De même, les Américains furent très surpris d'avoir à se réengager en Europe et dans d'autres parties du monde après la défaite des puissances de l'Axe pour devoir « contenir » leur ancien allié, l'Union soviétique. Encore la politique d'endiguement, associée à la guerre froide, excluait-elle l'affrontement. Elle avait pour prémisse fondamentale de renoncer à « refouler » l'URSS. D'où l'immobilité américaine lors de la révolte hongroise de 1956. Il ne fallait même pas exploiter les faiblesses manifestes de la tyrannie soviétique ni en secourir les victimes. En retour, l'URSS ne devait pas élargir militairement davantage sa sphère d'influence. En enfreignant cette loi implicite, Moscou provoqua l'intervention américaine en Corée, qui se termina par un succès, et l'intervention au Vietnam, qui se termina par une débâcle. De Wilson à Clinton, on voit l'Amérique, de crise en crise, passer chaque fois de l'idéal de la sécurité collective à l'engrenage de la realpolitik. Ce n'est pas pour étonner Kissinger, lequel, peu messianique par nature, ne croit qu'à la négociation ancrée dans une juste évaluation du rapport des forces et visant à concilier les intérêts respectifs des négociateurs.

Mais — ô paradoxe de l'amour-propre — Kissinger renâcle à être jugé lui-même à l'aune de la realpolitik lorsqu'il en vient à commenter la diplomatie dont il fut le principal architecte, sinon l'inventeur : la détente. Le ton devient acrimonieux pour repousser les critiques émanant, surtout, des néoconservateurs qui, dit-il, voulaient non pas des progrès tangibles, mais une croisade idéologique. Or cette objection est fausse. Car c'est justement au nom des progrès tangibles, ou de leur absence, que la détente est contestable et fut contestée. Qu'était-elle au juste ? Elle consistait à parier que des concessions occidentales dans le domaine du contrôle des armements, de la parité nucléaire, de l'aide économique et financière, des avantages commerciaux et des transferts de technologie entraîneraient chez les Soviétiques une modération de l'expansionnisme et un respect croissant des droits de l'homme. Or, que se produisit-il ?

À partir du moment où fut posée la clef de voûte de cette diplomatie, les accords d'Helsinki de 1975, l'URSS reprit plus énergiquement que jamais son expansion en Afrique, relança la guérilla en Amérique centrale et le terrorisme en Europe, déploya les fusées de portée intermédiaire SS20 et, pour couronner le tout, envoya l'Armée rouge envahir l'Afghanistan. Jolie façon de se calmer. Quant aux droits de l'homme, les citoyens soviétiques assez imprudents pour invoquer la fameuse « troisième corbeille » d'Helsinki furent expédiés dare-dare au goulag, dans les hôpitaux psychiatriques spéciaux (passés en quelques années de trois à trente) ou, au mieux, soit en résidence surveillée, soit en Occident. C'était déjà préférable au coup de pistolet dans la nuque, mais insuffisant pour crier victoire.

Le plus étonnant est que Kissinger accepte implicitement la critique de la détente en faisant un éloge sans réserve de la diplomatie de Ronald Reagan, qui prit le contre-pied de la sienne et réussit à déstabiliser l'Union soviétique. Car, contrairement à la méthode appliquée jusque-là, le reaganisme ne s'en prit plus seulement au comportement soviétique : il attaqua de front le système lui-même, défini comme intrinsèquement et incurablement agressif. En fait, contre un impérialisme d'essence idéologique, le réquisitoire lui aussi idéologique rendit plus efficace la realpolitik. La dénonciation reaganienne de l'« Empire du mal », qui suscita aux États-Unis les cris effarouchés des pudeurs universitaires et épiscopales, fut confirmée par les révélations du post-communisme et fit perdre à la nomenklatura sa confiance en elle-même.

Au terme de cet ouvrage riche, profond et talentueux, somme historique de la diplomatie occidentale, on regrette que Kissinger n'ait pas su, en devenant son propre chroniqueur, conserver la sérénité morale et l'objectivité scientifique avec lesquelles il parle de Richelieu, Pitt, Disraeli, Bismarck ou Roosevelt. Est-ce impossible, quand un homme d'État parle de lui ? Non. Tocqueville ou Guizot y sont parvenus. Celui-ci écrit, au terme de ses *Mémoires* : « En retraçant les principaux événements qui ont marqué ces dix-huit années et la part que j'y ai prise, je me suis proposé d'en écarter toute polémique. La longue et laborieuse expérience de la vie politique m'a enseigné non pas le doute, mais l'équité. » L'équité eût été d'autant plus à la portée de Kissinger que la politique étrangère de cette vaste intelligence comporte aussi, bien entendu, de brillantes réussites. Hélas ! nous supportons d'autant plus mal les critiques justifiées que les critiques injustifiées les surpassent en nombre et altèrent notre égalité d'humeur. Comme l'a déclaré un jour, avec son célèbre humour, Kissinger en plaisantant sur son propre compte : « Même les paranoïaques ont parfois de vrais ennemis. »

5 octobre 1996

Diplomatie de Henry Kissinger, traduit de l'anglais par M.-F. de Paloméra, Fayard.

Plus grand que Machiavel : Francesco Guicciardini (1483-1540)

En 1711, le marquis de Torcy, bon ministre et brillant ambassadeur, neveu de Colbert, fut invité à dresser la liste des lectures recommandées aux futurs diplomates. « Ils doivent commencer par la lecture de Guichardin », écrit-il, formel et catégorique. Ce Francesco Guicciardini, issu d'une grande famille florentine, encore robuste aujourd'hui, vécut de 1483 à 1540. Homme d'État, homme d'action, homme de guerre, ambassadeur beaucoup plus habile que son ami Machiavel (véritable calamité dans toutes les missions dont on le chargea), il fut surtout le plus éminent historien qu'ait produit la Renaissance italienne. Le plus scientifique aussi, se fondant comme on ne l'avait jamais fait avant lui sur le recours minutieux aux sources originales, sur la confrontation des documents, la comparaison des témoignages, y compris quand il avait été lui-même un des témoins.

De surcroît, en filigrane de son œuvre d'historien, se déchiffre une philosophie de l'État, des relations internationales et de la politique réelle qui, par sa modernité, s'apparente à celle qu'expose Henry Kissinger dans son récent livre, *Diplomatie*. C'est d'ailleurs plus vers Guichardin que vers le trop simpliste Machiavel que les XVIe et XVIIe siècles se tournèrent pour accueillir la nouvelle conception de la raison d'État et de la politique pure. L'*Histoire d'Italie* de Francesco Guicciardini fut traduite dans les principales langues européennes aussitôt après sa publication posthume. Le roi d'Espagne Philippe IV (1621-1665), dont le ministre Olivares fut le fameux adversaire de Richelieu, tenait cet ouvrage pour si fondamental qu'il en fit personnellement une traduction en castillan. Or, depuis la traduction française de Jérôme Chomedey, parue en 1568 (et si l'on écarte une traduction exécrable et mutilée du XVIIIe siècle), Guichardin avait disparu de notre langue. Scandale aussi monstrueux que si Thucydide, Tacite ou Gibbon étaient introuvables en français depuis des siècles.

C'est dire la gigantesque lacune que comble la traduction entièrement nouvelle de la *Storia d'Italia,* tout juste parue en deux volumes dans la collection « Bouquins ». La fidélité de cette version, tant pour le sens que pour le style, la qualité des introductions, des notes et des annexes font de cette *Histoire d'Italie,* enfin digne de l'original, un monument qui honore l'érudition et l'édition françaises.

Si j'ai rapproché Guichardin de Kissinger, c'est que l'un et l'autre ont pour guide le seul réalisme géopolitique et le seul souci, en écartant tout voile idéologique ou patriotique, de répondre à cette question : comment les choses se sont-elles réellement passées et pourquoi ? Et quand on se le demande, c'est d'ordinaire parce qu'elles se sont plutôt mal passées. L'interrogation motrice de Guichardin, semblable à celle, avant lui, de Thucydide pour la Grèce, c'est : comment tous ces malheurs ont-ils bien pu nous arriver ? Comment nous y sommes-nous pris pour nous fourrer dans un pareil pétrin ? C'est, pourrait-on dire, le problème français en 1940.

Quel est l'énoncé, en effet, du « problème Guichardin » ? En 1490, constate-t-il, l'Italie vit heureuse. Elle est en paix. Les richesses y abondent et les arts y fleurissent plus que dans nulle autre partie de l'Europe. Un équilibre y règne entre les diverses cités indépendantes, qui se font contrepoids et ne se livrent que des guerres rares, ritualisées et peu meurtrières. En moins de cinq ans, cette tranquillité raffinée est détruite. Les Français, les Espagnols, les Germains, imprudemment appelés à la rescousse par des princes italiens contre d'autres princes italiens, se disputent et se partagent les morceaux de la péninsule.

Les guerres d'Italie — neuf, de 1494 à 1559 — consomment le dépeçage. En une succession ininterrompue d'invasions, les étrangers perpètrent durant soixante-cinq ans saccages, carnages et pillages. Le plus atroce fut le sac de Rome de 1527 : six mille habitants massacrés dès le premier jour par les lansquenets allemands et les *tierceros* espagnols ; des peintures et des sculptures détruites, des bibliothèques incendiées, les plus riches d'Occident ; des écrivains, des peintres, des humanistes exhibés dans les rues, insultés, brutalisés — scènes répugnantes, qui préfigurent la Révolution culturelle maoïste. Ce fut un sommet rarement égalé dans la longue liste des crimes commis par la civilisation européenne contre elle-même. Au bout du compte, l'Italie, sauf Venise, perd ainsi pour trois siècles son indépendance. Les duchés de Naples et de Milan passent sous le contrôle de Madrid et de Vienne. Florence n'a plus d'autonomie qu'apparente. Voilà ce qu'il faut expliquer. « Voilà, écrit Guicciardini, comment, à cause des discordes domestiques, qui aveuglèrent la sagesse si fameuse de nos princes, une partie illustre et puissante d'Italie passa de la domination des Italiens à la domination des gens d'outre-monts. »

Mais, pour pouvoir expliquer les faits, il faut d'abord les établir, restituer « la nature vraie des choses » (*la natura delle cose in verità*), aboutir à un récit historique véridique. La plupart ne le sont pas. Remplir cette condition, du moins dans toute la mesure à notre portée, équivaut en pratique à résoudre le problème de l'explication. Car, pour Guicciardini, en cela très postidéologique, dirions-nous, il n'existe pas d'explication passe-partout de l'histoire. Bien répondre à la question du comment, c'est répondre à la question du pourquoi. « C'est une grande erreur, écrit-il, de parler des choses du monde indistinctement, absolument et, pour ainsi dire, selon une règle ; car presque toutes comportent distinctions et exceptions par suite de la variété des circonstances, dont une mesure unique ne peut rendre compte. »

Pour ne citer qu'un seul exemple, Guichardin est le premier penseur géostratégique de son temps qui comprend et dit qu'on ne peut plus considérer la guerre comme un moyen ordinaire, à la manière antique ou médiévale, car l'armement, à la fin du XVe siècle, fait des progrès qui lui confèrent une capacité de destruction intolérable. On croirait lire Kissinger stigmatisant les dirigeants européens du début du XXe siècle pour leur incapacité à saisir que désormais les perfectionnements de la technologie militaire transformeraient les guerres futures en guerres totales, en autogénocides. Chose curieuse, le retour, aujourd'hui, de la part des grandes puissances démocratiques, à la guerre « zéro mort », dont on se moque parfois, reconstitue l'art de combattre qu'avait mis au point l'Italie avant l'irruption de la meurtrière *furia francese* qui alla jusqu'à massacrer les populations civiles. « Cette façon de faire la guerre, écrit Guichardin, inconnue depuis des siècles en Italie, emplit tout le royaume d'une très grande terreur, car, d'ordinaire, lors des victoires, la cruauté des vainqueurs allait, au pire, jusqu'à dépouiller les soldats vaincus avant de les libérer. » « La première bataille où l'on vit des morts et du sang » fut celle que se livrèrent en 1495, sur le Taro, Français et Italiens, à la stupeur de ces derniers devant une telle entorse aux mœurs civilisées les plus élémentaires.

C'est cette singularité de chaque « constellation » historique, selon le terme de Raymond Aron[1], qui rend indispensable aux yeux de Guichardin une redéfinition de l'action politico-diplomatique en fonction de sa seule efficacité, et une redéfinition de l'État comme instrument de cette action, séparé de la morale et du droit. C'est chez Francesco Guicciardini, plus que chez Machiavel, trop peu nuancé, que les contemporains virent le père de la « raison d'État » moderne. C'est en lui que Montaigne saluait « l'historiographe diligent duquel, autant exactement que de nul autre, on peut apprendre la vérité des affaires de son temps ». Mais la raison d'État guichardienne non seulement n'exclut pas, mais exige la fidélité personnelle à la morale, à l'honneur, même dans les affaires publiques, car elle ne doit entrer en jeu que pour servir au salut du corps entier de la république, non aux carrières de ceux qui la dirigent.

Nous avons assisté depuis lors à une dégénérescence de la notion de raison d'État, à son détournement au profit d'usages personnels ou classiques. La raison d'État telle qu'on l'entendait depuis Guichardin et Richelieu consistait à sacrifier éventuellement la morale à l'intérêt supérieur de la nation. Or, depuis une vingtaine d'années, elle consiste en France à sacrifier la morale aux intérêts particuliers

1. *Introduction à la philosophie de l'histoire.*

des dirigeants. La conception qu'avait de la raison d'État Mitterrand notamment permet d'appliquer à ce président ce que Kissinger dit de Clinton : « Il fait partie des gens qui pensent que leur survie politique est un objectif moral en soi. » « Raison d'État », aujourd'hui, ne signifie plus que « silence sur les fautes et les tromperies commises par les dirigeants ». Ou encore, comme l'écrivait notre cher et trop peu relu Mathurin Régnier :

> « ... *il n'est point de sottise dont,*
> *par raison d'État, leur esprit ne s'avise.* »

21 décembre 1996

Histoire d'Italie de Francesco Guicciardini, traduit de l'italien dans le cadre de l'atelier de traduction du Centre de recherche sur la pensée politique italienne de l'ENS de Fontenay-Saint-Cloud, sous la direction de Jean-Louis Fournel et Jean-Claude Zancarini ; tome I, 1492-1513, Robert Laffont, collection « Bouquins ».

1997

L'avenir de l'ingérence

Dans son message de Noël, Jean-Paul II déplorait « l'indifférence » de la communauté internationale à l'égard de l'enfer africain de la région des Grands Lacs. Ce n'est pas d'indifférence qu'il faut parler à propos de ces massacres qui, depuis 1994, ont au contraire fait l'objet de nombreuses dénonciations et interventions. C'est plutôt d'impuissance.

Comment s'y prendre ? Toutes les méthodes se sont révélées mauvaises. Comme en Somalie ou au Liberia. Ce n'est pas la bonne volonté qui a fait défaut, dans la communauté internationale, c'est l'efficacité. Et c'est même une entente élémentaire sur les causes du génocide. À en croire la plupart de nos sociologues africanistes, ces causes n'auraient rien d'ethnique. Les rechercher dans des haines interminables serait une pure sottise due, dans les médias et la presse, aux séquelles de préjugés colonialistes.

Ce n'est pas l'avis d'un observateur et acteur africain, le Mauritanien Ahmedou Ould Abdallah, représentant spécial du secrétaire général des Nations unies au Burundi de 1993 à 1995. N'étant pas d'origine européenne, il ne court pas le risque de se faire traiter de raciste quand il dit : « Il existe bel et bien des guerres tribales en Afrique, et il est normal d'appeler un chat un chat. Lorsque, en fonction de votre appartenance tribale, on vous laisse passer à un barrage routier ou on vous tue, on ne peut pas éviter de parler de tribalisme. » Voilà ce qu'il précise dans un livre d'entretiens avec Stephen Smith, de *Libération, La Diplomatie pyromane* (Calmann-Lévy). Ce diplomate et intellectuel africain y passe en revue bien d'autres causes des massacres. Elles ne se ramènent pas toutes, loin de là, à l'explication rudimentaire de l'extermination entre ethnies, clans ou tribus. Mais, pas plus qu'en Bosnie, elles n'en dispensent.

Ahmedou Ould Abdallah montre bien, par exemple, que l'interposition militaire ou l'aide humanitaire ne sont jamais perçues par les populations comme neutres, encore moins les conseils politiques. Même si vous êtes une ONG indépendante de tout État, on se demande toujours « pour qui vous roulez ». Si, au Burundi, vous proclamez que les Nations unies doivent œuvrer en faveur d'élections libres et régulières, vous êtes instantanément perçu comme un partisan des Hutus, puisque ce sont les plus nombreux. De même, l'auteur analyse avec lucidité les conséquences néfastes de l'aide traditionnelle au développement. Cette aide clientéliste a, en fait, empêché le développement. De toutes les régions à développer, l'Afrique est, de très loin, le continent qui a reçu le plus d'aides économiques durant les trente dernières années. Et c'est celui qui est devenu le plus pauvre. Le pays, depuis dix ans, qui a touché la plus forte aide par habitant est le Liberia. Or il s'est complètement désarticulé dans les guerres intestines et le bain de sang.

Les cas particulièrement coriaces de l'Afrique, ou de l'Afghanistan, ou de l'ex-Yougoslavie, ou de Chypre, ou de Sri Lanka ne doivent pas nous inciter à mettre au rancart le « devoir d'ingérence », qu'il soit politique, militaire ou humanitaire. Ils doivent plutôt nous pousser à en faire varier l'exercice en fonction des caractéristiques propres à chaque « catastrophe humanitaire », dont la cause première est très souvent politique. Il est faux que ces désastres surviennent uniquement parce que la communauté internationale refuse de s'en occuper. Cette autoflagellation bien-pensante rend le mal incurable à force d'escamoter les responsabilités locales et leur diversité. Il y a tout de même une différence entre un génocide et un tremblement de terre.

L'action des forces de paix, de l'assistance humanitaire, de la rééducation politique ne saurait être uniforme. Il est beau que le cœur ait ses raisons, mais la raison doit les connaître et pouvoir leur fournir le concours des siennes.

25 janvier 1997

Les ennemis des immigrés

La fourniture de certificats d'hébergement par des hébergeurs professionnels est un des principaux passe-partout de l'immigration clandestine. À l'expiration de son visa ou avant, l'hébergé disparaît, se fond dans la population, « oublie » son identité et son pays d'origine, devient un « sans-papiers ». Le bon combat reprend alors pour qu'on lui octroie des papiers.

Vouloir, dans ces conditions, empêcher que le législateur s'efforce de limiter cet abus, c'est tendre à effacer toute distinction entre immigration régulière et immigration clandestine. Le nier n'est qu'hypocrisie. De même, c'est pousser à tricher sur le droit d'asile que de refuser aux autorités les moyens de vérifier quels sont les faux et les vrais demandeurs d'asile.

Comment, dans l'état actuel des flux migratoires, instaurer sans catastrophe une liberté totale d'immigration ? Comment admettre une foire d'empoigne où l'entrée et l'installation définitive de tout étranger extracommunautaire dépendraient de sa seule décision, sans que les autorités du pays d'accueil aient leur mot à dire ? Exiger que l'immigration cesse d'être contrôlée ou même connue, surtout dans un pays à forte protection sociale, avec des budgets sociaux déjà en grave déficit, c'est rechercher la déstabilisation permanente de la société, l'abolition de l'État de droit, voire de la citoyenneté.

Le programme du Front national, qui veut mettre tous les étrangers dehors, et celui des pétitionnaires, qui veulent les mettre tous dedans, sont également impraticables et immoraux. Car ils assurent l'un et l'autre l'échec irrémédiable de l'intégration, cette longue tradition qui fut et doit demeurer l'honneur de la France. Selon leur démarche habituelle, les intellectuels ou automates de gauche, ou prétendus tels, organisent ainsi la destruction pratique de l'idéal dont ils se réclament en théorie. Ce n'est pas là être l'ami des immigrés ; c'est être leur pire ennemi.

À ce rappel des réalités, la riposte des pétitionnaires est rituelle, faute d'être originale : « Quiconque ose nous contredire est fasciste ; tout ce qui n'est pas nous est la réincarnation du régime de Vichy. » Et on nous dit que la gauche a changé ! Le vieux pli, la manie de l'amalgame excommunicateur, est bien toujours là, marque indélébile d'un passé débile !

Bien loin de constituer en France, comme on l'a clamé et salué, un « réveil » des intellectuels, le mouvement pétitionnaire contre le projet de loi Debré indique plutôt la recrudescence de leur sommeil. Humiliés depuis 1989 par l'écroulement historique du socialisme soviétique et le rappel incessant de leurs erreurs passées, les intellectuels jadis engagés et leurs imitateurs actuels ont sauté en un éclair sur un prétexte providentiel pour reprendre avec fracas leur activité favorite : le combat contre le droit au nom des droits.

Une autre caractéristique séculaire de cette gauche est le refus d'analyser les causes de ses échecs. Après avoir fait passer brillamment le Front national de 0,35 % en 1981 à 11 % en 1984, puis à 15 % en 1995, puissante amorce qui devait à la longue le hisser aux 53 % de Vitrolles, la gauche pétitionnaire et associative ne s'interroge pas un seul instant sur les causes de son inefficacité bavarde ou le bien-fondé de ses méthodes comminatoires. Elle accentue l'ascension du Front national en attisant les penchants à la xénophobie des milieux populaires. Comment voteront en 1998 les voisins d'un hébergeur louche qui verront l'hébergé s'évanouir promptement dans les banlieues pour resurgir peu après à Saint-Bernard ? Si le Front national progresse encore, les instigateurs de l'abrogation du projet de loi s'interrogeront-ils sur l'intelligence de leur battage ? Faisons-leur confiance : ils rejetteront la responsabilité du désastre sur les infâmes qui les en auront prévenus.

22 février 1997

Albanie : contresens

Le mandat des troupes européennes, italiennes en majeure partie, envoyées en Albanie est purement « humanitaire », répètent à l'envi le secrétaire général des Nations unies et le gouvernement italien. Ce mandat est de « protéger la distribution de l'aide » en « évitant de se mêler directement de rétablir l'ordre dans le pays ».

L'ennui, c'est que la première instruction est incompatible avec la deuxième. Dans un pays tombé aux mains de bandes qui ont dévalisé les dépôts d'armes, comment empêcher que l'aide ne soit pillée, éparpillée, revendue, si les troupes multinationales s'abstiennent d'utiliser la force ? Ou on laisse les Albanais cuver leur folie, ou on les juge dangereux pour l'ensemble des Balkans, et, dans ce cas, on fait de la politique avec les moyens appropriés, non pas de la simple livraison de produits alimentaires.

De tous les pays dévastés par le communisme, l'Albanie a été le plus cruellement mise hors civilisation. Le Parti communiste albanais n'a même pas laissé derrière lui de nomenklatura pourvue d'une vague expérience administrative et susceptible de se reconvertir en social-démocratie ou autre appellation opportuniste. Le Parti « démocratique » de Sali Berisha n'a pas plus de vraisemblance politique que n'en avait le MOU (Mouvement ondulatoire universel) du regretté Pierre Dac. Le premier contresens des Occidentaux consiste à lire la situation comme étant une insurrection de rebelles, au sud, contre un gouvernement légitime, à Tirana. Or Sali Berisha n'a pas plus de légitimité que les « rebelles », qui sont d'ailleurs plutôt des rivaux, car, pour qu'il y ait des rebelles, il faut qu'il y ait un État de droit, ce qui n'est pas le cas. Le Parti « démocratique » ne doit son pouvoir aujourd'hui chancelant qu'à des rafales d'élections truquées, en 1992 et 1996.

Le deuxième contresens occidental est de faire abstraction de l'infrastructure ethnique du conflit, qui oppose les Tosques du Sud aux Guègues du Nord, lesquels ont accaparé le pouvoir en 1992. Chez les uns comme chez les autres, l'identité tribale coïncide avec une organisation mafieuse. Les Guègues sont spécialisés dans le trafic de drogue et la contrebande de cigarettes ; les Tosques s'adonnent au commerce des armes et à l'émigration clandestine, notamment celle des prostituées. L'aide financière considérable qu'a déjà reçue l'Albanie depuis la fin du communisme a été, bien entendu, entièrement escroquée. Elle a servi, notamment, à amorcer le fameux brigandage des placements mirifiques, dits « pyramides », qui a permis aux mafieux de mettre dans leurs poches les économies des Albanais.

Une analyse réaliste devrait donc conduire l'Union européenne à constater en Albanie l'absence de tout État souverain et à se comporter en conséquence. Mais l'Europe, une fois de plus, se cache derrière le mythe de l'action humanitaire, comme si l'Albanie était victime d'une catastrophe naturelle. La vraie catastrophe, c'est du côté de la mission impossible des forces d'intervention qu'on risque de la voir venir.

19 avril 1997

L'Index au XXe siècle

Vous souvenez-vous du scandale d'Orange ? En 1995, le maire Front national entreprit de rétablir l'« équilibre idéologique » dans la bibliothèque municipale. Elle comptait, à ses yeux, trop d'ouvrages de gauche. Une juste indignation parcourut le pays, unanime (hors le FN) et immédiate.

L'année suivante, une documentaliste expurgea la bibliothèque du lycée Edmond-Rostand à Saint-Ouen-l'Aumône, mais dans l'autre sens. Elle reprochait aux auteurs bannis non pas seulement de ne pas être socialistes, lacune qui risquerait de faire passer à la trappe les neuf dixièmes de la littérature française, mais d'être « dangereusement révisionnistes ou xénophobes, racistes et antisémites ». La vingtaine d'intellectuels expédiés ainsi aux galères, pour autant qu'on sache, ne méritaient guère ces qualificatifs infamants. Notamment deux dont je crois connaître assez bien l'œuvre : Marc Fumaroli et Jean Tulard.

Pourquoi Fumaroli, brillant et profond historien de la littérature et de l'art du XVIIe siècle, et lui-même écrivain d'immense talent, doit-il essuyer l'injure d'une accusation de « fascisme » et voir ses livres éliminés par l'employée d'une bibliothèque publique ? La France entière, sauf cette personne, n'aurait-elle pas vu que *Rhétorique et dramaturgie cornéliennes* ou *La Diplomatie de l'esprit, de Montaigne à La Fontaine* étaient des brûlots du Front national ? En réalité, la gauche ne pardonne pas à Fumaroli d'avoir publié en 1991 *L'État culturel,* où il osa jeter un regard critique sur le dirigisme littéraire et artistique français, de Pétain à Mitterrand.

Quant à Tulard, autorité reconnue dans les études napoléoniennes et historien éminent du cinéma, aurait-il, en écrivant *La Vie quotidienne des Français sous Napoléon,* fait campagne pour Le Pen ? Cherchez ailleurs : il a commis le crime de donner des chroniques à *Valeurs actuelles,* hebdomadaire classé à droite.

Cette Sainte Inquisition a quelques chefs de file dans la presse. C'est devenu un procédé courant, dans une cohorte de plumitifs délateurs, de précipiter dans le nazisme et le révisionnisme tout individu dont ils veulent salir la réputation. Son péché ? Ne point partager leurs vues sur le dernier film branché ou l'utilité de certaines subventions.

Cette censure appuyée sur le mensonge n'a pas soulevé, dans le deuxième exemple, les protestations qu'avait soulevées l'acte identique, quoique de sectarisme contraire, du maire d'Orange. La documentaliste purificatrice avait même obtenu le soutien préalable d'un « collectif » (ah ! que ce mot exaspère !) d'enseignants. Ainsi, des laïques prétendus rétablissent l'« Index des livres interdits », supprimé par l'Église en 1966. Ils répondent qu'ils travaillent, eux, pour la bonne cause. Pardi ! L'intolérance travaille toujours pour la bonne cause : la sienne.

Pis encore : le tribunal de Pontoise vient de débouter quinze des auteurs calomniés, qui avaient attaqué la documentaliste en diffamation. Cette pieuse surveillante, tranchent les magistrats, n'a commis aucune faute dans l'exercice de ses fonctions en « établissant une liste des titres qu'elle jugeait dangereux ». L'étaient-ils ? Peu importe. Il suffit qu'elle les ait jugés tels. Et elle « n'a imputé aucun fait à l'encontre des plaignants ». Vous pouvez donc diffamer un innocent à condition de n'apporter aucune preuve à l'appui de votre dire : vous serez relaxé. Tulard a quand même obtenu le franc symbolique. Le tribunal a reconnu qu'il ne méritait pas l'accusation de... crimes de guerre !

Jadis civilisation de la liberté, la France glisse-t-elle dans une culture de la censure ? Et du ridicule ?

28 juin 1997

Sécurité : les enfants après !

« La meute RPR fait la chasse à l'enfant. » Un historien futur, tombant sur ce titre de *Libération,* en induira qu'en 1997, en France, des escadrons de la mort RPR massacraient des enfants sur la voie publique. De quoi s'agit-il en réalité ? De maires RPR qui ont pris des arrêtés interdisant que des enfants de moins de 12 ans errent seuls en ville après minuit. « Les enfants ne sont pas des chiens ! » tonne Ségolène Royal. Elle a raison. Aucune âme compatissante n'infligerait à des chiots le traitement que la ministre recommande pour les bambins : les flanquer dehors en pleine nuit. L'enfant est donc pour elle inférieur au chien. C'est pourquoi on peut le laisser courir, dès 7 ou 8 ans, vers la drogue, le vol, la prostitution, la délinquance, le risque de mort violente, même.

En outre, on croyait que la République attachait une certaine importance à l'éducation. Je voudrais bien que Mme Royal m'explique comment des gosses qui n'ont pas dormi de la nuit, qui ont éventuellement fumé du hash ou ont subi un viol pourront suivre la classe le lendemain. Est-ce de cette horde illettrée, violente et droguée, ancien gibier de pédophiles, que vous tirerez des candidats à la vie citoyenne et à l'emploi ? Qui les embauchera, et pour faire quoi ? Créons pour eux dès maintenant une section spéciale de l'ANPE, avec un insigne portant : « Victimes de l'hypocrisie et de l'imbécillité des adultes »...

Toujours selon *Libération,* les populations visées par ces arrêtés municipaux étant, pour l'essentiel, immigrées, les maires scélérats n'auraient songé qu'à faire la cour au Front national. L'argument se retourne contre leurs auteurs. Si les populations concernées n'étaient pas en majorité immigrées, la gauche admettrait comme une évidence qu'un gamin de 8 ou 9 ans, seul dans une banlieue à 3 heures du matin, s'expose à des dangers. Mais, dès qu'il s'agit d'un petit immigré, les dangers disparaissent par la seule magie de l'idéologie. La crainte qu'une mesure élémentaire de protection de l'enfance risque de paraître une critique implicite de la négligence des parents immigrés engendre le processus inique. La seule cause des arrêtés, c'est que les maires cherchent à « se faire de la publicité sécuritaire à bon compte », décide Mme Royal.

Avec cette arrogante négation de la réalité, c'est la gauche qui alimente en voix le Front national, grâce au même et infaillible doigté depuis seize ans. Car elle scandalise avec de telles contre-vérités des millions de simples citoyens nullement racistes, mais nullement tordus non plus. Mme Royal entend remplacer la sécurité des enfants par des cours de morale civique. *Sancta simplicitas !* A-t-elle jamais mis les pieds dans une classe élémentaire de banlieue et entendu l'enseignant se faire insulter à longueur d'heure, quand il ne se fait pas démolir le portrait ? De tels cours, souhaitables certes, exigeraient d'abord le rétablissement des conditions pédagogiques où ils redeviendraient possibles. Et, même en cas de succès, ils ne porteraient leurs fruits que dans dix ou vingt ans. D'ici là, leurs auditeurs présumés auront eu le temps de connaître les joies de la prison.

26 juillet 1997

Le naufrage de l'école

Faut-il approuver la boutade des « Guignols de l'info » affirmant que le sort d'un enseignant aujourd'hui consiste à se faire insulter par ses élèves pendant la journée et par son ministre le soir ? Elle est plaisante mais fausse. Par leurs agressions, les élèves démolissent l'enseignement public ; en mettant les pieds dans le plat, le ministre veut le secouer pour le sauver.

Lorsque le bateau coule, l'heure n'est plus aux questions de susceptibilité. Ce qu'on doit plutôt redouter, c'est que les propos ministériels, même rudes, ne soient pas suivis d'actes. Au point où en est l'Éducation nationale, un séisme ne serait pas malvenu. Nous en avons plus besoin que du « polissage » conseillé par le Premier ministre qui, toutefois, ne donne pas tort à Claude Allègre sur le fond.

Ce fond, voilà deux décennies qu'on le scrute avec consternation. En dépit des imposteurs qui prétendent que le « niveau monte », c'est l'illettrisme qui prospère. C'est en entrant dans le secondaire, en sixième, que, de nos jours, on apprend à lire et à écrire. On le faisait jadis dans le primaire. Pour être plus précis, c'est en sixième que l'on *commence* à apprendre à lire et à écrire. Si le but n'a pas été tout à fait atteint quand l'élève aborde le baccalauréat, peu importe. On abaisse alors cet examen au niveau des candidats.

Le niveau des élèves a baissé aussi. Dans *L'École, usine à chômeurs* (1992, Robert Laffont et Hachette, coll. « Pluriel »), Maurice Maschino relève qu'on a vu des professeurs de mathématiques reçus au Capes avec une moyenne de 4 sur 20. Et, en lettres, des candidats notés 1 sur 20 en dissertation accéder aux épreuves orales. D'où la crainte que le ministre n'introduise le principe de l'évaluation des enseignants. Que la majorité d'entre eux soient à la fois capables et désireux de faire leur travail est vrai, mais inutile : dans un nombre affolant d'établissements, les élèves sont là pour les en empêcher.

Et que faire dans ces écoles de banlieue où jusqu'à 90 % des enfants maîtrisent peu ou pas du tout le français ? Lorsqu'on proposa, voilà quinze ans, de créer des classes spéciales d'initiation accélérée à la langue, les vertueux crièrent à la discrimination, à l'exclusion. Étonnez-vous, après tant de bêtise, que nous ayons actuellement un enseignement à deux vitesses : celui où l'on bosse ferme en cachette et celui où l'on se prépare bruyamment à l'ANPE.

Les syndicats demandent davantage de postes. Comment se fait-il qu'il faille toujours plus d'enseignants alors que le nombre des élèves ne cesse de baisser ? La logique d'une corporation fermée est de se gérer de plus en plus en fonction des positions qu'elle protège et de moins en moins en fonction des tâches qu'elle doit remplir. Et ce, en toute bonne conscience. Le ministre a protesté contre les stages de formation effectués pendant l'année scolaire. Et si l'on parlait aussi des fameuses « décharges de service » permettant à des régiments d'apparatchiks syndicaux d'être rémunérés par les contribuables ?

L'habitude invétérée des syndicats d'enseignants de codiriger avec le ministre la politique de l'Éducation nationale est illégale. Pour l'éducation comme pour le reste, la politique de la nation doit dépendre du seul gouvernement, émanation du Parlement et du corps électoral. Et non des syndicats professionnels, émanation d'une partie des enseignants. Dans quel article de la Constitution est-il écrit que le budget doit être préparé conjointement par le ministre et les syndicats, comme l'a réclamé l'un d'entre eux ? Ils n'ont nullement le type de légitimité qui les habiliterait à « déterminer et conduire la politique de la nation » (article 20). Les syndicats ont le choix de donner au gouvernement, certes, des avis, mais non des ordres. Et le gouvernement a le devoir de diriger et, au besoin, de corriger le travail de ses fonctionnaires.

20 septembre 1997

Philosophes escrocs

L'affaire, ou plutôt l'explosion Sokal, depuis ses débuts, en 1996, a débordé le cercle des intellectuels pour atteindre celui du public qui les lit, ou les admire sans les lire. Elle restera devant la postérité comme un exemple d'évaluation expérimentale de la validité d'une culture ou d'une école.

Rappelons les faits — et le forfait. Alan Sokal, professeur de physique à l'université de New York, avait fini par se lasser de voir les mathématiques et la physique invoquées abusivement, sans pertinence ni compétence, par de faux prophètes en sciences humaines. Il était par ailleurs agacé par leur jargon, souvent vide de tout sens — mais c'est là un travers bien antérieur à notre époque. Pour soumettre à une épreuve les philosophes à la mode, il compose alors une parodie dans le style de leurs élucubrations, multipliant les exploitations erronées de notions mathématiques ou physiques et les imbécillités volontaires dans l'extrapolation de ces notions aux sciences sociales. Il truffe son canular de citations authentiques, sélectionnées pour leur absurdité et tirées des auteurs mêmes qu'il moque. Ces derniers sont pour la plupart français, hélas ! Sokal couronne son pastiche d'un titre ronflant, « Transgresser les frontières : vers une herméneutique transformative de la gravitation quantique », énoncé dépourvu de sens, mais non de bouffonnerie.

Puis il adresse son article à l'une des revues les plus prestigieuses dans les milieux universitaires américains, *Social Text.* Surprise : les directeurs de la revue et son comité « scientifique » ne s'aperçoivent pas de la supercherie. Ils publient avec empressement leur propre mise en boîte. Mieux : aucun des lecteurs de *Social Text,* à savoir le gratin des maîtres penseurs de l'Ancien et du Nouveau Monde, ne flaire non plus l'horrible piège. Des semaines passent. L'expérience ayant réussi au-delà de toute attente, Sokal révèle, en mai 1996, qu'il s'agissait d'une sottise intentionnelle à fins démonstratives.

Aujourd'hui, dans *Impostures intellectuelles,* livre écrit en collaboration avec Jean Bricmont, un physicien belge, Sokal tire les enseignements de l'accablant succès de sa ruse. Bricmont et Sokal développent et précisent leurs critiques des auteurs « postmodernes », ou classés comme tels.

Par exemple, Jacques Lacan — l'ancêtre fondateur — recourt sans arrêt à des notions mathématiques qu'il ne comprend pas lui-même. Écrivant : « Dans cet espace de la jouissance, prendre quelque chose de borné, fermé, c'est un bien, et en parler c'est une topologie », Lacan trace une phrase qui ne veut rien dire d'un point de vue mathématique et a fortiori moins que rien comme application des mathématiques à la psychologie. Il ne justifie par aucun raisonnement ses analogies entre topologie et psychanalyse. De plus, ses énoncés mathématiques sont par eux-mêmes dénués de sens.

Bruno Latour nous apprend, pour sa part, que le pauvre Einstein ne s'est pas compris lui-même. Heureusement, Latour vint pour révéler que « la théorie de la relativité est sociale de part en part ».

Autrement dit, elle n'est pas scientifique. C'est une représentation sociale, un peu comme la chanson d'Elton John en l'honneur de Diana. Dans sa bonté, Latour rend à Einstein le service posthume de lui apporter la lumière. « Avons-nous appris quelque chose à Einstein ? » se demande-t-il en toute modestie. Oui, car « sans la position de l'énonciateur... l'argument technique d'Einstein lui-même est incompréhensible ». Qu'il le soit pour Latour paraît certain.

Deleuze et Guattari s'empêtrent pour leur part dans des distinctions entre équations linéaires et non linéaires, qu'ils confondent, d'ailleurs, les unes avec les autres et dont ils font une application aux sciences humaines forcément des plus oiseuses. Lors de la guerre du Golfe, Baudrillard nous dévoile de son côté que « l'espace de la guerre est devenu définitivement non euclidien ». Comme les géométries non euclidiennes se construisent dans un espace purement conceptuel et différent de celui de notre perception, on aimerait savoir en quoi le Moyen-Orient se distingue géométriquement des autres parties du monde. Par un point donné, peut-on y mener une infinité de parallèles à une droite donnée ?

Sokal et Bricmont se demandent également comment Paul Virilio, tout en cherchant à épater le lecteur à l'aide de références scientifiques, peut confondre vitesse et accélération, deux notions soigneusement distinguées au début de chaque cours de physique élémentaire. Ils diagnostiquent chez Virilio un « mélange de confusions monumentales et de fantaisies déclinantes », preuves à l'appui. Et ils s'étonnent donc que *Le Monde* écrive en 1984 : « Avec une érudition étonnante, qui mêle les distances-espaces et les distances-temps, ce chercheur [Virilio] ouvre un important champ de questions philosophiques, qu'il appelle la dromocratie (du grec *dromos,* vitesse). » Encore nos deux physiciens ne se sont-ils pas aperçus que, par-dessus le marché, *dromos,* en grec, ne signifie pas du tout vitesse, mais course, ou encore lieu dans lequel se déroule une course. C'est *tachos* qui signifie vitesse.

Dresser le sottisier de la *French theory,* comme on nomme aux États-Unis cette forme de pensée, ou, pour mieux dire, cet ensemble de procédés, n'aurait été qu'un passe-temps satirique fort amusant, mais limité. Nos deux physiciens vont plus loin. Certes, arriver à refiler un faux à des faussaires, c'est déjà un peu venger l'art authentique. Mais il est préférable de rappeler ensuite avec énergie ce qu'est celui-ci.

Car toute l'arrogance postmoderne consiste à expliquer en termes sociologiques le contenu des théories scientifiques. Il n'y aurait pas de différence entre les croyances vraies et les croyances fausses. Selon l'un des postmodernes cités, par exemple, la rotation du Soleil autour de la Terre a été longtemps « considérée comme un fait ». Lequel a été remplacé « par un autre fait » : la rotation copernicienne de la Terre autour du Soleil. Les deux faits sont vrais — ou faux, comme on voudra. Donc un fait « considéré » comme vrai et un fait vrai se valent.

« Toute connaissance, écrit un autre des auteurs analysés dans ce livre, est produite par des sujets dans un contexte historique... La science manifeste certains choix, certaines exclusions dues notamment au sexe des savants. »

Voilà ce que décrète Luce Irigaray dans son piquant essai *Le sujet de la science est-il sexué ?* La vérification expérimentale des lois dépend du sexe de l'expérimentateur.

En somme, tout se passe comme si, à la suite de l'échec de la philosophie, les philosophes voulaient montrer que la science aussi a échoué ; qu'il n'y a pas de différence entre le démontrable et l'indémontrable ; que tout énoncé résulte de conditions à la fois subjectives et sociales ; qu'il n'y a pas de vérité, mais seulement des opinions. Naturellement, les postmodernes se gardent bien d'attribuer ce relativisme à leurs propres théories. Ils nous les assènent avec une morgue dogmatique où le seul argument devient l'argument d'autorité, baptisé « audace ».

C'est pourquoi ils ont contre-attaqué en usant d'armes étrangères à l'intelligence, consistant surtout à traiter Sokal de réactionnaire, de « poujadiste », et — cela ne saurait tarder — de sympathisant du Front national et de « révisionniste ». Pitoyables égarements ! Il est vrai, lorsqu'on a érigé la tricherie en système et qu'on est pris la main dans le sac, comment riposter, sinon en changeant de terrain avec la plus consternante mauvaise foi ? L'honnêteté intellectuelle serait un suicide. De plus, ce sont les postmodernes qui sont réactionnaires. Car s'il n'y a aucune différence entre le vrai et le faux, le bien et le mal, le juste et l'injuste, toutes les idées, tous les comportements deviennent légitimes, y compris le racisme et le totalitarisme. L'enracinement dans son identité définit seule la vérité et la morale ? C'est retomber dans les conceptions nazies. C'est tourner le dos à toutes les conquêtes de la vraie gauche depuis trois siècles.

Car, concluent Sokal et Bricmont, « souvenons-nous qu'il y a bien longtemps il était un pays où des penseurs et des philosophes étaient inspirés par les sciences, pensaient et écrivaient clairement, cherchaient à comprendre le monde naturel et social, s'efforçaient de répandre ces connaissances parmi leurs concitoyens et mettaient en question les iniquités de l'ordre social. Cette époque était celle des Lumières et ce pays était la France. »

11 octobre 1997

Impostures intellectuelles d'Alan Sokal et Jean Bricmont, Odile Jacob.

Tous les Paris de Philippe Meyer

En lisant le *Paris la grande* de Philippe Meyer, je me remémorais les douzaines d'ouvrages sur de grandes villes « d'art et d'histoire », et cependant modernes et vivantes, que j'avais absorbés au cours de mon existence. Rares sont ceux qui ne se rabattent pas sur un aspect de leur sujet au détriment des autres. Ils privilégient soit la récapitulation historique, soit l'inventaire esthétique, soit le reportage pittoresque, soit le tableau de mœurs plus ou moins satirique avec anecdotes plaisantes.

Pour fondre tous ces fils en un tissu d'un seul tenant comme parviennent à le faire souvent un Stendhal ou un Taine, il faut un suprême couturier : l'écriture, qu'on appelait jadis le style. Grâce à cet ingrédient, partout répandu dans *Paris la grande,* mais qui jamais ne se pousse indiscrètement du col, la liaison de finition est relevée, consistante et moelleuse.

À ce premier instrument qu'est le style, Meyer, dans la collecte de ses « choses vues », en ajoute un autre, aussi précieux en l'occurrence, quoique moins rare et beaucoup plus dangereux : la bicyclette. Infatigable vélocipédiste, il s'insinue dans tous les lieux de la capitale, tant les plus bêtement enlaidis par la gonflette pseudo-architecturale néomoderne que les plus heureusement méconnus, îlots du passé, sauvés par leur inaccessibilité même du vandalisme des urbanistes.

Mais, sans se contenter d'inspecter du dehors les réalités parisiennes, il s'y infiltre pour les espionner du dedans. Il obtient ainsi de s'installer pendant plusieurs jours de l'autre côté de la barrière de divers bureaux de poste, parmi des agents qui tiennent les guichets. Et il nous décrit l'insoupçonnable variété et singularité des comportements, remarques, exigences, colères, scènes, déceptions, illusions ou joies des usagers. Pour voir et faire vivre une société, il faut essayer ainsi une succession de bonnes lorgnettes, chacune adaptée à l'un ou l'autre de ces tourbillons de l'océan urbain où sont happés les habitants, par l'attraction d'un appétit chaque fois différent.

Le circuit des églises de Paris nous révèle que chacune a sa spécialité : Saint-Eustache les enterrements de sidéens ; Saint-Hippolyte les messes franco-chinoises ; Saint-Louis d'Antin, aucune. Ou plutôt si : le chrétien de passage. La quasi-totalité de ceux qui s'y pressent — et ils sont nombreux, matin et après-midi — n'habitent pas la paroisse. À l'inverse de ce qui se dit souvent, l'assiduité à la messe du dimanche a beaucoup remonté ces dernières années et « le sacrement de pénitence est un article de plus en plus demandé ».

Il l'est moins à la huitième section du parquet, au palais de justice, devant lequel Meyer est allé enchaîner son vélo à un réverbère pendant une quinzaine. Cette section traite des flagrants délits : drogue, vols de voitures (spécialité des anciens ressortissants des pays communistes), vol à la tire (les Yougoslaves), faux papiers, crimes passionnels. On y apprend, au passage, qu'une affaire passionnelle sur trois, à Paris, aujourd'hui, est une affaire homosexuelle. Et Meyer fait vivre dans ses pages le nouveau monde parisien de l'homosexualité, son évolution, ses lieux et coutumes, son « Marais gay », ce ghetto volontaire, où l'on est passé simultanément de l'émancipation sociale à la « ségrégation librement consentie ».

Une autre ségrégation est celle que fabrique, bien malgré elle, l'école, dont on avait pourtant espéré qu'elle allait être un creuset d'intégration. Aux sermonneurs hypocrites qui refusent même de prendre acte du casse-tête de la scolarisation des enfants d'immigrés, de peur d'apporter du carburant au moteur de Le Pen (alors que ce sont eux qui lui font le plein gratis), je conseille de lire l'enquête de Meyer sur les écoles des IIIe, XIe et XIXe arrondissements. Au cas où leur fibre moralisante ne supporterait pas cette apparence de vérité, qu'ils se réconfortent alors en suivant notre auteur dans ses activités temporaires de pompier de Paris, uniforme dans lequel il s'est glissé à l'occasion de l'une de ses multiples incarnations. Ô paradoxe ! L'extinction des incendies occupe une faible part du dévouement de nos pompiers, surtout appelés pour repêcher des noyés, enlever des essaims de guêpes ou soigner une ménagère qui s'est coupé le doigt en épluchant des radis.

Cependant, Meyer ne se borne pas, tel le diable boiteux de Lesage, à soulever les toits des maisons de Paris pour le seul plaisir d'en dévoiler les secrets. Une triste conclusion d'ensemble se dégage de sa minutieuse peinture : Paris n'est plus dans Paris et le Parisien non plus ; celui-ci est allé en banlieue. Son accent, le parigot de Renoir, de Carné, de René Clair, a disparu. Les quartiers les plus typés — le Quartier latin, Saint-Germain-des-Prés, la place des Victoires — se sont vidés et uniformisés et descendent à grandes enjambées dans l'enfer de la fringue. « Et cet “affadissement” de Paris n’est en rien l’effet de la fatalité ; c’est bien plutôt le résultat de choix politiques... Les décisions qui ont abouti au départ de l’essentiel du populo parisien ont été des décisions publiques. » Quant à la culture, notre éternel alibi, elle est devenue culture d’État, de subventions, de pouvoir et d’apparat. Lisez les pages de Meyer sur ce que fait, ce que voit, ce que dit, ce qu’est réellement le public du Louvre, de Beaubourg, de Notre-Dame, et vous verrez combien sont légers de matière grise culturelle les dizaines de millions de visiteurs qu’enregistrent orgueilleusement nos statistiques. Architecturalement, Paris a passé son temps à s’autodétruire, tantôt sous la forme du vandalisme jacobin ou communard, tantôt sous la forme froidement bureaucratique du baron Haussmann ou de la Ve République. À force de mutiler son corps, notre capitale est ainsi devenue une ville « dont l’âme s’est évanouie » (*The Independent*).

Ainsi, *Paris la grande* apporte une fois de plus la démonstration qu’un écrivain est souvent meilleur sociologue que les sociologues.

1er novembre 1997

Paris la grande de Philippe Meyer, Flammarion.

Le « grand dessein » du Général

Au moment où débute le deuxième volume de *C'était de Gaulle,* d'Alain Peyrefitte (de Fallois-Fayard), en janvier 1963, le Général est, depuis six mois, débarrassé du boulet de la guerre d'Algérie. Plus rien ne disqualifie la France aux yeux de la communauté internationale ni n'entrave le chef de l'État dans la poursuite de son « grand dessein » en politique étrangère. C'est pourquoi ce thème constitue le centre des précieuses réflexions à haute voix recueillies par son jeune ministre de l'Information, porte-parole du gouvernement, durant les trois années qui mènent le lecteur jusqu'en janvier 1966. Alain Peyrefitte donne donc fort justement pour sous-titre à ce tome II la citation suivante du Général : « La France reprend sa place dans le monde. »

La vision gaullienne qui inspire cette reconquête est martelée en de nombreuses et vigoureuses formules. Pour le Général, le seul véritable obstacle à notre grandeur est l'impérialisme américain. Bien sûr, la menace soviétique existe. De Gaulle s'y oppose lors de la crise des fusées de Cuba, aussi fermement qu'il aurait voulu voir les Alliés le faire au moment de l'érection du mur de Berlin. Mais, en dehors de ces crises, il décrit comme identiques la relation de Moscou avec ses satellites et celle de

Washington avec ses alliés. En 1944, « les Américains ne se souciaient pas plus de libérer la France que les Russes de libérer la Pologne ». Le comportement ultérieur des uns et des autres suggère, malgré tout, qu'il y avait une légère différence. Mais elle ne paraît pas avoir retenu l'attention du Général.

Hélas ! Devant cet impérialisme, que contrecarre de Gaulle, l'attitude des autres dirigeants européens de l'Ouest relève selon lui de la plus abjecte lâcheté. « Les Européens se ruent à Washington pour y prendre leurs ordres, comme, dans le monde communiste, les pays satellites se sont habitués à ce que les décisions se prennent à Moscou. » Strict parallélisme, par conséquent. Pis, les Européens de l'Ouest « se roulent aux pieds des Américains, comme entre les deux guerres on s'est roulé aux pieds des Anglais, comme Vichy s'est roulé aux pieds des Allemands ». Rien d'étonnant à cette servilité : l'Angleterre veut « masquer son déclin en s'inféodant à la puissance américaine » ; « l'Italie n'est pas sérieuse, donc elle n'existe pas » (merci pour elle) ; l'Allemagne a « les reins cassés », de sorte que « les Allemands se font les boys des Américains ». Même Churchill, auquel on aurait pu être enclin à prêter une certaine force de caractère, « piquait une lèche éhontée à Roosevelt ». La France gaullienne émerge seule au-dessus de l'océan de la veulerie universelle.

Épilogue logique, cette vision du monde poussera de Gaulle à retirer la France du commandement intégré de l'OTAN. « L'OTAN ne sert à rien ! C'est zéro, zéro, zéro ! » s'écrie-t-il en 1964.

Certes, dans un ouvrage d'une telle ampleur et d'une telle variété, il faut se garder d'extraire quelques phrases, parmi des milliers, de leur contexte. De plus, Alain Peyrefitte, dans cet irremplaçable document, distingue avec soin les propos officiels, ou semi-officiels, des confidences destinées au seul tête-à-tête. Scrupuleux historiographe, il conseille au lecteur de « relativiser » certaines outrances.

Mais, comme de Gaulle n'était guère un adepte de la langue de bois, ce qui varie chez lui, avec le contexte, c'est la plus ou moins grande liberté du ton. Ce n'est pas la substance des jugements. Les traits essentiels du « grand dessein » antiatlantiste sont bien tels que je viens de les condenser. Par moments, de Gaulle, qui perçoit les faiblesses internes du système soviétique, se révèle judicieux prophète de son échec final, à une échéance indéterminable. Mais sa prévision se serait-elle réalisée si sa politique étrangère avait été appliquée ? Si, comme il le souhaitait, les Européens de l'Ouest avaient, il y a trente ans, acculé l'Amérique à se dégager de la défense du Vieux Continent ? On peut en douter.

8 novembre 1997

Le communiste : 85 millions de morts !

La publication du monumental *Livre noir du communisme* a été précédée d'un tapage autour d'un désaccord entre le maître d'œuvre, Stéphane Courtois, et deux des principaux auteurs (sur onze) de ce grand travail collectif. Évidente était l'intention de discréditer l'ouvrage à titre prophylactique, tant on gonfla le racontar au détriment du compte rendu.

Que Nicolas Werth et, surtout, Jean-Louis Margolin aient élevé des objections de dernière minute contre certaines formulations de Courtois dans une « Introduction » qui leur avait pourtant été soumise, c'est un fait. Mais qui relève de la querelle terminologique ou idéologique, sans altérer en rien l'essentiel : la richesse documentaire du *Livre noir*. Au demeurant, les deux parties du livre que Werth et Margolin ont écrites (et magistralement), le premier sur l'URSS, le second sur la Chine, le Vietnam et le Cambodge, établissent des bilans qui corroborent en substance le tableau d'ensemble et les interprétations de Courtois. J'ignore quel fut le ressort de leur tardif regimbement, mais je ne l'aperçois en tout cas pas dans leur propre travail d'historiens.

On peut discuter sur des chiffres que le secret dissimule encore partiellement. On peut balancer si Mao a tué 60 ou 70 ou 65 millions de personnes, on peut observer que, malgré la répression et les procès truqués, il n'y a pas eu, en Tchécoslovaquie, de génocide, comme au Cambodge. Ces hésitations sont propres à l'esprit scientifique, elles ne changent rien au scandale moral. Quand on disait, vers 1950 : « Les nazis ont tué 6 millions de juifs », il se trouvait des gens pour vous répondre : « Non, ils n'en ont tué que 4 millions. » La logique intrinsèquement criminelle du communisme comme du nazisme n'est en rien infirmée par ces chipotages indécents.

Je n'aurais pas relaté d'aussi mesquines chamailleries si elles ne faisaient pas, en quelque sorte, partie du sujet que traite le livre dont il est question. Elles témoignent de la puissance d'intimidation que conservent les adeptes rétroactifs et rétrogrades du communisme. Si le monstre est mort comme phénomène politique, il demeure bien vivant comme phénomène culturel. Le Mur est tombé à Berlin, mais pas dans les cerveaux. Décrire le communisme dans sa réalité reste un délit d'opinion.

La France en a eu la démonstration avec le « Bouillon de culture » du 7 novembre. Je venais justement de voir le dernier film de Steven Spielberg sur les dinosaures, et je n'ai eu aucune difficulté à effectuer la transition avec le numéro de cette célèbre émission de télévision consacré au *Livre noir.* Les communistes invités y sont parvenus à faire barrage aux historiens, l'un d'eux allant même jusqu'à traiter Stéphane Courtois... d'antisémite ! Leur but, censurer l'information, a été ainsi en partie atteint. Les téléspectateurs n'ont quasiment rien pu apprendre sur le contenu du livre. À force d'obstruction, les complices des crimes ont réussi encore une fois à les nier ou à soutenir, la main sur le cœur et des sanglots dans la voix, que ces forfaits n'avaient aucun rapport avec l'essence du communisme. Pourquoi le négationnisme, défini comme un délit quand il porte sur le nazisme, ne l'est-il pas quand il escamote les crimes communistes ? C'est que, aux yeux de la gauche, il subsiste de bons et de mauvais bourreaux. Le groupe socialiste européen, au Parlement de Strasbourg, a voté contre la motion reconnaissant le Tibet comme « pays occupé ».

Le refus par la gauche de classer les génocides communistes parmi les crimes contre l'humanité, au même titre que les génocides nazis, ne résiste ni à l'esprit de la science historique ni à la lettre des textes juridiques. Soulignant la motivation idéologique des crimes nazis, le procureur général français à Nuremberg, François de Menthon, disait : « Nous ne nous trouvons pas devant une criminalité accidentelle, occasionnelle, nous nous trouvons devant une criminalité systématique découlant directement et nécessairement d'une doctrine. » Cette description de la criminalité noire s'applique mot pour mot à la criminalité rouge. De même que lui convient parfaitement la définition du nouveau Code pénal français, adopté en 1992, selon laquelle le crime contre l'humanité inclut « la déportation, la réduction en esclavage, la pratique massive et systématique d'exécutions sommaires, d'enlèvements de personnes suivis de leur disparition, de la torture, d'actes inhumains inspirés par des motifs politiques, philosophiques, raciaux ou religieux, et organisés en exécution d'un plan concerté à rencontre d'un groupe de population civile ». Or les massacres et déportations systématiques de groupes sociaux ou ethniques en raison de ce qu'ils sont, et non de ce qu'ils font, jalonnent toute l'histoire du communisme.

Ainsi, les 20 millions de morts (hors guerre) de l'URSS, les 65 millions de la Chine (Mao décroche la médaille de plus grand assassin de tous les temps), les 2 millions de morts du Cambodge (sur 7, 8 millions d'habitants) ou de la Corée du Nord résultent tous d'exterminations programmées. Il n'y aura pas eu d'analyse sérieuse du communisme tant que la gauche n'aura pas admis que sa criminalité ne fut pas due à une improbable succession de ratages accidentels. C'est là ce que François Furet, qui devait préfacer ce *Livre noir* lorsqu'il disparut brutalement, en juillet, considérait, à propos de la Terreur de 1793-1794, comme la plus misérable des échappatoires pour un historien : l'explication par les circonstances. L'explication par la cause réelle, la seule qui rende vraiment compte des faits, à moins d'admettre que tout arrive par hasard, réside dans la logique d'un système entraînant à la liquidation physique pour motif idéologique.

Il est donc légitime de conclure à une tendance intrinsèquement criminogène du communisme, tant il a produit de copies conformes dans les circonstances les plus diverses et jusque dans ses métastases marginales, sous toutes les latitudes et dans les sociétés culturellement les plus différentes : à Cuba, en Éthiopie, en Angola, en Afghanistan, au Mozambique, au Laos, au Cambodge. Avec le total — prudent — de 85 millions de morts que dresse Courtois, il s'agit bien de crimes contre l'humanité, c'est-à-dire « commis au nom d'un État pratiquant une politique d'hégémonie idéologique » et « en exécution d'un plan concerté tendant à la destruction totale ou partielle d'un groupe national, ethnique, racial ou religieux, ou d'un groupe déterminé à partir de tout autre critère arbitraire » (Code pénal français).

D'ailleurs, Hitler n'a pas commis que des crimes racistes. Il a exterminé, sans distinction de race ni de religion, des peuples occupés qui se soulevaient ou des otages inoffensifs, par exemple à Oradour.

Mieux : comme Staline et avant Staline, il a égorgé ses propres compagnons, lors de la Nuit des longs couteaux. Inversement, parmi les crimes communistes figurent aussi des crimes racistes, visant collectivement des ethnies en tant que telles : Polonais, Baltes, Tatars, Moldaves, Ukrainiens, Tchétchènes massacrés sur place ou déportés en Sibérie pour y crever de faim et de froid. La politique chinoise au Tibet depuis l'invasion de 1950 ne peut pas se définir autrement que comme un ethnocide méthodique.

La méthode que, pour sa part, suivait en URSS le Guépéou, ancêtre du KGB, était celle des quotas. Chaque région devait arrêter, déporter ou fusiller un pourcentage donné de personnes appartenant à des couches sociales, idéologiques ou ethniques déterminées. Ce qui comptait, ce n'était pas l'individu ni son éventuelle culpabilité personnelle (par rapport à quoi, d'ailleurs ?), c'était le groupe auquel il appartenait.

Les amoncellements de cadavres exquis inspirèrent à Louis Aragon un « poème » où, en 1931, il appelle de ses vœux la création d'un Guépéou français :

« Je chante le Guépéou qui se forme en France à l'heure qu'il est
Je chante le Guépéou nécessaire en France
Demandez un Guépéou
Il vous faut un Guépéou
Vive le Guépéou, figure dialectique de l'héroïsme. »

Cette déjection montre que même des vers de mirliton de la plus indigente facture peuvent servir d'appel au meurtre.

À point nommé, dans son *Manuel du goulag,* tout juste paru aussi, Jacques Rossi, qui goûta lui-même pendant dix-neuf ans aux plaisirs de ce type de villégiature, explique avec clarté le lien indissociable entre goulag et communisme. Car « le goulag servait de laboratoire secret au régime soviétique, dans le but de créer une société idéale : garde-à-vous et pensée unique ».

En outre, pour un système de gouvernement dès le départ condamné à la ruine matérielle par ses théories économiques imbéciles, le goulag était une façon de se procurer de la main-d'ouvre gratuite en réduisant en esclavage des millions d'individus. Or, on l'a vu, la déportation en vue de l'esclavage est reconnue en droit comme un des crimes contre l'humanité. C'est pourquoi, commente justement Rossi, « il est inutile de chercher à savoir lequel des totalitarismes, dans notre siècle, fut le plus barbare, lorsque tous deux imposèrent la pensée unique et laissèrent des montagnes de cadavres ».

Face à un tel constat, la gauche ressasse inlassablement son vieux cliché : le nazisme annonçait dès sa naissance un programme d'extermination tandis que le communisme se voulait, dans son principe, une doctrine de libération. À quoi l'on peut rétorquer que, loin d'être une excuse, c'est bien pire. Le nazisme avait au moins le sinistre mérite de la franchise. Le communisme a trompé des milliards d'hommes au nom d'un idéal de justice et de liberté dont tous ses actes ont constitué la contradiction permanente et absolue. On nous a, bien sûr, à « Bouillon de culture », ressorti le poncif avarié : l'anéantissement de l'homme exprime non l'essence, mais la « perversion » du communisme. Vraiment ? Qu'est-ce donc que ce merveilleux système qui jamais, nulle part, n'a mis en ouvre autre chose que sa propre perversion ? Et la praxis, alors, où la mettez-vous, mesdames et messieurs les marxistes ?

La nouveauté et l'immense intérêt de la somme historique réalisée par Stéphane Courtois et son équipe, c'est de nous présenter pour la première fois en un seul volume un panorama international complet du communisme dans toute son étendue géographique et chronologique. Les éléments de cette synthèse intégrale ne sont pas des opinions, ce sont des faits. Il incombe aux défenseurs opiniâtres de cette calamité du xxe siècle de nous expliquer de façon plausible pourquoi, selon eux, la vérité du communisme est exprimée non par ces faits, mais par une histoire qui n'a jamais existé. Qu'ils se sachent, au profond d'eux-mêmes, incapables de forger cette démonstration explique leur rancœur contre le livre qui vient de la rendre pour toujours impossible.

15 novembre 1997

Le Livre noir du communisme ; crime, terreur, répression sous la direction de Stéphane Courtois, Robert Laffont.
Le Manuel du goulag; dictionnaire historique de Jacques Rossi, Le Cherche Midi éditeur.

Marchais à sa place

Quand donc nous déferons-nous de cette habitude française de couvrir d'hyperboles flatteuses une personnalité disparue dans les heures qui suivent son décès ? Dimanche dernier, Georges Marchais n'avait que des qualités. On se demandait pourquoi nous ne l'avions pas élu à l'unanimité président de la République en 1981 ou pourquoi Jacques Chirac et Valéry Giscard d'Estaing ne s'étaient pas désistés en sa faveur lors de cette élection présidentielle, tant ils célébraient avec ferveur les vertus politiques et personnelles du dernier secrétaire général du Parti communiste français.

Le dernier et sans doute le pire, car ses méthodes, son caractère, ses conceptions furent les plus rétrogrades possible à l'encontre du puissant mouvement de mutation qui commençait à secouer la gauche mondiale quand le Kremlin le nomma Place du Colonel-Fabien. Ni humainement ni intellectuellement Marchais ne fut à la hauteur de cet exceptionnel tourbillon de l'histoire.

Que l'on nous épargne des poncifs du genre « c'était un homme de convictions », chose en soi dénuée de toute valeur morale, car il y a des convictions qu'il vaudrait mieux ne pas avoir. Quant aux laudateurs de la « sincérité » de Marchais, lui dont les rapports avec la vérité furent au plus haut point tortueux, attribuons à l'ironie le choix singulier de ce mot.

En tant qu'individu. Marchais était borné, brutal, vaniteux et dissimulé. Comme dirigeant du PCF, ce fut un despote et, vis-à-vis de Moscou, un esclave. Au moment où l'on s'attendait, comme en Italie et en Espagne, à une évolution du PC vers un révisionnisme modéré, en France, non seulement Marchais ne l'a pas faite mais, en plus, il a bloqué la transition du PS à la social-démocratie en utilisant comme levier l'union de la gauche.

Marchais a réussi ce tour de force d'annexer idéologiquement le PS au lieu de se faire annexer par lui. Une preuve entre mille ? Un opuscule. *Petite Bibliographie socialiste*, édité par le PS en 1977 à l'intention des nouveaux adhérents et préfacé par Lionel Jospin, alors secrétaire national. Quels sont les auteurs conseillés ? Marx et Engels, Lénine, Jaurès, Blum, Rosa Luxemburg, Gramsci, Mao, Castro. Hormis Jaurès et Blum, qu'il eût été difficile d'éliminer, cette liste ne comporte que de purs théoriciens du communisme totalitaire. À la trappe, les représentants du marxisme démocratique, Kautsky, Bauer ou Bernstein, bêtes noires de Lénine. Et aussi les auteurs assassinés par Staline : Trotski ou Boukharine. En revanche, honneur à Fidel, que même les Soviétiques n'avaient jamais élevé au grade de penseur ! Avec de telles références idéologiques, on comprend le désastre économique de 1981-1983.

Si Georges Marchais a fait perdre au PCF la moitié de son électoral en vingt ans, il a en compensation retardé du même nombre d'années la modernisation du PS. Là est sans doute l'essentiel de son ouvre politique. Il serait injuste de lui en dénier le mérite.

22 novembre 1997

1998

Diana : leçon politique d'une canonisation médiatique

La thèse passe-partout selon laquelle Diana aurait été une victime de l'acharnement des médias ne résiste pas au plus sommaire examen des faits. Cet examen, il faut le croire, peu de journalistes s'y sont livrés, dans la semaine qui sépara l'accident fatal des obsèques nationales, tant les pleurnicheurs accrédités se copièrent les uns les autres sans le moindre esprit critique. Non seulement Diana ne fut pas initialement poursuivie par les médias, du moins pas plus que n'importe quelle personnalité de son rang, mais ce fut elle qui, après l'échec de son mariage avec le prince Charles, sut les mobiliser à son profit, y compris les paparazzi. Elle s'en servit alors avec habileté en les enrôlant dans une astucieuse contre-attaque, destinées à la venger de son mari et de la famille royale, qui l'avaient bernée, méprisée, humiliée et maltraitée. Elle comprit que la presse et les médias devenaient ses armes maîtresses pour se bâtir une popularité en forme de représailles. Son charme fut son instrument de rétorsion, mais il n'aurait produit aucun effet sans les photographes et les médias. Ajoutons qu'entre une vie conjugale catastrophique, marquée dès l'origine par l'adultère de son époux, puis semée de dépressions, de tentatives de suicide, et suivie, après la rupture, par une vie sentimentale assez notoirement remplie et changeante, Diana ne pouvait guère s'étonner d'exciter au-delà des limites ordinaires la curiosité de la presse à potins et même de la presse d'information. Elle s'en étonna sans doute d'autant moins (tout en s'en plaignant, mais la feinte fait partie du jeu) que ce fut elle qui, à plusieurs reprises, prit le devant pour allumer et satisfaire cette curiosité.

Car ce fut elle qui commanda, en 1992, sa biographie, *Diana, sa vraie histoire,* écrite dans le pur style « tabloïde », à une vedette du journalisme à scandale, Andrew Morton. Elle y répondait à Prince de Galles, livre où Charles lui réglait avec muflerie son compte en la dépeignant comme une idiote hystérique. Ce fut elle encore qui organisa le 20 novembre 1995 un entretien télévisé où elle avoua à tout le Royaume-Uni rassemblé devant les écrans, qu'encore mariée elle avait eu pour amant un officier de l'entourage princier. Comme manière de fuir les ragots, c'est assez singulier. Enfin, ni elle ni Charles ne s'opposèrent à la confection et à la diffusion d'un téléfilm mélodramatique sur leur mariage raté avec des acteurs professionnels jouant leurs personnages. Encore n'ai-je cité que quelques titres de cette série médiatico-journalistico-livresque que l'on pourrait appeler « Le diadème et l'alcôve ».

À moins, donc, de tomber dans le piège d'une comédie fort bien interprétée, on ne saurait dépeindre Diana comme éprise d'une obscurité tranquille, dont seul le harcèlement photographique aurait perturbé la discrète modestie. Que ce harcèlement ait parfois dépassé le seuil tolérable, cela relève des inconvénients inhérents à toutes les vies qui dépendent, pour l'essentiel, de leur propre projection médiatique. Faut-il condamner alors les médias ? Ou bien leurs cibles au départ consentantes ?

La question importante est tout autre. Elle consiste à se demander pourquoi une gloire, fille du roman-photo, et aussi dénuée de substance historique, politique ou culturelle a pu, à la mort de la personne qu'elle auréolait, déchaîner de telles émotions, de tels témoignages de ferveur, chez des centaines de millions d'êtres humains. On aurait cru que la morte était un héros de l'action de la pensée et de l'art, sorte de synthèse de Périclès, de Newton, de Montesquieu, de Beethoven et de Pasteur. L'humanité est-elle devenue tout entière gâteuse ? Comment a-t-elle pu conférer au décès tragique et digne de pitié d'une princesse exquise et bien intentionnée, certes, mais dont la biographie appartient plus au rayon des historiettes qu'à celui des historiens, la dimension d'un cataclysme mondial, d'un tournant de la civilisation ?

Et que l'on ne vienne pas alléguer, ce qu'ont ressassé tant de commentateurs, après les obsèques de la princesse, et après l'élan populaire contraignant la reine à se départir de sa hauteur bornée, que la mort de Diana obligera la monarchie anglaise à changer : si c'est le cas, ce sera une transformation protocolaire, non politique. Le régime britannique est depuis fort longtemps une démocratie parlementaire, où la monarchie ne joue qu'un rôle décoratif. La modification de la royauté, sa disparition même ne changeraient que la façade des institutions et rien à la façon dont le pays est effectivement gouverné. L'éventuelle influence posthume de la pauvre Diana ne saurait donc être politique.

Alors, d'où vient la transe planétaire que déclencha Diana morte ? De l'attention, sans aucun doute louable, qu'elle avait portée aux malades, aux affamés, à la lutte contre les mines antipersonnel. Mais ces manifestations de charité ne dépassaient, ni par le temps qu'elle y consacrait, ni par l'efficacité qu'elles avaient, la portée un peu surannée des « bonnes œuvres » que toute dame fortunée du temps jadis se jugeait tenue de donner à voir pour entretenir sa réputation. Diana « patronnait » des organisations charitables. C'était très exactement ce que nos arrière-grands-parents appelaient une « dame patronnesse ». Avec les millions de livres sterling que lui avait valu son divorce et avec sa colossale pension annuelle, Diana menait pour l'essentiel l'existence dorée des richissimes de ce monde. Les instants symboliques qu'elle en distrayait pour aller serrer la main des pauvres relevaient plutôt du spectacle que d'une action rationnelle et sérieuse contre la misère, l'injustice et la violence.

Quel danger révèle la ferveur religieuse soulevée par la mort de Lady Di ? Le danger de voir, dans l'esprit de nos contemporains, la capacité de mobilisation planétaire (un cinquième de l'humanité a regardé les obsèques) devenir inversement proportionnelle à l'importance pratique de la cause qui la provoque. À une époque où un nombre croissant d'êtres humains est censé décider du sort du monde, cette infantilisation intellectuelle entraîne un vide de la démocratie, par ignorance et incompétence des masses[1]. Il fallait beaucoup d'imagination béate et de sentimentalisme creux pour écrire, comme le fit un éditorialiste, que « Diana nous incite à vouloir un monde plus solidaire, en réaction contre l'horreur

1. Encore en novembre 1997, trois livres sur Diana figuraient dans la liste des quinze best-sellers non-fiction du *New York Times. Diana : Her True Story — In Her Own Words* d'A. Morton ; *Diana : A Tribute to the People's Princess* de P. Donnelly, *Diana : Princess of Wales* édité par M. O'Mara.

économique ». D'abord, l'horreur économique est une expression mise à la mode par le livre de Viviane Forrester, mais c'est un concept faux. En dépit de maintes plaies, la situation économique de l'humanité s'est améliorée globalement au cours du siècle. Et les fléaux qui, bien entendu, subsistent, ce n'est pas la solidarité-spectacle façon Diana qui peut y apporter le moindre remède. Le moteur affectif peut certes être utile, mais à condition qu'il embraye sur l'action au lieu de la remplacer par une autosatisfaction narcissique.

Il n'est pas sûr que les centaines de milliers de jeunes gens qui ont afflué à Paris pour voir le pape, en août 1997 aient tous eu une idée précise du dogme, de la morale et de la théologie catholiques. Mais leur enthousiasme, sans doute un peu vague, n'en était pas moins dirigé vers une institution bimillénaire qui avait fait ses preuves en matière de doctrine, d'éducation et d'influence. Il n'est pas davantage sûr que les transports consécutifs à la mort de mère Teresa aient été tous inspirés par un ferme propos d'adhésion active à son exemple. Mais enfin, la compassion est une noble disposition de l'âme. On en parle plus qu'on ne la pratique, certes. Elle est cependant une composante de toute spiritualité. Mais Diana ? C'était du spiritisme et non de la spiritualité, que la transe de ces milliards d'âmes, néant s'exaltant sur du néant. Comme préparation à l'entrée dans le troisième millénaire, est-ce là un bon point pour l'humanité contemporaine ? Ce n'est guère un indice rassurant de la maturité et de la lucidité nécessaires à notre civilisation, au seuil du monde complexe qui l'attend ou, plus exactement, qu'elle devra inventer, et gérer en connaissance de cause, avec des notions exactes et non de confuses pâmoisons.

Janvier 1998

Les pièges de la philosophie

S'interroger sur ce qu'est devenue la philosophie, c'est, de toute évidence, évoquer d'abord ce qu'elle fut hier, déterminer ce qu'elle ne peut plus être aujourd'hui et conjecturer ce qu'elle peut encore être demain.

Dans un livre dont le titre est par lui-même un aveu de fin de partie, *Origine et épilogue de la philosophie,* Ortega y Gasset écrivait que, dès la fin du XVIIe siècle, la philosophie cesse d'être « la » Connaissance et « le » Savoir pour devenir seulement « une » connaissance et « un » savoir parmi les autres. Et encore est-ce beaucoup lui accorder.

Car le fait majeur est qu'avec la constitution de la science, voilà quatre siècles, la philosophie, bon gré mal gré, lègue à cette dernière la fonction principale qu'elle remplissait ou se targuait de remplir au nom d'un monopole vieux de mille cinq cents ans : fournir un système descriptif et explicatif de la totalité du réel, du cosmos, des êtres vivants, de la nature et de l'homme, tel était son domaine réservé, impitoyablement envahi depuis Galilée par les barbares de la méthode expérimentale. Cette révocation radicale de son statut, comment la philosophie y a-t-elle réagi ?

Au XVIIIe siècle, les philosophes ne considèrent

pas du tout les toutes récentes victoires de la science comme des défaites pour eux-mêmes. Bien au contraire, ils voient, à juste titre, dans l'essor de la science le fruit du long travail de la pensée philosophique. N'a-t-elle pas depuis toujours opposé la raison au dogme ? Les succès des savants sont les succès des philosophes. L'esprit scientifique et la philosophie des Lumières, à leurs yeux, ne font qu'un, la seconde ayant été l'avant-garde et restant l'alliée du premier.

Le divorce survient au début du XIXe siècle. Dès lors, et pendant deux cents ans, la philosophie, craignant d'être disqualifiée, du moins dans l'aire de la connaissance, va tenter de restaurer son autonomie en luttant contre la science. Tantôt elle continue, imperturbable, à construire des systèmes en marge des vrais progrès de la connaissance. Elle fait comme si la science n'existait pas. Tantôt elle soutient que la science appréhende le seul aspect superficiel des phénomènes et que la philosophie conserve le privilège exclusif de saisir l'Être en tant qu'Être. Tantôt, enfin, elle s'arroge la mission de révéler aux savants eux-mêmes la véritable signification de leurs propres découvertes, dont les malheureux auraient tendance à exagérer la portée si les philosophes n'étaient pas là pour les éclairer tout en les remettant à leur place — une place de brillants seconds.

Hélas, au fil des ans et des progrès, avec la technicité croissante de la science, les philosophes se révèlent de moins en moins aptes à remplir la charge de contrôleurs autoproclamés des savants. Dans sa *Brève Histoire du temps,* Stephen Hawking le remarque : « Au XVIIIe siècle, les philosophes considéraient que l'ensemble du savoir humain, y compris la science, était de leur ressort... Cependant, au XIXe et au XXe siècle, la science devient trop technique, trop mathématique pour les philosophes, ainsi que pour quiconque, sauf quelques spécialistes. »

Les désastres, à vrai dire, commencèrent très tôt. Bertrand Russell raconte avoir perdu toute estime pour Hegel quand il lut le passage de *La Science de la logique* consacré au calcul infinitésimal. Tout en prétendant, naturellement, dégager mieux que des mathématiciens le sens véritable de cette branche des mathématiques, l'illustre philosophe allemand démontrait surtout qu'il n'y avait rien compris, accouchant, nous dit Russell (dans *Human Knowledge, its Scope and Limits*), d'un « non-sens brouillon ». Exemple plus contemporain de ces faux pas : *Durée et simultanéité,* l'essai où Henri Bergson entreprend de « réfuter » la relativité einsteinienne au motif qu'elle ose être incompatible avec sa propre métaphysique du temps. Quoique des physiciens qualifiés en aient amplement et aisément fait voir l'indiscutable fausseté, cet ouvrage, paru en 1923, n'en continue pas moins à être toujours réimprimé et recommandé aux étudiants.

Encore s'agit-il là de deux grands esprits. Mais que dire du menu fretin des « postmodernes » actuels ! Le déni de pertinence à l'encontre de la science atteint avec eux des sommets d'arrogance et d'incompétence. Leur thèse de base consiste à refuser aux sciences toute objectivité. Les théories scientifiques sont des mythes, disent-ils, des « narrations » ou des « paradigmes » qui relèvent d'une simple causalité sociologique ou culturelle, liée à une zone géographique ou à une conjoncture sociale, à l'instar du tango ou du machisme, duquel la science serait d'ailleurs l'un des syndromes. On trouvera de nombreuses citations illustrant cette rétrogradation bouffonne de la science dans *Impostures intellectuelles,* d'Alan Sokal et Jean Bricmont (voir plus haut, p. 813). Un postmoderne (Bruno Latour) affirme même sans sourciller que la théorie de la relativité est « sociale de part en part ».

Cette vision « déconstructiviste » de la science serait, paraît-il, progressiste et « de gauche », tandis que l'affirmation d'une spécificité de la méthode scientifique et d'une authenticité de ses résultats, certes non inattaquables ni immuables, mais démontables et vérifiables, serait — honte à nous ! — réactionnaire et « de droite ». Je voudrais signaler à nos postmodernes « de gauche » que leurs vaticinations antiscientifiques coïncident mot pour mot avec celles du regretté Adolf Hitler. Ouvrons en effet *Hitler m'a dit,* de Hermann Rauschning, le célèbre livre d'entretiens avec le Führer paru en 1939 (édition française, Hachette, coll. « Pluriel », p. 299). Voici ce qu'éructe l'éminent épistémologue de Berchtesgaden : « Il n'existe pas de Vérité, pas plus dans le domaine de la morale que dans celui de la science. L'idée d'une science détachée de toute idée préconçue n'a pu naître qu'à l'époque du libéralisme : elle est absurde. La Science est un phénomène social et, comme tous les phénomènes de cet ordre, elle a pour limites les avantages qu'elle procure à la communauté ou les dommages qu'elle lui cause. Le slogan de l'"objectivité scientifique" n'est rien d'autre qu'un argument inventé par les chers professeurs. La question élémentaire qu'il faut se poser avant d'entreprendre la moindre activité scientifique est : qui veut savoir quelque chose, qui veut s'orienter dans le monde qui l'entoure ? La réponse est alors évidente : il ne peut y avoir de science que par rapport à un type humain précis, à une époque déterminée. Il existe bel et bien une science nordique et une science nationale-socialiste, et elles doivent s'opposer à la science judéo-libérale, qui, d'ailleurs, ne remplit plus sa fonction et qui est en train de se détruire elle-même. »

En dehors de son antisémitisme — heureusement compensé par son antilibéralisme, qui devrait lui valoir la bienveillance de nombreux intellectuels français actuels —, Hitler a en commun avec les postmodernes d'aujourd'hui toutes les autres appréciations qu'il émet dans ce texte sur le statut de la science. Il apparaît comme leur précurseur. Comment osent-ils omettre dans leurs bibliographies un auteur qu'ils pillent aussi manifestement ?

La philosophie ne peut survivre désormais qu'en renonçant à son absurde prétention encyclopédique et au ridicule de vouloir en remontrer aux scientifiques sur le terrain même de leur science. En d'autres termes, la philosophie doit revenir à son interrogation fondatrice : « Comment dois-je vivre ? » Question qui en implique à son tour deux, celle du bonheur et celle de la morale. Lesquelles, pour le formuler autrement, se ramènent au problème éternel dit de la sagesse.

C'est ce qu'ont bien saisi André Comte-Sponville et Luc Ferry, à la fois précédemment dans leurs livres respectifs, dont le retentissement a bien montré la perspicacité, et aujourd'hui dans celui qu'ils signent ensemble, *La Sagesse des modernes* (Robert Laffont). L'opportunité de leur recherche explique le regain d'audience dont jouit en ce moment la philosophie. Regain qui se marque, à des niveaux inégaux, par la vogue des « cafés philo », par la curiosité pour les sagesses autres qu'européennes et par l'intérêt que rencontrent les livres comme ceux de nos deux auteurs. Cependant, dans cette attention retrouvée, il ne s'agit plus de la même philosophie que jadis. Il ne s'agit plus des systèmes dogmatiques qui visaient à se substituer à la science. Nous aspirons à une philosophie qui pose les questions auxquelles la science ne peut pas répondre. Car on ne peut tirer aucune morale de la science. C'est sur la base de ce constat que la philosophie retrouve sa véritable et plus antique fonction. Le mot « bioéthique », récemment forgé, signifie non pas qu'on peut induire une morale de la biologie, mais qu'on souhaite, en sens inverse, lui en imposer une, du moins à ses applications. Se débarrasser de la philosophie telle qu'elle fut restaure donc la possibilité, la liberté, l'envie de penser. Entre le type de certitude propre à la science et les élucubrations fantaisistes de la philosophie dégradée, il existe, pour la réflexion, une foule de sujets qui ne relèvent pas de la première et que les secondes avaient saccagés. Et elles ne le firent pas seulement à cause de la difficulté technique des sciences « dures ». Dans les disciplines qui sont encore de leur ressort, telle la sociologie, les philosophes sacrifient trop souvent sans pudeur le souci de la vérité à la partialité idéologique.

À propos d'idéologie, précisément, Comte-Sponville et Ferry se demandent si « la fin des grands desseins » ne réduit pas la politique à « une simple gestion des affaires ». Tout au contraire, me semble-t-il, la chute des idéologies libère les esprits en vue d'un retour à l'analyse des réalités. Qu'est-ce qu'une idéologie ? C'est un mime de la science, une construction a priori. Elle veut s'imposer à l'expérience. Or elle n'en a pas été tirée et elle croit pouvoir la dominer par la contrainte. Jamais ses échecs programmés ne l'amènent à conclure à sa propre et irrémédiable fausseté. En politique comme ailleurs, la faillite des idéologies nous permet donc de recommencer enfin à penser. Depuis le XIXe siècle, les utopies politiques prétendaient remplacer à la fois l'art de gouverner et l'art de vivre. Que nous soyons débarrassés de ces utopies rouvre donc un vaste espace de réflexion à la philosophie. D'autant plus vaste que, si les idéologies ont disparu dans les faits, elles s'accrochent encore opiniâtrement dans les têtes. Et les têtes, c'est justement ce à quoi les philosophes ont affaire.

21 mars 1998

FN : les causes

À nouveau, après les élections régionales, la France s'est donc offert son habituel mélodrame politique : stupeur devant un résultat élevé du Front national ; convocation des grands exorcistes pour chasser les démons ; excommunication des suppôts de Satan ; indigence de l'analyse politique et sociologique.

Le Front national a une spécificité propre à la France de 1998, non à celle de 1942 ou de 1934. Il ne se ramène ni à la « collaboration », qui a pour condition technique la présence sur le territoire national d'une armée d'occupation, ni aux fascismes et royalismes d'avant guerre, dont les composantes sociales et doctrinales émanaient d'un tout autre contexte.

Comme l'a montré Pascal Perrineau, directeur du Centre d'études de la vie politique française, dans *Le Symptôme Le Pen* (Fayard, 1997), l'électorat frontiste actuel traverse plusieurs classes sociales. En son sein le prolétariat finit par l'emporter sur les bourgeois. Aux législatives de 1997, 36 % des électeurs frontistes étaient des ouvriers, alors que le FN perdait dix points chez les cadres supérieurs et dans les professions libérales. Depuis les élections régionales de 1992, le FN a progressé cinq fois plus dans les départements ouvriers que dans ceux où dominent d'autre groupes sociaux.

Seuls l'aveuglement et la mauvaise foi expliquent le refus de prendre en considération les causes de cette montée. Pendant quinze ans, ce fut un crime, politiquement incorrect, de faire observer qu'une immigration anarchique, la revendication du droit automatique des clandestins à la régularisation provoqueraient une réaction de rejet dans la population. Ce fut un crime de signaler l'aggravation de l'insécurité. Et pourtant, douze des vingt départements qui sont les bastions du Front national figurent parmi ceux qui souffrent de la délinquance la plus élevée. Ce fut un crime de dénoncer la proclamation du « droit à la différence », néfaste en une période où l'enjeu vital était au contraire de réussir l'intégration. Ce fut un crime de déplorer la violence à l'école et le naufrage de l'Éducation nationale, où sombrait aussi l'emploi des jeunes. Le Front national ne reculera que si ces erreurs sont reconnues et corrigées.

Au lieu de quoi nous nous consolons avec de pieuses processions. Que pesaient les 80 000 manifestants, dans toute la France, du 23 mars dernier face aux 16 millions d'électeurs inscrits qui s'étaient abstenus le jour du vote ? Si le quart seulement de ces citoyens disparus avaient donné leurs bulletins à l'un ou à l'autre des partis classiques, jamais le FN n'aurait conquis la position d'arbitre qui est à l'origine du scandale. À quoi bon brailler dans les rues ce que l'on n'a pas pris la peine d'aller dire dans les urnes ? L'exhibitionnisme « citoyen » ne remplace pas le civisme républicain.

Une autre source d'alimentation en voix du Front national, que l'on n'aime guère à évoquer, et pour cause, c'est son antilibéralisme. Le libéralisme étant la bête noire de la quasi-totalité de notre classe politique, d'une large portion de notre presse et d'un bon nombre d'auteurs à succès, comment imaginer que ce tapage antilibéral ne profite pas aussi au FN ? Ne partage-t-il pas avec plusieurs secteurs de la gauche plurielle et de la droite classique une hostilité envers l'Europe, Maastricht, la mondialisation ? Cessons donc de ferrailler dans le vide contre un Front national différent de ce qu'il est. Il est dangereux tel qu'il est, non tel qu'un folklore de gauche le reconstruit, avec de vieux bouts de films d'il y a soixante ans. Il s'impose par le bulletin de vote, hélas ! et non par l'émeute ou par l'occupant. Ce sont les causes de cet égarement électoral que nous devons extirper par des actes, au lieu de nous borner à en maudire les effets par les discours. Pourquoi (comme on le voit ces jours-ci avec la violence à l'école) nous faut-il toujours attendre, pour diagnostiquer un mal, qu'il soit devenu incurable ?

4 avril 1998

L'État de droit et les sans-papiers

La diatribe fulminée le 8 mai par Henri Leclerc pour célébrer le centenaire de la Ligue des droits de l'homme, dont il est le président, avait pour cible les expulsions de sans-papiers. Ces expulsions, dit-il, constituent dans tous les cas, sans exception aucune, et indépendamment du fait que les expulsés soient en situation illégale ou non, une « injustice ». Les clandestins qui n'obtiennent pas leur régularisation sont victimes de l'« arbitraire ».

Cette philippique contre l'« oppression » visait la politique strictement « policière », selon l'orateur, de Lionel Jospin, que, d'ailleurs, un soudain malaise priva du plaisir de venir écouter sa propre mise au pilori. Dans une rhétorique aussi âgée que la Ligue elle-même, Henri Leclerc reprocha au Premier ministre de n'avoir pas abrogé les « lois scélérates » Pasqua-Debré. Pour un État, veiller à ce que les étrangers séjournant sur son territoire en aient reçu l'autorisation ne saurait avoir pour motif que la docilité à « la pression d'une extrême droite raciste et xénophobe ».

Comment la Ligue peut-elle à ce point mépriser les conditions de bon fonctionnement d'un État de droit, d'une société réellement humaine, base de toute immigration réussie ? Comment justifier un contrat dont les clauses seraient définies par une seule des parties contractantes, en l'occurrence l'immigré clandestin ? L'autre partie, l'État français, ne conservant que le devoir de les entériner. La régularisation automatique des sans-papiers réclamée par la Ligue signifierait que s'installer dans un pays dépendrait de la seule décision unilatérale du migrant. C'est envisageable, à condition que cette possibilité résulte d'une convention préalable entre les pays concernés, comme c'est le cas au sein de l'Union européenne. C'est impraticable en tant que règle universelle.

Ce l'est d'autant moins que, depuis cinquante ans, le contexte de l'immigration a été radicalement transformé par l'édification des systèmes de protection sociale. Émigrer, aujourd'hui, ce n'est pas seulement aller chercher ailleurs du travail ou de meilleures opportunités économiques. C'est devenir un « ayant droit » auquel s'offre tout un éventail de prestations. On répondra : tant mieux ! C'est aussi mon avis. Mais cette solidarité rend d'autant plus indispensable que le pays d'accueil donne son accord. L'idée que décréter l'accès aux avantages de l'État providence doit dépendre des seuls migrants pousse jusqu'à la banqueroute la notion absurde de contrat unilatéral.

Loin d'être xénophobe, la France est un des pays d'Europe qui ont absorbé le plus d'étrangers. Par contraste, songeons que, en 1997, l'Arabie saoudite a expulsé 399 815 résidents illégaux et que, le mois dernier, la Malaisie, après la chute de sa production due à la crise asiatique, a mis à la porte 2,5 millions de travailleurs indonésiens et birmans en situation irrégulière. Le quart de la population active ! On se souvient aussi des cohortes de Ghanéens chassés du Nigeria à coups de crosse dans les reins.

C'est pour que le creuset intégrateur français

fonctionne que l'immigration doit rester légale. Encourager l'immigration clandestine en lui faisant miroiter une sorte de droit automatique à la régularisation, c'est nourrir le chômage, l'échec scolaire, la délinquance, l'inadaptation. Il n'est pires ennemis des immigrés que leurs faux amis.

16 mai 1998

Le sexe des mots

Byzance tomba aux mains des Turcs tout en discutant du sexe des anges. Le français achèvera de se décomposer dans l'illettrisme pendant que nous discuterons du sexe des mots. La querelle actuelle découle de ce fait très simple qu'il n'existe pas en français de genre neutre comme en possèdent le grec, le latin, l'allemand.

D'où ce résultat que, chez nous, quantité de noms de fonctions, de métiers, de titres, sémantiquement neutres, sont grammaticalement féminins ou masculins. Leur genre n'a rien à voir avec le sexe de *la* personne qu'ils concernent, laquelle peut être *un* homme. Homme, d'ailleurs, s'emploie tantôt en valeur neutre, quand il signifie l'espèce humaine, tantôt en valeur masculine, quand il désigne le mâle. Confondre les deux relève d'une incompétence qui condamne à l'embrouillamini sur la féminisation du vocabulaire. Un humain de sexe masculin peut fort bien être *une* recrue, *une* vedette, *une* canaille, *une* fripouille ou *une* andouille. De sexe féminin, il lui arrive d'être *un* mannequin, *un* tyran ou *un* génie. Le respect de *la personne* humaine est-il réservé aux femmes, et celui des droits de *l'homme* aux hommes ? Absurde ! Ces féminins et masculins sont purement grammaticaux, nullement sexuels.

Certains mots sont précédés d'articles féminins ou masculins sans que ces genres impliquent que les qualités, charges ou talents correspondants appartiennent à un sexe plutôt qu'à l'autre. On dit : « Madame de Sévigné est *un* grand écrivain » et « Rémy de Gourmont est *une* plume brillante ». On dit *le* garde des Sceaux, même quand c'est une femme, et *la* sentinelle, qui est presque toujours un homme. Tous ces termes sont, je le répète, sémantiquement neutres. Accoler à un substantif un article d'un genre opposé au sien ne le fait pas changer de sexe. Ce n'est qu'une banale faute d'accord.

Certains substantifs se féminisent tout naturellement : une pianiste, avocate, chanteuse, directrice, actrice, papesse, doctoresse. Mais une dame ministresse, proviseuse, médecine, gardienne des Sceaux, officière ou commandeuse de la Légion d'honneur contrevient soit à la clarté, soit à l'esthétique, sans que remarquer cet inconvénient puisse être imputé à l'antiféminisme. Un ambassadeur est *un* ambassadeur, même quand c'est une femme. Il est aussi *une* excellence, même quand c'est un homme. L'usage est le maître suprême. Une langue bouge de par le mariage de la logique et du tâtonnement, qu'accompagne en sourdine une mélodie originale. Le tout est fruit de la lenteur des siècles, non de l'opportunisme des politiques.

L'État n'a aucune légitimité pour décider du vocabulaire et de la grammaire. Il tombe en outre dans l'abus de pouvoir quand il utilise l'école publique pour imposer ses oukases langagiers à toute une jeunesse. J'ai entendu objecter : Vaugelas, au XVIIe siècle, n'a-t-il pas édicté des normes dans ses *Remarques sur la langue française* ? Certes. Mais Vaugelas n'était pas ministre. Ce n'était qu'un auteur, dont chacun était libre de suivre on non les avis. Il n'avait pas les moyens d'imposer ses lubies aux enfants. Il n'était pas Richelieu, lequel n'a jamais tranché personnellement de questions de langue.

Si notre gouvernement veut servir le français, il ferait mieux de veiller d'abord à ce qu'on l'enseigne en classe, ensuite à ce que l'audiovisuel public, placé sous sa coupe, n'accumule pas à longueur de soirées les faux sens, solécismes, impropriétés, barbarismes et cuirs qui, pénétrant dans le crâne des gosses, achèvent de rendre impossible la tâche des enseignants.

La société française a progressé vers l'égalité des sexes dans tous les métiers, sauf le métier politique. Les coupables de cette honte croient s'amnistier (ils en ont l'habitude) en torturant la grammaire. Ils ont trouvé le sésame démagogique de cette opération magique : faire avancer le féminin faute d'avoir fait avancer les femmes.

11 juillet 1998

PACS : pour le consensus

Après sept années et plusieurs sigles, le projet maintenant connu sous l'appellation de PACS (Pacte civil de solidarité) va enfin être discuté par l'Assemblée nationale.

Disons-le, les empoignades qui en ont accompagné la gestation n'ont guère contribué à élever le niveau du débat public en France. Les partisans du PACS, qui auraient eu pourtant d'excellents arguments à faire valoir, leur ont trop souvent préféré les méthodes habituelles du « progressisme » à la française : dénigrer au lieu de discuter, déformer au lieu de répondre et, surtout, appliquer le coup de massue devenu coutumier : « Quiconque n'est pas d'accord avec moi est complice du Front national. » Un peu de bonne foi, cependant, aurait permis de comprendre à la fois le bien-fondé de la question posée et le caractère parfaitement respectable des divers points de vue qu'elle suscite. La question posée est que, dans une société où l'ostracisme contre les homosexuels a, sinon disparu, du moins fortement décliné, il est naturel que le législateur envisage, pour ceux d'entre eux qui le désirent, une forme de statut social du couple, entériné par l'enregistrement d'une déclaration de vie commune.

Car, bien que le PACS puisse en théorie concerner des ménages hétérosexuels, voire pas sexuels du tout, il est vain de se le dissimuler : c'est l'instauration d'une possibilité d'union officielle entre homosexuels qui est au centre du projet comme de la polémique. Les socialistes eux-mêmes ont longtemps traîné les pieds dans cette affaire, par peur de paraître favoriser un « sous-mariage gay » que l'opinion moyenne n'était pas entièrement prête à admettre.

Néanmoins, des arguments raisonnables ont fait avancer le PACS. Arguments pratiques, d'abord, touchant le logement, la Sécurité sociale, la fiscalité, la succession, les retraites, et visant à étendre à des couples stables les garanties d'usage. Argument humain, ensuite : dans une société où la discrimination envers les homosexuels s'est atténuée, n'est-il pas légitime que leurs couples accèdent à la respectabilité devant la loi, par le moyen d'un quelconque pacte de vie commune ? Le mariage moderne entre hommes et femmes n'est-il pas de plus en plus devenu lui-même un contrat révocable entre deux individus ?

Toutefois, certains des points de vue opposés au PACS sont également dignes de considération. Au point de vue religieux, le mariage est un sacrement. Il engage les époux devant Dieu et pour la procréation. Être croyant n'est plus obligatoire en France depuis longtemps, mais ce n'est pas non plus interdit. Respecter ce point de vue religieux fait partie de la tolérance, sans laquelle, rappelons-le, le projet de PACS même n'aurait pas vu le jour.

Du point de vue laïque, on fait observer que le mariage civil existe en France depuis 1792 et que, d'autre part, existe aussi chez nous une législation assurant des droits aux concubins, même si elle est encore trop imprécise et aléatoire. Dès lors, objecte-t-on, pourquoi le PACS, sinon pour instituer, sous un sigle trompeur, un mariage homosexuel ? Il restera toujours que le mariage, même civil, et même le concubinage tendent, malgré tout, à fonder une famille, avec des enfants. À quoi on peut objecter que, à l'époque où la contraception et l'avortement sont légaux, la procréation dans le mariage est devenue facultative.

Quelle que soit l'opinion de chacun, nul ne doit oublier que la question du PACS a émergé sous la pression d'une évolution sociale, et non à la suite d'une initiative gouvernementale. Elle n'est pas artificielle, et on ne pourra pas se dispenser d'y apporter une réponse qu'il faut souhaiter aussi consensuelle que possible.

3 octobre 1998

Nazisme-communisme : l'éternel retour des tabous

La correspondance entre François Furet et Ernst Nolte, parue d'abord dans la revue *Commentaire* et aujourd'hui en volume chez Plon, sous le titre *Fascisme et communisme,* poursuit et grandit l'un des plus épineux débats de notre temps. Comme l'élève aussi le livre d'Alain Besançon *Le Malheur du siècle,* sous-titré *Sur le communisme, le nazisme et l'unicité de la Shoah,* qui vient juste d'être publié chez Fayard.

Et je suis presque tenté d'ajouter : il est décourageant qu'autant de science et de talent ait encore, deux ans avant l'an 2000, besoin de s'investir dans un problème si surabondamment et si répétitivement résolu. C'est qu'il existe un négationnisme procommuniste beaucoup plus hypocrite, plus efficace et plus diffus que le négationnisme pronazi, lequel reste sommaire et groupusculaire. Les acquis pluridécennaux de l'historiographie du communisme, y compris les révélations ou confirmations récentes dues à l'ouverture des archives de l'Est, sont effacés année après année. Chaque historien honnête par là même qui remet l'ouvrage sur le métier confirme l'inutilité de ses devanciers et annonce peut-être la sienne propre.

L'organisation de la non-repentance à l'égard du

communisme aura été la principale activité politique de l'ultime décennie du siècle, comme l'organisation de sa non-connaissance aura été celle des sept décennies antérieures.

C'est au point que la véritable énigme du communisme sera, pour les historiens futurs, sa capacité dès sa naissance, et jusque après sa mort, d'obtenir l'annihilation des informations le dévoilant et l'amnistie des jugements le condamnant.

Le succès périodique du négationnisme procommuniste donne à tout nouveau livre rétablissant les vérités et, en particulier, esquissant le parallèle sacrilège entre communisme et nazisme, l'apparence de la découverte et l'auréole du scandale. Or, en fait, on n'en finirait pas d'aligner les citations, dès 1918 pour l'appréciation exacte du bolchevisme, et dès 1933 pour la comparaison entre les totalitarismes, où figurent déjà les constats et les arguments qui ne cesseront ensuite de refaire surface, pour couler à nouveau.

Ce qui semblera sans doute ahurissant à la postérité, et accablant pour l'intelligence et la bonne foi humaines, c'est que ces mêmes arguments et ces mêmes constats, en émergeant pour la millième fois, en la toute fin du xxe siècle, aient pu susciter les mêmes débats furibonds que cinquante ou soixante-dix ans auparavant, comme s'ils étaient inédits.

Dans son *Passé d'une illusion* (1995, Robert Laffont et Calmann-Lévy ; voir plus haut, p. 696), François Furet consacre un long passage à l'historien allemand Ernst Nolte, auteur du fondamental *Le Fascisme et son époque.* Cette référence « émut » certains « amis » de Furet, lequel ne s'en étonna point, puisque, précise-t-il, « Nolte a fait l'objet, en Allemagne et en Occident, d'une condamnation sommaire ». Un de ses mérites était, en effet, d'« avoir très tôt passé outre à l'interdiction de mettre en parallèle communisme et nazisme » et d'avoir ainsi « brisé un tabou ».

En réalité, le tabou avait été si souvent brisé dans le passé que le mystère réside plutôt dans la dextérité avec laquelle les négationnistes communistes étaient parvenus et parviennent toujours à en recoller les morceaux. André Gide écrit en 1936 dans son retentissant *Retour de l'URSS*, paradis dont il revint avec un dégoût aussi profond que l'enthousiasme avec lequel il y était allé : « Je doute qu'en aucun autre pays aujourd'hui, fût-ce l'Allemagne de Hitler, l'esprit soit moins libre, plus courbé, plus craintif, terrorisé qu'en URSS. » Et le doyen respecté des historiens du fascisme, Renzo de Felice, personnellement de « sensibilité » socialiste, déclare en 1988, comparant l'hitlérisme et le communisme : « La vérité, en conclusion, est qu'il s'agit de phénomènes identiques. Le totalitarisme caractérise et définit le nazisme comme le communisme, sans aucune différence réelle. Peut-être me suis-je exprimé en extrémiste ; peut-être l'ai-je dit avec brutalité ; mais j'estime que le moment est venu de s'en tenir aux faits et de briser les mythes faux et inutiles » (Actes du colloque « Le stalinisme dans la gauche italienne », mars 1988).

L'hommage, nuancé mais réel, rendu à Nolte par Furet dans son *Passé d'une illusion* donna naissance entre les deux historiens à un échange de lettres, d'où émanent autant de profusion intellectuelle dans la méditation sur l'histoire que d'élégante mélancolie devant l'inutilité du vrai. « Mélancolie » est le terme même employé par Furet dans l'ultime lettre du recueil, dont il ne pouvait pressentir qu'elle serait en quelque sorte son testament d'homme libre.

Alain Besançon, en s'interrogeant à son tour sur

les raisons de « l'amnésie du communisme et de l'hypermnésie du nazisme », procède à un inventaire minutieux des ressemblances et des différences entre les deux totalitarismes. Il conclut, en particulier, au caractère unique et incomparable de la Shoah. Mais il conclut aussi que les différences entre nazisme et communisme sont dans la nature des motivations et non dans le degré du mal. Elles ne justifient pas les inégalités du traitement rétrospectif entre les deux fléaux jumeaux.

Travail de Sisyphe, que les vigilants négationnistes ont aussitôt commencé insidieusement à déformer pour le discréditer. Car c'est là le paradoxe de l'après-communisme : pourquoi y a-t-il encore tant de « compagnons de route » — alors même qu'il n'y a plus de route ?

10 octobre 1998

Fascisme et communisme de François Furet et Ernst Nolte, Plon.
Le Malheur du siècle d'Alain Besançon, Fayard.

Pinochet-Castro : même combat

Il est rarissime qu'un dictateur doive rendre compte de ses forfaits devant un tribunal. Félicitons-nous donc qu'Augusto Pinochet soit devenu l'une de ces exceptions, grâce au zèle de deux juges espagnols. Malheureusement, un petit détail prive de toute valeur morale et couvre même de ridicule leur initiative. Au moment même où ils lançaient leur mandat d'arrêt contre Pinochet, alité dans une clinique londonienne, se tenait au Portugal, à Porto, le sommet annuel ibéro-latino-américain. À ce sommet assistait Fidel Castro, rayonnant de santé.

Or Castro présente des titres aussi solides que Pinochet à comparaître devant une cour de justice. On s'étonne donc que nos deux juges n'aient pas profité de cette magnifique occasion de le faire arrêter, d'autant que Madrid ne se trouve qu'à 600 kilomètres de Porto, beaucoup plus près que Londres. Certes, en tant que chef d'État en déplacement officiel, Castro est couvert par l'immunité. On sait que la légitimité juridique de l'arrestation de Pinochet est fort contestée. Mais peu importe. Ce qui compte, c'est la portée morale du geste. Celui des juges n'en a plus aucune, du fait qu'ils ont frappé d'un seul côté. La morale est universelle ou elle n'est pas.

Les droits de l'homme sont une imposture si leur

définition continue de dépendre de la couleur du pouvoir qui les viole. De plus, Castro n'est pas un dictateur qui était au pouvoir il y a vingt ans. C'est un dictateur encore en état de nuire. Pinochet a au moins accepté, en 1988, un référendum donnant le choix à ses compatriotes entre son maintien et son départ. L'ayant perdu, il s'est effacé. Castro, lui, prolonge la répression, riant sous cape de la naïveté des politiciens étrangers, des dames d'œuvres, des cardinaux, et même du pape, qui défilent chez lui en se faisant « promettre » qu'il assouplira sa dictature. Aux crimes contre l'humanité Castro ajoute la malhonnêteté financière. *Forbes Magazine,* énumérant les plus grandes fortunes du monde, évalue la sienne à environ 9 milliards de francs, évidemment volés aux Cubains.

Qu'on s'en prenne aux dictateurs à la retraite est fort bien. Mais il serait plus courageux de s'en prendre aux dictateurs en exercice. Castro lui-même, d'ailleurs, moins bête que ses dupes, a senti le danger. Quand la nouvelle de l'arrestation de Pinochet parvint au sommet de Porto, son commentaire fut des plus prudents. Il souligna la « complexité du problème technico-judiciaire » posé par l'arrestation de Pinochet et « les risques d'une ingérence universelle » (*El Pais,* 19 octobre).

Si Pinochet se trouvait encore au pouvoir, l'aurait-on invité à représenter son pays au sommet ibéro-latino-américain ? En invitant Castro, les politiques ibéro-américains montrent qu'ils n'ont pas compris les leçons du XXe siècle. Qu'auraient ressenti les futurs fondateurs de la démocratie espagnole si on avait organisé un sommet ibéro-américain à Madrid en 1970 ? Eh bien, le prochain sommet, en 1999, aura lieu... à La Havane. Belle manière d'affirmer les « valeurs démocratiques ». La presse espagnole regorge, cette semaine, de photos du roi, tout sourires, en compagnie de Fidel. Voir le grand homme qui a su arracher son pays aux griffes du franquisme faire le gros dos sous les pattes du castrisme a quelque chose de pathétique.

Il ne s'agit en aucun cas de soutenir que Pinochet ne doit pas être poursuivi parce que Castro ne l'est pas. Il s'agit, tout au contraire, d'arguer que Castro doit l'être parce que Pinochet l'est. Faute de quoi les poursuites contre le dictateur chilien resteront dénuées de toute exemplarité universelle. L'enseignement qu'en tireront les générations futures sera, encore une fois, que l'important est non pas de s'abstenir de crimes contre l'humanité, mais bien de choisir le camp au profit duquel on les commet.

24 octobre 1998

L'inventeur de l'autobiographie ?

Saint Augustin est, sans conteste, l'inventeur du genre autobiographique. Il y restera plus de mille ans sans successeur. Certes, avant lui, la littérature de l'Antiquité offre quelques livres de souvenirs, l'*Anabase* et *Les Mémorables* de Xénophon, les *Commentaires* de César. Mais ce sont des comptes rendus d'événements militaires ou des portraits de personnalités éminentes. Le regard introspectif et rétrospectif de l'auteur sur lui-même et sur sa propre existence y demeure inconnu. Seuls les poètes, Horace évidemment, Ovide surtout, avaient précédé Augustin dans le récit de soi (*Tristes,* IV, 10).

Les *Confessions* sont donc bien la première œuvre en prose où un écrivain se livre à la première personne. Et pourtant, combien peu autobiographique est cette autobiographie ! Combien rares y sont les descriptions et les narrations concrètes, les « tranches de vie » ! Voici ce jeune provincial africain, ce « petit boursier arriviste » (comme dit Lucien Jerphagnon dans la préface de la Pléiade). À vingt-neuf ans, il débarque à Rome, la capitale politique et le conservatoire historique de l'univers connu, sa splendeur culturelle et sa métropole monumentale. Or Augustin ne trouve pas un mot à nous dire de la Ville éternelle ! Pas une « chose vue », pas une impression personnelle, rien sur les édifices, aucune curiosité pour la vie quotidienne des habitants, leurs mœurs, leurs tavernes, leurs tournures, leurs occupations, leurs distractions. L'année suivante, même silence sur Milan, où il arrive pour prendre possession de sa chaire de professeur de rhétorique. Chez un mémorialiste un tel manque de mémoire, chez un observateur une telle indifférence à la réalité équivalent à ce que serait la cécité chez un critique d'art.

Les *Confessions*, en fait, sont une lettre à Dieu, c'est à lui seul qu'Augustin se confesse. Aussi ne se donne-t-il pas la peine de mentionner le détail des événements de sa vie et des lieux. Par définition, Dieu, qui sait tout et voit tout, les connaît déjà. Quant au lecteur, il les ignorera toujours. Car ce n'est pas un récit qu'Augustin veut lui faire à travers son discours à Dieu. C'est un sermon, une exhortation à la Foi, une mise en garde contre l'incroyance et les hérésies. L'itinéraire qu'il retrace est tout entier spirituel. S'il lui arrive de laisser affleurer une anecdote un peu vivante, elle n'est là que pour servir de tremplin à l'étalage du remords. Aussi les rares intermèdes narratifs sont-ils des plus brefs. Le but de l'auteur n'est pas de restituer le sel et la saveur de l'humain. Il est, tout au contraire, d'en parler juste assez pour en dégoûter le lecteur.

Les passages les plus souvent cités, là où la vie reprend quelques couleurs, sont comme des herbes folles ou d'humbles pâquerettes jaillissant à l'improviste sur un gazon trop bien entretenu. Ils montrent quel narrateur aurait pu être Augustin s'il n'avait été, avant tout, un prédicateur. L'épisode d'Alypius, abhorrant les jeux du cirque et s'étant toujours refusé à y assister, puis en devenant un aficionado fanatique du jour où des camarades l'eurent, contre son gré, traîné au Colisée ; la douleur de perdre l'ami d'adolescence, passionnément aimé ; la tentative de réfuter l'astrologie en « expérimentant », par la comparaison des destins de deux nouveau-nés ayant vu le jour à la même minute ; et quelques autres moments, où l'image tord le cou à la démonstration, sont comme des haltes rafraîchissantes dans une tempête d'éloquence sacrée. Éloquence puissante, d'ailleurs, chez cet orateur aussi maître de la rhétorique classique que de la sentence judéo-chrétienne. Bien sûr, le peu de narratif que comportent les *Confessions* était nouveau du temps d'Augustin. Comme le dit Erich Auerbach, « les phrases où il est question du passage de l'enfance à l'adolescence n'auraient pas pu voir le jour avant lui [1] ». Mais, puisque nous parlons d'adolescence, comment expliquer qu'Augustin ne nous fasse part d'aucune émotion quand meurt, à dix-sept ans, son fils Adeodat, un surdoué, qu'il adorait pourtant, et qu'il avait eu d'une concubine carthaginoise ?

Confessions, sans doute, mais pas Mémoires. Au demeurant, après le livre IX, où il relate sans larmes le décès de sa mère Monique, plus chrétienne encore que lui, et après l'extase dite la « contemplation d'Ostie », jusqu'à la fin (livre XIII), Augustin élimine de son œuvre toute donnée narrative. Le dernier quart de son grand texte n'est plus qu'effusions, où il expose à son Créateur, dont il implore l'aide, sa défiance de la nature humaine, dans son style unique, toujours tremblant à la pointe de l'intensité, conjuguant l'ampleur cicéronienne et la concision évangélique, la longue mélodie et la dic-

1. *Mimésis* d'Erich Auerbach, 1946. Trad. franç., Gallimard, 1968.

tion saccadée. Jamais aussi intarissable raseur ne fut un aussi irrésistible artiste. Mais comment demander de décrire ce monde-ci à un homme qui vit déjà dans l'autre ?

31 décembre 1998

1999

« Jeunes » : la guerre des rues

Voulez-vous une recette infaillible pour vous faire accuser de complicité avec le Front national ? Ayez un fils assassiné par un jeune Français enfant d'immigrés. On vous imputera aussitôt l'intention de vous prêter à une « récupération politique d'extrême droite ». Vous serez mis au ban de la société par les associations, par la gauche plurielle, par les élus municipaux et nationaux, par les médias. On lancera une contre-manifestation pour déconsidérer comme raciste la manifestation déplorant la violence que vous auriez voulu organiser, mais que, sous la pluie des malédictions, vous avez dû annuler.

Exagération ? Provocation ? Profanation ? Non pas. Histoire vraie, que relate Christian Jelen dans sa *Guerre des rues*. Histoire survenue à M. et Mme Le Scoul, de Quimper, dont le fils, Robin, étudiant à Rennes, est poignardé à mort dans cette ville, le 27 novembre 1997, par un nommé Samir Achour, à la suite d'une altercation. Un an plus tôt, à Marseille, un certain Khtab, multirécidiviste en liberté, poignarde à mort Nicolas Bourget, quinze ans.

On nous serine sans cesse « prévention, prévention ». Or c'est précisément ce que l'on ne fait jamais. Si la justice avait appliqué la loi, elle aurait « prévenu » l'assassinat de Robin. Il n'en a rien été. Ensuite parce que les autorités municipales ont confondu, elles aussi, prévention et abstention. Le maire de Rennes, Edmond Hervé, savait depuis des mois que, dans le quartier où le meurtre a eu lieu, se multipliaient les coups de couteau, les trafics, les incendies de voitures, les lapidations des véhicules de la police ou des pompiers. Tout maire, rappelons-le, est officier de police judiciaire. Edmond Hervé avait donc le pouvoir d'assurer la sécurité. Il préféra l'immobilité. Prévention, prévention, vous dis-je.

Enfin, l'assassinat du fils se transforma en réquisitoire contre les parents. Venu les interroger, *Le Journal du dimanche* leur demande non pas : « Êtes-vous affectés par la mort de votre enfant ? », mais : « N'êtes-vous pas affolés devant la possibilité d'être récupérés par le FN ? » Le Front national ne gagnera jamais la bataille pour le pouvoir, mais, quelles que soient ses luttes intestines, il a déjà gagné, depuis longtemps, la bataille intellectuelle, puisqu'il sert de déclic à tous les réflexes de la classe politique et médiatique. Cette déchéance explique le niveau misérable de notre débat public sur la violence et sur bien d'autres sujets.

Le vrai dossier de la violence dite « des jeunes », ce fléau récent, Christian Jelen l'établit dans ce livre, avec sa minutie d'enquêteur scrupuleux qui conjugue la connaissance approfondie des statistiques et les longs séjours d'observation sur le terrain. En foi de quoi il commence par récuser la formule « violence des jeunes », partout ressassée, comme si toute la jeunesse s'était transformée en une meute d'arsouilles ! Rien n'est plus faux. En fait, 5 % de la tranche d'âge 15-29 ans commettent à eux seuls la moitié des crimes et délits de ce groupe d'âge. C'est plutôt rassurant. Ce qui est en revanche inquiétant, c'est que le nombre de ces crimes et délits ne cesse d'augmenter, au point qu'en chiffres absolus la moitié d'aujourd'hui égale la totalité d'il y a dix ans. Et encore, la majorité des crimes et délits n'est pas enregistrée ; c'est ce qu'on appelle le « chiffre noir[1] ».

Pourquoi donc, en disant « les jeunes », la classe politico-médiatique assimile-t-elle une petite minorité de délinquants violents à l'ensemble de la jeunesse ? La réponse est presque un sacrilège. C'est, toutes les enquêtes sérieuses l'établissent, parce que la violence dite « des jeunes » émane surtout des Français dont les parents ont émigré du Maghreb ou d'Afrique noire et qui ont raté leur intégration. La peur d'être taxés de racisme a donc conduit les responsables politiques, depuis deux décennies, à escamoter le nœud de la difficulté, toujours par peur d'être assimilés au FN.

Les calomnies des inquisiteurs, Christian Jelen les piétine par avance avec mépris. « Raciste ? écrit-il dans un passage émouvant, je ne l'ai jamais été. Ce serait grotesque et honteux, venant d'un juif dont la famille a été décimée par les nazis. Les valeurs que m'ont transmises mes parents, des immigrés de Pologne, et qu'à mon tour j'ai tenté de transmettre à mes enfants, sont celles de l'humanisme universaliste, laïque et républicain, le seul auquel je crois. »

Au surplus, c'est le tabou sur les vrais fauteurs de la délinquance urbaine qui est raciste. Car il sous-entend que la seule origine de cette surdélinquance est raciale. Ce sont donc les censeurs qui se tra-

1. Pour l'ensemble de cette mise au point, voir aussi l'excellent « Que sais-je ? » : *Violences et insécurité urbaines* d'Alain Bauer et Xavier Raufer, PUF, 1998.

hissent en admettant implicitement une hypothèse que Jelen n'envisage jamais. Pour lui, les échecs de l'intégration ont des causes culturelles, familiales, sociales. Dans deux ouvrages antérieurs, *Ils feront de bons Français* et *La Famille, secret de l'intégration* (Robert Laffont, 1991 et 1993), il avait mis en lumière, en sens inverse, les *réussites* de l'intégration, et les raisons de ces réussites. Pourquoi ne se penche-t-on pas davantage sur ces raisons, afin d'en tirer, a contrario, les remèdes contre l'exclusion et la délinquance ? Ces remèdes existent, mais les administrer exigerait l'abandon de quelques préjugés « corrects » tels que : la police n'est pas faite pour assurer la sécurité, ni la justice pour appliquer les lois ; l'école n'est pas faite pour enseigner ; la politique n'est pas faite pour agir en fonction de la réalité ; la démocratie n'est pas faite pour le droit ; l'immigration ne doit pas être subordonnée à l'acceptation de ce droit. À cet égard, Christian Jelen rend hommage au ministre de l'Intérieur, Jean-Pierre Chevènement. Rompant avec la poltronnerie et la cécité de la plupart de nos dirigeants (qui ne « dirigent », à vrai dire, rien du tout), ce ministre a eu le courage et la lucidité de rappeler, au comique effarouchement des bigots, que, loin d'être répressive, la sécurité consiste à protéger contre une minorité de délinquants violents la majorité des citoyens paisibles. L'oublier, c'est oublier la définition même du pacte social et la raison d'être de l'État.

Notre État a préféré se décharger de ses devoirs sur l'équipe de France de football. Nous avons touché en juillet dernier le tréfonds des abysses de la niaiserie. Multiraciale, notre équipe allait anéantir par magie la violence ! Résultat : on n'a jamais autant cassé et brûlé que depuis lors... Voilà comment les « responsables » ne savent plus quoi inventer pour fuir leurs responsabilités. Afin de parer aux incendies de voitures, à Noël, la municipalité de Strasbourg a dépensé 4 millions pour ouvrir des salles de danse à l'usage des présumés délinquants. Cette conception chorégraphique de la lutte contre la violence mérite qu'on l'approfondisse. Que ne libérons-nous les détenus en réclusion criminelle pour les inclure dans le corps de ballet du palais Garnier ! Grand humaniste, le directeur des Opéras de Paris, M. Hugues Gall, devrait accueillir favorablement cette suggestion.

Au-delà ou en deçà des discussions qu'elle suscitera, *La Guerre des rues* de Christian Jelen est avant tout un trésor d'informations, de chiffres vérifiés, de récits et de portraits, de témoins et d'acteurs interrogés, de choses vues et de scènes vécues. Si vous aimez les faits, lisez-le. Si vous préférez les idées préconçues, fuyez-le. Lorsqu'il écrivit la toute dernière page de son livre, très précisément la veille de sa mort, notre ami ne se doutait pas qu'elle était aussi la toute dernière page de son œuvre. Une œuvre où pas moins de cinq livres sont consacrés au seul problème de l'immigration, problème traité toujours sans crainte ni passion par un des esprits les plus perspicaces et les plus honnêtes de sa génération.

23 janvier 1999

La Guerre des rues : la violence et « les jeunes » de Christian Jelen, Plon.

La crise de la responsabilité

La responsabilité politique peut-elle se prolonger en responsabilité pénale ? À partir de quel degré de gravité les conséquences des erreurs ou négligences d'un dirigeant peuvent-elles et doivent-elles le conduire à comparaître devant un tribunal de droit commun ou devant un tribunal spécial, prévu ou créé à cet effet ?

Deux procès retentissants, au début de 1999, ont ravivé cette question fertile en polémiques. L'un fut la comparution du président des États-Unis, Bill Clinton, devant le Sénat, devenu, en l'occurrence, tribunal pénal. L'autre fut, à Paris, le procès dit du sang contaminé. Trois ministres du gouvernement Fabius de 1985, parmi lesquels Laurent Fabius lui-même, comparaissaient en prévenus devant la Cour de justice de la République. L'arrêt de renvoi devant cette Cour accusait les ministres d'avoir omis, à l'époque, de prendre les décisions qui leur incombaient et qui auraient épargné à des centaines de transfusés, notamment des hémophiles, d'être contaminés par le virus du sida et, pour la plupart, d'en mourir.

À vrai dire, les deux procès n'avaient pas grand-chose en commun. Clinton fut inculpé non pour des fautes professionnelles, commises dans le cadre de son activité politique, ni non plus, d'ailleurs, pour des peccadilles d'ordre privé, comme on l'a seriné en Europe, mais pour avoir fait un faux témoignage en justice à propos de ces mêmes incartades privées, c'est-à-dire pour avoir violé la loi qu'il s'était engagé sous serment à faire respecter, le jour où il avait pris ses fonctions de président. Les trois ministres français, au contraire, étaient présumés coupables d'homicides involontaires, conséquences possibles de manquements au devoir dans l'accomplissement d'une mission exclusivement publique.

On le voit : il y a non pas un mais deux problèmes de la responsabilité pénale des politiques. Le premier concerne les crimes et délits perpétrés par des politiques. Ces citoyens, à l'évidence, relèvent alors du droit commun, comme tous les autres, au moins en principe. L'autre sorte de responsabilité pénale des politiques est celle qui découlerait d'actes consubstantiels à la pratique même du pouvoir et dépassant, par leurs suites tragiques, la limite acceptable du droit à l'erreur. Seul ce deuxième problème est intéressant. Il est seul difficile, peut-être même impossible à résoudre. Dans un véritable État de droit et sous condition d'un minimum de bonne foi, la solution du premier problème ne devrait en revanche jamais prêter à controverse.

Les juristes constitutionnels et les politologues soutiennent, pour la plupart, la nécessité, dans une démocratie, de maintenir une cloison étanche entre la responsabilité politique et la responsabilité pénale. La démocratie, disent-ils, est ce système où les auteurs de fautes politiques ne peuvent être frappés que de sanctions elles-mêmes politiques, prévues par les institutions ou l'usage. La plus forte de ces sanctions est l'échec électoral, le désaveu du suffrage universel, la perte du pouvoir. D'autres vont de la démission — spontanée ou forcée — d'un ministre indigne de sa tâche à la chute de tout un gouvernement mis en minorité au Parlement ou renvoyé par le chef de l'État. Les scénarios varient selon les Constitutions. En politique, le pénal serait donc archaïque.

Le pénal trônait dans les monarchies absolues, où l'on passait sans transition, comme le surintendant Fouquet, disgracié par Louis XIV, du pouvoir à la prison. Dans les régimes totalitaires la porte de sortie du Comité de salut public ou du politburo s'ouvrait sur l'échafaud, la balle dans la nuque ou le goulag. C'est dans ces régimes que furent mis en scène les procès truqués, dont les verdicts de mort étaient connus d'avance. Un procès de ce style, organisé par Castro, a encore eu lieu en 1989 à Cuba. Il serait donc dangereux, en démocratie, de ne pas observer la dissociation complète du politique et du pénal.

D'où vient donc que cependant un glissement du politique au pénal se produise depuis quelques années ? Une réponse se présente aussitôt à l'esprit : ce glissement vient du déclin du sens de la responsabilité politique chez les gouvernants. Les gens de pouvoir refusent toujours davantage de payer le prix *politique* de leur incompétence ou de leur incurie. Ils se perpétuent au sein de l'État durant des années après les pires catastrophes et bévues. Ils se dérobent ainsi à la règle démocratique. Le public est donc de plus en plus porté à exiger de les voir rendre sur le terrain pénal les comptes qu'ils évitent avec une retorse et cynique lâcheté de rendre sur le terrain politique. Si les ministres qui étaient en place au moment où des produits contaminés ont été injectés à des malades avaient eu l'honnêteté de reconnaître les responsabilités inhérentes à leur charge, s'ils s'étaient effacés, au moins pour un temps, de la scène politique, l'opinion publique n'aurait sans doute pas éprouvé le besoin de les voir poursuivis devant une cour pénale. C'est l'État tout entier, en France, qui organise l'irresponsabilité politique, à commencer par le président de la République lui-même[1]. La désuétude politique de la responsabilité explique sa résurrection pénale.

Cette analyse convaincante n'épuise pourtant pas selon moi le sujet de la responsabilité pénale des politiques, hors droit commun proprement dit et hors les crimes de haute trahison, où elle va de soi. Il est impossible d'écarter totalement l'hypothèse et, au demeurant, les cas concrets faciles à trouver, où, chez un dirigeant, l'incompétence, la négligence, le refus de prendre une décision nécessaire, par manque de courage, par stupidité, par clientélisme ou électoralisme, par sectarisme idéologique, causent à la collectivité des torts immenses, qu'un simple désaveu politique ne saurait sanctionner suffisamment. Si on poursuit au pénal un moniteur de colonie de vacances, un chauffeur d'autocar, un médecin, dont l'incurie a entraîné des morts et des invalidités, à quel titre devrait-on s'interdire de le faire pour un ministre ? Vous rêvez ! rétorquent les partisans de l'irresponsabilité. Va-t-on rendre un ministre des Transports pénalement responsable de tous les accidents de la route ? S'il est vrai qu'on doit écarter certaines outrances ridicules, par exemple rendre un maire d'office coupable des malheurs causés par la chute d'un arbre sur une route ou par l'explosion d'une conduite de gaz dans une école communale, néanmoins, on peut raisonnablement apprécier le degré de sa responsabilité en examinant les faits avec attention et sans préjugé. Entre

1. Sur ce sujet, voir mon livre *L'Absolutisme inefficace,* Plon, 1992, chap. 6.

les deux abstractions que sont l'innocence et la culpabilité absolues, il y a l'évaluation de la qualité du travail quotidien, à la lumière de ce que le dirigeant savait ou aurait dû savoir, de ce qu'il pouvait ou ne pouvait pas faire. En outre, un chef d'État ou de gouvernement qui, pour des raisons partisanes, nomme ministre un incapable porte la responsabilité des erreurs et des carences de sa créature.

Quant à l'exemple des accidents de la route, souvent donné dans l'intention de démontrer l'absurdité de la responsabilité pénale des politiques, il peut servir à démontrer exactement le contraire. Un ministre des Transports n'est bien sûr pas responsable de tous les tués et blessés de l'automobile. Mais si on peut prouver qu'un ou plusieurs ministres, un ou plusieurs gouvernements ont, pendant plusieurs décennies, omis de prendre ou de faire appliquer les mesures propres à réduire le nombre des accidents, et s'il en ressort que, de ce fait, un pays a deux ou trois mille tués, cinquante ou cent mille blessés de plus qu'il pourrait en avoir, comparé aux pays à circulation équivalente, alors je ne vois pas au nom de quoi les politiques, qui, dans leur domaine, se sont dérobés à leur devoir, ne seraient pas pénalement responsables. La seule sanction de ce massacre doit-elle être de faire valser des ministres d'un palais national à un autre et d'une ambassade à la présidence d'une société nationale ? À certains postes, incapable et coupable sont synonymes.

Avril 1999

TABLE DES MATIÈRES

1986

1987

1988

1989

1990

1991

1992

1993

1994

1995

1996

1997

1998

1999

Cet ouvrage a été composé par EURONUMÉRIQUE
92120 Montrouge, France

Imprimé en France sur Presse Offset par

BRODARD & TAUPIN

GROUPE CPI

11534 – La Flèche (Sarthe), le 20-02-2002
Dépôt légal : mars 2002

POCKET – 12, avenue d'Italie - 75627 Paris cedex 13
Tél. : 01.44.16.05.00